AF535929

Disney

Donald Duck

von Jan Gulbransson

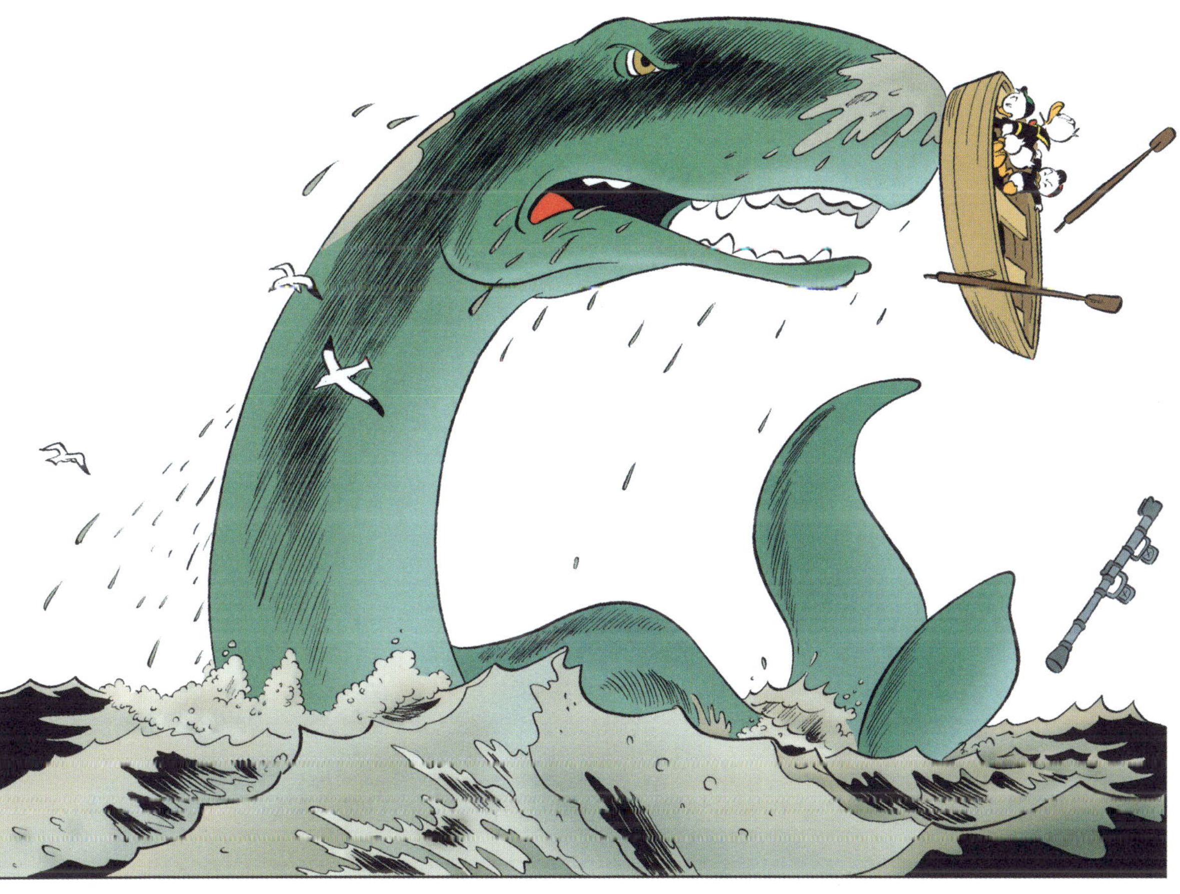

Comic Collection
EGMONT

Für Ulla.

„Donald Duck von Jan Gulbransson"

Originalausgabe

Geschichten, Titelbild und Texte von Jan Gulbransson

Deutschsprachige Ausgabe erschienen in der
Egmont Comic Collection
verlegt durch Egmont Verlagsgesellschaften mbH,
Alte Jakobstr. 83, 10179 Berlin

2. Auflage

Verantwortlicher Redakteur: Fabian Gross
Lettering: Michael Möller
Gestaltung: Wolfgang Berger
Koordination: Manuela Rudolph
Printed in the EU
ISBN 978-3-7704-4012-2

Inhaltsverzeichnis

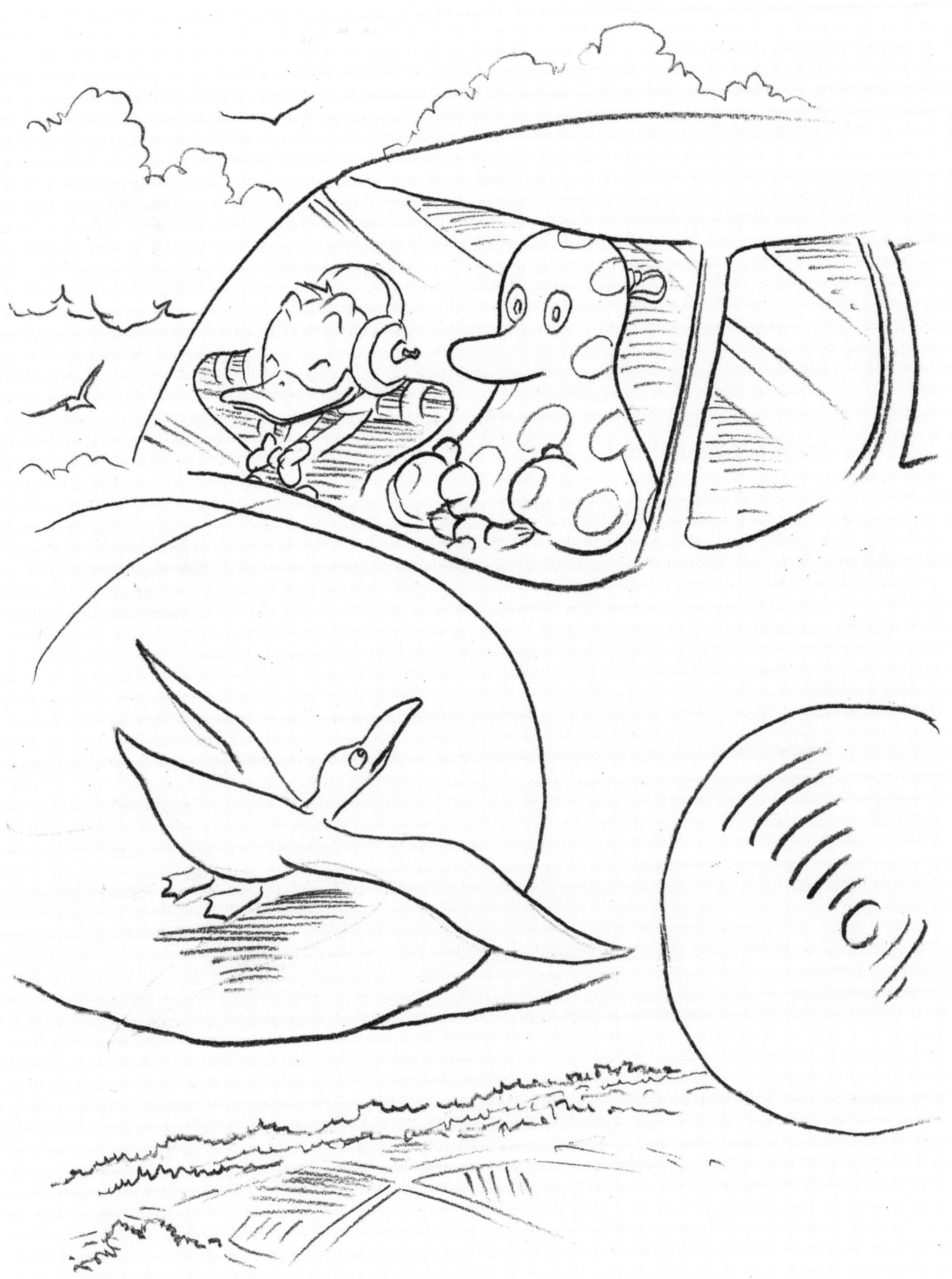

Das Leben steckt voller Überraschungen.
Irgendwann rief mich mein etwas seltsamer Freund Charles Hatan an und teilte mir mit, in der aktuellen Micky Maus gäbe es eine Donald-Geschichte aus meinen holländischen Anfangsjahren. An sich nichts Ungewöhnliches.
Stutzig wurde ich erst, als er mir sagte, Donald habe darin einen Auftritt als Flugzeugpilot.
Nun, mein Kumpel Charles Hatan trägt sein frankophones Pseudonym nicht ohne Grund.
Nahm mich etwa auf den Arm?
Eine solche Geschichte hatte ich weder geschrieben noch gezeichnet.
Ich hatte Donald noch nie in ein Flugzeugcockpit gesetzt.
Doch, doch, meinte Charles – zu Beginn repariere Donald an seinem Auto herum, dann mache er einen Rundflug mit dem Flieger, und am Schluss gebe es ein Riesenchaos.
Dieser Handlungsablauf kam mir merkwürdig bekannt vor, an so einer Storyidee hatte ich tatsächlich mal herumgebastelt.
Allerdings hatte ich die Idee damals als untauglich verworfen, so dachte ich zumindest.

Fünf Minuten später stand ich am nächsten Kiosk, kaufte mir das neue Micky-Maus-Heft und blätterte es misstrauisch auf.
Und sah genau jene Geschichte, die ich nach meiner getrübten Erinnerung aufgegeben hatte.
Zugegebenermaßen schweren Herzens, denn meine Skizzen dazu mochte ich.
Und tatsächlich gefiel mir was ich sah, und was ich – passend zu einer Pilotengeschichte – offenbar im Autopilotenmodus daraus gemacht hatte.

Normalerweise springen mich beim Wiederlesen eigener Geschichten nur die einst übersehenen Fehler an. Diese Story hier hingegen hatte für mich an Glanz gewonnen … falls ich mich nicht schon wieder irre.

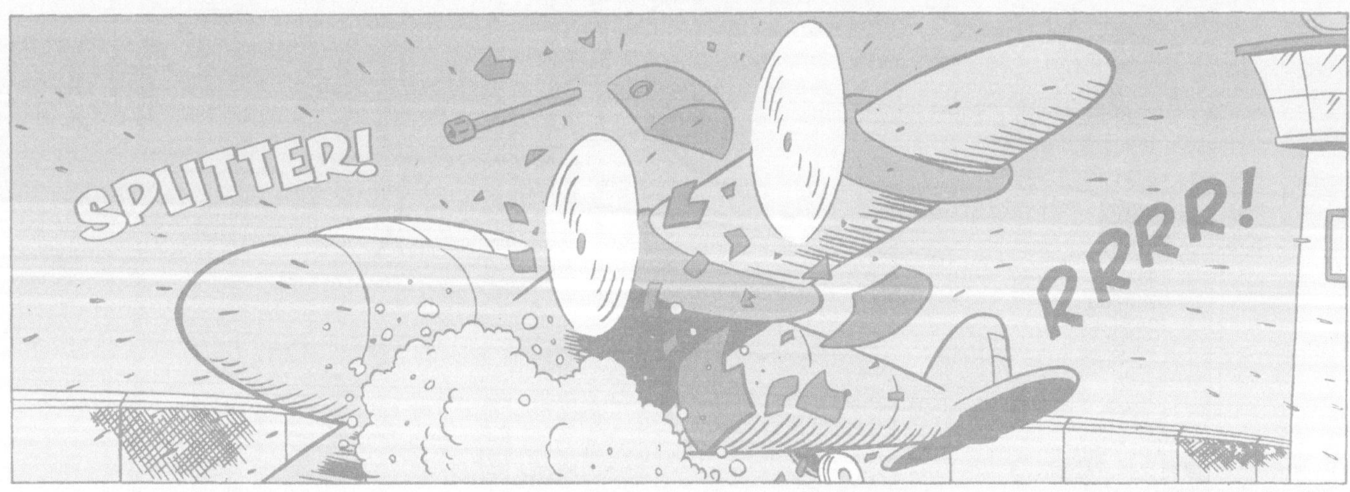

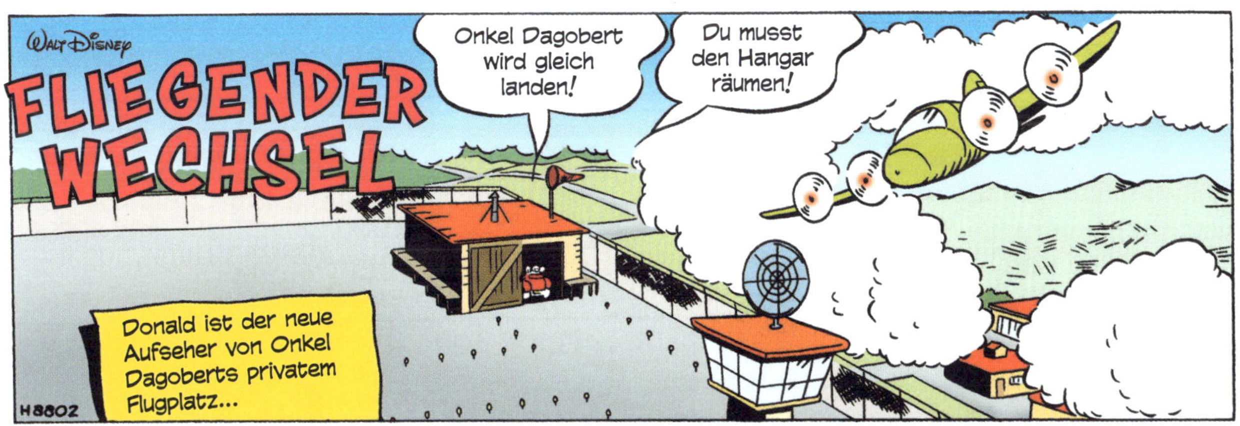

WALT DISNEY
FLIEGENDER WECHSEL
Donald ist der neue Aufseher von Onkel Dagoberts privatem Flugplatz...
H8802
Onkel Dagobert wird gleich landen!
Du musst den Hangar räumen!

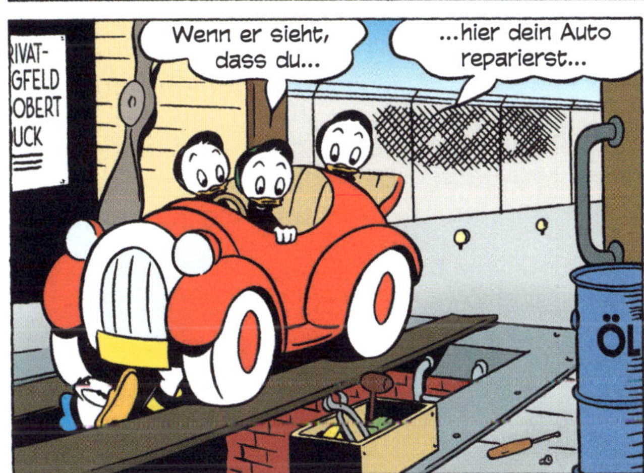

Wenn er sieht, dass du...
...hier dein Auto reparierst...
ÖL

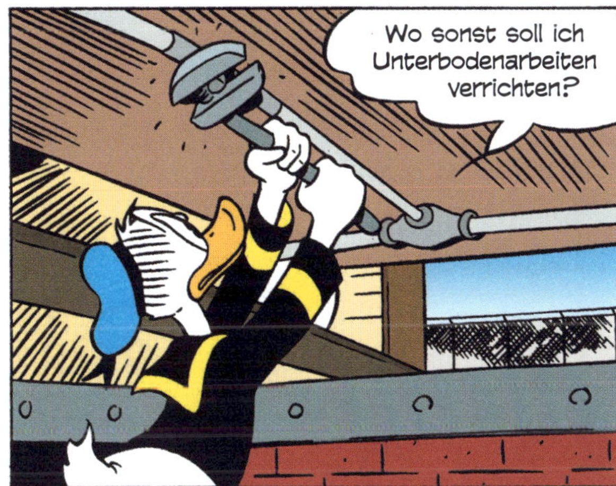

Wo sonst soll ich Unterbodenarbeiten verrichten?

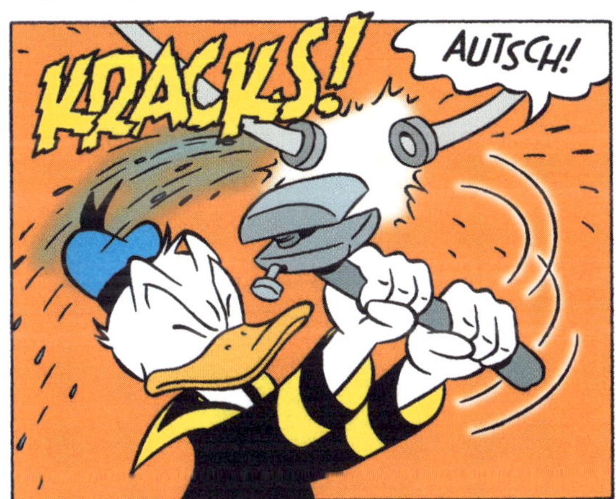

KRACKS!
AUTSCH!

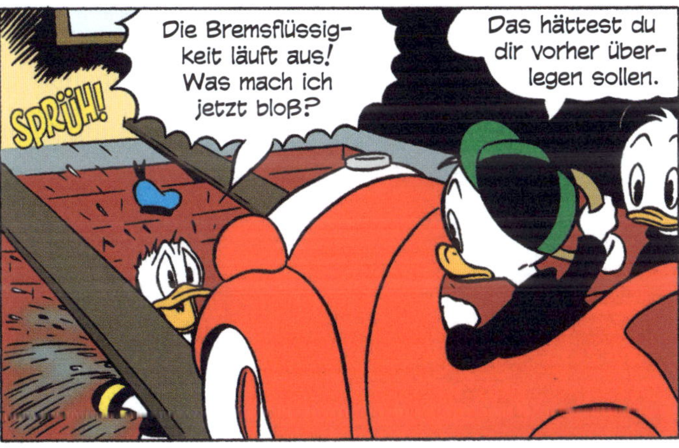

SPRÜH!
Die Bremsflüssigkeit läuft aus! Was mach ich jetzt bloß?
Das hättest du dir vorher überlegen sollen.

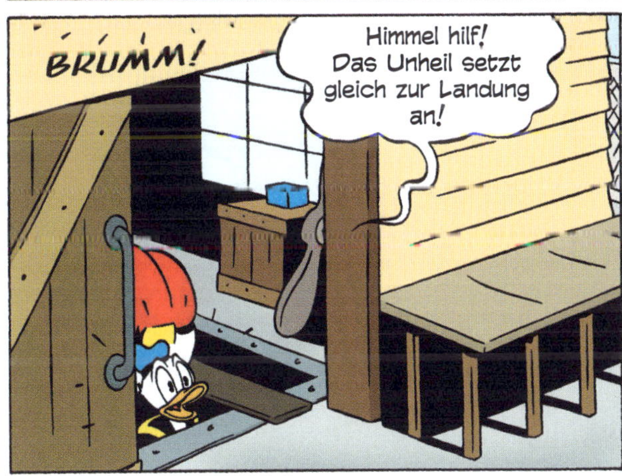

BRUMM!
Himmel hilf! Das Unheil setzt gleich zur Landung an!

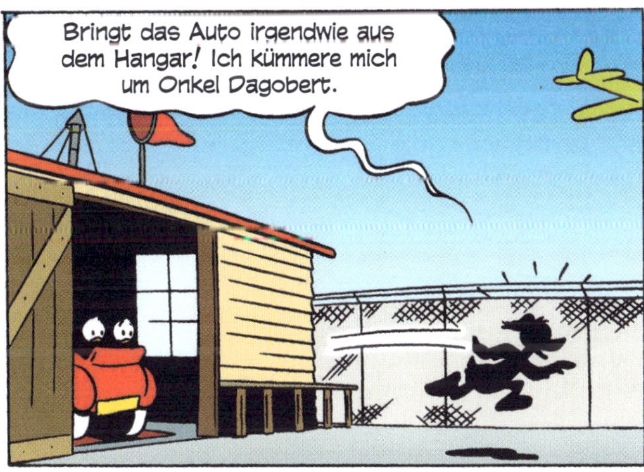

Bringt das Auto irgendwie aus dem Hangar! Ich kümmere mich um Onkel Dagobert.

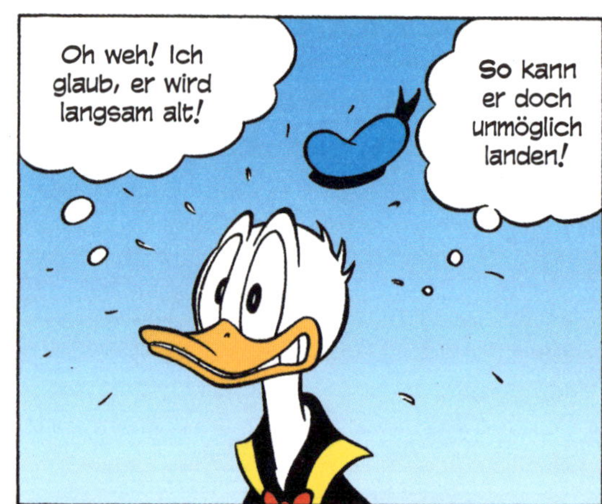
Oh weh! Ich glaub, er wird langsam alt!
So kann er doch unmöglich landen!

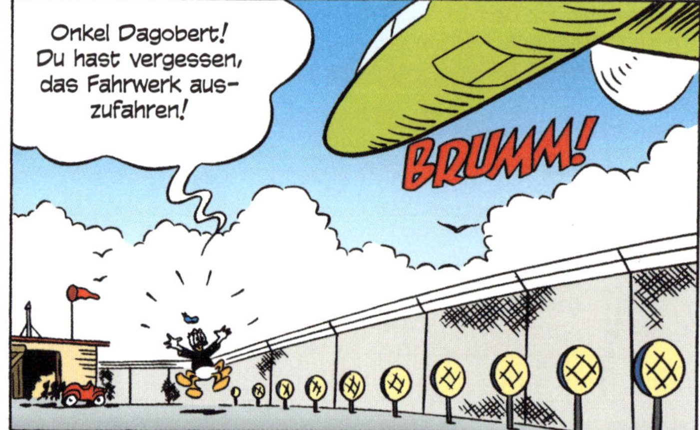
Onkel Dagobert! Du hast vergessen, das Fahrwerk auszufahren!
BRUMM!

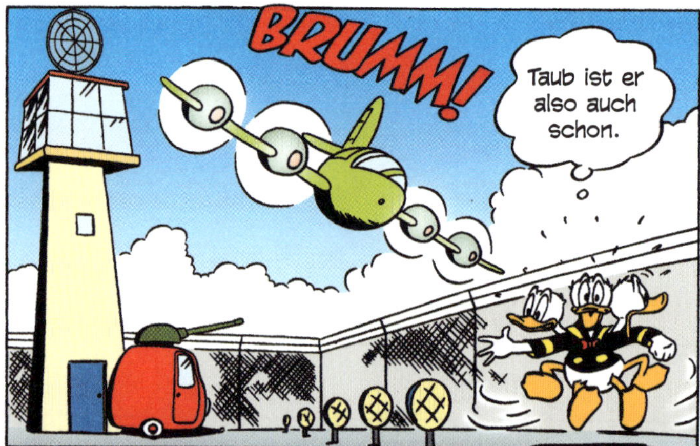
BRUMM!
Taub ist er also auch schon.

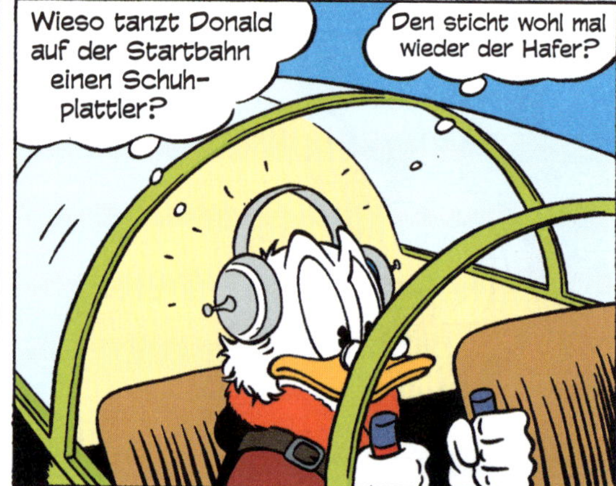
Wieso tanzt Donald auf der Startbahn einen Schuhplattler?
Den sticht wohl mal wieder der Hafer?

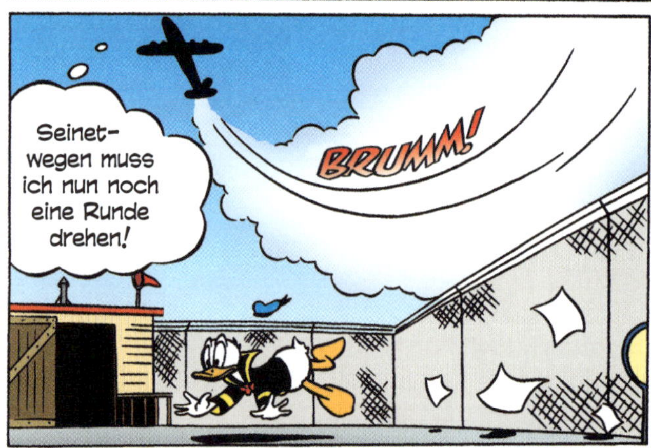
Seinetwegen muss ich nun noch eine Runde drehen!
BRUMM!

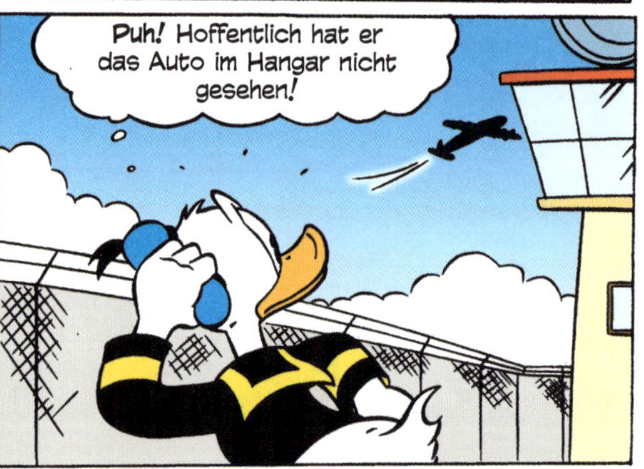
Puh! Hoffentlich hat er das Auto im Hangar nicht gesehen!

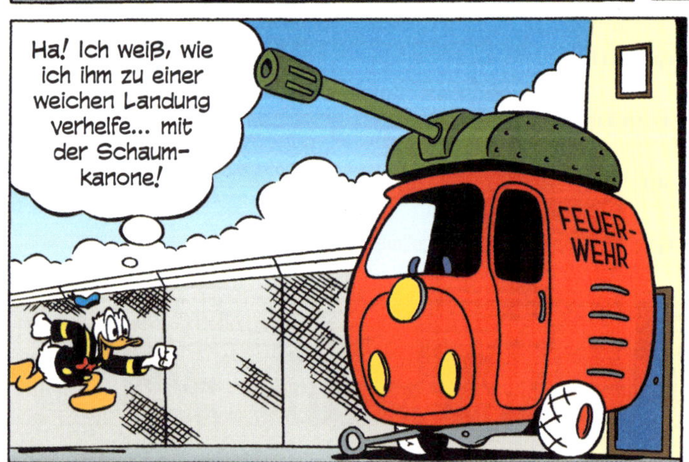
Ha! Ich weiß, wie ich ihm zu einer weichen Landung verhelfe... mit der Schaumkanone!
FEUERWEHR

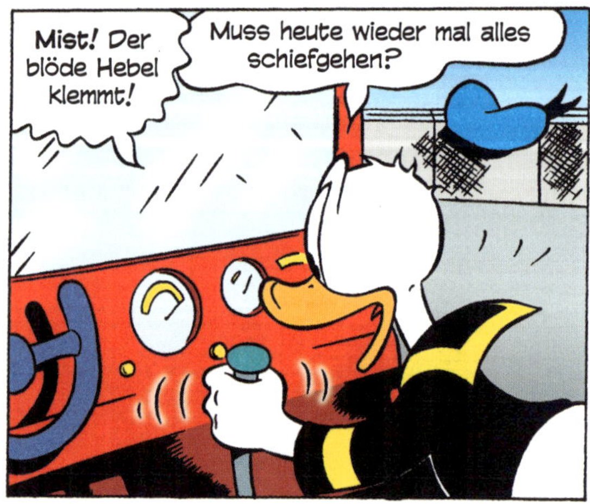
Mist! Der blöde Hebel klemmt!
Muss heute wieder mal alles schiefgehen?

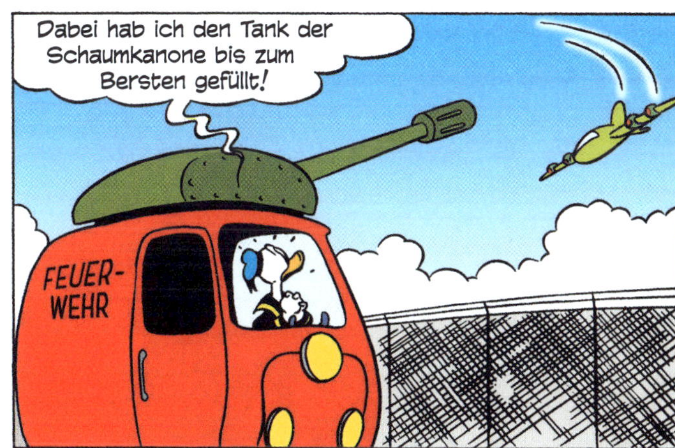
Dabei hab ich den Tank der Schaumkanone bis zum Bersten gefüllt!
FEUER-WEHR

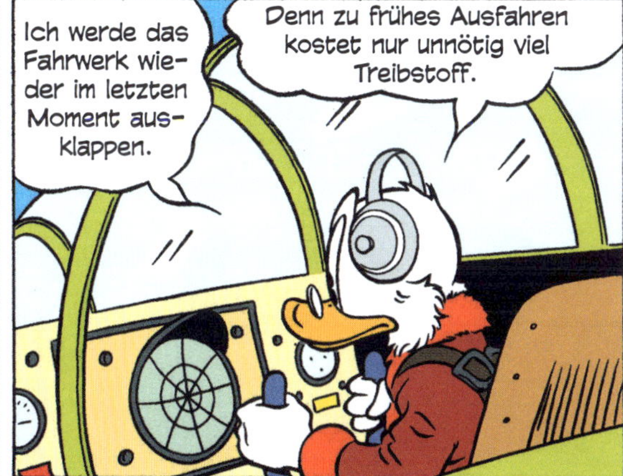
Denn zu frühes Ausfahren kostet nur unnötig viel Treibstoff.
Ich werde das Fahrwerk wieder im letzten Moment ausklappen.

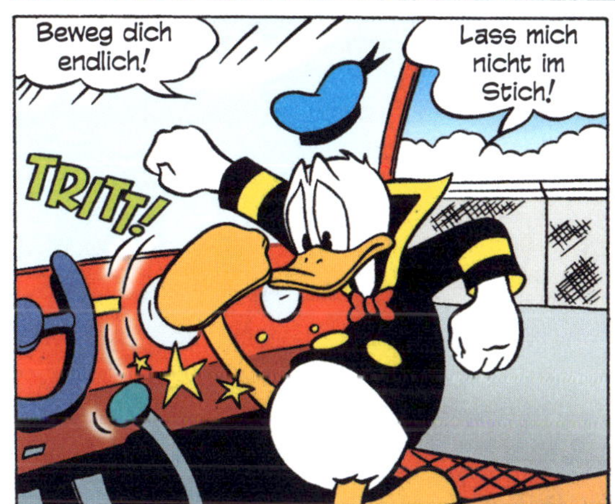
Beweg dich endlich!
Lass mich nicht im Stich!
TRITT!

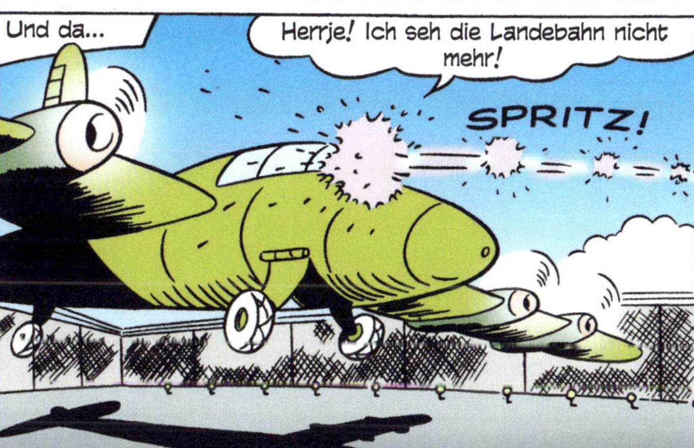
Und da...
Herrje! Ich seh die Landebahn nicht mehr!
SPRITZ!

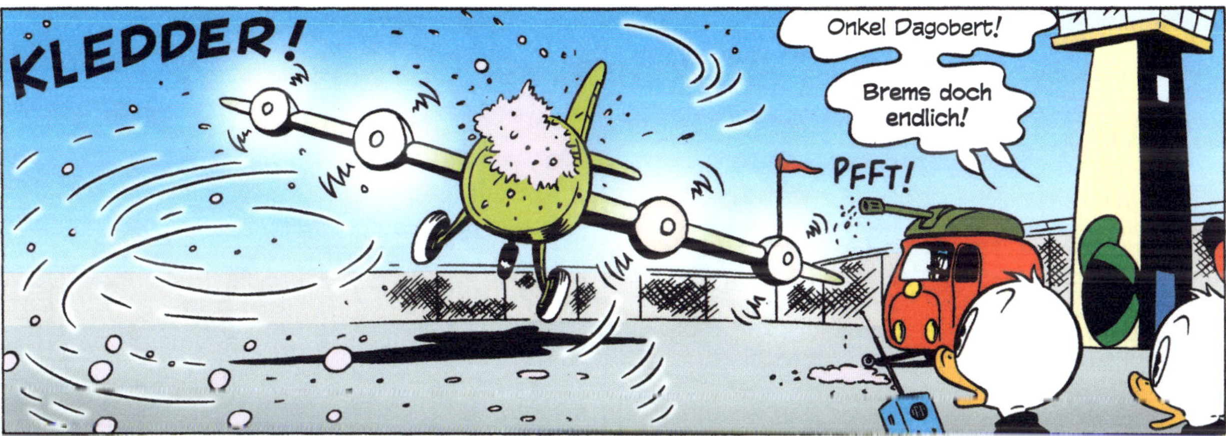
KLEDDER!
Onkel Dagobert!
Brems doch endlich!
PFFT!

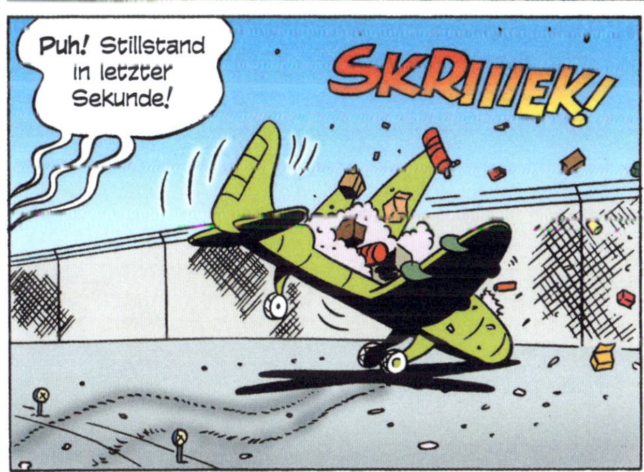
Puh! Stillstand in letzter Sekunde!
SKRIIIEK!

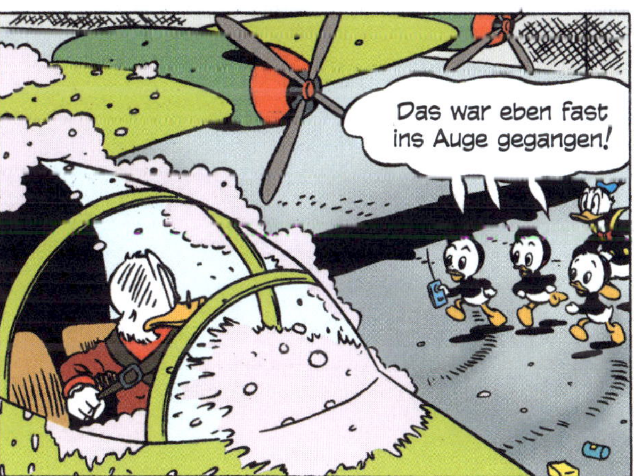
Das war eben fast ins Auge gegangen!

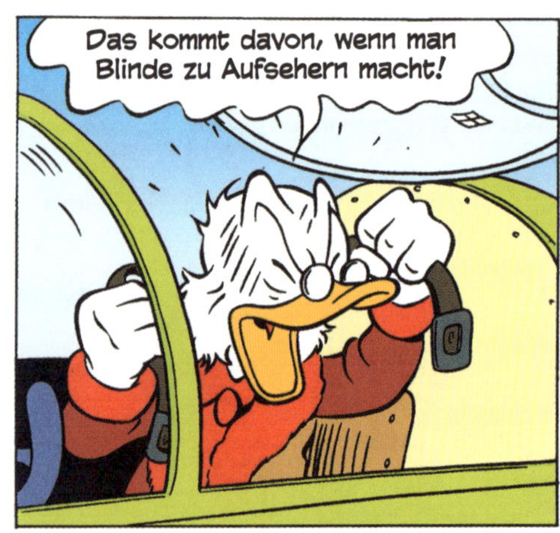
Das kommt davon, wenn man Blinde zu Aufsehern macht!

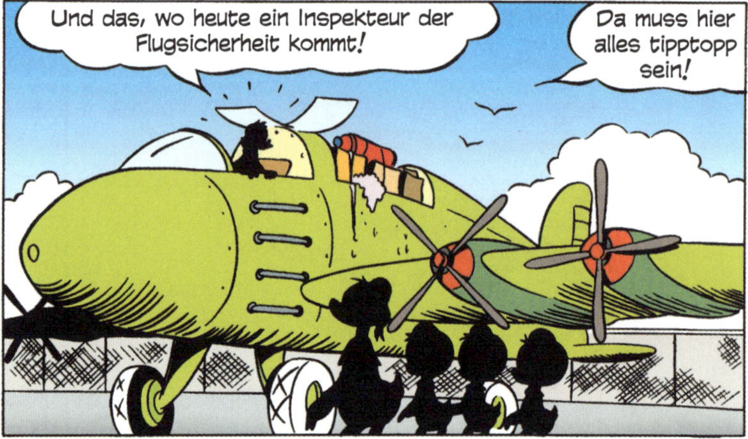
Und das, wo heute ein Inspekteur der Flugsicherheit kommt!
Da muss hier alles tipptopp sein!

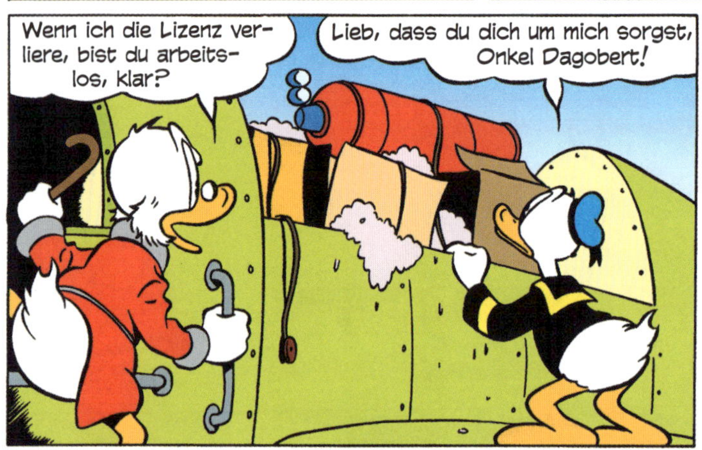
Wenn ich die Lizenz verliere, bist du arbeitslos, klar?
Lieb, dass du dich um mich sorgst, Onkel Dagobert!

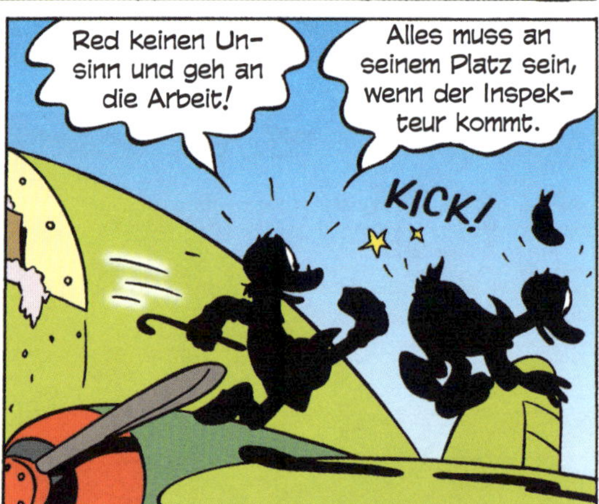
Red keinen Unsinn und geh an die Arbeit!
Alles muss an seinem Platz sein, wenn der Inspekteur kommt.
KICK!

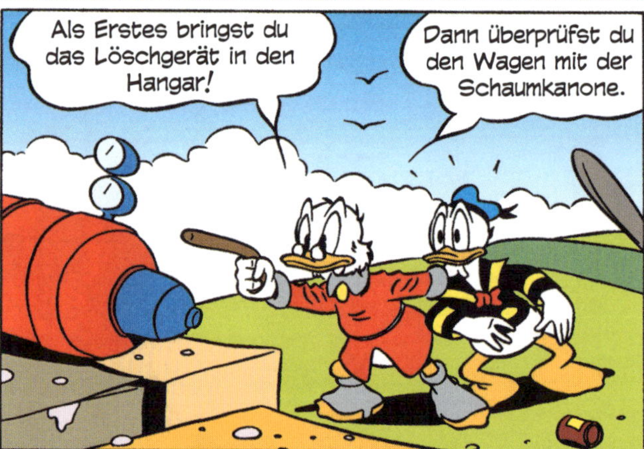
Als Erstes bringst du das Löschgerät in den Hangar!
Dann überprüfst du den Wagen mit der Schaumkanone.

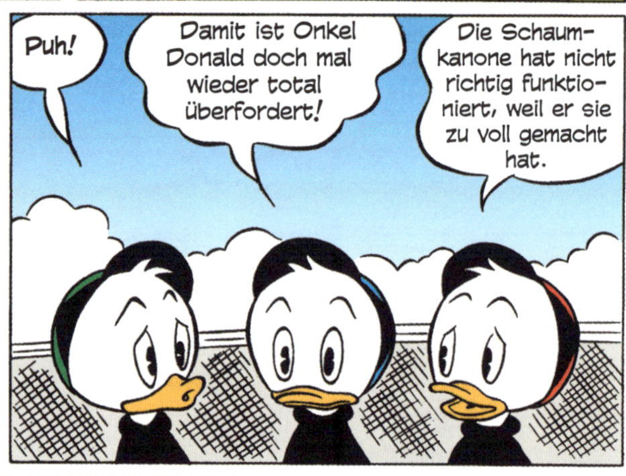
Puh!
Damit ist Onkel Donald doch mal wieder total überfordert!
Die Schaumkanone hat nicht richtig funktioniert, weil er sie zu voll gemacht hat.

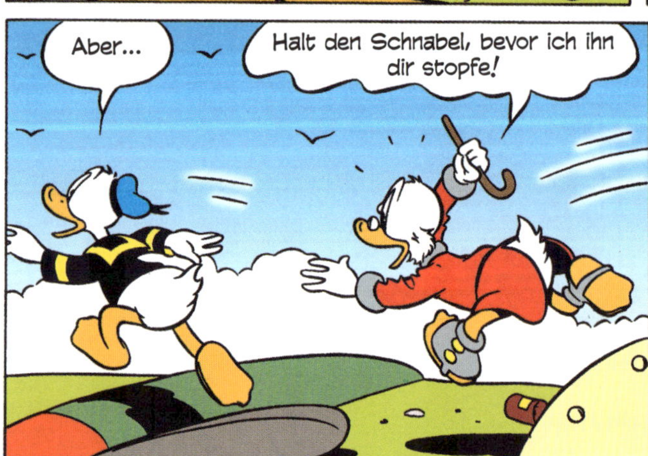
Aber...
Halt den Schnabel, bevor ich ihn dir stopfe!

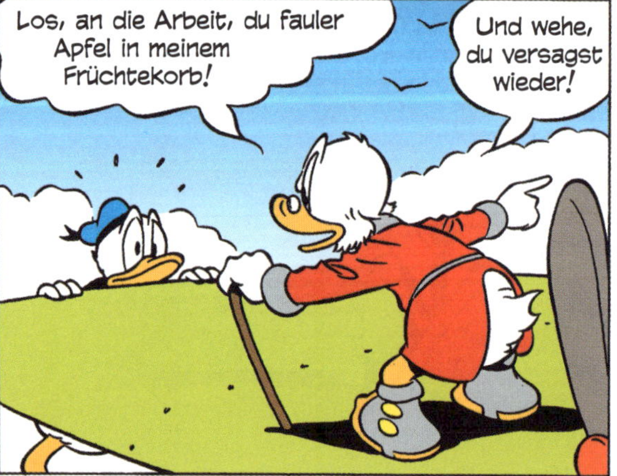
Los, an die Arbeit, du fauler Apfel in meinem Früchtekorb!
Und wehe, du versagst wieder!

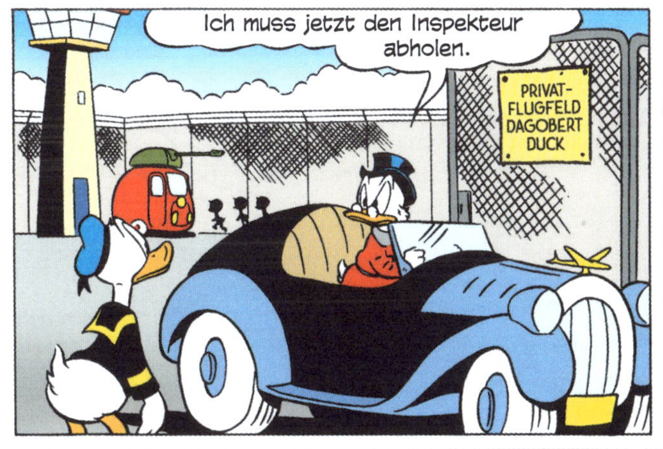
Ich muss jetzt den Inspekteur abholen.
PRIVAT-FLUGFELD DAGOBERT DUCK

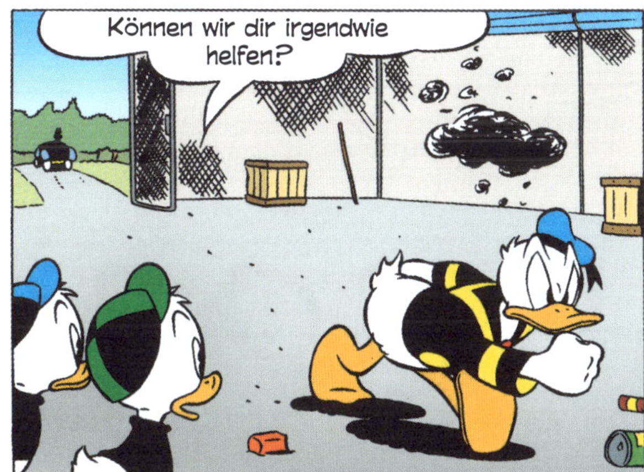
Können wir dir irgendwie helfen?

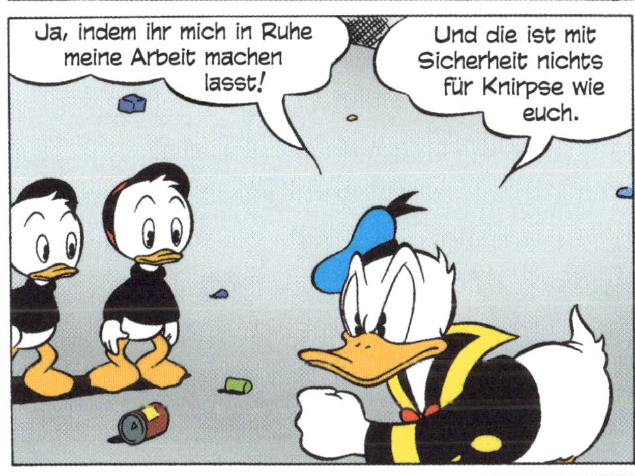
Ja, indem ihr mich in Ruhe meine Arbeit machen lasst!
Und die ist mit Sicherheit nichts für Knirpse wie euch.

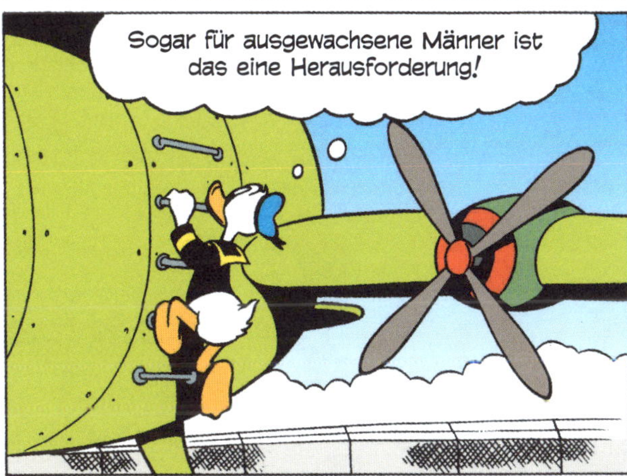
Sogar für ausgewachsene Männer ist das eine Herausforderung!

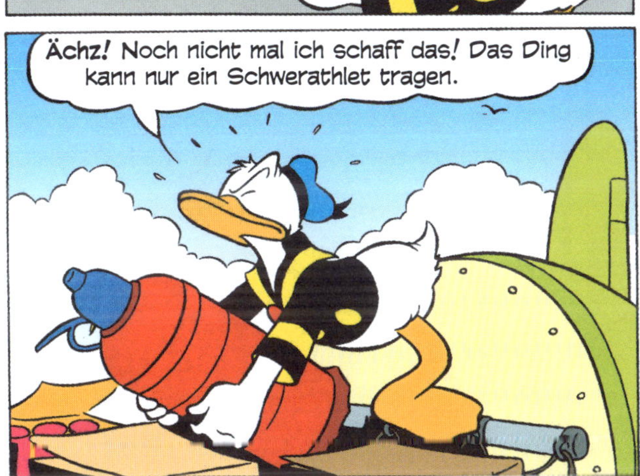
Ächz! Noch nicht mal ich schaff das! Das Ding kann nur ein Schwerathlet tragen.

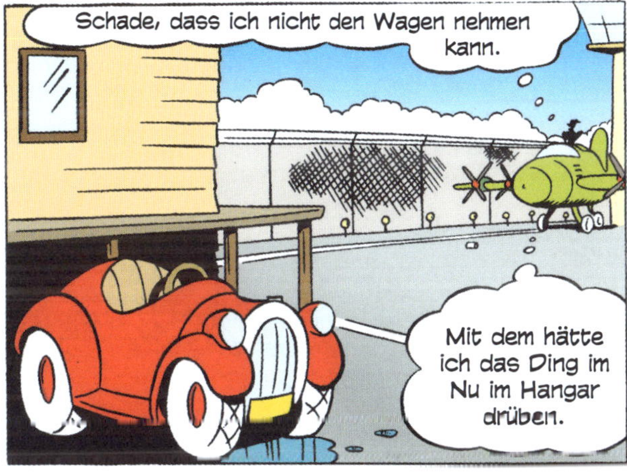
Schade, dass ich nicht den Wagen nehmen kann.
Mit dem hätte ich das Ding im Nu im Hangar drüben.

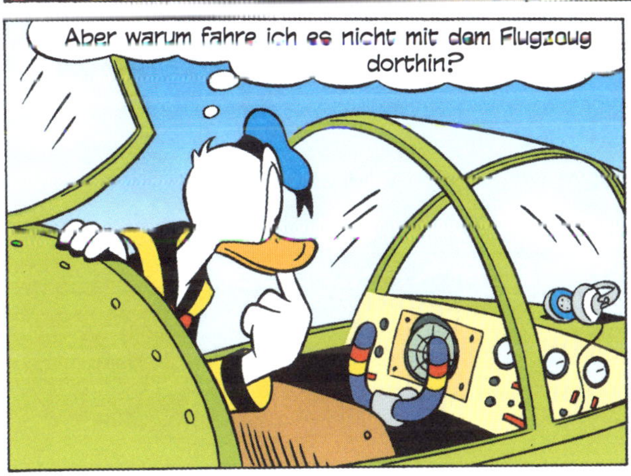
Aber warum fahre ich es nicht mit dem Flugzeug dorthin?

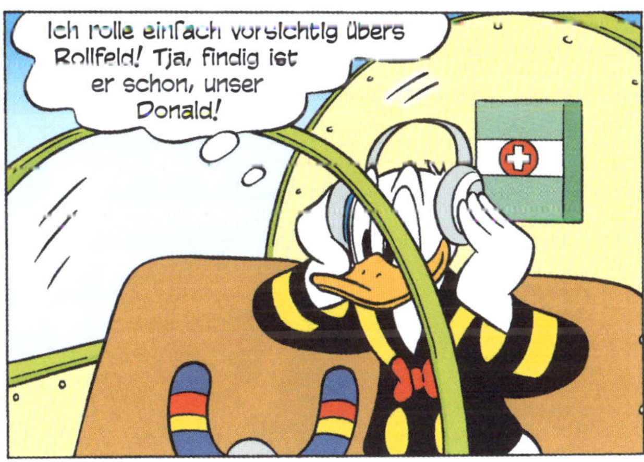
Ich rolle einfach vorsichtig übers Rollfeld! Tja, findig ist er schon, unser Donald!

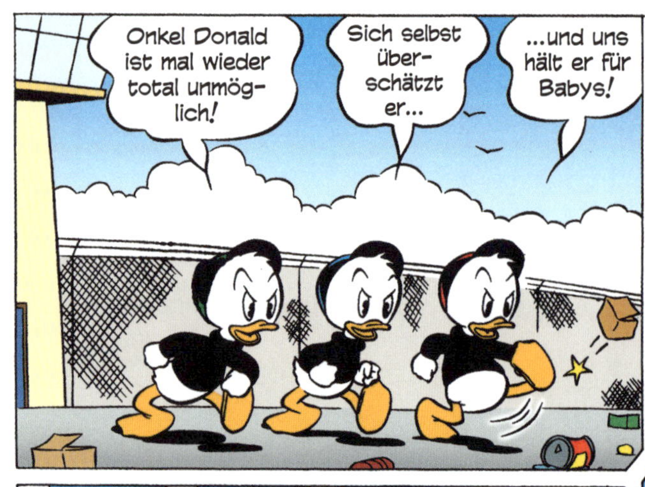
Onkel Donald ist mal wieder total unmöglich!
Sich selbst überschätzt er...
...und uns hält er für Babys!

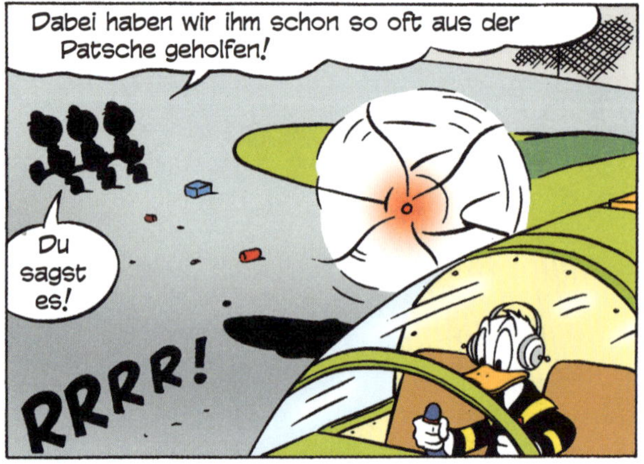
Dabei haben wir ihm schon so oft aus der Patsche geholfen!
Du sagst es!
RRRR!

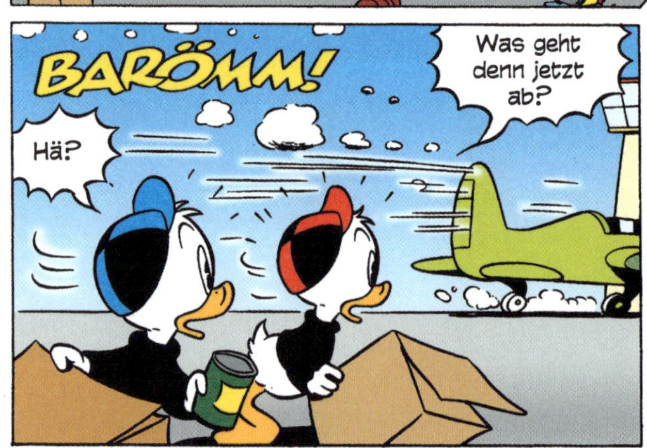
BARÖMM!
Was geht denn jetzt ab?
Hä?

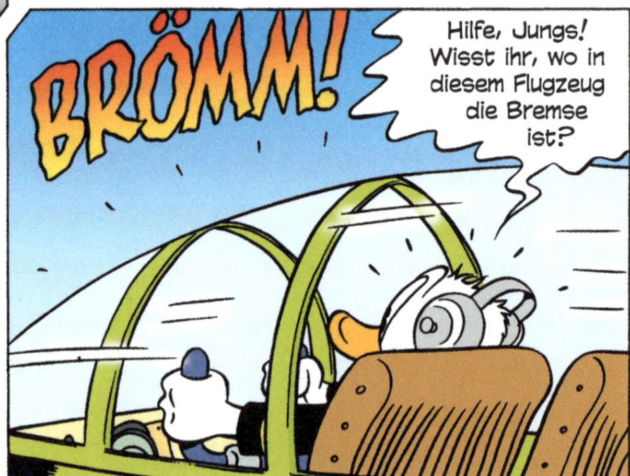
BRÖMM!
Hilfe, Jungs! Wisst ihr, wo in diesem Flugzeug die Bremse ist?

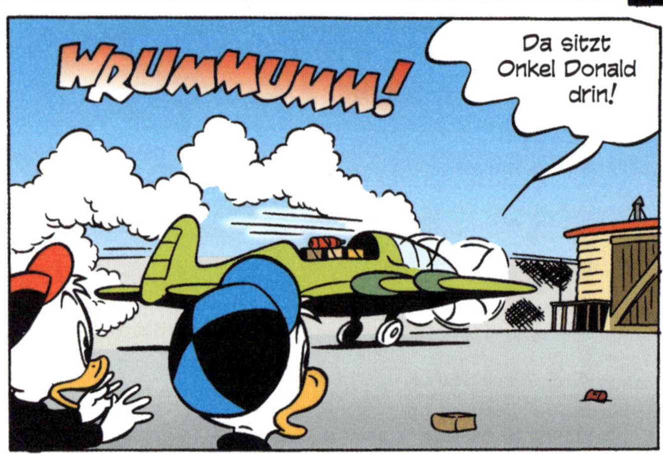
WRUMMUMM!
Da sitzt Onkel Donald drin!

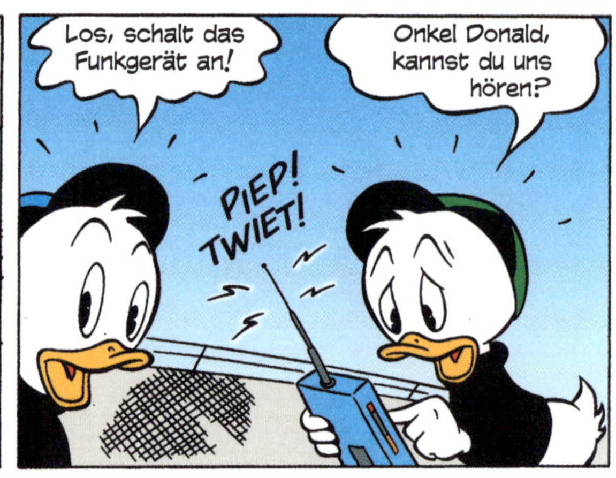
Los, schalt das Funkgerät an!
Onkel Donald, kannst du uns hören?
PIEP! TWIET!

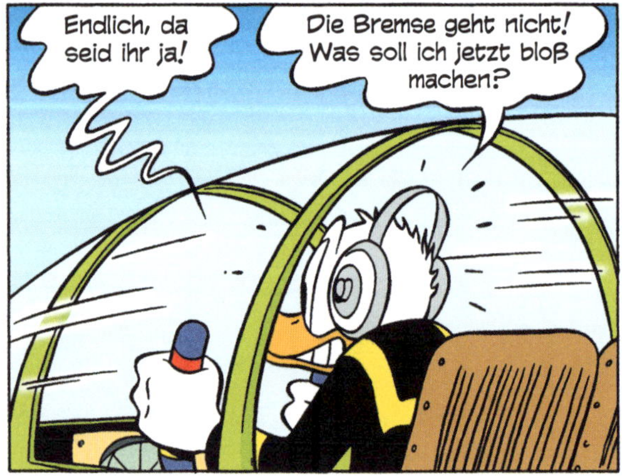
Endlich, da seid ihr ja!
Die Bremse geht nicht! Was soll ich jetzt bloß machen?

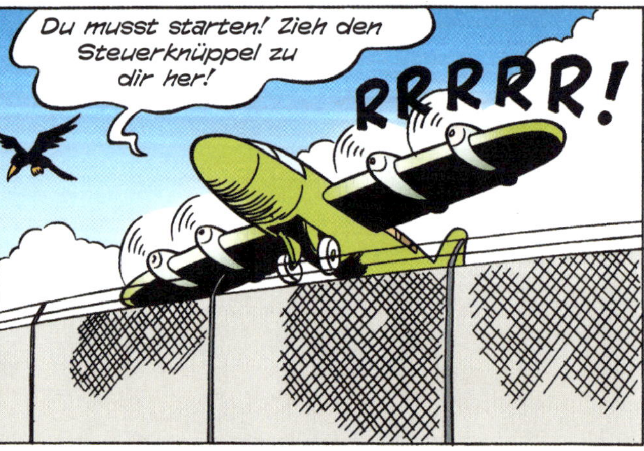
Du musst starten! Zieh den Steuerknüppel zu dir her!
RRRRR!

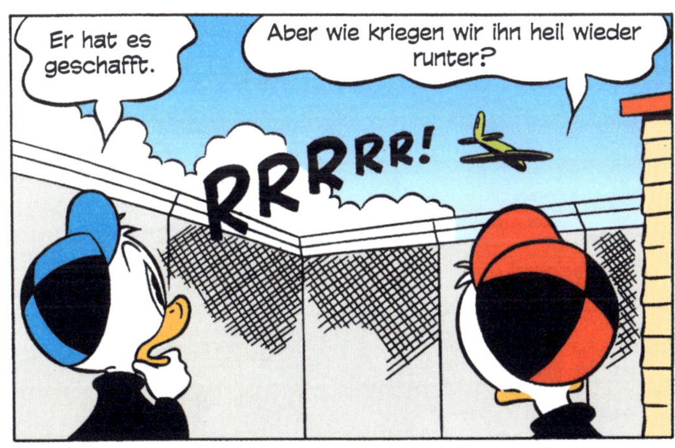
Er hat es geschafft.
Aber wie kriegen wir ihn heil wieder runter?
RRRRR!

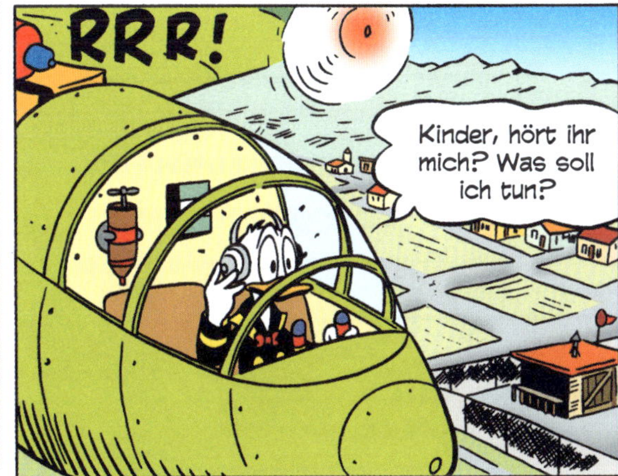
RRR!
Kinder, hört ihr mich? Was soll ich tun?

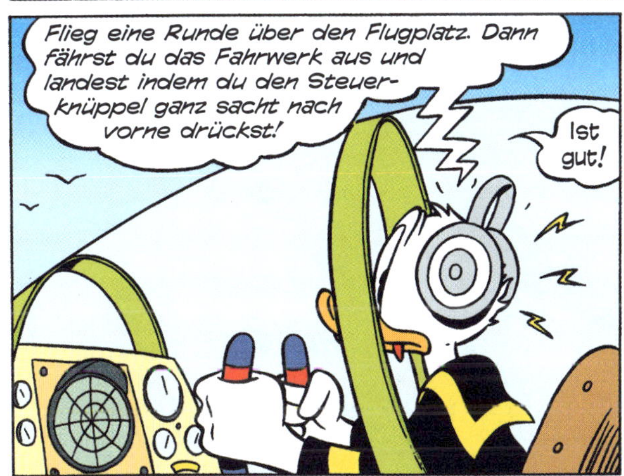
Flieg eine Runde über den Flugplatz. Dann fährst du das Fahrwerk aus und landest indem du den Steuerknüppel ganz sacht nach vorne drückst!
Ist gut!

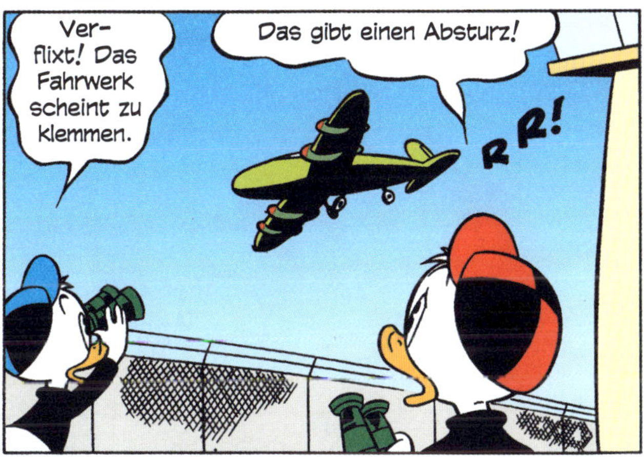
Verflixt! Das Fahrwerk scheint zu klemmen.
Das gibt einen Absturz!
RR!

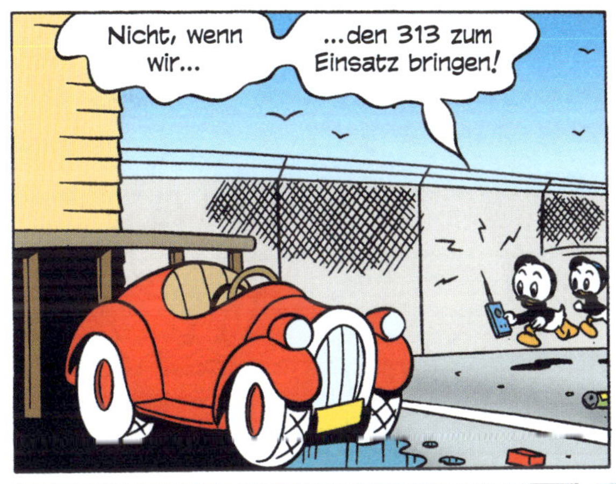
Nicht, wenn wir...
...den 313 zum Einsatz bringen!

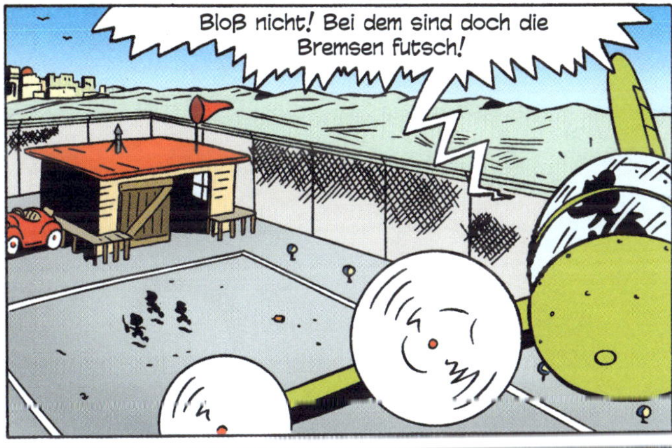
Bloß nicht! Bei dem sind doch die Bremsen futsch!

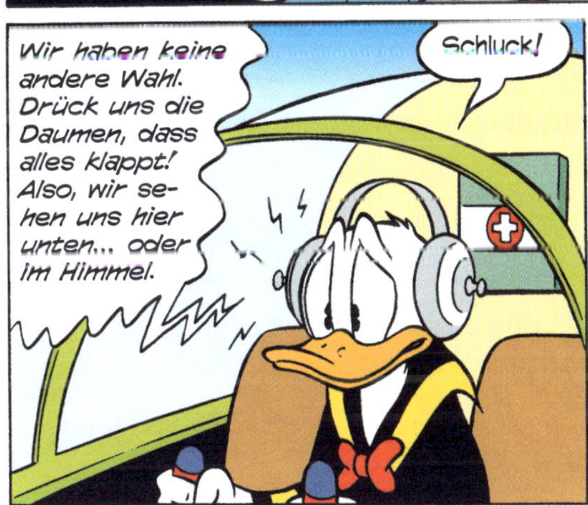
Wir haben keine andere Wahl. Drück uns die Daumen, dass alles klappt! Also, wir sehen uns hier unten... oder im Himmel.
Schluck!

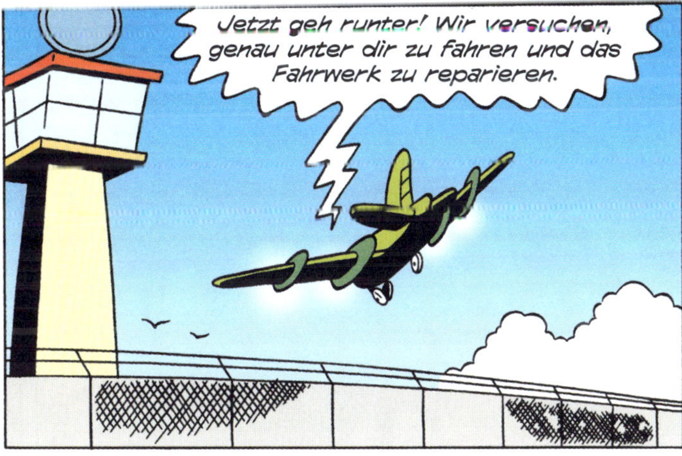
Jetzt geh runter! Wir versuchen, genau unter dir zu fahren und das Fahrwerk zu reparieren.

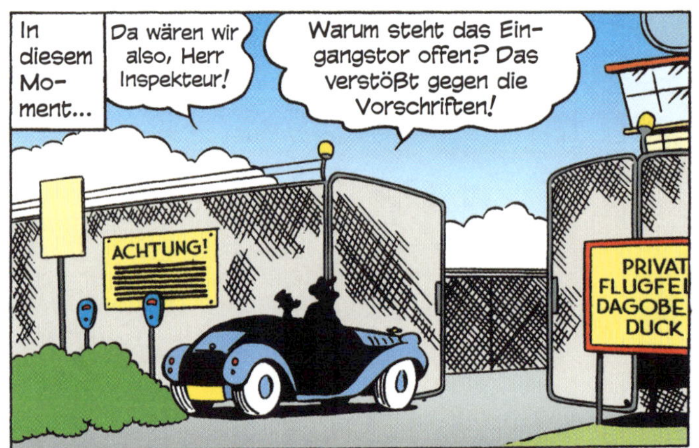
In diesem Moment...
Da wären wir also, Herr Inspekteur!
Warum steht das Eingangstor offen? Das verstößt gegen die Vorschriften!
ACHTUNG!
PRIVAT
FLUGFEL
DAGOBE
DUCK

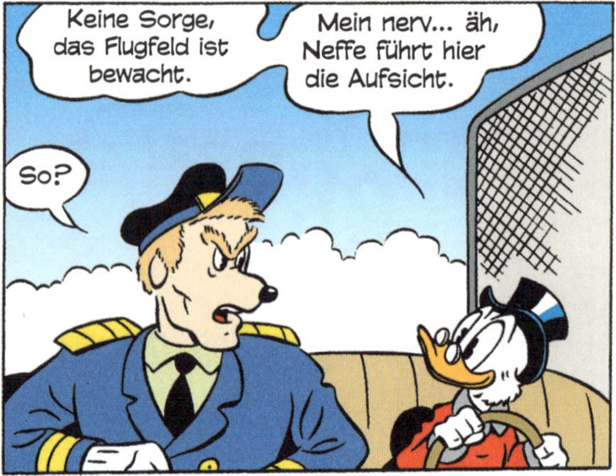
Keine Sorge, das Flugfeld ist bewacht.
Mein nerv... äh, Neffe führt hier die Aufsicht.
So?

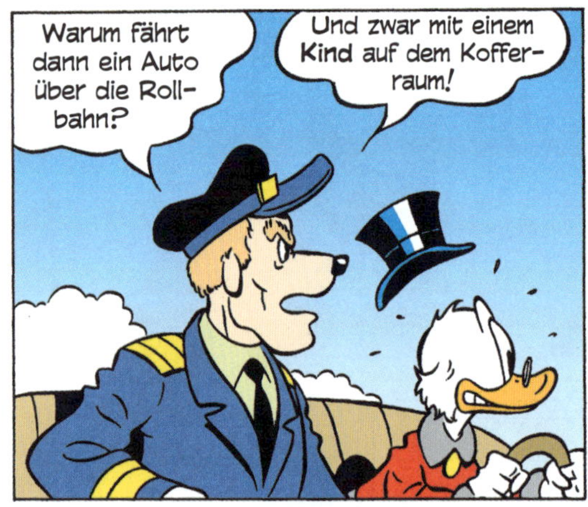
Warum fährt dann ein Auto über die Rollbahn?
Und zwar mit einem **Kind** auf dem Kofferraum!

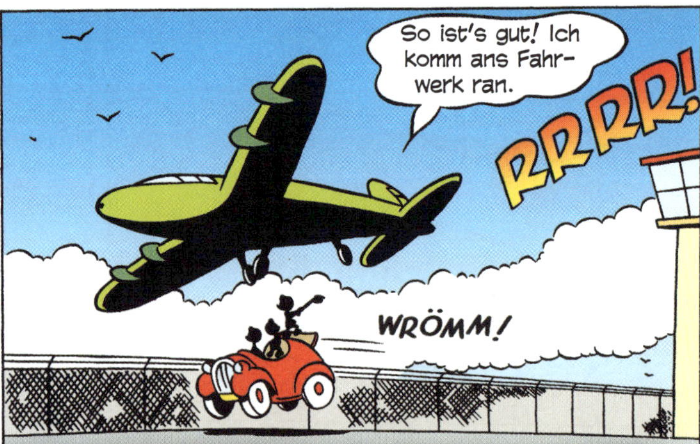
So ist's gut! Ich komm ans Fahrwerk ran.
RRRR!
WRÖMM!

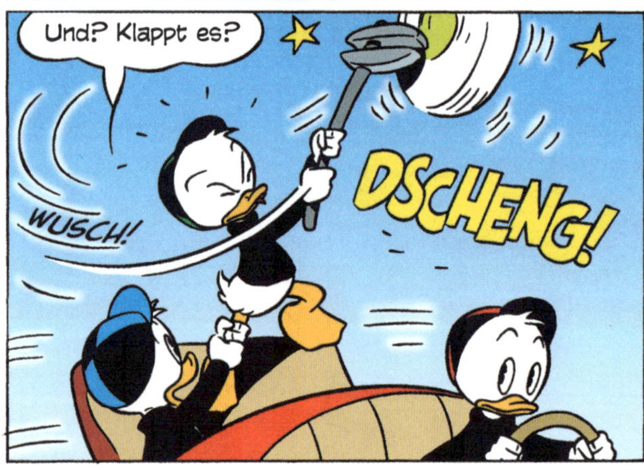
Und? Klappt es?
WUSCH!
DSCHENG!

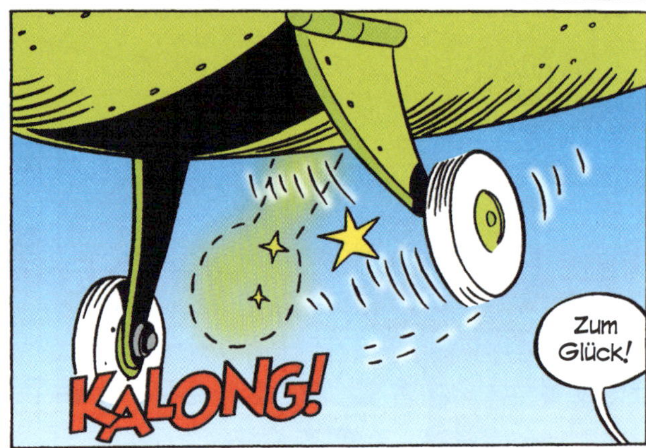
KALONG!
Zum Glück!

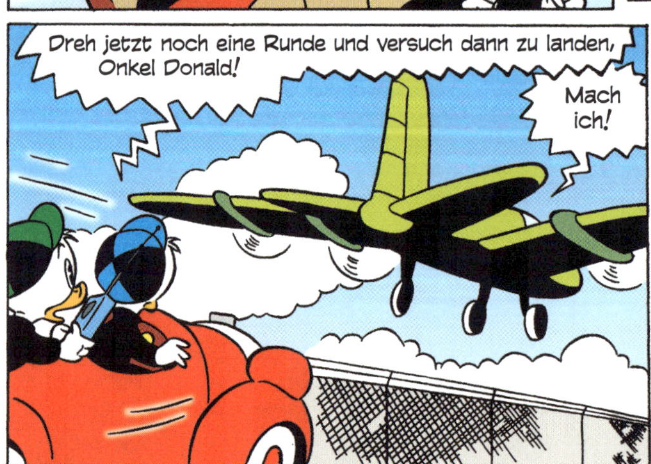
Dreh jetzt noch eine Runde und versuch dann zu landen, Onkel Donald!
Mach ich!

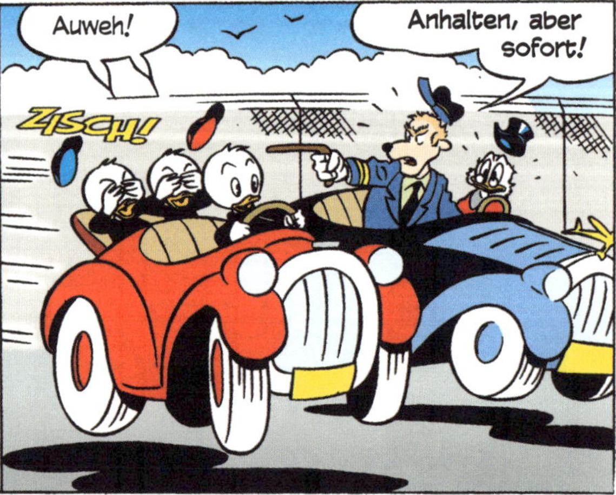
Auweh!
Anhalten, aber sofort!
ZISCH!

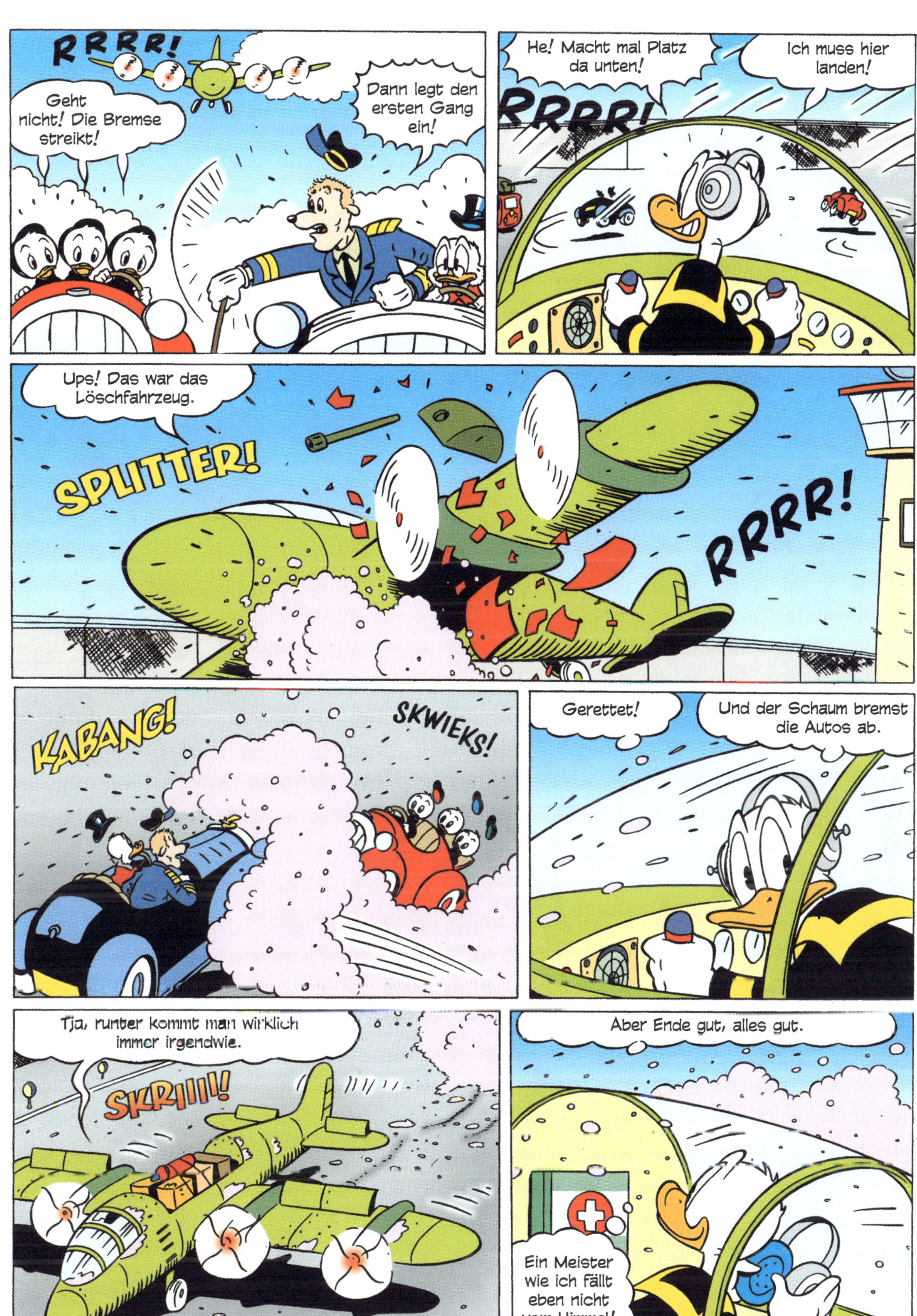
RRRR!
Geht nicht! Die Bremse streikt!
Dann legt den ersten Gang ein!
He! Macht mal Platz da unten!
Ich muss hier landen!
RRRR!
Ups! Das war das Löschfahrzeug.
SPLITTER!
RRRR!
KABANG!
SKWIEKS!
Gerettet!
Und der Schaum bremst die Autos ab.
Tja, runter kommt man wirklich immer irgendwie.
SKRIIII!
Aber Ende gut, alles gut.
Ein Meister wie ich fällt eben nicht vom Himmel!

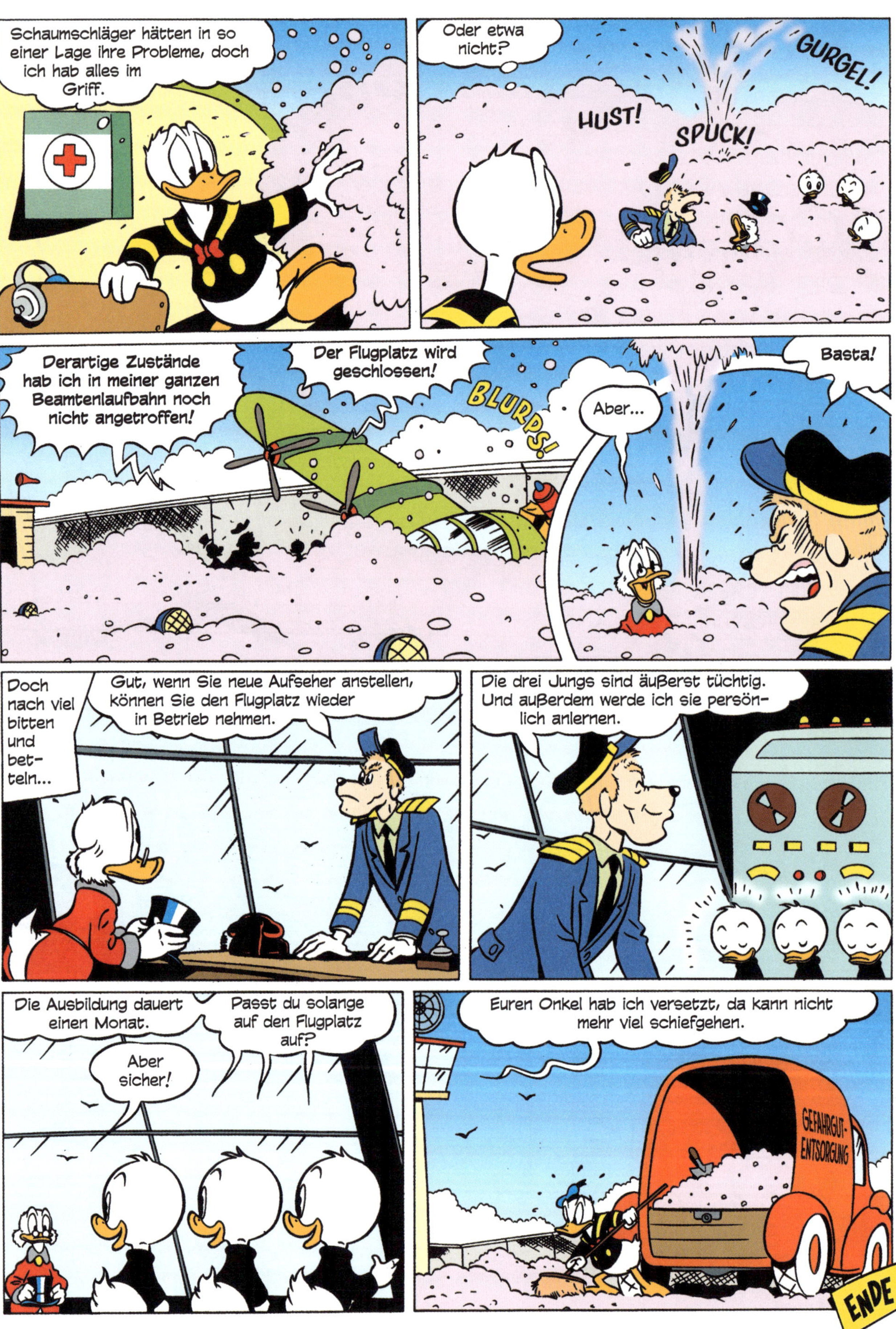
Schaumschläger hätten in so einer Lage ihre Probleme, doch ich hab alles im Griff.
Oder etwa nicht?
HUST!
SPUCK!
GURGEL!
Derartige Zustände hab ich in meiner ganzen Beamtenlaufbahn noch nicht angetroffen!
Der Flugplatz wird geschlossen!
BLURPS!
Aber...
Basta!
Doch nach viel bitten und bet-teln...
Gut, wenn Sie neue Aufseher anstellen, können Sie den Flugplatz wieder in Betrieb nehmen.
Die drei Jungs sind äußerst tüchtig. Und außerdem werde ich sie persön-lich anlernen.
Die Ausbildung dauert einen Monat.
Passt du solange auf den Flugplatz auf?
Aber sicher!
Euren Onkel hab ich versetzt, da kann nicht mehr viel schiefgehen.
GEFAHRGUT-ENTSORGUNG
ENDE

Fakten und Fiktion vermischen sich gelegentlich.
Dies lehrte mich ein Erlebnis im Herbst 1989, kurz nach dem Mauerfall.
Mein alter Freund Rob Klein und ich machten eine Reise ins Unbekannte (viele der vorliegenden Donald-Geschichten haben wir gemeinsam geschrieben und waren dafür immer hinter Stoff her). Zwei Wochen zuckelten wir auf Erkundungstour kreuz und quer durch die noch bestehende DDR. In Erinnerung blieb ein Land wie unter einem rätselhaften Zauberbann. Für mich war es eine Zeitreise ins (West-)Deutschland meiner Kindheit, die Hausfassaden bleich und farblos, überall blätterte der Putz, die Straßen zerschunden und übersät von fußballgroßen Schlaglöchern. Um ein Haar überfuhren wir einen verschreckten Hahn. Wir nahmen ihn geschickt zwischen die Räder, eine Wolke von Federn flog auf, und im Rückspiegel sahen wir den gerupften Vogel zurück in den schützenden Kreis seiner Hennen flüchten. Wer weiß, wie er – nackt und rosahäutig – den Gefährtinnen seinen Zustand erklärte. Immerhin, er hatte einem Wessi und einem Ami in einer französischen Rostlaube getrotzt.

Doch ich will auf etwas ganz anderes hinaus. In Dresden stießen wir unvermutet auf eine Elbbrücke, die ganz offensichtlich das Vorbild einer von mir frei erfundenen Brücke war. Rob glaubte mir nicht, dass ich diese Brücke niemals zuvor gesehen hatte, auf keinem Foto, auf keiner Postkarte, geschweige denn durch persönlichen Augenschein. Doch was helfen schon Beteuerungen. Rob verdächtigte mich wohl einer geheimen Stasivergangenheit, hat mich aber höflicherweise nie danach gefragt.

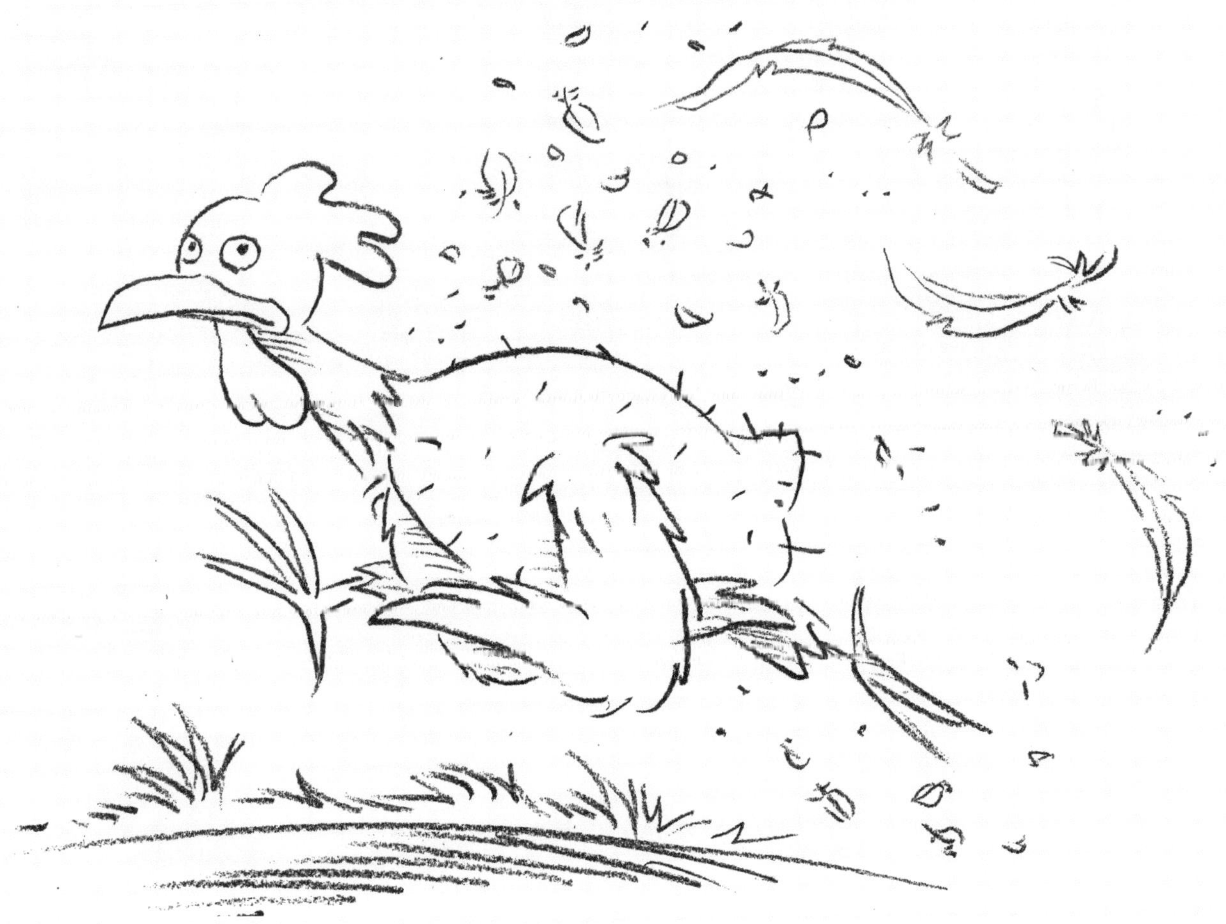

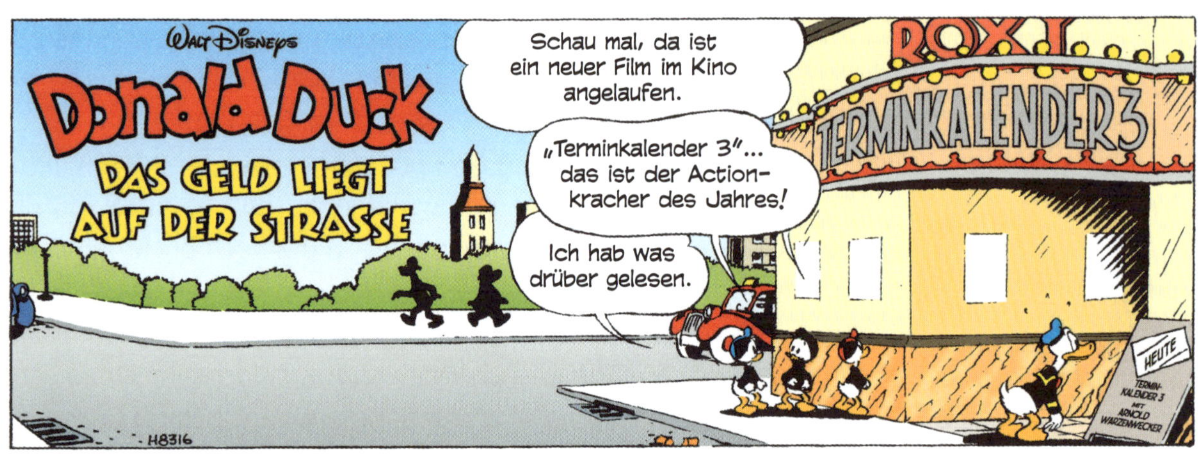
Walt Disney's
Donald Duck
DAS GELD LIEGT AUF DER STRASSE
Schau mal, da ist ein neuer Film im Kino angelaufen.
„Terminkalender 3"... das ist der Actionkracher des Jahres!
Ich hab was drüber gelesen.
ROXI
TERMINKALENDER 3
HEUTE
TERMINKALENDER 3 MIT ARNOLD WARZENWECKER
H8316

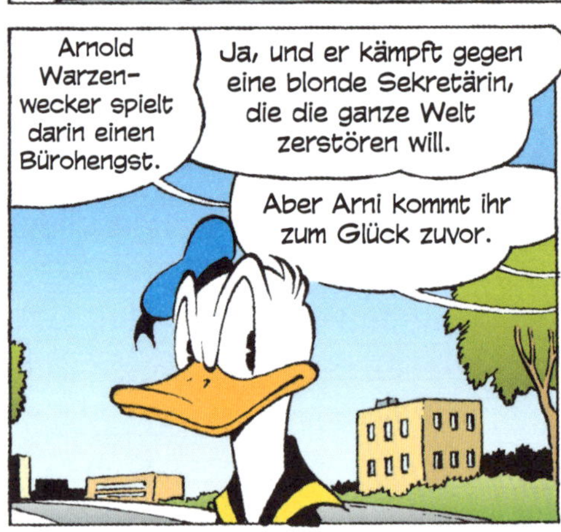
Arnold Warzenwecker spielt darin einen Bürohengst.
Ja, und er kämpft gegen eine blonde Sekretärin, die die ganze Welt zerstören will.
Aber Arni kommt ihr zum Glück zuvor.

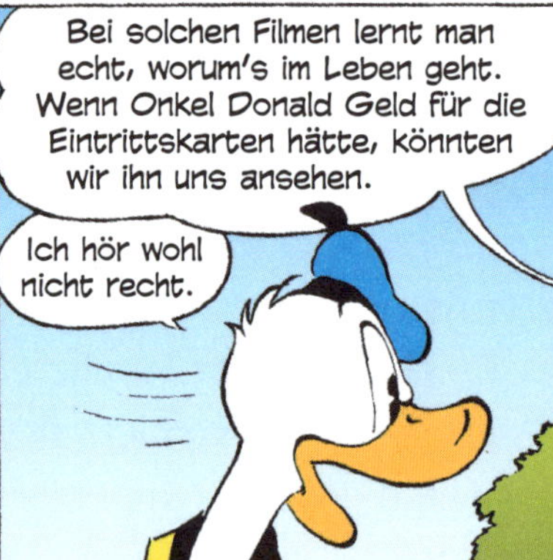
Bei solchen Filmen lernt man echt, worum's im Leben geht. Wenn Onkel Donald Geld für die Eintrittskarten hätte, könnten wir ihn uns ansehen.
Ich hör wohl nicht recht.

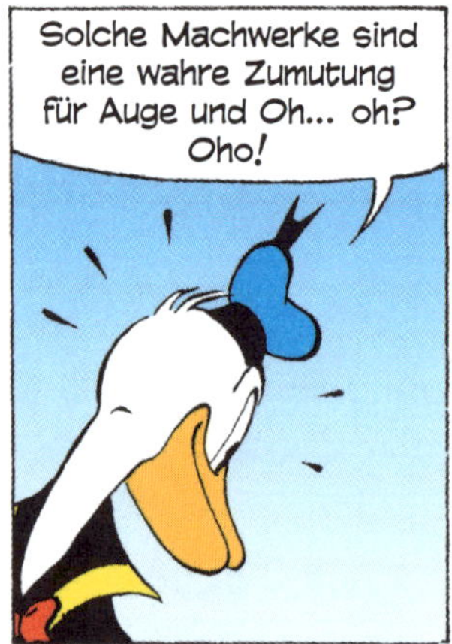
Solche Machwerke sind eine wahre Zumutung für Auge und Oh... oh? Oho!

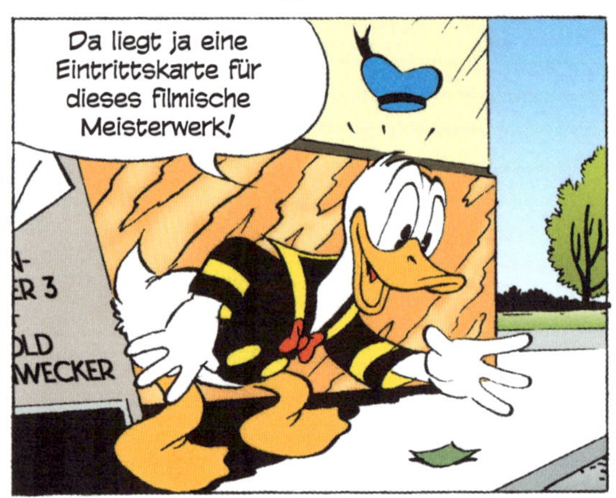
Da liegt ja eine Eintrittskarte für dieses filmische Meisterwerk!

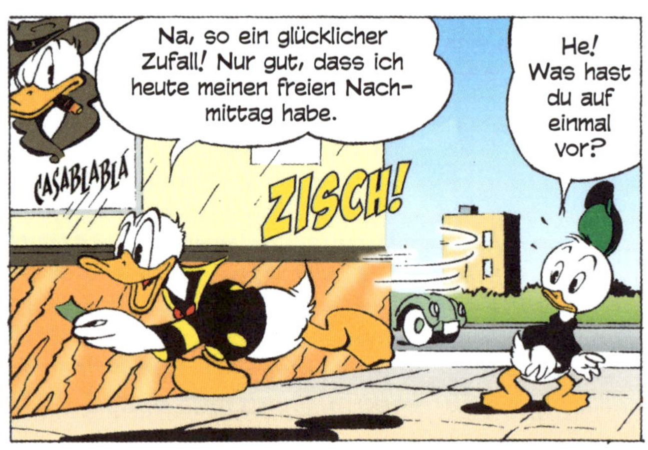
CASABLABLA
Na, so ein glücklicher Zufall! Nur gut, dass ich heute meinen freien Nachmittag habe.
ZISCH!
He! Was hast du auf einmal vor?

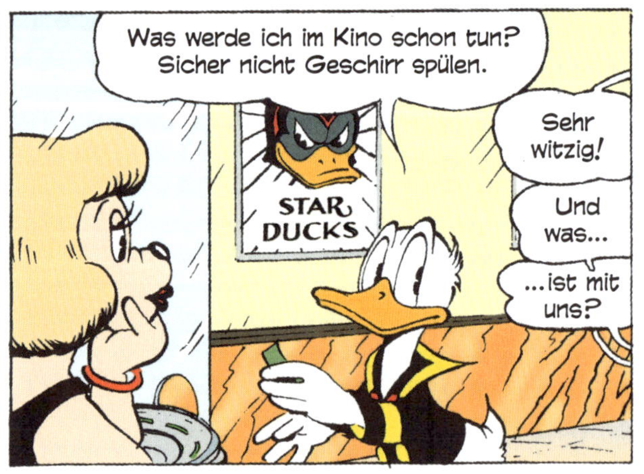
Was werde ich im Kino schon tun? Sicher nicht Geschirr spülen.
STAR DUCKS
Sehr witzig!
Und was...
...ist mit uns?

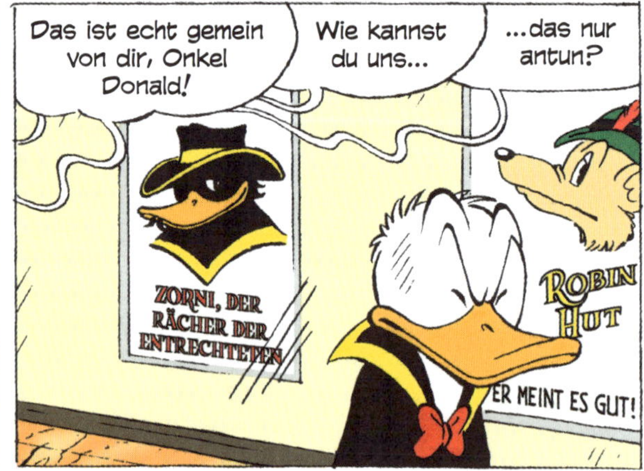
Das ist echt gemein von dir, Onkel Donald!
Wie kannst du uns...
...das nur antun?
ZORNI, DER RÄCHER DER ENTRECHTETEN
ROBIN HUT
ER MEINT ES GUT!

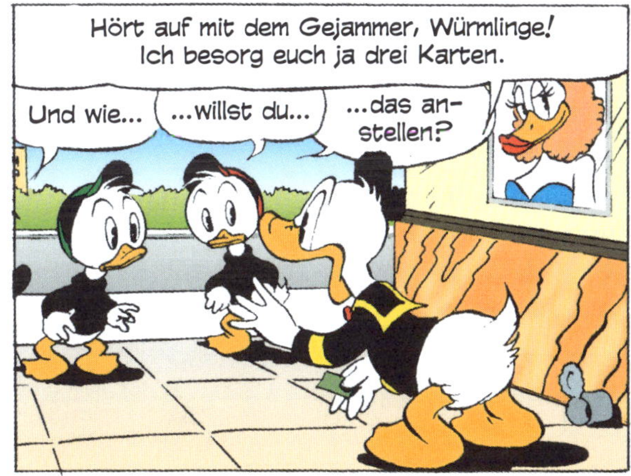
Hört auf mit dem Gejammer, Würmlinge! Ich besorg euch ja drei Karten.
Und wie...
...willst du...
...das anstellen?

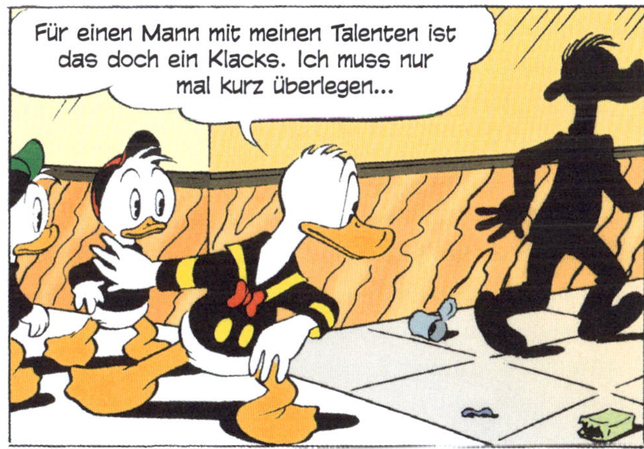
Für einen Mann mit meinen Talenten ist das doch ein Klacks. Ich muss nur mal kurz überlegen...

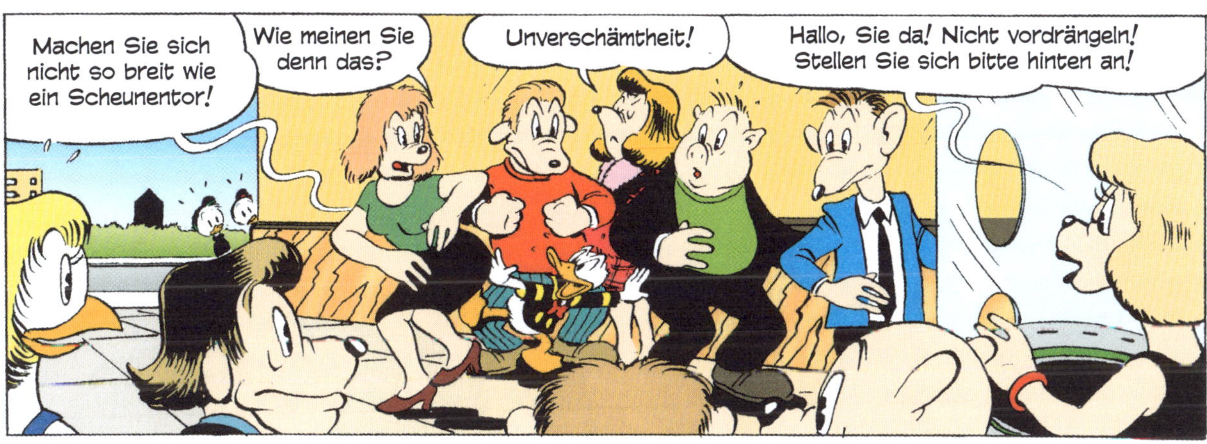
Machen Sie sich nicht so breit wie ein Scheunentor!
Wie meinen Sie denn das?
Unverschämtheit!
Hallo, Sie da! Nicht vordrängeln! Stellen Sie sich bitte hinten an!

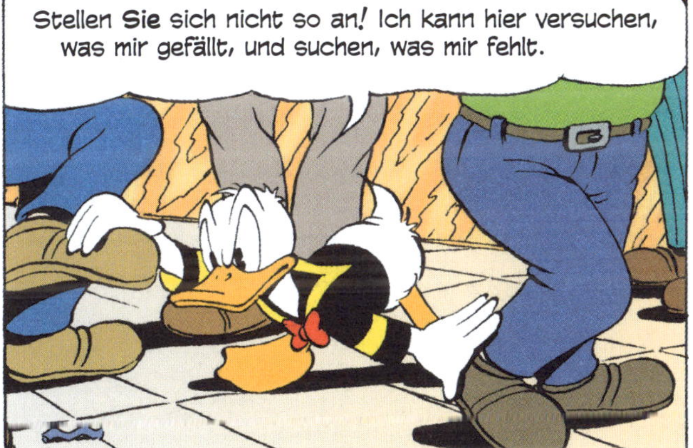
Stellen **Sie** sich nicht so an! Ich kann hier versuchen, was mir gefällt, und suchen, was mir fehlt.

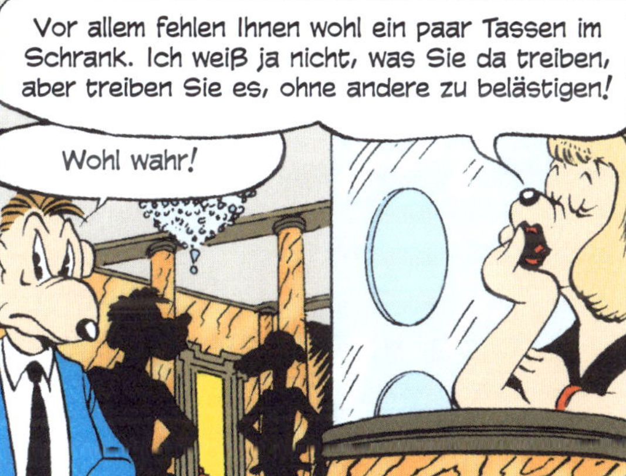
Vor allem fehlen Ihnen wohl ein paar Tassen im Schrank. Ich weiß ja nicht, was Sie da treiben, aber treiben Sie es, ohne andere zu belästigen!
Wohl wahr!

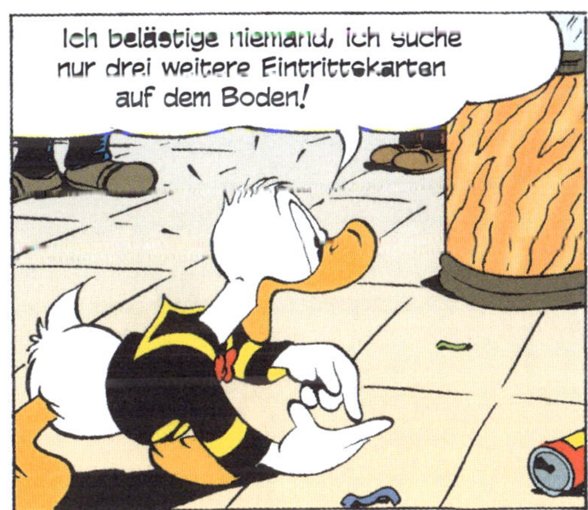
Ich belästige niemand, ich suche nur drei weitere Eintrittskarten auf dem Boden!

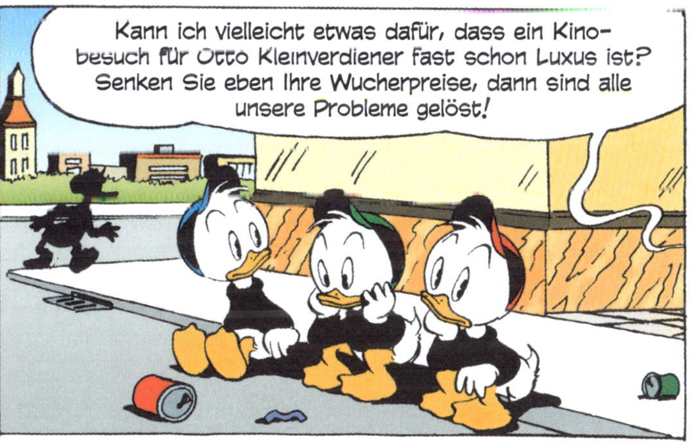
Kann ich vielleicht etwas dafür, dass ein Kinobesuch für Otto Kleinverdiener fast schon Luxus ist? Senken Sie eben Ihre Wucherpreise, dann sind alle unsere Probleme gelöst!

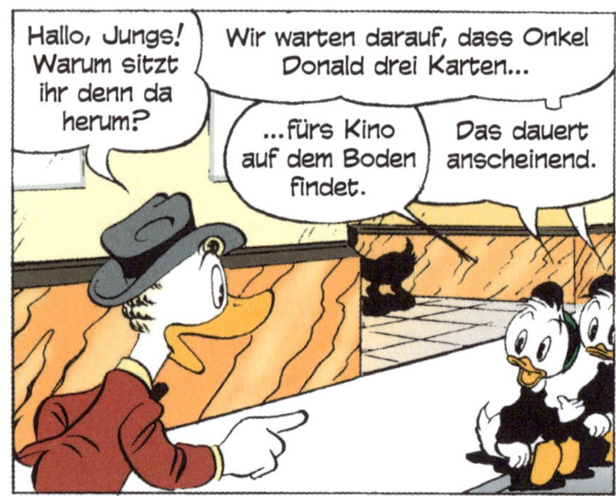
Hallo, Jungs! Warum sitzt ihr denn da herum?
Wir warten darauf, dass Onkel Donald drei Karten...
...fürs Kino auf dem Boden findet.
Das dauert anscheinend.

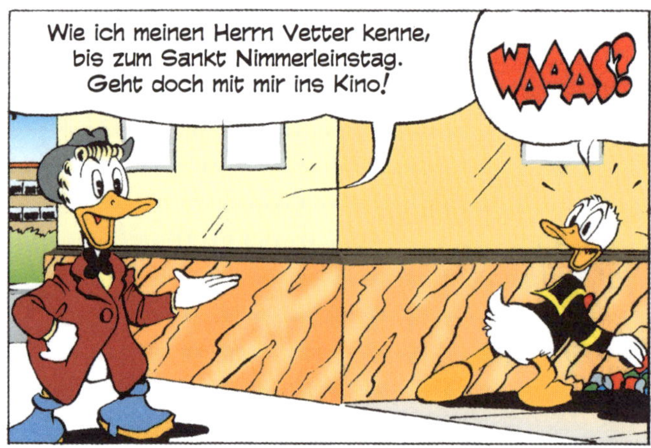
Wie ich meinen Herrn Vetter kenne, bis zum Sankt Nimmerleinstag. Geht doch mit mir ins Kino!
WAAAS?

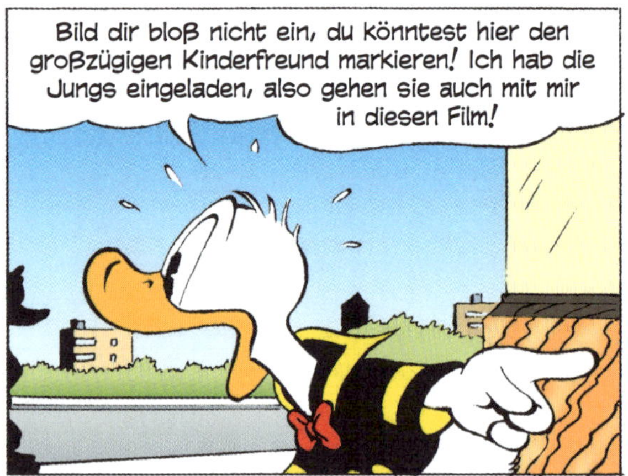
Bild dir bloß nicht ein, du könntest hier den großzügigen Kinderfreund markieren! Ich hab die Jungs eingeladen, also gehen sie auch mit mir in diesen Film!

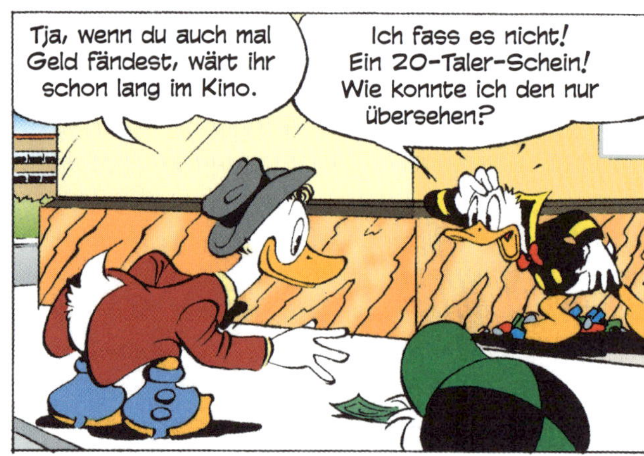
Tja, wenn du auch mal Geld fändest, wärt ihr schon lang im Kino.
Ich fass es nicht! Ein 20-Taler-Schein! Wie konnte ich den nur übersehen?

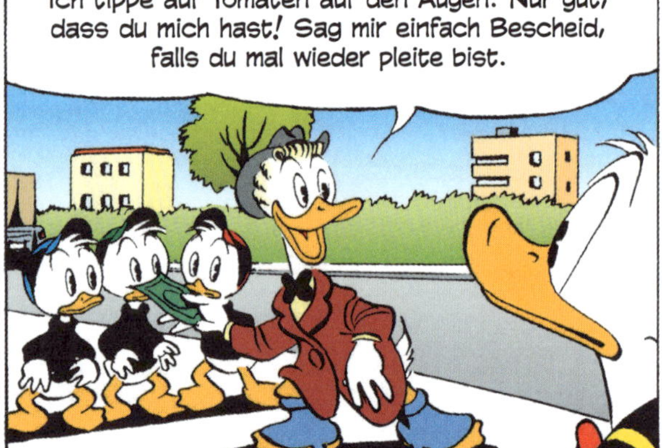
Ich tippe auf Tomaten auf den Augen. Nur gut, dass du mich hast! Sag mir einfach Bescheid, falls du mal wieder pleite bist.

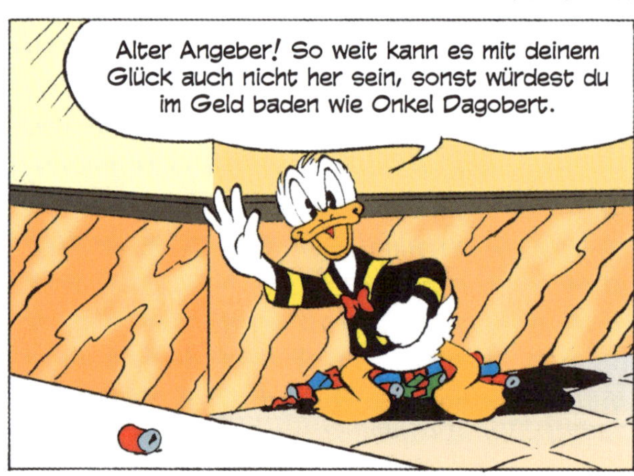
Alter Angeber! So weit kann es mit deinem Glück auch nicht her sein, sonst würdest du im Geld baden wie Onkel Dagobert.

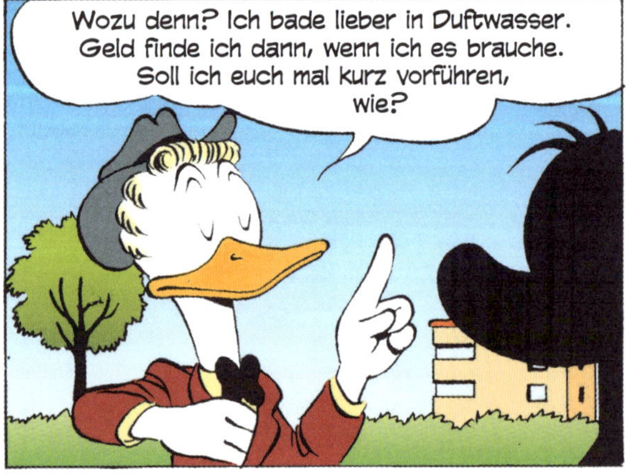
Wozu denn? Ich bade lieber in Duftwasser. Geld finde ich dann, wenn ich es brauche. Soll ich euch mal kurz vorführen, wie?

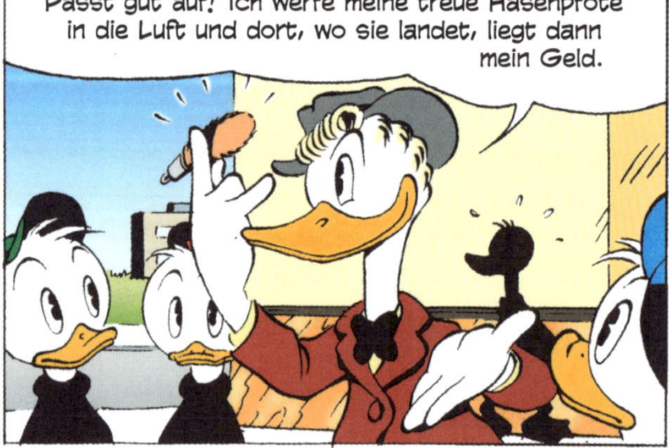
Passt gut auf! Ich werfe meine treue Hasenpfote in die Luft und dort, wo sie landet, liegt dann mein Geld.

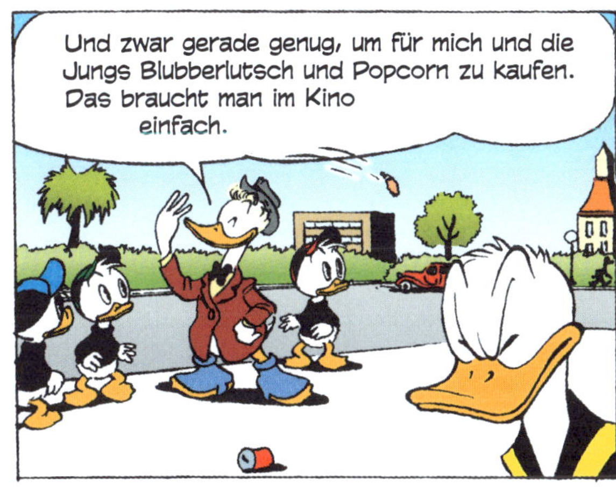
Und zwar gerade genug, um für mich und die
Jungs Blubberlutsch und Popcorn zu kaufen.
Das braucht man im Kino
einfach.

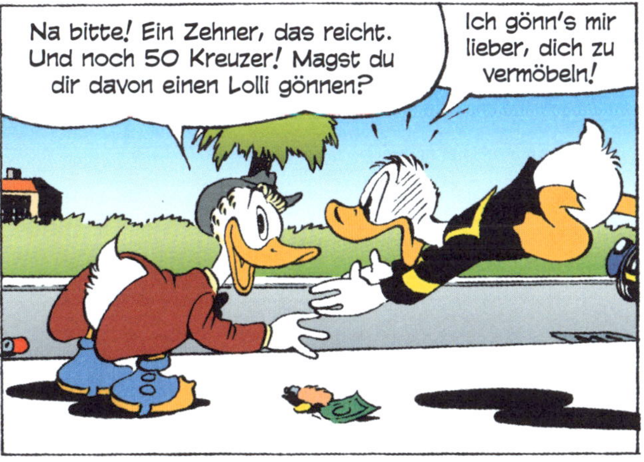
Na bitte! Ein Zehner, das reicht.
Und noch 50 Kreuzer! Magst du
dir davon einen Lolli gönnen?
Ich gönn's mir
lieber, dich zu
vermöbeln!

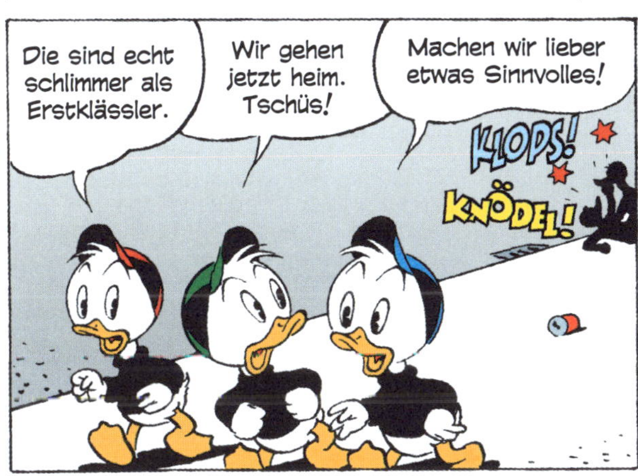
Die sind echt
schlimmer als
Erstklässler.
Wir gehen
jetzt heim.
Tschüs!
Machen wir lieber
etwas Sinnvolles!
KLOPS!
KNÖDEL!

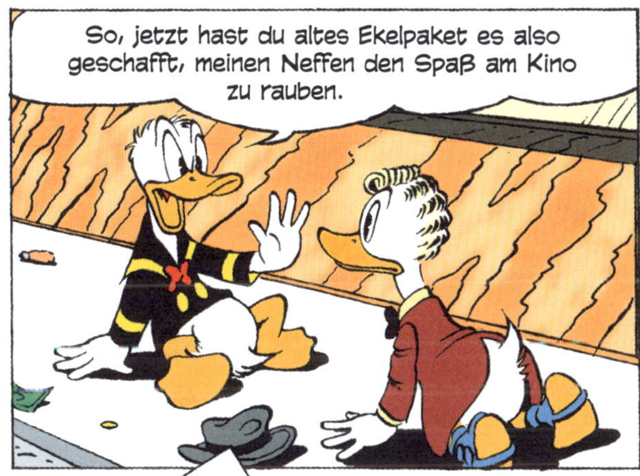
So, jetzt hast du altes Ekelpaket es also
geschafft, meinen Neffen den Spaß am Kino
zu rauben.

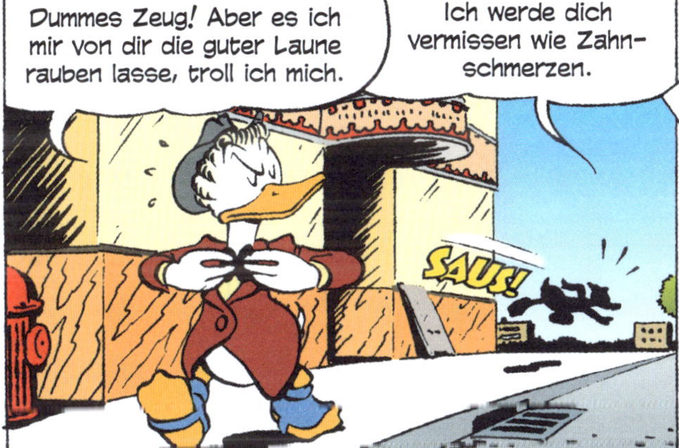
Dummes Zeug! Aber es ich
mir von dir die guter Laune
rauben lasse, troll ich mich.
Ich werde dich
vermissen wie Zahn-
schmerzen.
SAUS!

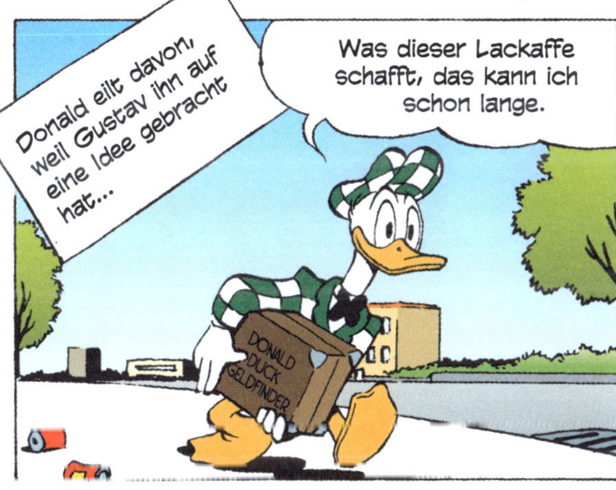
Donald eilt davon,
weil Gustav ihn auf
eine Idee gebracht
hat...
Was dieser Lackaffe
schafft, das kann ich
schon lange.
DONALD
DUCK
GELDFINDER

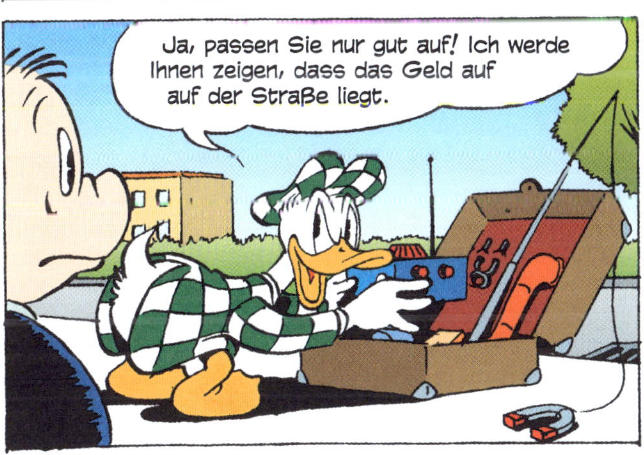
Ja, passen Sie nur gut auf! Ich werde
Ihnen zeigen, dass das Geld auf
auf der Straße liegt.

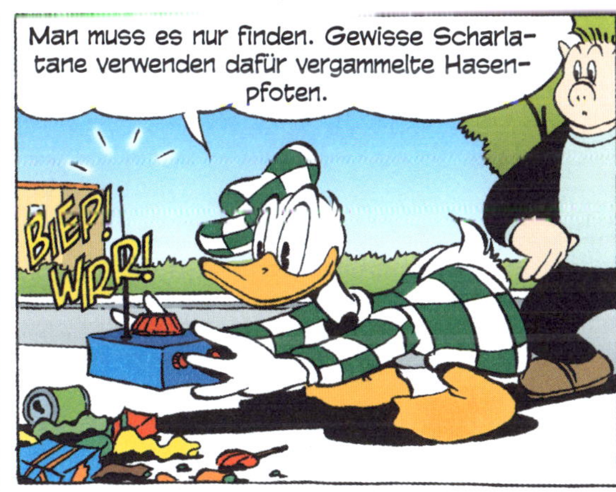
Man muss es nur finden. Gewisse Scharla-
tane verwenden dafür vergammelte Hasen-
pfoten.
BIEP!
WIRR!

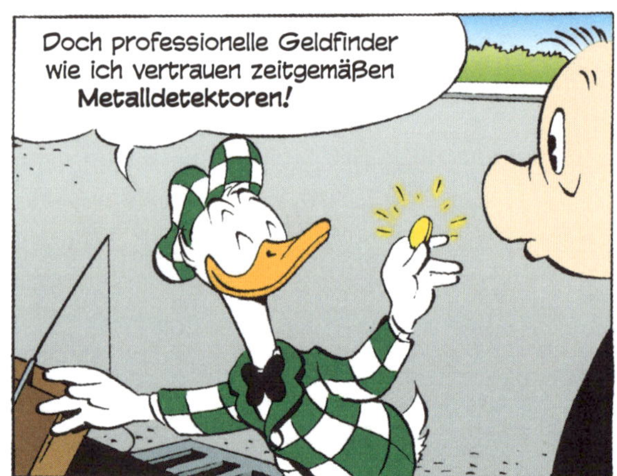
Doch professionelle Geldfinder wie ich vertrauen zeitgemäßen **Metalldetektoren!**

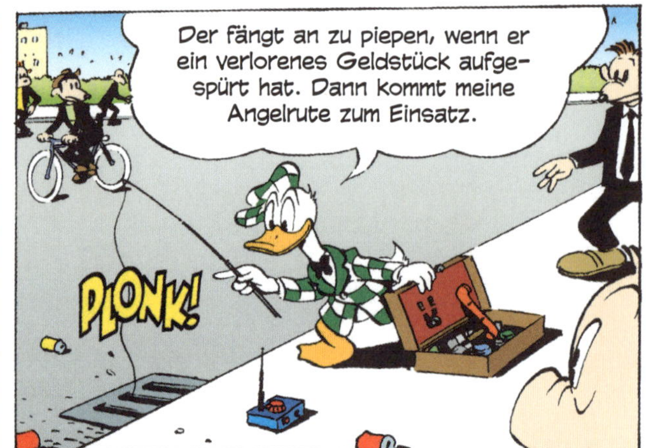
Der fängt an zu piepen, wenn er ein verlorenes Geldstück aufgespürt hat. Dann kommt meine Angelrute zum Einsatz.
PLONK!

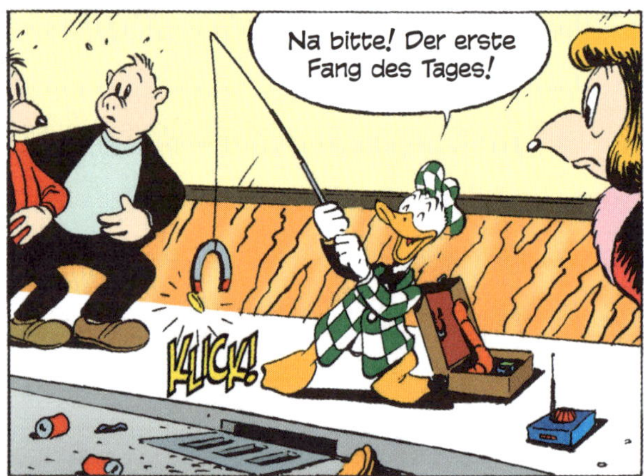
Na bitte! Der erste Fang des Tages!
KLICK!

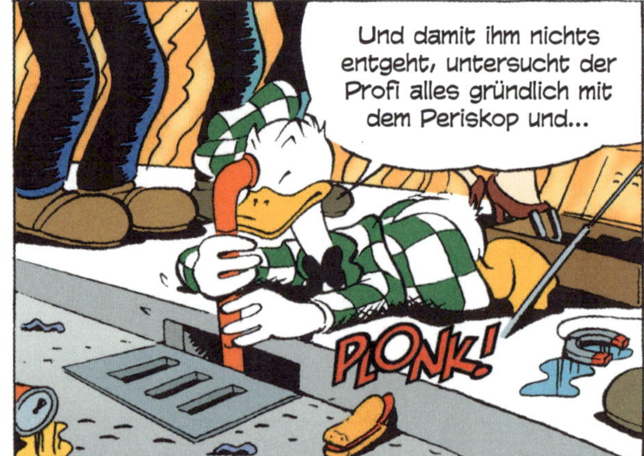
Und damit ihm nichts entgeht, untersucht der Profi alles gründlich mit dem Periskop und...
PLONK!

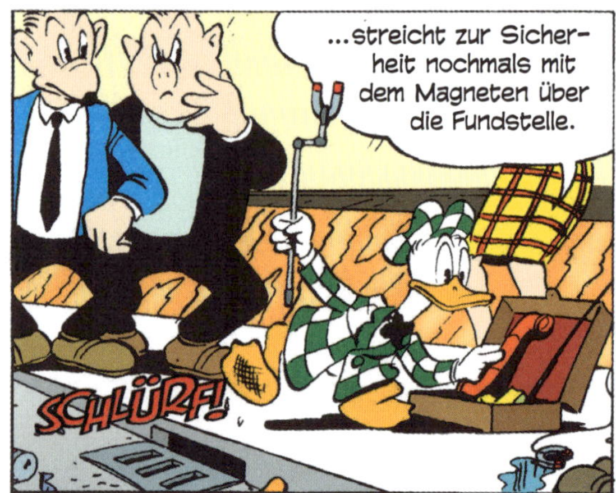
...streicht zur Sicherheit nochmals mit dem Magneten über die Fundstelle.
SCHLÜRF!

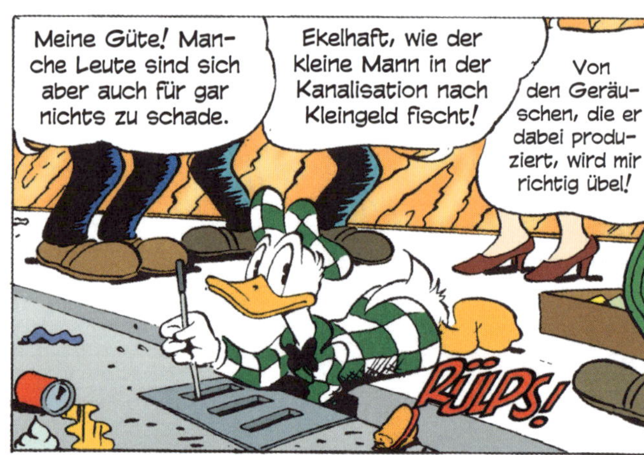
Meine Güte! Manche Leute sind sich aber auch für gar nichts zu schade.
Ekelhaft, wie der kleine Mann in der Kanalisation nach Kleingeld fischt!
Von den Geräuschen, die er dabei produziert, wird mir richtig übel!
RÜLPS!

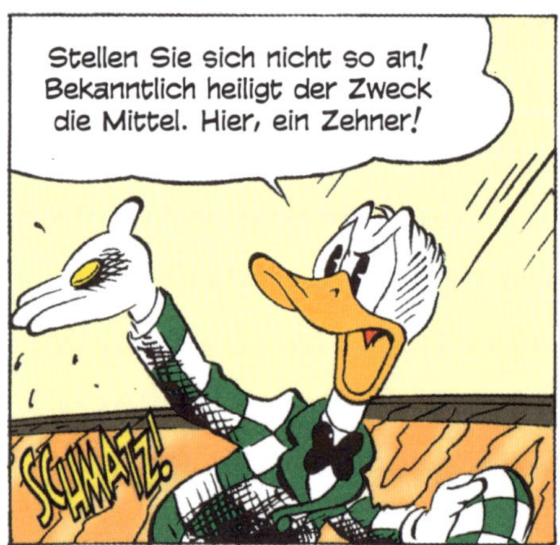
Stellen Sie sich nicht so an! Bekanntlich heiligt der Zweck die Mittel. Hier, ein Zehner!
SCHMATZ!

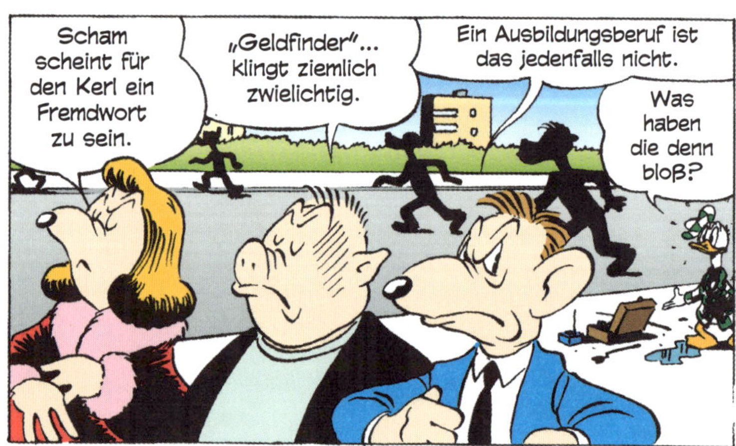
Scham scheint für den Kerl ein Fremdwort zu sein.
„Geldfinder"... klingt ziemlich zwielichtig.
Ein Ausbildungsberuf ist das jedenfalls nicht.
Was haben die denn bloß?

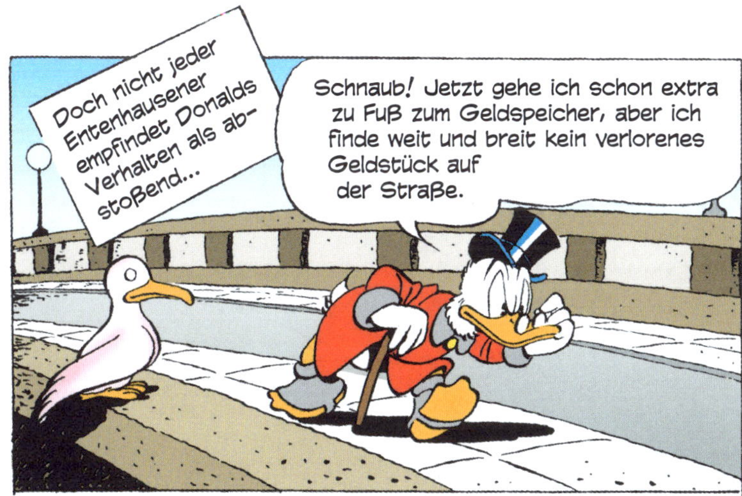
Doch nicht jeder Entenhausener empfindet Donalds Verhalten als abstoßend...
Schnaub! Jetzt gehe ich schon extra zu Fuß zum Geldspeicher, aber ich finde weit und breit kein verlorenes Geldstück auf der Straße.

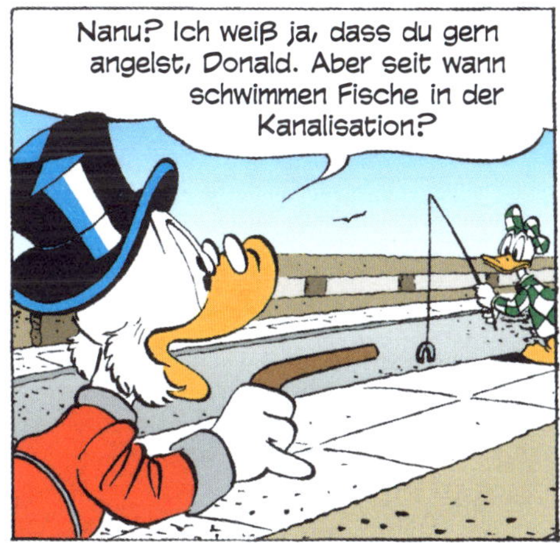
Nanu? Ich weiß ja, dass du gern angelst, Donald. Aber seit wann schwimmen Fische in der Kanalisation?

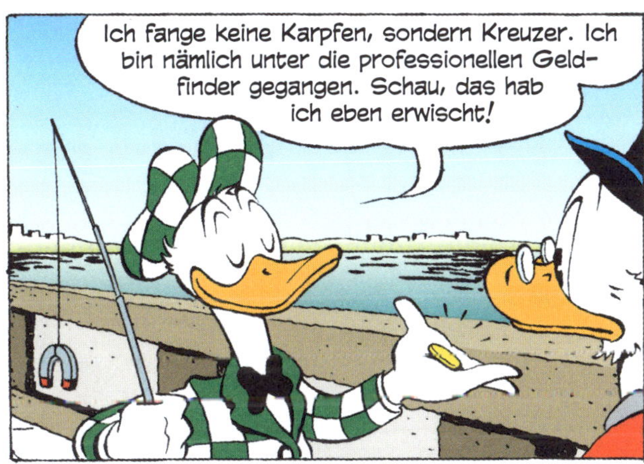
Ich fange keine Karpfen, sondern Kreuzer. Ich bin nämlich unter die professionellen Geldfinder gegangen. Schau, das hab ich eben erwischt!

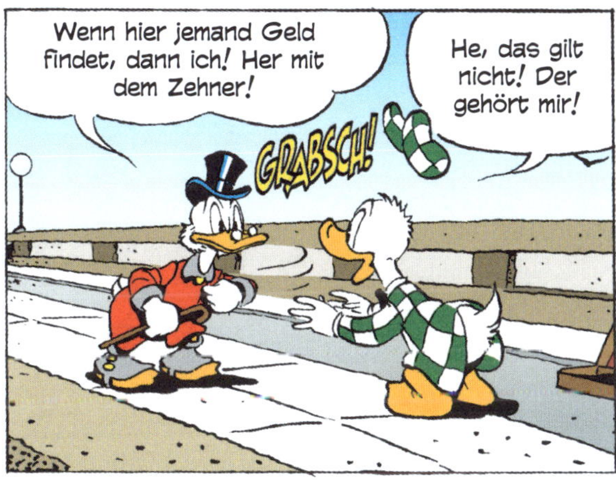
Wenn hier jemand Geld findet, dann ich! Her mit dem Zehner!
GRABSCH!
He, das gilt nicht! Der gehört mir!

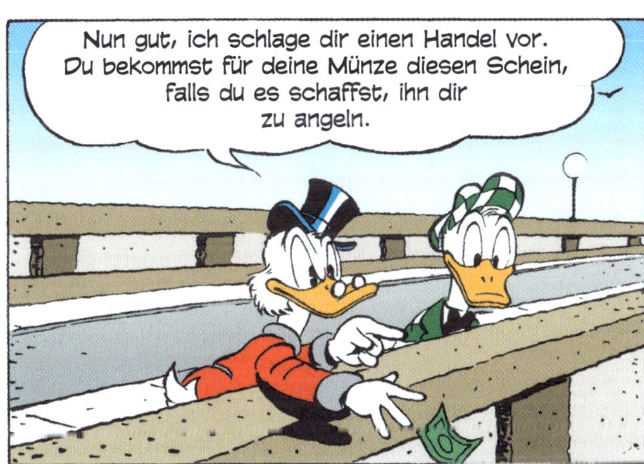
Nun gut, ich schlage dir einen Handel vor. Du bekommst für deine Münze diesen Schein, falls du es schaffst, ihn dir zu angeln.

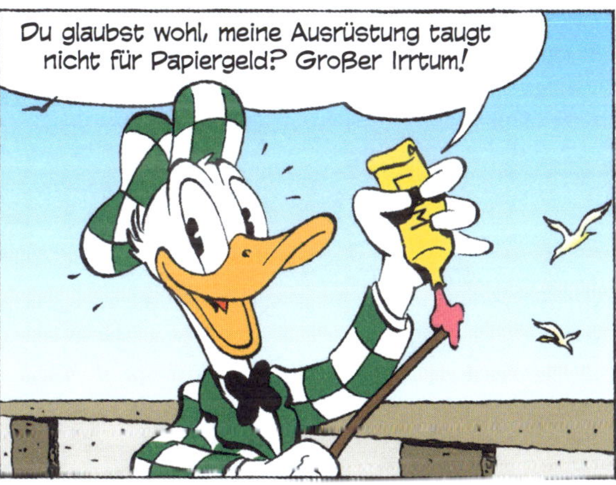
Du glaubst wohl, meine Ausrüstung taugt nicht für Papiergeld? Großer Irrtum!

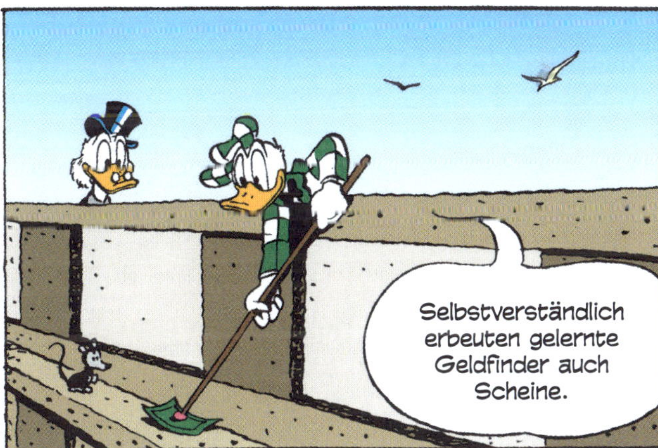
Selbstverständlich erbeuten gelernte Geldfinder auch Scheine.

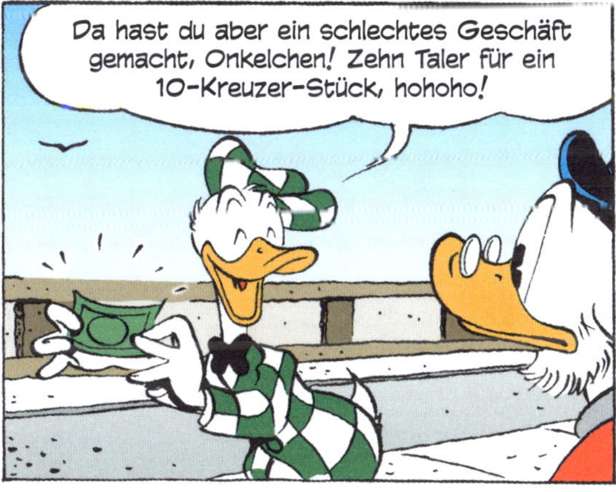
Da hast du aber ein schlechtes Geschäft gemacht, Onkelchen! Zehn Taler für ein 10-Kreuzer-Stück, hohoho!

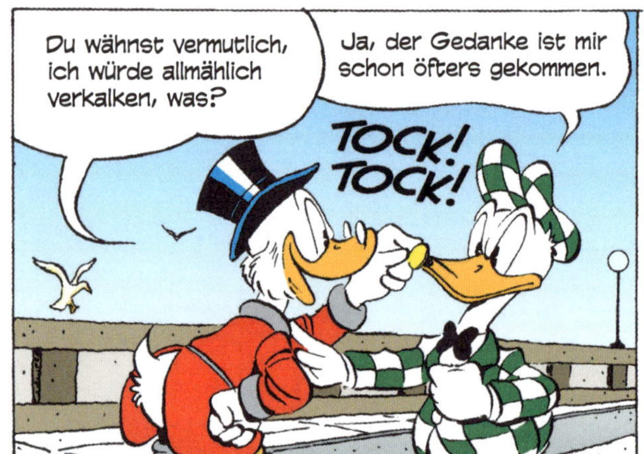
Du wähnst vermutlich, ich würde allmählich verkalken, was?
Ja, der Gedanke ist mir schon öfters gekommen.
TOCK! TOCK!

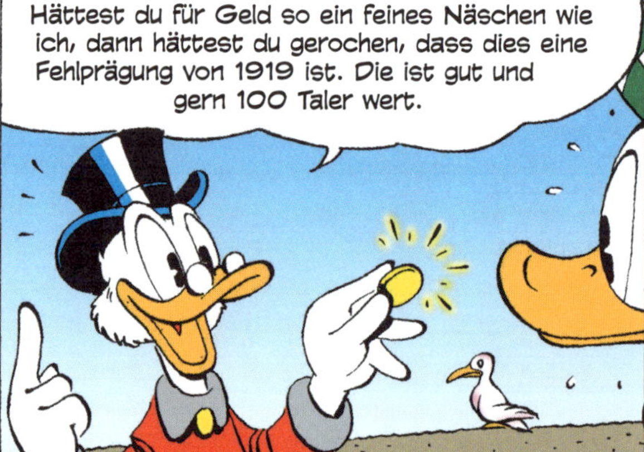
Hättest du für Geld so ein feines Näschen wie ich, dann hättest du gerochen, dass dies eine Fehlprägung von 1919 ist. Die ist gut und gern 100 Taler wert.

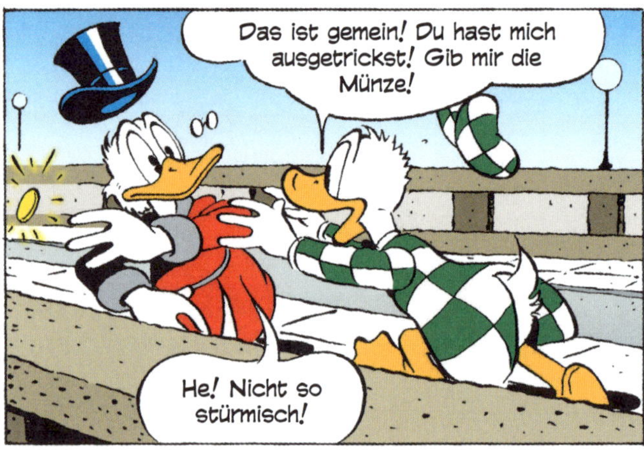
Das ist gemein! Du hast mich ausgetrickst! Gib mir die Münze!
He! Nicht so stürmisch!

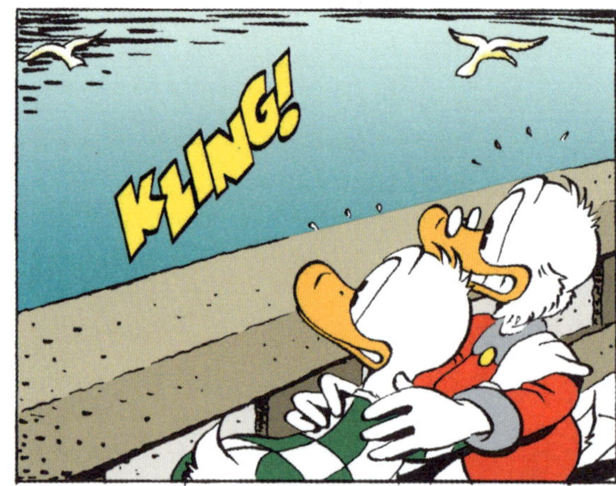
KLING!

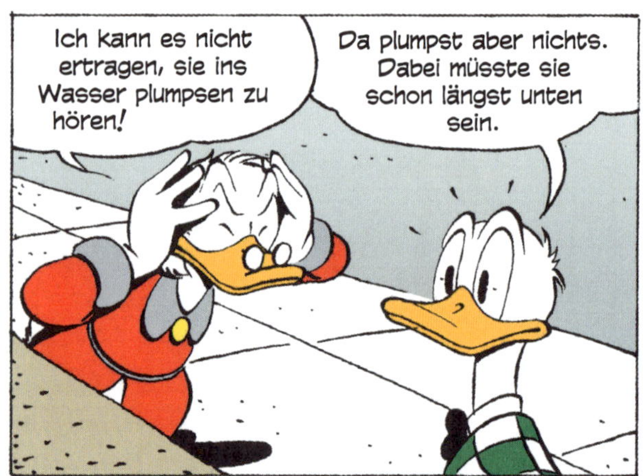
Ich kann es nicht ertragen, sie ins Wasser plumpsen zu hören!
Da plumpst aber nichts. Dabei müsste sie schon längst unten sein.

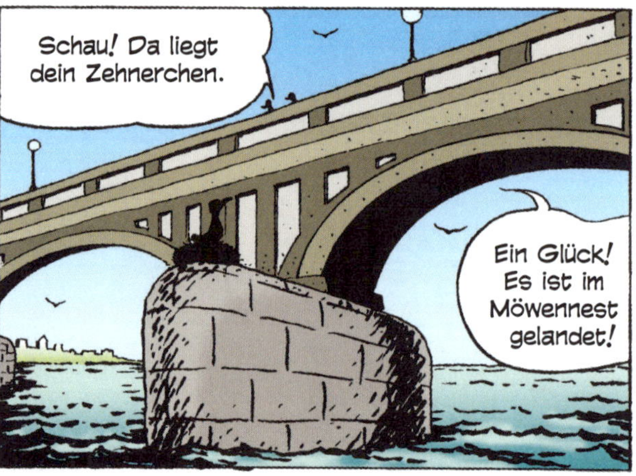
Schau! Da liegt dein Zehnerchen.
Ein Glück! Es ist im Möwennest gelandet!

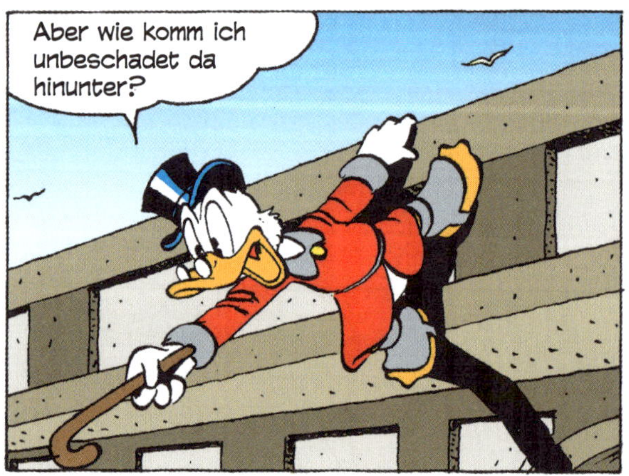
Aber wie komm ich unbeschadet da hinunter?

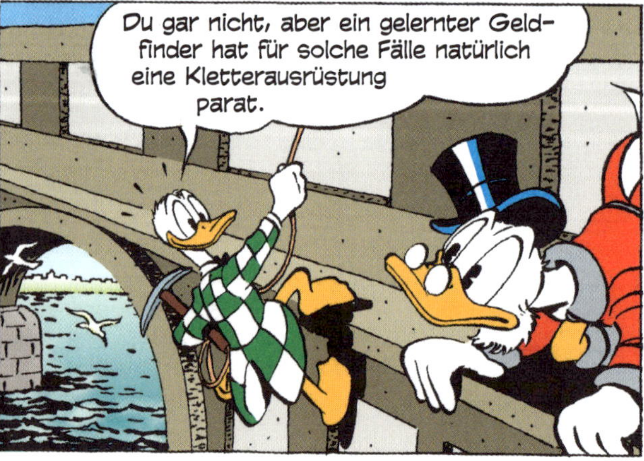
Du gar nicht, aber ein gelernter Geld-finder hat für solche Fälle natürlich eine Kletterausrüstung parat.

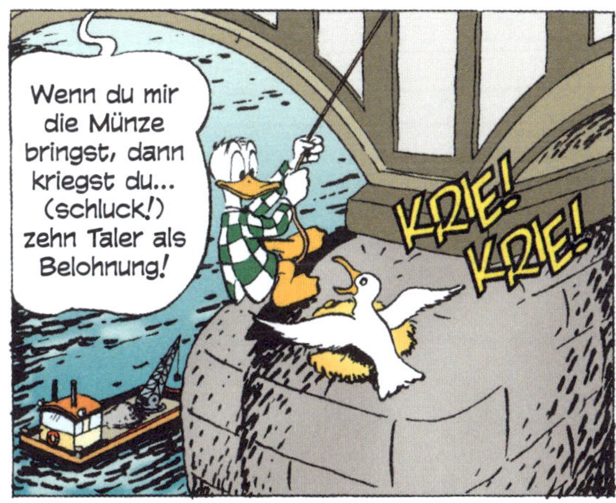
Wenn du mir die Münze bringst, dann kriegst du... (schluck!) zehn Taler als Belohnung!
KRIE! KRIE!

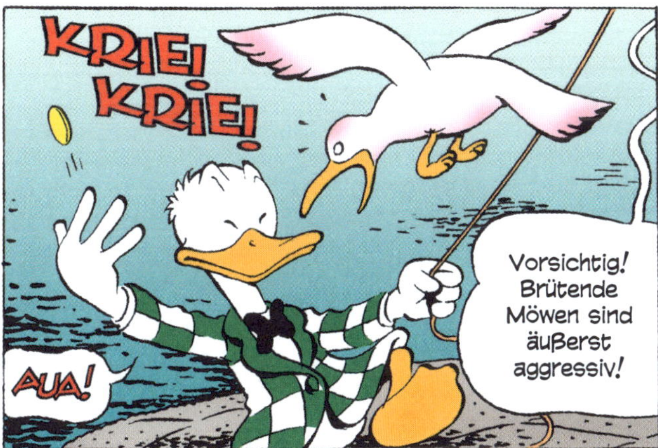
KRIE! KRIE!
AUA!
Vorsichtig! Brütende Möwen sind äußerst aggressiv!

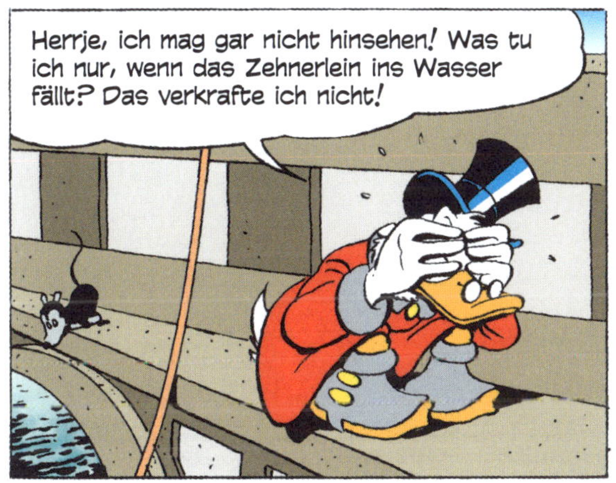
Herrje, ich mag gar nicht hinsehen! Was tu ich nur, wenn das Zehnerlein ins Wasser fällt? Das verkrafte ich nicht!

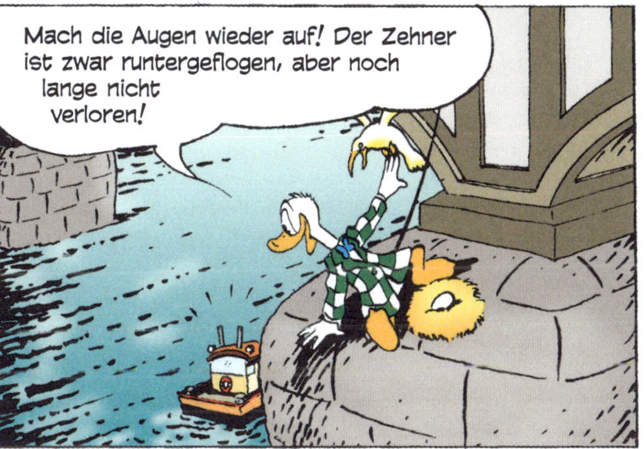
Mach die Augen wieder auf! Der Zehner ist zwar runtergeflogen, aber noch lange nicht verloren!

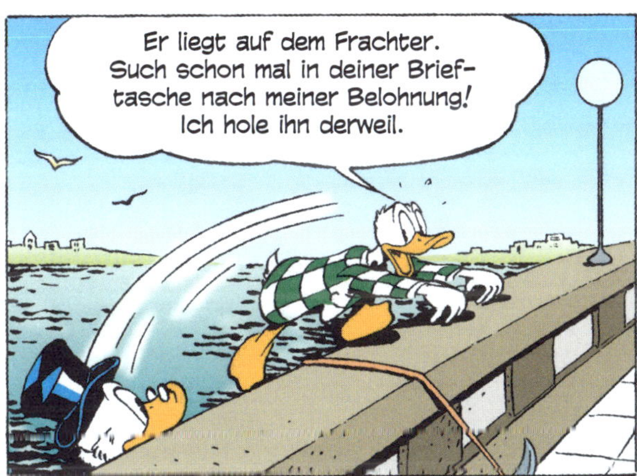
Er liegt auf dem Frachter. Such schon mal in deiner Brieftasche nach meiner Belohnung! Ich hole ihn derweil.

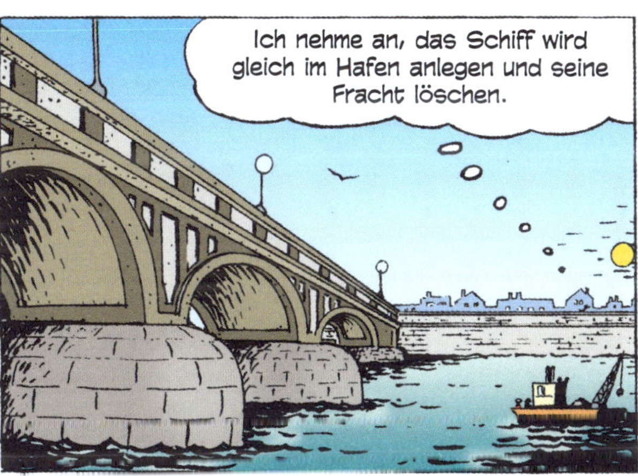
Ich nehme an, das Schiff wird gleich im Hafen anlegen und seine Fracht löschen.

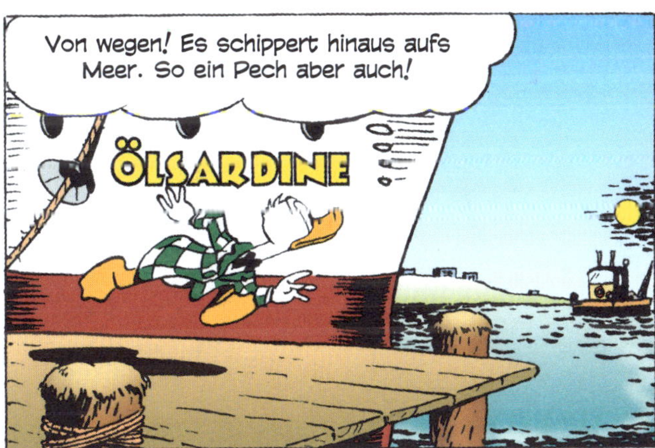
Von wegen! Es schippert hinaus aufs Meer. So ein Pech aber auch!
ÖLSARDINE

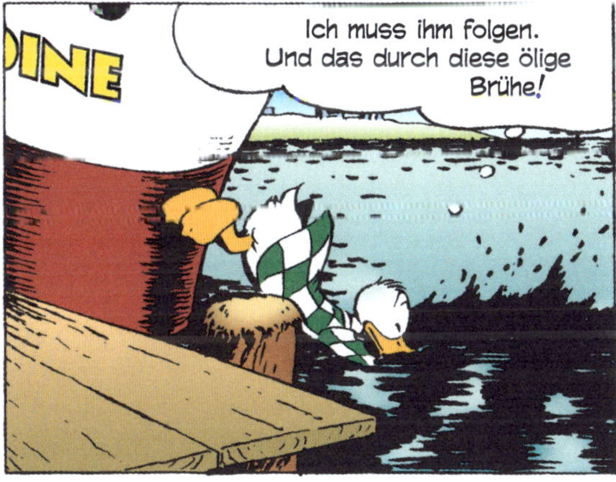
DINE
Ich muss ihm folgen. Und das durch diese ölige Brühe!

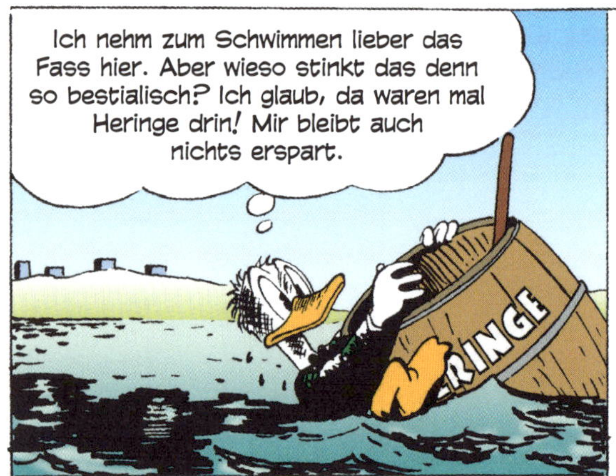
Ich nehm zum Schwimmen lieber das Fass hier. Aber wieso stinkt das denn so bestialisch? Ich glaub, da waren mal Heringe drin! Mir bleibt auch nichts erspart.
HERINGE

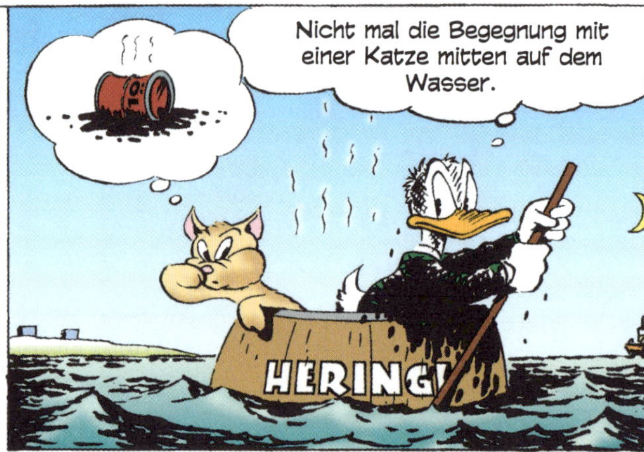
Nicht mal die Begegnung mit einer Katze mitten auf dem Wasser.
HERINGE

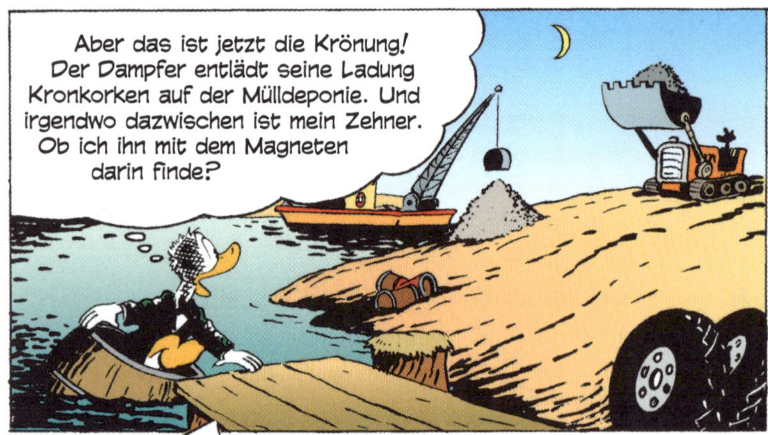
Aber das ist jetzt die Krönung! Der Dampfer entlädt seine Ladung Kronkorken auf der Mülldeponie. Und irgendwo dazwischen ist mein Zehner. Ob ich ihn mit dem Magneten darin finde?

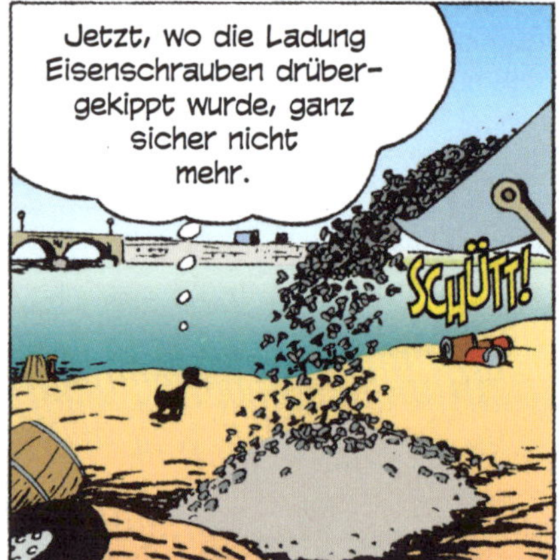
Jetzt, wo die Ladung Eisenschrauben drübergekippt wurde, ganz sicher nicht mehr.
SCHÜTT!

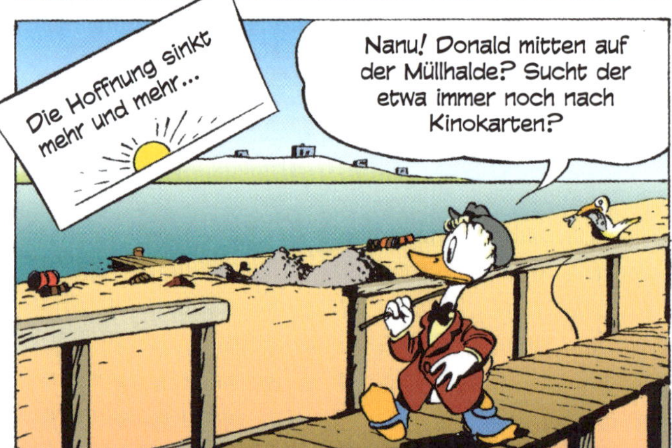
Die Hoffnung sinkt mehr und mehr ...
Nanu! Donald mitten auf der Müllhalde? Sucht der etwa immer noch nach Kinokarten?

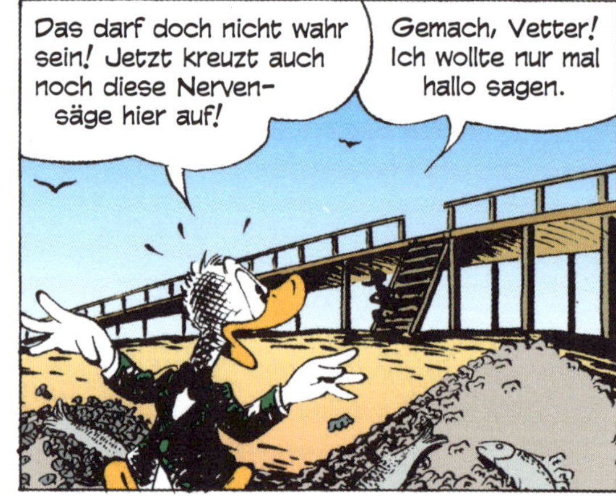
Das darf doch nicht wahr sein! Jetzt kreuzt auch noch diese Nervensäge hier auf!
Gemach, Vetter! Ich wollte nur mal hallo sagen.

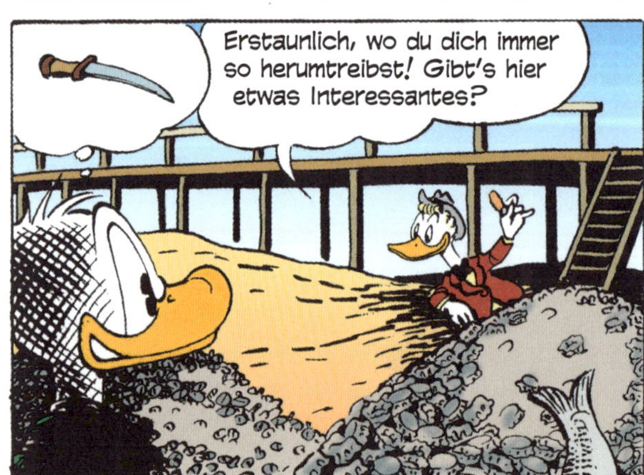
Erstaunlich, wo du dich immer so herumtreibst! Gibt's hier etwas Interessantes?

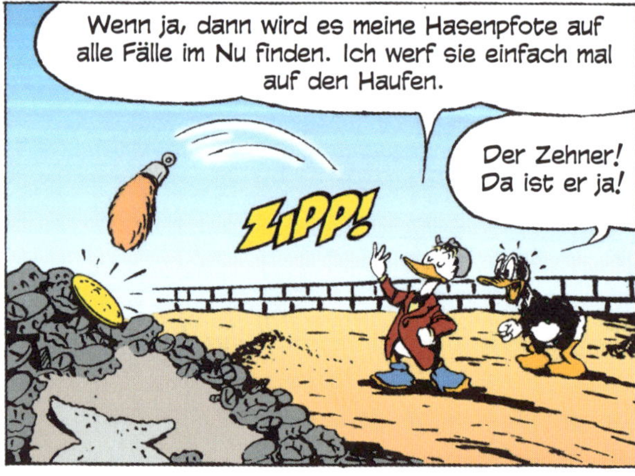
Wenn ja, dann wird es meine Hasenpfote auf alle Fälle im Nu finden. Ich werf sie einfach mal auf den Haufen.
ZIPP!
Der Zehner! Da ist er ja!

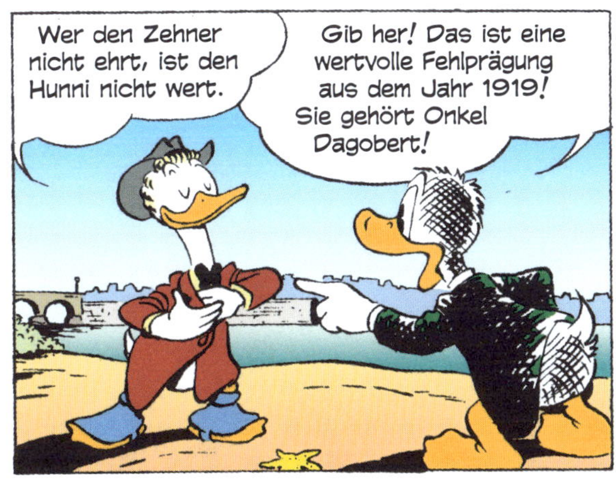
Wer den Zehner nicht ehrt, ist den Hunni nicht wert.
Gib her! Das ist eine wertvolle Fehlprägung aus dem Jahr 1919! Sie gehört Onkel Dagobert!

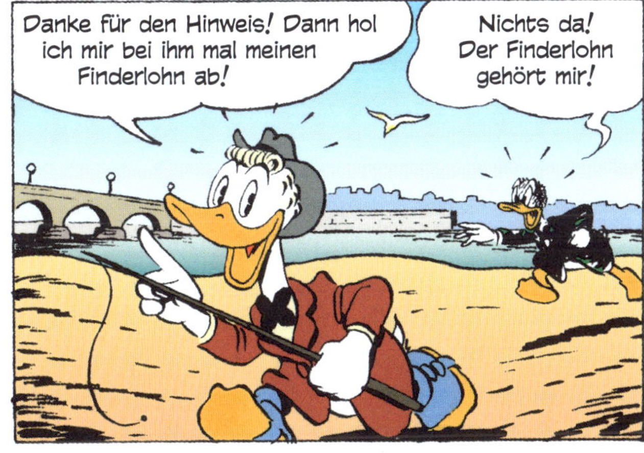
Danke für den Hinweis! Dann hol ich mir bei ihm mal meinen Finderlohn ab!
Nichts da! Der Finderlohn gehört mir!

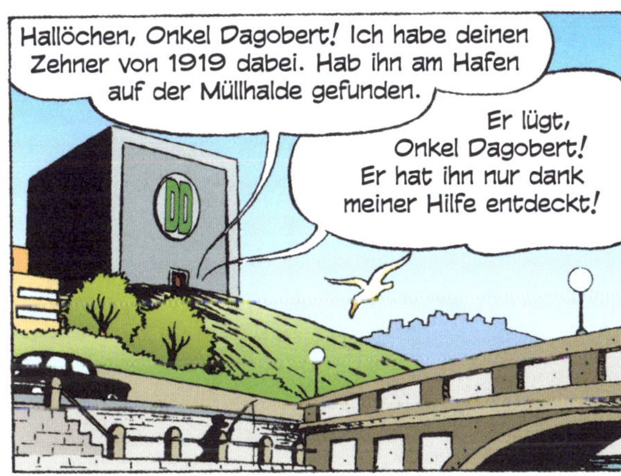
Hallöchen, Onkel Dagobert! Ich habe deinen Zehner von 1919 dabei. Hab ihn am Hafen auf der Müllhalde gefunden.
Er lügt, Onkel Dagobert! Er hat ihn nur dank meiner Hilfe entdeckt!

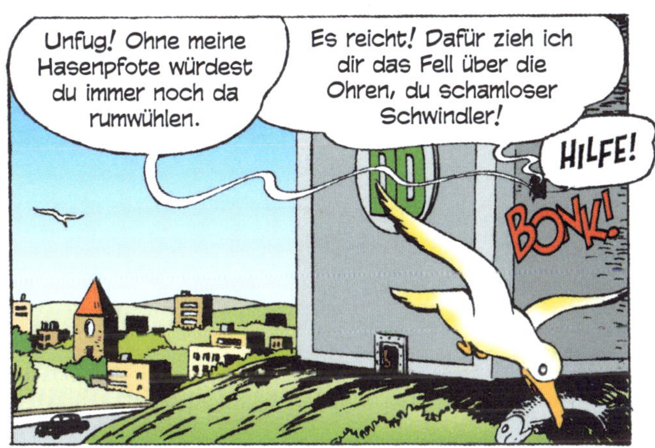
Unfug! Ohne meine Hasenpfote würdest du immer noch da rumwühlen.
Es reicht! Dafür zieh ich dir das Fell über die Ohren, du schamloser Schwindler!
HILFE!
BONK!

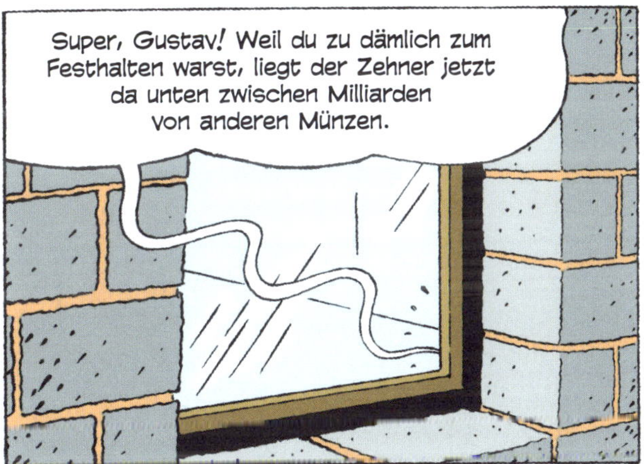
Super, Gustav! Weil du zu dämlich zum Festhalten warst, liegt der Zehner jetzt da unten zwischen Milliarden von anderen Münzen.

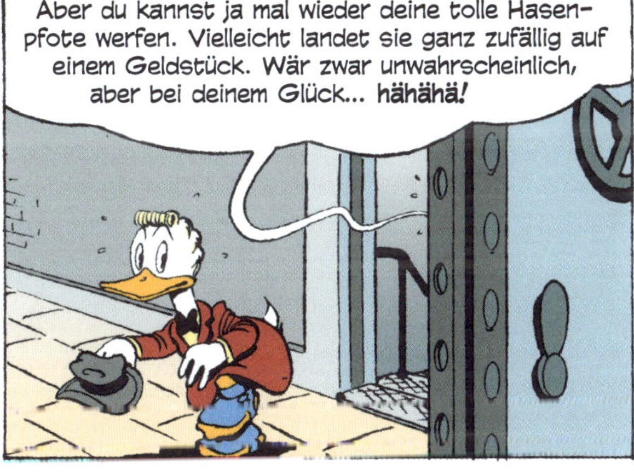
Aber du kannst ja mal wieder deine tolle Hasenpfote werfen. Vielleicht landet sie ganz zufällig auf einem Geldstück. Wär zwar unwahrscheinlich, aber bei deinem Glück... **hähähä!**

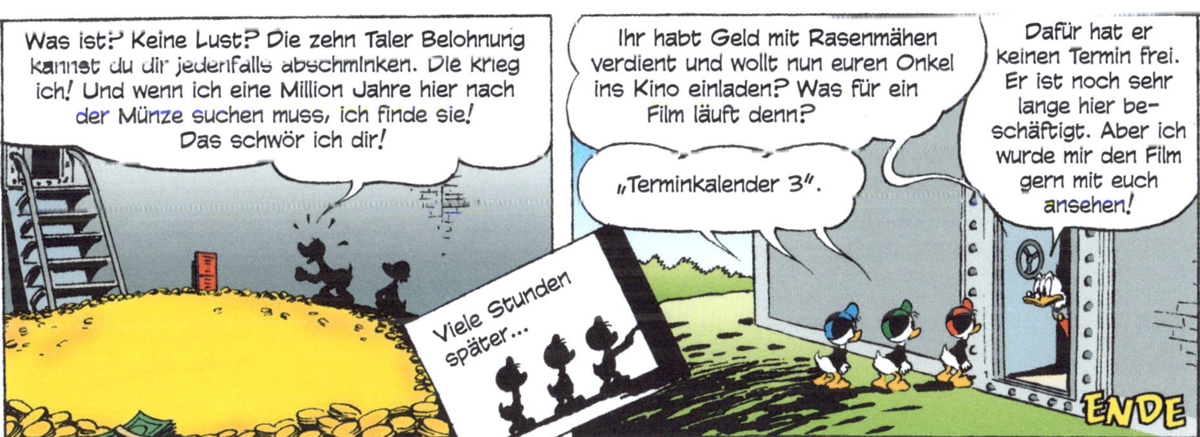
Was ist? Keine Lust? Die zehn Taler Belohnung kannst du dir jedenfalls abschminken. Die krieg ich! Und wenn ich eine Million Jahre hier nach der Münze suchen muss, ich finde sie! Das schwör ich dir!
Viele Stunden später...
Ihr habt Geld mit Rasenmähen verdient und wollt nun euren Onkel ins Kino einladen? Was für ein Film läuft denn?
„Terminkalender 3".
Dafür hat er keinen Termin frei. Er ist noch sehr lange hier beschäftigt. Aber ich würde mir den Film gern mit euch ansehen!
ENDE

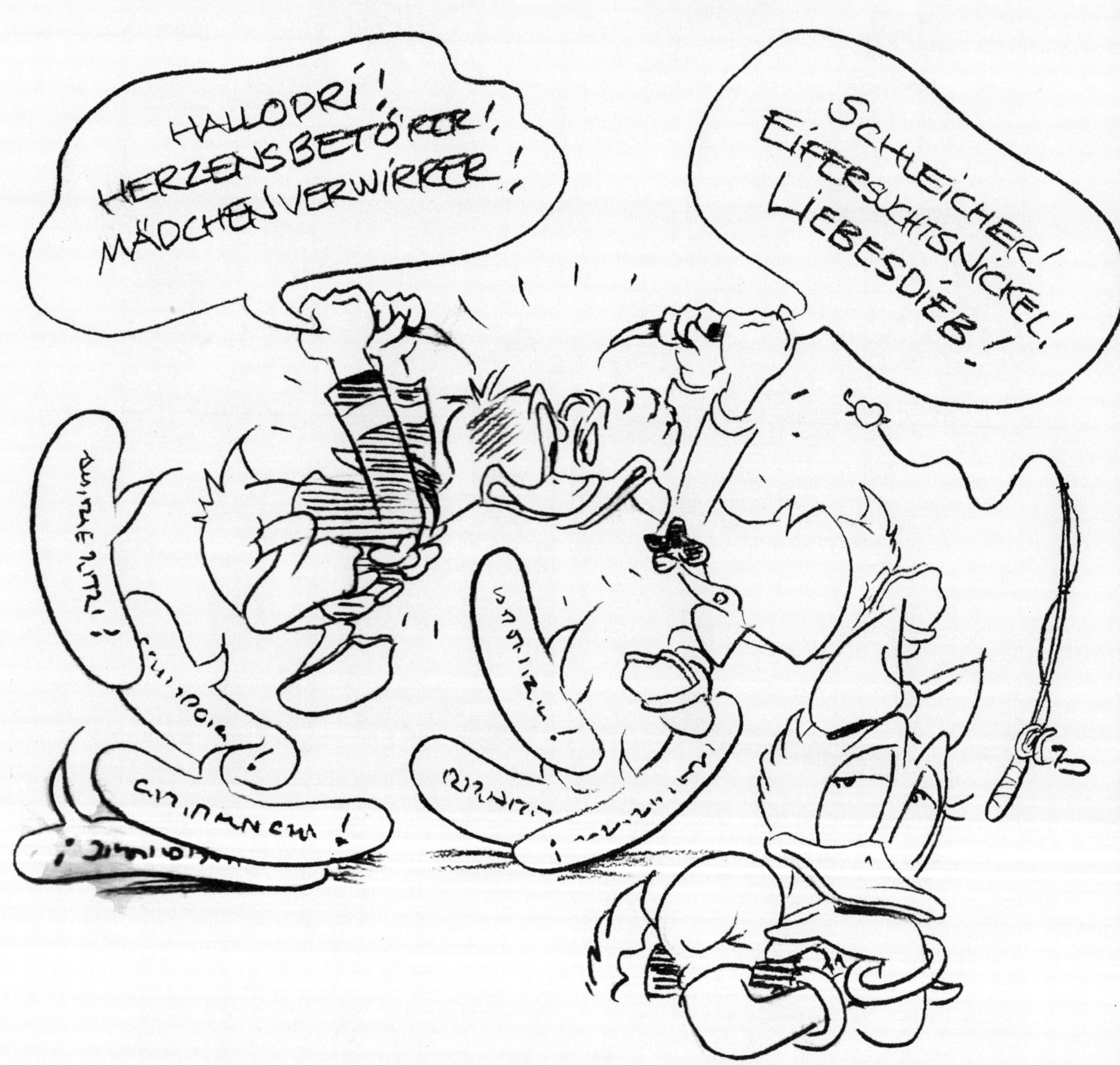
HALLODRI! HERZENSBETÖRER! MÄDCHENVERWIRRER!
SCHLEICHER! EIFERSUCHTSNICKEL! LIEBESDIEB!

Man lernt immer wieder etwas Neues.
Bei einer Geschichte, die hier keinen Platz fand, fummelte ich lange Zeit vergeblich an einem bestimmten Dialogsatz herum. Nichts von dem, was mir einfiel, wollte richtig zünden. Nach zahllosen Fehlversuchen kam ich dann irgendwann doch auf den richtigen Dreh. In der betreffenden Szene ist Donald auf der Suche nach einer unwiederbringlichen Briefmarke. Dabei geht er einem Briefträger ans Allerheiligste und wühlt in dessen Postsack herum.
Der hünenhafte Beamte blickt drohend auf den Frechling herab.
Was läge dabei näher, als wenn Donald sich über den gestrengen Wächter des Briefgeheimnisses lustig macht? Doch lahme Witze über vorschriftsversessene Beamte gibt es bis zum Abwinken.
Außerdem war nicht der Postbote die Witzfigur, sondern Donald.
Welcher Dämlack wühlt schon unter dem Auge des Gesetzes völlig ungerührt in fremden Briefen herum?
Fallen dabei etwa geschliffene Worte?
Nein, im echten Leben sagt man in so einer Situation:
„Ich hab's gleich."
So passt das.
Noch trockener geriet mir nur der Schlusssatz der nun folgenden Geschichte, einem turbulenten Drama um Liebe und Eifersucht.
Welcher Spruch könnte eine solche Geschichte besser beenden als:
„Haltet die Klappe. Ihr verscheucht die Fische"? *

**(gilt nicht für hemmungslos romantische Leser)*

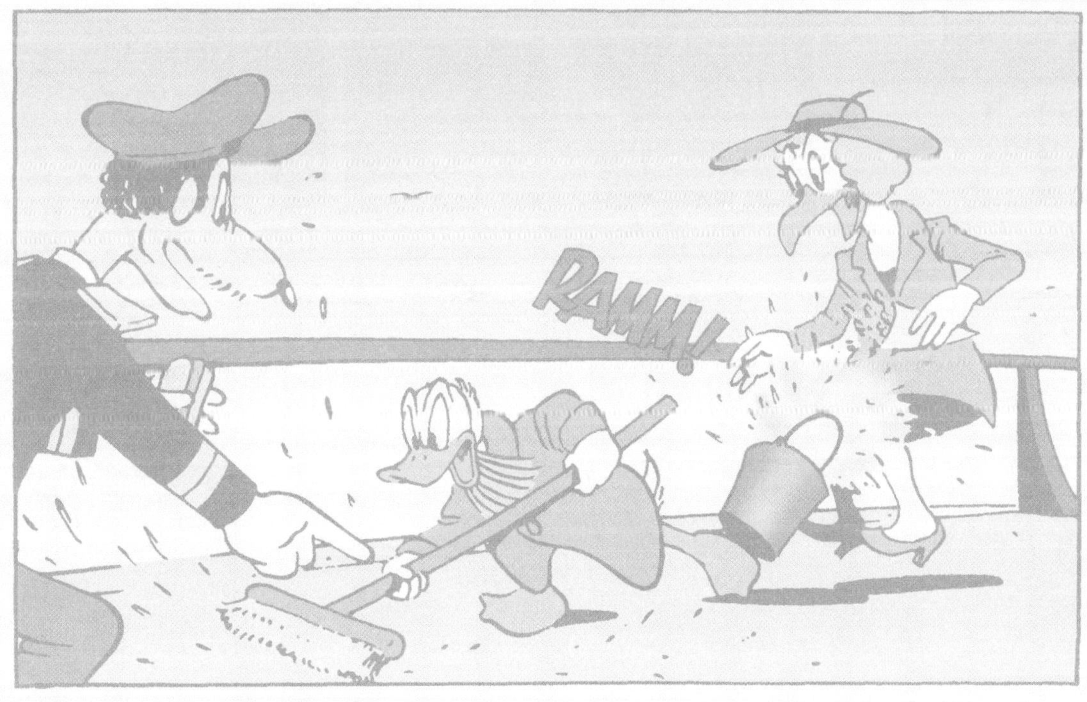

Walt Disney

Tumult auf See

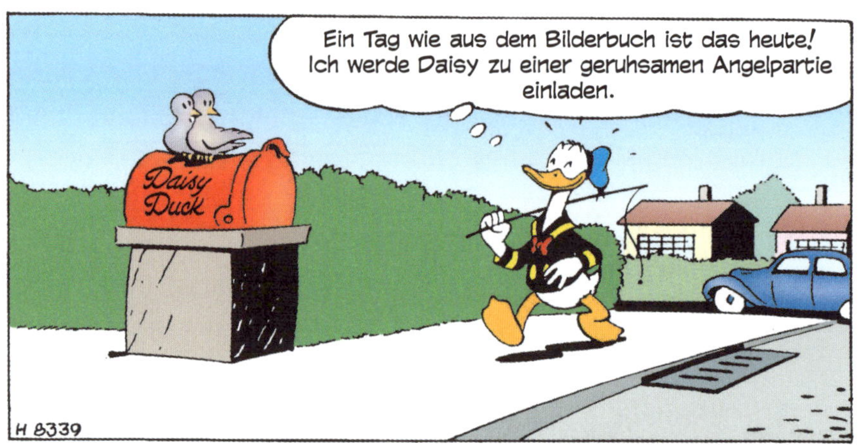

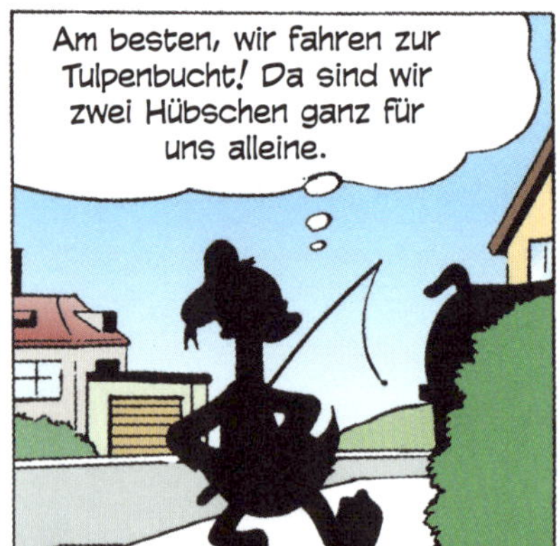

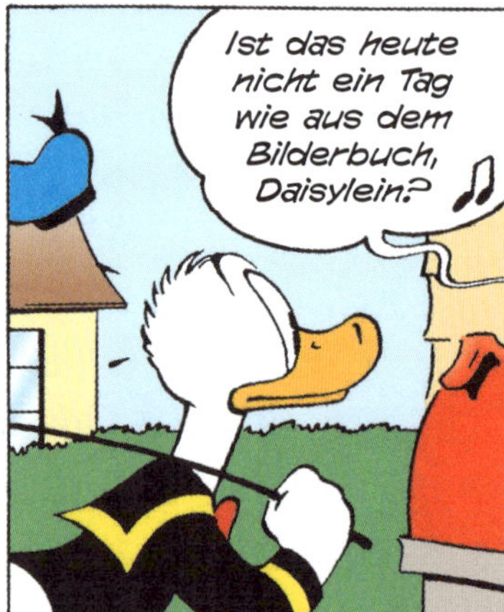

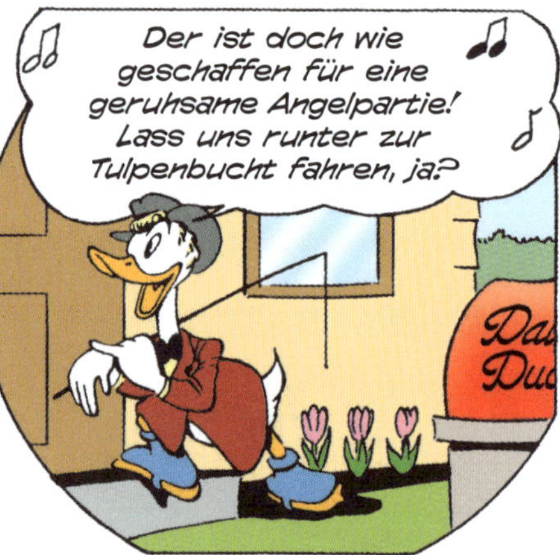

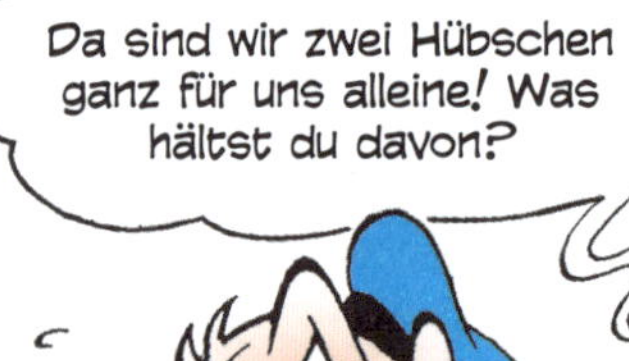

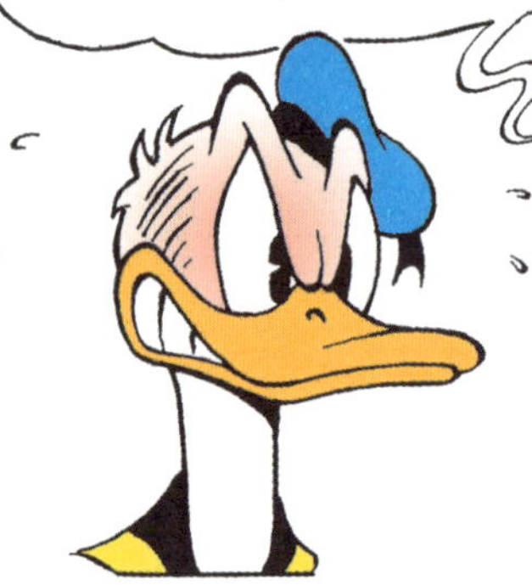

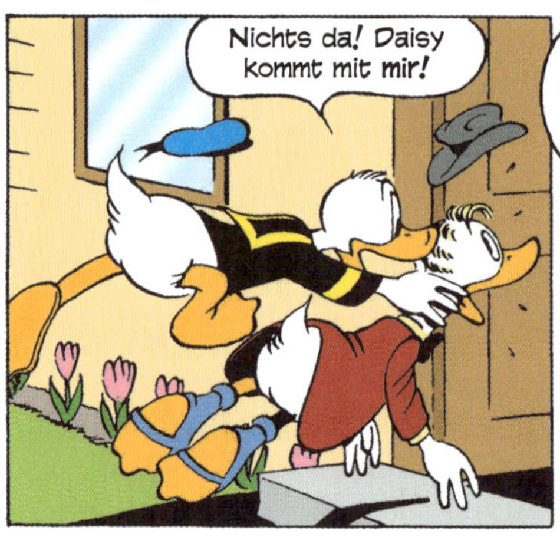

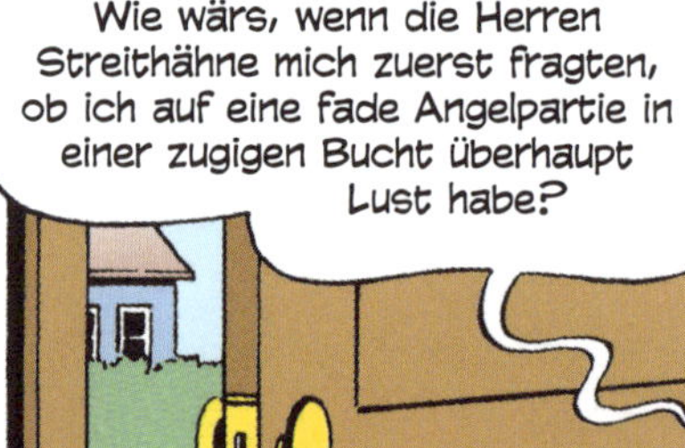

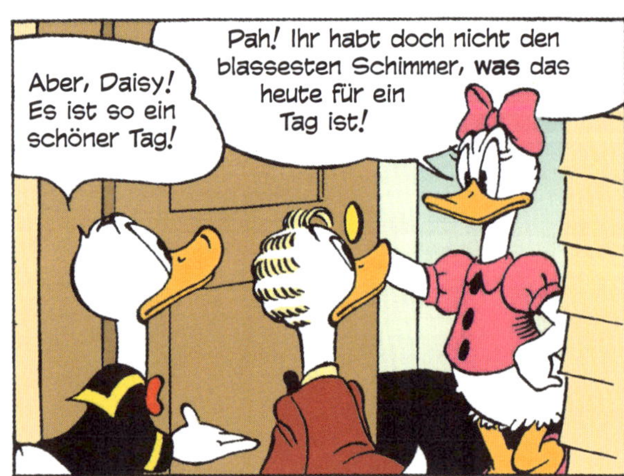

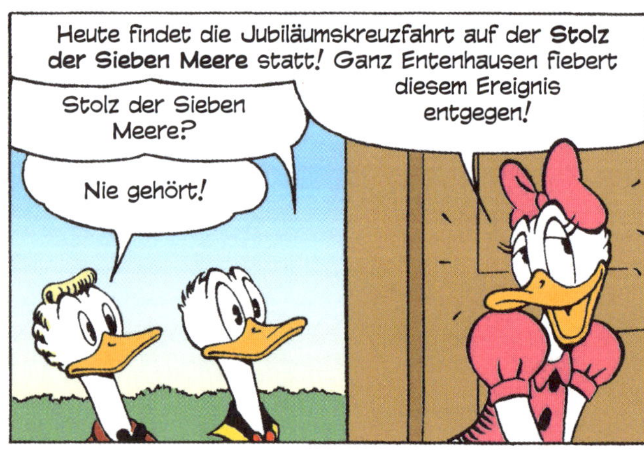

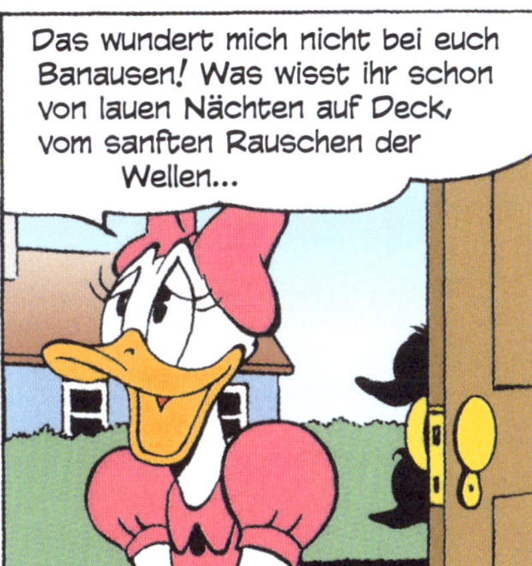
Das wundert mich nicht bei euch Banausen! Was wisst ihr schon von lauen Nächten auf Deck, vom sanften Rauschen der Wellen...

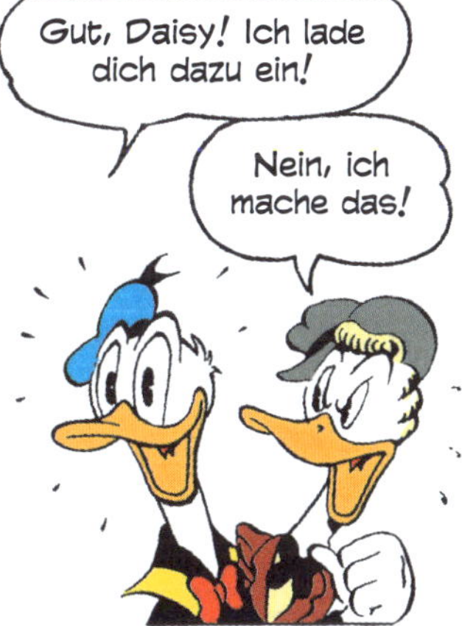
Gut, Daisy! Ich lade dich dazu ein!
Nein, ich mache das!

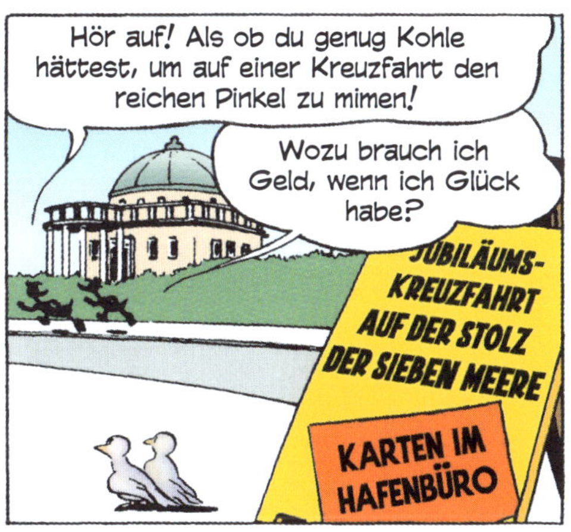
Hör auf! Als ob du genug Kohle hättest, um auf einer Kreuzfahrt den reichen Pinkel zu mimen!
Wozu brauch ich Geld, wenn ich Glück habe?
JUBILÄUMS-KREUZFAHRT AUF DER STOLZ DER SIEBEN MEERE
KARTEN IM HAFENBÜRO

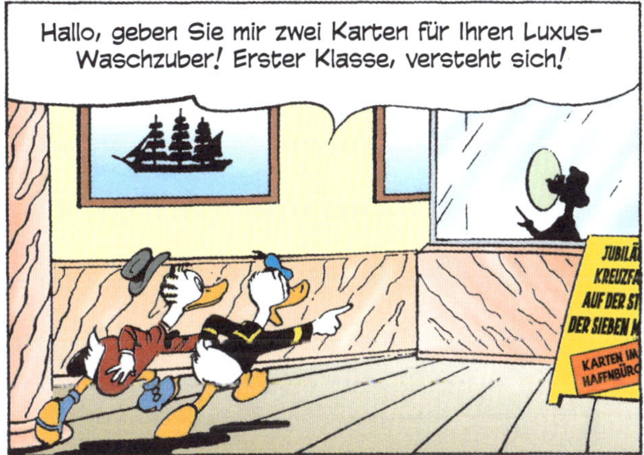
Hallo, geben Sie mir zwei Karten für Ihren Luxus-Waschzuber! Erster Klasse, versteht sich!

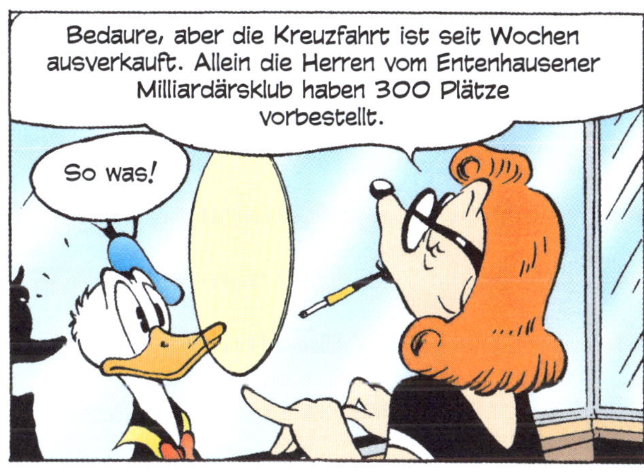
Bedaure, aber die Kreuzfahrt ist seit Wochen ausverkauft. Allein die Herren vom Entenhausener Milliardärsklub haben 300 Plätze vorbestellt.
So was!

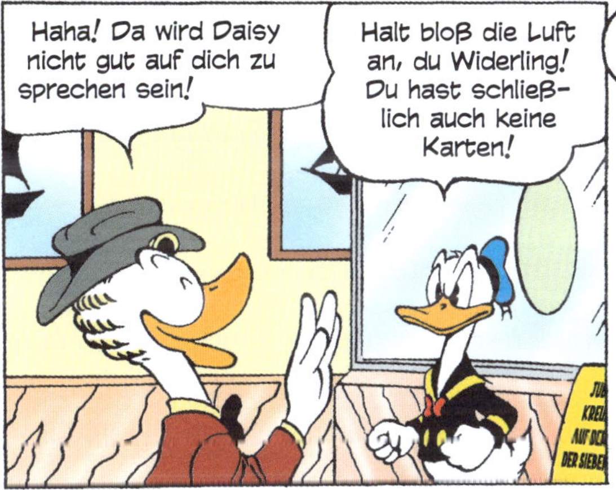
Haha! Da wird Daisy nicht gut auf dich zu sprechen sein!
Halt bloß die Luft an, du Widerling! Du hast schließlich auch keine Karten!

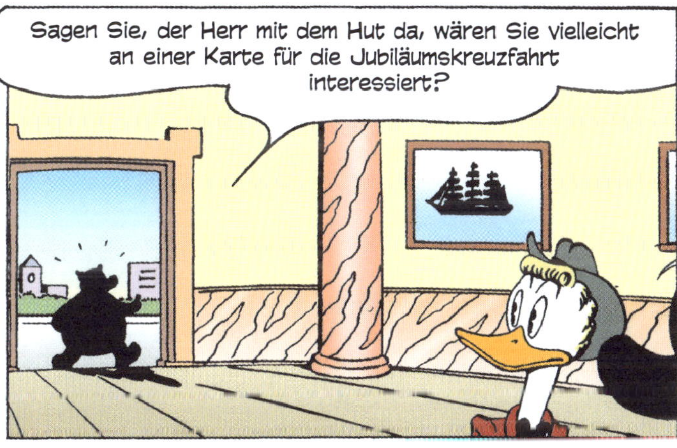
Sagen Sie, der Herr mit dem Hut da, wären Sie vielleicht an einer Karte für die Jubiläumskreuzfahrt interessiert?

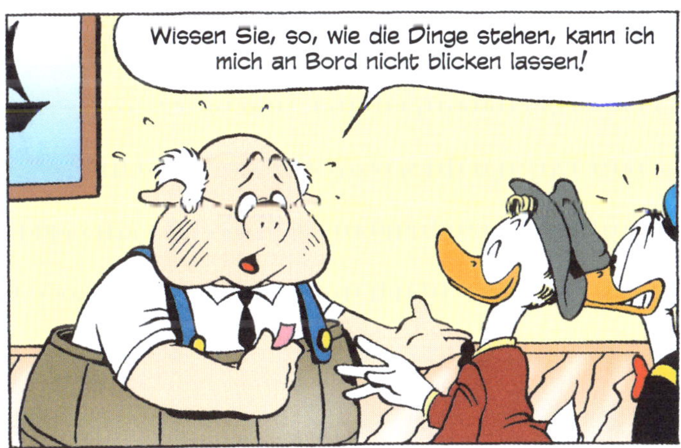
Wissen Sie, so, wie die Dinge stehen, kann ich mich an Bord nicht blicken lassen!

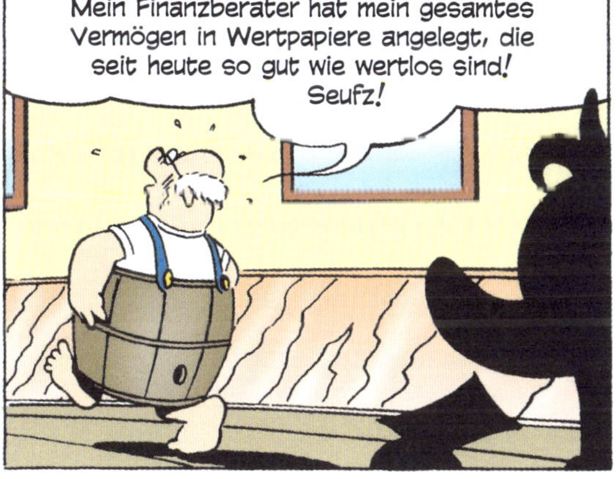
Mein Finanzberater hat mein gesamtes Vermögen in Wertpapiere angelegt, die seit heute so gut wie wertlos sind! Seufz!

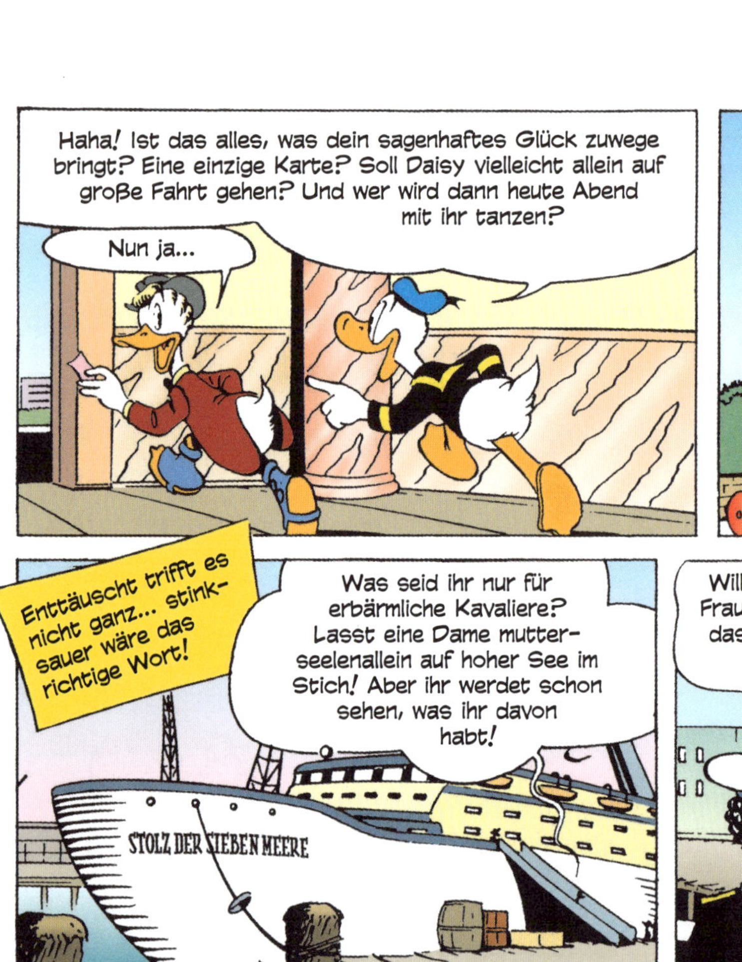
Haha! Ist das alles, was dein sagenhaftes Glück zuwege bringt? Eine einzige Karte? Soll Daisy vielleicht allein auf große Fahrt gehen? Und wer wird dann heute Abend mit ihr tanzen?
Nun ja...

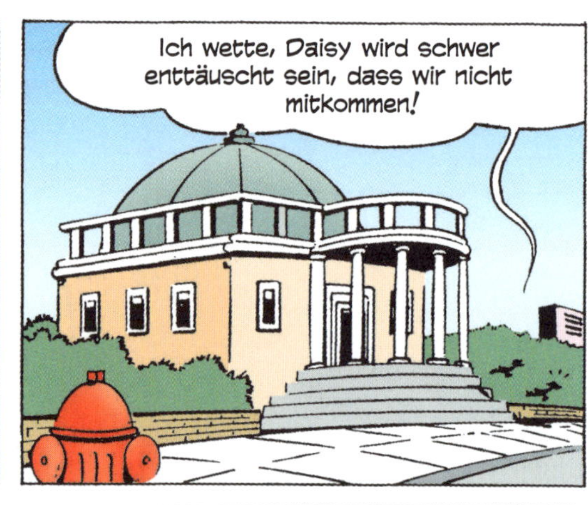
Ich wette, Daisy wird schwer enttäuscht sein, dass wir nicht mitkommen!

Enttäuscht trifft es nicht ganz... stinksauer wäre das richtige Wort!
Was seid ihr nur für erbärmliche Kavaliere? Lasst eine Dame mutterseelenallein auf hoher See im Stich! Aber ihr werdet schon sehen, was ihr davon habt!
STOLZ DER SIEBEN MEERE

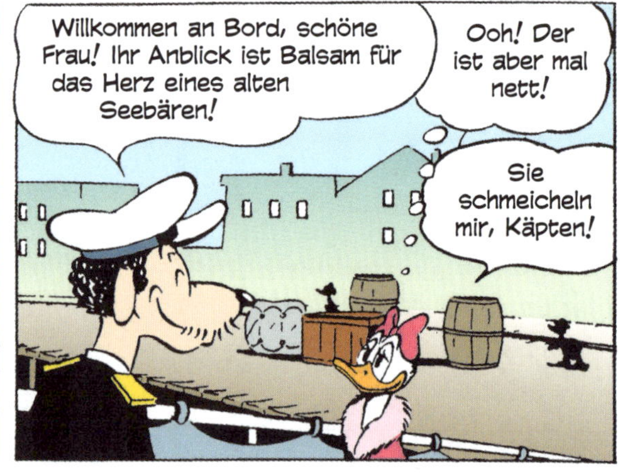
Willkommen an Bord, schöne Frau! Ihr Anblick ist Balsam für das Herz eines alten Seebären!
Ooh! Der ist aber mal nett!
Sie schmeicheln mir, Käpten!

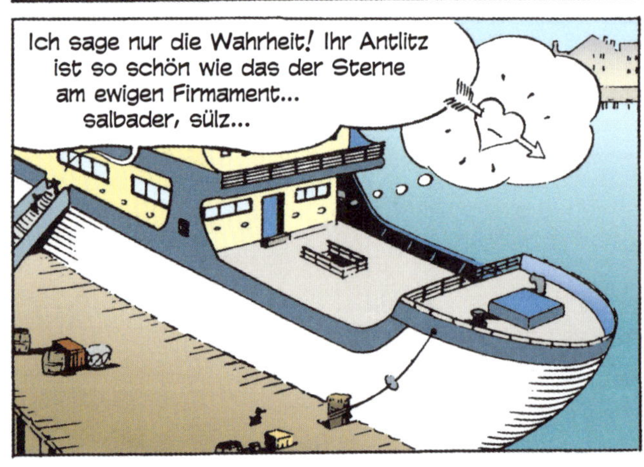
Ich sage nur die Wahrheit! Ihr Antlitz ist so schön wie das der Sterne am ewigen Firmament... salbader, sülz...

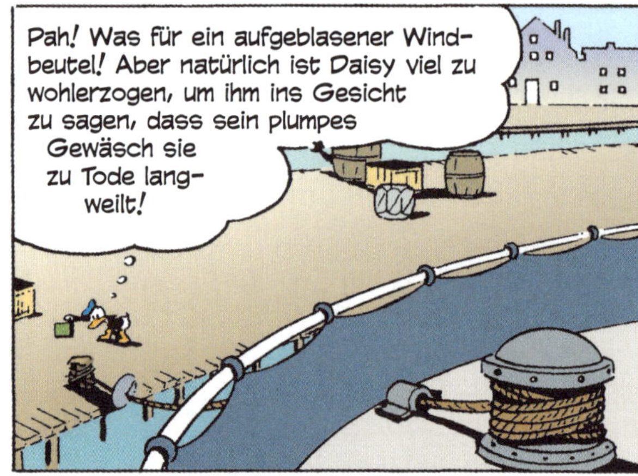
Pah! Was für ein aufgeblasener Windbeutel! Aber natürlich ist Daisy viel zu wohlerzogen, um ihm ins Gesicht zu sagen, dass sein plumpes Gewäsch sie zu Tode langweilt!

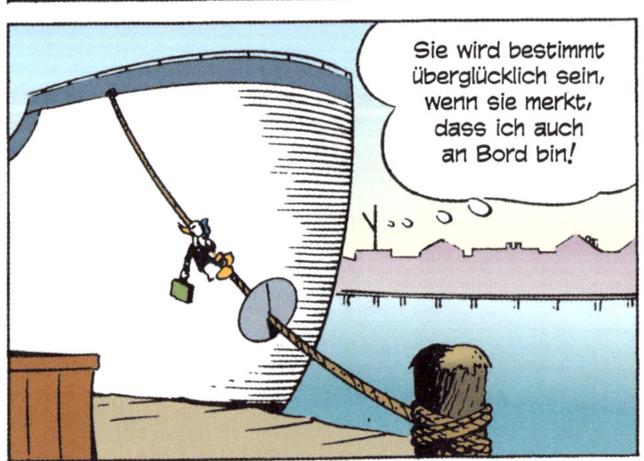
Sie wird bestimmt überglücklich sein, wenn sie merkt, dass ich auch an Bord bin!

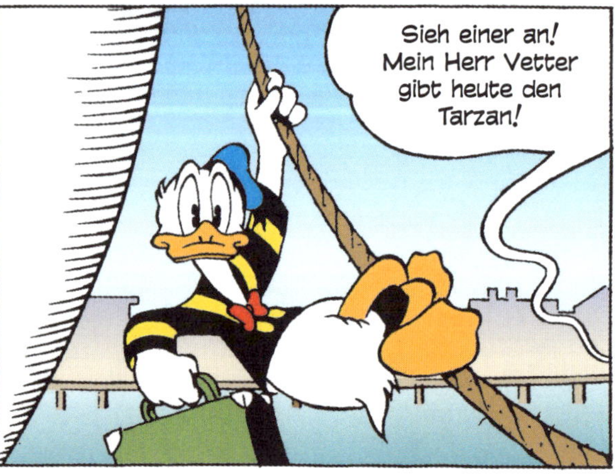
Sieh einer an! Mein Herr Vetter gibt heute den Tarzan!

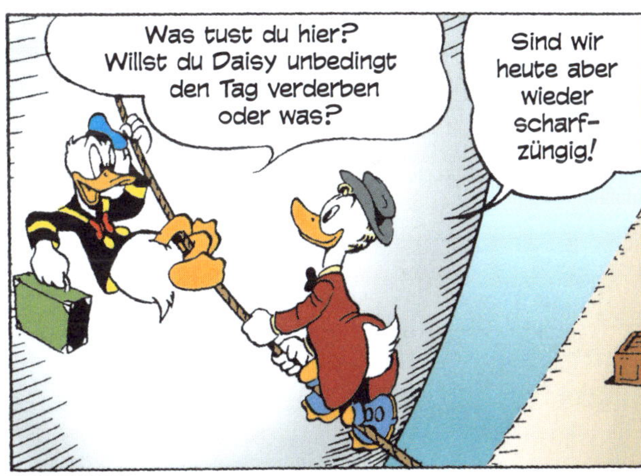
Was tust du hier? Willst du Daisy unbedingt den Tag verderben oder was?
Sind wir heute aber wieder scharf-züngig!

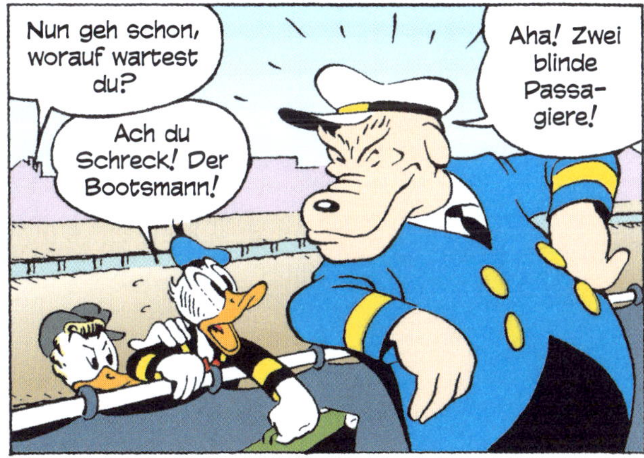
Nun geh schon, worauf wartest du?
Ach du Schreck! Der Bootsmann!
Aha! Zwei blinde Passa-giere!

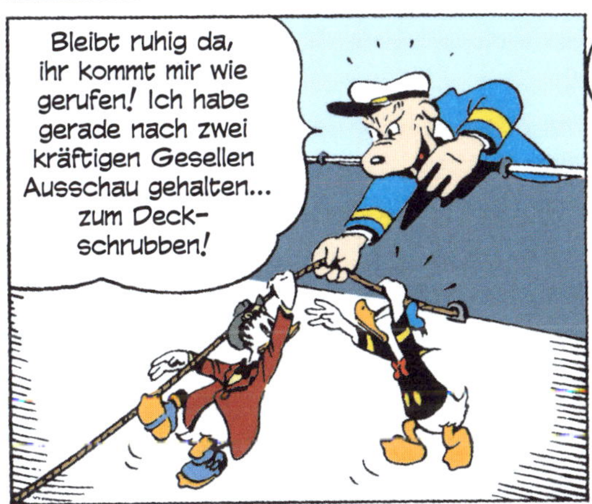
Bleibt ruhig da, ihr kommt mir wie gerufen! Ich habe gerade nach zwei kräftigen Gesellen Ausschau gehalten... zum Deck-schrubben!

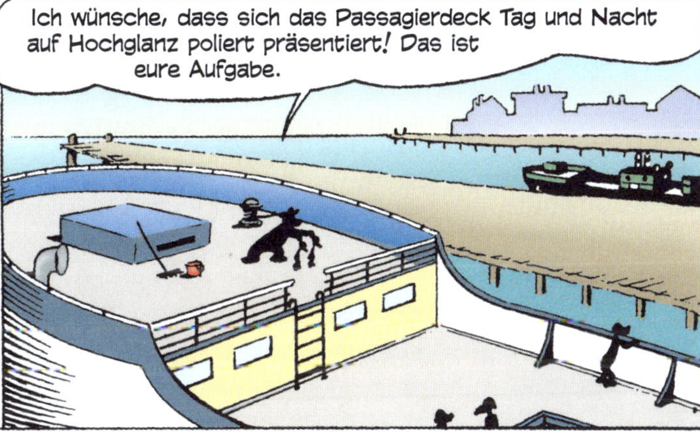
Ich wünsche, dass sich das Passagierdeck Tag und Nacht auf Hochglanz poliert präsentiert! Das ist eure Aufgabe.

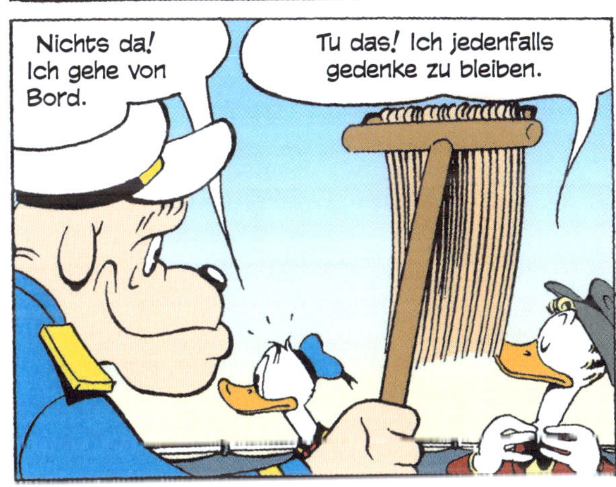
Nichts da! Ich gehe von Bord.
Tu das! Ich jedenfalls gedenke zu bleiben.

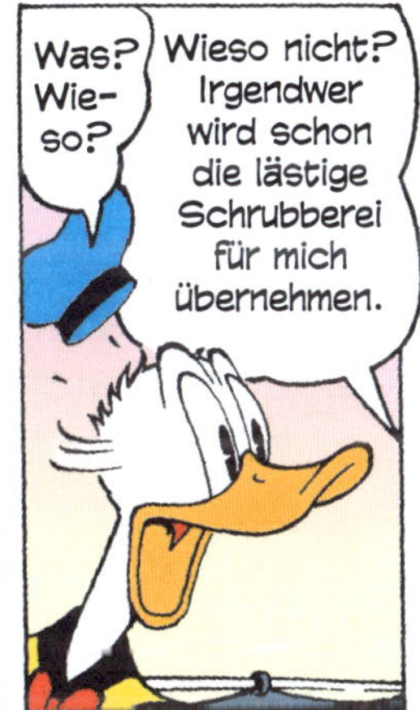
Was? Wie-so?
Wieso nicht? Irgendwer wird schon die lästige Schrubberei für mich übernehmen.

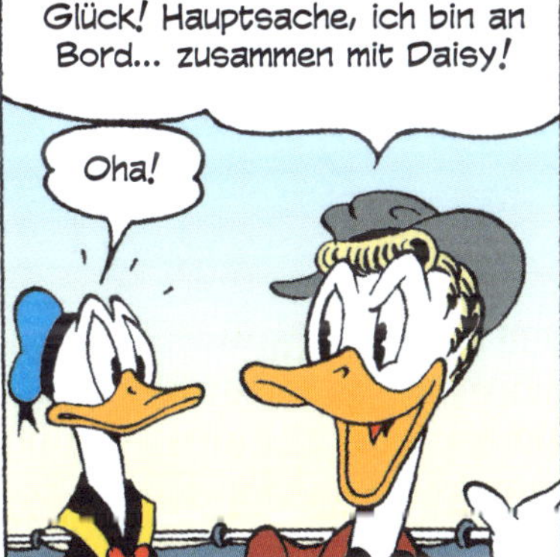
Da vertraue ich ganz auf mein Glück! Hauptsache, ich bin an Bord... zusammen mit Daisy!
Oha!

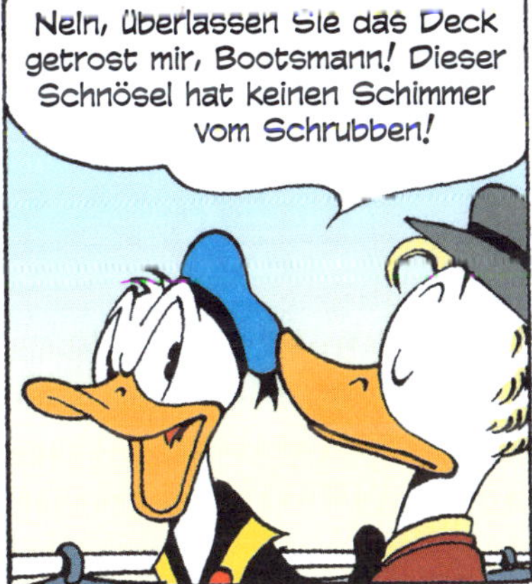
Nein, überlassen Sie das Deck getrost mir, Bootsmann! Dieser Schnösel hat keinen Schimmer vom Schrubben!

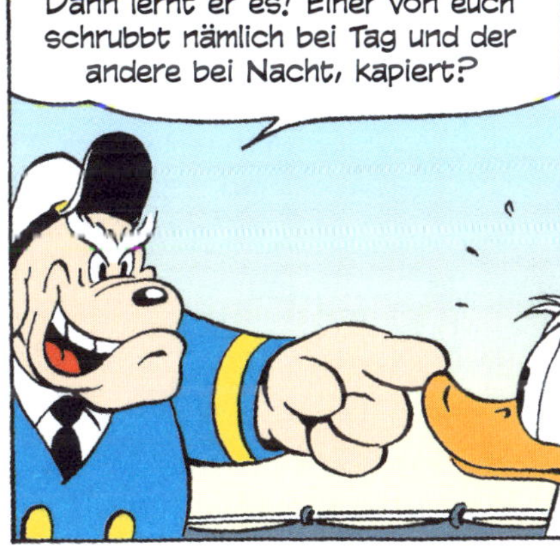
Dann lernt er es! Einer von euch schrubbt nämlich bei Tag und der andere bei Nacht, kapiert?

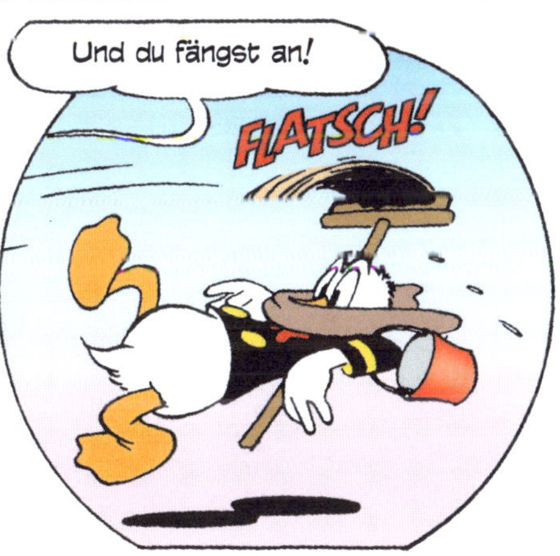
Und du fängst an!
FLATSCH!

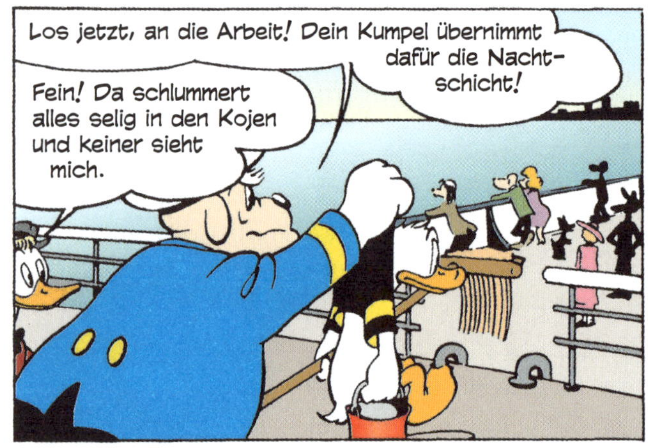
Los jetzt, an die Arbeit! Dein Kumpel übernimmt dafür die Nachtschicht!
Fein! Da schlummert alles selig in den Kojen und keiner sieht mich.

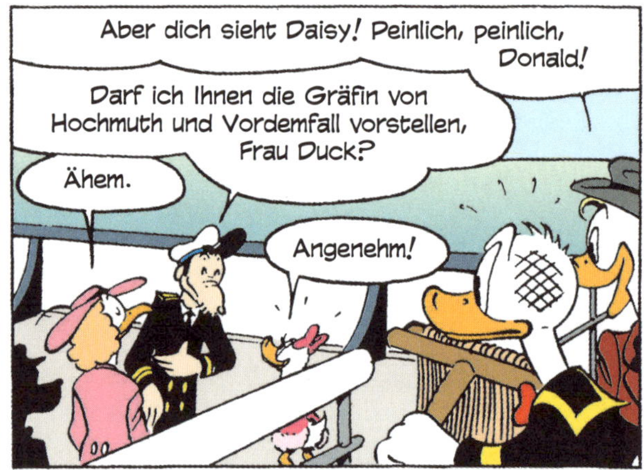
Aber dich sieht Daisy! Peinlich, peinlich, Donald!
Darf ich Ihnen die Gräfin von Hochmuth und Vordemfall vorstellen, Frau Duck?
Ähem.
Angenehm!

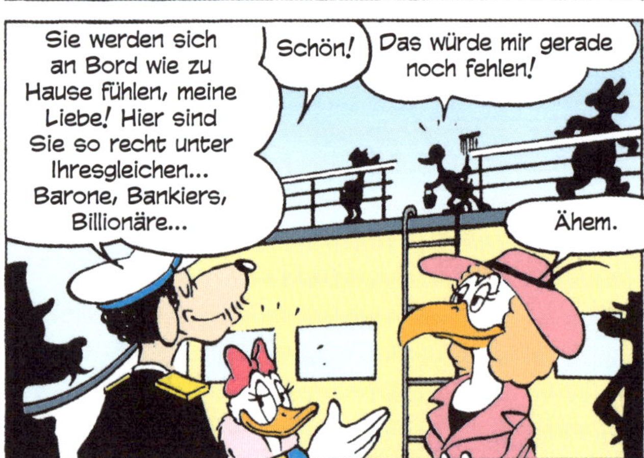
Sie werden sich an Bord wie zu Hause fühlen, meine Liebe! Hier sind Sie so recht unter Ihresgleichen... Barone, Bankiers, Billionäre...
Schön!
Das würde mir gerade noch fehlen!
Ähem.

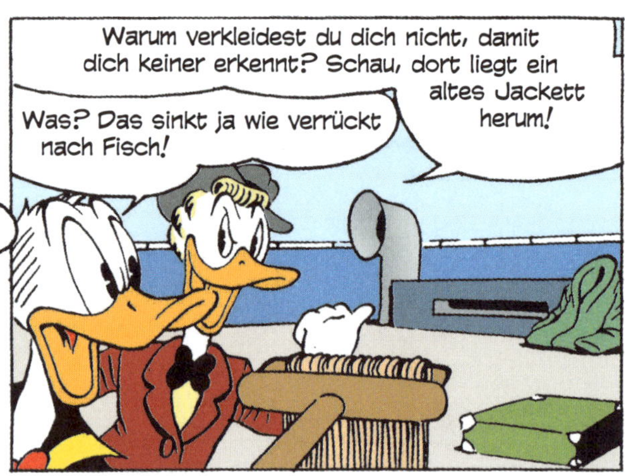
Warum verkleidest du dich nicht, damit dich keiner erkennt? Schau, dort liegt ein altes Jackett herum!
Was? Das sinkt ja wie verrückt nach Fisch!

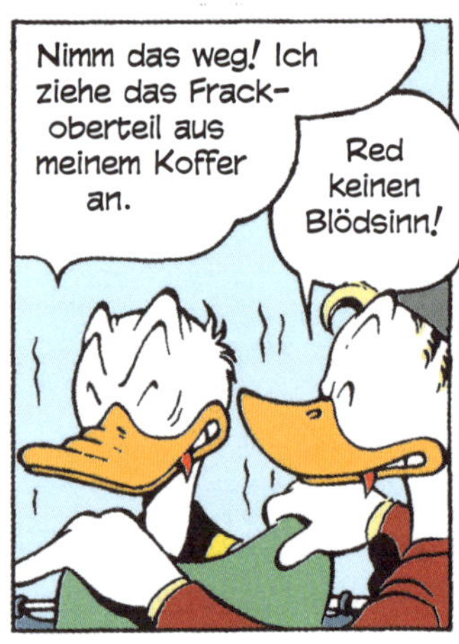
Nimm das weg! Ich ziehe das Frackoberteil aus meinem Koffer an.
Red keinen Blödsinn!

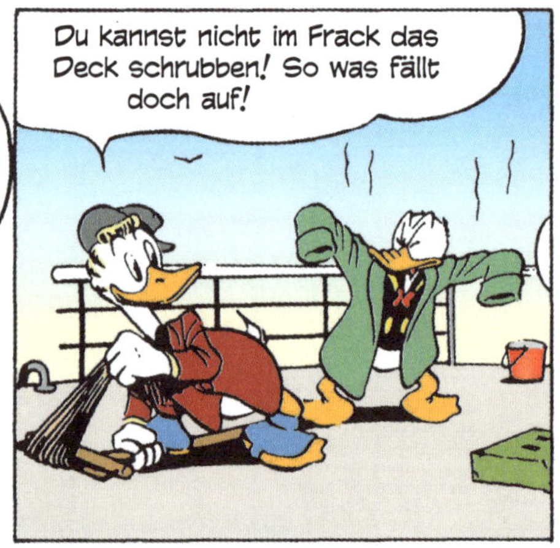
Du kannst nicht im Frack das Deck schrubben! So was fällt doch auf!

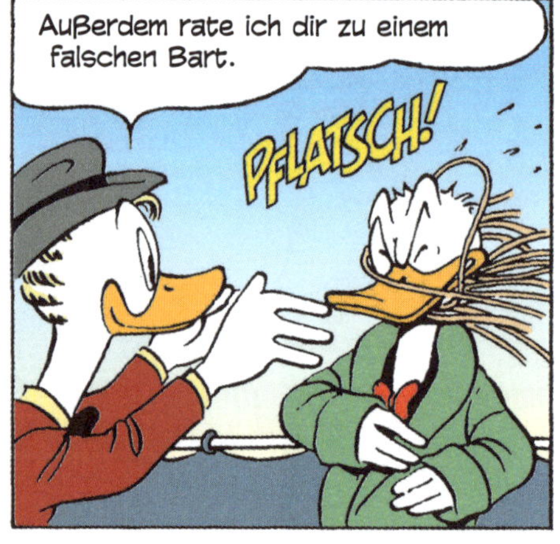
Außerdem rate ich dir zu einem falschen Bart.
PFLATSCH!

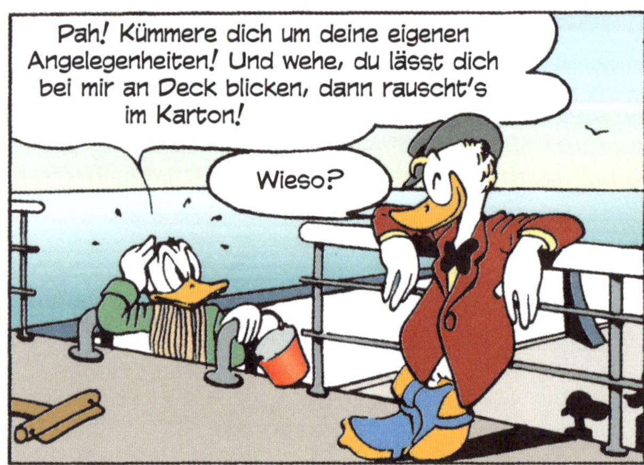
Pah! Kümmere dich um deine eigenen Angelegenheiten! Und wehe, du lässt dich bei mir an Deck blicken, dann rauscht's im Karton!
Wieso?

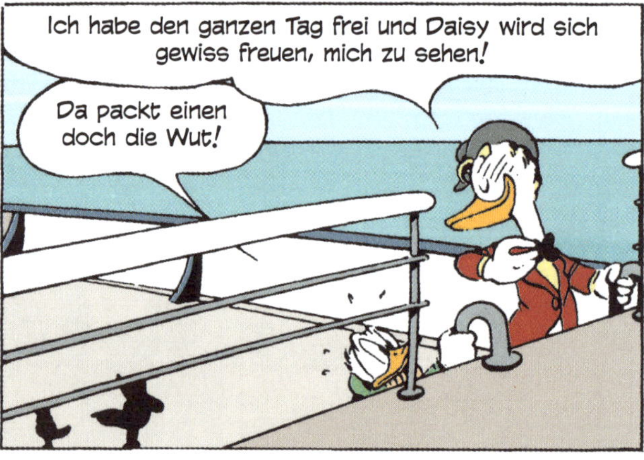
Ich habe den ganzen Tag frei und Daisy wird sich gewiss freuen, mich zu sehen!
Da packt einen doch die Wut!

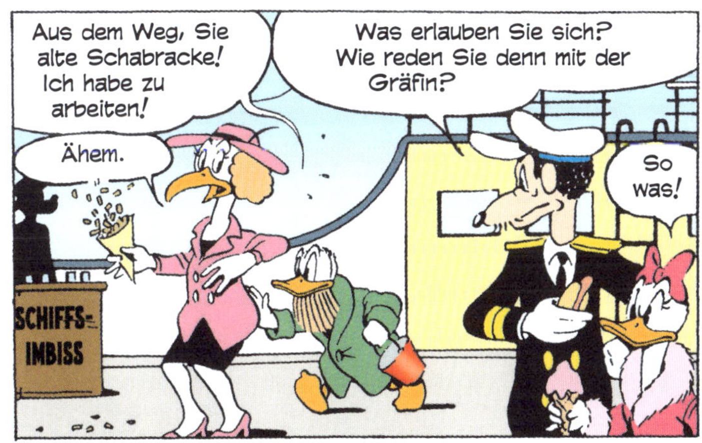
Aus dem Weg, Sie alte Schabracke! Ich habe zu arbeiten!
Was erlauben Sie sich? Wie reden Sie denn mit der Gräfin?
Ähem.
So was!
SCHIFFS-IMBISS

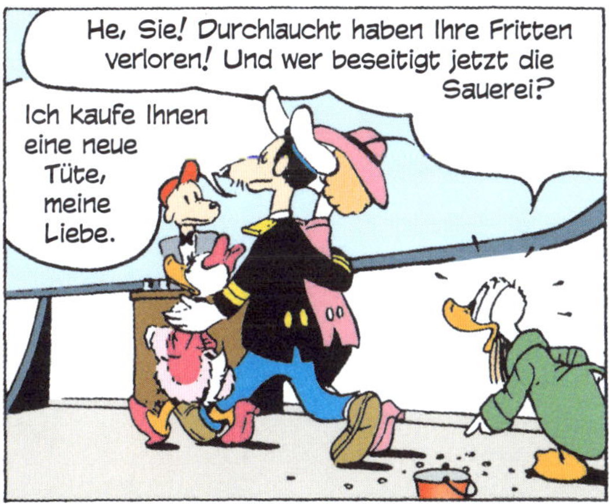
He, Sie! Durchlaucht haben Ihre Fritten verloren! Und wer beseitigt jetzt die Sauerei?
Ich kaufe Ihnen eine neue Tüte, meine Liebe.

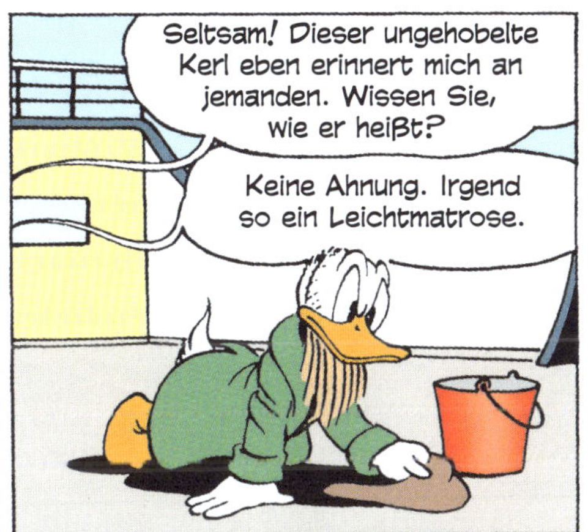
Seltsam! Dieser ungehobelte Kerl eben erinnert mich an jemanden. Wissen Sie, wie er heißt?
Keine Ahnung. Irgend so ein Leichtmatrose.

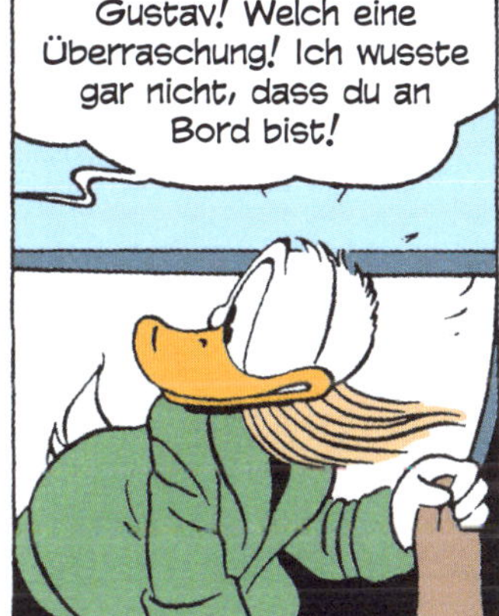
Gustav! Welch eine Überraschung! Ich wusste gar nicht, dass du an Bord bist!

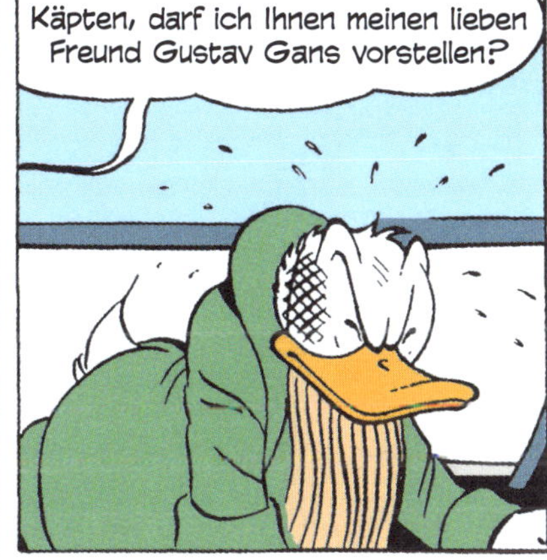
Käpten, darf ich Ihnen meinen lieben Freund Gustav Gans vorstellen?

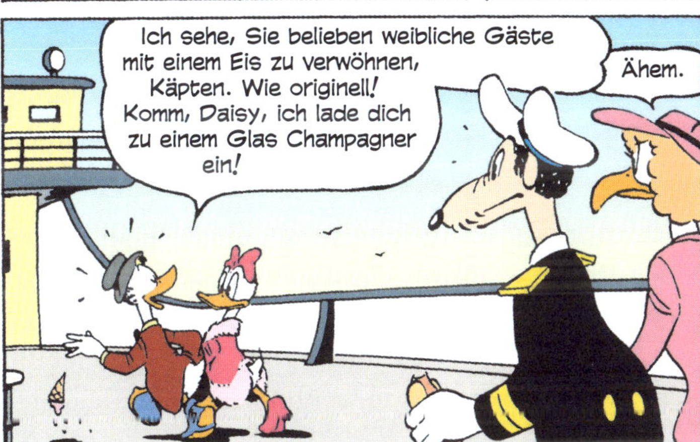
Ich sehe, Sie belieben weibliche Gäste mit einem Eis zu verwöhnen, Käpten. Wie originell! Komm, Daisy, ich lade dich zu einem Glas Champagner ein!
Ähem.

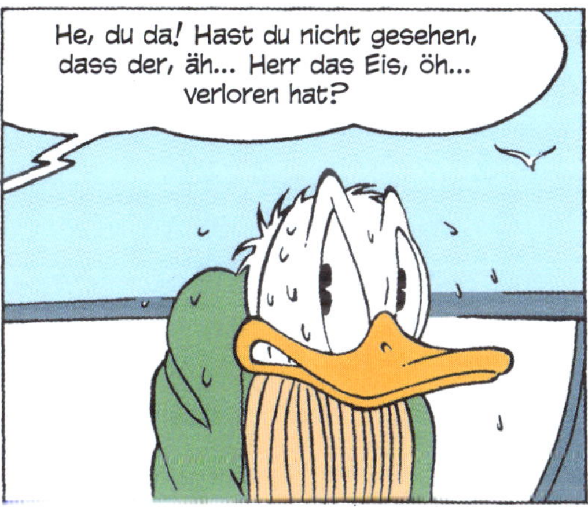
He, du da! Hast du nicht gesehen, dass der, äh... Herr das Eis, öh... verloren hat?

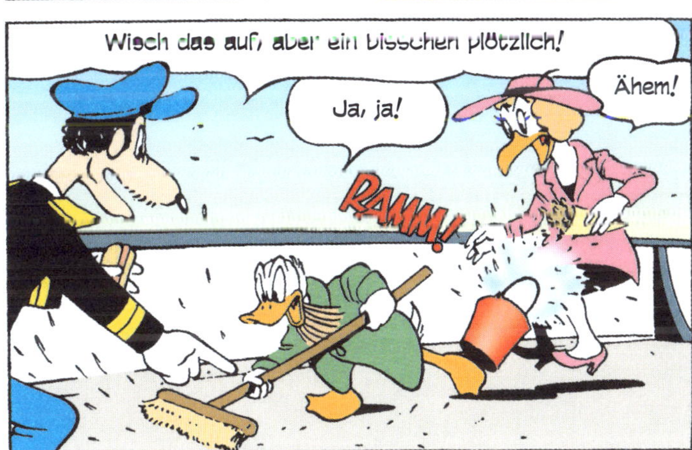
Wisch das auf, aber ein bisschen plötzlich!
Ja, ja!
Ähem!
RAMM!

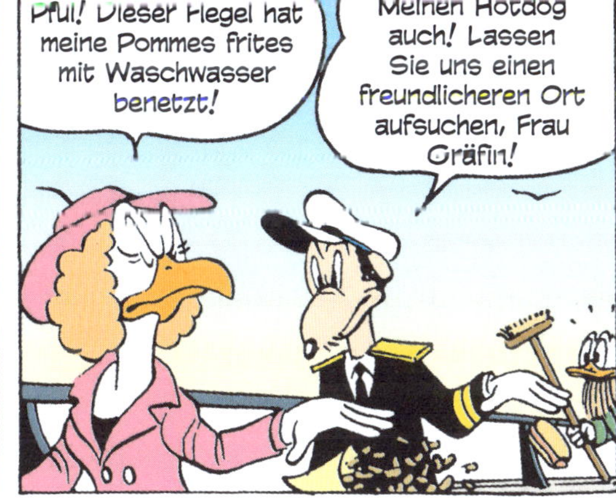
Pfui! Dieser Flegel hat meine Pommes frites mit Waschwasser benetzt!
Meinen Hotdog auch! Lassen Sie uns einen freundlicheren Ort aufsuchen, Frau Gräfin!

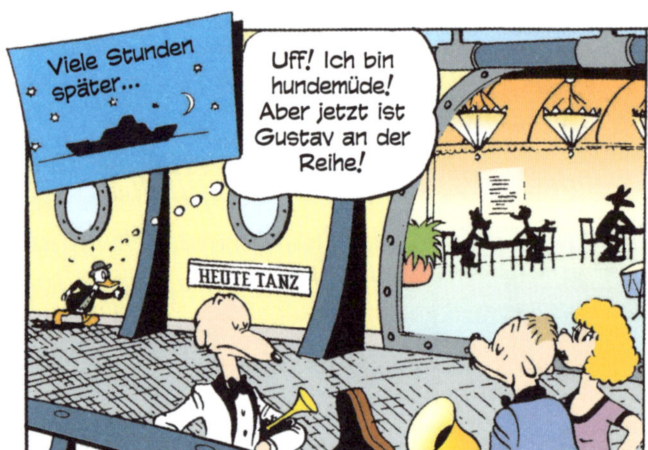
Viele Stunden später...
Uff! Ich bin hundemüde! Aber jetzt ist Gustav an der Reihe!
HEUTE TANZ

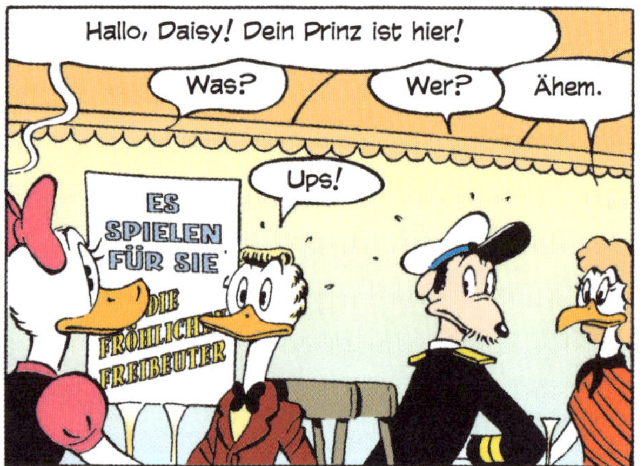
Hallo, Daisy! Dein Prinz ist hier!
Was?
Wer?
Ähem.
Ups!
ES SPIELEN FÜR SIE DIE FRÖHLICHEN FREIBEUTER

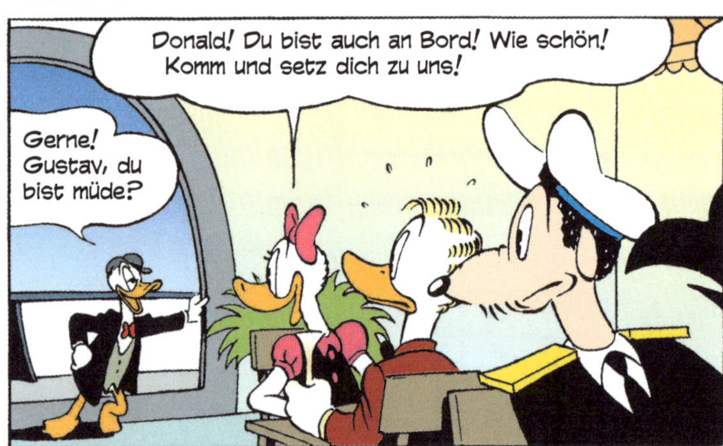
Gerne! Gustav, du bist müde?
Donald! Du bist auch an Bord! Wie schön! Komm und setz dich zu uns!

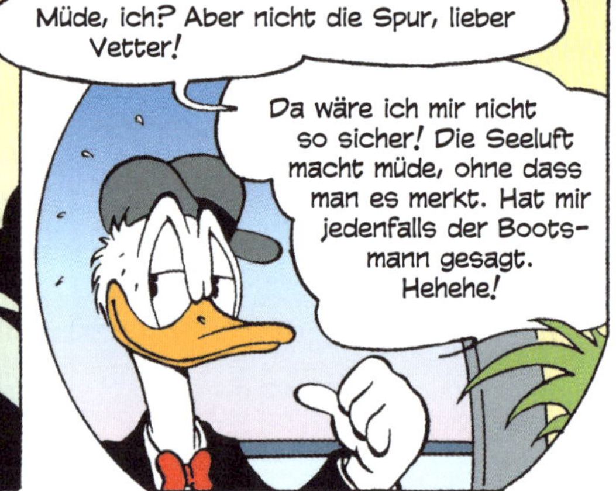
Müde, ich? Aber nicht die Spur, lieber Vetter!
Da wäre ich mir nicht so sicher! Die Seeluft macht müde, ohne dass man es merkt. Hat mir jedenfalls der Bootsmann gesagt. Hehehe!

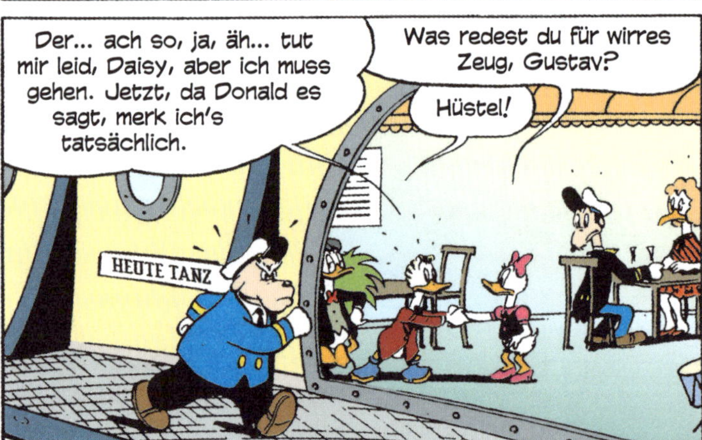
Der... ach so, ja, äh... tut mir leid, Daisy, aber ich muss gehen. Jetzt, da Donald es sagt, merk ich's tatsächlich.
Was redest du für wirres Zeug, Gustav?
Hüstel!
HEUTE TANZ

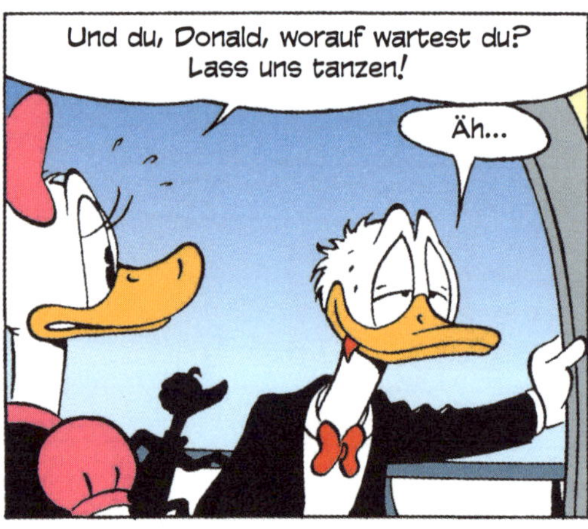
Und du, Donald, worauf wartest du? Lass uns tanzen!
Äh...

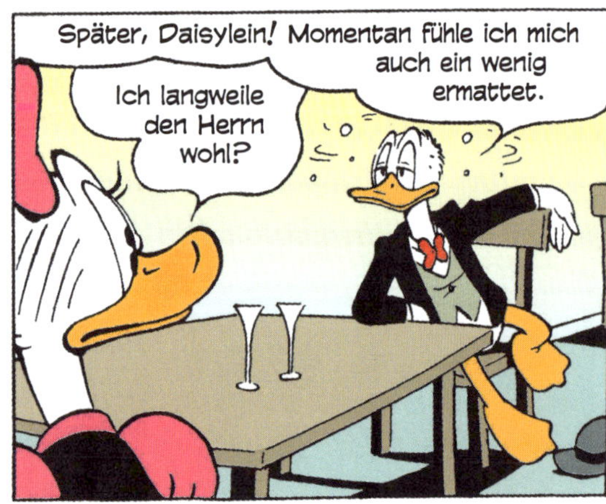
Später, Daisylein! Momentan fühle ich mich auch ein wenig ermattet.
Ich langweile den Herrn wohl?

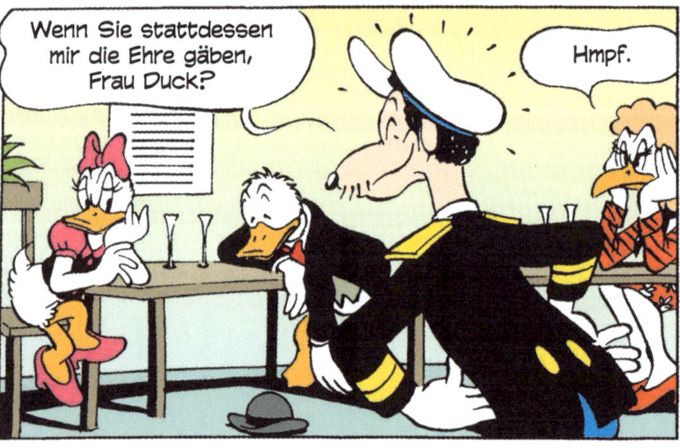
Wenn Sie stattdessen mir die Ehre gäben, Frau Duck?
Hmpf.

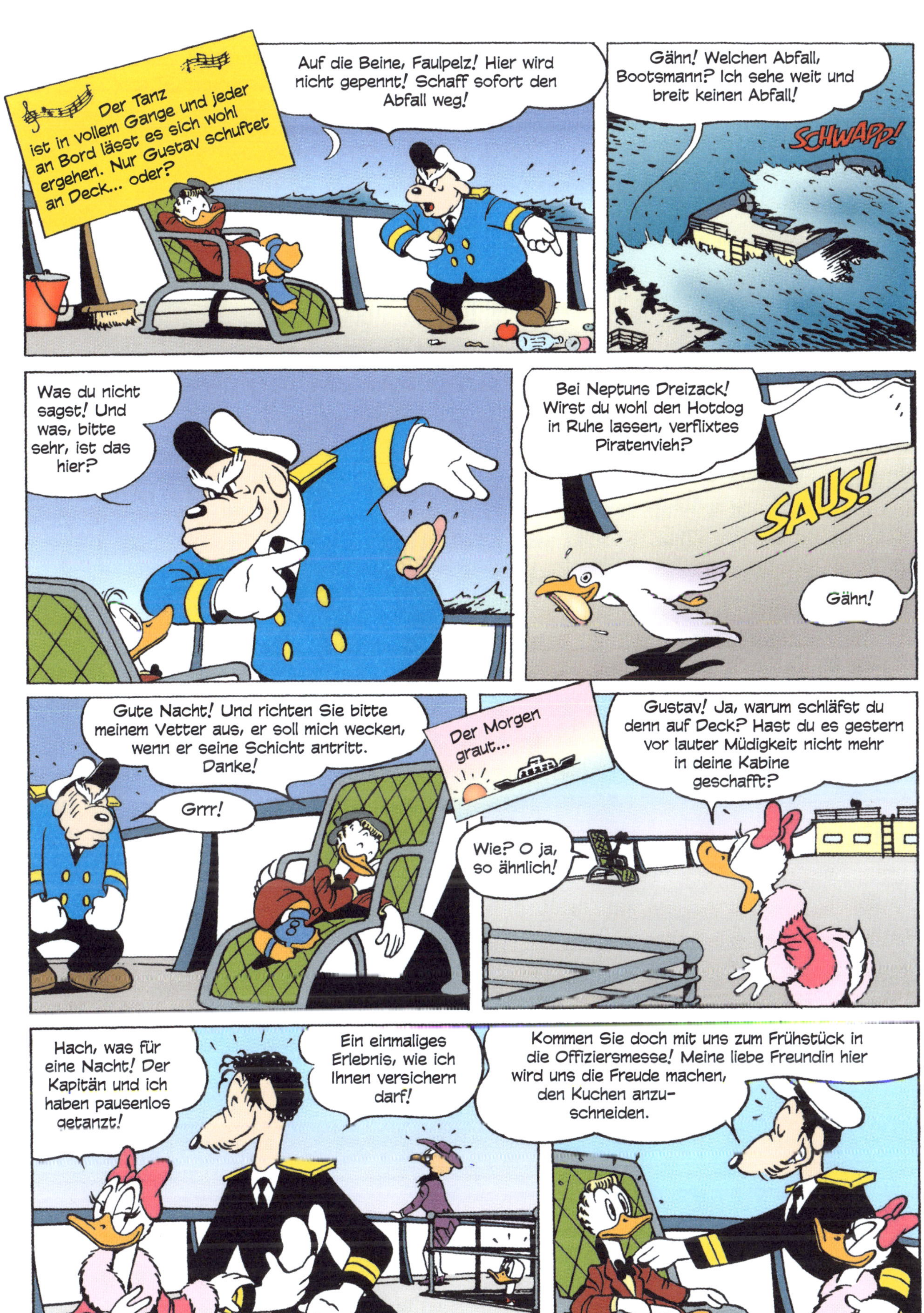
Der Tanz ist in vollem Gange und jeder an Bord lässt es sich wohl ergehen. Nur Gustav schuftet an Deck... oder?
Auf die Beine, Faulpelz! Hier wird nicht gepennt! Schaff sofort den Abfall weg!
Gähn! Welchen Abfall, Bootsmann? Ich sehe weit und breit keinen Abfall!
SCHWAPP!
Was du nicht sagst! Und was, bitte sehr, ist das hier?
Bei Neptuns Dreizack! Wirst du wohl den Hotdog in Ruhe lassen, verflixtes Piratenvieh?
SAUS!
Gähn!
Gute Nacht! Und richten Sie bitte meinem Vetter aus, er soll mich wecken, wenn er seine Schicht antritt. Danke!
Grrr!
Der Morgen graut...
Gustav! Ja, warum schläfst du denn auf Deck? Hast du es gestern vor lauter Müdigkeit nicht mehr in deine Kabine geschafft?
Wie? O ja, so ähnlich!
Hach, was für eine Nacht! Der Kapitän und ich haben pausenlos getanzt!
Ein einmaliges Erlebnis, wie ich Ihnen versichern darf!
Kommen Sie doch mit uns zum Frühstück in die Offiziersmesse! Meine liebe Freundin hier wird uns die Freude machen, den Kuchen anzuschneiden.

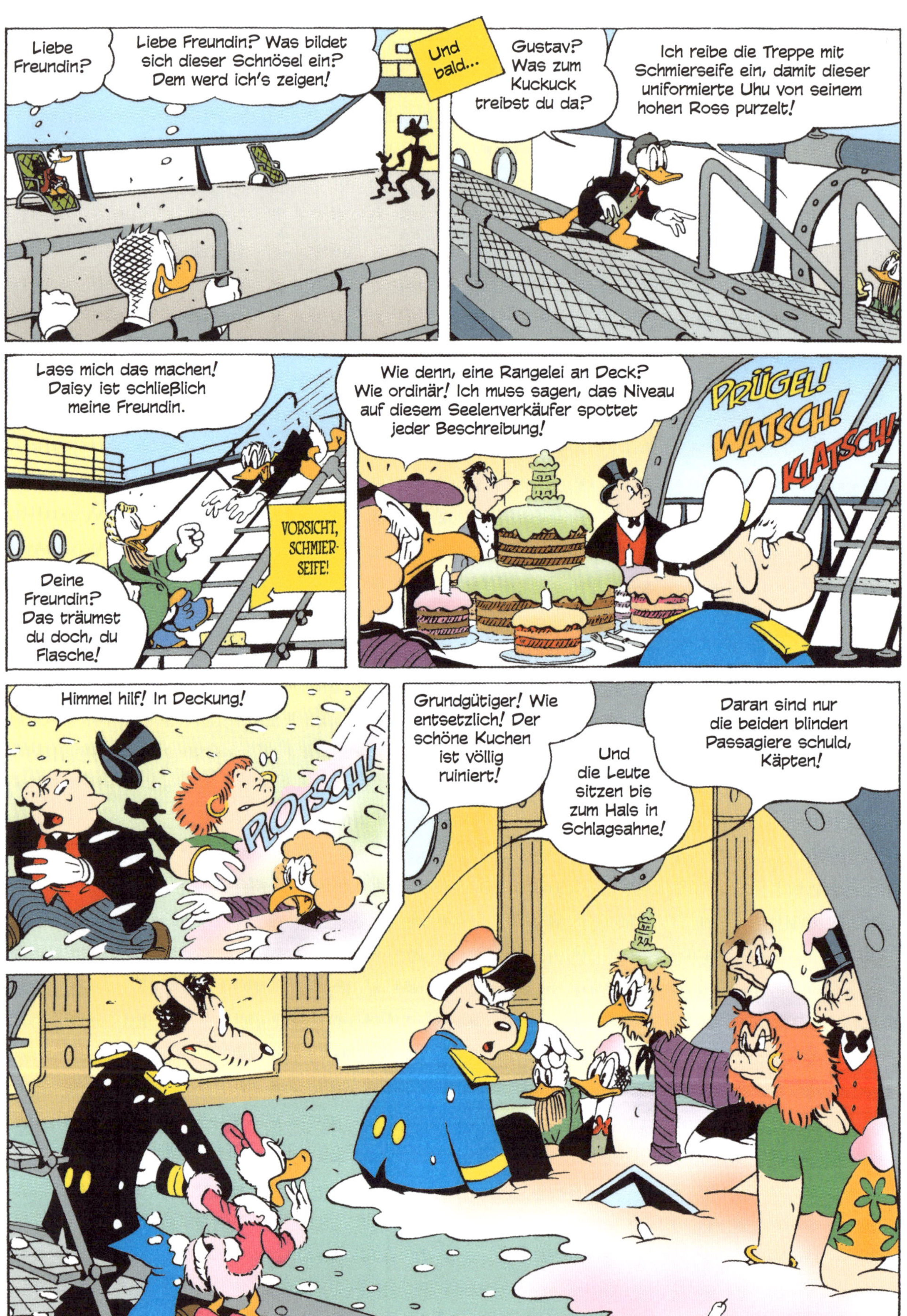
Liebe Freundin?
Liebe Freundin? Was bildet sich dieser Schnösel ein? Dem werd ich's zeigen!
Und bald...
Gustav? Was zum Kuckuck treibst du da?
Ich reibe die Treppe mit Schmierseife ein, damit dieser uniformierte Uhu von seinem hohen Ross purzelt!
Lass mich das machen! Daisy ist schließlich meine Freundin.
VORSICHT, SCHMIERSEIFE!
Deine Freundin? Das träumst du doch, du Flasche!
Wie denn, eine Rangelei an Deck? Wie ordinär! Ich muss sagen, das Niveau auf diesem Seelenverkäufer spottet jeder Beschreibung!
PRÜGEL! WATSCH! KLATSCH!
Himmel hilf! In Deckung!
PLOTSCH!
Grundgütiger! Wie entsetzlich! Der schöne Kuchen ist völlig ruiniert!
Und die Leute sitzen bis zum Hals in Schlagsahne!
Daran sind nur die beiden blinden Passagiere schuld, Käpten!

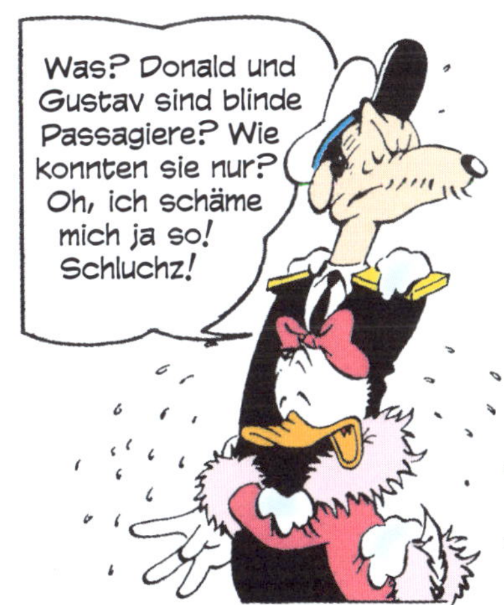
Was? Donald und Gustav sind blinde Passagiere? Wie konnten sie nur? Oh, ich schäme mich ja so! Schluchz!

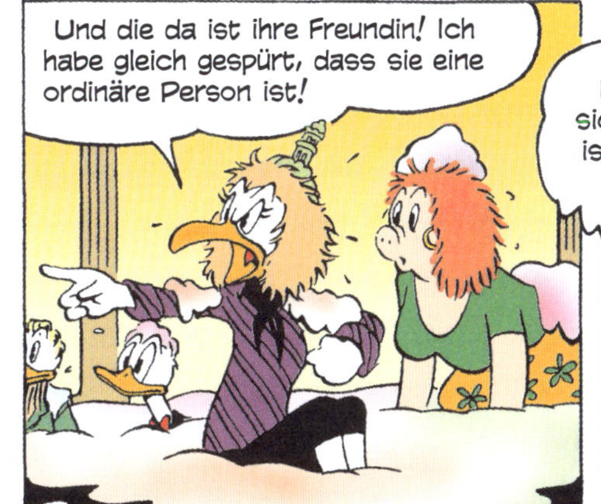
Und die da ist ihre Freundin! Ich habe gleich gespürt, dass sie eine ordinäre Person ist!

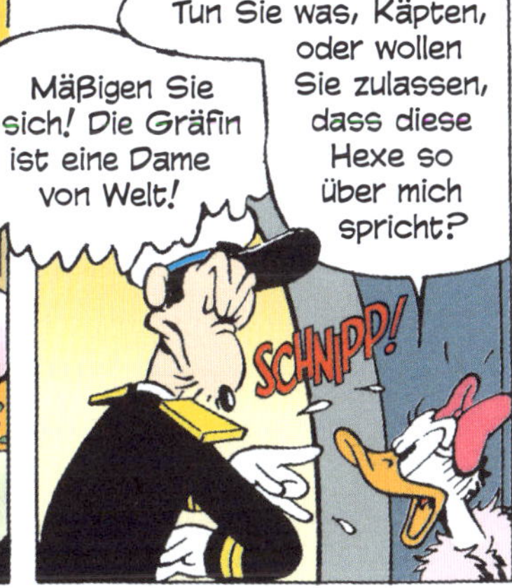
Mäßigen Sie sich! Die Gräfin ist eine Dame von Welt!
Tun Sie was, Käpten, oder wollen Sie zulassen, dass diese Hexe so über mich spricht?
SCHNIPP!

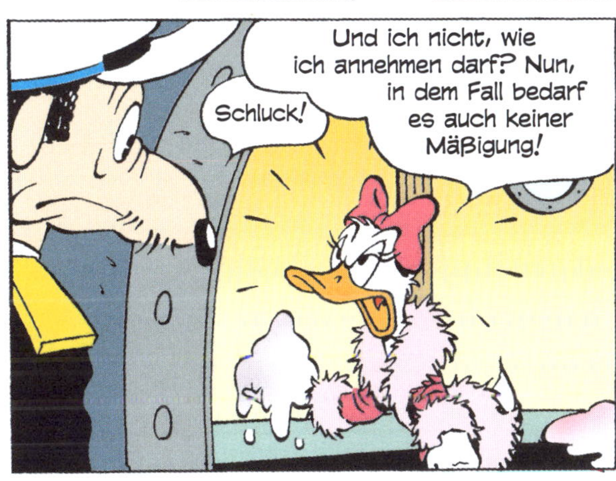
Schluck!
Und ich nicht, wie ich annehmen darf? Nun, in dem Fall bedarf es auch keiner Mäßigung!

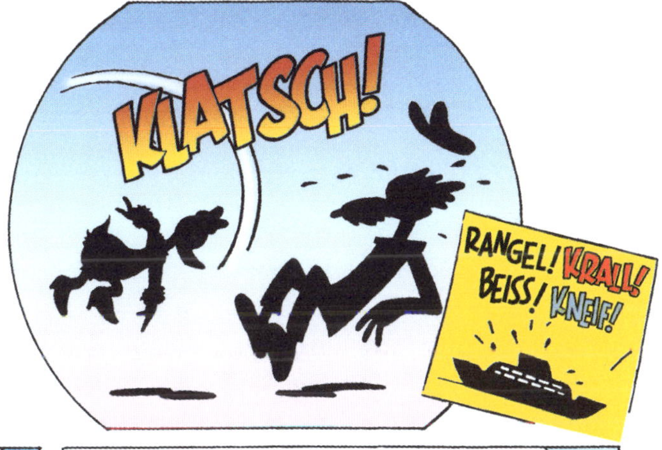
KLATSCH!
RANGEL! KRALL!
BEISS! KNEIF!

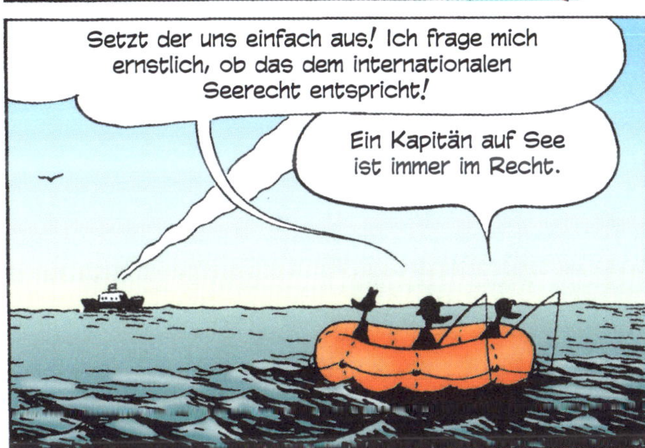
Setzt der uns einfach aus! Ich frage mich ernstlich, ob das dem internationalen Seerecht entspricht!
Ein Kapitän auf See ist immer im Recht.

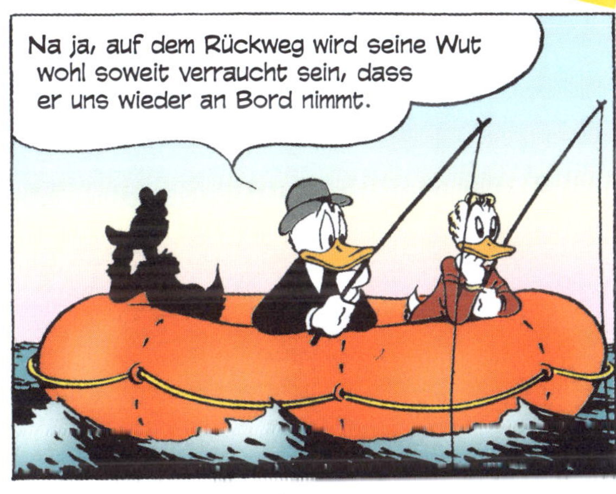
Na ja, auf dem Rückweg wird seine Wut wohl soweit verraucht sein, dass er uns wieder an Bord nimmt.

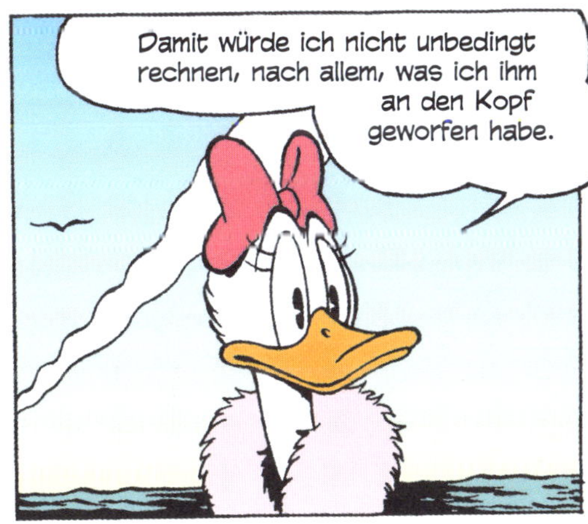
Damit würde ich nicht unbedingt rechnen, nach allem, was ich ihm an den Kopf geworfen habe.

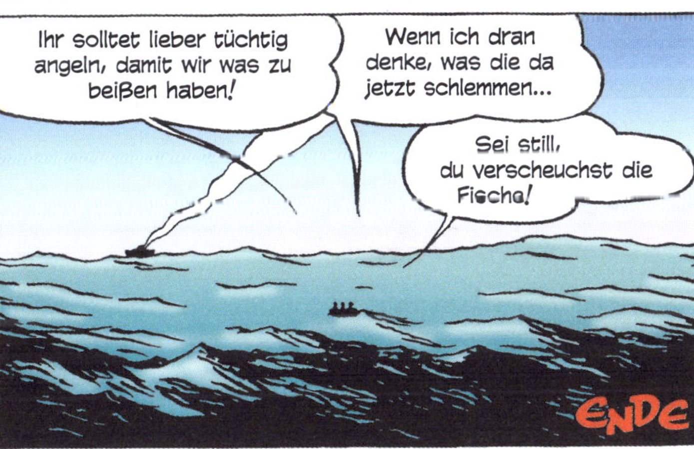
Ihr solltet lieber tüchtig angeln, damit wir was zu beißen haben!
Wenn ich dran denke, was die da jetzt schlemmen...
Sei still, du verscheuchst die Fische!
ENDE

Sehr beliebt an amerikanischen Schulen ist der alljährliche ‚Karriere-Tag'.
Erwachsene – Mütter, Väter, Onkel und wer sonst greifbar ist –
werden als Gastredner geladen und dürfen vor Kindern und Lehrern
von ihren großartigen Berufen berichten.
Ich bin froh, dass das hierzulande noch nicht Fuß gefasst hat.
Das erspart meinem Patenneffen Lenny einige Peinlichkeiten.

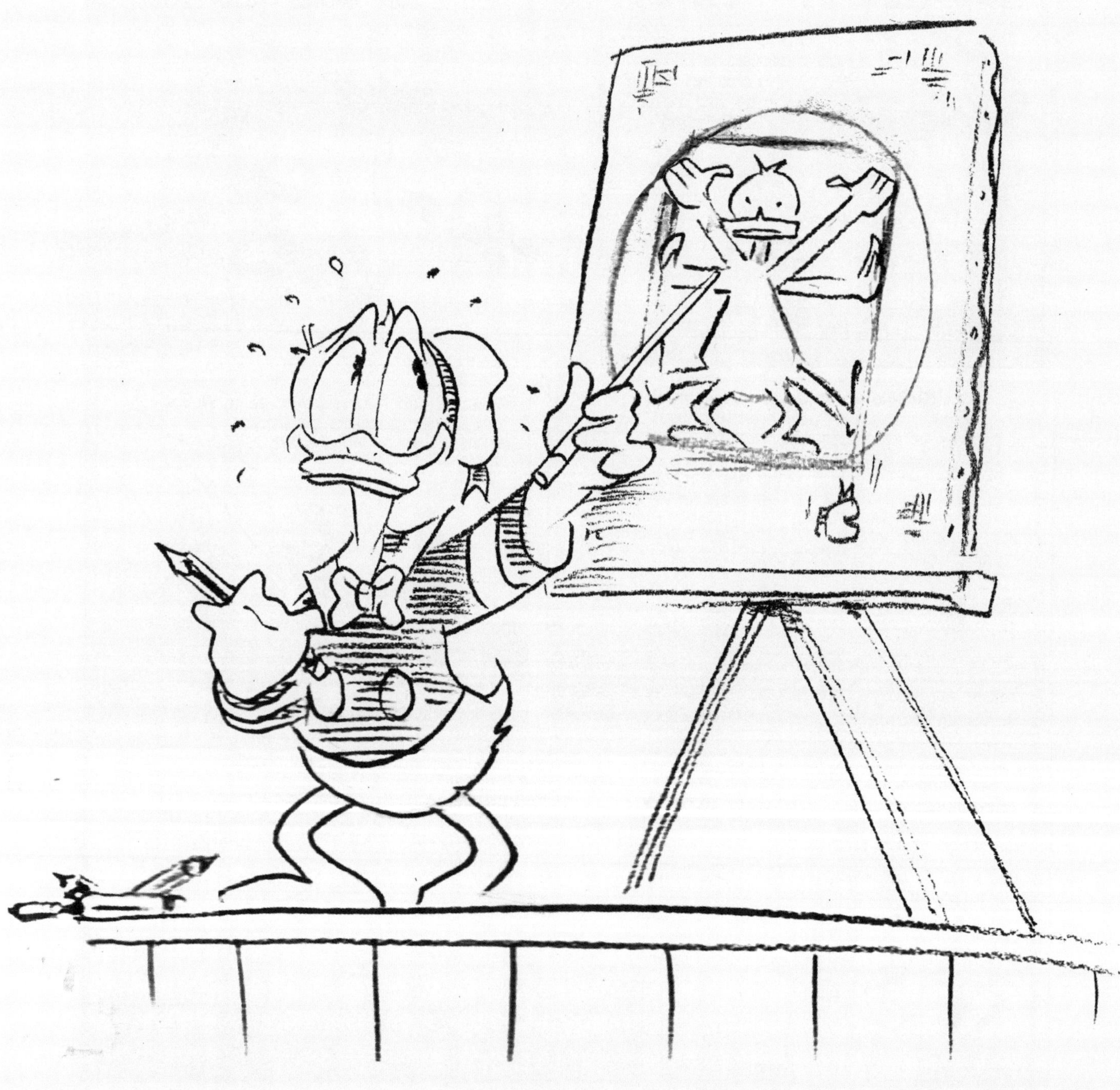

KAMPF um eine INSEL

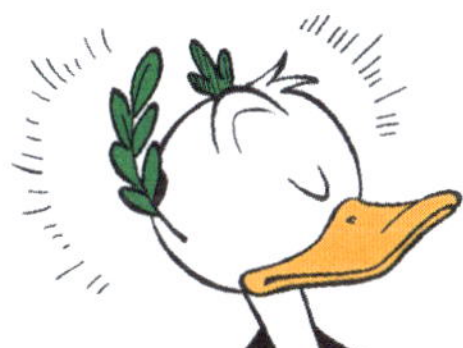

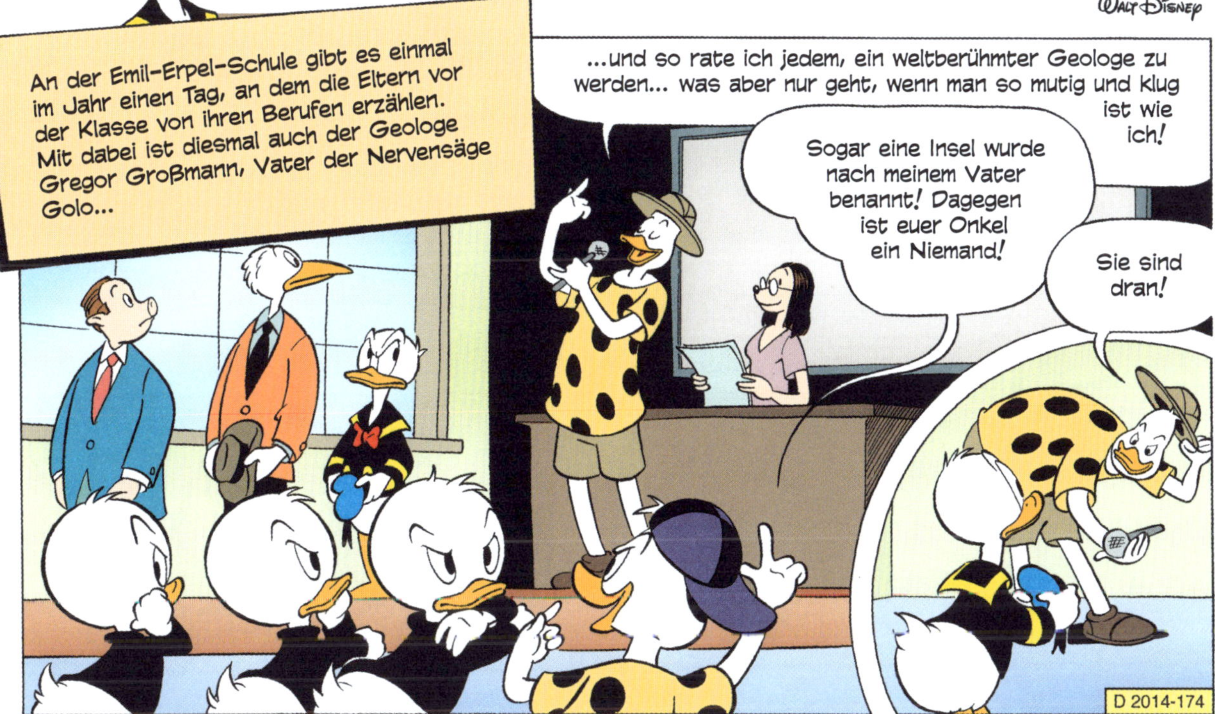

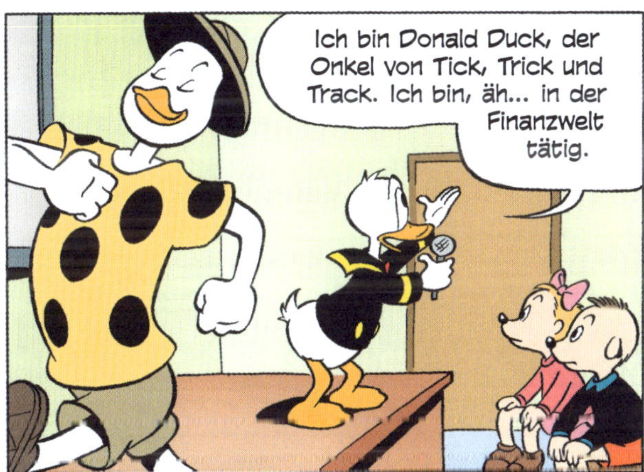

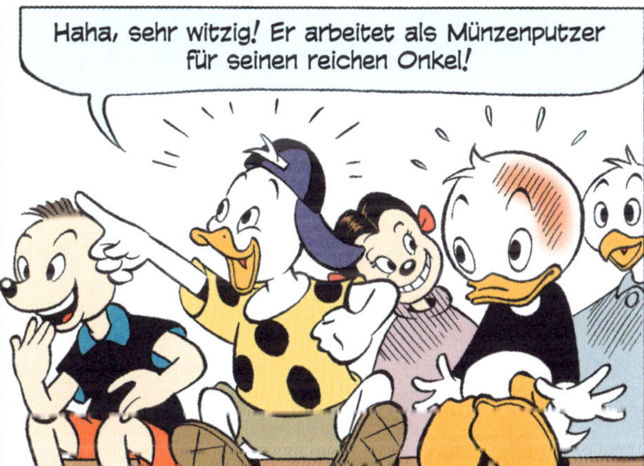

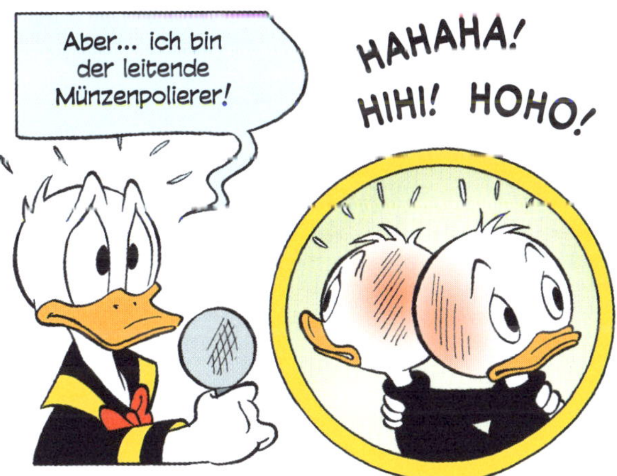

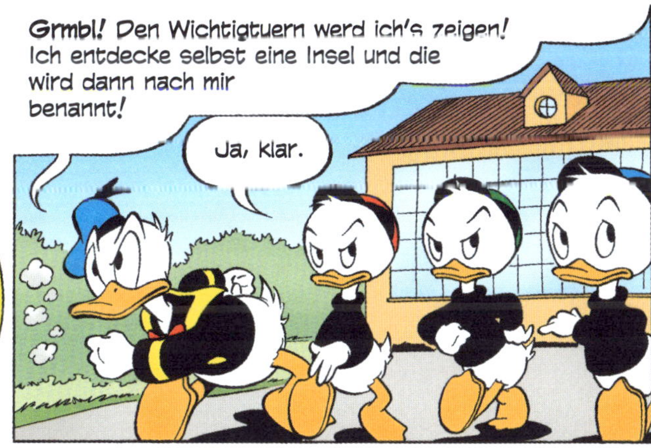

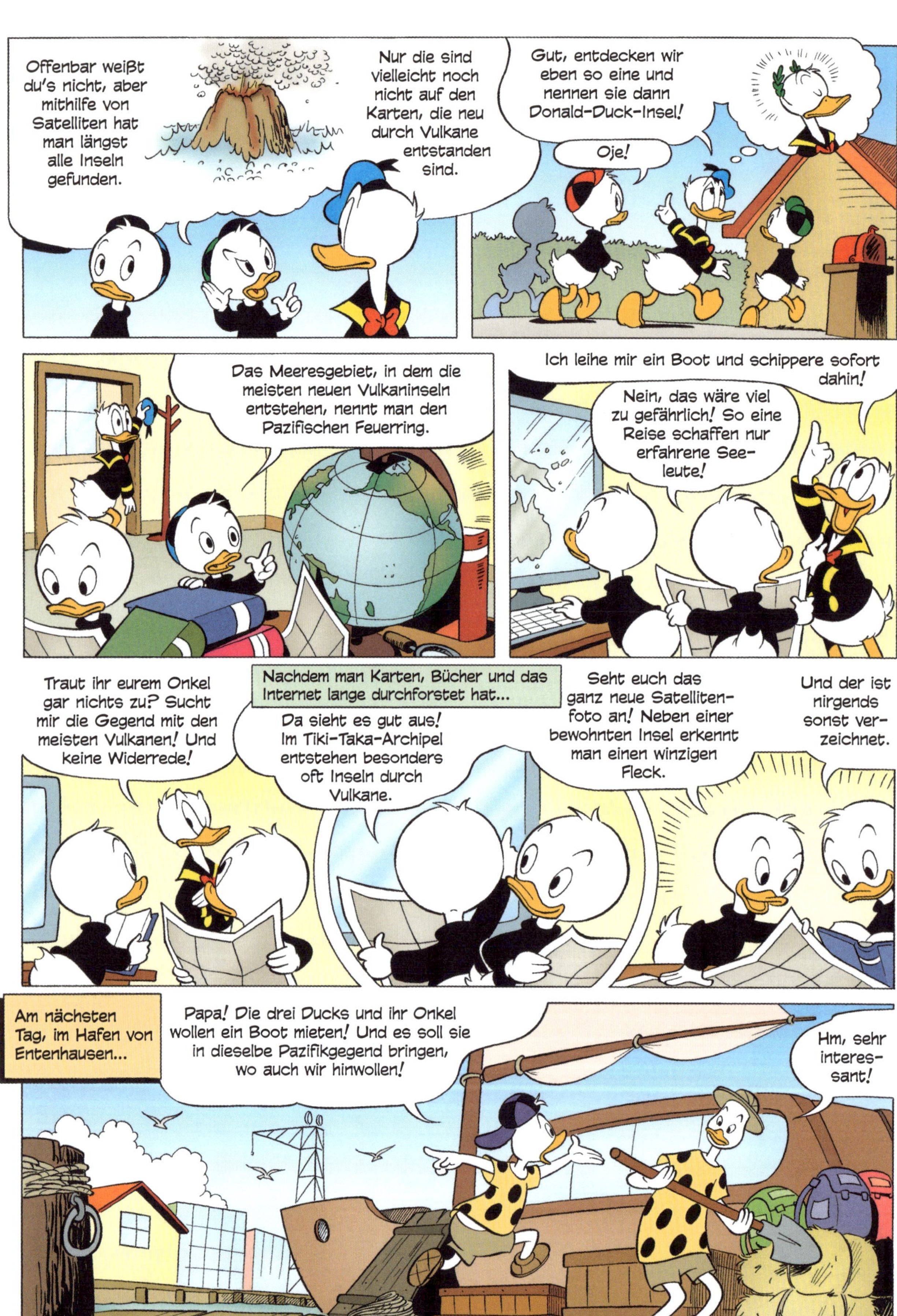
Offenbar weißt du's nicht, aber mithilfe von Satelliten hat man längst alle Inseln gefunden.
Nur die sind vielleicht noch nicht auf den Karten, die neu durch Vulkane entstanden sind.
Gut, entdecken wir eben so eine und nennen sie dann Donald-Duck-Insel!
Oje!
Das Meeresgebiet, in dem die meisten neuen Vulkaninseln entstehen, nennt man den Pazifischen Feuerring.
Ich leihe mir ein Boot und schippere sofort dahin!
Nein, das wäre viel zu gefährlich! So eine Reise schaffen nur erfahrene See-leute!
Traut ihr eurem Onkel gar nichts zu? Sucht mir die Gegend mit den meisten Vulkanen! Und keine Widerrede!
Nachdem man Karten, Bücher und das Internet lange durchforstet hat...
Da sieht es gut aus! Im Tiki-Taka-Archipel entstehen besonders oft Inseln durch Vulkane.
Seht euch das ganz neue Satelliten-foto an! Neben einer bewohnten Insel erkennt man einen winzigen Fleck.
Und der ist nirgends sonst ver-zeichnet.
Am nächsten Tag, im Hafen von Entenhausen...
Papa! Die drei Ducks und ihr Onkel wollen ein Boot mieten! Und es soll sie in dieselbe Pazifikgegend bringen, wo auch wir hinwollen!
Hm, sehr interes-sant!

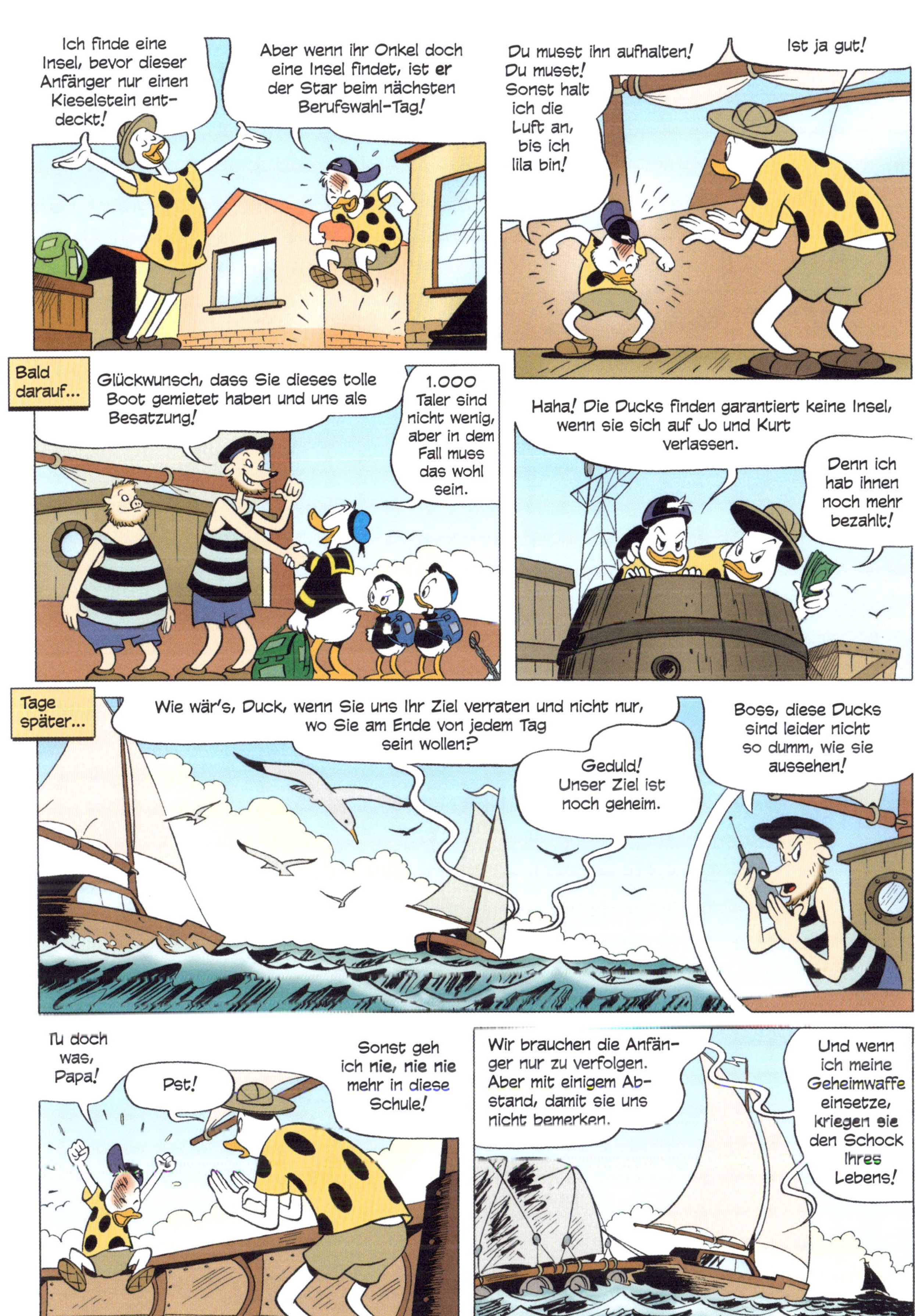
Ich finde eine Insel, bevor dieser Anfänger nur einen Kieselstein entdeckt!
Aber wenn ihr Onkel doch eine Insel findet, ist er der Star beim nächsten Berufswahl-Tag!
Du musst ihn aufhalten! Du musst! Sonst halt ich die Luft an, bis ich lila bin!
Ist ja gut!
Bald darauf...
Glückwunsch, dass Sie dieses tolle Boot gemietet haben und uns als Besatzung!
1.000 Taler sind nicht wenig, aber in dem Fall muss das wohl sein.
Haha! Die Ducks finden garantiert keine Insel, wenn sie sich auf Jo und Kurt verlassen.
Denn ich hab ihnen noch mehr bezahlt!
Tage später...
Wie wär's, Duck, wenn Sie uns Ihr Ziel verraten und nicht nur, wo Sie am Ende von jedem Tag sein wollen?
Geduld! Unser Ziel ist noch geheim.
Boss, diese Ducks sind leider nicht so dumm, wie sie aussehen!
Tu doch was, Papa!
Pst!
Sonst geh ich nie, nie nie mehr in diese Schule!
Wir brauchen die Anfänger nur zu verfolgen. Aber mit einigem Abstand, damit sie uns nicht bemerken.
Und wenn ich meine Geheimwaffe einsetze, kriegen sie den Schock ihres Lebens!

Drei Wochen später erreicht man das andere Ende der Welt...

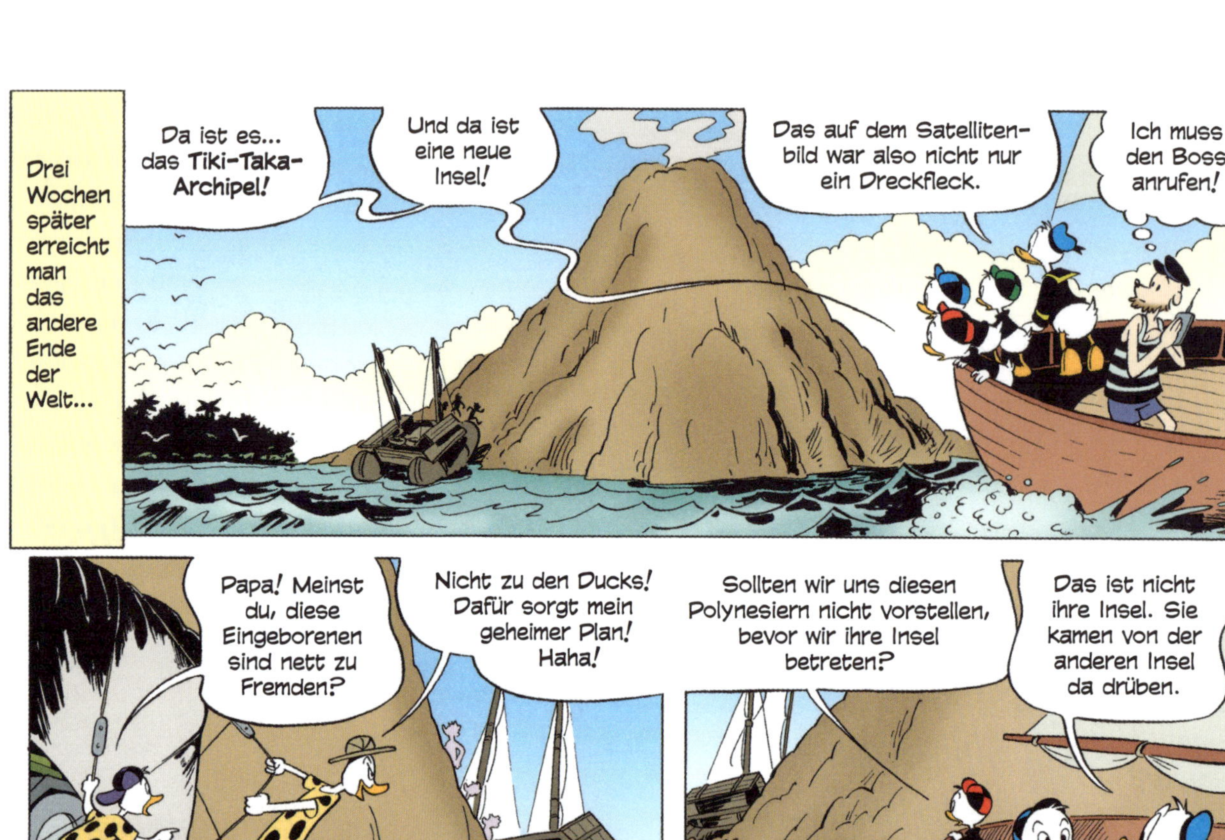

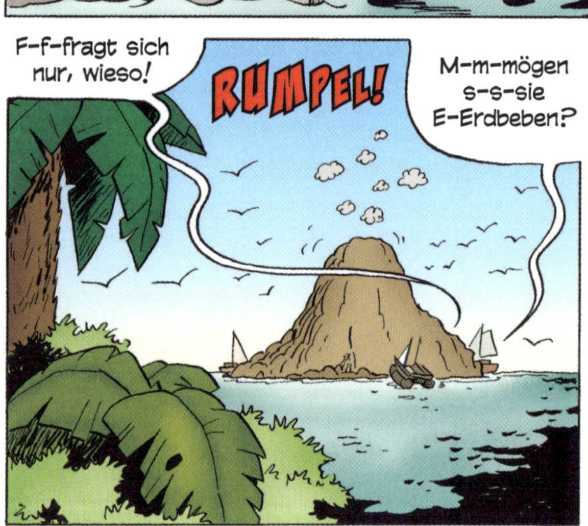

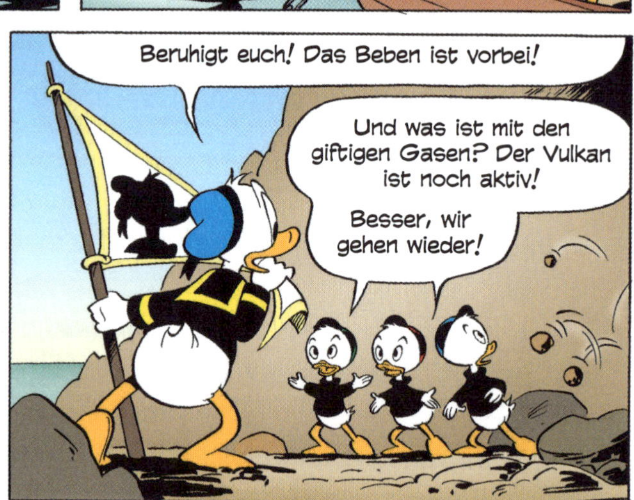

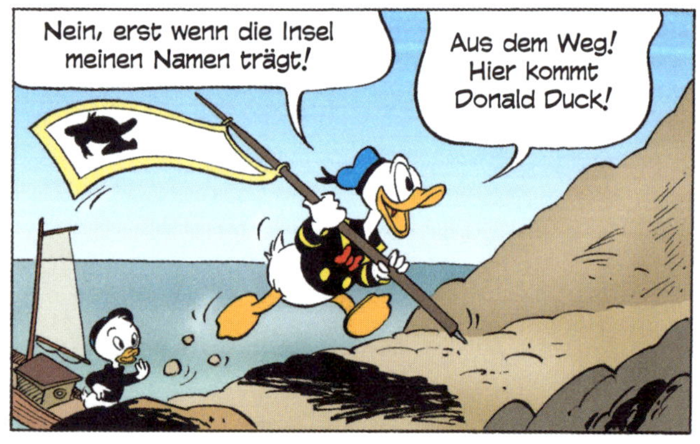

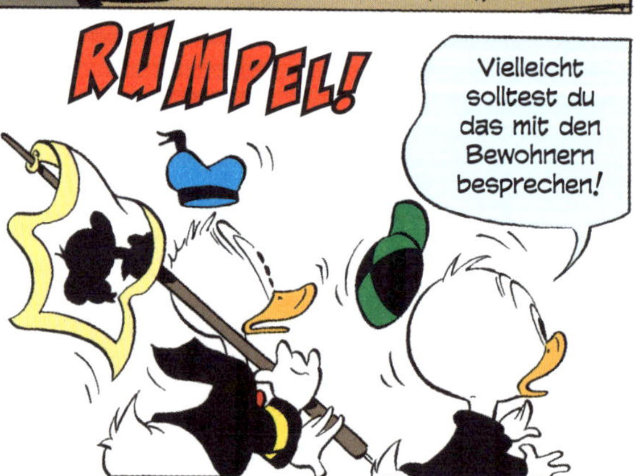

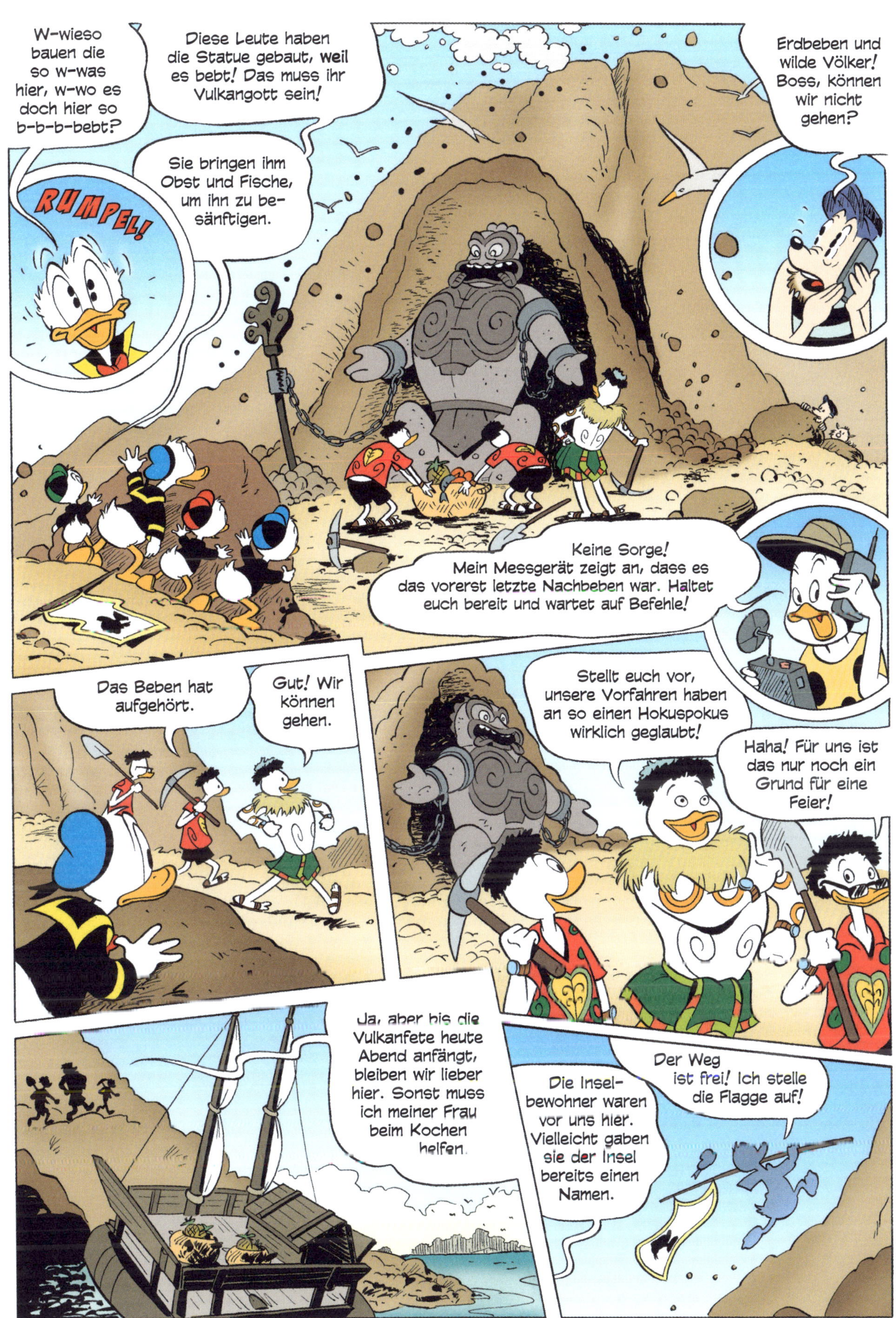

W-wieso bauen die so w-was hier, w-wo es doch hier so b-b-b-bebt?
Diese Leute haben die Statue gebaut, weil es bebt! Das muss ihr Vulkangott sein!
Erdbeben und wilde Völker! Boss, können wir nicht gehen?
RUMPEL!
Sie bringen ihm Obst und Fische, um ihn zu besänftigen.
Keine Sorge! Mein Messgerät zeigt an, dass es das vorerst letzte Nachbeben war. Haltet euch bereit und wartet auf Befehle!
Das Beben hat aufgehört.
Gut! Wir können gehen.
Stellt euch vor, unsere Vorfahren haben an so einen Hokuspokus wirklich geglaubt!
Haha! Für uns ist das nur noch ein Grund für eine Feier!
Ja, aber bis die Vulkanfete heute Abend anfängt, bleiben wir lieber hier. Sonst muss ich meiner Frau beim Kochen helfen.
Die Inselbewohner waren vor uns hier. Vielleicht gaben sie der Insel bereits einen Namen.
Der Weg ist frei! Ich stelle die Flagge auf!

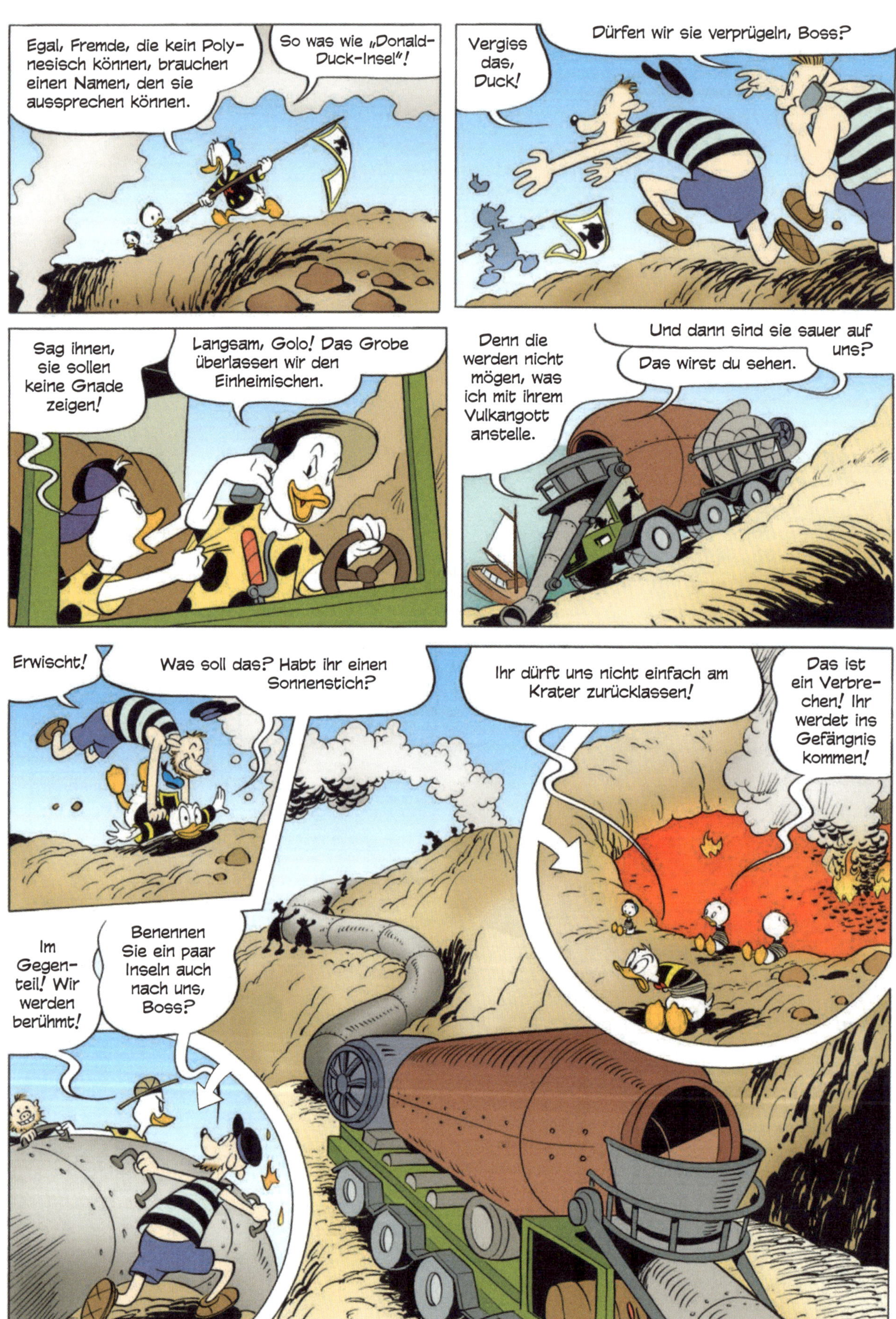
Egal, Fremde, die kein Polynesisch können, brauchen einen Namen, den sie aussprechen können.
So was wie „Donald-Duck-Insel"!
Vergiss das, Duck!
Dürfen wir sie verprügeln, Boss?
Sag ihnen, sie sollen keine Gnade zeigen!
Langsam, Golo! Das Grobe überlassen wir den Einheimischen.
Denn die werden nicht mögen, was ich mit ihrem Vulkangott anstelle.
Und dann sind sie sauer auf uns?
Das wirst du sehen.
Erwischt!
Was soll das? Habt ihr einen Sonnenstich?
Ihr dürft uns nicht einfach am Krater zurücklassen!
Das ist ein Verbrechen! Ihr werdet ins Gefängnis kommen!
Im Gegenteil! Wir werden berühmt!
Benennen Sie ein paar Inseln auch nach uns, Boss?

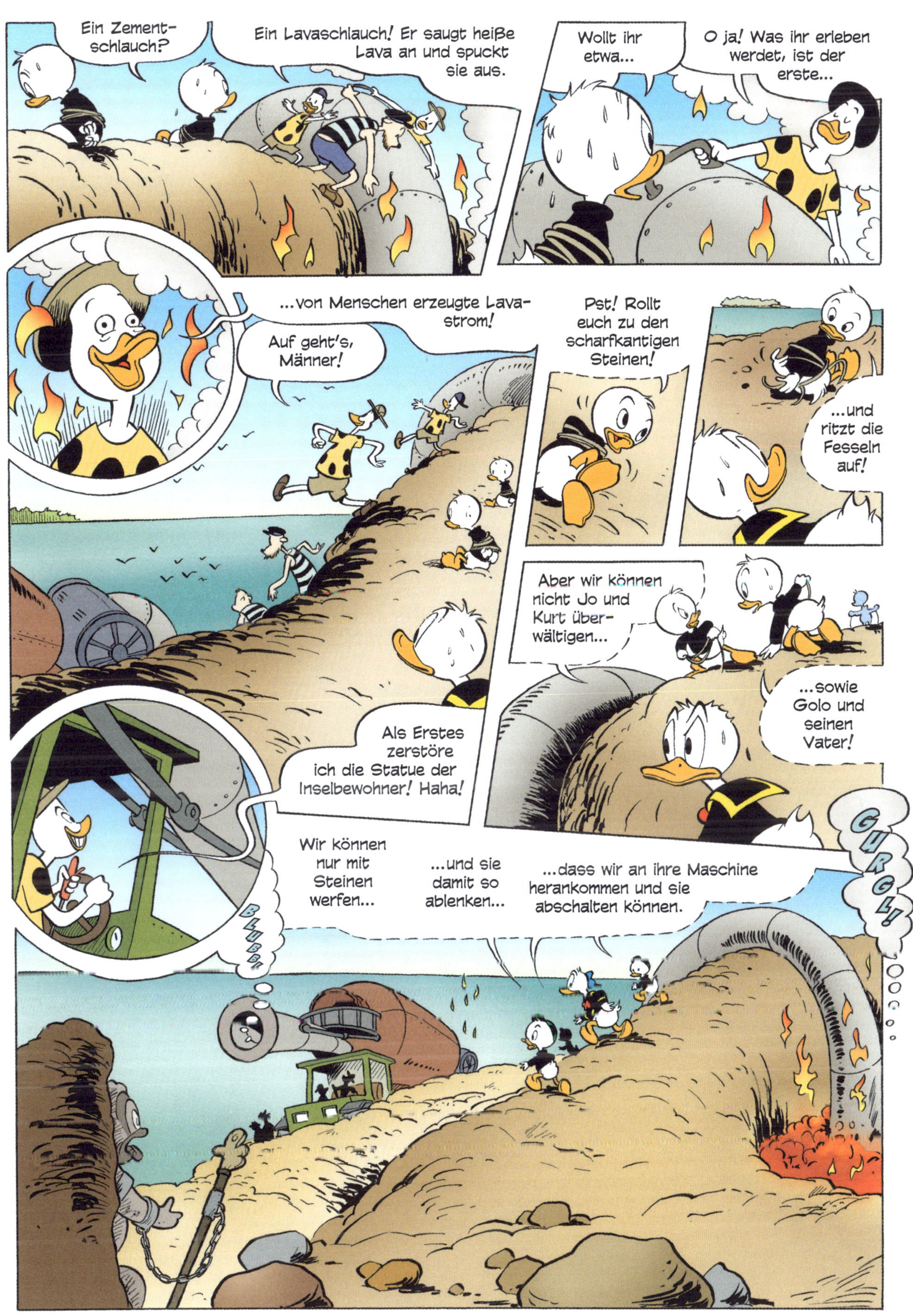
Ein Zement-schlauch?
Ein Lavaschlauch! Er saugt heiße Lava an und spuckt sie aus.
Wollt ihr etwa...
O ja! Was ihr erleben werdet, ist der erste...
...von Menschen erzeugte Lava-strom!
Auf geht's, Männer!
Pst! Rollt euch zu den scharfkantigen Steinen!
...und ritzt die Fesseln auf!
Aber wir können nicht Jo und Kurt über-wältigen...
...sowie Golo und seinen Vater!
Als Erstes zerstöre ich die Statue der Inselbewohner! Haha!
GURGL!
Wir können nur mit Steinen werfen...
...und sie damit so ablenken...
...dass wir an ihre Maschine herankommen und sie abschalten können.
BLUBB!

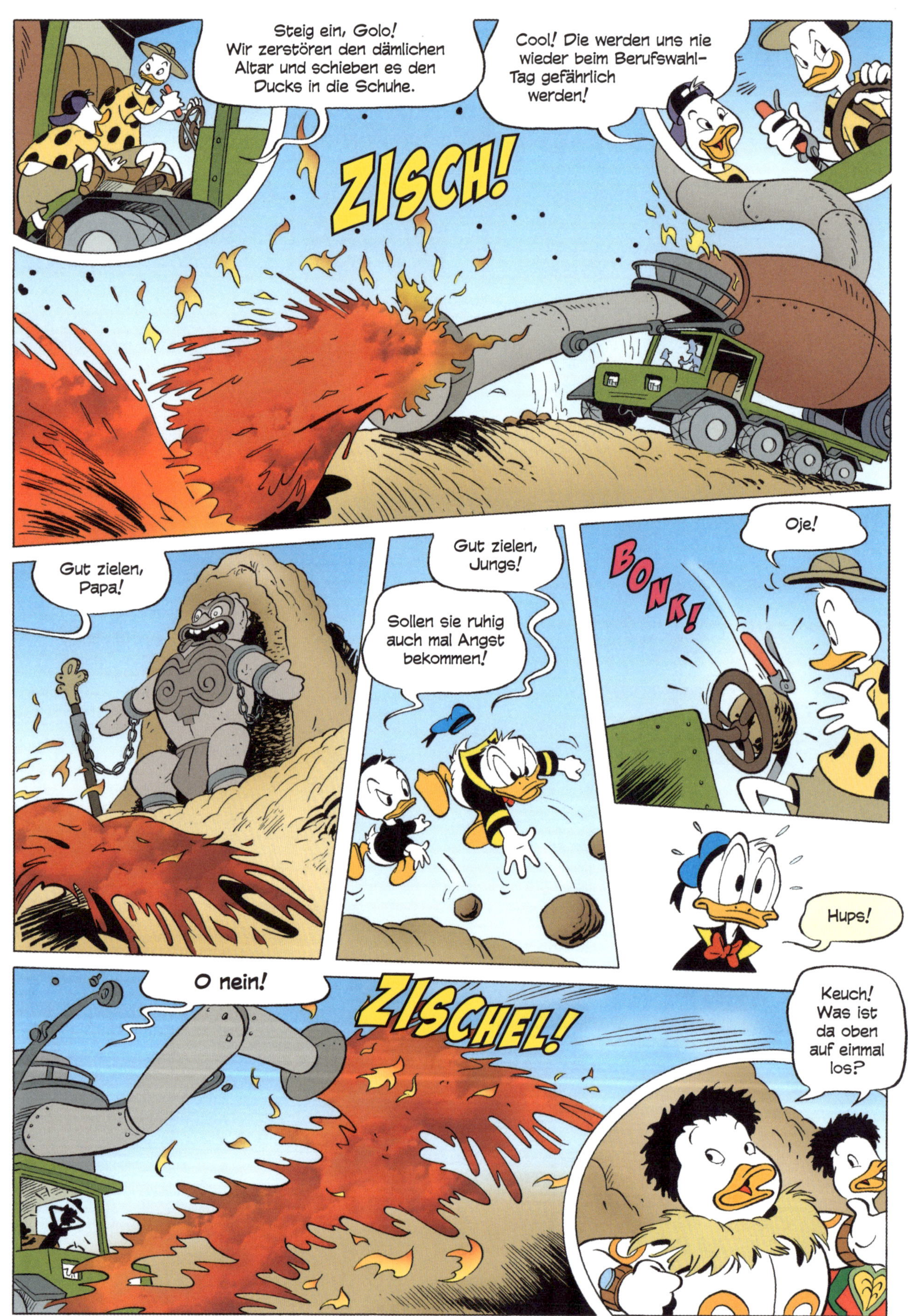

Steig ein, Golo! Wir zerstören den dämlichen Altar und schieben es den Ducks in die Schuhe.
Cool! Die werden uns nie wieder beim Berufswahl-Tag gefährlich werden!
ZISCH!
Gut zielen, Papa!
Gut zielen, Jungs!
Sollen sie ruhig auch mal Angst bekommen!
Oje!
BONK!
Hups!
O nein!
ZISCHEL!
Keuch! Was ist da oben auf einmal los?

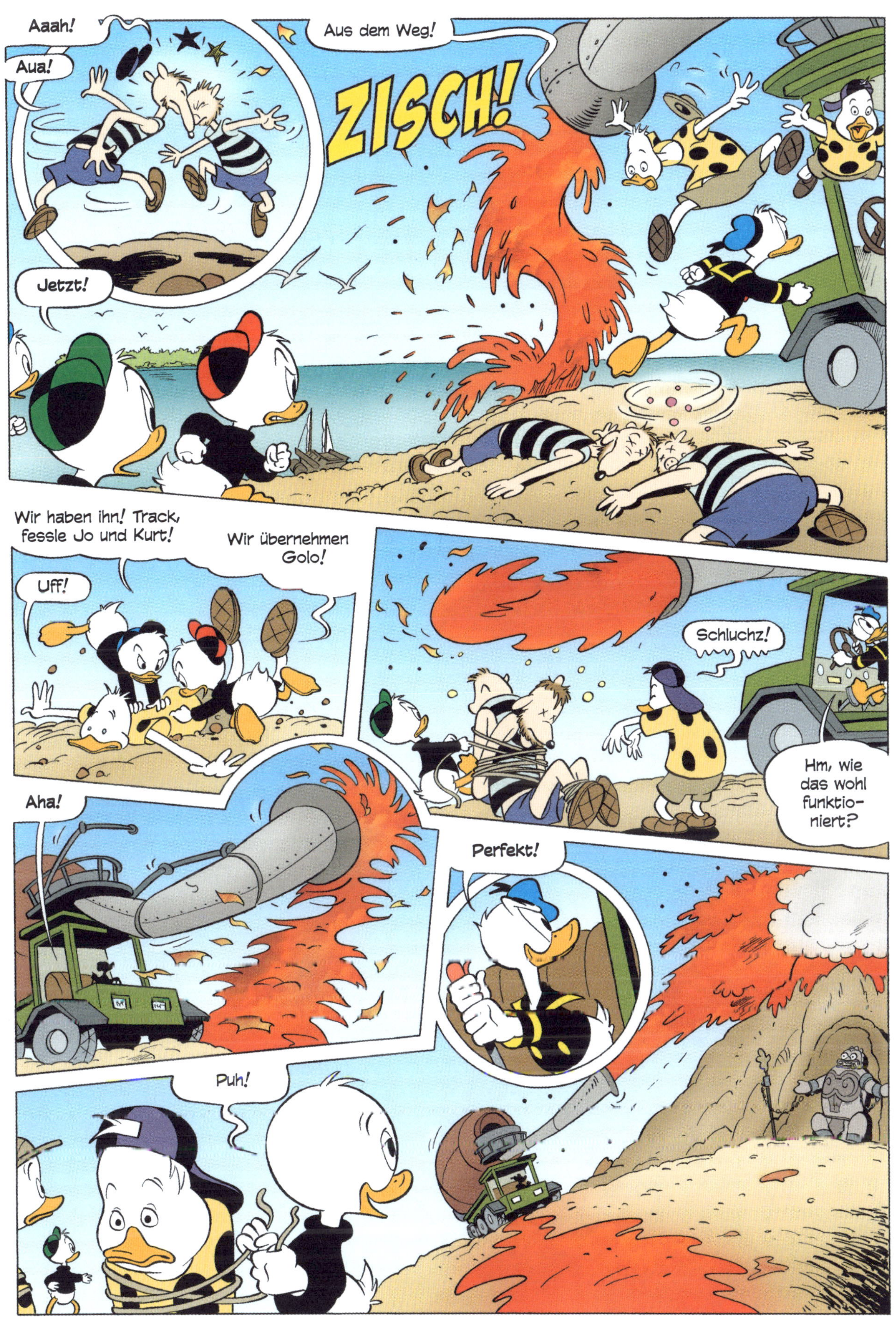
Aaah!
Aua!
Aus dem Weg!
ZISCH!
Jetzt!
Wir haben ihn! Track, fessle Jo und Kurt!
Wir übernehmen Golo!
Uff!
Schluchz!
Hm, wie das wohl funktioniert?
Aha!
Perfekt!
Puh!

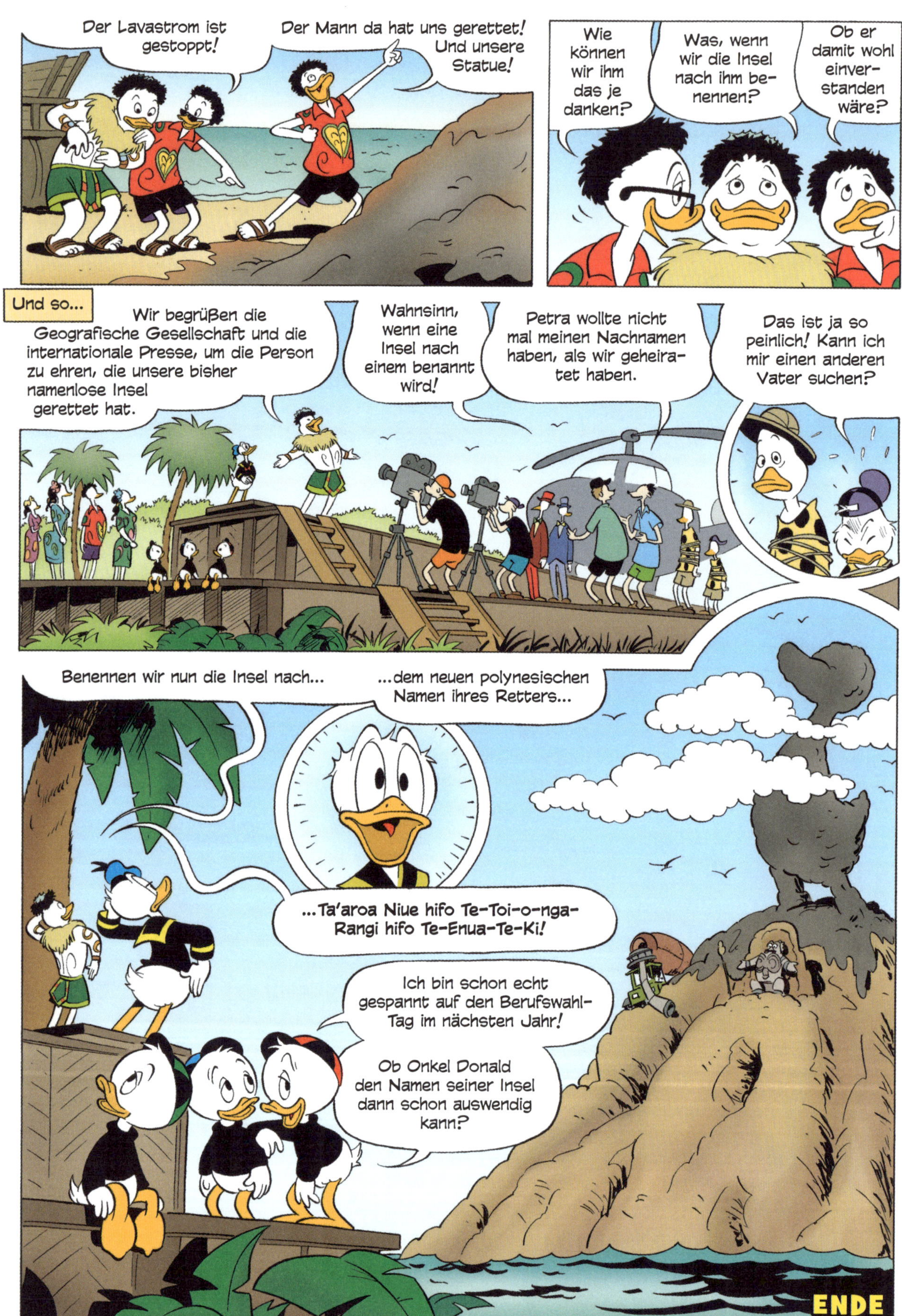
Der Lavastrom ist gestoppt!
Der Mann da hat uns gerettet! Und unsere Statue!
Wie können wir ihm das je danken?
Was, wenn wir die Insel nach ihm benennen?
Ob er damit wohl einverstanden wäre?
Und so...
Wir begrüßen die Geografische Gesellschaft und die internationale Presse, um die Person zu ehren, die unsere bisher namenlose Insel gerettet hat.
Wahnsinn, wenn eine Insel nach einem benannt wird!
Petra wollte nicht mal meinen Nachnamen haben, als wir geheiratet haben.
Das ist ja so peinlich! Kann ich mir einen anderen Vater suchen?
Benennen wir nun die Insel nach...
...dem neuen polynesischen Namen ihres Retters...
...Ta'aroa Niue hifo Te-Toi-o-nga-Rangi hifo Te-Enua-Te-Ki!
Ich bin schon echt gespannt auf den Berufswahl-Tag im nächsten Jahr!
Ob Onkel Donald den Namen seiner Insel dann schon auswendig kann?
ENDE

In den „Ducks in Deutschland" tritt ein leicht schräger Hirnklempner auf:
Doktor Q.U. Acksalber.
In der nun folgenden Geschichte gibt es eine Person ähnlichen Aussehens und gleichen Namens. Auch er ist Psychoanalytiker, auch er eifert in seinem Äußeren dem großen Vorbild Sigmund Freud nach.
Die Ähnlichkeit jedoch ist rein zufällig.
So sieht man in dieser Berufsgruppe nun mal aus.
Dabei ist der Unterschied doch ganz klar zu erkennen:
Der eine heißt mit vollem Namen Quentin Ulrich Acksalber.
Sein Namensvetter hingegen verwendet nur seine Initialen.
Die beiden sind also grundverschieden.
Nicht dass es heißt, Comicmachern fällt immer nur dasselbe ein.

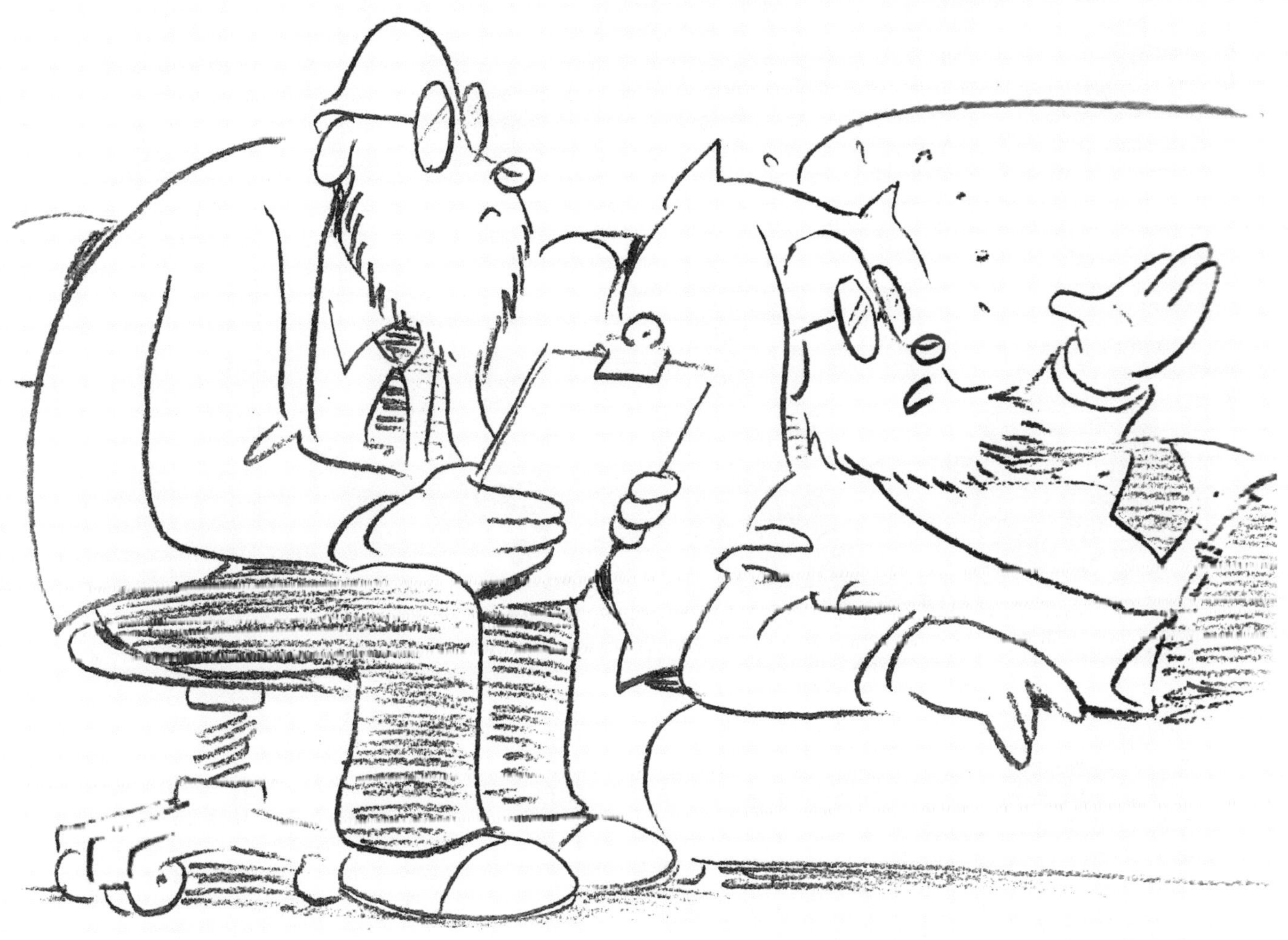

RETTER AUF BRETTERN

Walt Disney

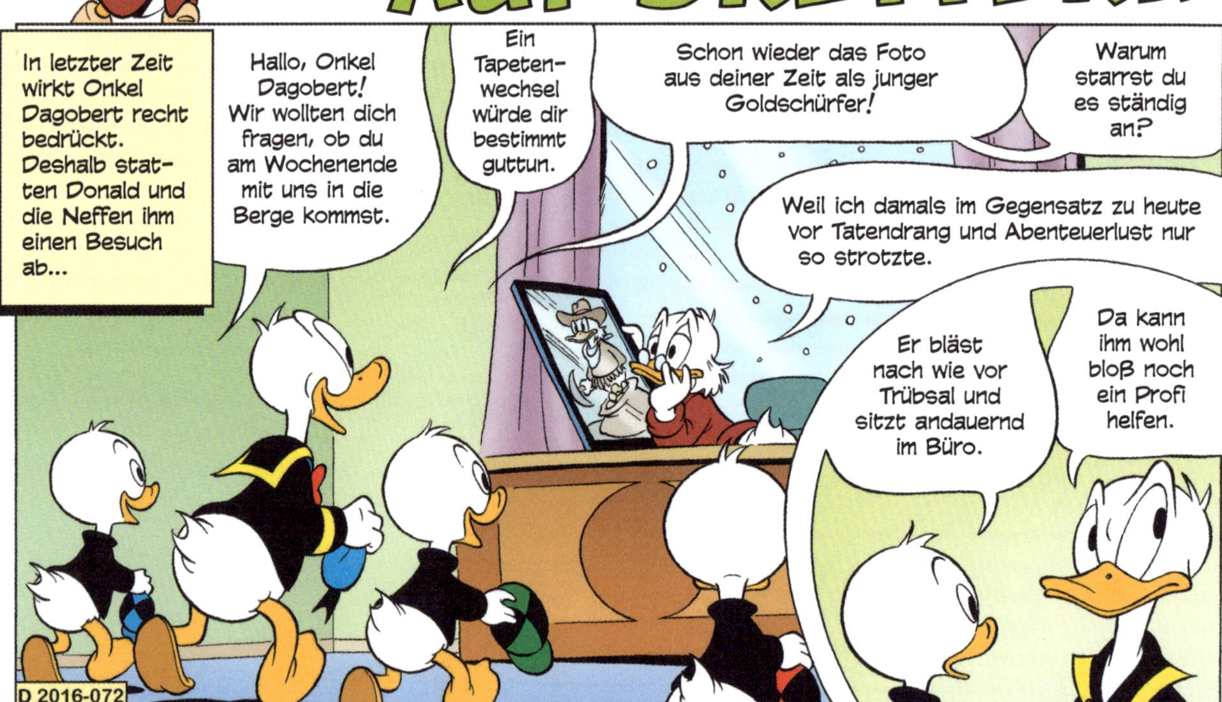

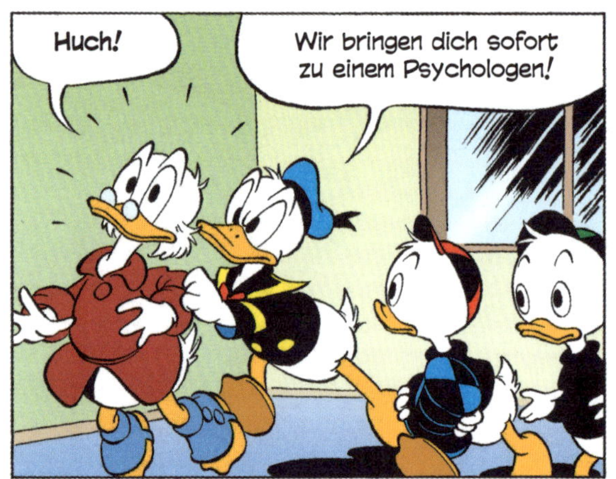

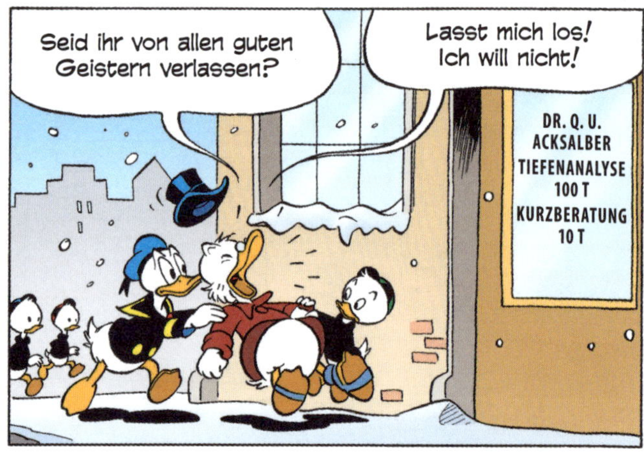

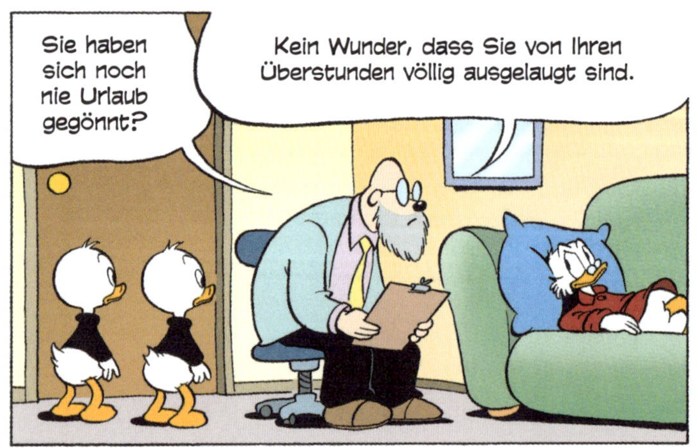

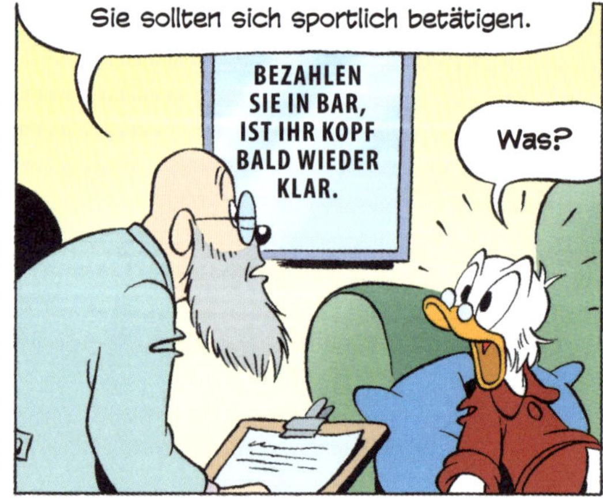

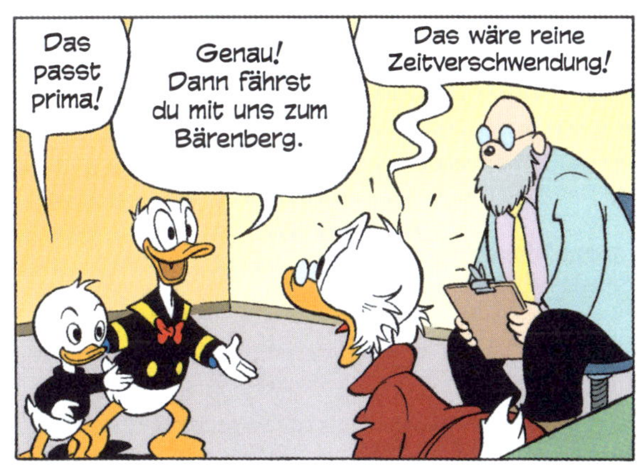
Das passt prima!
Genau! Dann fährst du mit uns zum Bärenberg.
Das wäre reine Zeitverschwendung!

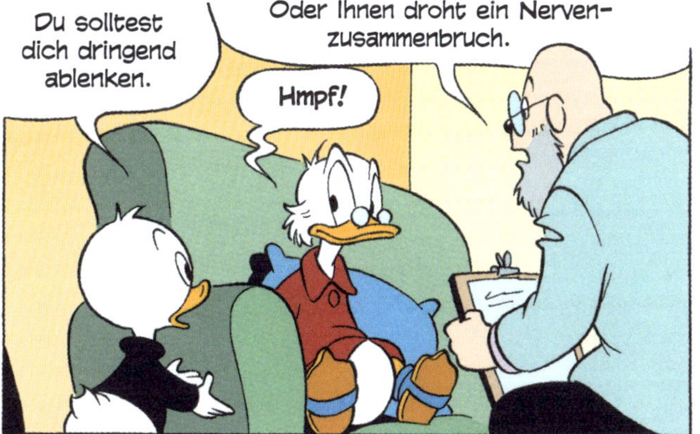
Du solltest dich dringend ablenken.
Oder Ihnen droht ein Nervenzusammenbruch.
Hmpf!

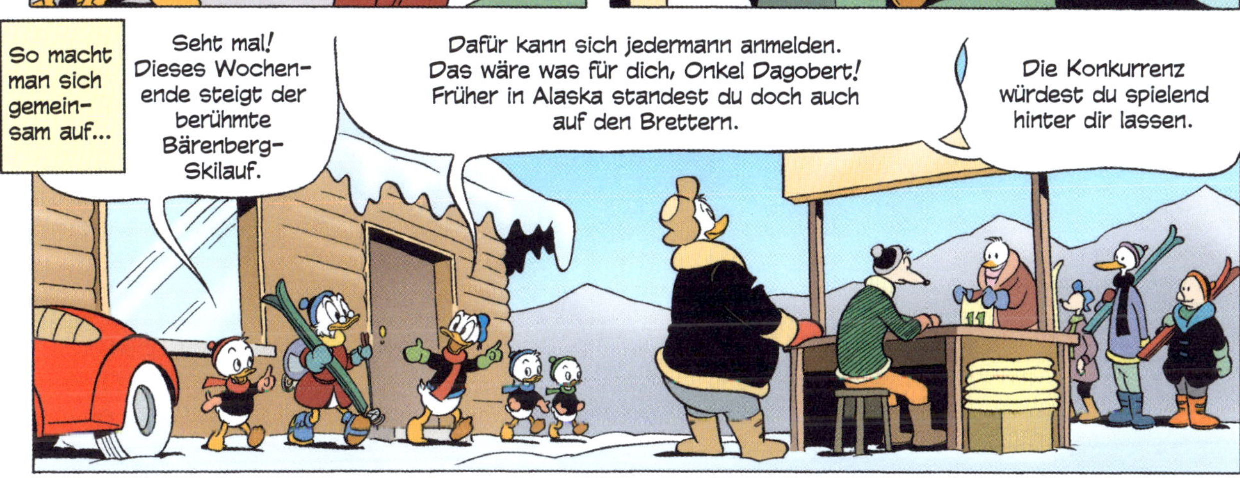
So macht man sich gemeinsam auf...
Seht mal! Dieses Wochenende steigt der berühmte Bärenberg-Skilauf.
Dafür kann sich jedermann anmelden. Das wäre was für dich, Onkel Dagobert! Früher in Alaska standest du doch auch auf den Brettern.
Die Konkurrenz würdest du spielend hinter dir lassen.

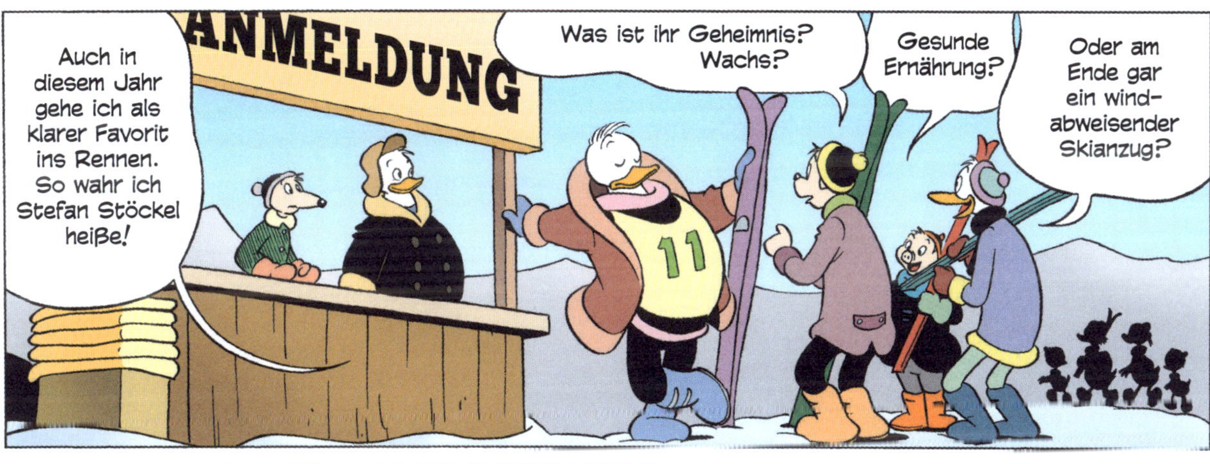
ANMELDUNG
Auch in diesem Jahr gehe ich als klarer Favorit ins Rennen. So wahr ich Stefan Stöckel heiße!
Was ist ihr Geheimnis? Wachs?
Gesunde Ernährung?
Oder am Ende gar ein windabweisender Skianzug?

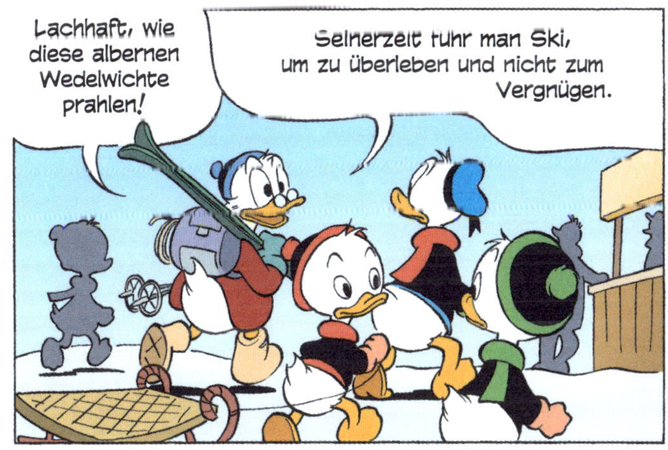
Lachhaft, wie diese albernen Wedelwichte prahlen!
Seinerzeit fuhr man Ski, um zu überleben und nicht zum Vergnügen.

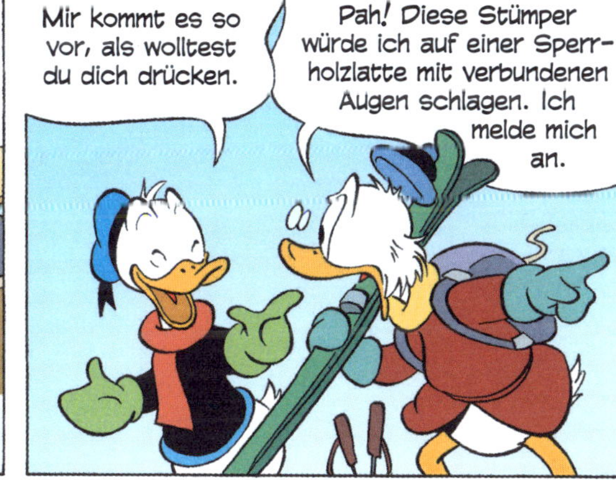
Mir kommt es so vor, als wolltest du dich drücken.
Pah! Diese Stümper würde ich auf einer Sperrholzlatte mit verbundenen Augen schlagen. Ich melde mich an.

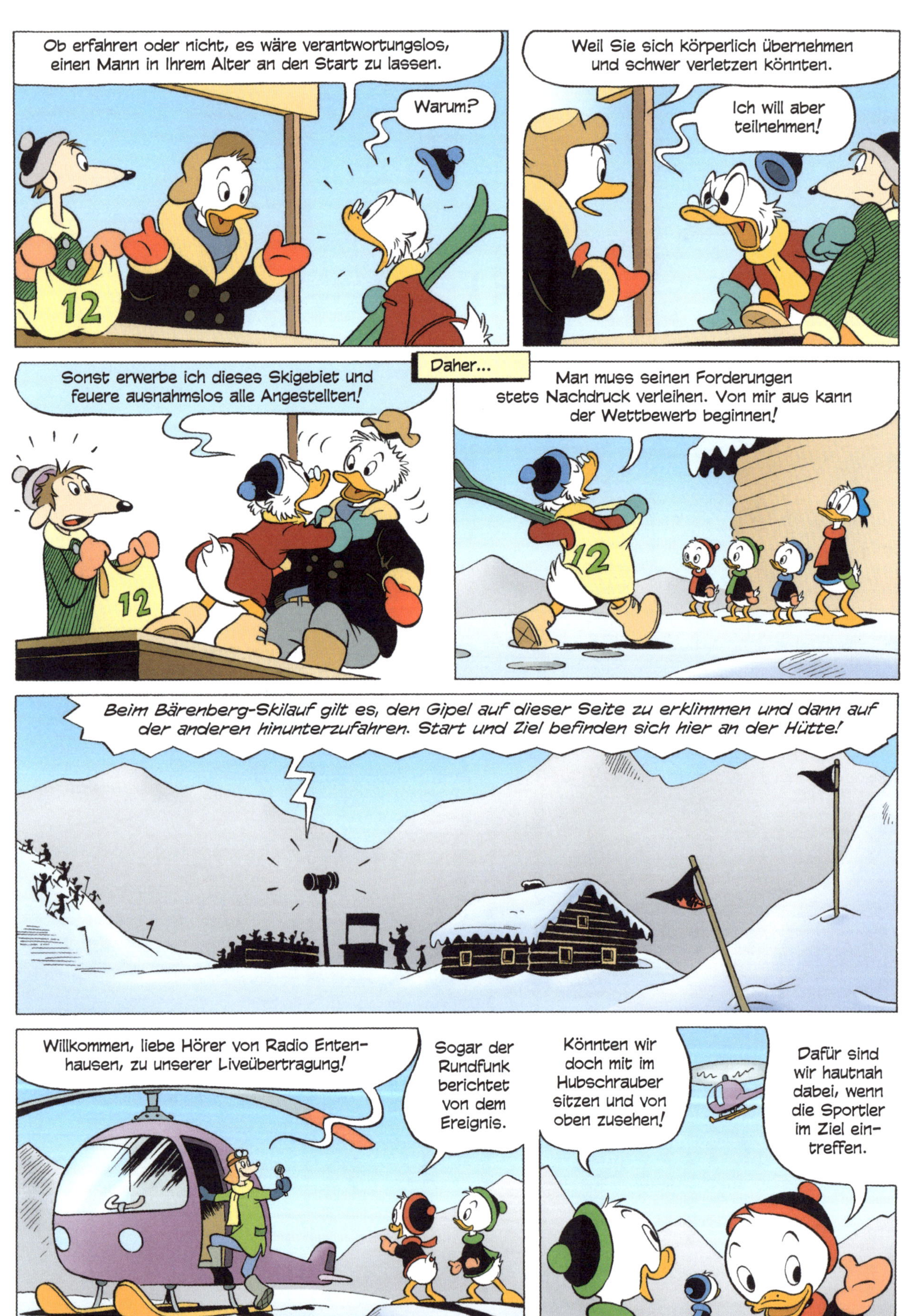

Ob erfahren oder nicht, es wäre verantwortungslos, einen Mann in Ihrem Alter an den Start zu lassen.
Warum?
Weil Sie sich körperlich übernehmen und schwer verletzen könnten.
Ich will aber teilnehmen!
Sonst erwerbe ich dieses Skigebiet und feuere ausnahmslos alle Angestellten!
Daher...
Man muss seinen Forderungen stets Nachdruck verleihen. Von mir aus kann der Wettbewerb beginnen!
12
Beim Bärenberg-Skilauf gilt es, den Gipel auf dieser Seite zu erklimmen und dann auf der anderen hinunterzufahren. Start und Ziel befinden sich hier an der Hütte!
Willkommen, liebe Hörer von Radio Entenhausen, zu unserer Liveübertragung!
Sogar der Rundfunk berichtet von dem Ereignis.
Könnten wir doch mit im Hubschrauber sitzen und von oben zusehen!
Dafür sind wir hautnah dabei, wenn die Sportler im Ziel eintreffen.

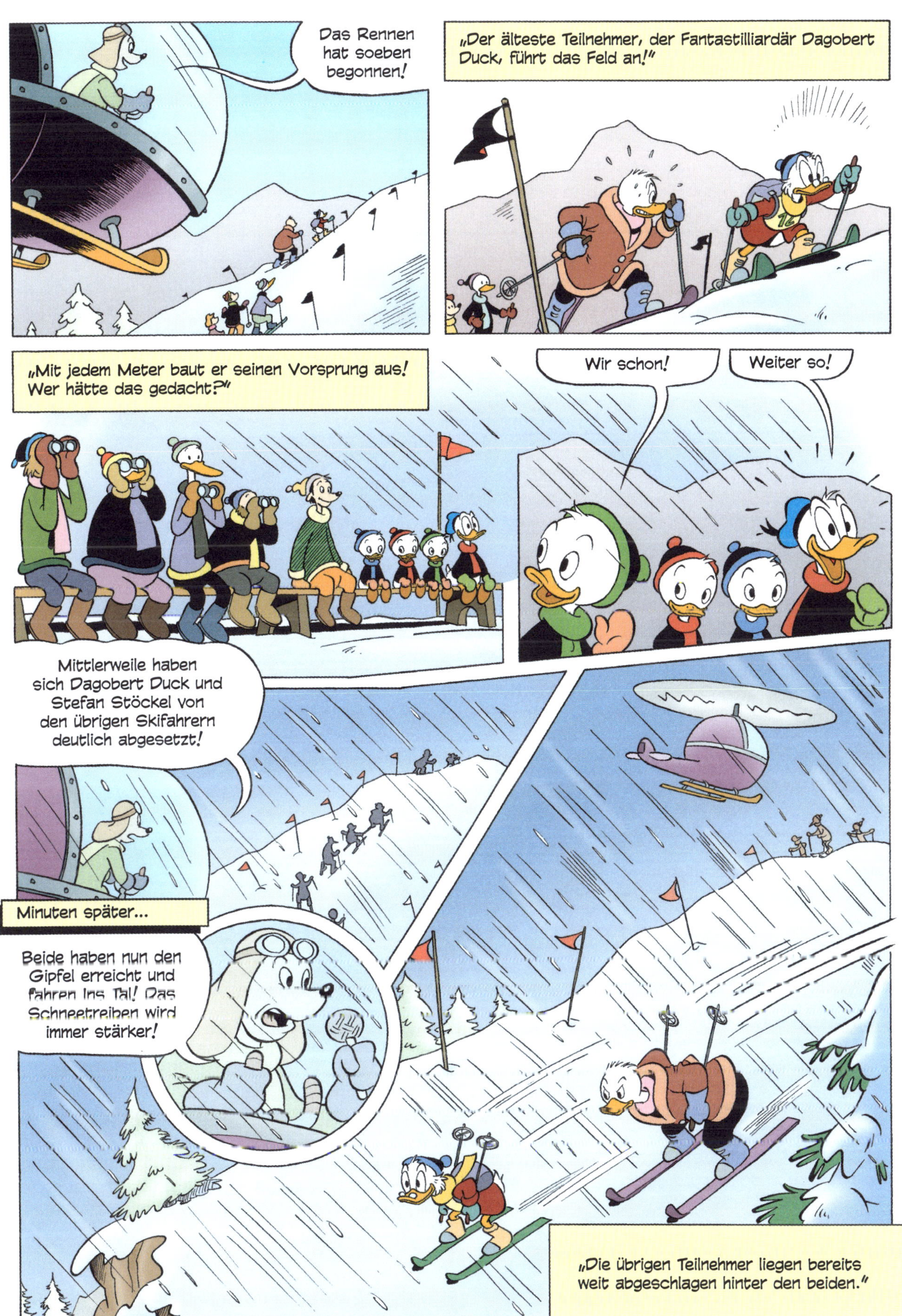

Das Rennen hat soeben begonnen!
„Der älteste Teilnehmer, der Fantastilliardär Dagobert Duck, führt das Feld an!"
„Mit jedem Meter baut er seinen Vorsprung aus! Wer hätte das gedacht?"
Wir schon!
Weiter so!
Mittlerweile haben sich Dagobert Duck und Stefan Stöckel von den übrigen Skifahrern deutlich abgesetzt!
Minuten später...
Beide haben nun den Gipfel erreicht und fahren ins Tal! Das Schneetreiben wird immer stärker!
„Die übrigen Teilnehmer liegen bereits weit abgeschlagen hinter den beiden."

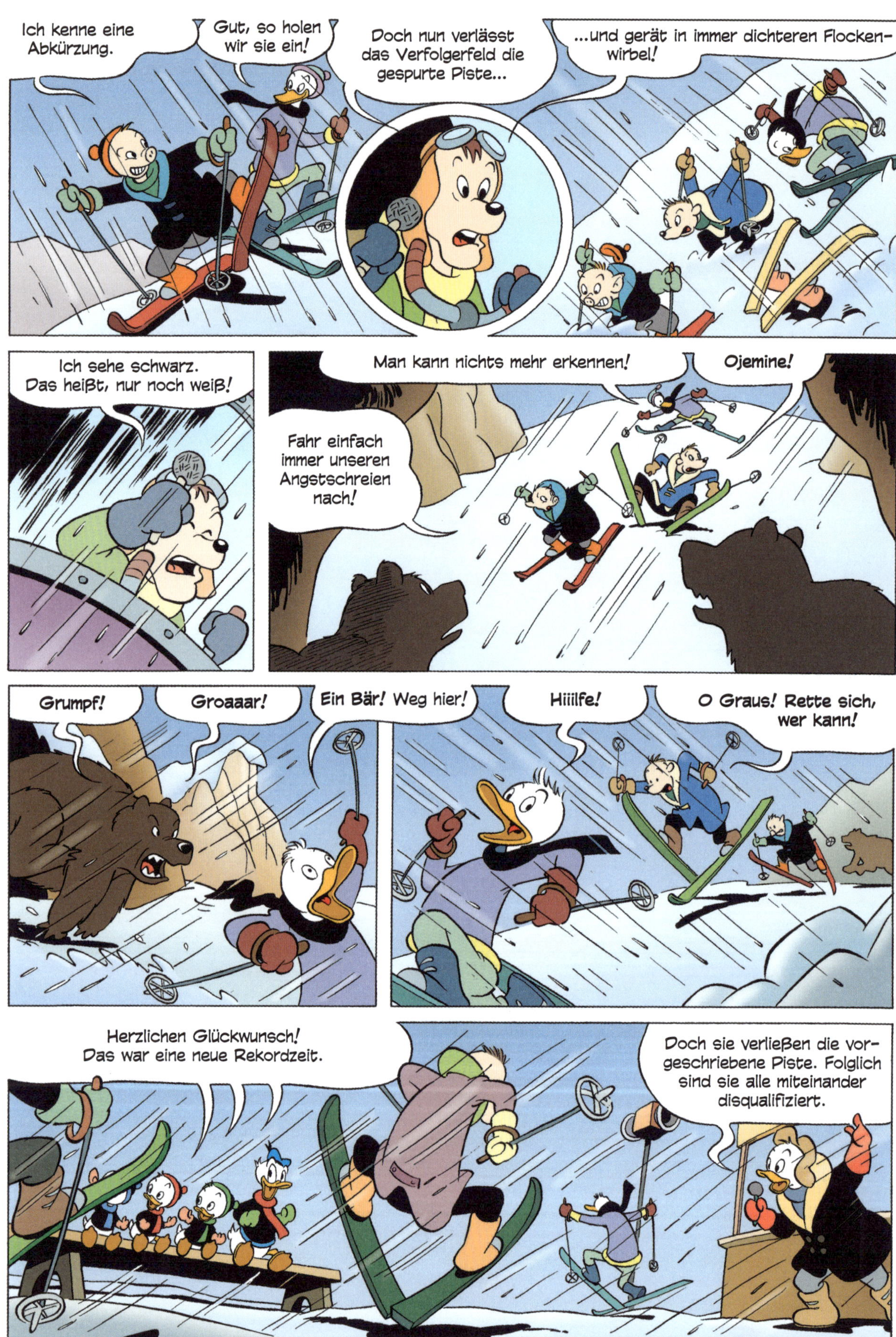
Ich kenne eine Abkürzung.
Gut, so holen wir sie ein!
Doch nun verlässt das Verfolgerfeld die gespurte Piste...
...und gerät in immer dichteren Flockenwirbel!
Ich sehe schwarz. Das heißt, nur noch weiß!
Man kann nichts mehr erkennen!
Ojemine!
Fahr einfach immer unseren Angstschreien nach!
Grumpf!
Groaaar!
Ein Bär! Weg hier!
Hiiilfe!
O Graus! Rette sich, wer kann!
Herzlichen Glückwunsch! Das war eine neue Rekordzeit.
Doch sie verließen die vorgeschriebene Piste. Folglich sind sie alle miteinander disqualifiziert.

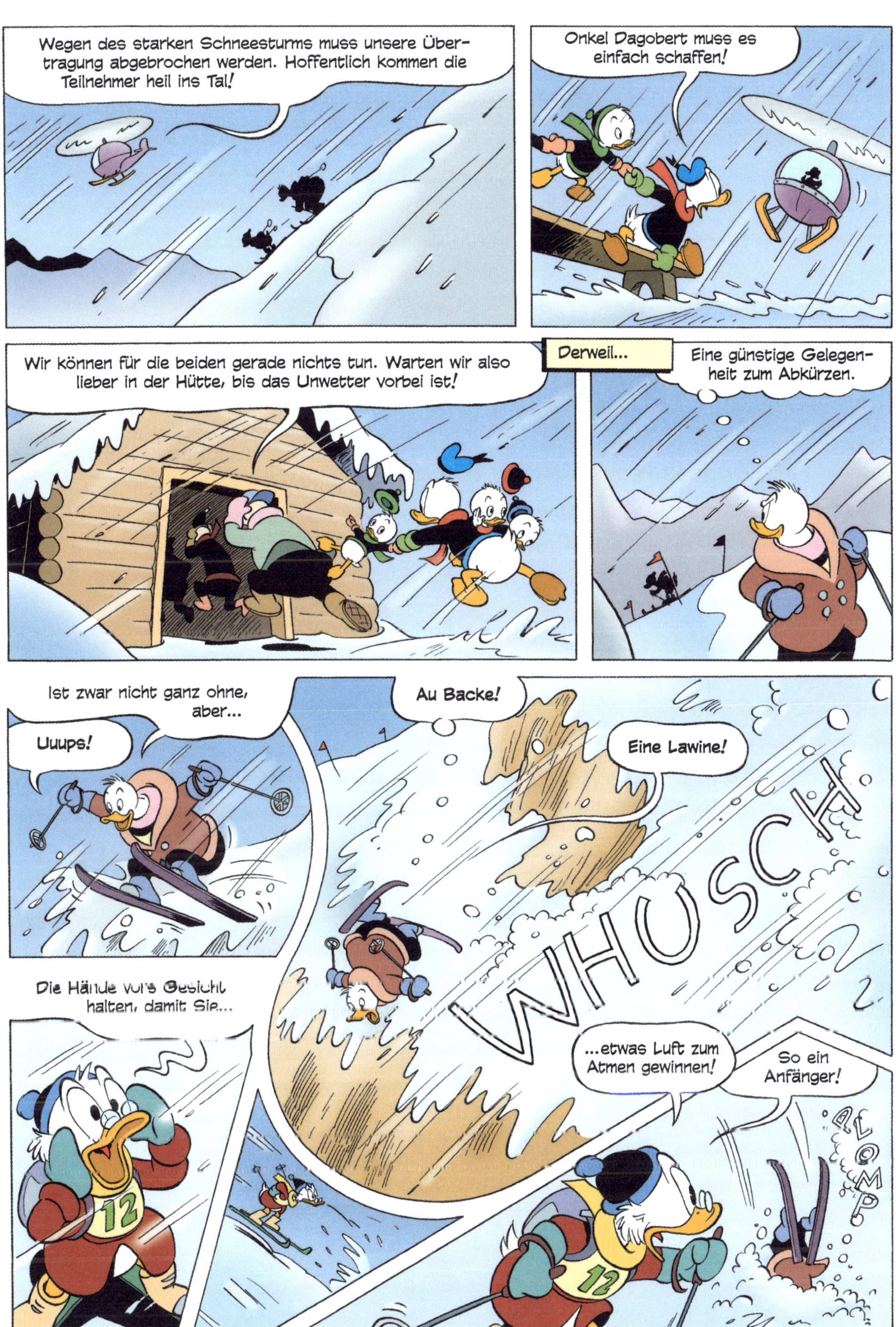
Wegen des starken Schneesturms muss unsere Übertragung abgebrochen werden. Hoffentlich kommen die Teilnehmer heil ins Tal!
Onkel Dagobert muss es einfach schaffen!
Wir können für die beiden gerade nichts tun. Warten wir also lieber in der Hütte, bis das Unwetter vorbei ist!
Derweil...
Eine günstige Gelegenheit zum Abkürzen.
Ist zwar nicht ganz ohne, aber...
Uuups!
Au Backe!
Eine Lawine!
WHUSCH
Die Hände vors Gesicht halten, damit Sie...
...etwas Luft zum Atmen gewinnen!
So ein Anfänger!
PLOMP

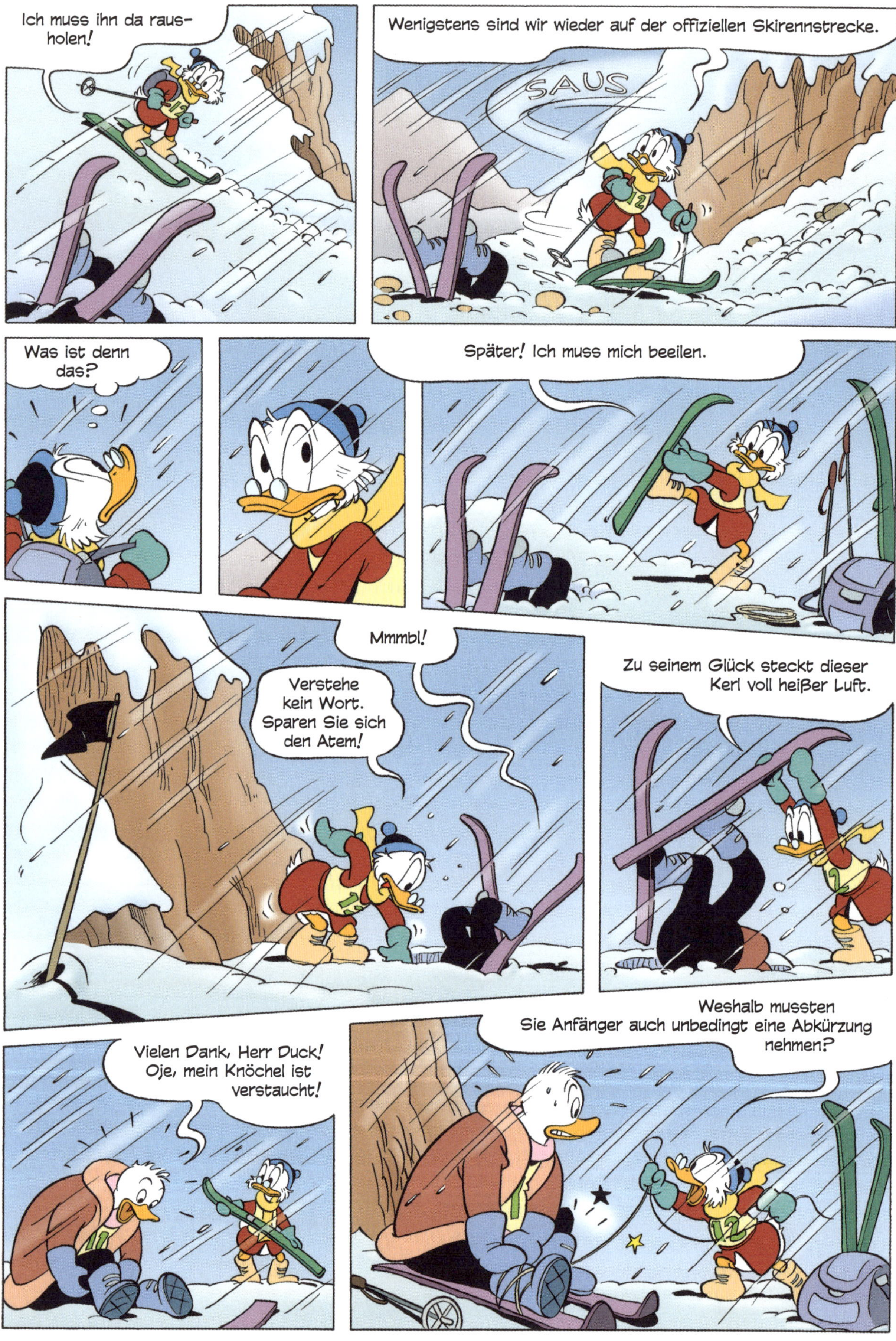
Ich muss ihn da raus-holen!
Wenigstens sind wir wieder auf der offiziellen Skirennstrecke.
SAUS
Was ist denn das?
Später! Ich muss mich beeilen.
Mmmbl!
Verstehe kein Wort. Sparen Sie sich den Atem!
Zu seinem Glück steckt dieser Kerl voll heißer Luft.
Vielen Dank, Herr Duck! Oje, mein Knöchel ist verstaucht!
Weshalb mussten Sie Anfänger auch unbedingt eine Abkürzung nehmen?

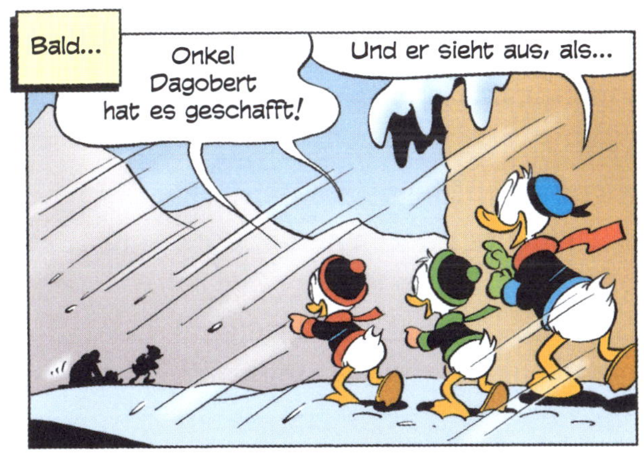
Bald...
Onkel Dagobert hat es geschafft!
Und er sieht aus, als...

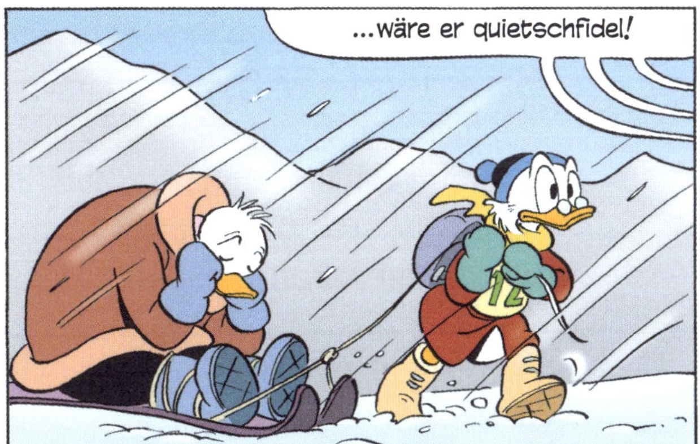
...wäre er quietschfidel!

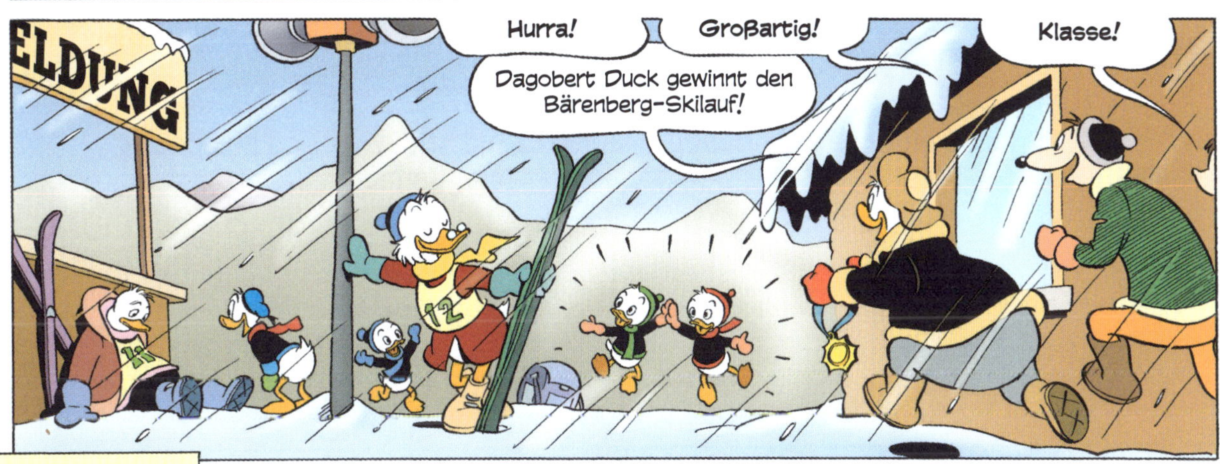
ELDUNG
Hurra!
Großartig!
Klasse!
Dagobert Duck gewinnt den Bärenberg-Skilauf!

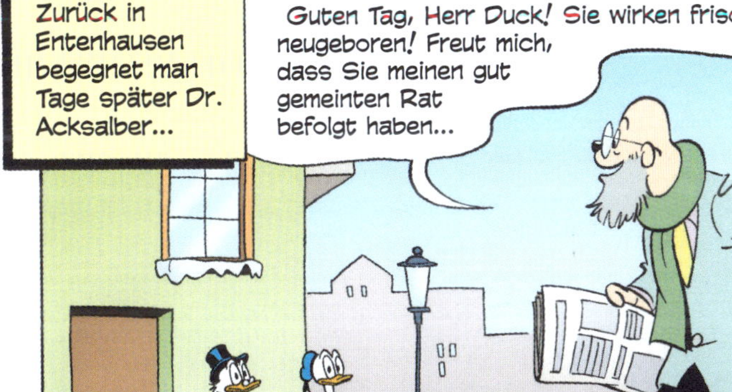
Zurück in Entenhausen begegnet man Tage später Dr. Acksalber...
Guten Tag, Herr Duck! Sie wirken frisch, wie neugeboren! Freut mich, dass Sie meinen gut gemeinten Rat befolgt haben...

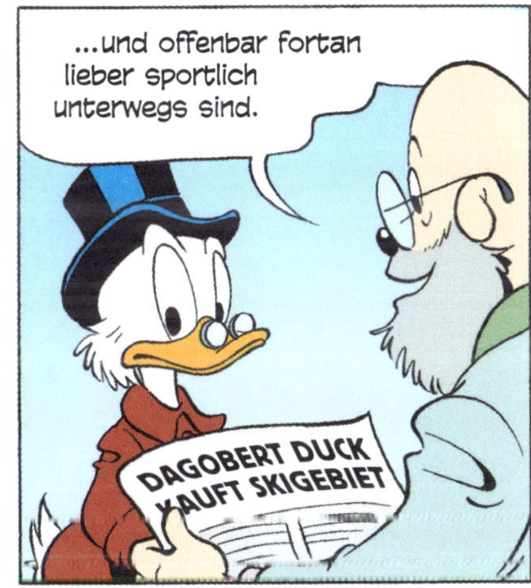
...und offenbar fortan lieber sportlich unterwegs sind.
DAGOBERT DUCK KAUFT SKIGEBIET

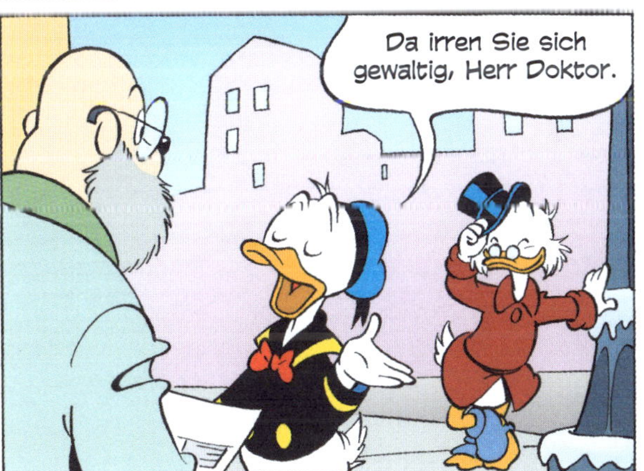
Da irren Sie sich gewaltig, Herr Doktor.

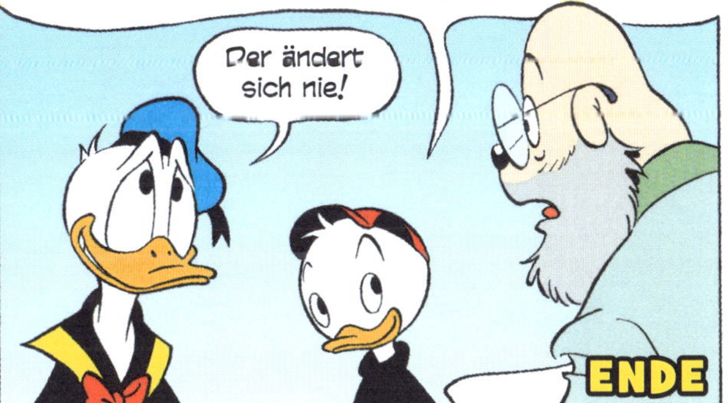
Durch die Lawine bei diesem Wettrennen wurde eine bisher unbekannte Goldader freigelegt. Nur deshalb hat er das Skigebiet gekauft.
Der ändert sich nie!
ENDE

Mittlerweile habe ich herausgefunden: Dr. Quentin Ulrich Acksalbers Kollege heißt mit vollem Namen: Quirin Ulfert Sepp Hinnerk Acksalber.
Alles stolze Vornamen, gewiss, aber trotzdem: väterlicherseits Österreicher, mütterlicherseits Ostfriese – als ob nicht schon eines davon genug wäre.
Bei Schuleintritt nannte sich der kleine Quirin Ulfert Sepp Hinnerk deshalb vorsichtshalber ‚Acki'. Doch beim ersten Morgenappell verlas die mitleidslose Klassenlehrerin all seine Vornamen, und das Gelächter ging los.
Zu allem Überfluss trug er dabei kurze Lederhosen und einen Südwester. *

Auch Donald wurde in seinen Jugendjahren verlacht.
Mama steckte ihn in einen Matrosenanzug, und Papa in die lächerlichste aller Pfadfindergruppen. Und doch steht Donald noch heute zu beidem.
Welch starker Charakter – möge er uns stets Vorbild und Mahnung sein!

**Ich weiß, wovon ich rede – auch meine Eltern fanden die Kombination dieser Kleidungsstücke überaus praktisch.*

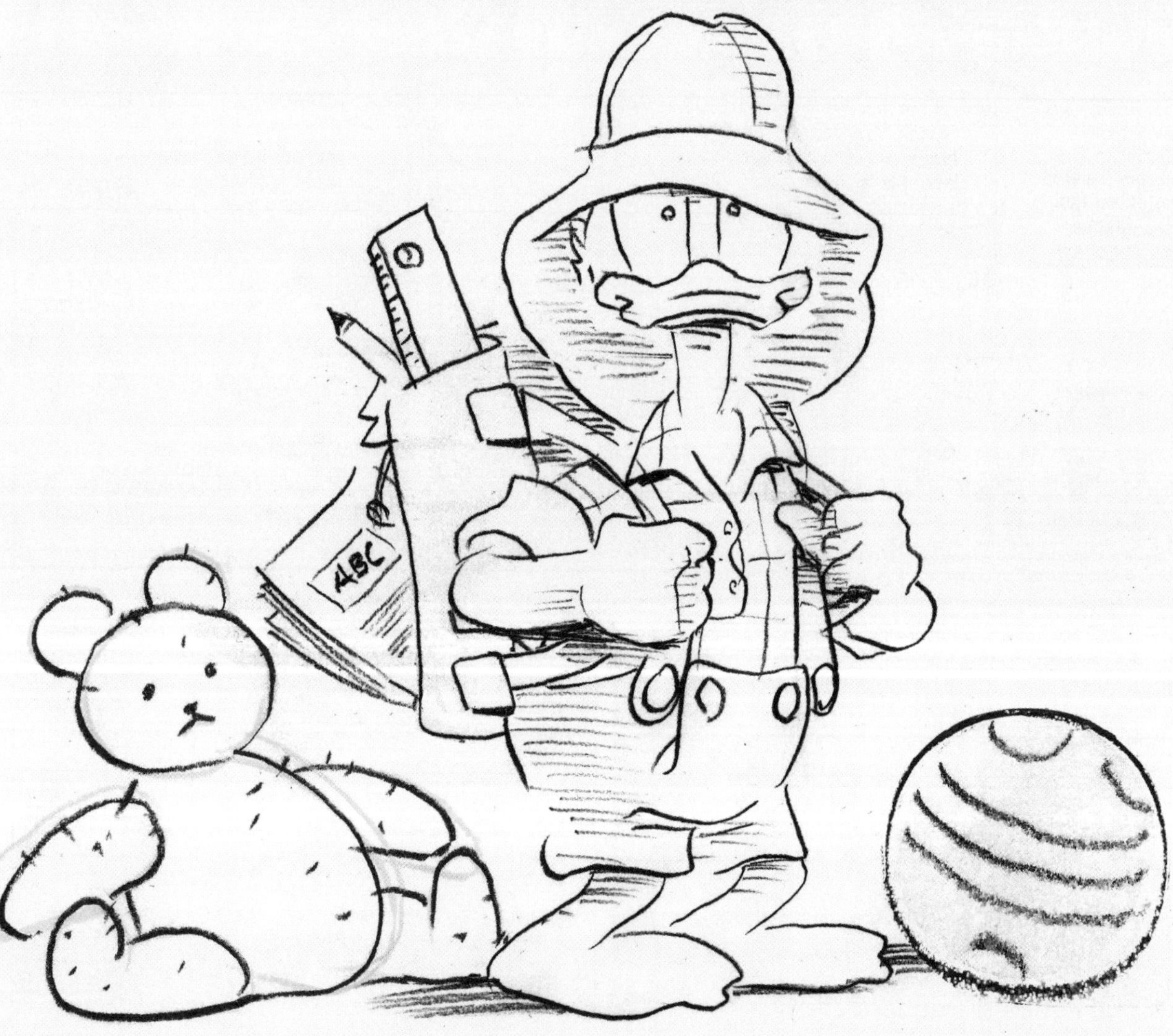

WETTKAMPF IM WANDERN

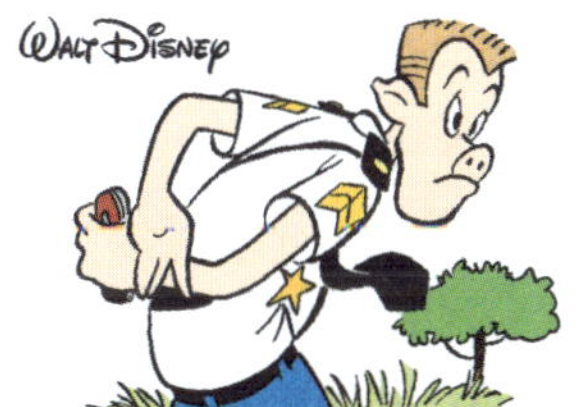

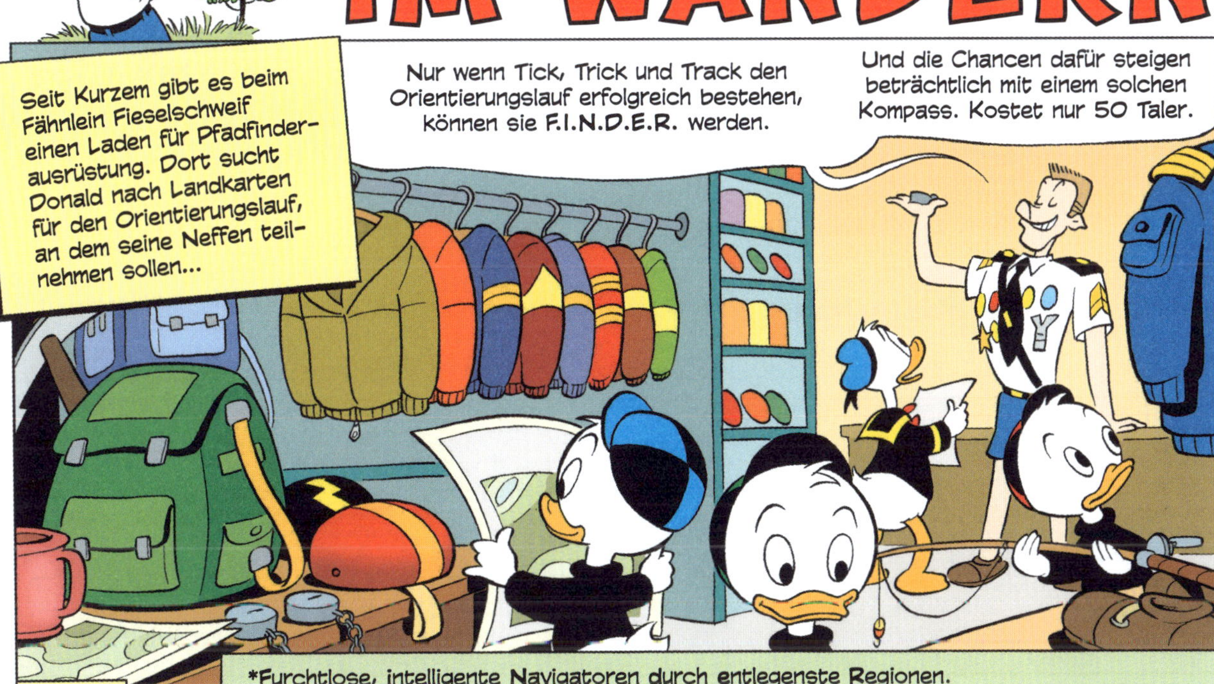

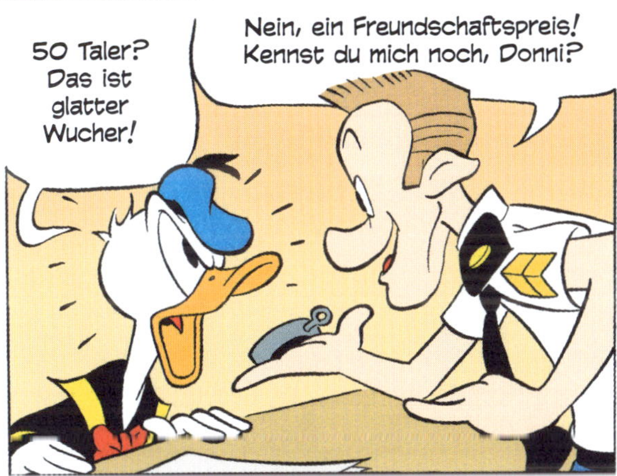

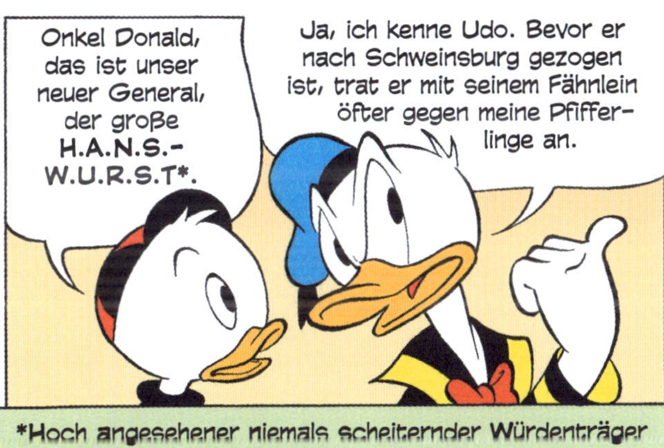

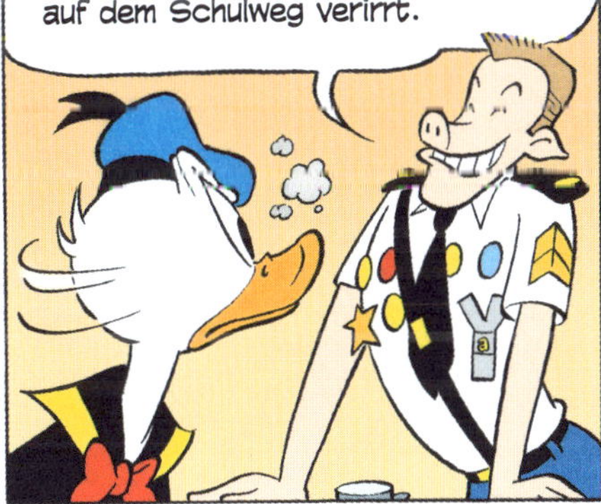

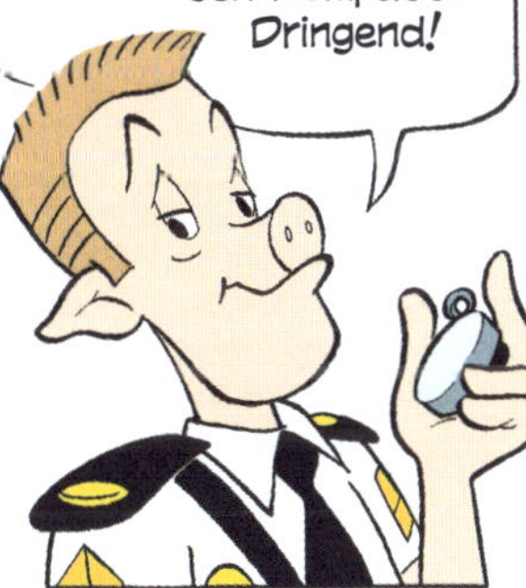

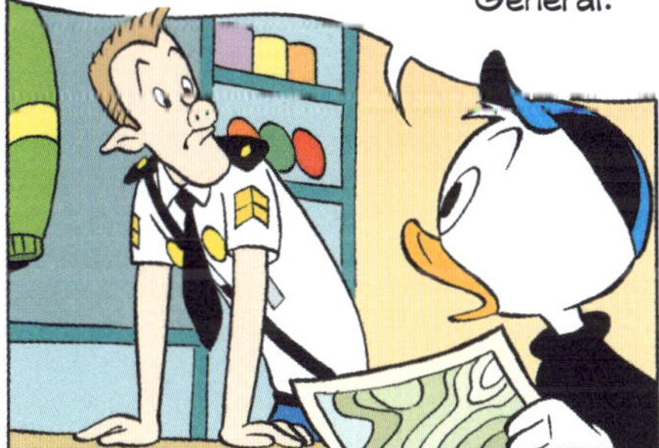

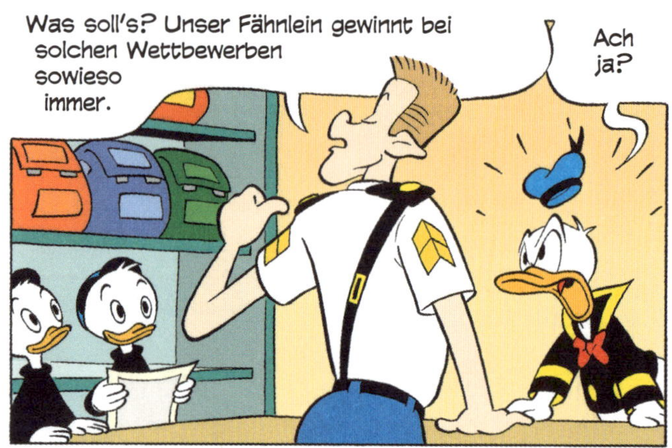
Was soll's? Unser Fähnlein gewinnt bei solchen Wettbewerben sowieso immer.
Ach ja?

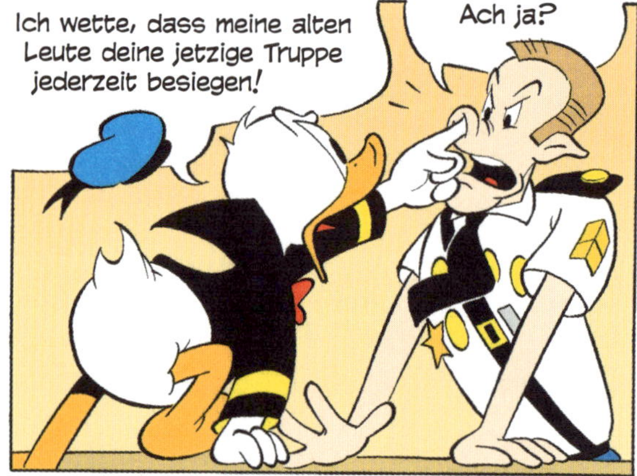
Ich wette, dass meine alten Leute deine jetzige Truppe jederzeit besiegen!
Ach ja?

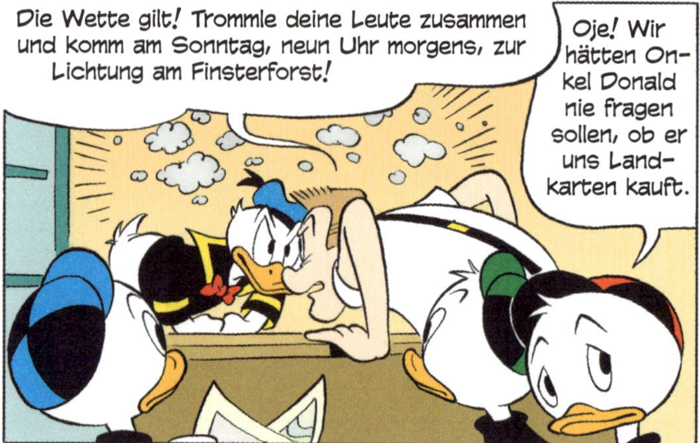
Die Wette gilt! Trommle deine Leute zusammen und komm am Sonntag, neun Uhr morgens, zur Lichtung am Finsterforst!
Oje! Wir hätten Onkel Donald nie fragen sollen, ob er uns Landkarten kauft.

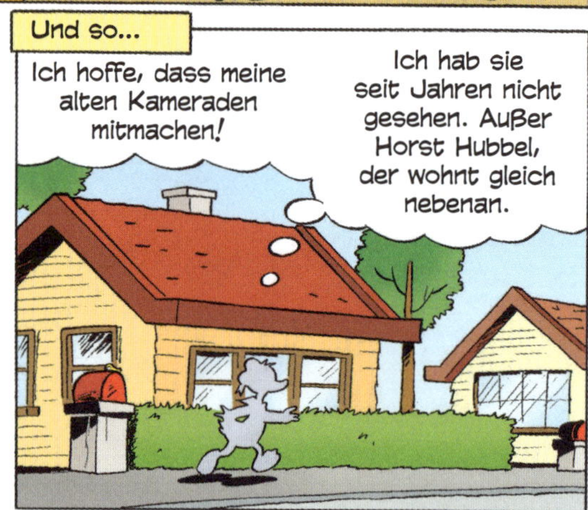
Und so...
Ich hoffe, dass meine alten Kameraden mitmachen!
Ich hab sie seit Jahren nicht gesehen. Außer Horst Hubbel, der wohnt gleich nebenan.

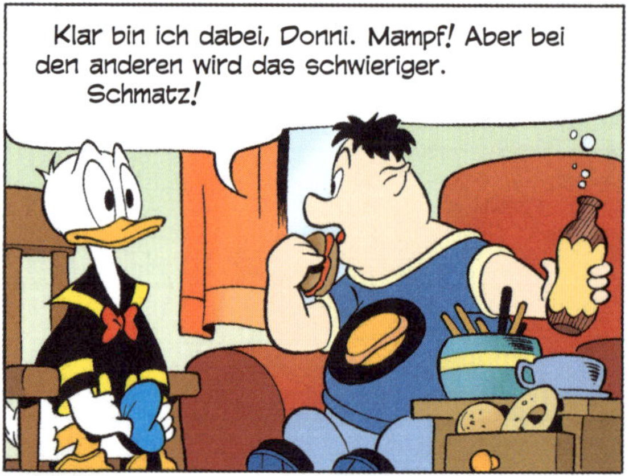
Klar bin ich dabei, Donni. Mampf! Aber bei den anderen wird das schwieriger. Schmatz!

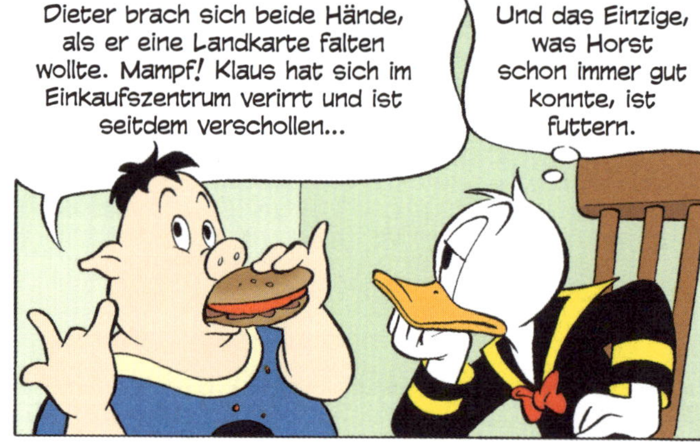
Dieter brach sich beide Hände, als er eine Landkarte falten wollte. Mampf! Klaus hat sich im Einkaufszentrum verirrt und ist seitdem verschollen...
Und das Einzige, was Horst schon immer gut konnte, ist futtern.

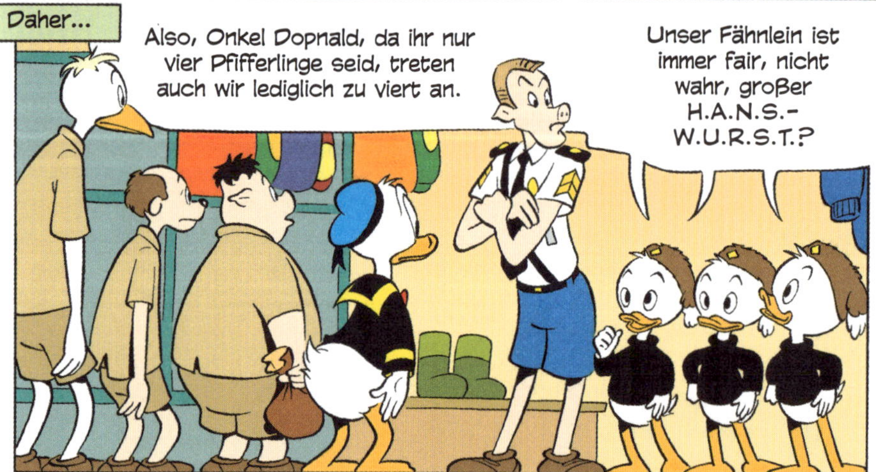
Daher...
Also, Onkel Dopnald, da ihr nur vier Pfifferlinge seid, treten auch wir lediglich zu viert an.
Unser Fähnlein ist immer fair, nicht wahr, großer H.A.N.S.-W.U.R.S.T.?

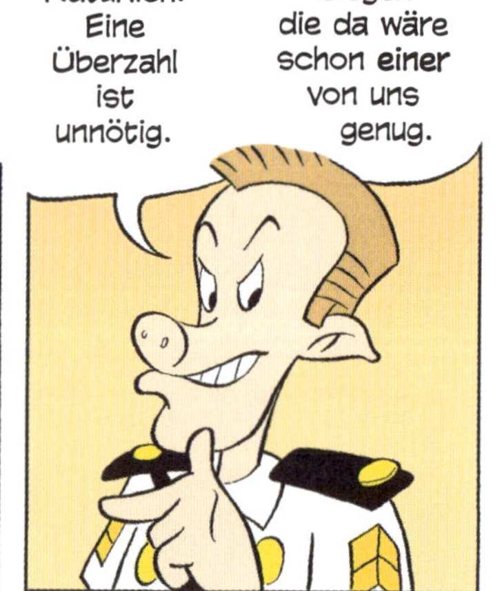
Natürlich. Eine Überzahl ist unnötig.
Gegen die da wäre schon **einer** von uns genug.

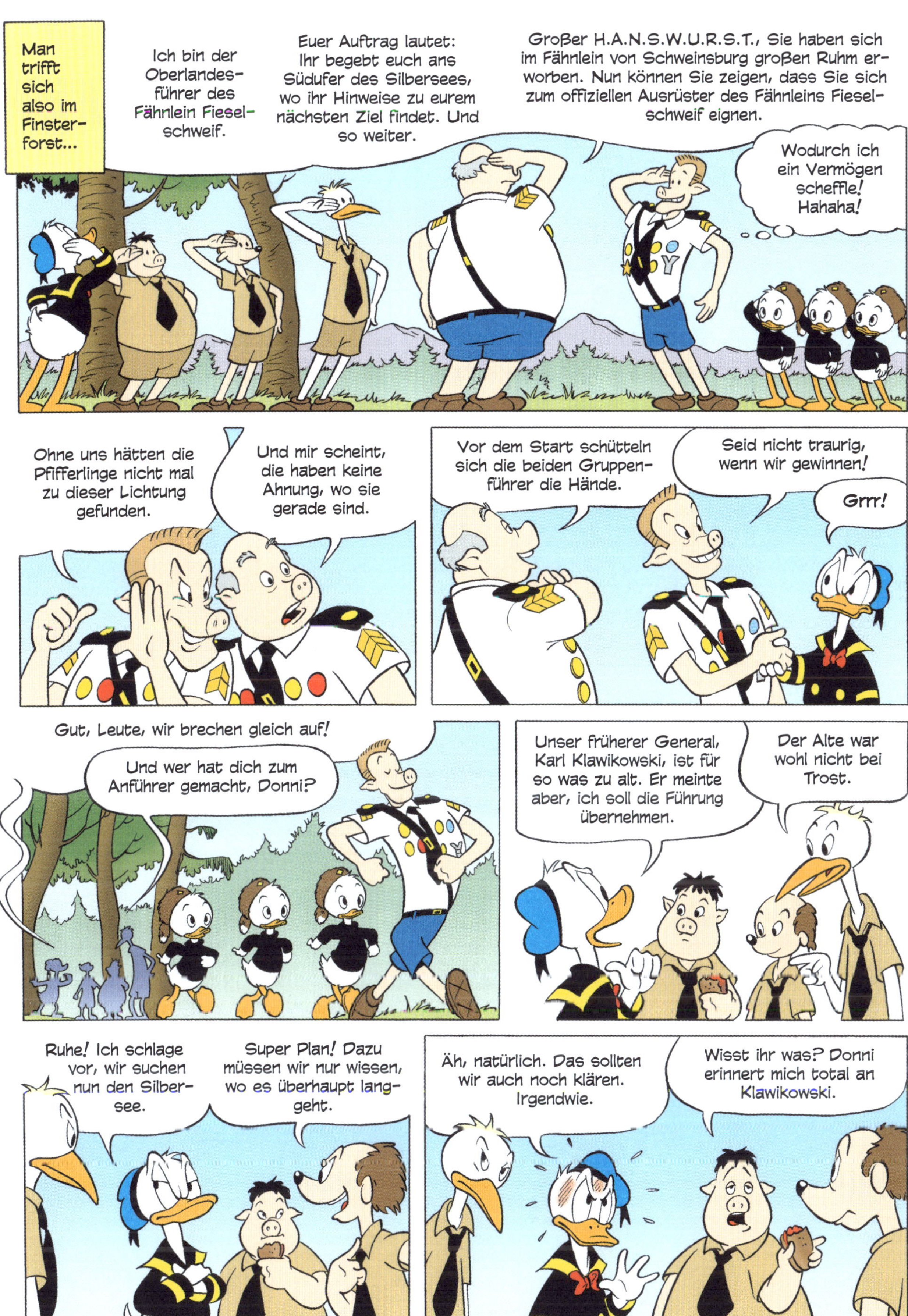
Man trifft sich also im Finsterforst...
Ich bin der Oberlandesführer des Fähnlein Fieselschweif.
Euer Auftrag lautet: Ihr begebt euch ans Südufer des Silbersees, wo ihr Hinweise zu eurem nächsten Ziel findet. Und so weiter.
Großer H.A.N.S.W.U.R.S.T., Sie haben sich im Fähnlein von Schweinsburg großen Ruhm erworben. Nun können Sie zeigen, dass Sie sich zum offiziellen Ausrüster des Fähnleins Fieselschweif eignen.
Wodurch ich ein Vermögen scheffle! Hahaha!
Ohne uns hätten die Pfifferlinge nicht mal zu dieser Lichtung gefunden.
Und mir scheint, die haben keine Ahnung, wo sie gerade sind.
Vor dem Start schütteln sich die beiden Gruppenführer die Hände.
Seid nicht traurig, wenn wir gewinnen!
Grrr!
Gut, Leute, wir brechen gleich auf!
Und wer hat dich zum Anführer gemacht, Donni?
Unser früherer General, Karl Klawikowski, ist für so was zu alt. Er meinte aber, ich soll die Führung übernehmen.
Der Alte war wohl nicht bei Trost.
Ruhe! Ich schlage vor, wir suchen nun den Silbersee.
Super Plan! Dazu müssen wir nur wissen, wo es überhaupt langgeht.
Äh, natürlich. Das sollten wir auch noch klären. Irgendwie.
Wisst ihr was? Donni erinnert mich total an Klawikowski.

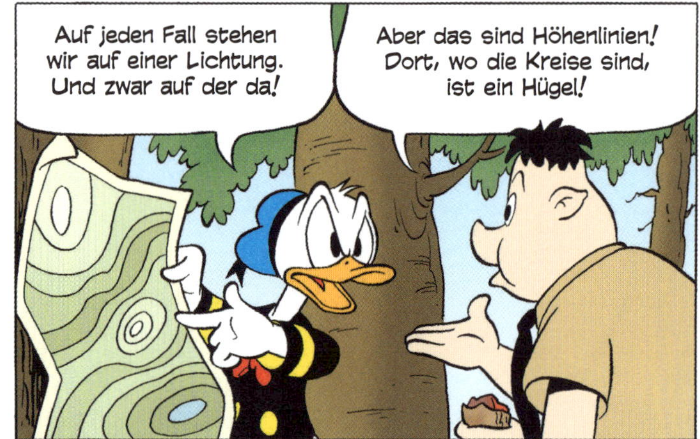
Auf jeden Fall stehen wir auf einer Lichtung. Und zwar auf der da!
Aber das sind Höhenlinien! Dort, wo die Kreise sind, ist ein Hügel!

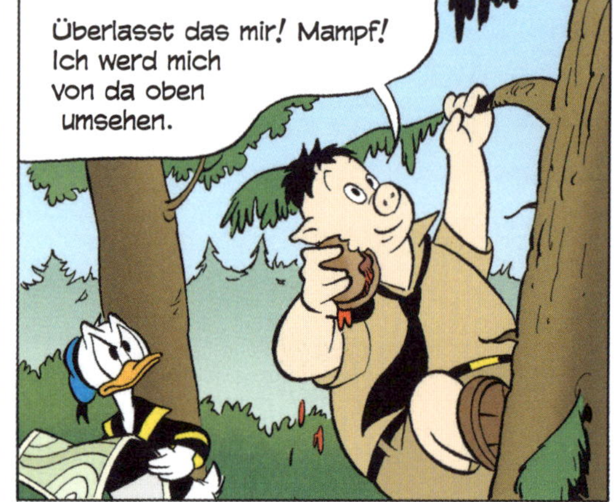
Überlasst das mir! Mampf! Ich werd mich von da oben umsehen.

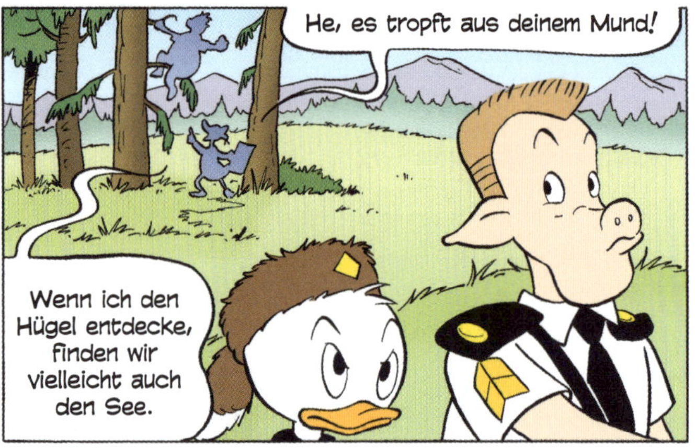
He, es tropft aus deinem Mund!
Wenn ich den Hügel entdecke, finden wir vielleicht auch den See.

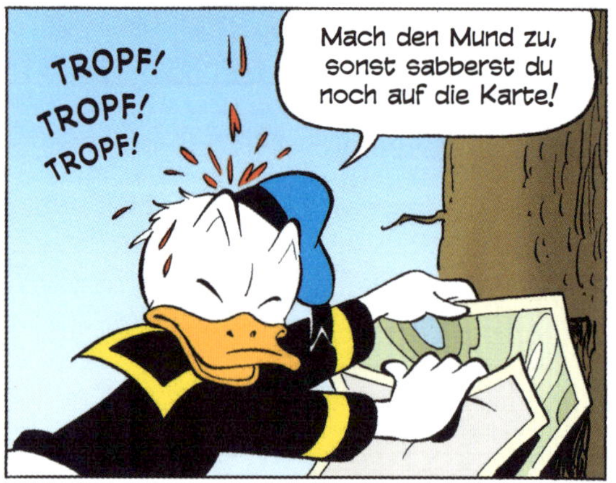
TROPF! TROPF! TROPF!
Mach den Mund zu, sonst sabberst du noch auf die Karte!

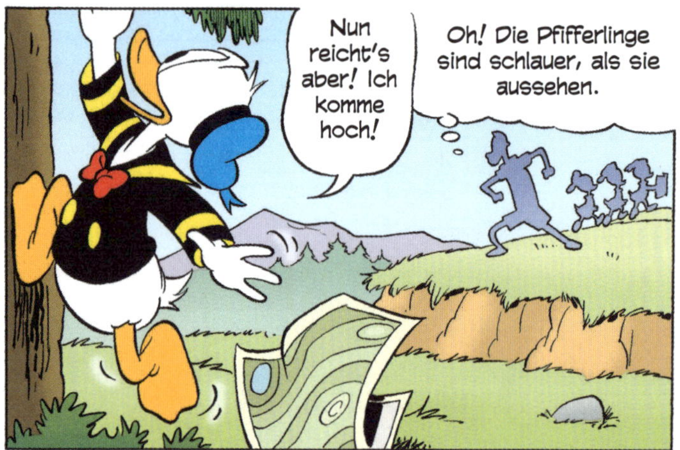
Nun reicht's aber! Ich komme hoch!
Oh! Die Pfifferlinge sind schlauer, als sie aussehen.

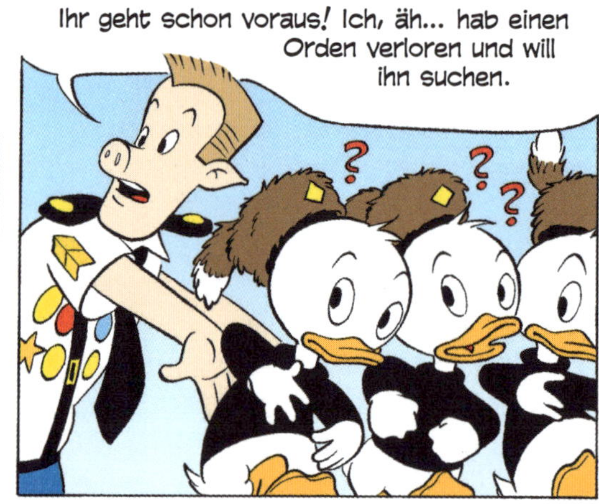
Ihr geht schon voraus! Ich, äh... hab einen Orden verloren und will ihn suchen.

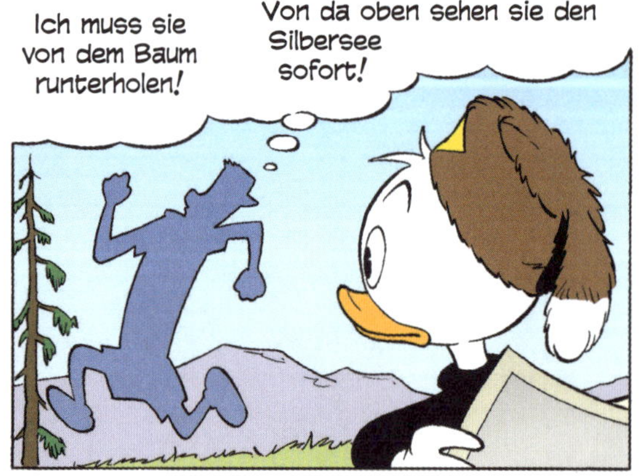
Ich muss sie von dem Baum runterholen!
Von da oben sehen sie den Silbersee sofort!

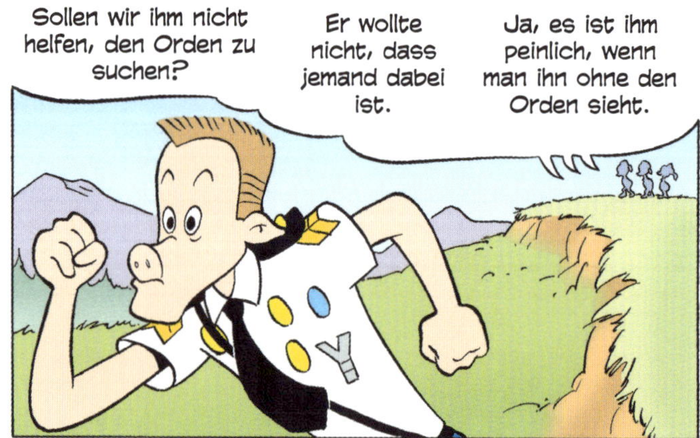
Sollen wir ihm nicht helfen, den Orden zu suchen?
Er wollte nicht, dass jemand dabei ist.
Ja, es ist ihm peinlich, wenn man ihn ohne den Orden sieht.

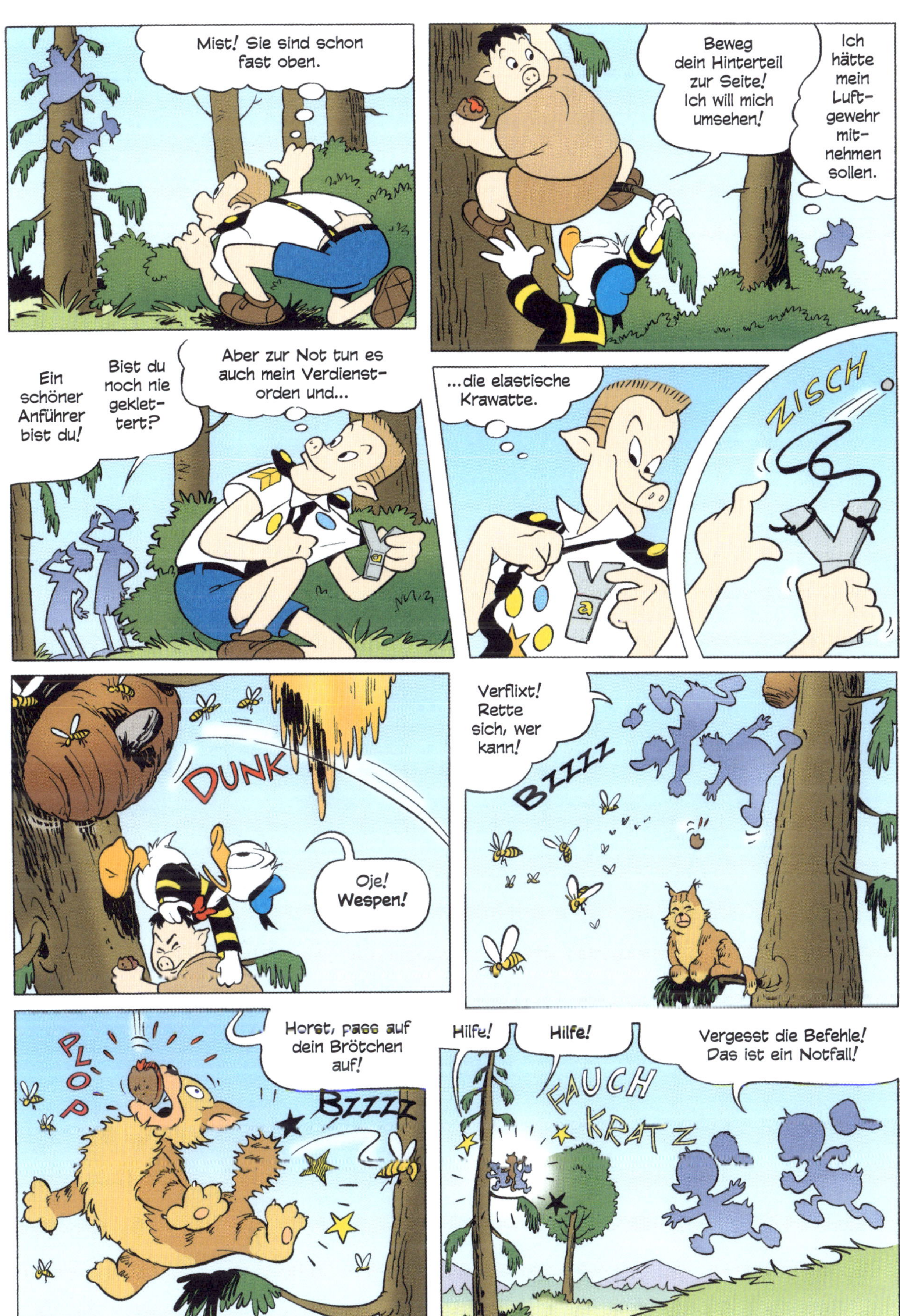
Mist! Sie sind schon fast oben.
Beweg dein Hinterteil zur Seite! Ich will mich umsehen!
Ich hätte mein Luftgewehr mitnehmen sollen.
Ein schöner Anführer bist du!
Bist du noch nie geklettert?
Aber zur Not tun es auch mein Verdienstorden und...
...die elastische Krawatte.
ZISCH
DUNK
Oje! Wespen!
Verflixt! Rette sich, wer kann!
BZZZZ
PLOP
Horst, pass auf dein Brötchen auf!
BZZZZ
Hilfe!
Hilfe!
Vergesst die Befehle! Das ist ein Notfall!
FAUCH
KRATZ

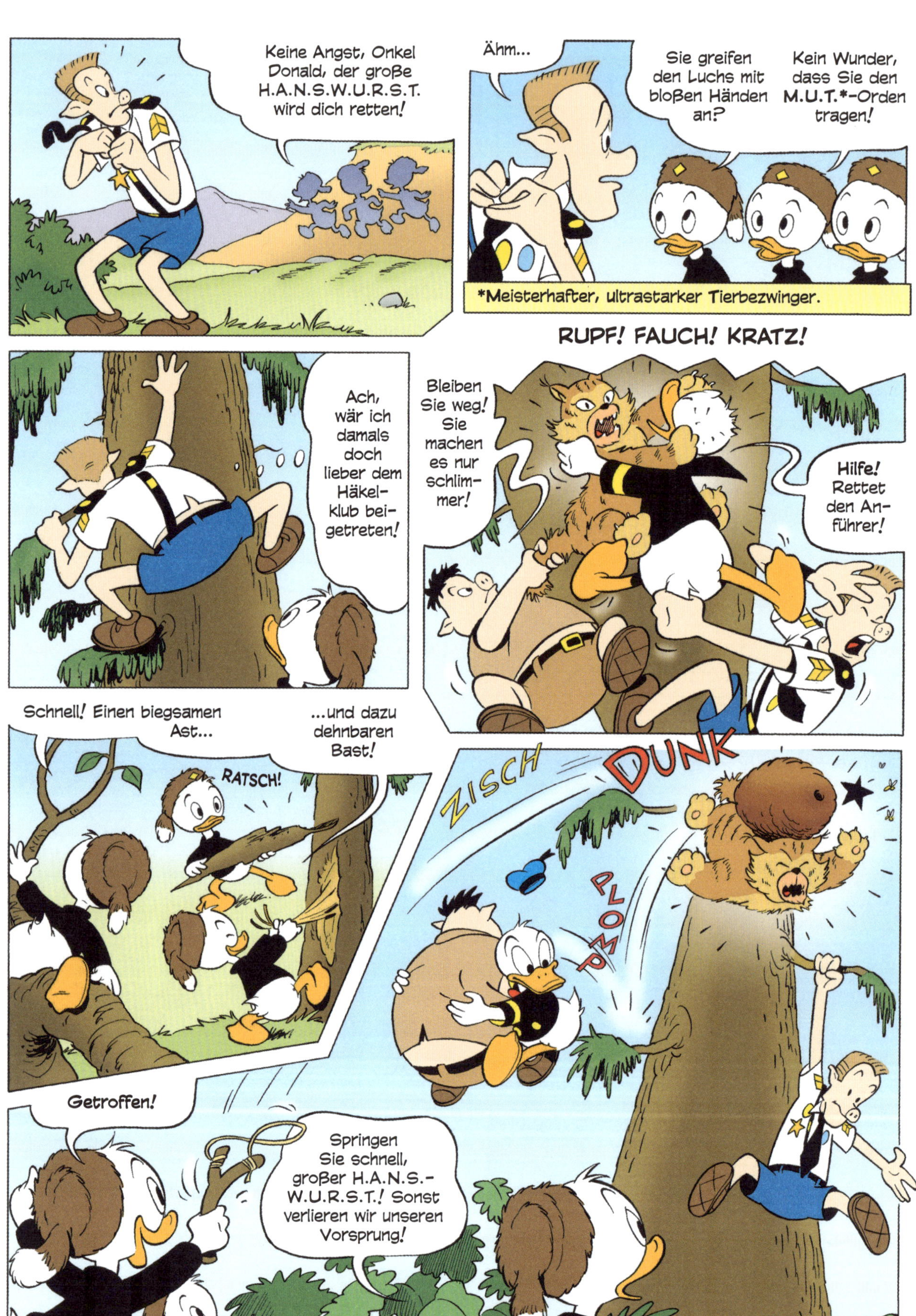
Keine Angst, Onkel Donald, der große H.A.N.S.W.U.R.S.T. wird dich retten!
Ähm...
Sie greifen den Luchs mit bloßen Händen an?
Kein Wunder, dass Sie den M.U.T.*-Orden tragen!
*Meisterhafter, ultrastarker Tierbezwinger.
Ach, wär ich damals doch lieber dem Häkelklub beigetreten!
RUPF! FAUCH! KRATZ!
Bleiben Sie weg! Sie machen es nur schlimmer!
Hilfe! Rettet den Anführer!
Schnell! Einen biegsamen Ast...
...und dazu dehnbaren Bast!
RATSCH!
ZISCH
DUNK
PLOMP
Getroffen!
Springen Sie schnell, großer H.A.N.S.-W.U.R.S.T.! Sonst verlieren wir unseren Vorsprung!

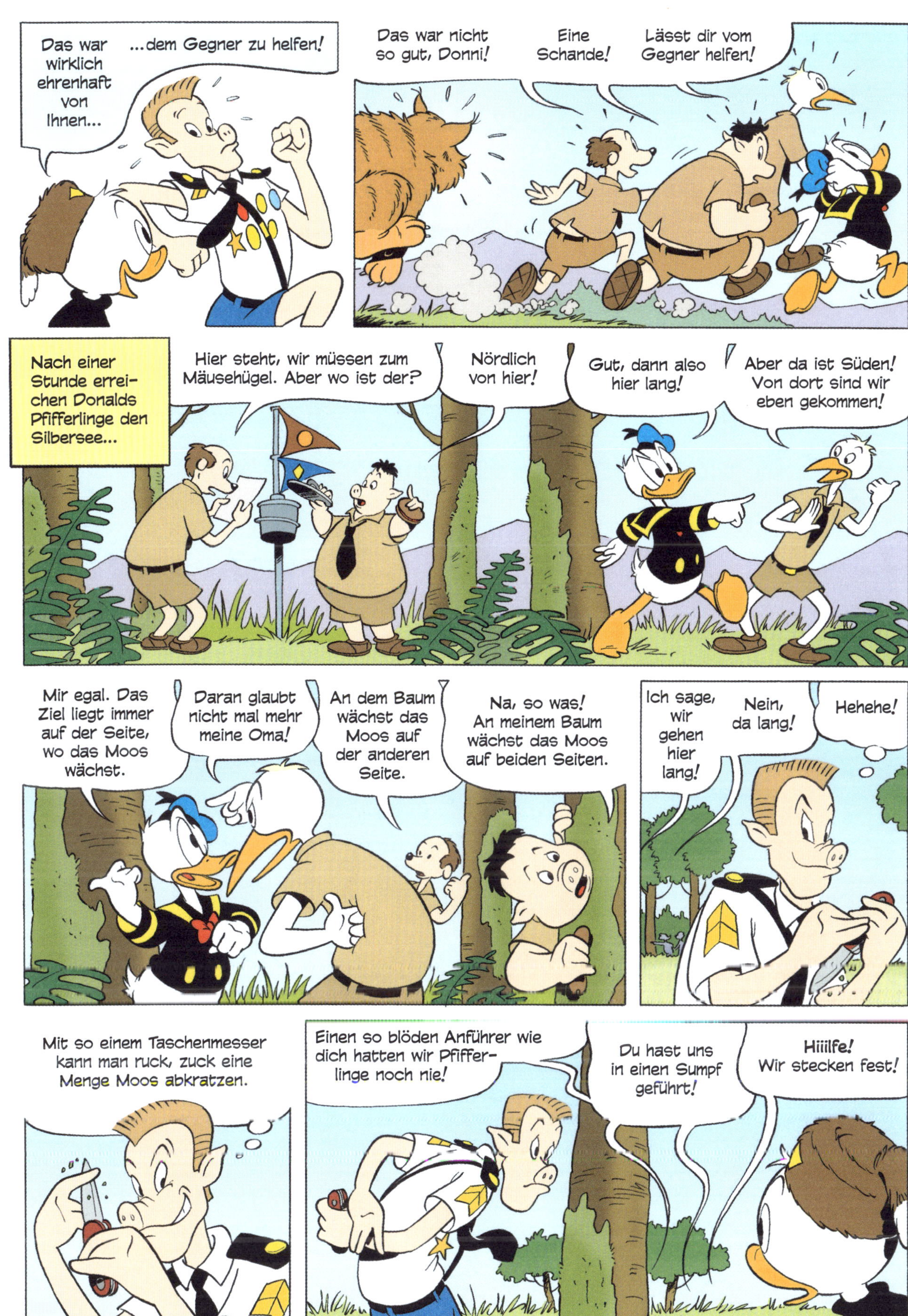

Das war wirklich ehrenhaft von Ihnen...
...dem Gegner zu helfen!
Das war nicht so gut, Donni!
Eine Schande!
Lässt dir vom Gegner helfen!
Nach einer Stunde erreichen Donalds Pfifferlinge den Silbersee...
Hier steht, wir müssen zum Mäusehügel. Aber wo ist der?
Nördlich von hier!
Gut, dann also hier lang!
Aber da ist Süden! Von dort sind wir eben gekommen!
Mir egal. Das Ziel liegt immer auf der Seite, wo das Moos wächst.
Daran glaubt nicht mal mehr meine Oma!
An dem Baum wächst das Moos auf der anderen Seite.
Na, so was! An meinem Baum wächst das Moos auf beiden Seiten.
Ich sage, wir gehen hier lang!
Nein, da lang!
Hehehe!
Mit so einem Taschenmesser kann man ruck, zuck eine Menge Moos abkratzen.
Einen so blöden Anführer wie dich hatten wir Pfifferlinge noch nie!
Du hast uns in einen Sumpf geführt!
Hiiilfe! Wir stecken fest!

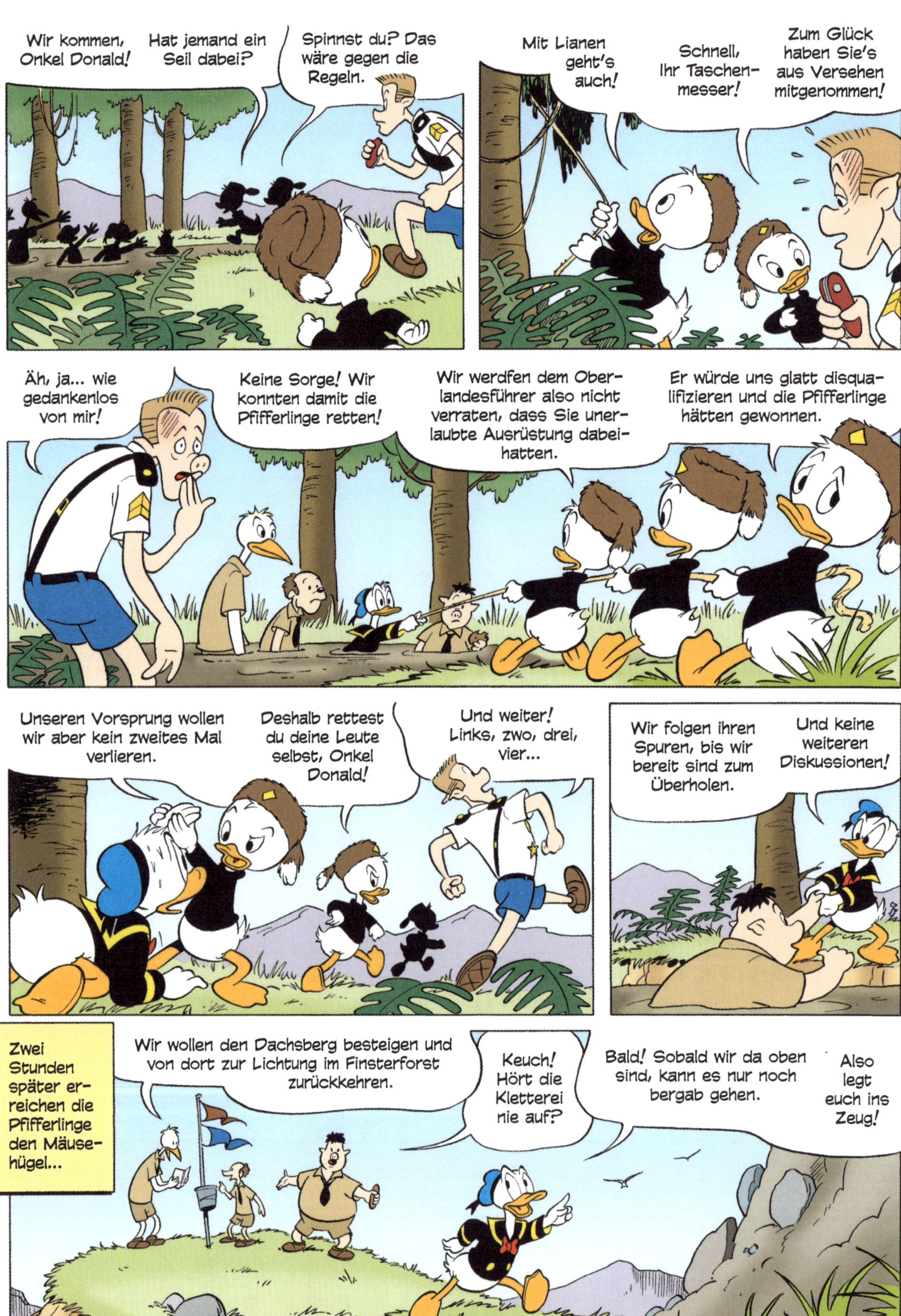

Wir kommen, Onkel Donald!
Hat jemand ein Seil dabei?
Spinnst du? Das wäre gegen die Regeln.
Mit Lianen geht's auch!
Schnell, Ihr Taschenmesser!
Zum Glück haben Sie's aus Versehen mitgenommen!
Äh, ja... wie gedankenlos von mir!
Keine Sorge! Wir konnten damit die Pfifferlinge retten!
Wir werdfen dem Oberlandesführer also nicht verraten, dass Sie unerlaubte Ausrüstung dabeihatten.
Er würde uns glatt disqualifizieren und die Pfifferlinge hätten gewonnen.
Unseren Vorsprung wollen wir aber kein zweites Mal verlieren.
Deshalb rettest du deine Leute selbst, Onkel Donald!
Und weiter! Links, zwo, drei, vier...
Wir folgen ihren Spuren, bis wir bereit sind zum Überholen.
Und keine weiteren Diskussionen!
Zwei Stunden später erreichen die Pfifferlinge den Mäusehügel...
Wir wollen den Dachsberg besteigen und von dort zur Lichtung im Finsterforst zurückkehren.
Keuch! Hört die Kletterei nie auf?
Bald! Sobald wir da oben sind, kann es nur noch bergab gehen.
Also legt euch ins Zeug!

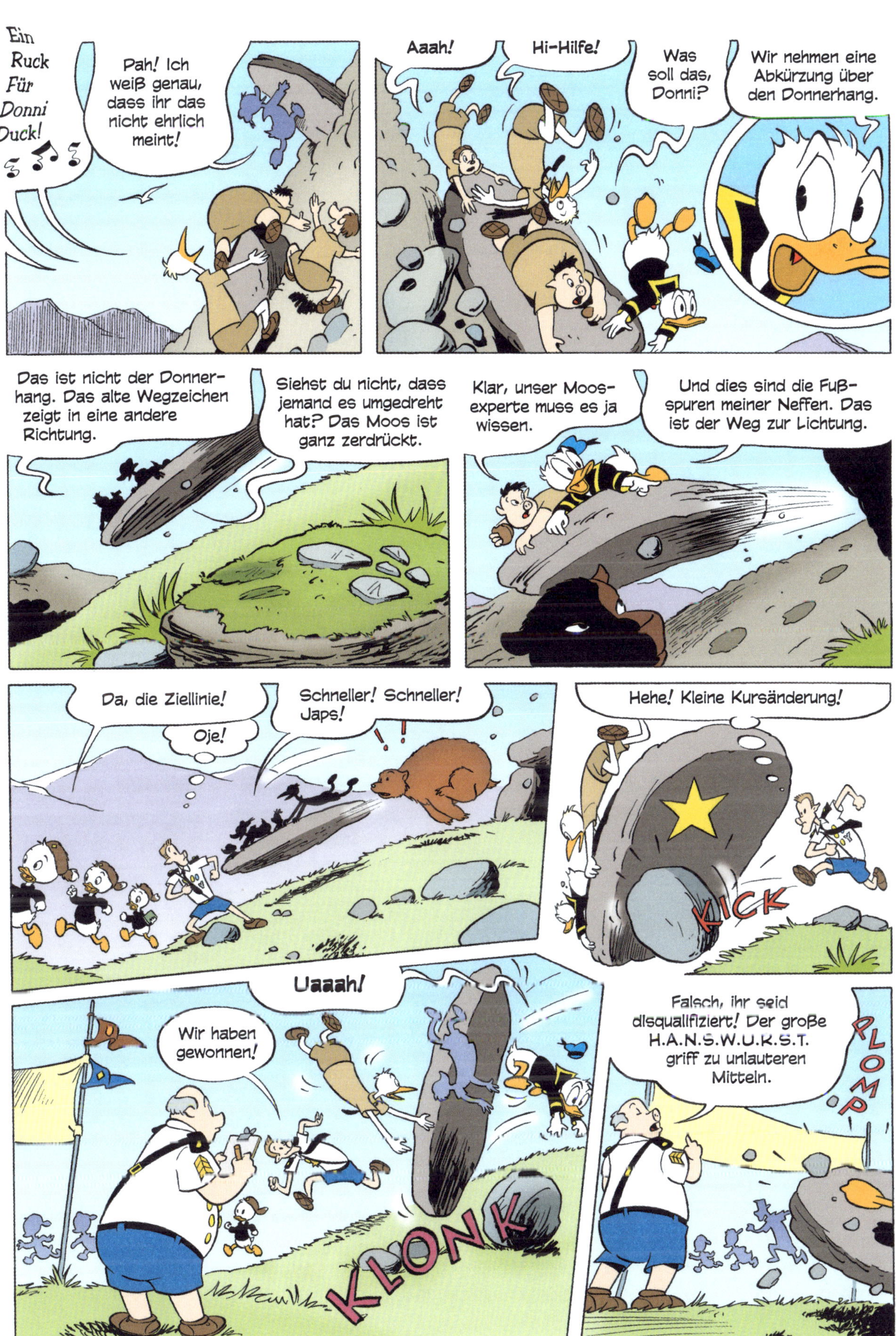

Ein Ruck Für Donni Duck!
Pah! Ich weiß genau, dass ihr das nicht ehrlich meint!
Aaah!
Hi-Hilfe!
Was soll das, Donni?
Wir nehmen eine Abkürzung über den Donnerhang.
Das ist nicht der Donnerhang. Das alte Wegzeichen zeigt in eine andere Richtung.
Siehst du nicht, dass jemand es umgedreht hat? Das Moos ist ganz zerdrückt.
Klar, unser Moosexperte muss es ja wissen.
Und dies sind die Fußspuren meiner Neffen. Das ist der Weg zur Lichtung.
Da, die Ziellinie!
Oje!
Schneller! Schneller! Japs!
! !
Hehe! Kleine Kursänderung!
KICK
Uaaah!
Wir haben gewonnen!
KLONK
Falsch, ihr seid disqualifiziert! Der große H.A.N.S.W.U.R.S.T. griff zu unlauteren Mitteln.
PLOMP

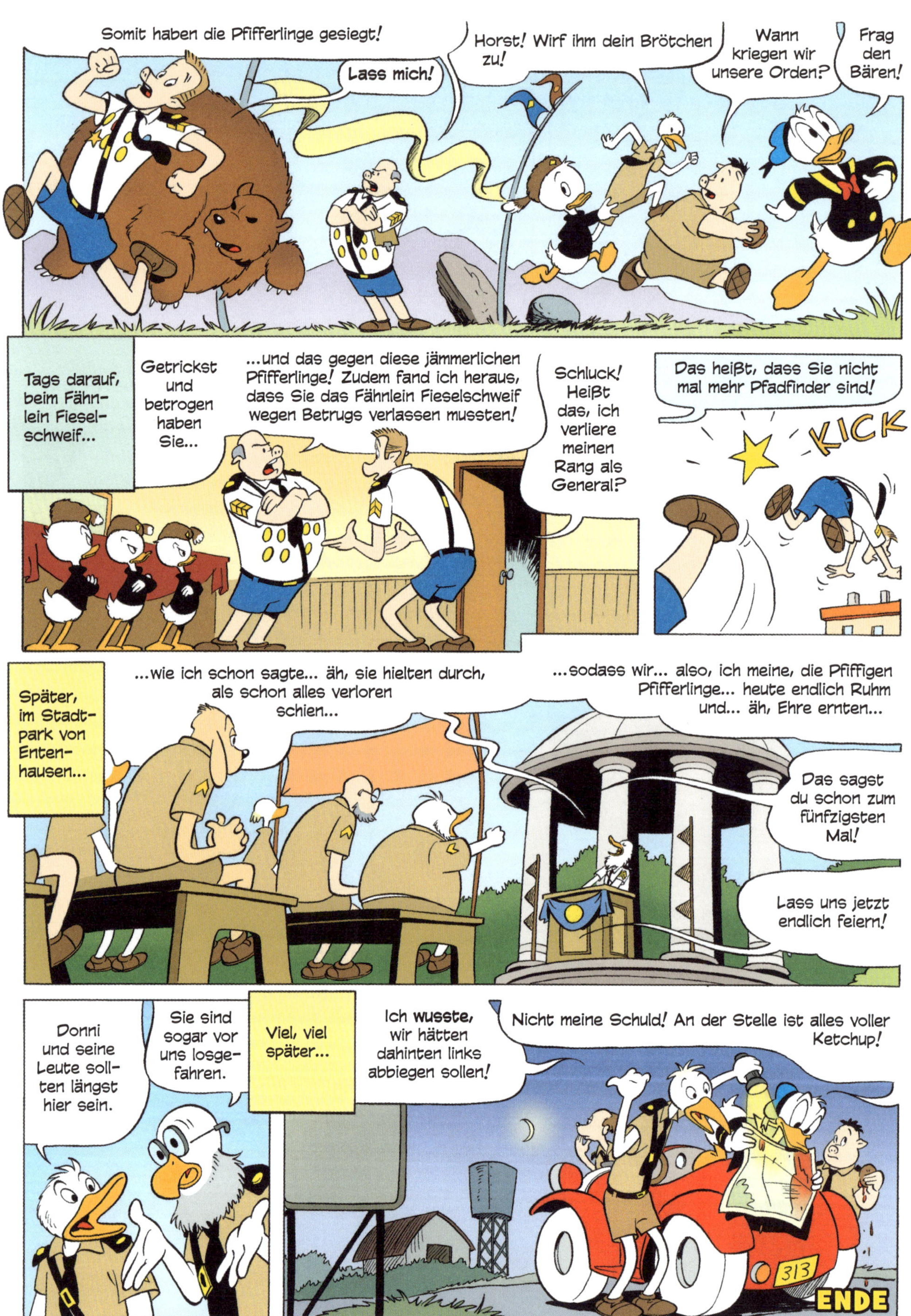

Somit haben die Pfifferlinge gesiegt!
Lass mich!
Horst! Wirf ihm dein Brötchen zu!
Wann kriegen wir unsere Orden?
Frag den Bären!
Tags darauf, beim Fähnlein Fieselschweif...
Getrickst und betrogen haben Sie...
...und das gegen diese jämmerlichen Pfifferlinge! Zudem fand ich heraus, dass Sie das Fähnlein Fieselschweif wegen Betrugs verlassen mussten!
Schluck! Heißt das, ich verliere meinen Rang als General?
Das heißt, dass Sie nicht mal mehr Pfadfinder sind!
KICK
Später, im Stadtpark von Entenhausen...
...wie ich schon sagte... äh, sie hielten durch, als schon alles verloren schien...
...sodass wir... also, ich meine, die Pfiffigen Pfifferlinge... heute endlich Ruhm und... äh, Ehre ernten...
Das sagst du schon zum fünfzigsten Mal!
Lass uns jetzt endlich feiern!
Donni und seine Leute sollten längst hier sein.
Sie sind sogar vor uns losgefahren.
Viel, viel später...
Ich **wusste,** wir hätten dahinten links abbiegen sollen!
Nicht meine Schuld! An der Stelle ist alles voller Ketchup!
313
ENDE

Wer an dieser Stelle Hintergrundinformationen über Donalds Zeit beim Geheimdienst erwartet, muss enttäuscht werden. Nur so viel: Donald war im Anschluss an die geschilderten Ereignisse noch für eine Weile als multinationaler Agent tätig. Über sein Wirken kursieren diverse Gerüchte, doch nichts davon drang je nach außen. Der US-Präsident, die CIA, der Kreml, die Außenstelle des Gewerbeaufsichtsamts Großburgwedel und der Vatikan halten eisern dicht. Die Akten wurden für immer geschlossen.

Dieses Dossier vernichtet sich selbsttätig nach dem Lesen.*

**Falls nicht, werfen Sie augenblicklich Ihr Handy weg, ändern Sie Ihren Namen und tauchen Sie ab! Timbuktu wäre eine Option.*

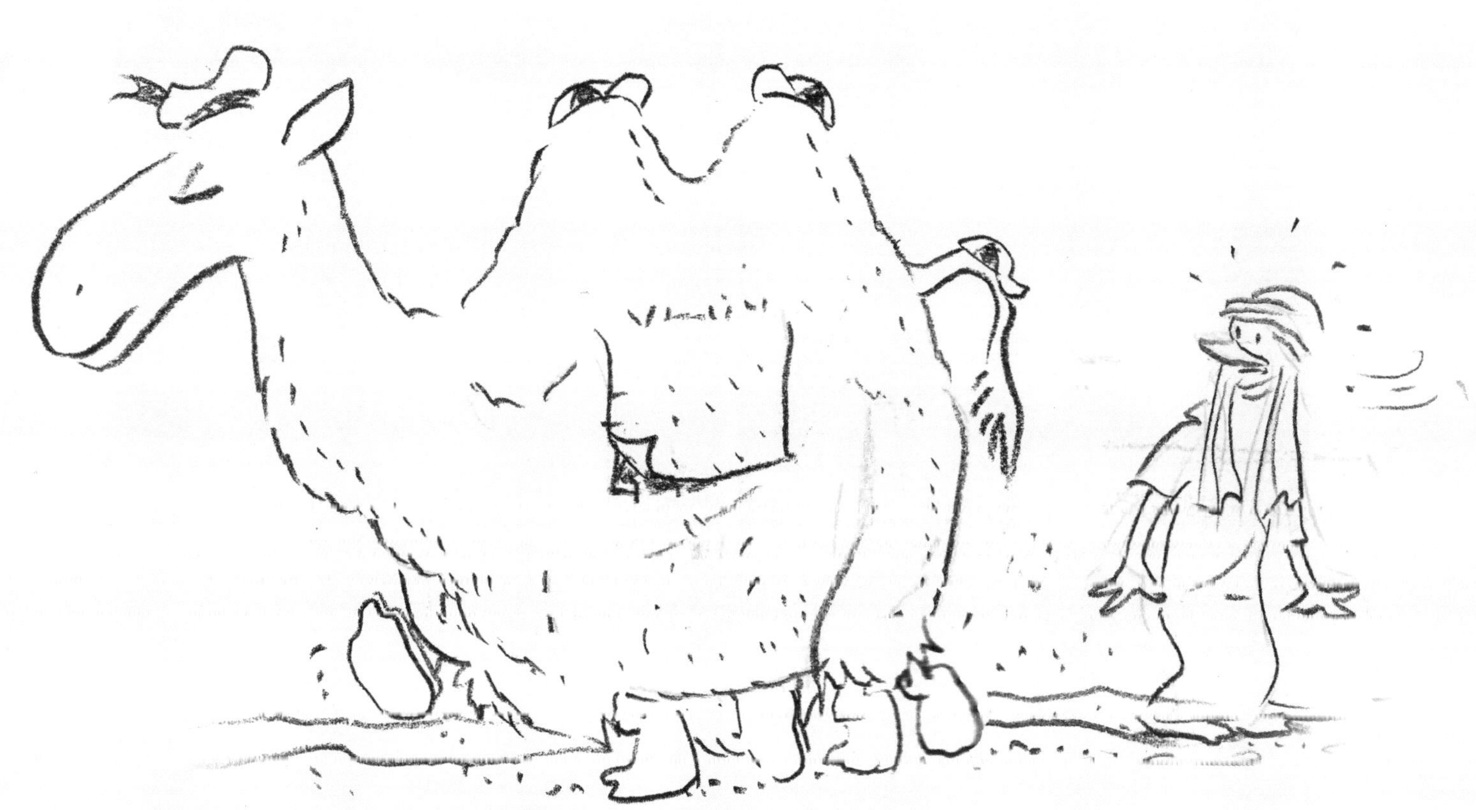

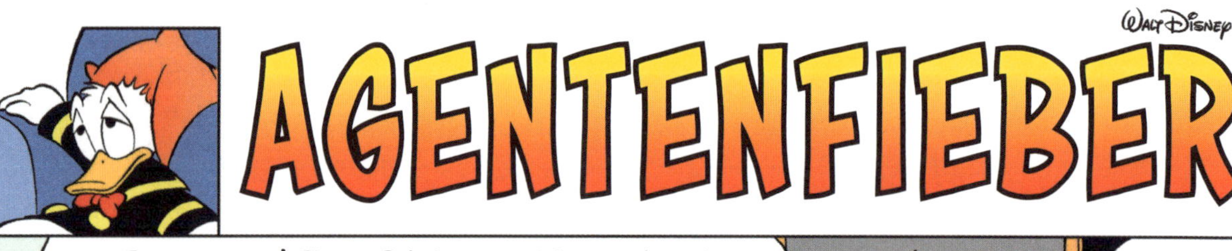

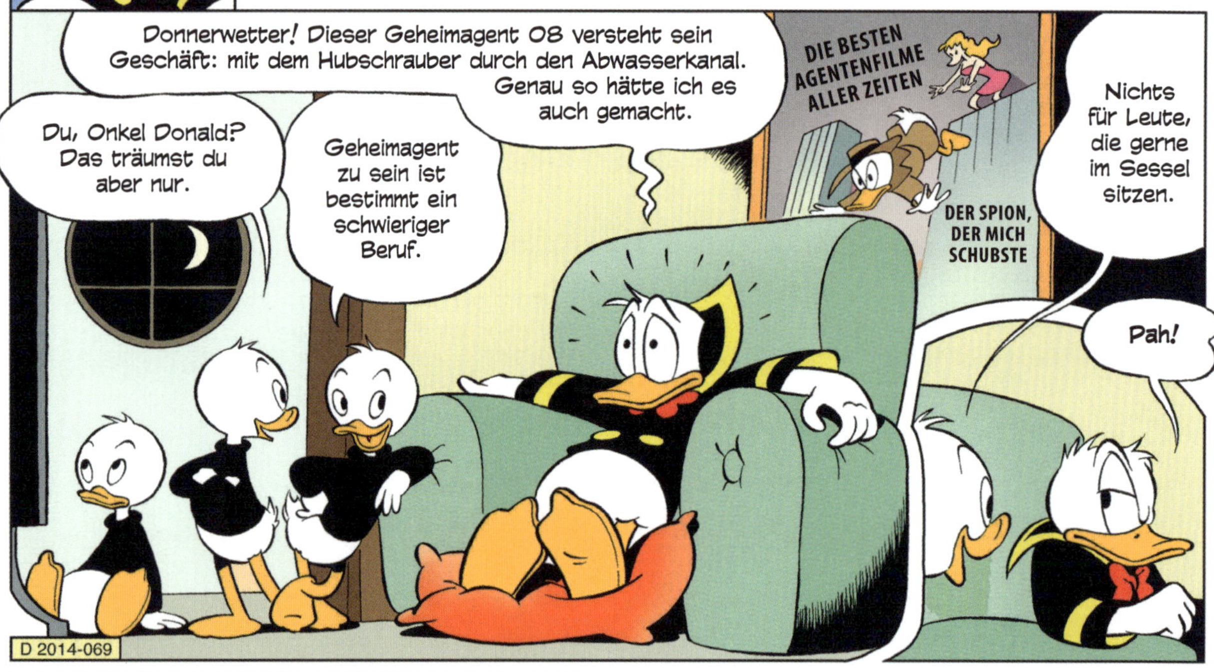

Währenddessen, im geheimnisvollen Hauptquartier der Neuen Spionageabwehragentur (NSAA) Entenhausens, Büro Direktor Donnerherz...

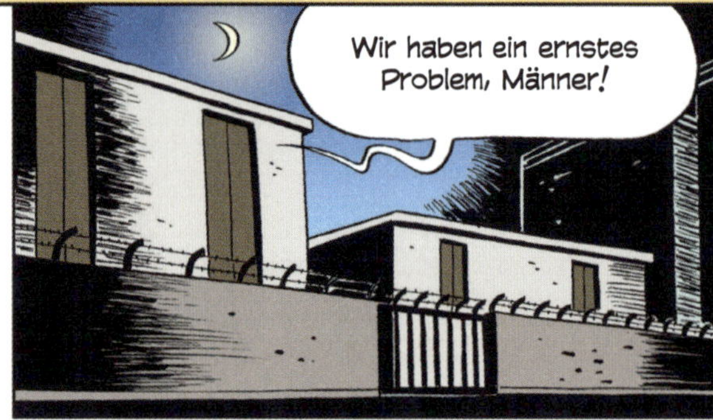

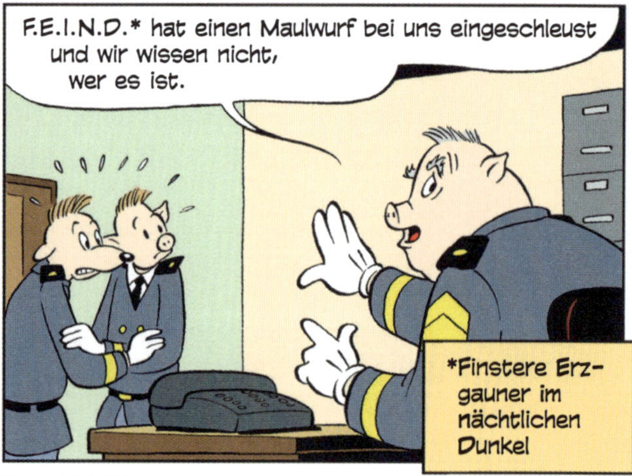

*Finstere Erzgauner im nächtlichen Dunkel

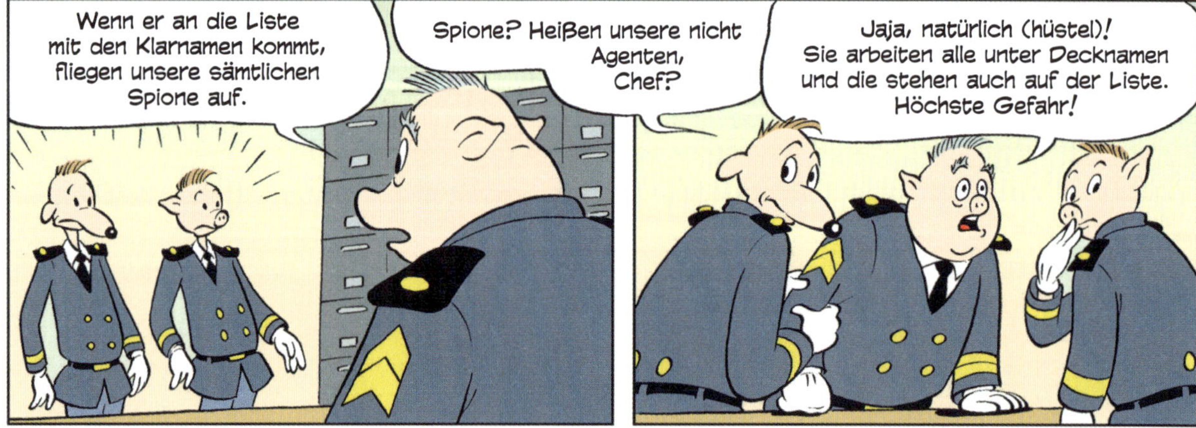

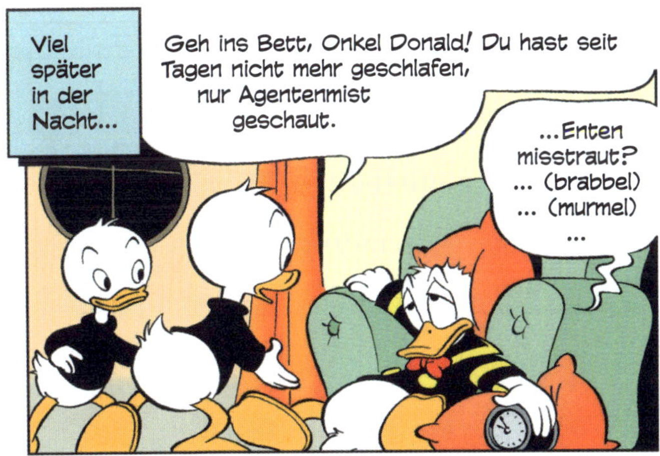

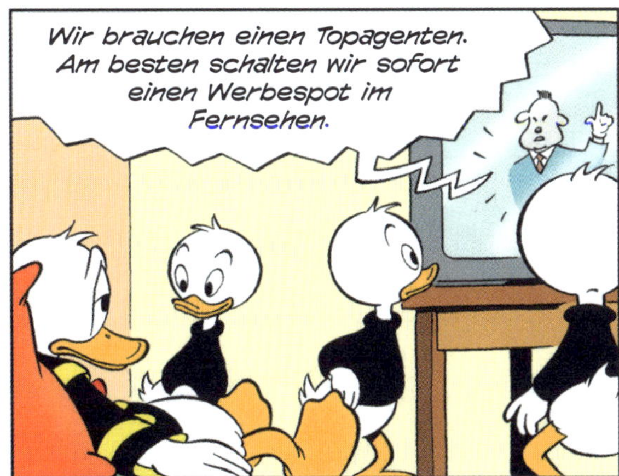

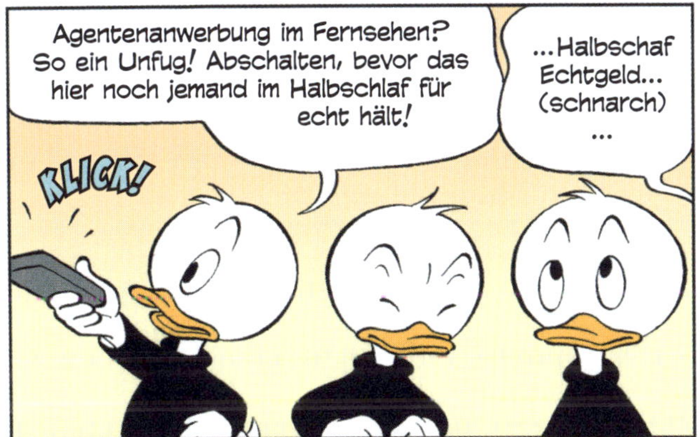

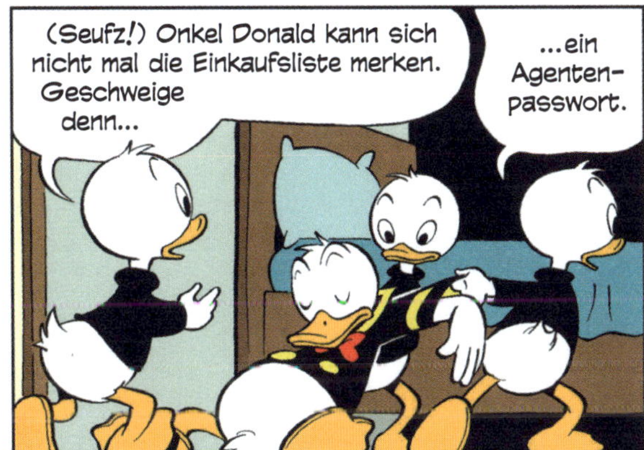

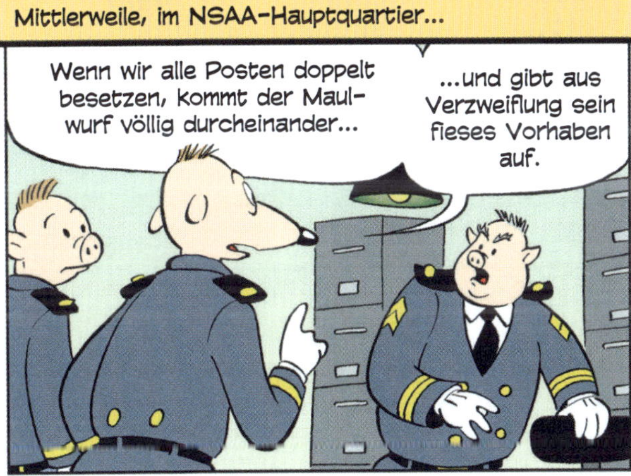

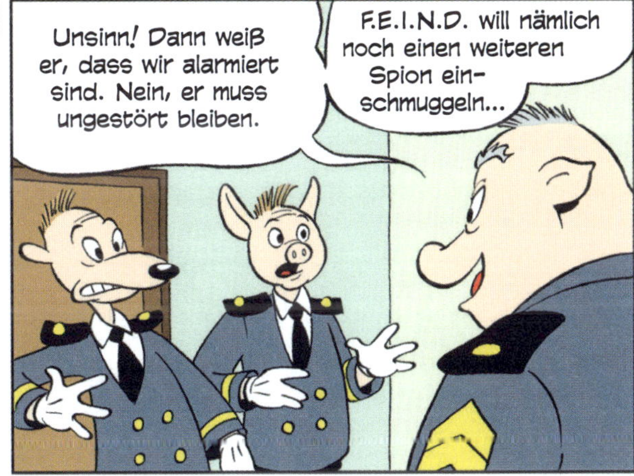

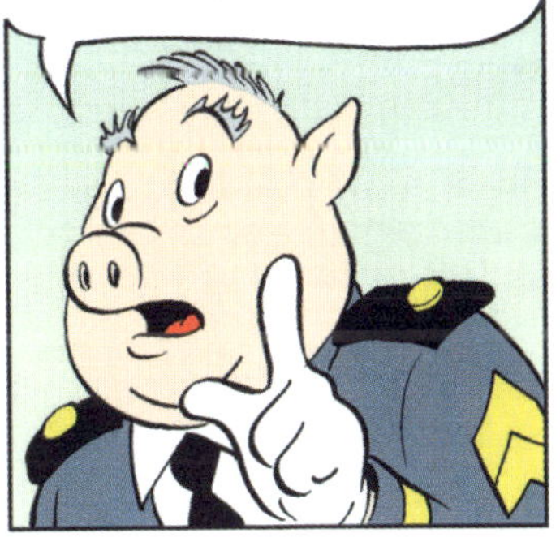

Und dann schlagen wir unvermutet zu! Ein genialer Plan! Ich habe bereits durchsickern lassen...

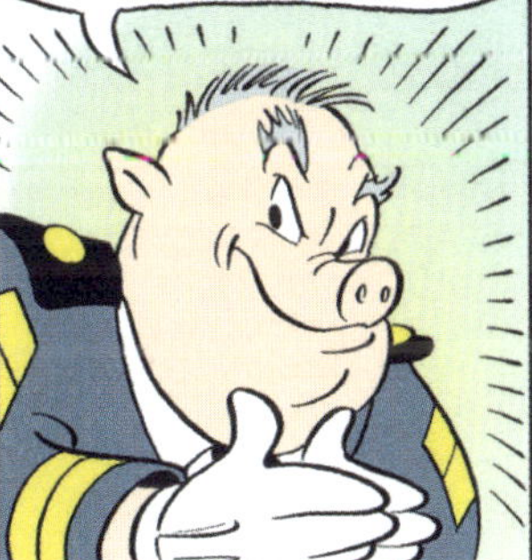

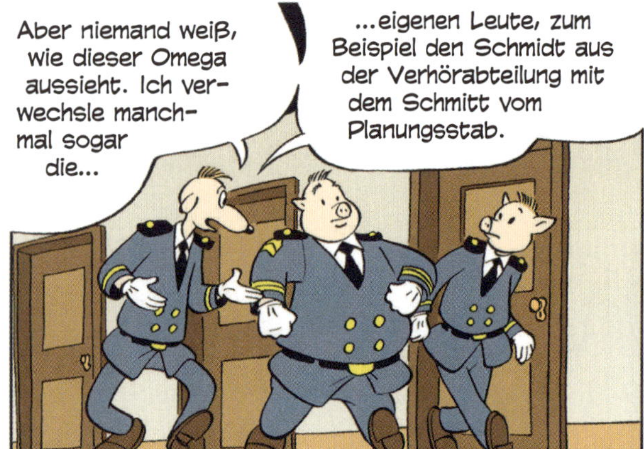
Aber niemand weiß, wie dieser Omega aussieht. Ich verwechsle manchmal sogar die...
...eigenen Leute, zum Beispiel den Schmidt aus der Verhörabteilung mit dem Schmitt vom Planungsstab.

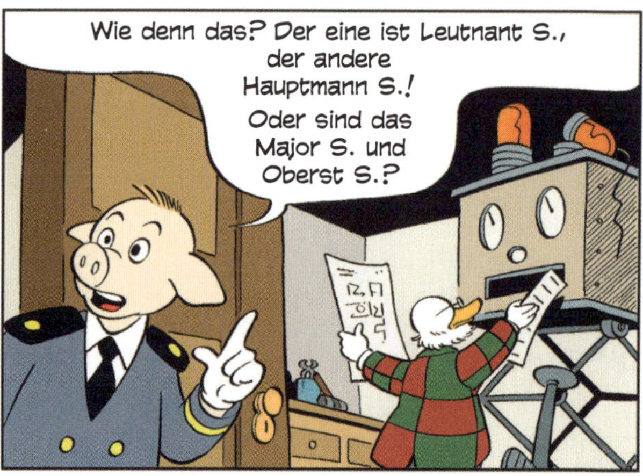
Wie denn das? Der eine ist Leutnant S., der andere Hauptmann S.!
Oder sind das Major S. und Oberst S.?

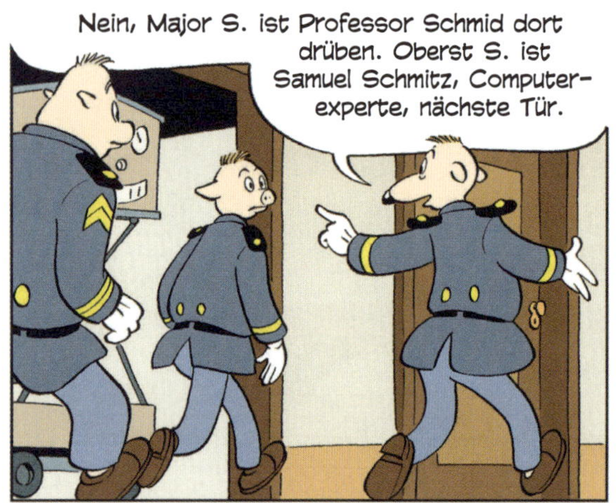
Nein, Major S. ist Professor Schmid dort drüben. Oberst S. ist Samuel Schmitz, Computerexperte, nächste Tür.

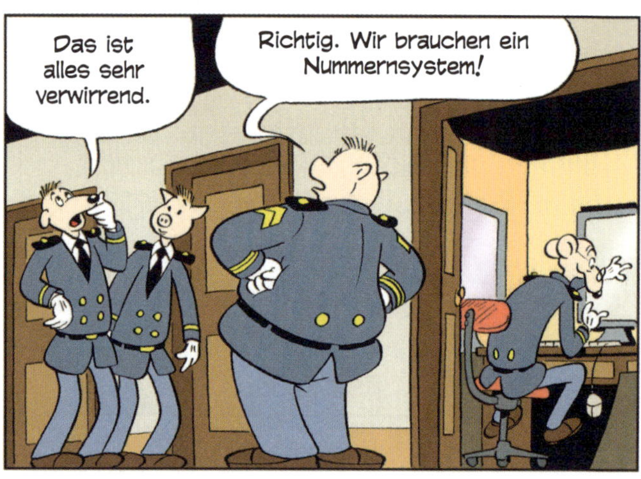
Das ist alles sehr verwirrend.
Richtig. Wir brauchen ein Nummernsystem!

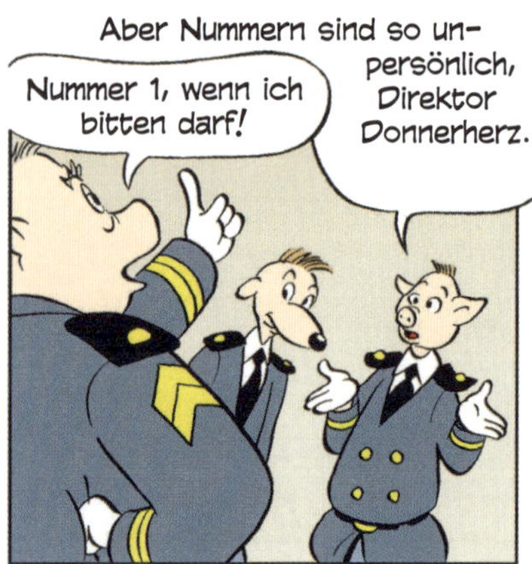
Nummer 1, wenn ich bitten darf!
Aber Nummern sind so unpersönlich, Direktor Donnerherz.

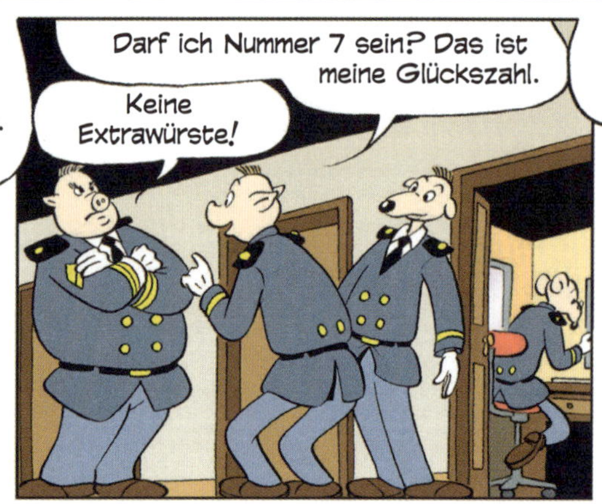
Darf ich Nummer 7 sein? Das ist meine Glückszahl.
Keine Extrawürste!

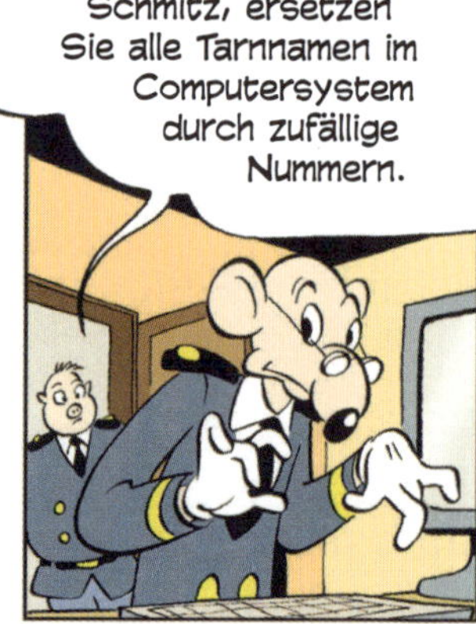
Schmitz, ersetzen Sie alle Tarnnamen im Computersystem durch zufällige Nummern.

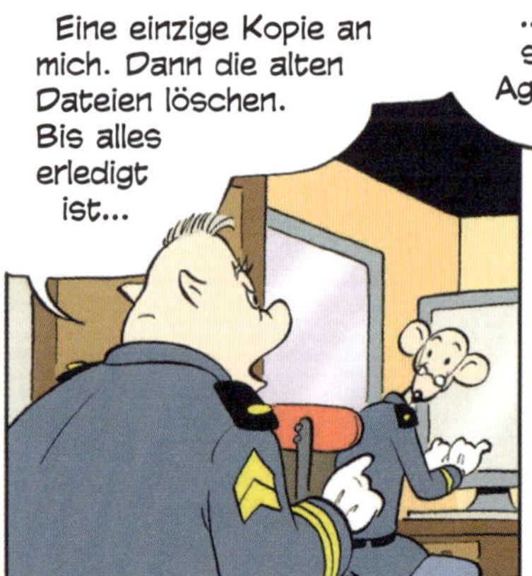
Eine einzige Kopie an mich. Dann die alten Dateien löschen. Bis alles erledigt ist...

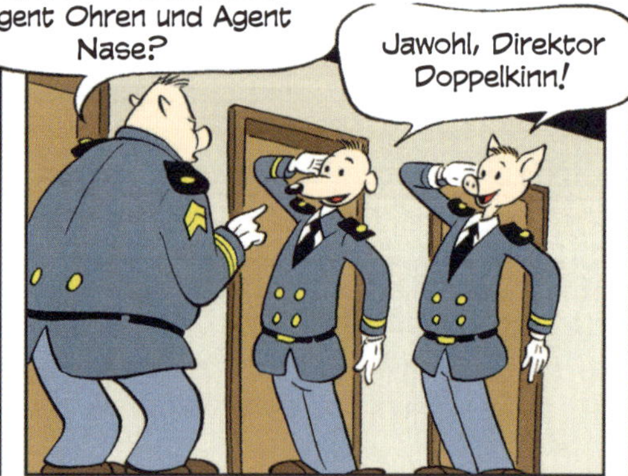
...benutzen wir unser altes Gesichtsnamensystem. Verstanden, Agent Ohren und Agent Nase?
Jawohl, Direktor Doppelkinn!

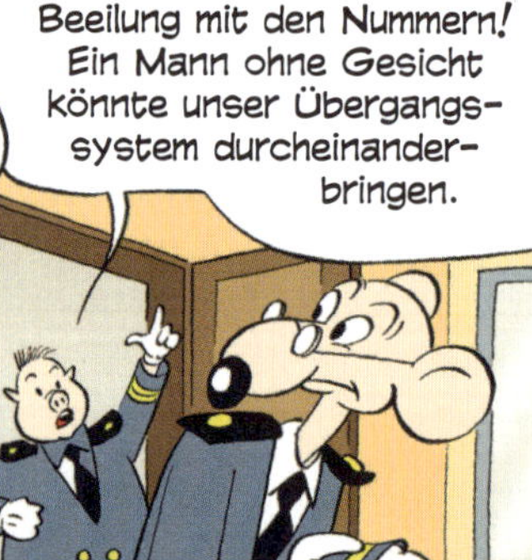
Beeilung mit den Nummern! Ein Mann ohne Gesicht könnte unser Übergangssystem durcheinanderbringen.

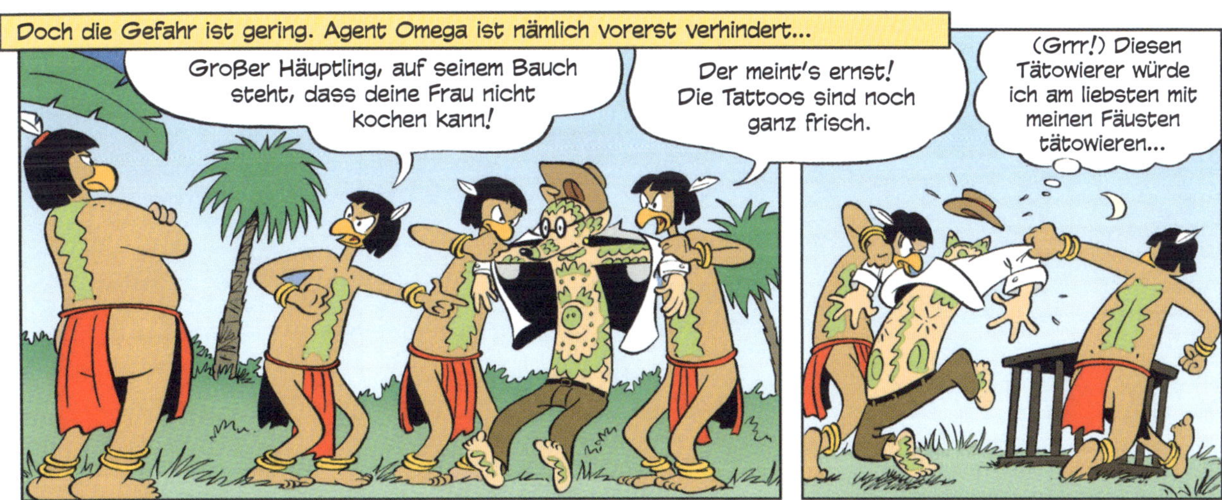
Doch die Gefahr ist gering. Agent Omega ist nämlich vorerst verhindert...
Großer Häuptling, auf seinem Bauch steht, dass deine Frau nicht kochen kann!
Der meint's ernst! Die Tattoos sind noch ganz frisch.
(Grrr!) Diesen Tätowierer würde ich am liebsten mit meinen Fäusten tätowieren...

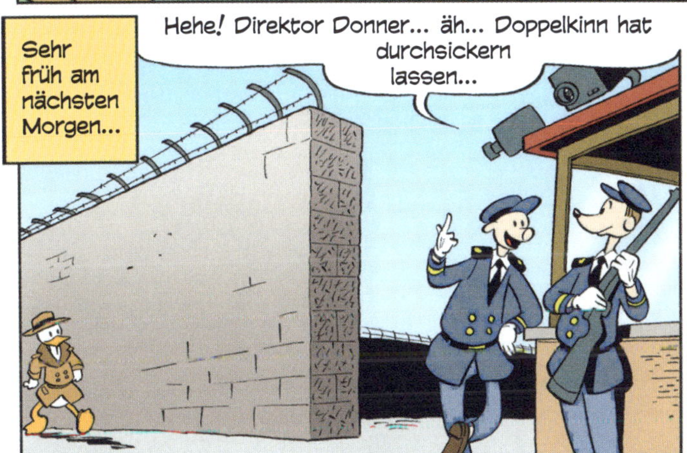
Sehr früh am nächsten Morgen...
Hehe! Direktor Donner... äh... Doppelkinn hat durchsickern lassen...

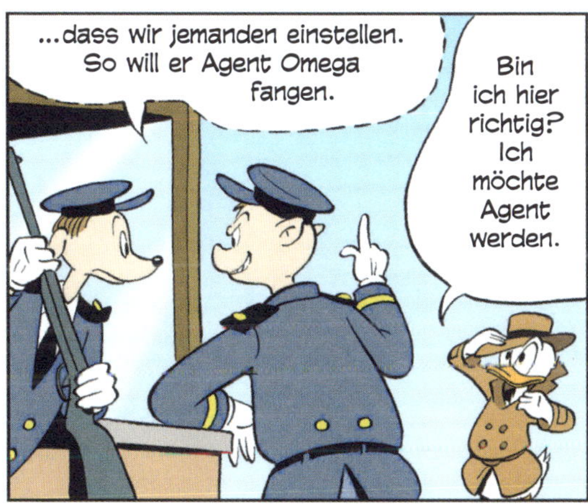
...dass wir jemanden einstellen. So will er Agent Omega fangen.
Bin ich hier richtig? Ich möchte Agent werden.

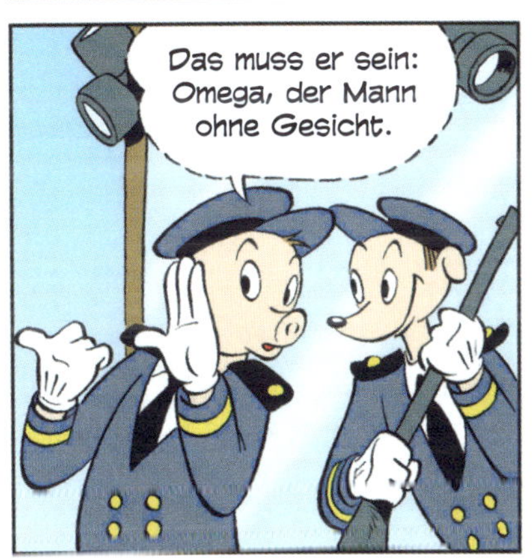
Das muss er sein: Omega, der Mann ohne Gesicht.

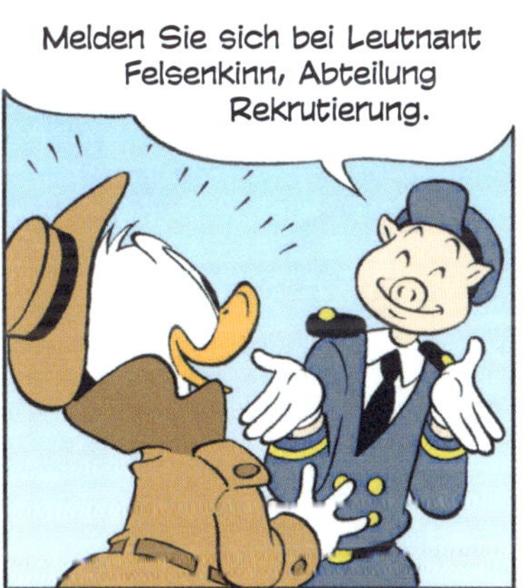
Melden Sie sich bei Leutnant Felsenkinn, Abteilung Rekrutierung.

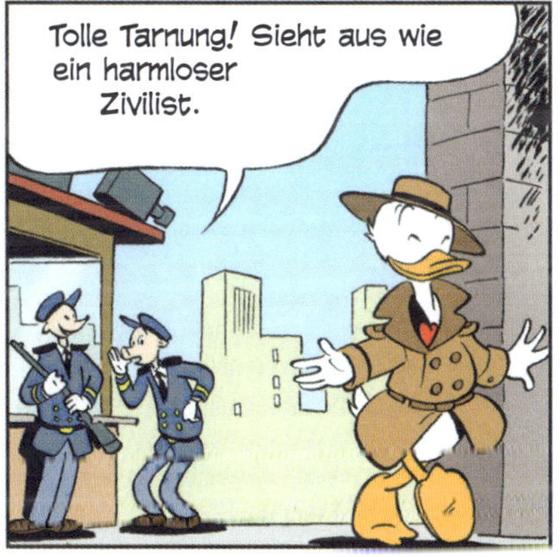
Tolle Tarnung! Sieht aus wie ein harmloser Zivilist.

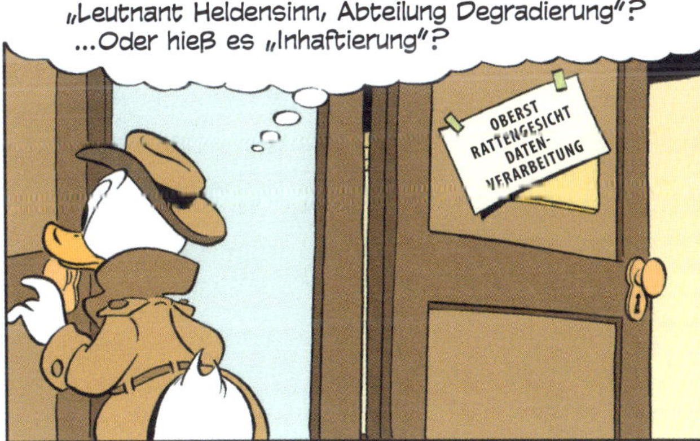
„Leutnant Heldensinn, Abteilung Degradierung"? ...Oder hieß es „Inhaftierung"?
OBERST RATTENGESICHT DATEN-VERARBEITUNG

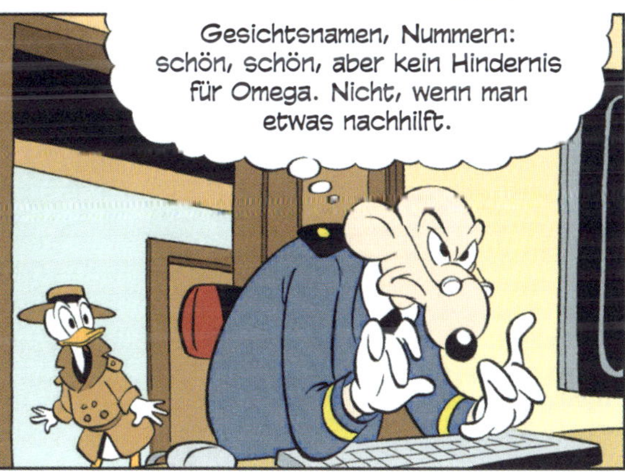
Gesichtsnamen, Nummern: schön, schön, aber kein Hindernis für Omega. Nicht, wenn man etwas nachhilft.

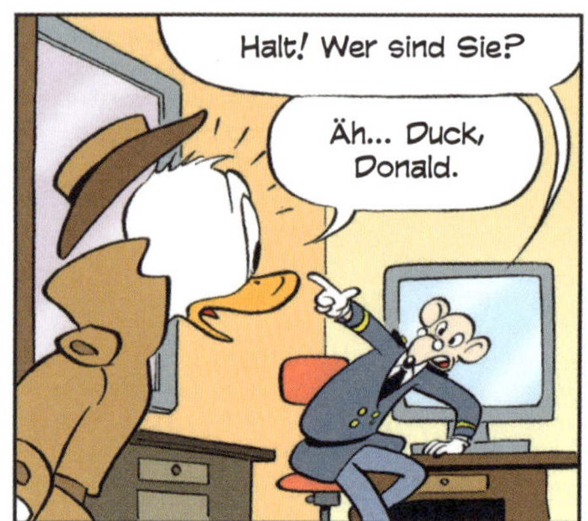
Halt! Wer sind Sie?
Äh... Duck, Donald.

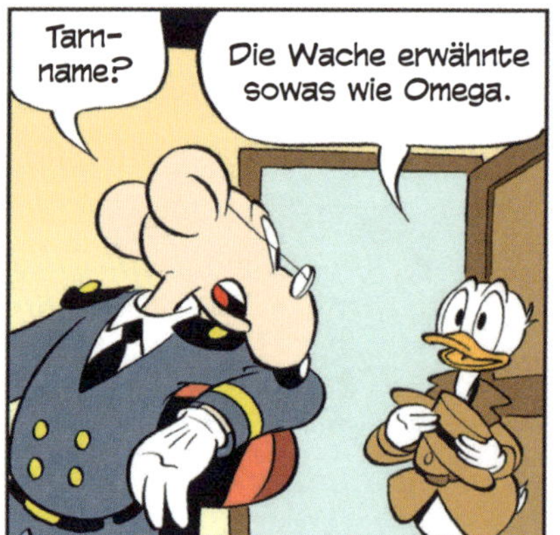
Tarnname?
Die Wache erwähnte sowas wie Omega.

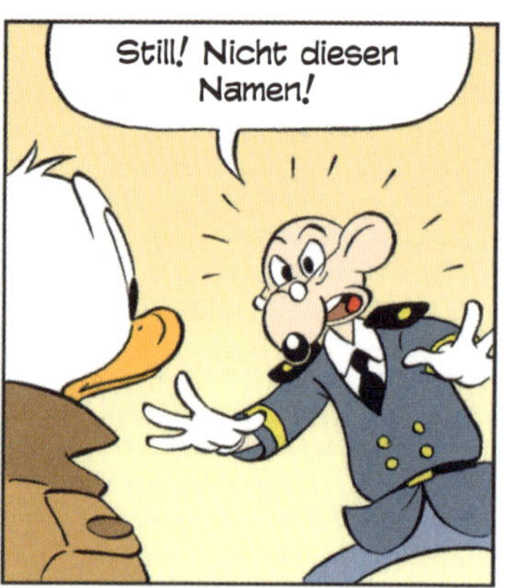
Still! Nicht diesen Namen!

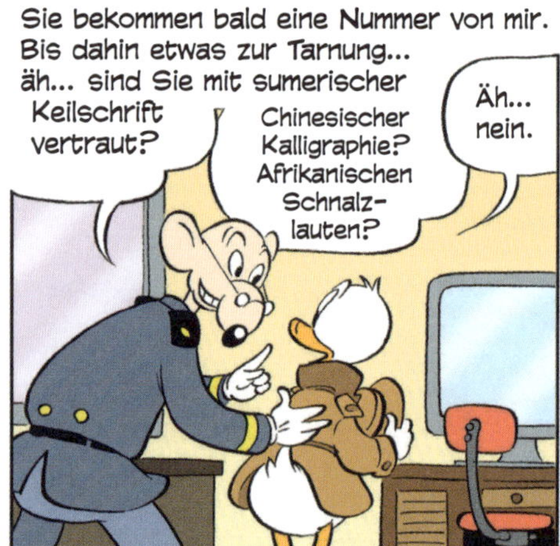
Sie bekommen bald eine Nummer von mir. Bis dahin etwas zur Tarnung... äh... sind Sie mit sumerischer Keilschrift vertraut?
Chinesischer Kalligraphie? Afrikanischen Schnalzlauten?
Äh... nein.

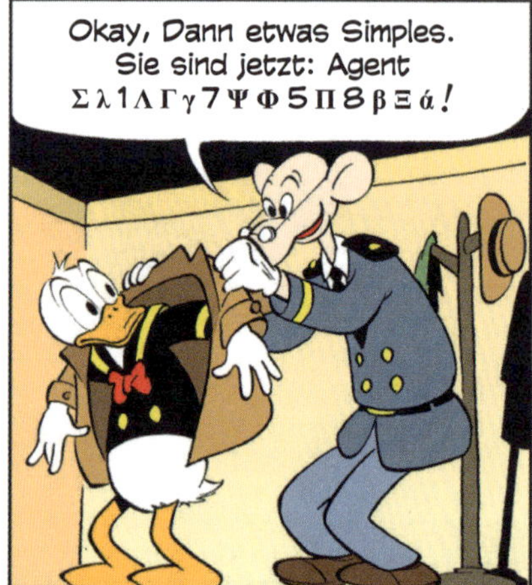
Okay, Dann etwas Simples. Sie sind jetzt: Agent Σλ1ΛΓγ7ΨΦ5Π8βΞά!

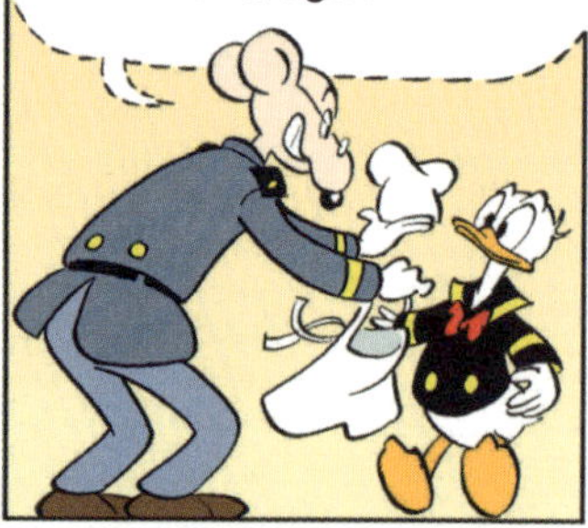
Los, die Kantine braucht die Essensbestellung für morgen. Alle sollen ihre Wünsche mit Rang und Klarnamen in diese Liste eintragen.

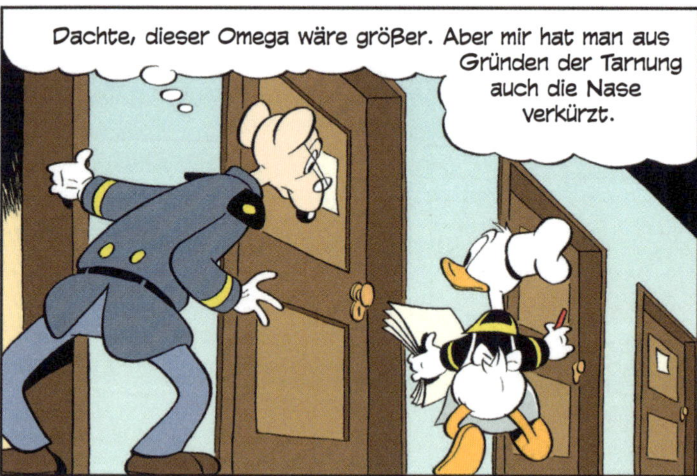
Dachte, dieser Omega wäre größer. Aber mir hat man aus Gründen der Tarnung auch die Nase verkürzt.

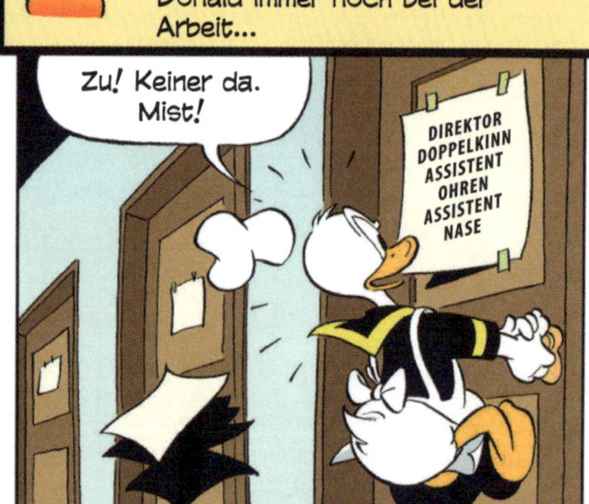
Als die Sonne untergeht, ist Donald immer noch bei der Arbeit...
Zu! Keiner da. Mist!
DIREKTOR DOPPELKINN ASSISTENT OHREN ASSISTENT NASE

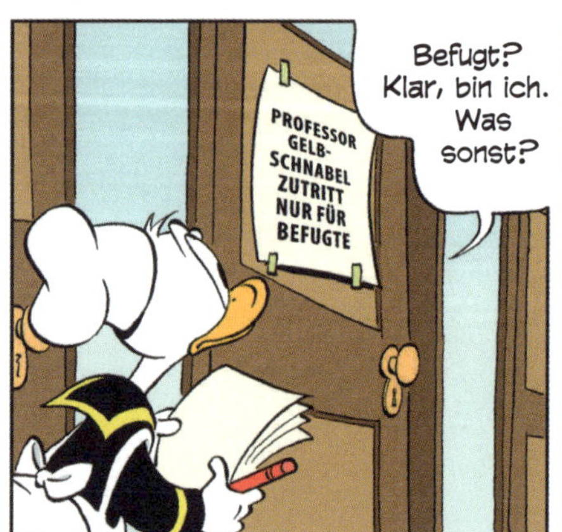
PROFESSOR GELBSCHNABEL ZUTRITT NUR FÜR BEFUGTE
Befugt? Klar, bin ich. Was sonst?

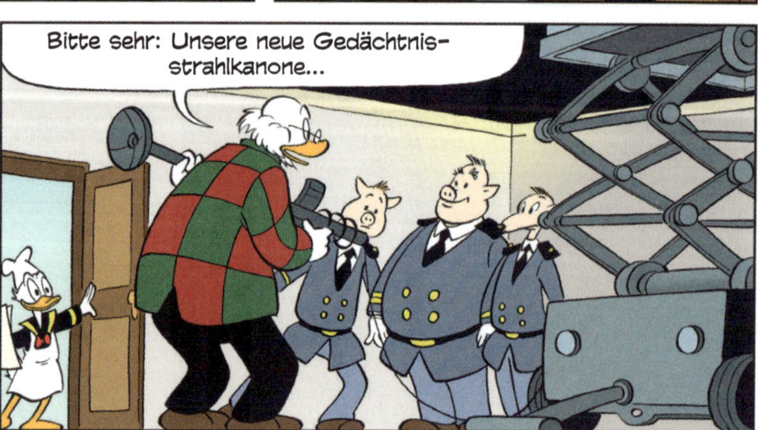
Bitte sehr: Unsere neue Gedächtnisstrahlkanone...

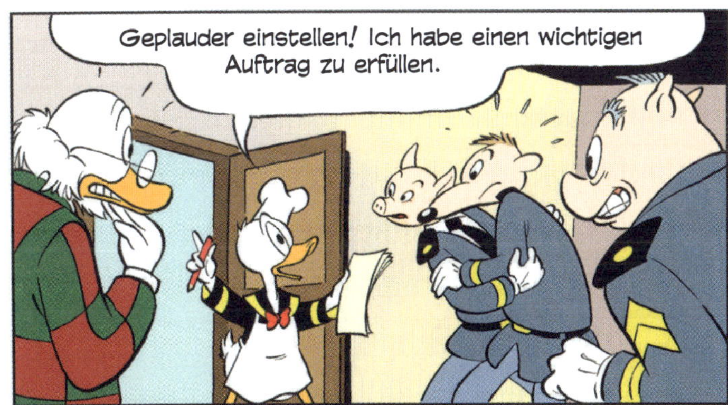
Geplauder einstellen! Ich habe einen wichtigen Auftrag zu erfüllen.

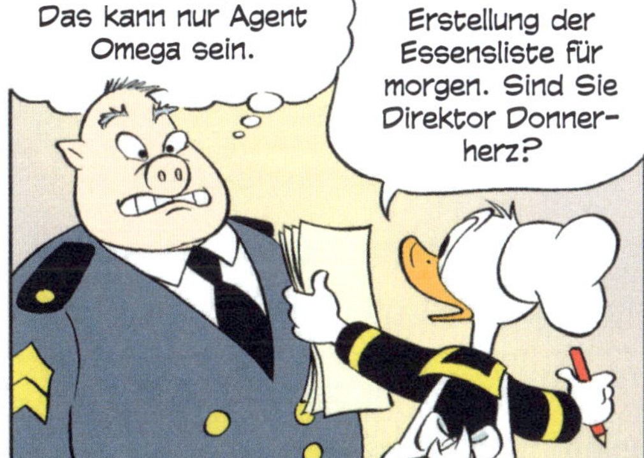
Das kann nur Agent Omega sein.
Erstellung der Essensliste für morgen. Sind Sie Direktor Donner-herz?

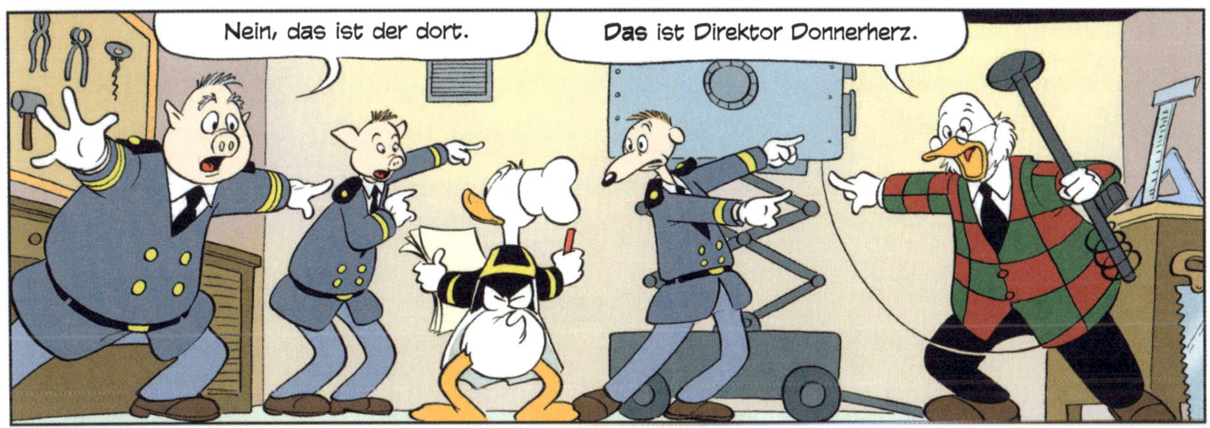
Nein, das ist der dort.
Das ist Direktor Donnerherz.

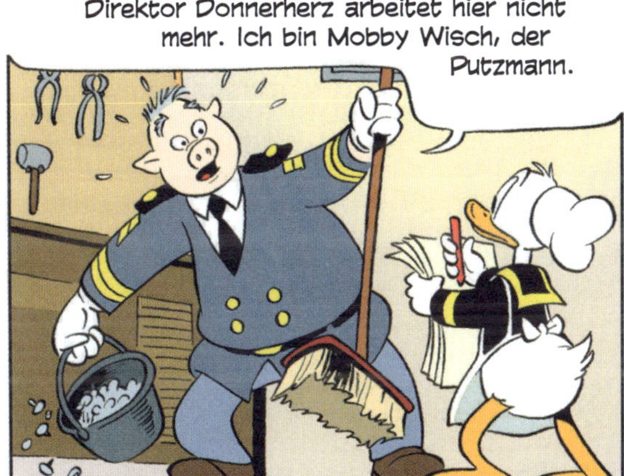
Direktor Donnerherz arbeitet hier nicht mehr. Ich bin Mobby Wisch, der Putzmann.

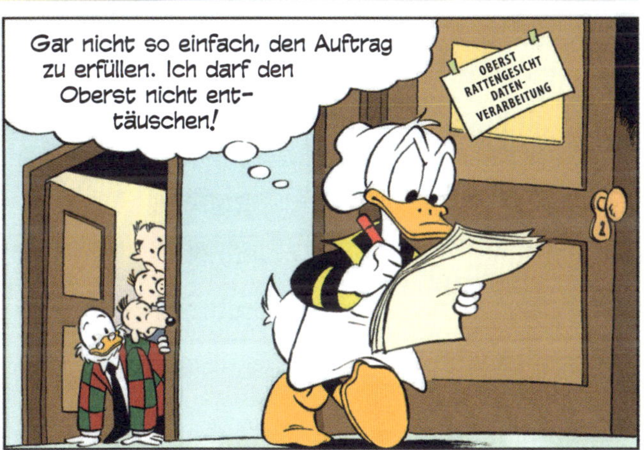
Gar nicht so einfach, den Auftrag zu erfüllen. Ich darf den Oberst nicht ent-täuschen!
OBERST RATTENGESICHT DATEN-VERARBEITUNG

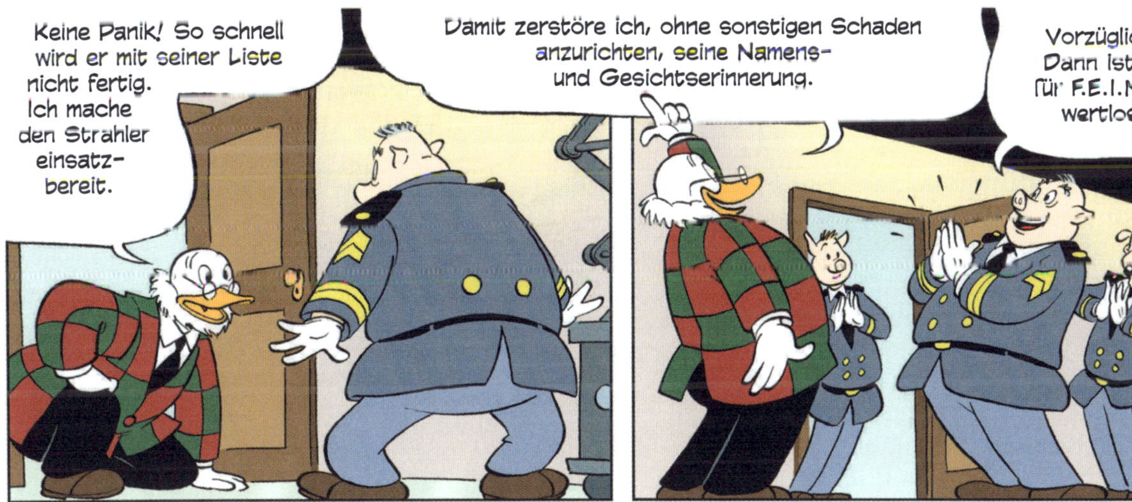
Keine Panik! So schnell wird er mit seiner Liste nicht fertig. Ich mache den Strahler einsatz-bereit.
Damit zerstöre ich, ohne sonstigen Schaden anzurichten, seine Namens- und Gesichtserinnerung.
Vorzüglich! Dann ist er für F.E.I.N.D. wertlos.

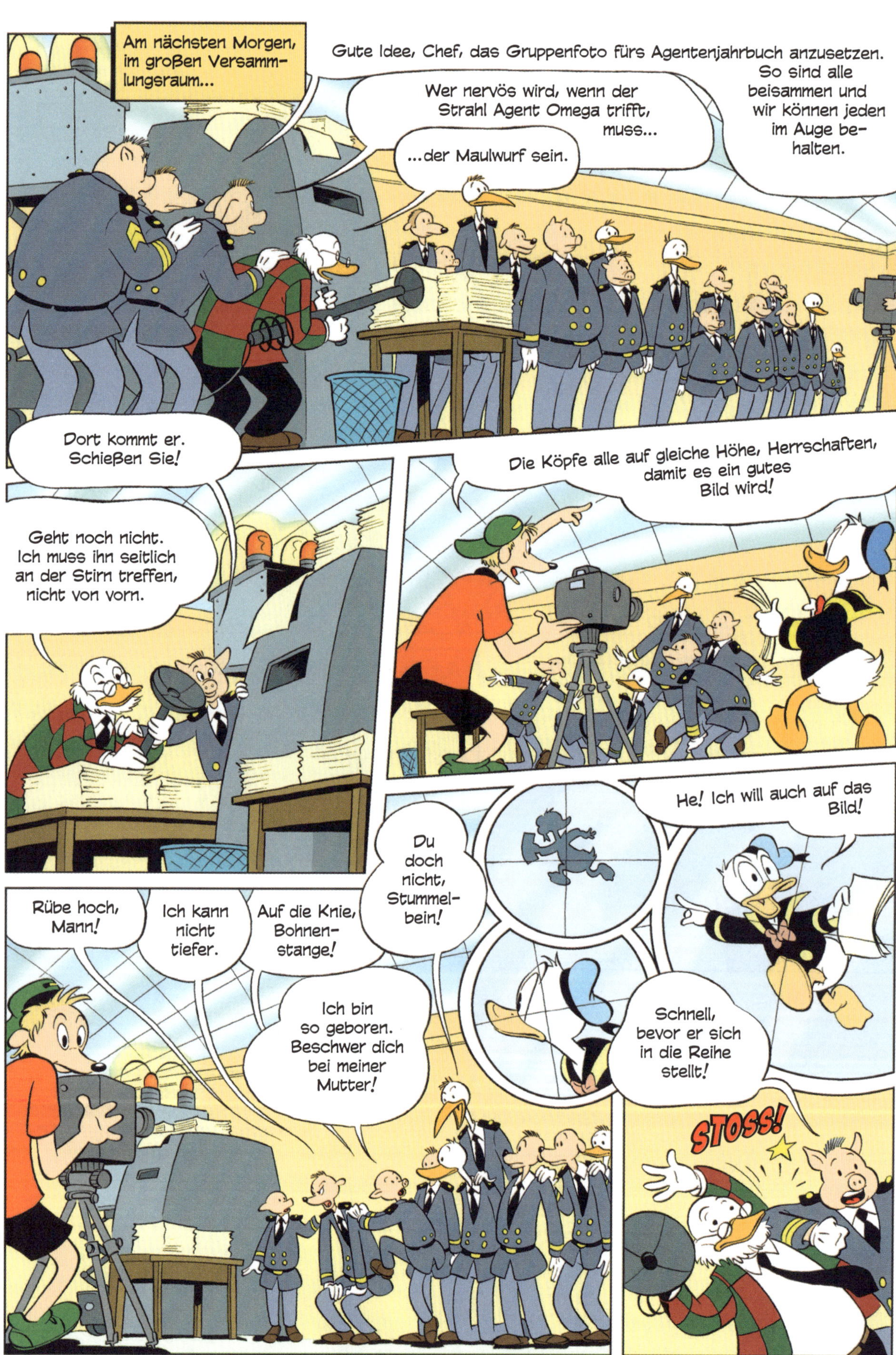

Am nächsten Morgen, im großen Versammlungsraum...
Gute Idee, Chef, das Gruppenfoto fürs Agentenjahrbuch anzusetzen. So sind alle beisammen und wir können jeden im Auge behalten.
Wer nervös wird, wenn der Strahl Agent Omega trifft, muss...
...der Maulwurf sein.
Dort kommt er. Schießen Sie!
Geht noch nicht. Ich muss ihn seitlich an der Stirn treffen, nicht von vorn.
Die Köpfe alle auf gleiche Höhe, Herrschaften, damit es ein gutes Bild wird!
He! Ich will auch auf das Bild!
Rübe hoch, Mann!
Ich kann nicht tiefer.
Auf die Knie, Bohnenstange!
Du doch nicht, Stummelbein!
Ich bin so geboren. Beschwer dich bei meiner Mutter!
Schnell, bevor er sich in die Reihe stellt!
STOSS!

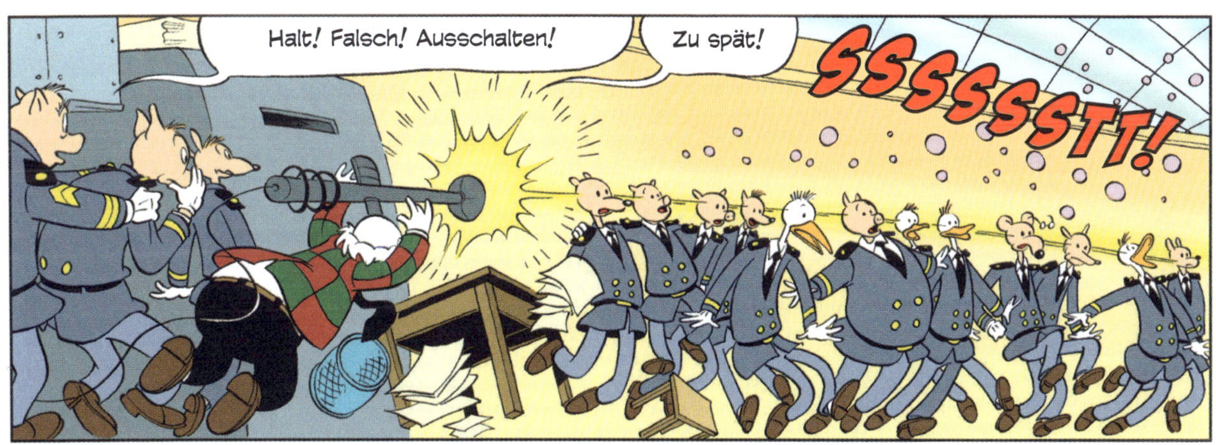
Halt! Falsch! Ausschalten!
Zu spät!
SSSSSSTT!

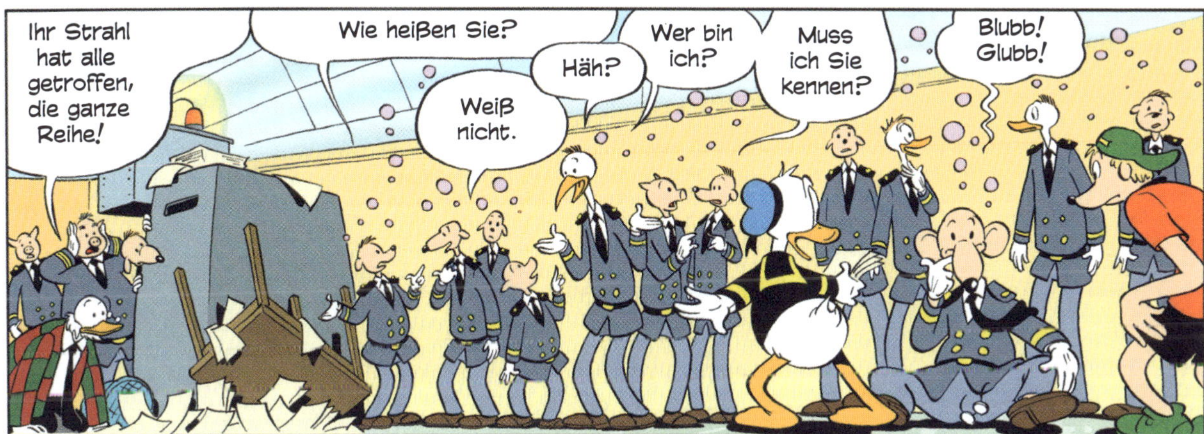
Ihr Strahl hat alle getroffen, die ganze Reihe!
Wie heißen Sie?
Weiß nicht.
Häh?
Wer bin ich?
Muss ich Sie kennen?
Blubb! Glubb!

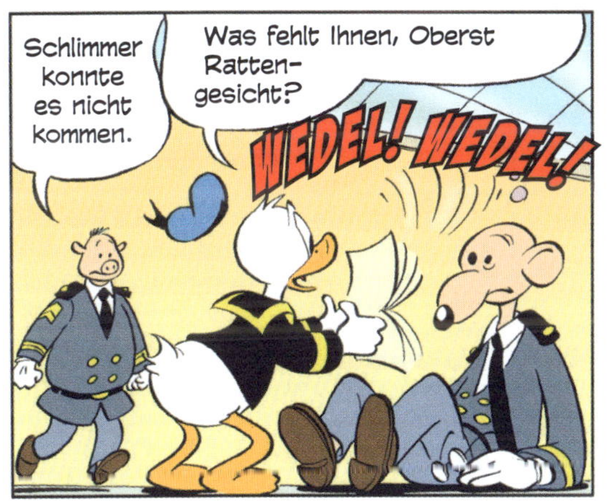
Schlimmer konnte es nicht kommen.
Was fehlt Ihnen, Oberst Rattengesicht?
WEDEL! WEDEL!

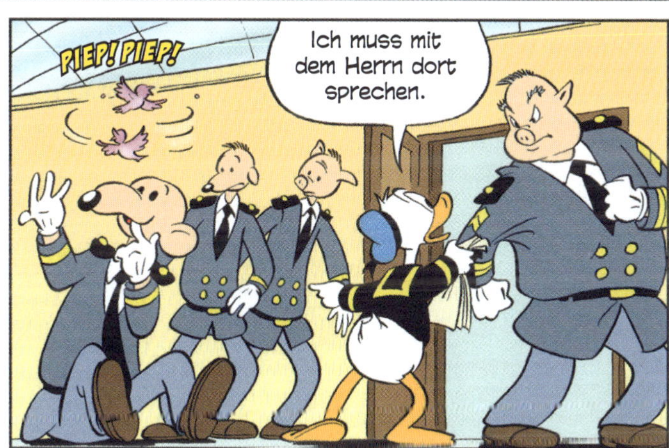
PIEP! PIEP!
Ich muss mit dem Herrn dort sprechen.

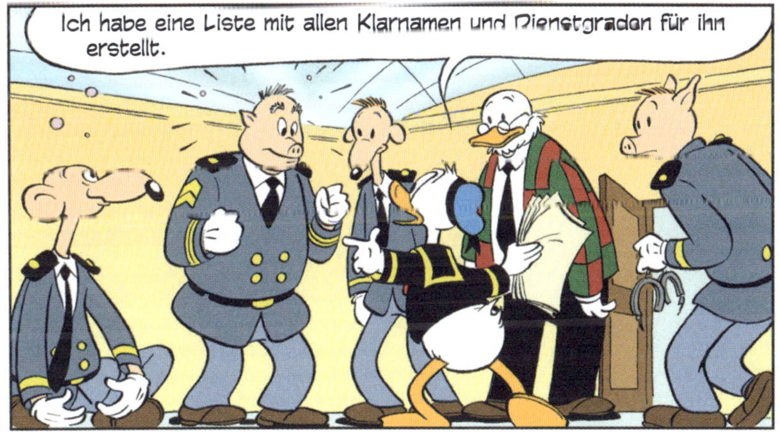
Ich habe eine Liste mit allen Klarnamen und Dienstgraden für ihn erstellt.

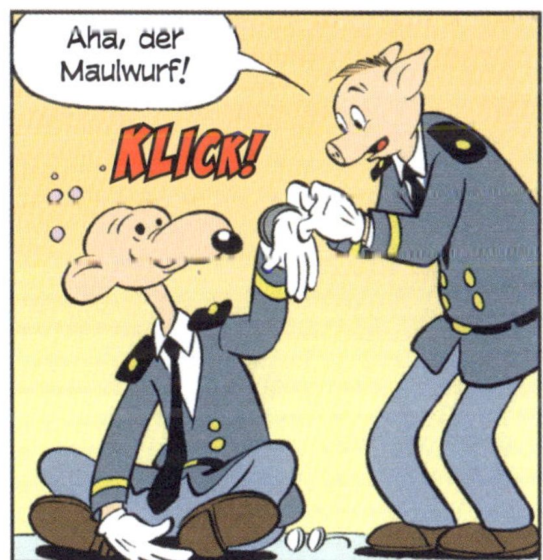
Aha, der Maulwurf!
KLICK!

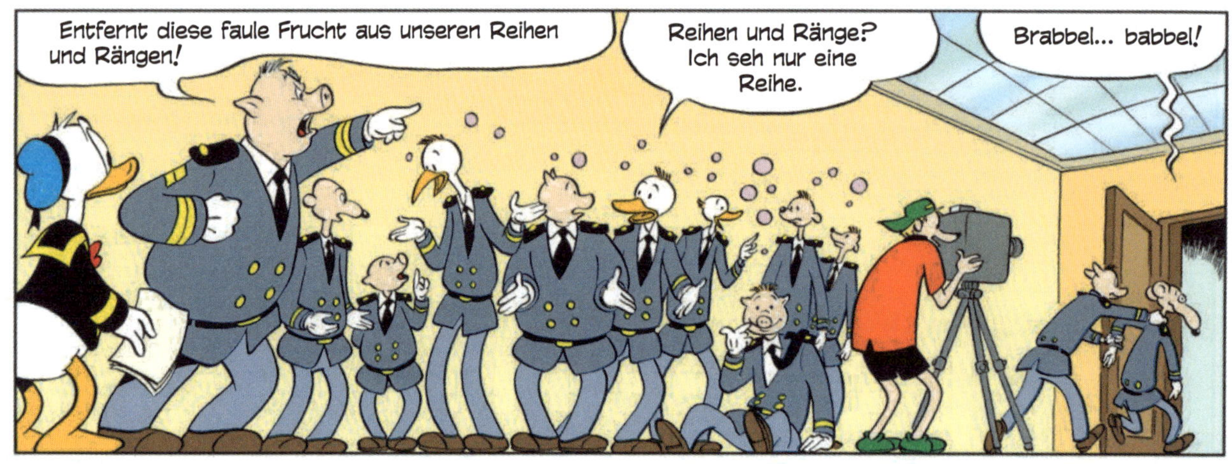
Entfernt diese faule Frucht aus unseren Reihen und Rängen!
Reihen und Ränge? Ich seh nur eine Reihe.
Brabbel... babbel!

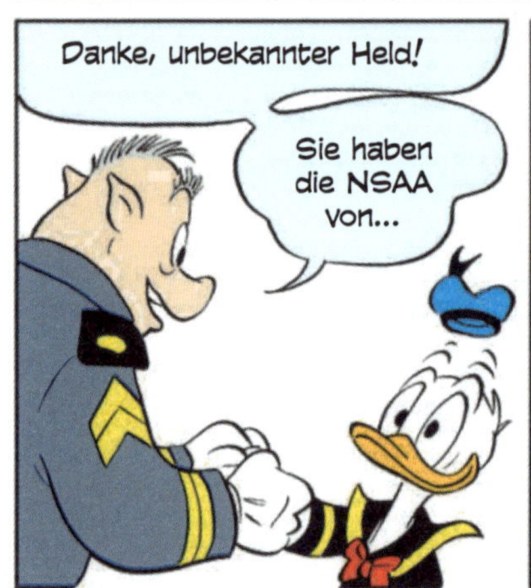
Danke, unbekannter Held!
Sie haben die NSAA von...

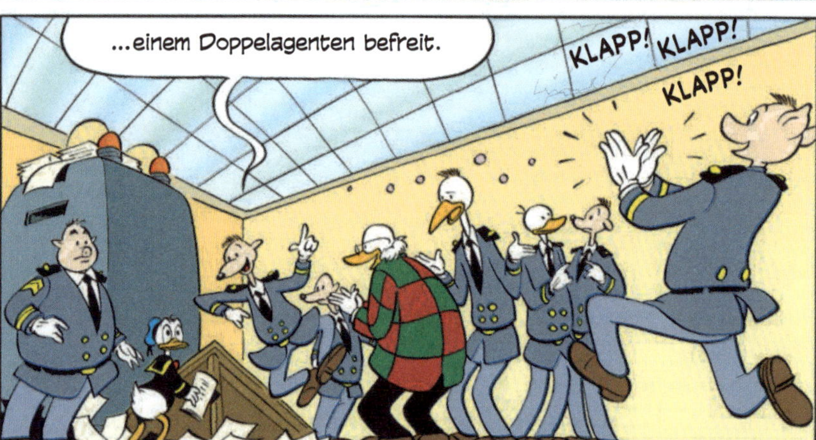
...einem Doppelagenten befreit.
KLAPP! KLAPP!
KLAPP!

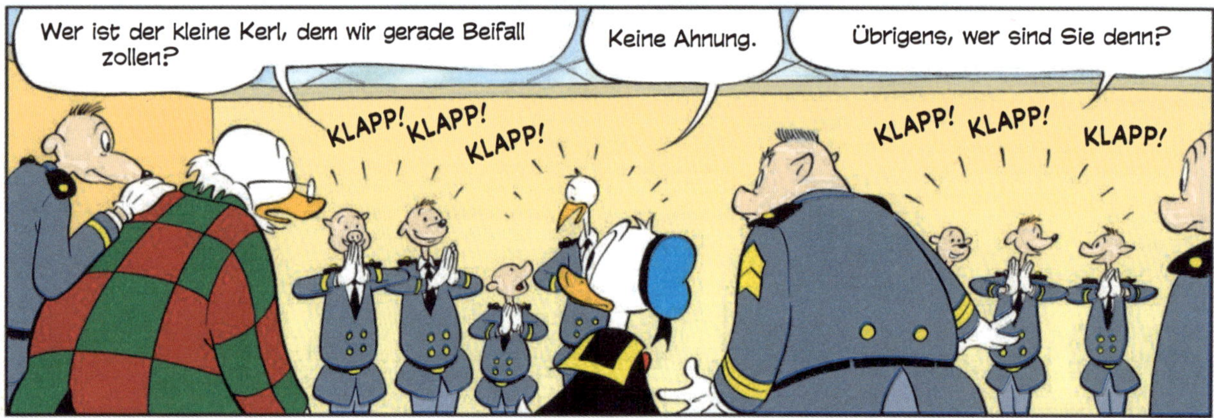
Wer ist der kleine Kerl, dem wir gerade Beifall zollen?
Keine Ahnung.
Übrigens, wer sind Sie denn?
KLAPP! KLAPP!
KLAPP!
KLAPP! KLAPP!
KLAPP!

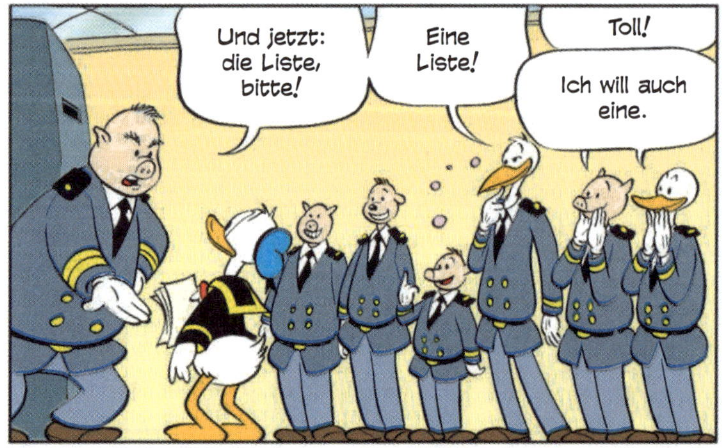
Und jetzt: die Liste, bitte!
Eine Liste!
Toll!
Ich will auch eine.

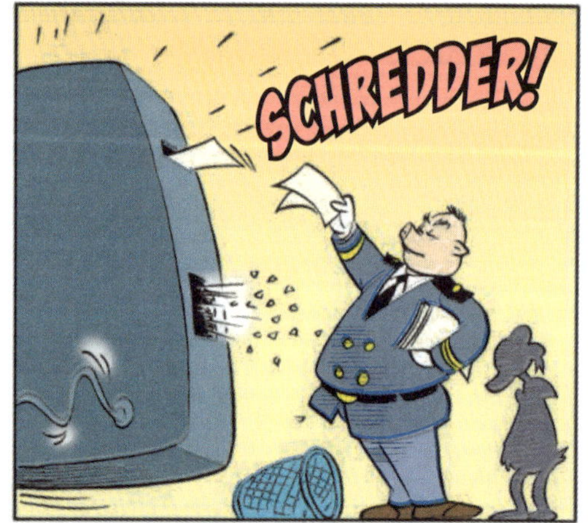
SCHREDDER!

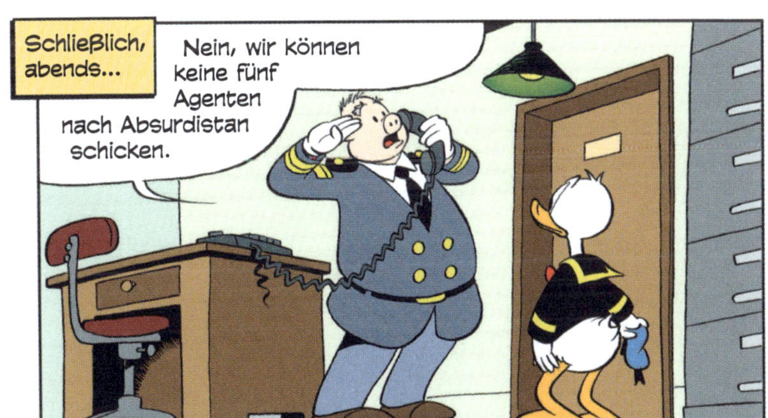
Schließlich, abends...
Nein, wir können keine fünf Agenten nach Absurdistan schicken.

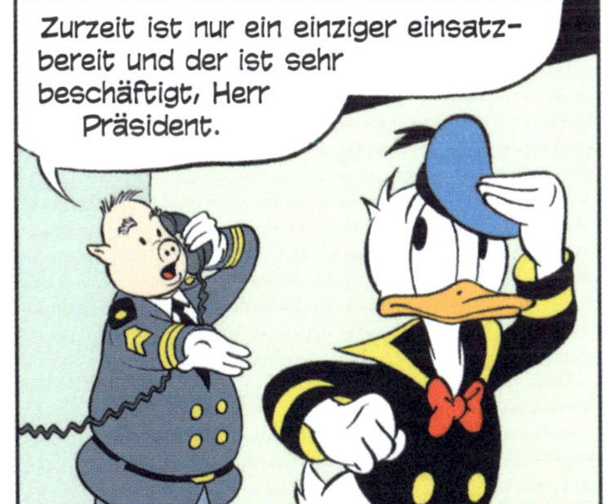
Zurzeit ist nur ein einziger einsatzbereit und der ist sehr beschäftigt, Herr Präsident.

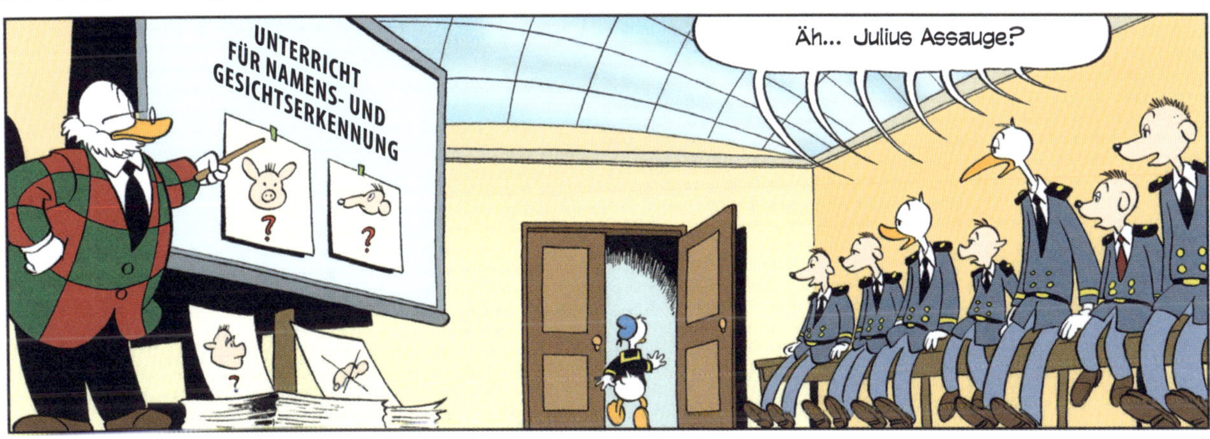
UNTERRICHT FÜR NAMENS- UND GESICHTSERKENNUNG
Äh... Julius Assauge?

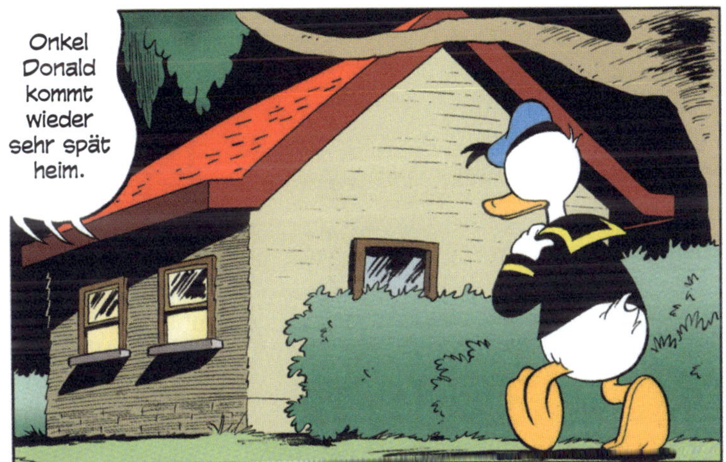
Onkel Donald kommt wieder sehr spät heim.

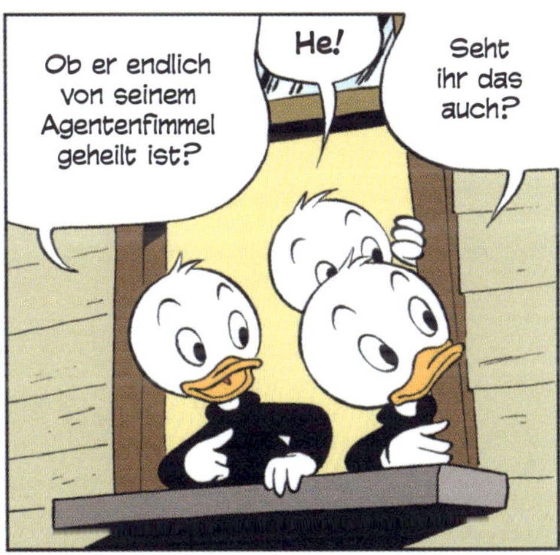
Ob er endlich von seinem Agentenfimmel geheilt ist?
He!
Seht ihr das auch?

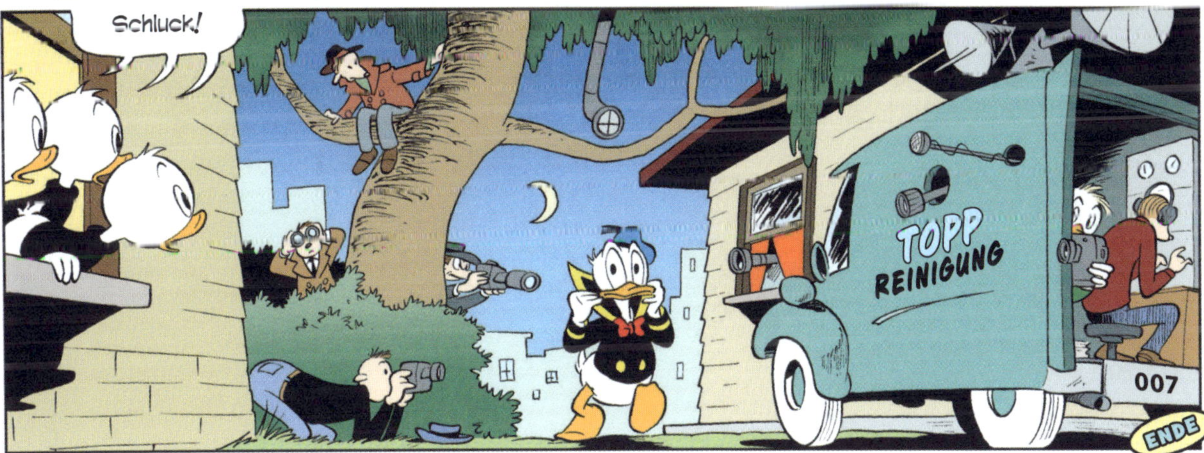
Schluck!
TOPP REINIGUNG
007
ENDE

Achtung, Kinder: Nichts davon zu Hause nachmachen!
Bewahrt dieses Buch am besten außer Reichweite
von leichtgläubigen Erwachsenen auf.

Auch wenn Gustav felsenfest an Kleeblätter, Amulette,
Glückspfennige und Hasenpfoten glaubt – das Glück herbeizaubern
zu wollen ist: dumm, naiv, unbedarft, verblendet,
und außerdem funktioniert es nicht!
Nun ... außer vielleicht bei Gustav Gans.

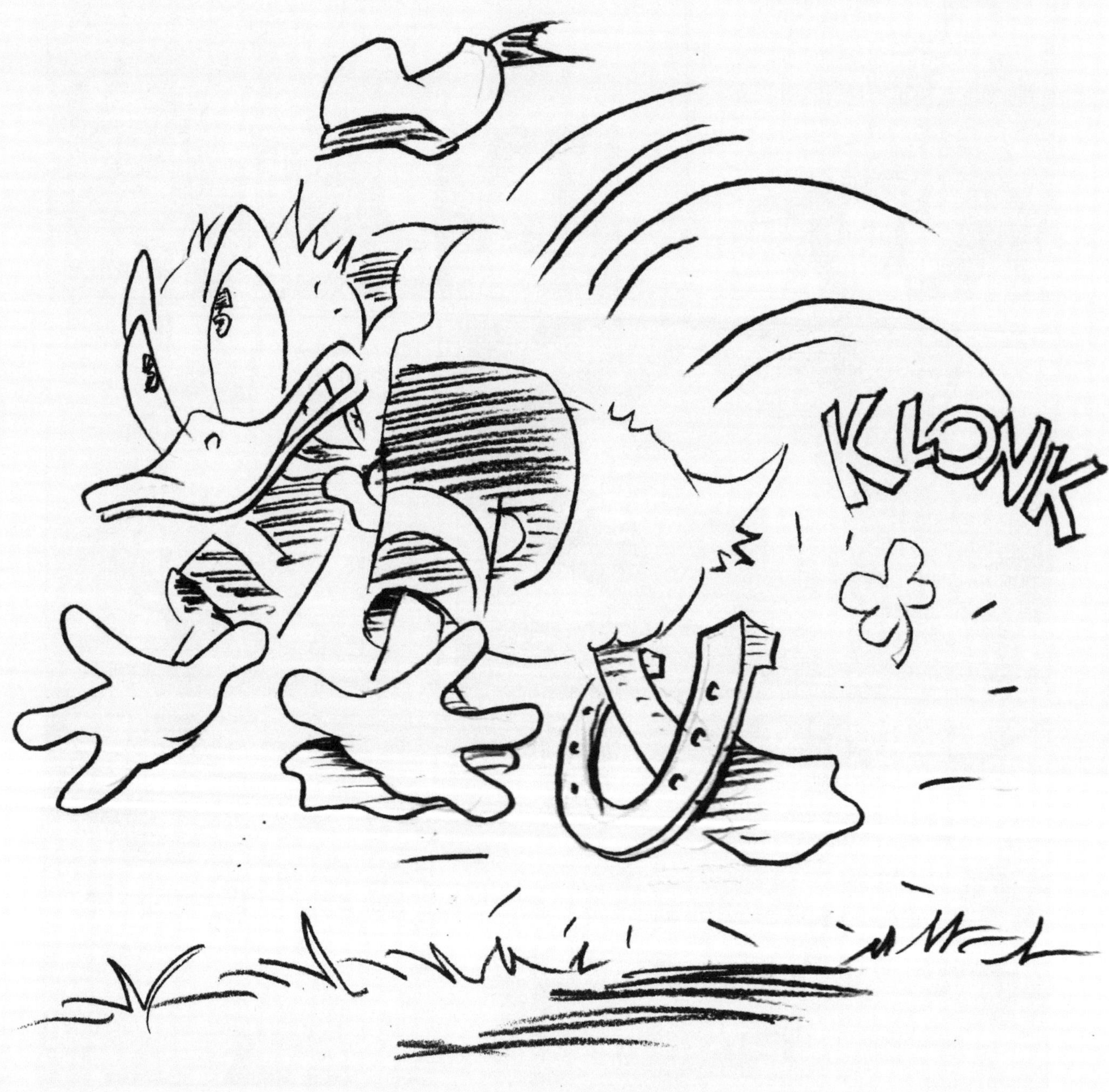

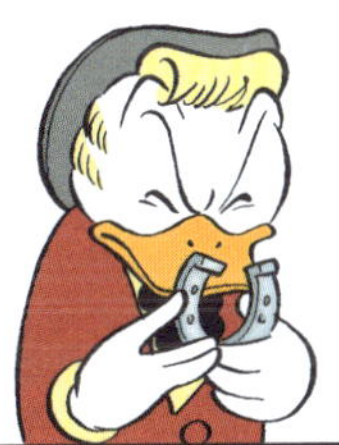

Walt Disney

Zerstörerisches GLÜCK

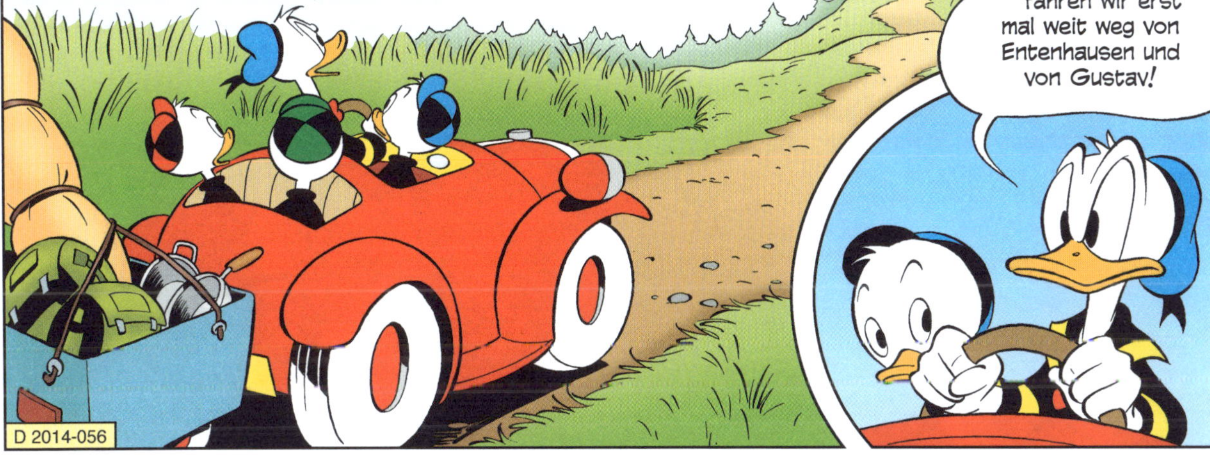

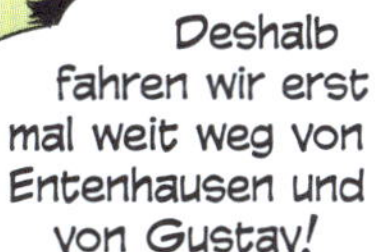

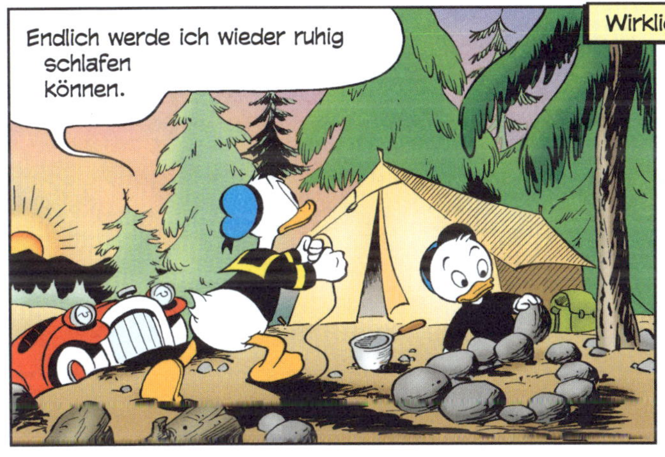

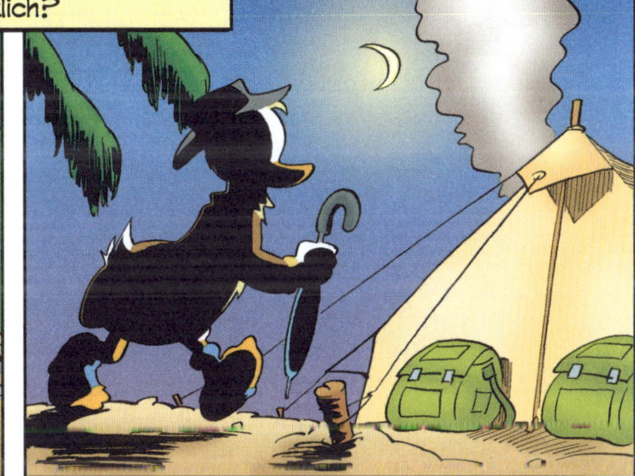

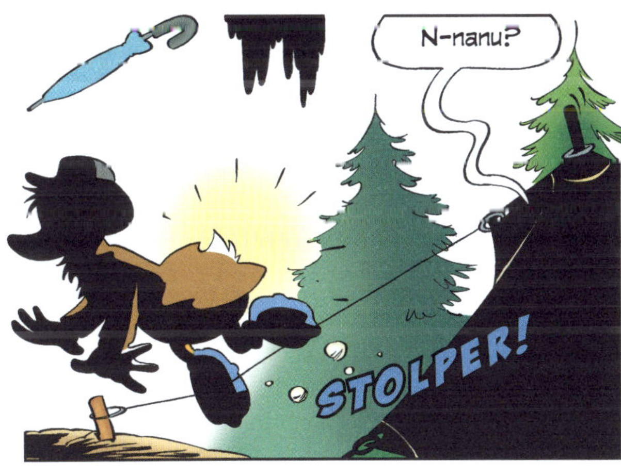

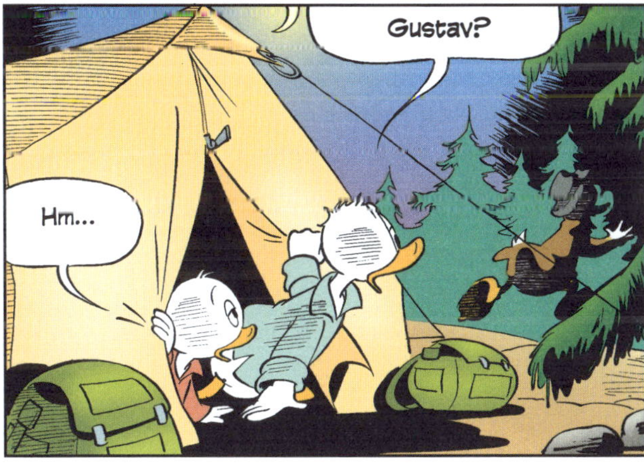

Am nächsten Morgen folgt man den Spuren des nächtlichen Besuchers bis zu einem Felsspalt...

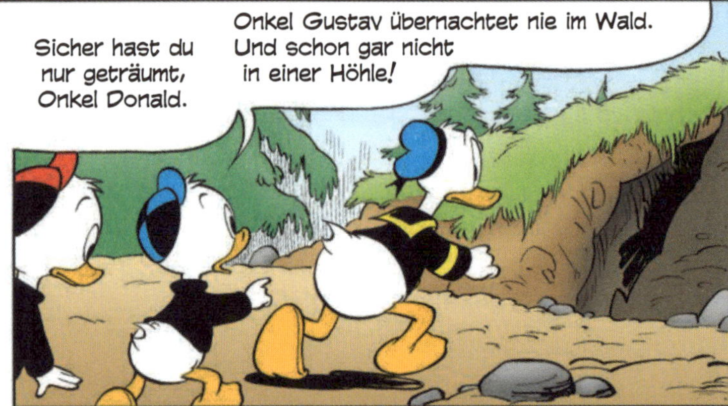

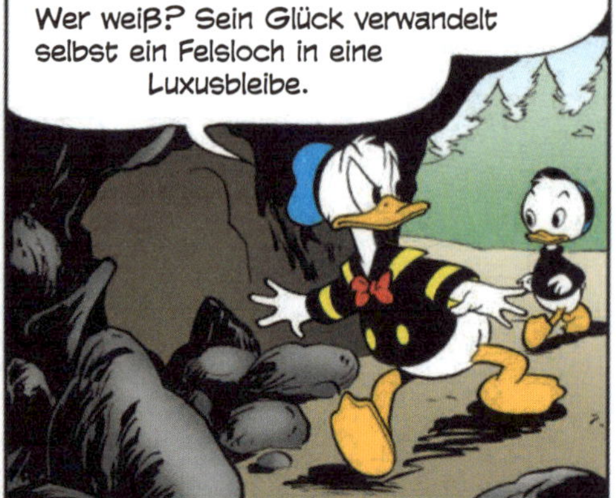

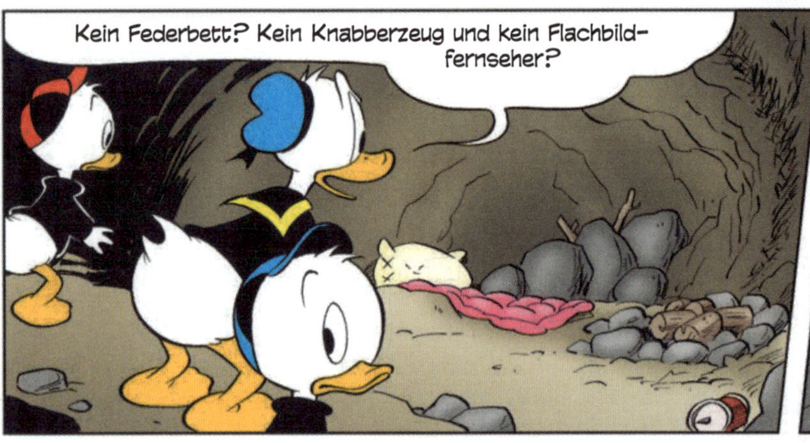

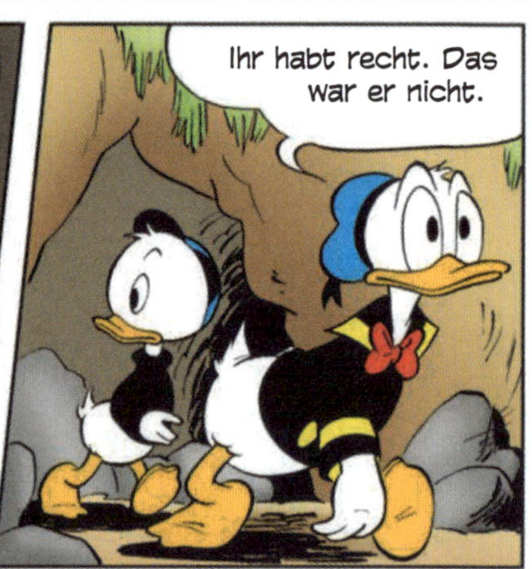

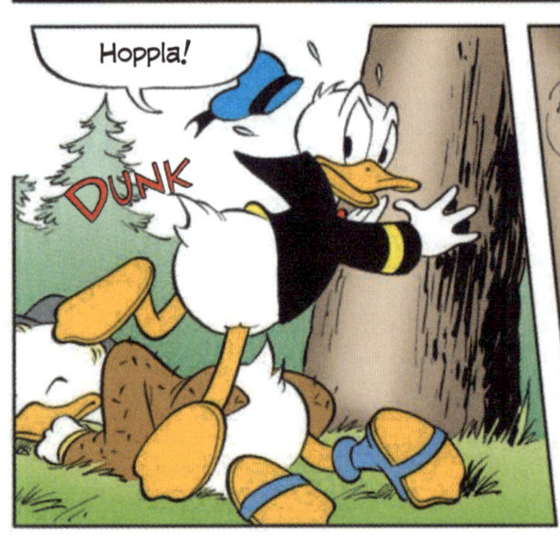

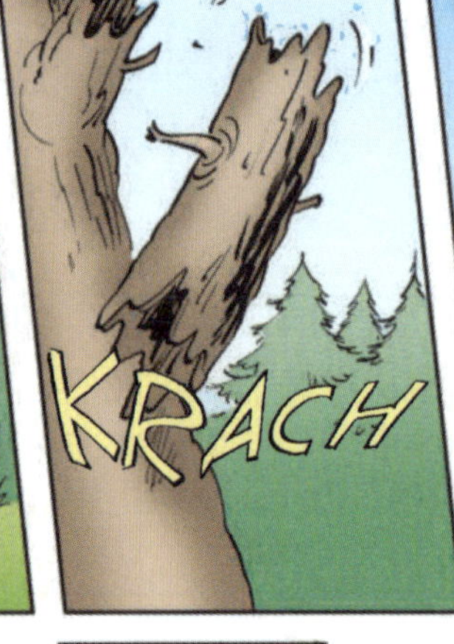

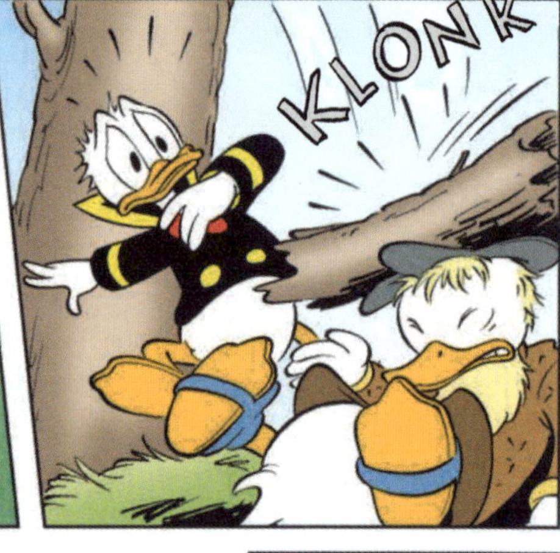

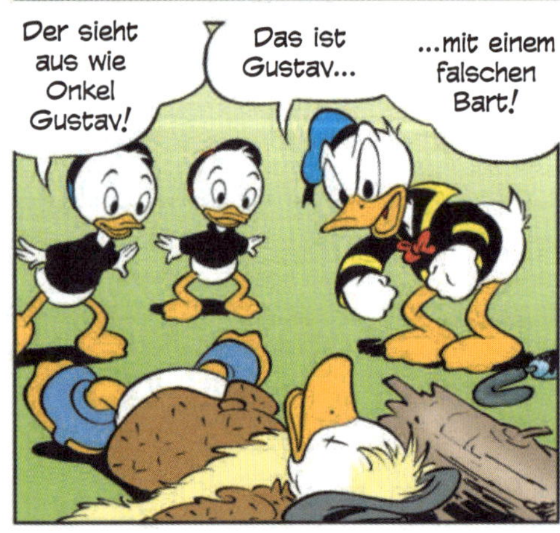

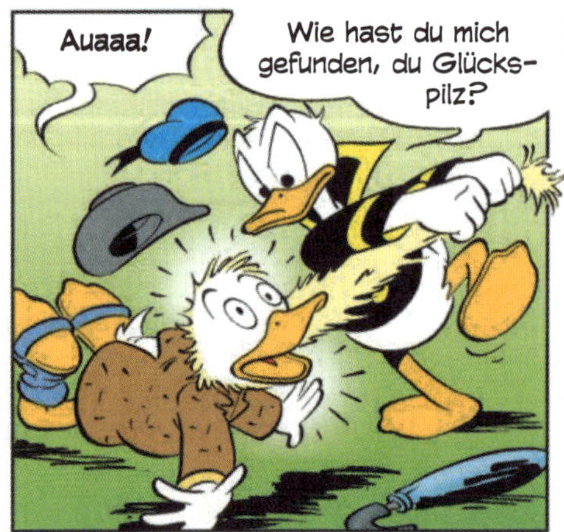

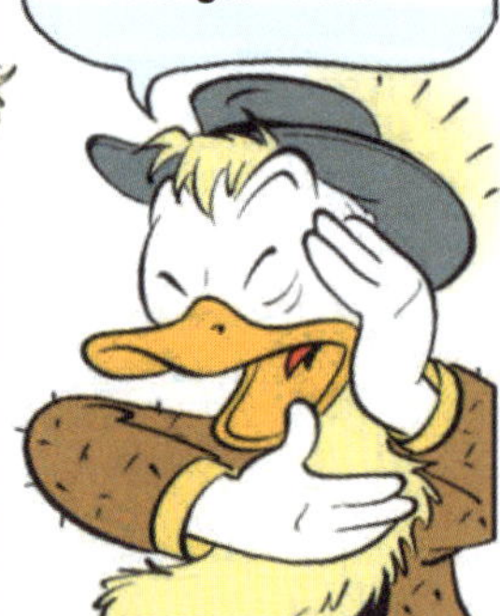

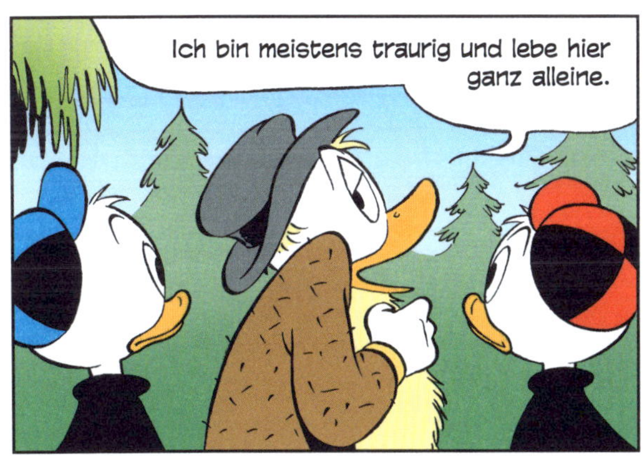
Ich bin meistens traurig und lebe hier ganz alleine.

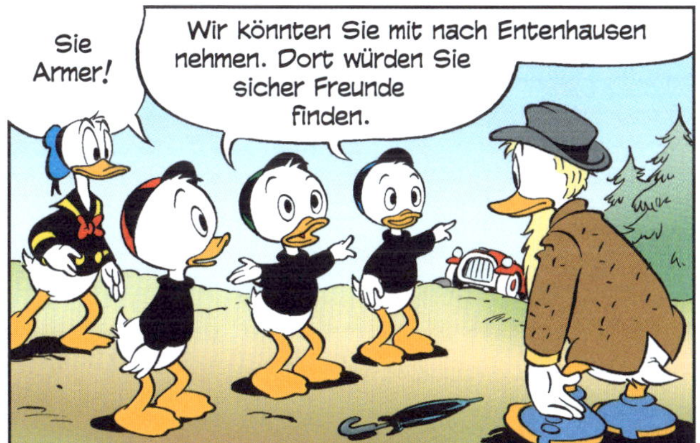
Sie Armer!
Wir könnten Sie mit nach Entenhausen nehmen. Dort würden Sie sicher Freunde finden.

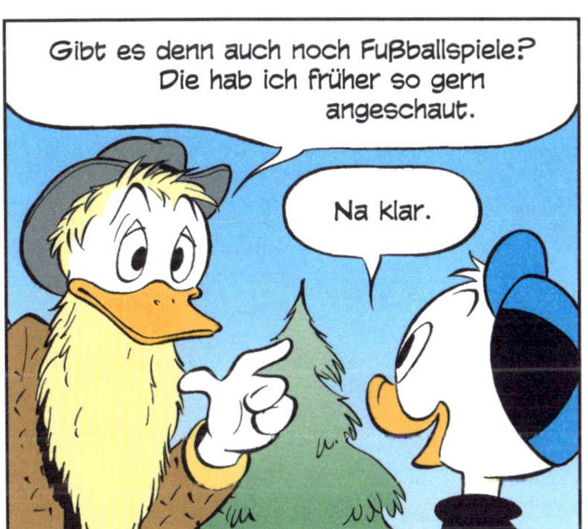
Gibt es denn auch noch Fußballspiele? Die hab ich früher so gern angeschaut.
Na klar.

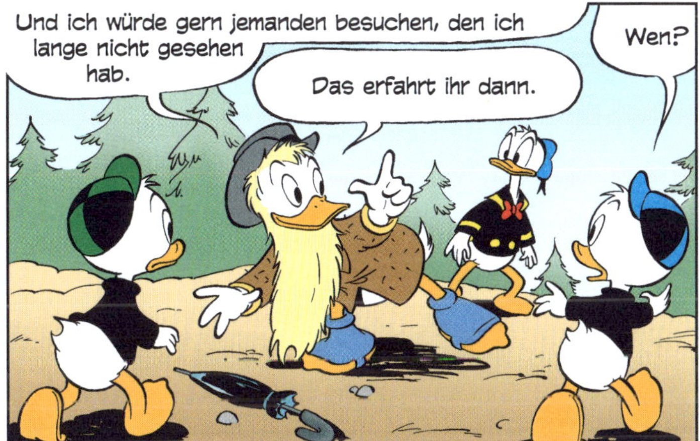
Und ich würde gern jemanden besuchen, den ich lange nicht gesehen hab.
Wen?
Das erfahrt ihr dann.

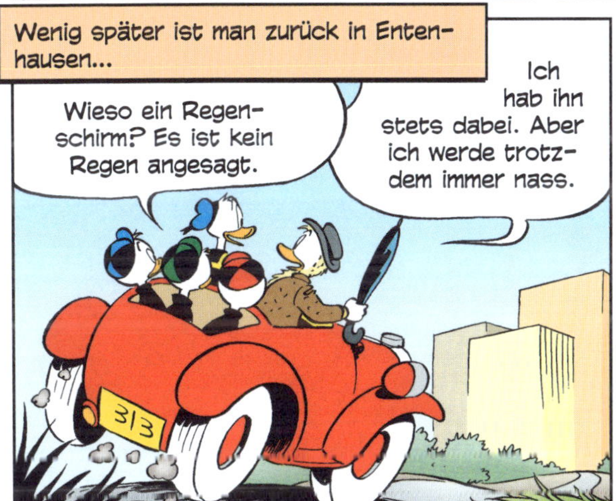
Wenig später ist man zurück in Entenhausen...
Wieso ein Regenschirm? Es ist kein Regen angesagt.
Ich hab ihn stets dabei. Aber ich werde trotzdem immer nass.
313

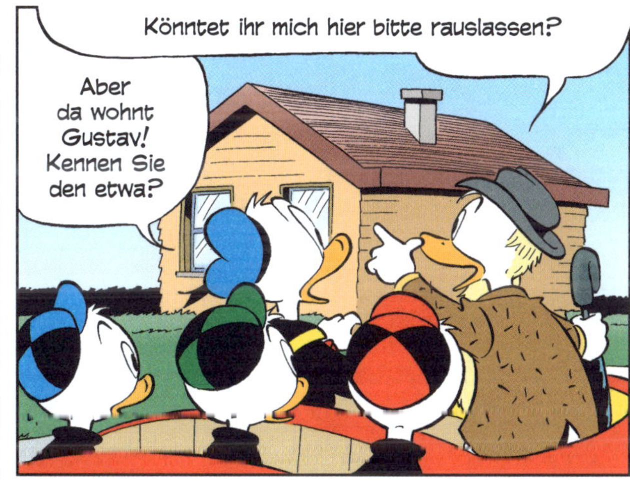
Könntet ihr mich hier bitte rauslassen?
Aber da wohnt Gustav! Kennen Sie den etwa?

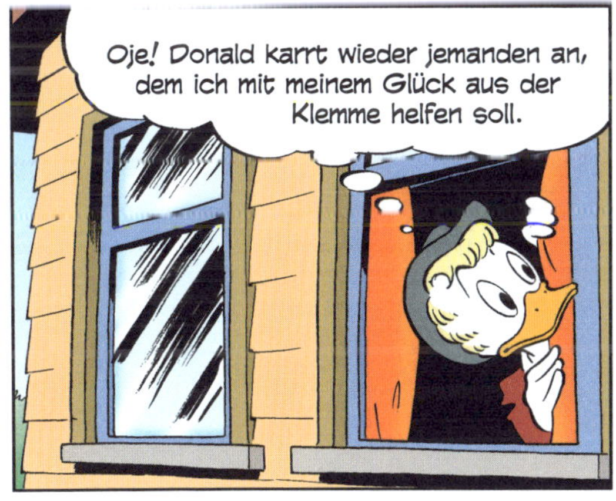
Oje! Donald karrt wieder jemanden an, dem ich mit meinem Glück aus der Klemme helfen soll.

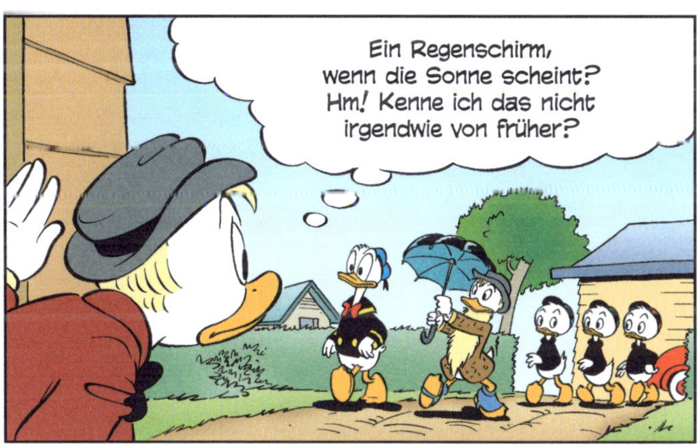
Ein Regenschirm, wenn die Sonne scheint? Hm! Kenne ich das nicht irgendwie von früher?

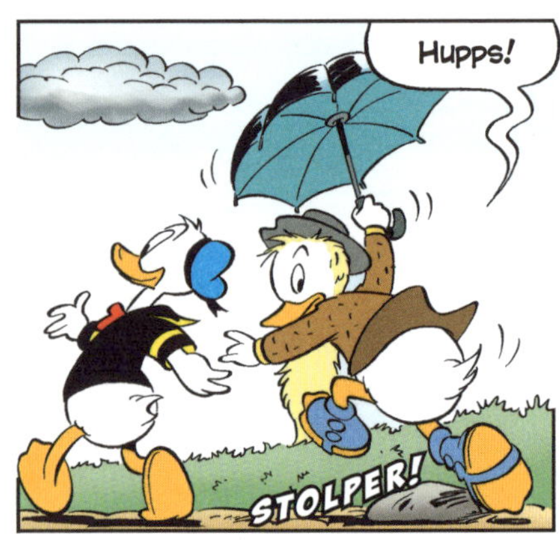
Hupps!
STOLPER!

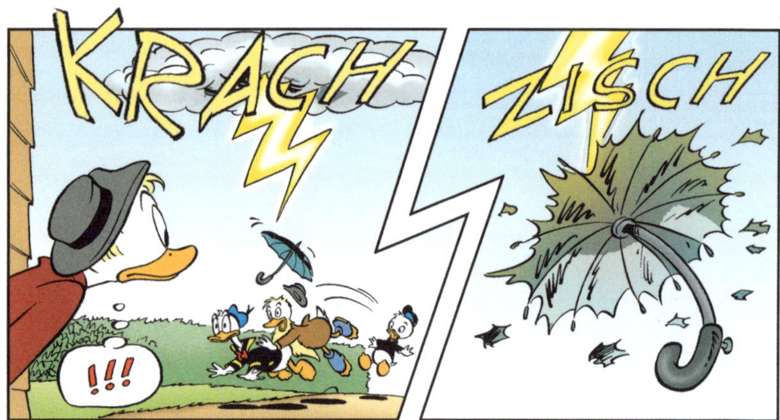
KRACH
!!!
ZISCH

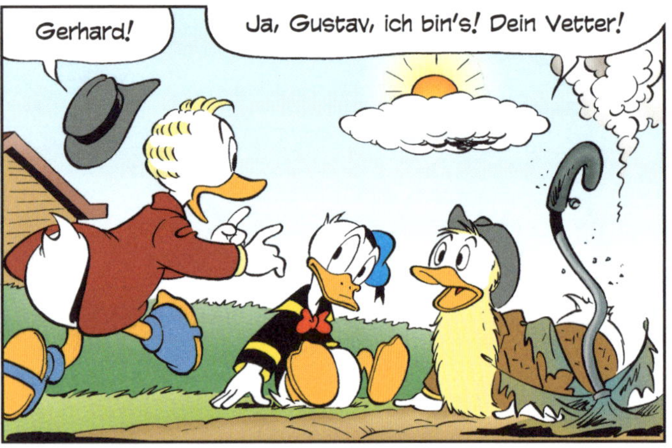
Gerhard!
Ja, Gustav, ich bin's! Dein Vetter!

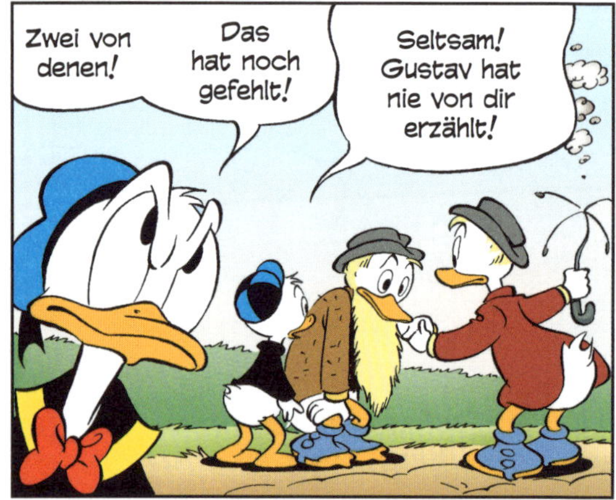
Zwei von denen!
Das hat noch gefehlt!
Seltsam! Gustav hat nie von dir erzählt!

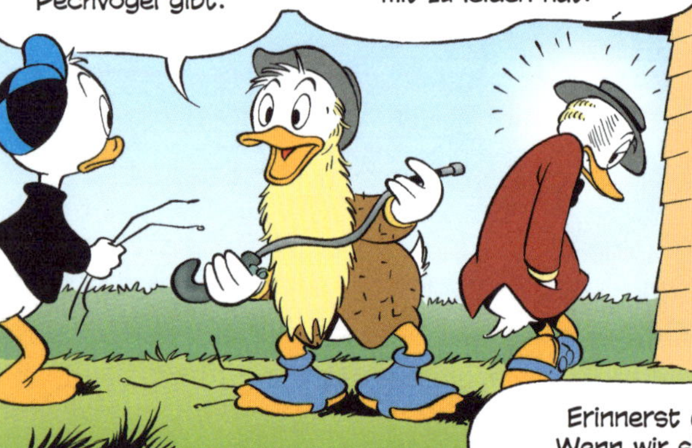
Der Familie Gans ist es peinlich, dass es in ihren Reihen einen Pechvogel gibt.
Außerdem bin ich aus der Stadt fortgezogen, damit niemand unter meinem Pech mit zu leiden hat.

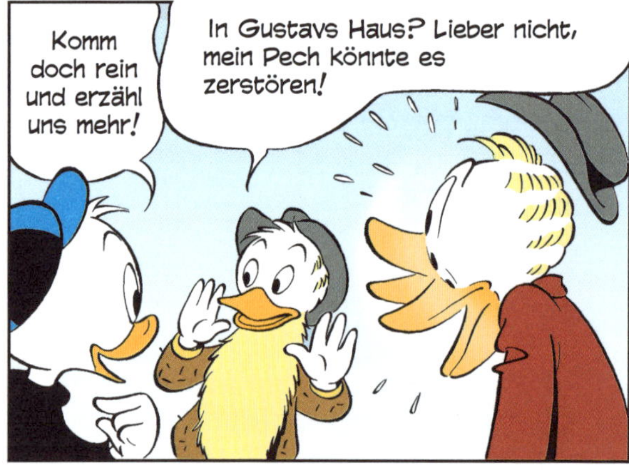
Komm doch rein und erzähl uns mehr!
In Gustavs Haus? Lieber nicht, mein Pech könnte es zerstören!

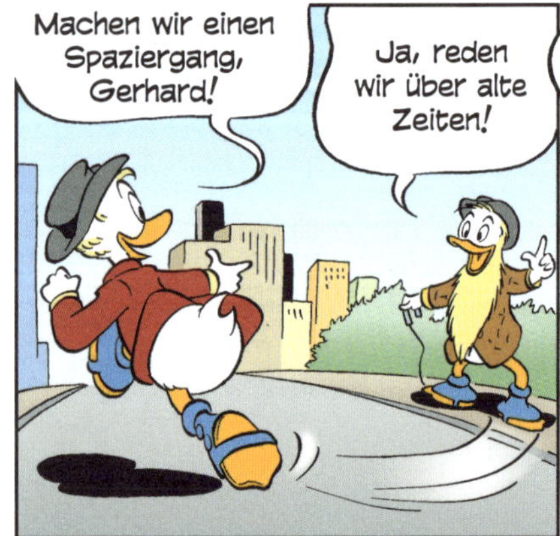
Machen wir einen Spaziergang, Gerhard!
Ja, reden wir über alte Zeiten!

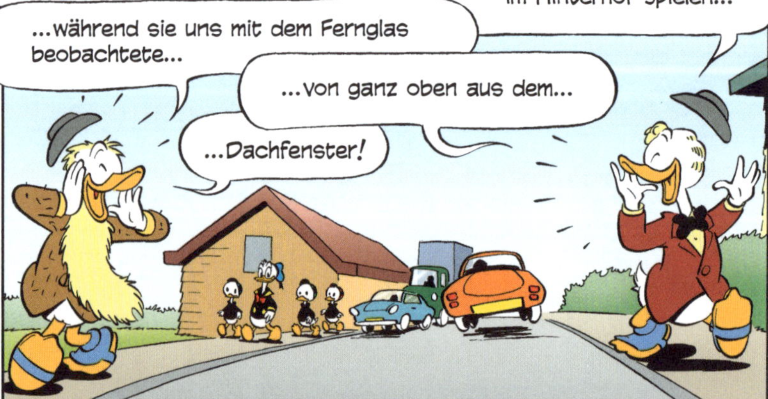
Erinnerst du dich an unsere abergläubische Tante Gerlinde? Wenn wir sie besucht haben, musste ich vor dem Haus und du im Hinterhof spielen...
...während sie uns mit dem Fernglas beobachtete...
...von ganz oben aus dem...
...Dachfenster!

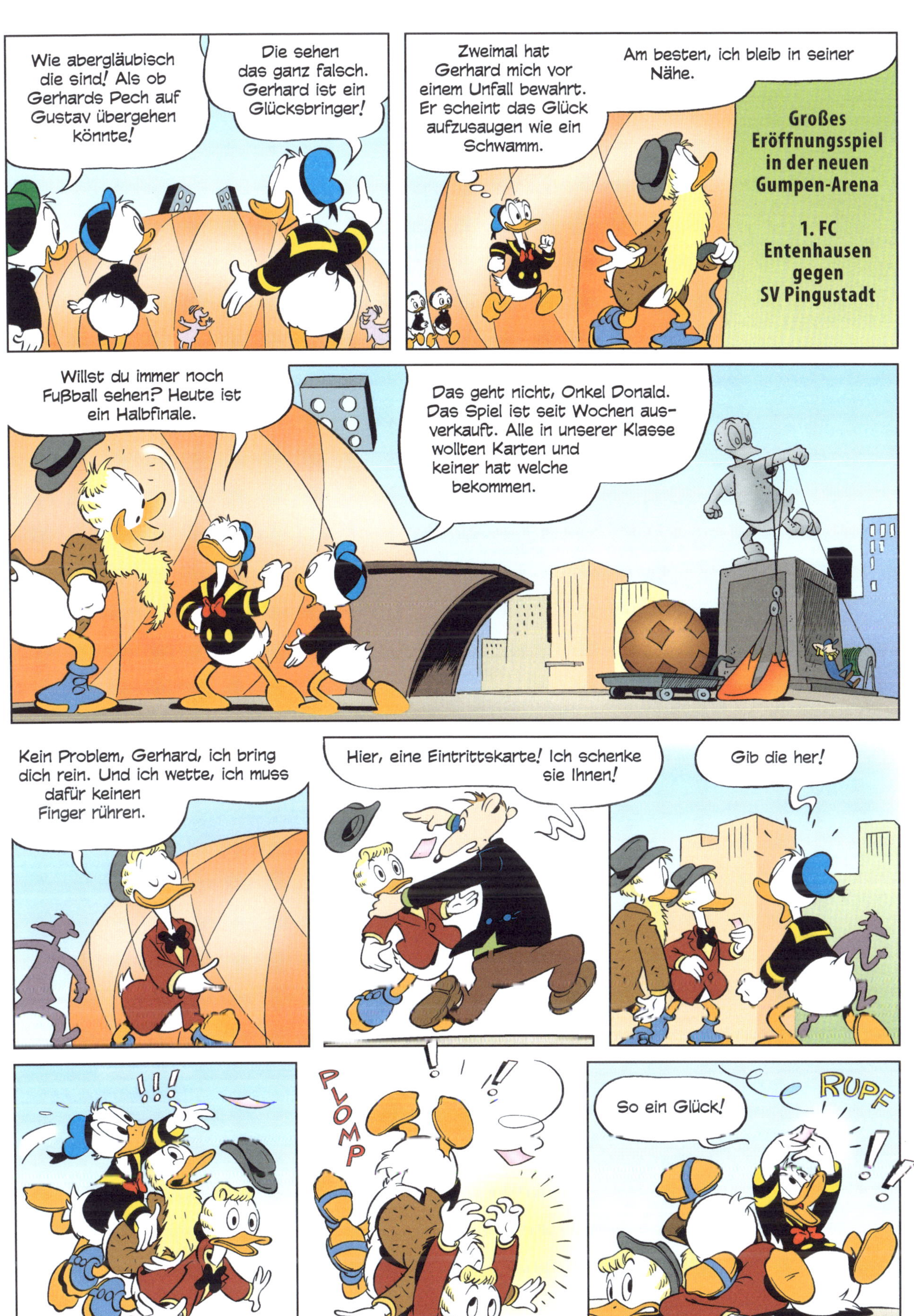
Wie abergläubisch die sind! Als ob Gerhards Pech auf Gustav übergehen könnte!
Die sehen das ganz falsch. Gerhard ist ein Glücksbringer!
Zweimal hat Gerhard mich vor einem Unfall bewahrt. Er scheint das Glück aufzusaugen wie ein Schwamm.
Am besten, ich bleib in seiner Nähe.
Großes Eröffnungsspiel in der neuen Gumpen-Arena
1. FC Entenhausen gegen SV Pingustadt
Willst du immer noch Fußball sehen? Heute ist ein Halbfinale.
Das geht nicht, Onkel Donald. Das Spiel ist seit Wochen ausverkauft. Alle in unserer Klasse wollten Karten und keiner hat welche bekommen.
Kein Problem, Gerhard, ich bring dich rein. Und ich wette, ich muss dafür keinen Finger rühren.
Hier, eine Eintrittskarte! Ich schenke sie Ihnen!
Gib die her!
!!!
PLOMP
!
!
So ein Glück!
RUPF
!
!

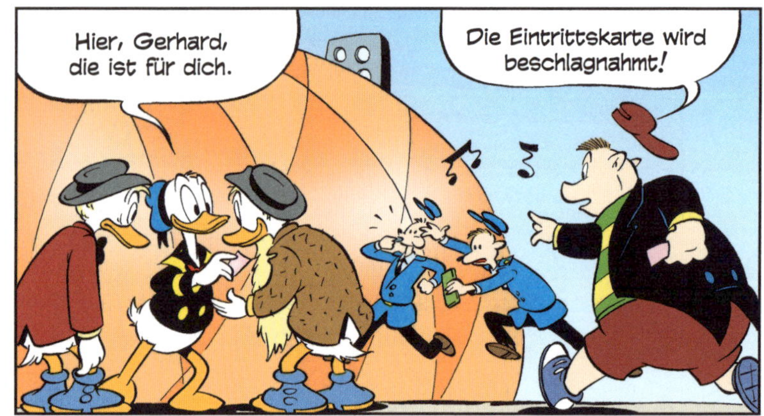
Hier, Gerhard, die ist für dich.
Die Eintrittskarte wird beschlagnahmt!

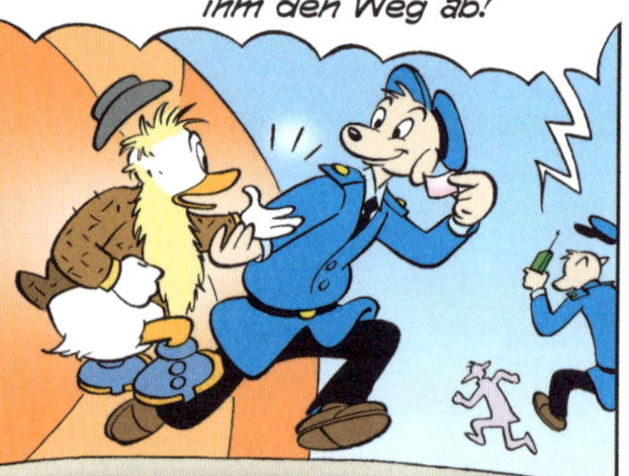
Einheit B, der Kartenfälscher läuft zum Mühlweg! Schneidet ihm den Weg ab!

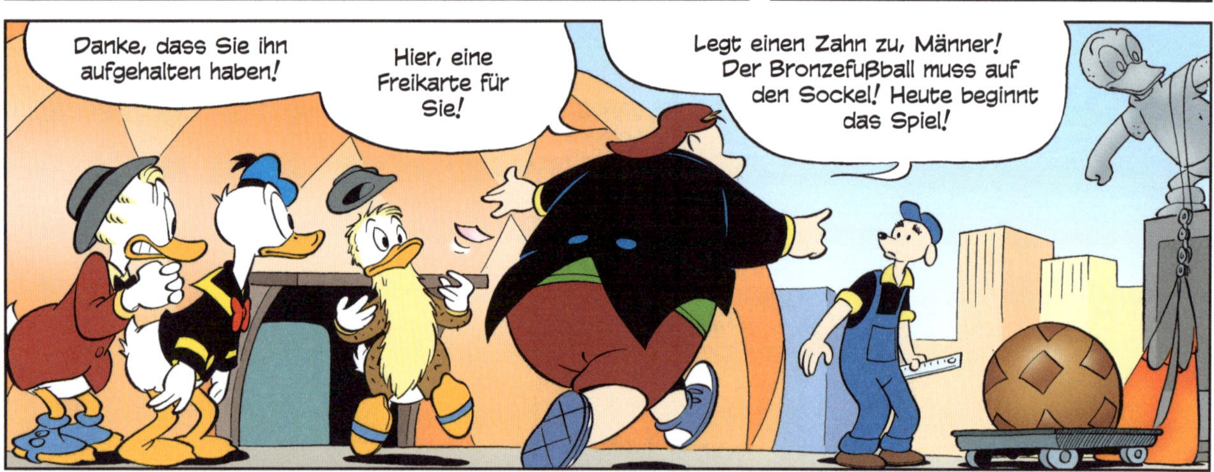
Danke, dass Sie ihn aufgehalten haben!
Hier, eine Freikarte für Sie!
Legt einen Zahn zu, Männer! Der Bronzefußball muss auf den Sockel! Heute beginnt das Spiel!

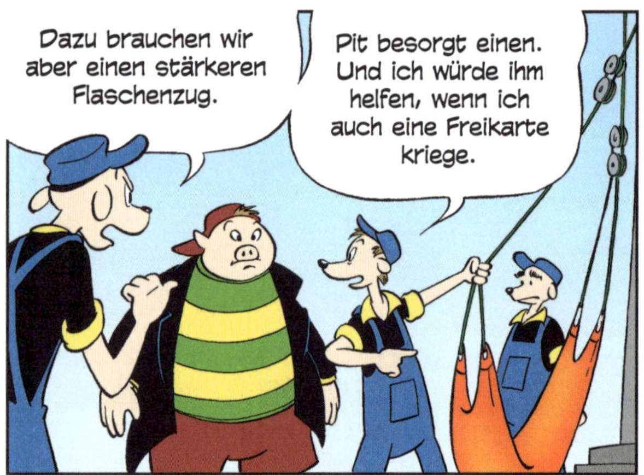
Dazu brauchen wir aber einen stärkeren Flaschenzug.
Pit besorgt einen. Und ich würde ihm helfen, wenn ich auch eine Freikarte kriege.

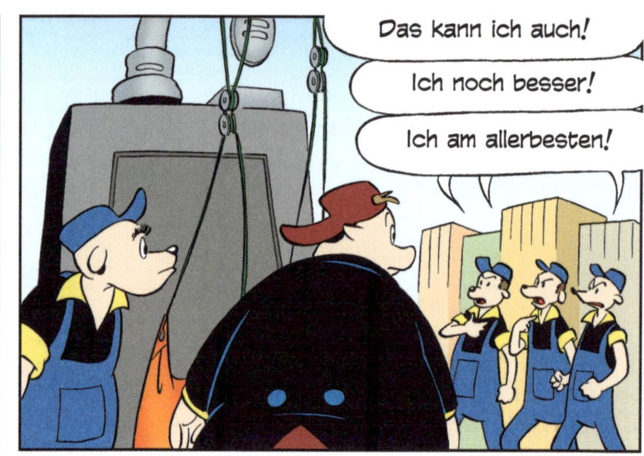
Das kann ich auch!
Ich noch besser!
Ich am allerbesten!

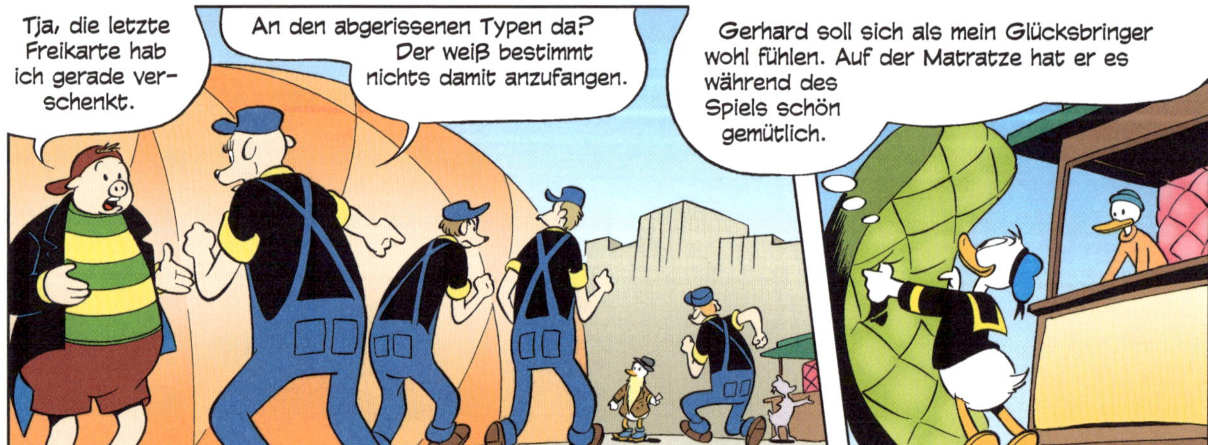
Tja, die letzte Freikarte hab ich gerade verschenkt.
An den abgerissenen Typen da? Der weiß bestimmt nichts damit anzufangen.
Gerhard soll sich als mein Glücksbringer wohl fühlen. Auf der Matratze hat er es während des Spiels schön gemütlich.

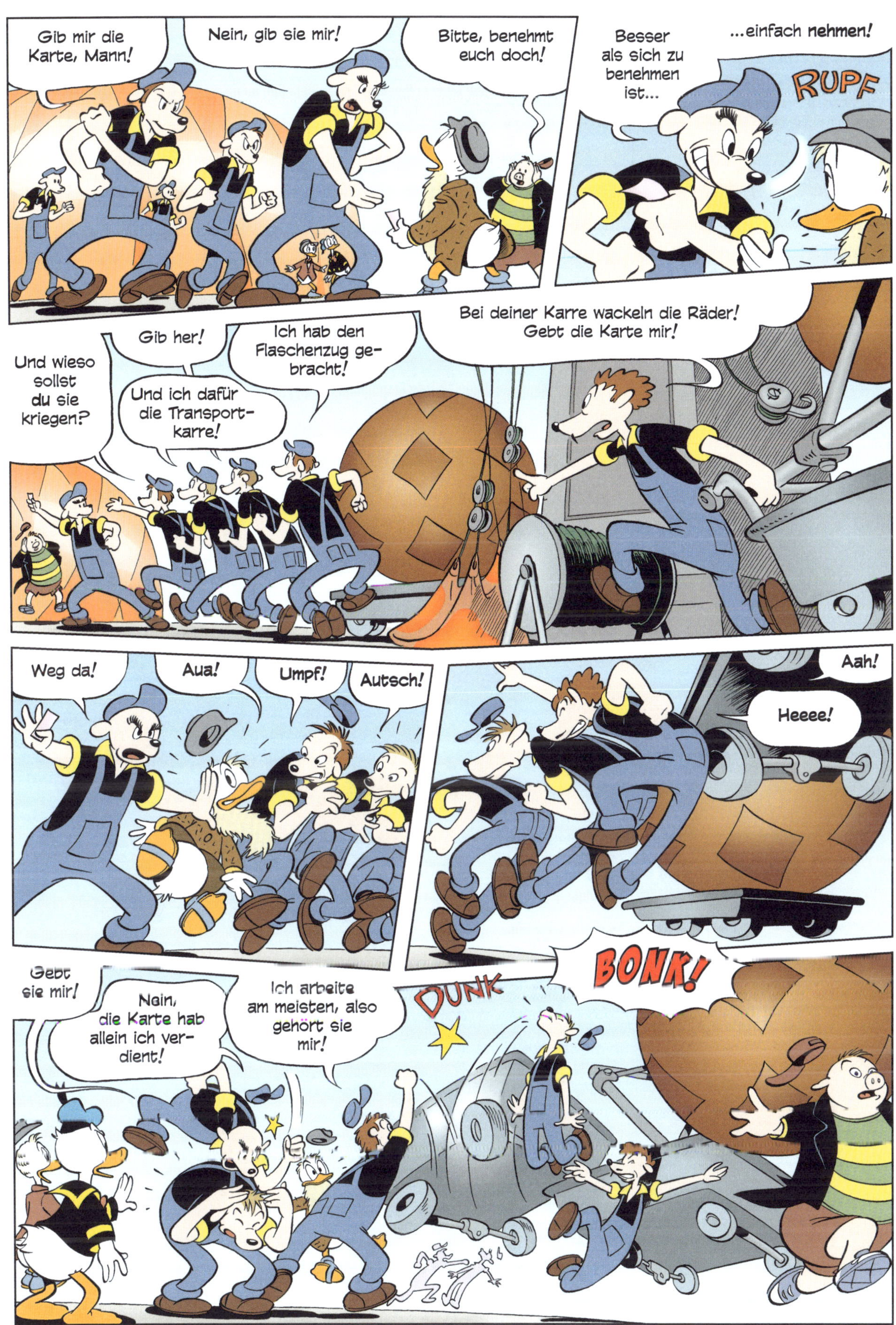
Gib mir die Karte, Mann!
Nein, gib sie mir!
Bitte, benehmt euch doch!
Besser als sich zu benehmen ist...
...einfach **nehmen!**
RUPF
Und wieso sollst **du** sie kriegen?
Gib her!
Und ich dafür die Transportkarre!
Ich hab den Flaschenzug gebracht!
Bei deiner Karre wackeln die Räder! Gebt die Karte mir!
Weg da!
Aua!
Umpf!
Autsch!
Aah!
Heeee!
Gebt sie mir!
Nein, die Karte hab allein ich verdient!
Ich arbeite am meisten, also gehört sie mir!
DUNK
BONK!

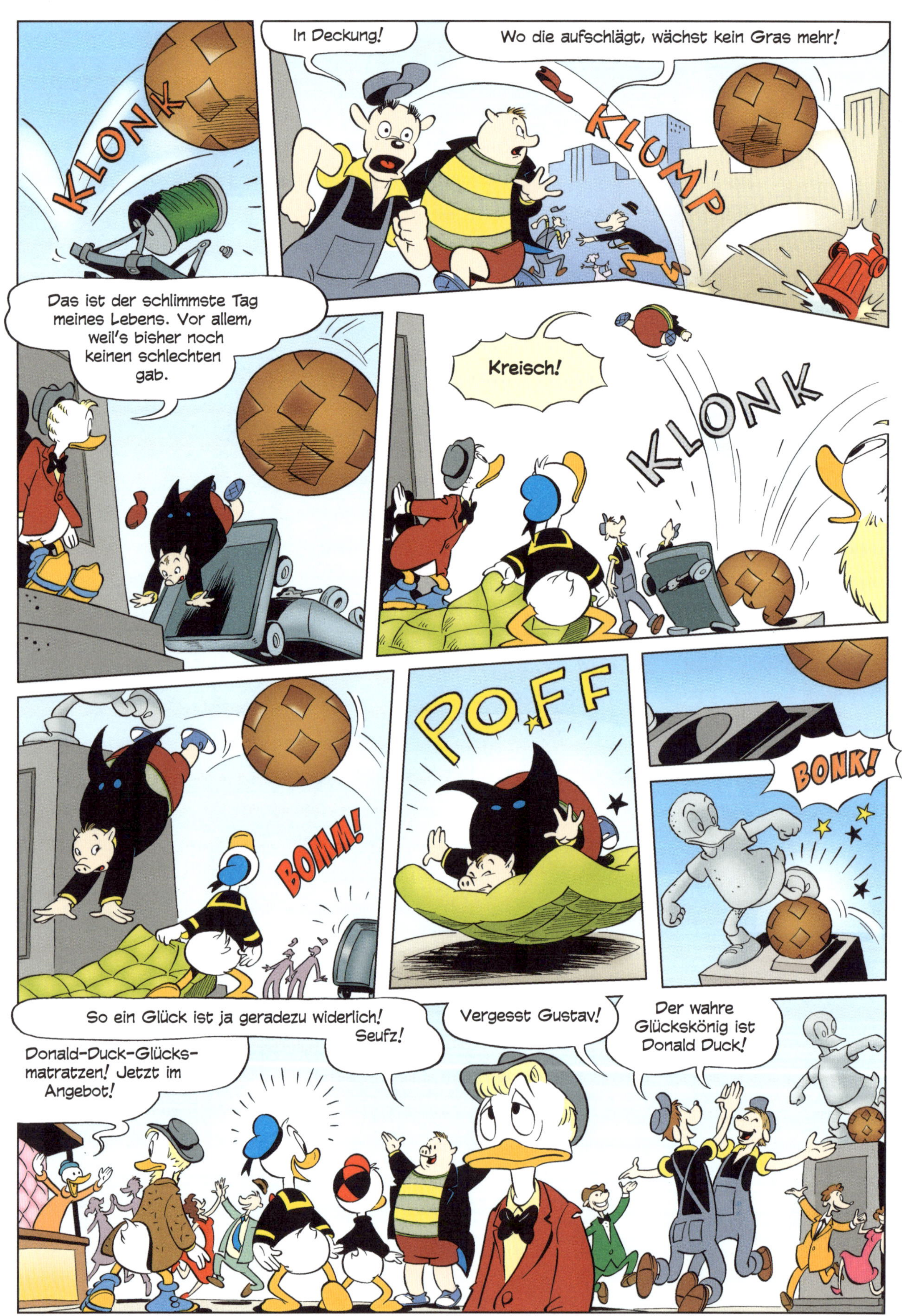
KLONK
In Deckung!
Wo die aufschlägt, wächst kein Gras mehr!
KLUMP
Das ist der schlimmste Tag meines Lebens. Vor allem, weil's bisher noch keinen schlechten gab.
Kreisch!
KLONK
BOMM!
POFF
BONK!
So ein Glück ist ja geradezu widerlich! Seufz!
Vergesst Gustav!
Der wahre Glückskönig ist Donald Duck!
Donald-Duck-Glücksmatratzen! Jetzt im Angebot!

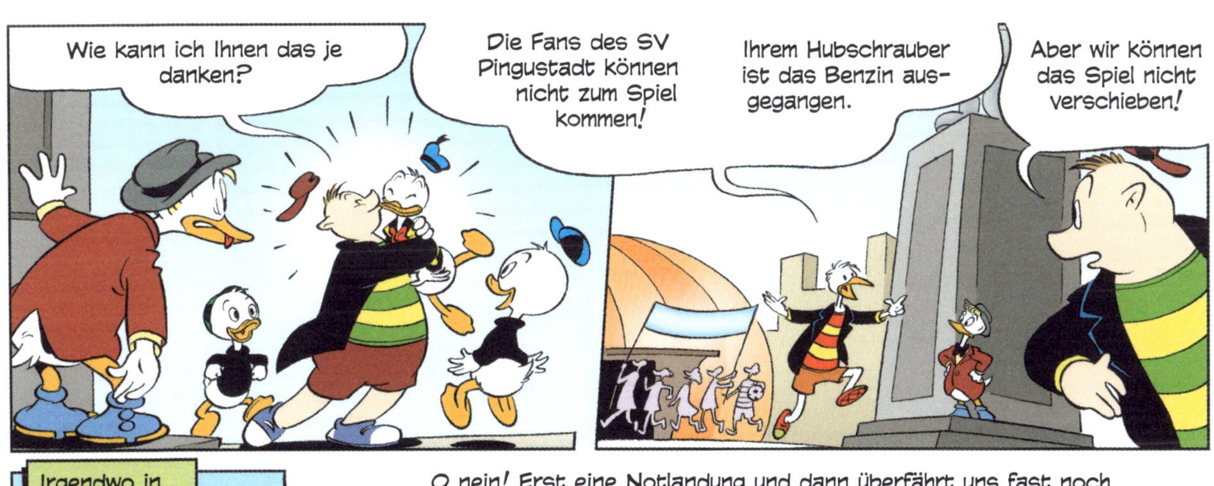
Wie kann ich Ihnen das je danken?
Die Fans des SV Pingustadt können nicht zum Spiel kommen!
Ihrem Hubschrauber ist das Benzin ausgegangen.
Aber wir können das Spiel nicht verschieben!

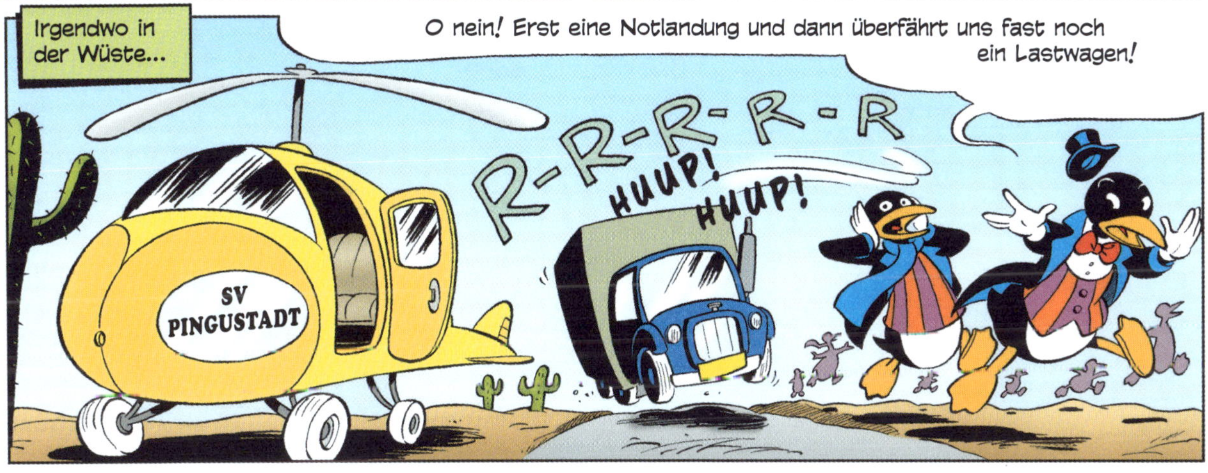
Irgendwo in der Wüste...
O nein! Erst eine Notlandung und dann überfährt uns fast noch ein Lastwagen!
R-R-R-R-R
HUUP!
HUUP!
SV PINGUSTADT

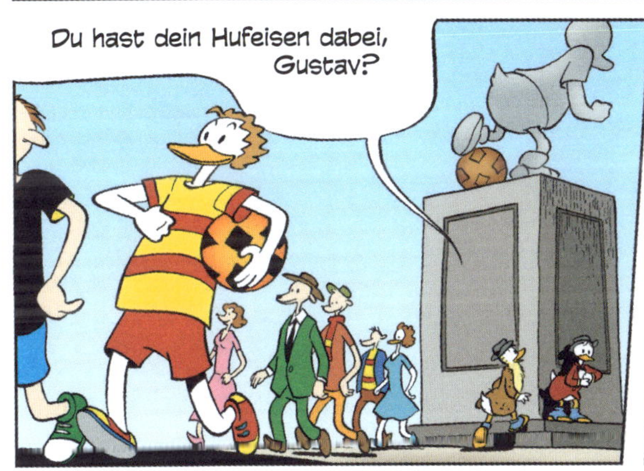
Du hast dein Hufeisen dabei, Gustav?

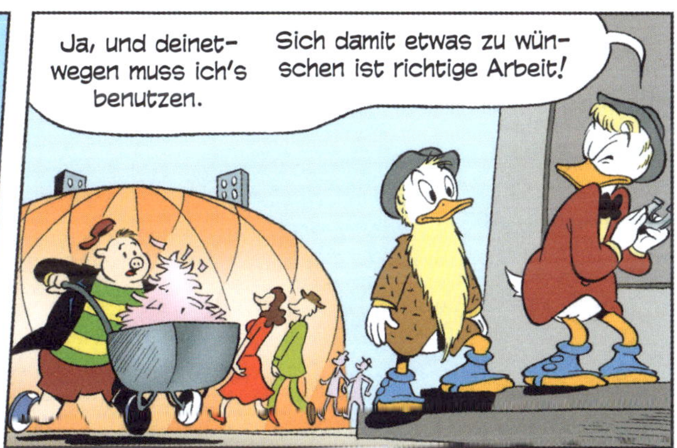
Ja, und deinetwegen muss ich's benutzen.
Sich damit etwas zu wünschen ist richtige Arbeit!

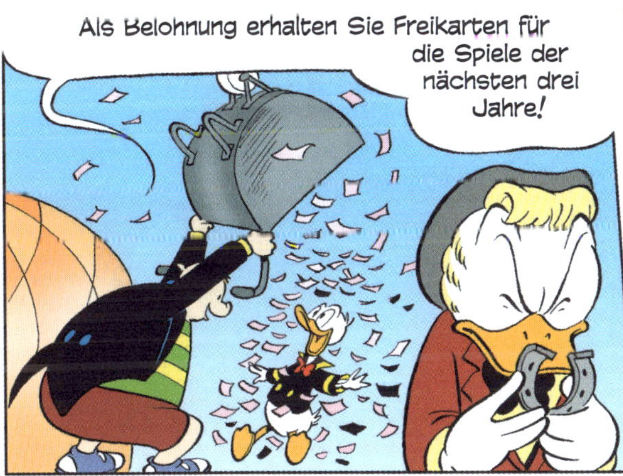
Als Belohnung erhalten Sie Freikarten für die Spiele der nächsten drei Jahre!

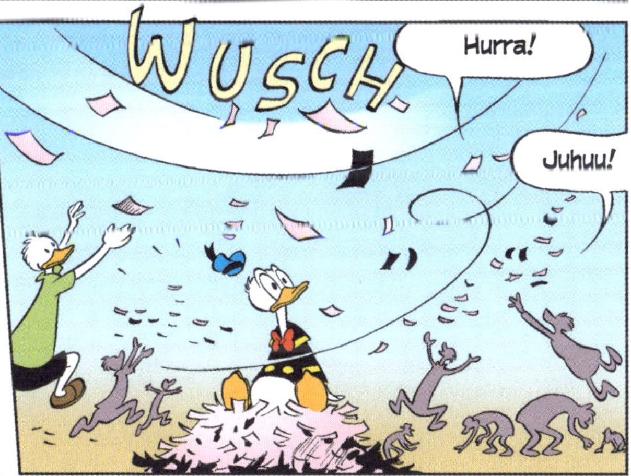
WUSCH
Hurra!
Juhuu!

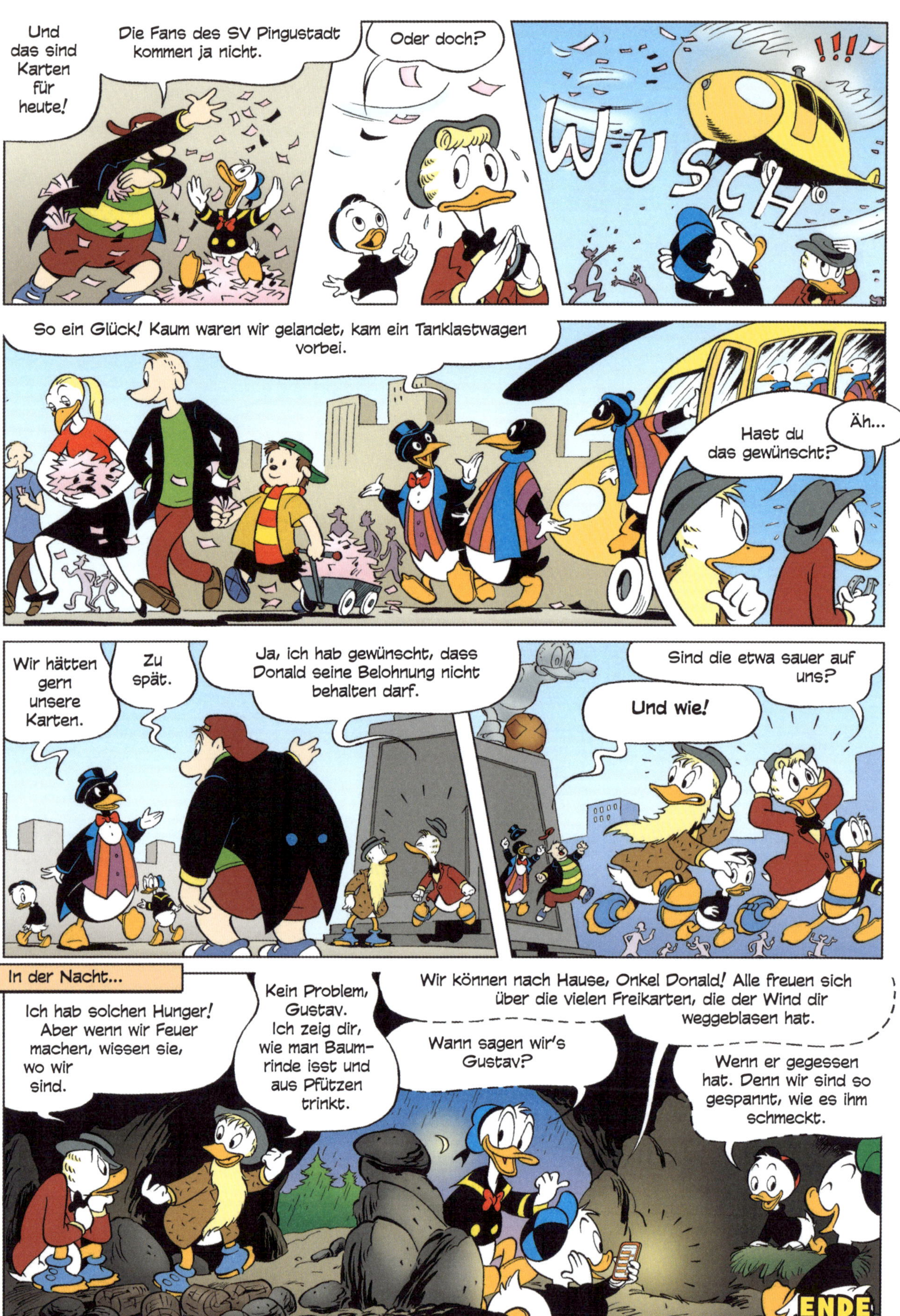
Und das sind Karten für heute!
Die Fans des SV Pingustadt kommen ja nicht.
Oder doch?
!!!!
WUSCH
So ein Glück! Kaum waren wir gelandet, kam ein Tanklastwagen vorbei.
Hast du das gewünscht?
Äh…
Wir hätten gern unsere Karten.
Zu spät.
Ja, ich hab gewünscht, dass Donald seine Belohnung nicht behalten darf.
Sind die etwa sauer auf uns?
Und wie!
In der Nacht…
Ich hab solchen Hunger! Aber wenn wir Feuer machen, wissen sie, wo wir sind.
Kein Problem, Gustav. Ich zeig dir, wie man Baumrinde isst und aus Pfützen trinkt.
Wir können nach Hause, Onkel Donald! Alle freuen sich über die vielen Freikarten, die der Wind dir weggeblasen hat.
Wann sagen wir's Gustav?
Wenn er gegessen hat. Denn wir sind so gespannt, wie es ihm schmeckt.
ENDE

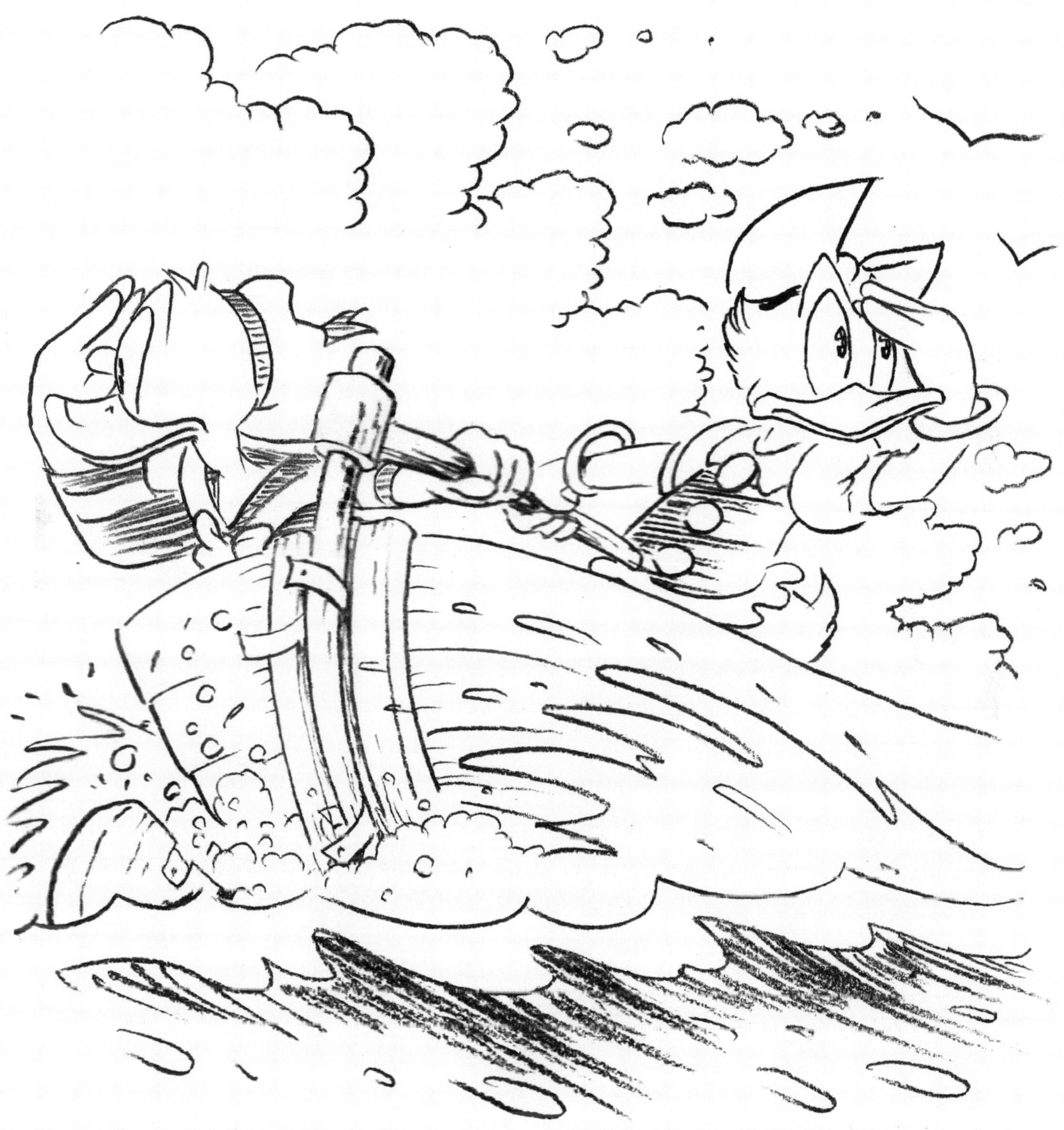

Immer mal wieder gerät Donalds und Daisys Beziehung
in stürmisches Fahrwasser.
Man kennt das ja. Tick, Trick und Track können ein Lied davon singen.
Allerdings wäre es ungerecht,
die Schuld daran bloß Donald in die Schuhe zu schieben.
Ja, es stimmt schon:
Die Fähigkeit richtig hinzuhören ist Donald einfach nicht gegeben,
andererseits zeigt auch Daisy in dieser Hinsicht deutliche Schwächen.
Doch erst als Donald beschließt, Ratgeberkolumnen
für eine Frauenzeitschrift zu schreiben, und Daisy Sportreportagen
für eine Fußballgazette, geht es wirklich rund.
Dass jedoch am Ende die ganze Stadt im Chaos versinkt,
das haben die Entenhausener sich selbst zuzuschreiben,
Denn seltsamerweise hören in dieser Stadt Frauen und Männer
einander niemals richtig zu.
Zum Glück ist das im Rest der Welt ganz anders.

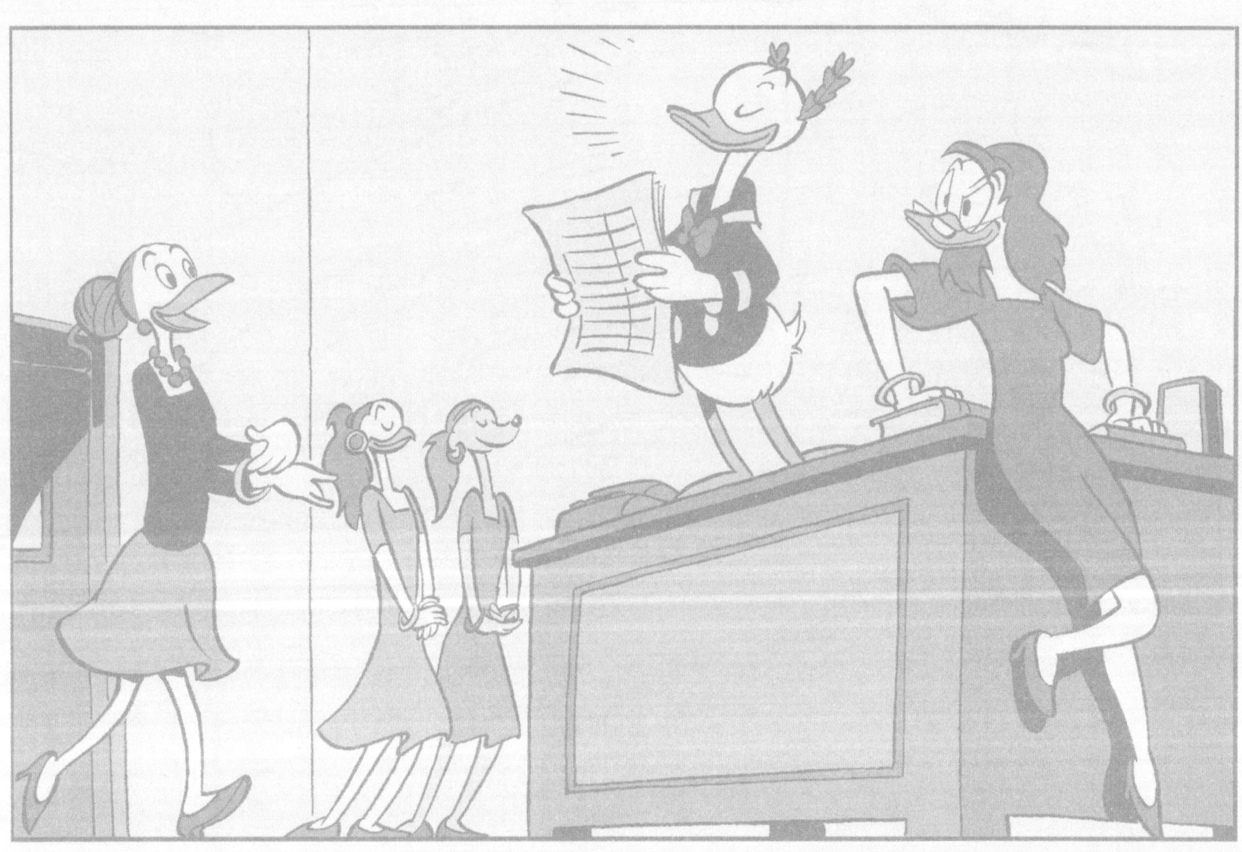

VERSTÄNDNIS GEFRAGT

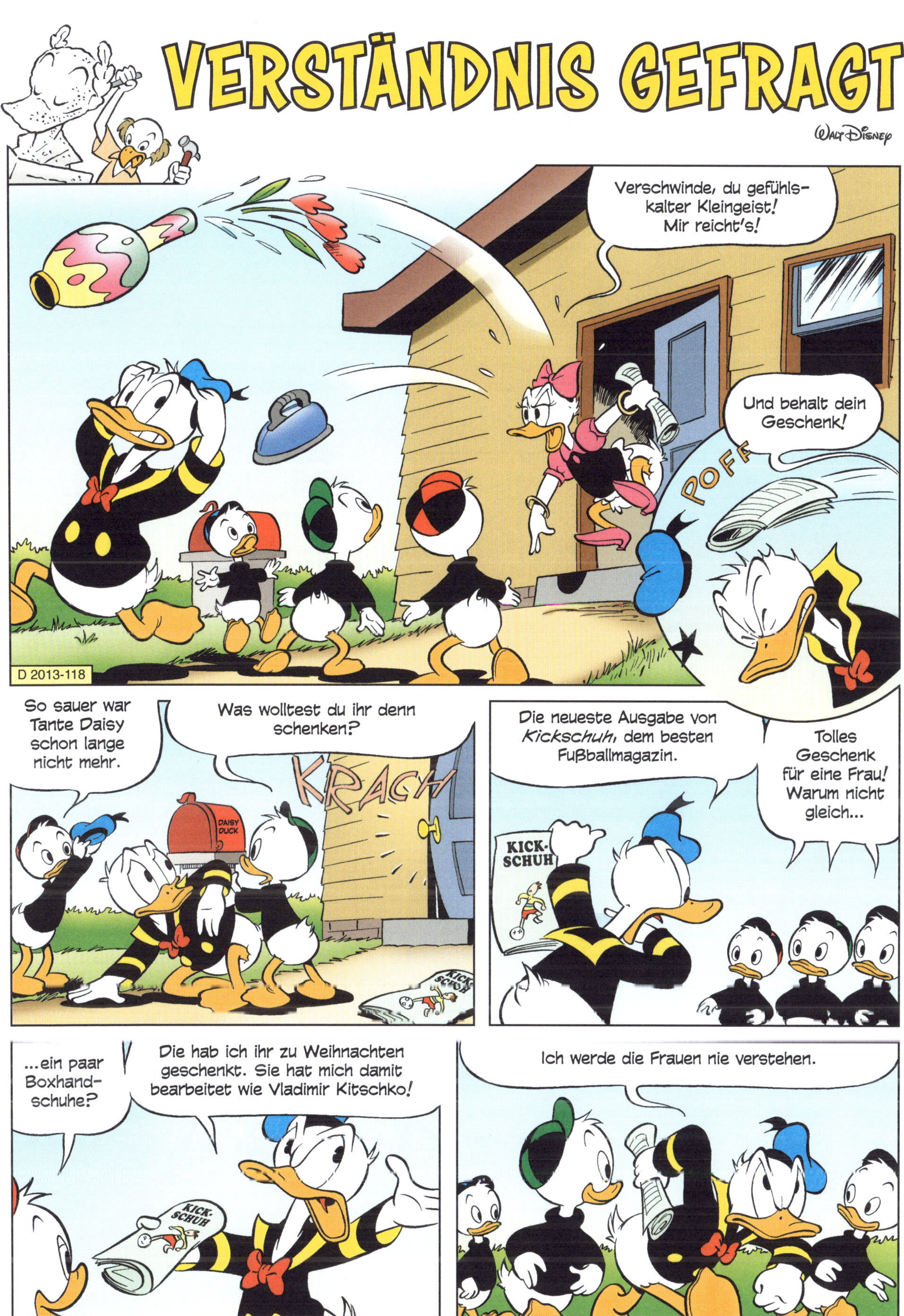

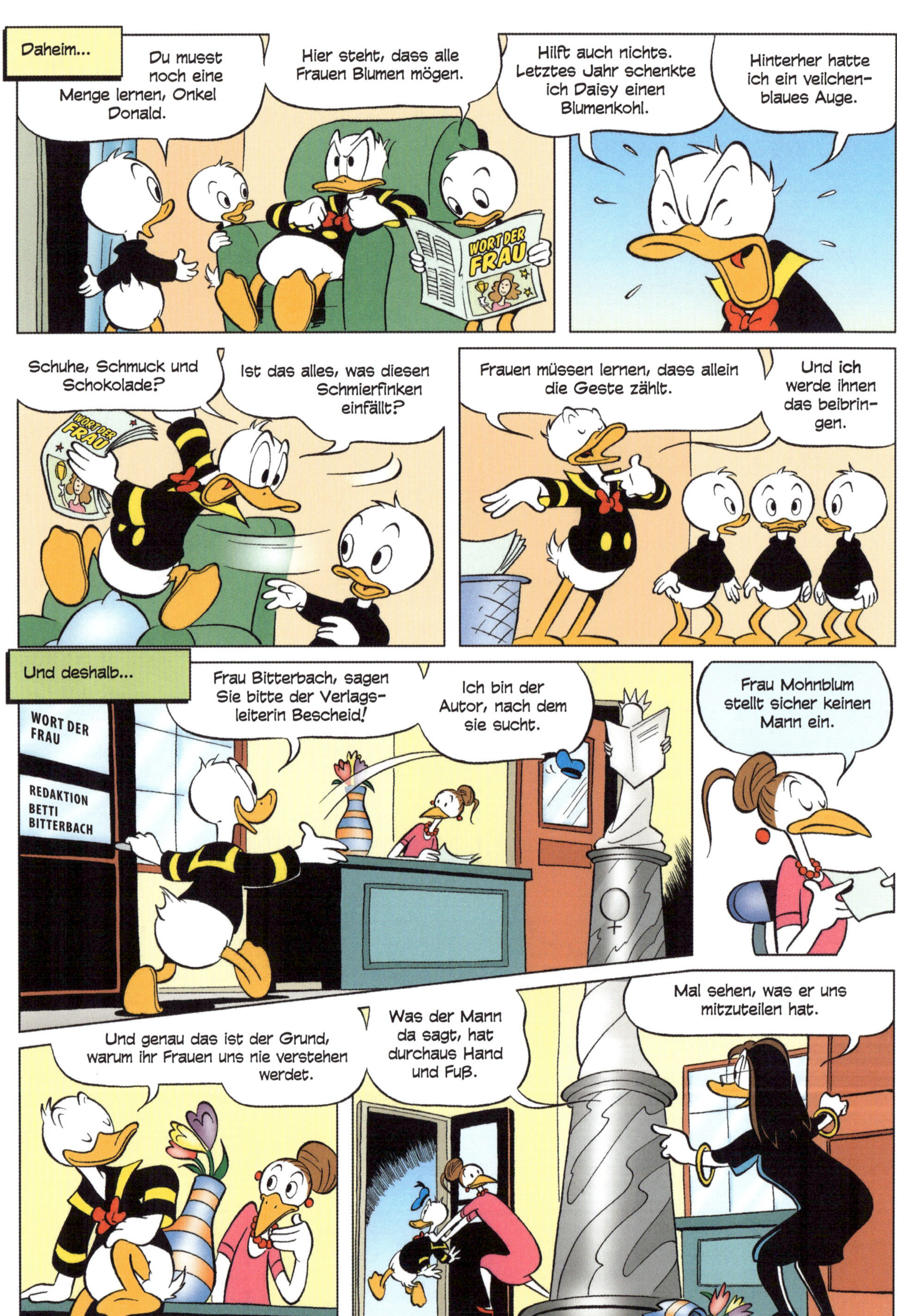
Daheim...
Du musst noch eine Menge lernen, Onkel Donald.
Hier steht, dass alle Frauen Blumen mögen.
WORT DER FRAU
Hilft auch nichts. Letztes Jahr schenkte ich Daisy einen Blumenkohl.
Hinterher hatte ich ein veilchenblaues Auge.
Schuhe, Schmuck und Schokolade?
Ist das alles, was diesen Schmierfinken einfällt?
WORT DER FRAU
Frauen müssen lernen, dass allein die Geste zählt.
Und ich werde ihnen das beibringen.
Und deshalb...
WORT DER FRAU
REDAKTION BETTI BITTERBACH
Frau Bitterbach, sagen Sie bitte der Verlagsleiterin Bescheid!
Ich bin der Autor, nach dem sie sucht.
Frau Mohnblum stellt sicher keinen Mann ein.
Und genau das ist der Grund, warum ihr Frauen uns nie verstehen werdet.
Was der Mann da sagt, hat durchaus Hand und Fuß.
Mal sehen, was er uns mitzuteilen hat.

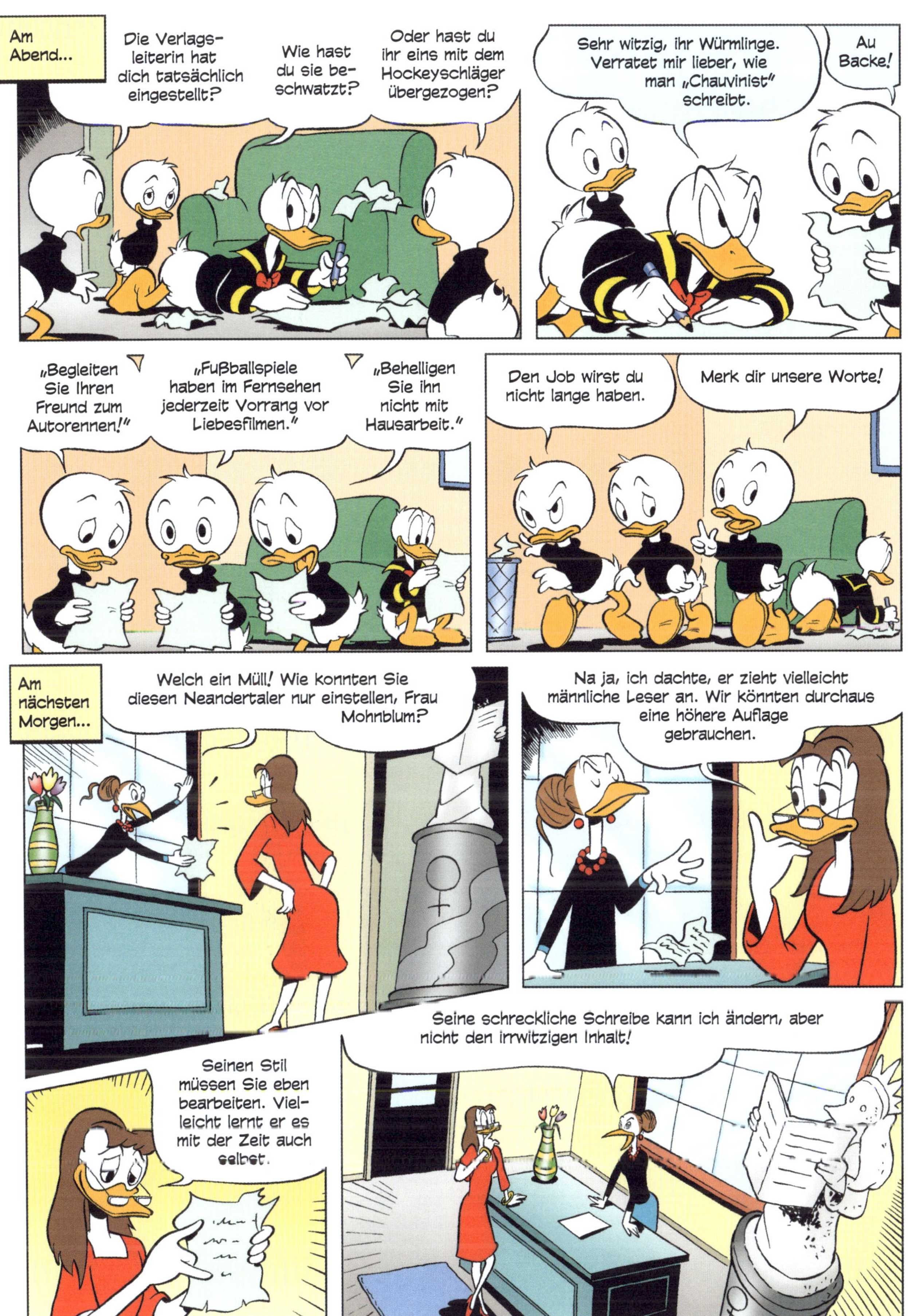
Am Abend...
Die Verlagsleiterin hat dich tatsächlich eingestellt?
Wie hast du sie beschwatzt?
Oder hast du ihr eins mit dem Hockeyschläger übergezogen?
Sehr witzig, ihr Würmlinge. Verratet mir lieber, wie man „Chauvinist" schreibt.
Au Backe!
„Begleiten Sie Ihren Freund zum Autorennen!"
„Fußballspiele haben im Fernsehen jederzeit Vorrang vor Liebesfilmen."
„Behelligen Sie ihn nicht mit Hausarbeit."
Den Job wirst du nicht lange haben.
Merk dir unsere Worte!
Am nächsten Morgen...
Welch ein Müll! Wie konnten Sie diesen Neandertaler nur einstellen, Frau Mohnblum?
Na ja, ich dachte, er zieht vielleicht männliche Leser an. Wir könnten durchaus eine höhere Auflage gebrauchen.
Seinen Stil müssen Sie eben bearbeiten. Vielleicht lernt er es mit der Zeit auch selbst.
Seine schreckliche Schreibe kann ich ändern, aber nicht den irrwitzigen Inhalt!

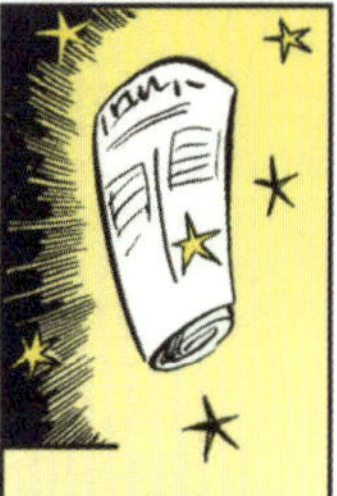
Die nächste Ausgabe von *Wort der Frau* sorgt somit für Gesprächsstoff...

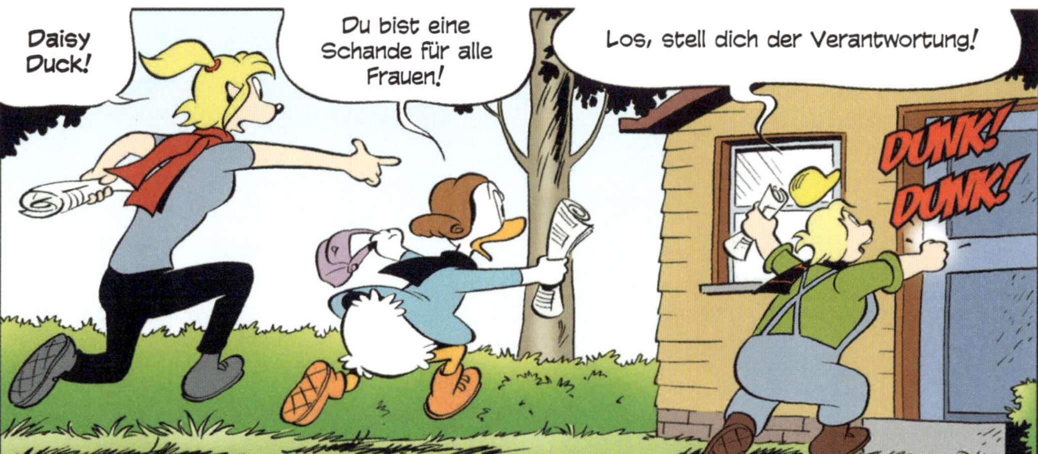

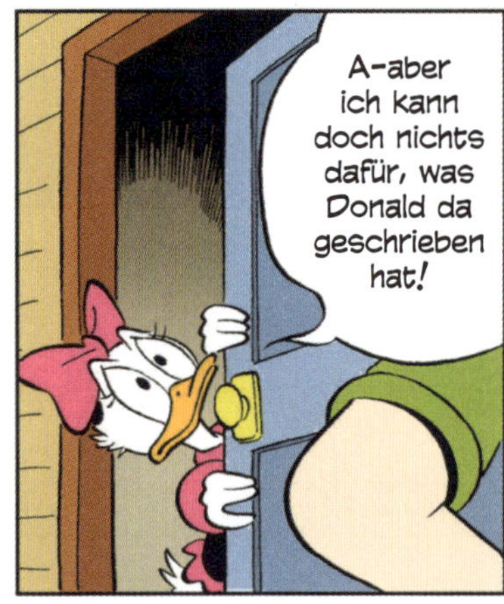

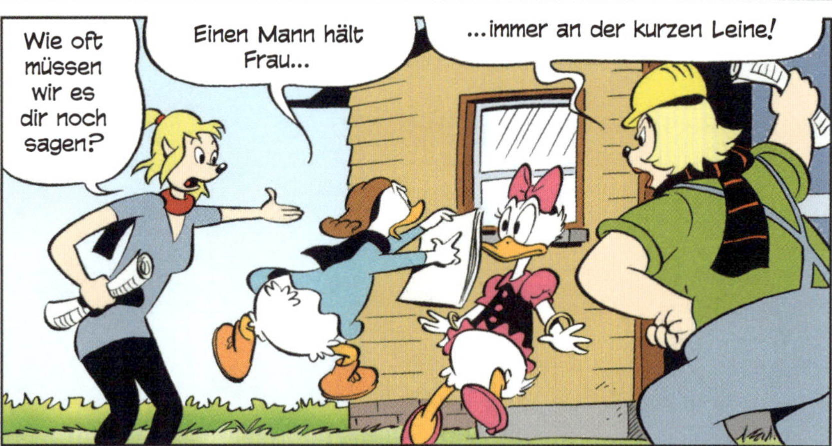

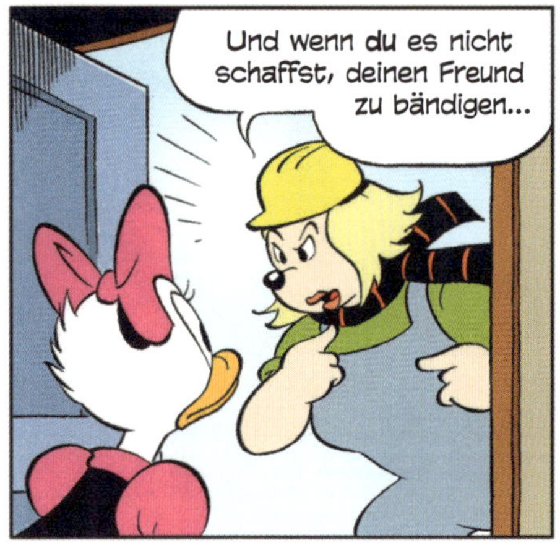

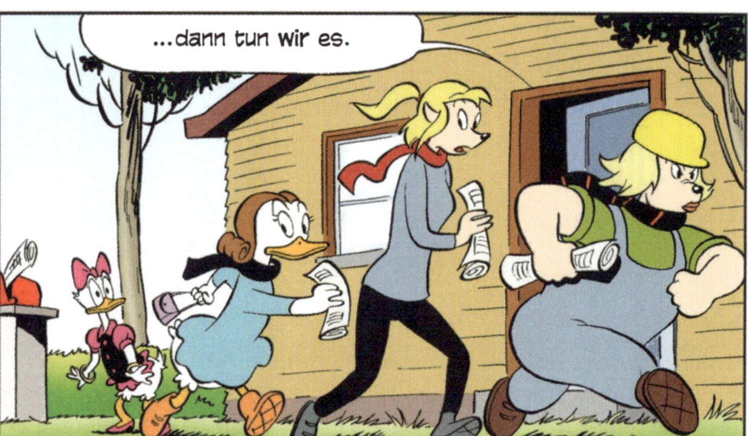

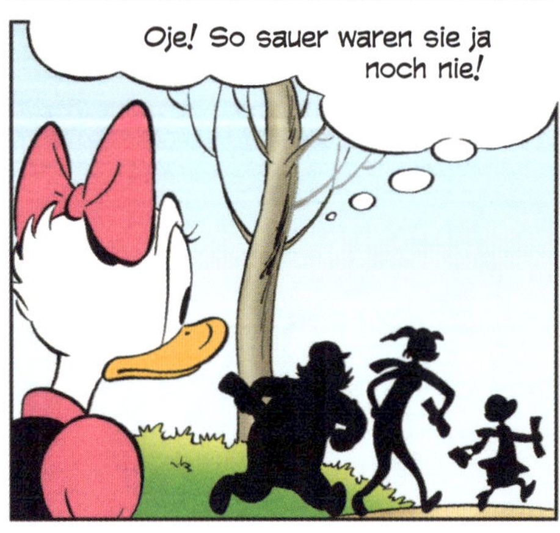

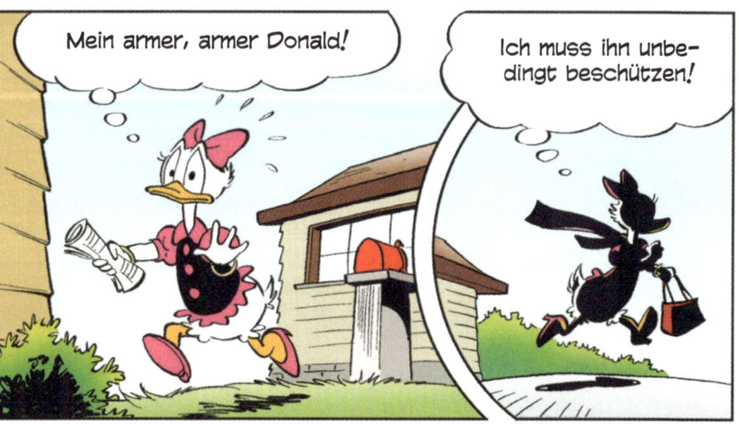

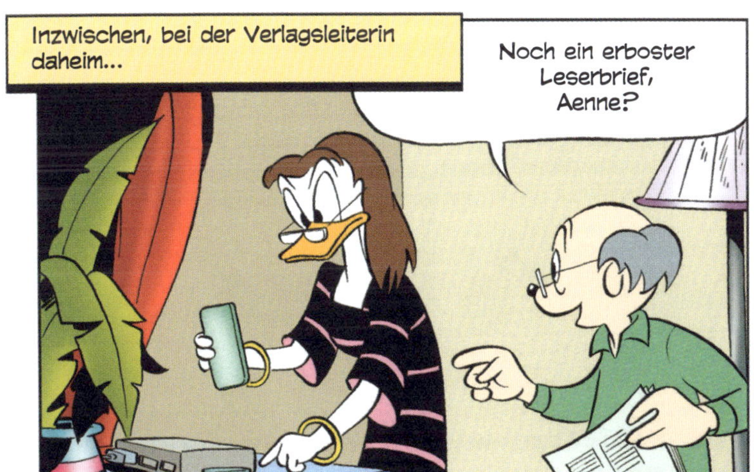
Inzwischen, bei der Verlagsleiterin daheim...
Noch ein erboster Leserbrief, Aenne?

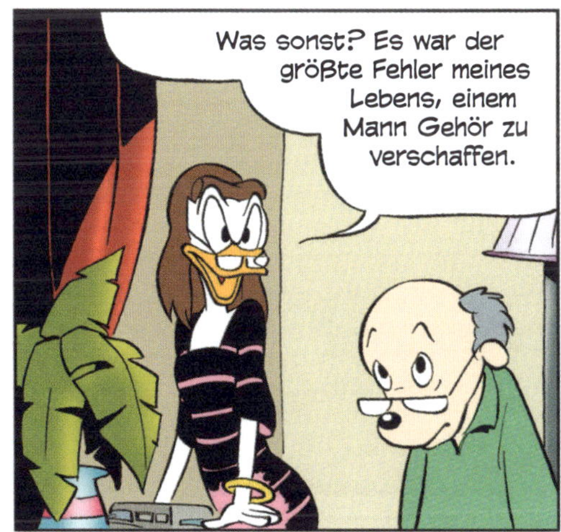
Was sonst? Es war der größte Fehler meines Lebens, einem Mann Gehör zu verschaffen.

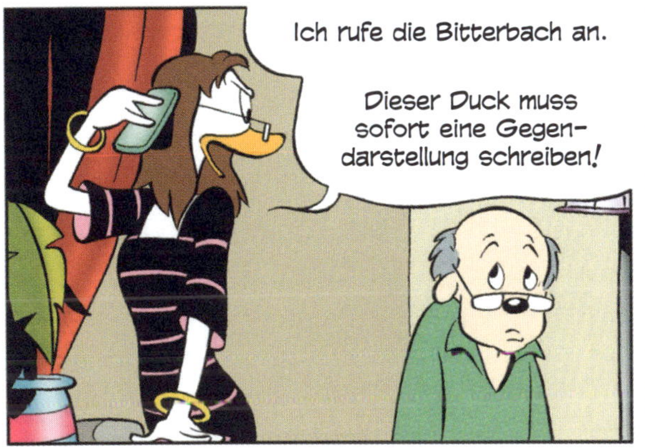
Ich rufe die Bitterbach an.
Dieser Duck muss sofort eine Gegendarstellung schreiben!

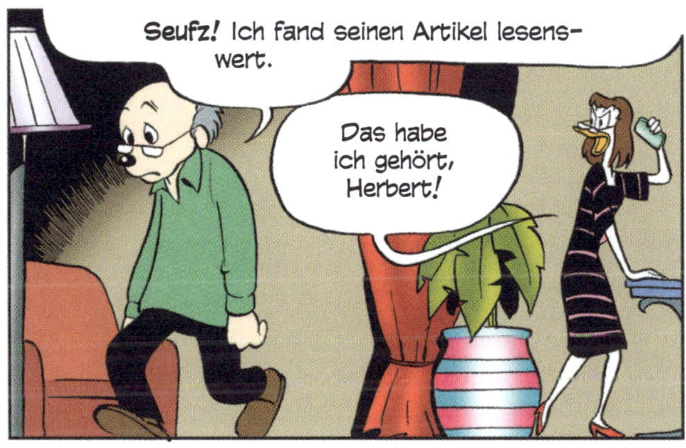
Seufz! Ich fand seinen Artikel lesenswert.
Das habe ich gehört, Herbert!

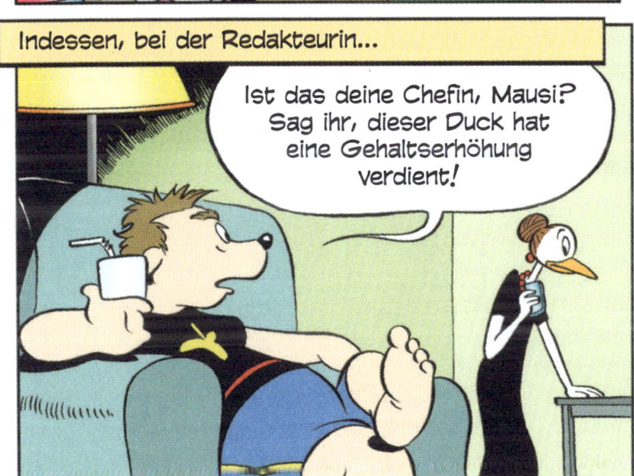
Indessen, bei der Redakteurin...
Ist das deine Chefin, Mausi? Sag ihr, dieser Duck hat eine Gehaltserhöhung verdient!

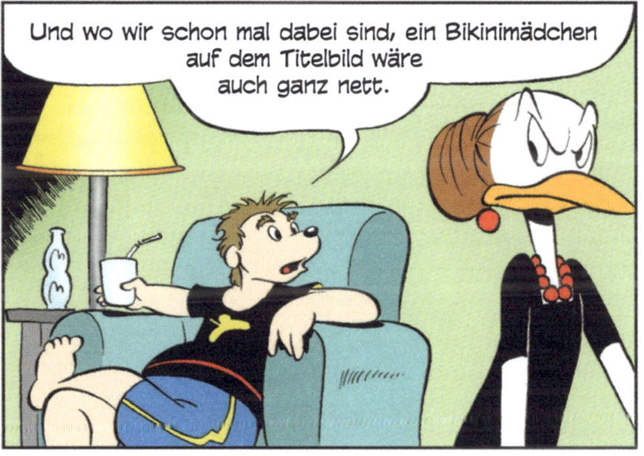
Und wo wir schon mal dabei sind, ein Bikinimädchen auf dem Titelbild wäre auch ganz nett.

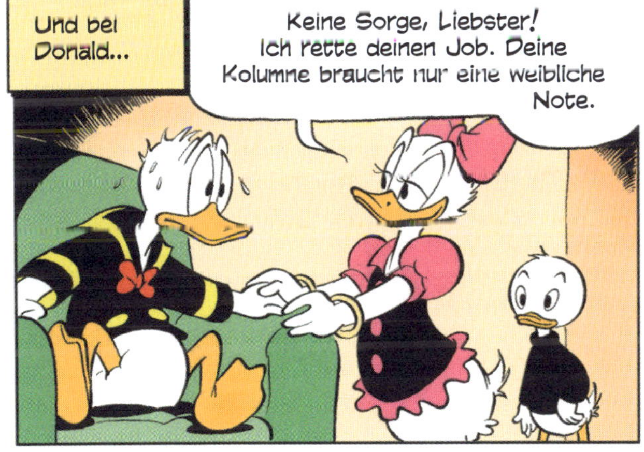
Und bei Donald...
Keine Sorge, Liebster! Ich rette deinen Job. Deine Kolumne braucht nur eine weibliche Note.

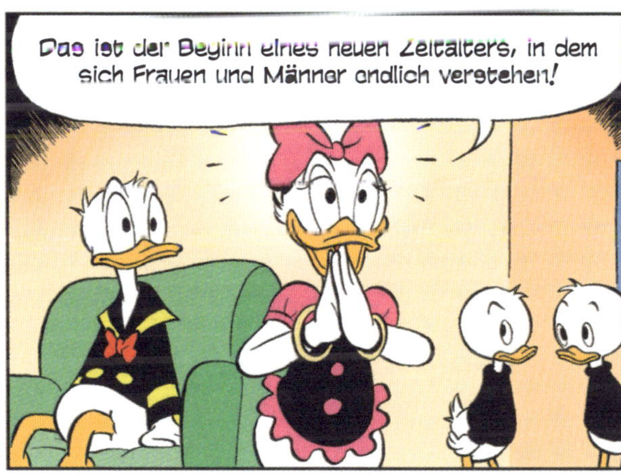
Das ist der Beginn eines neuen Zeitalters, in dem sich Frauen und Männer endlich verstehen!

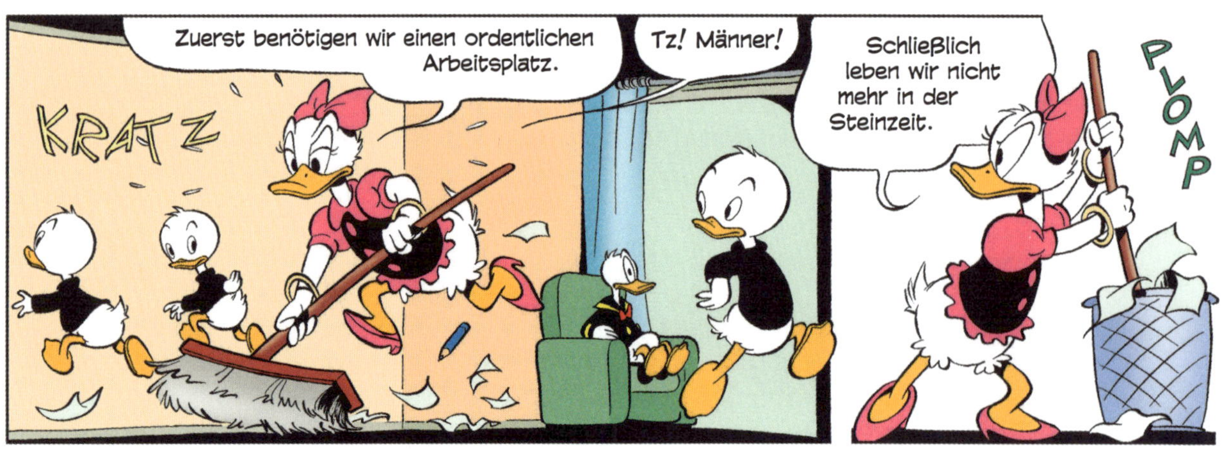
KRATZ
Zuerst benötigen wir einen ordentlichen Arbeitsplatz.
Tz! Männer!
Schließlich leben wir nicht mehr in der Steinzeit.
PLOMP

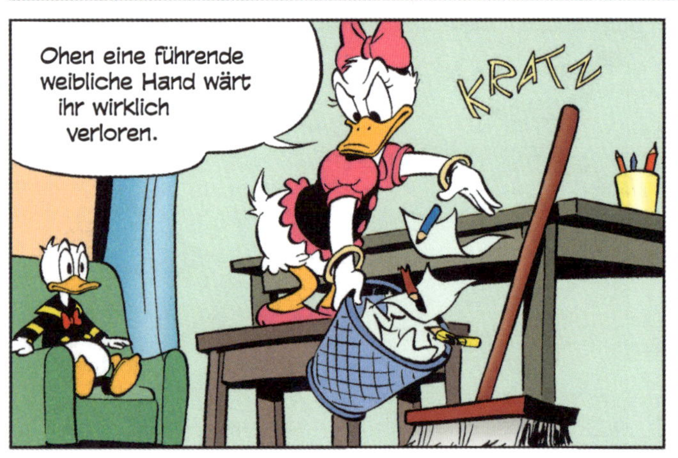
Ohen eine führende weibliche Hand wärt ihr wirklich verloren.
KRATZ

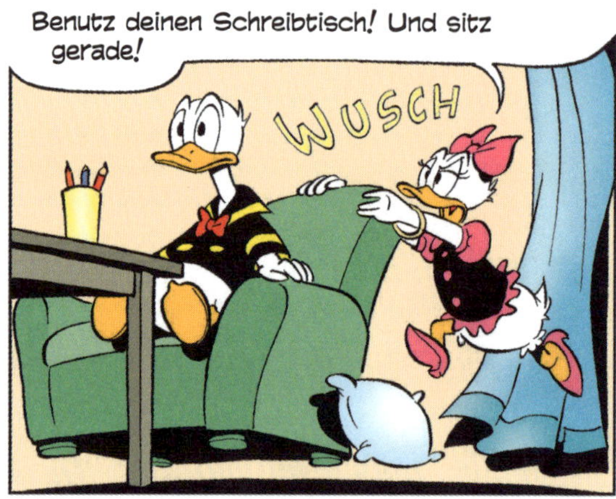
Benutz deinen Schreibtisch! Und sitz gerade!
WUSCH

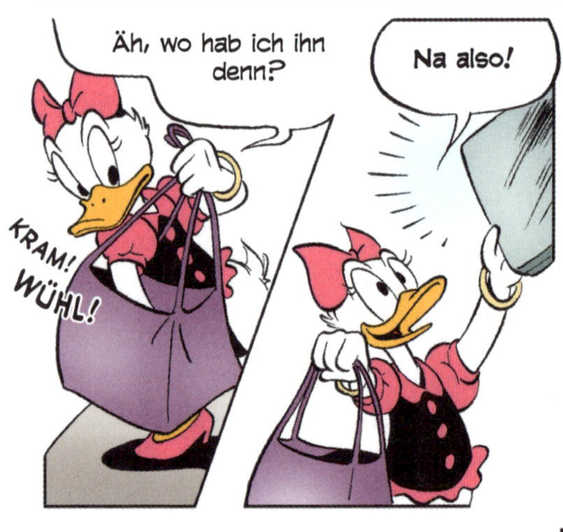
Äh, wo hab ich ihn denn?
KRAM!
WÜHL!
Na also!

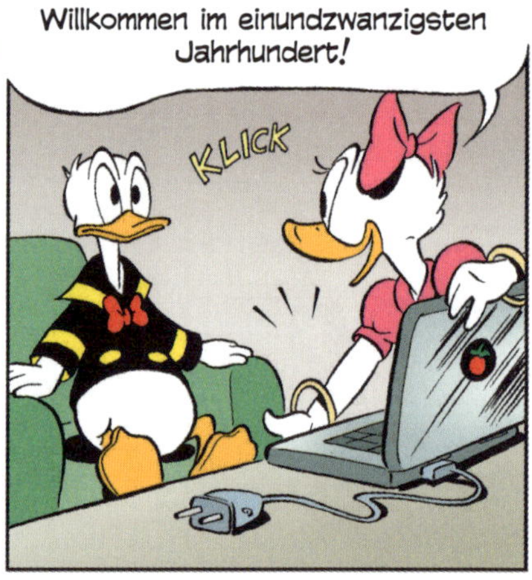
Willkommen im einundzwanzigsten Jahrhundert!
KLICK

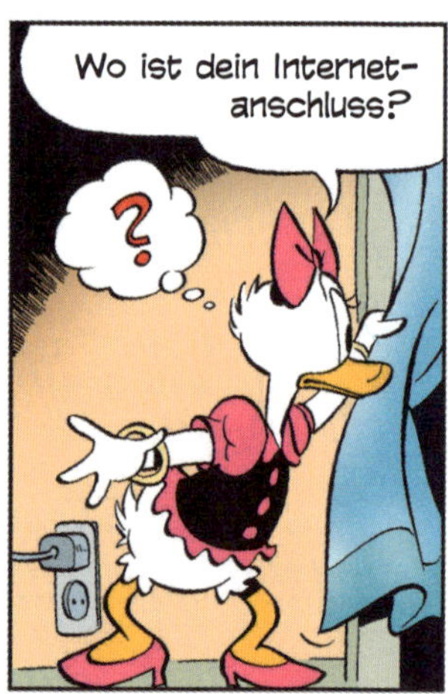
Wo ist dein Internet-anschluss?
?

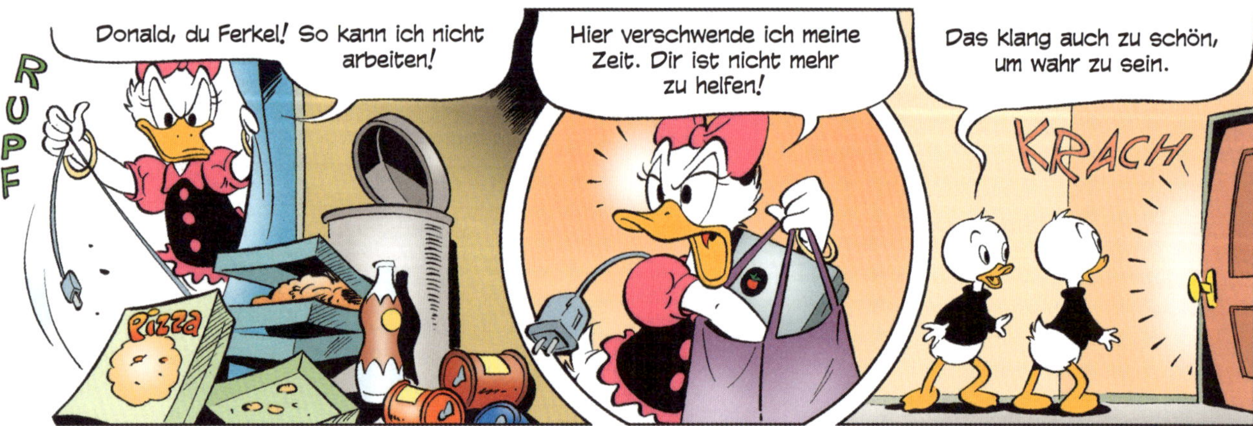
RUPF
Donald, du Ferkel! So kann ich nicht arbeiten!
Pizza
Hier verschwende ich meine Zeit. Dir ist nicht mehr zu helfen!
Das klang auch zu schön, um wahr zu sein.
KRACH

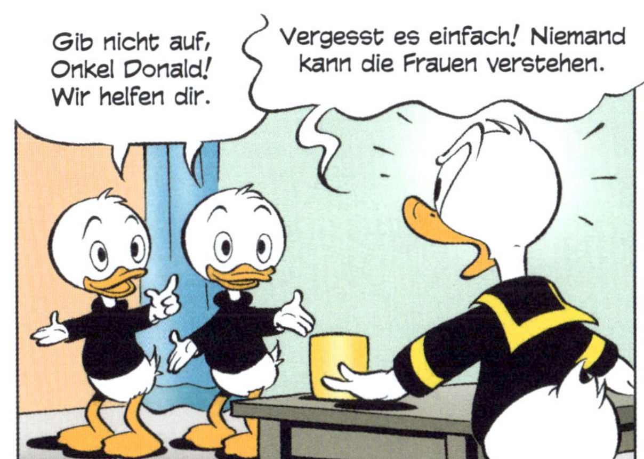
Gib nicht auf, Onkel Donald! Wir helfen dir.
Vergesst es einfach! Niemand kann die Frauen verstehen.

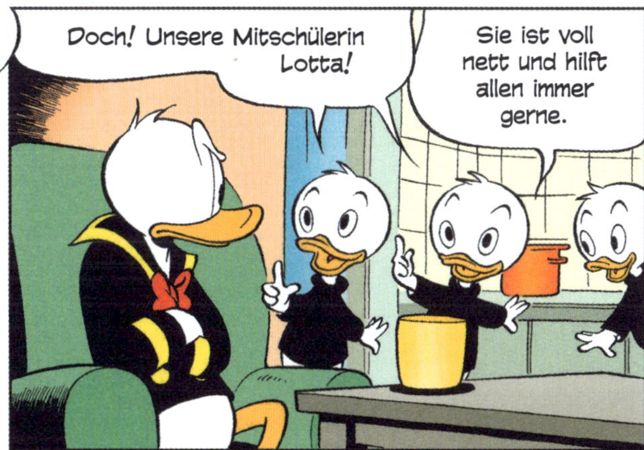
Doch! Unsere Mitschülerin Lotta!
Sie ist voll nett und hilft allen immer gerne.

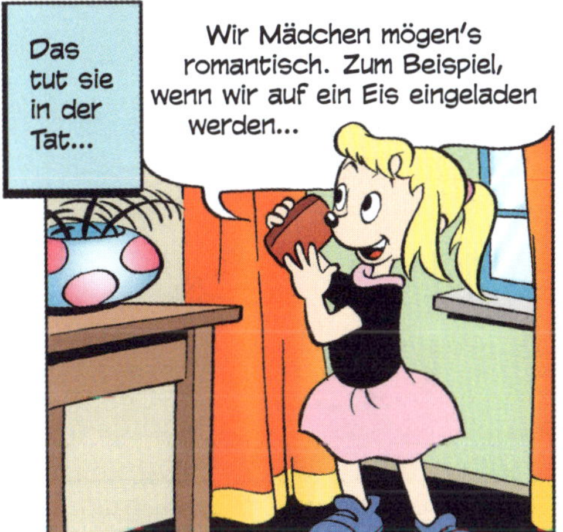
Das tut sie in der Tat...
Wir Mädchen mögen's romantisch. Zum Beispiel, wenn wir auf ein Eis eingeladen werden...

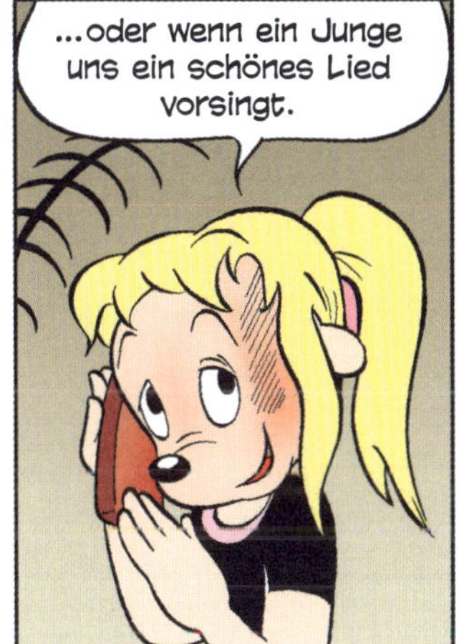
...oder wenn ein Junge uns ein schönes Lied vorsingt.

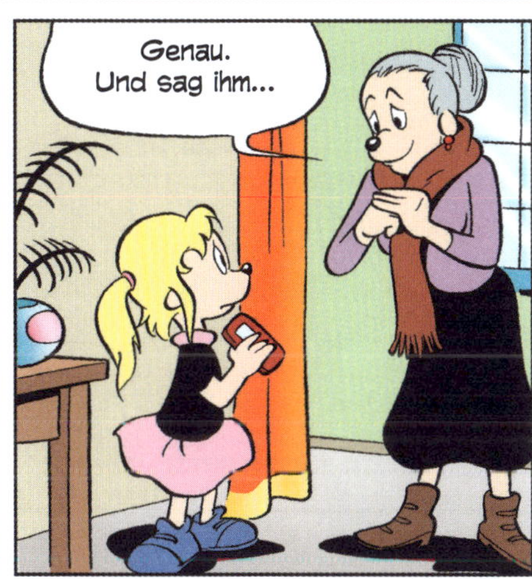
Genau. Und sag ihm...

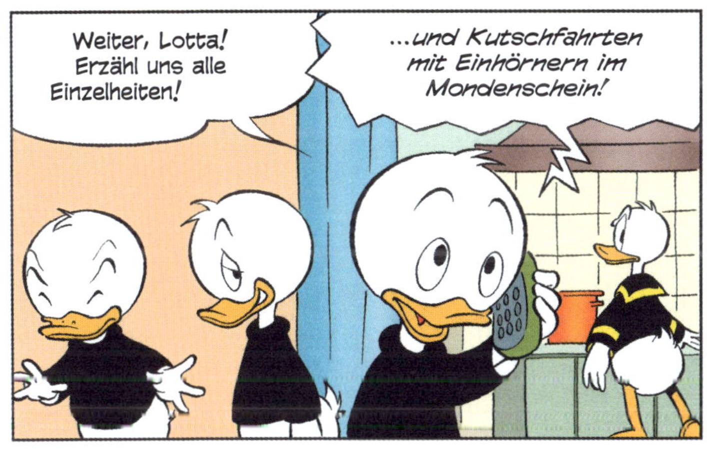
Weiter, Lotta! Erzähl uns alle Einzelheiten!
...und Kutschfahrten mit Einhörnern im Mondenschein!

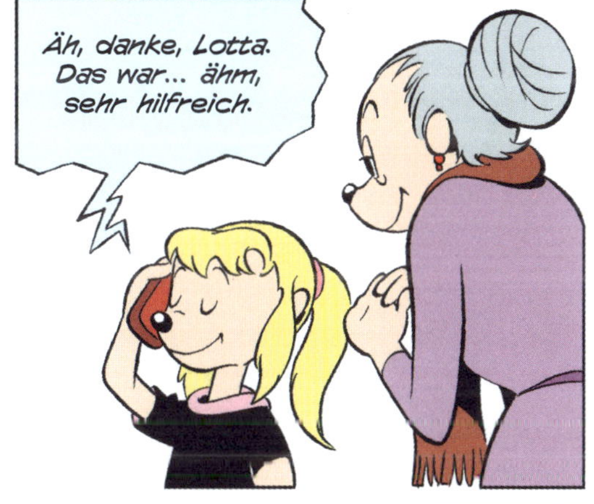
Äh, danke, Lotta. Das war... ähm, sehr hilfreich.

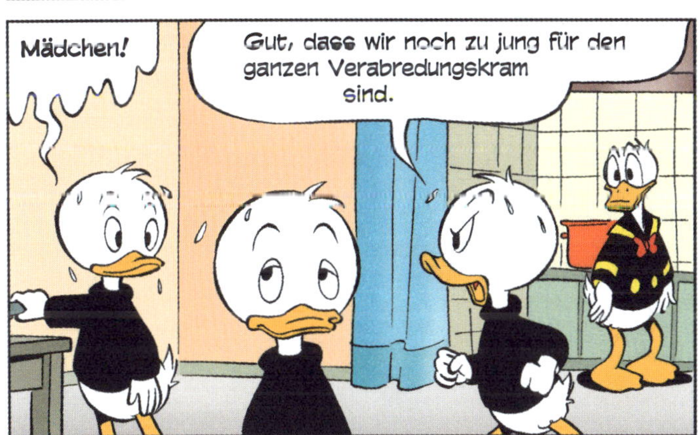
Mädchen!
Gut, dass wir noch zu jung für den ganzen Verabredungskram sind.

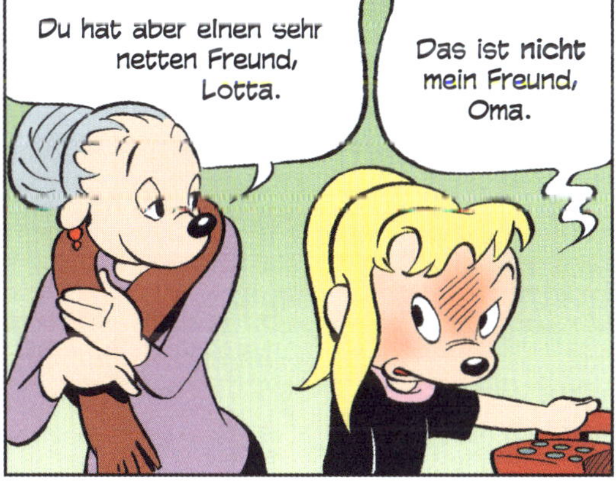
Du hat aber einen sehr netten Freund, Lotta.
Das ist nicht mein Freund, Oma.

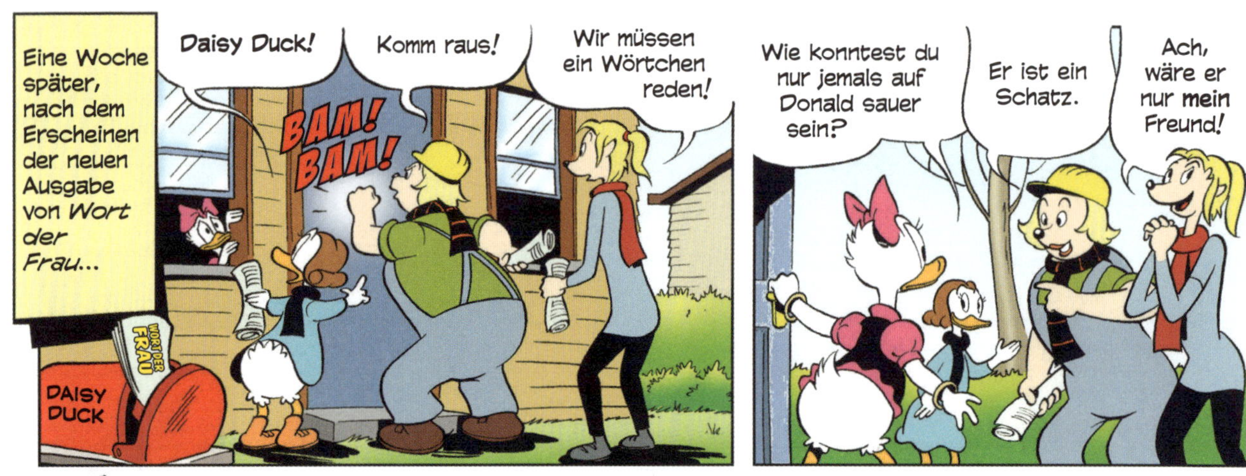
Eine Woche später, nach dem Erscheinen der neuen Ausgabe von *Wort der Frau*...
Daisy Duck!
Komm raus!
BAM! BAM!
Wir müssen ein Wörtchen reden!
WORT DER FRAU
DAISY DUCK
Wie konntest du nur jemals auf Donald sauer sein?
Er ist ein Schatz.
Ach, wäre er nur **mein** Freund!

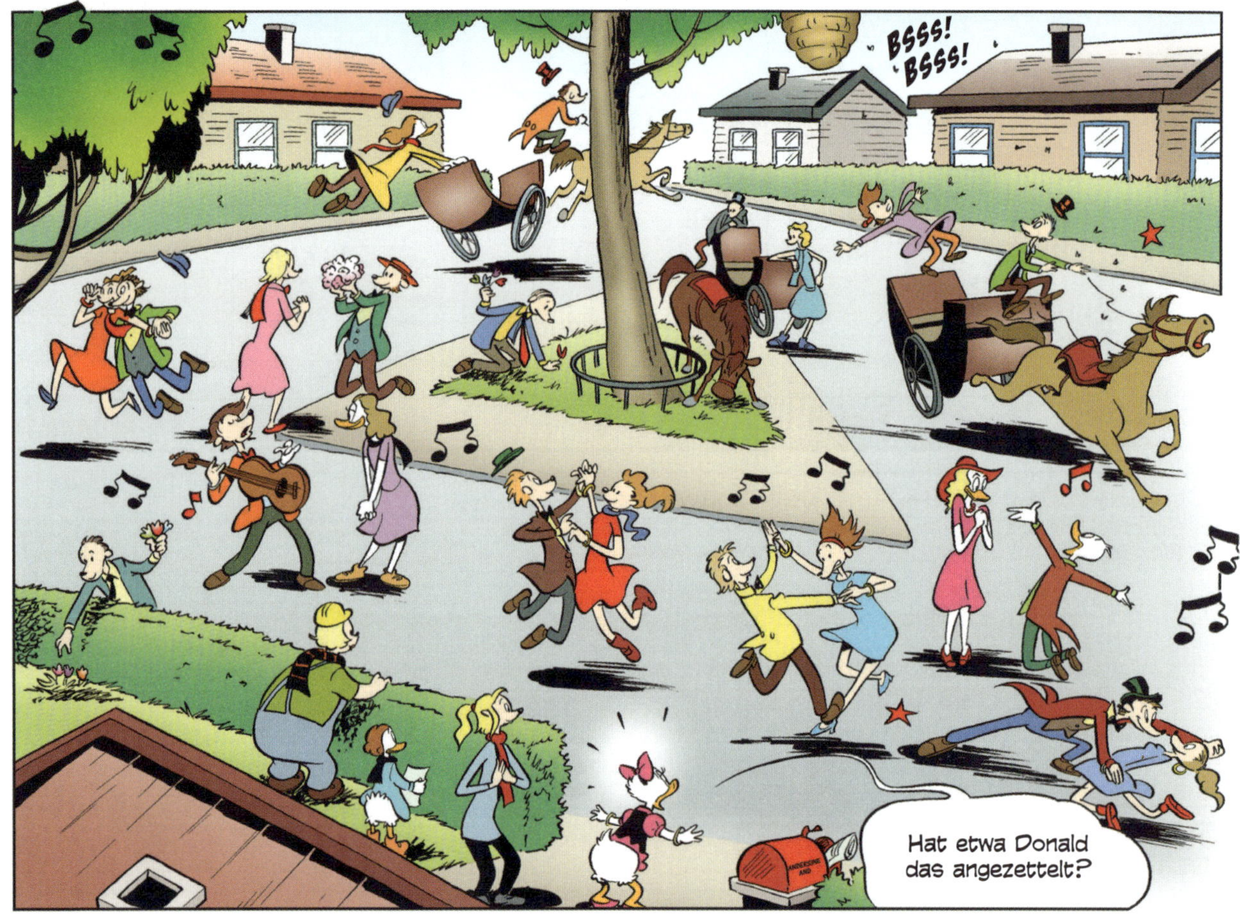
BSSS! BSSS!
Hat etwa Donald das angezettelt?

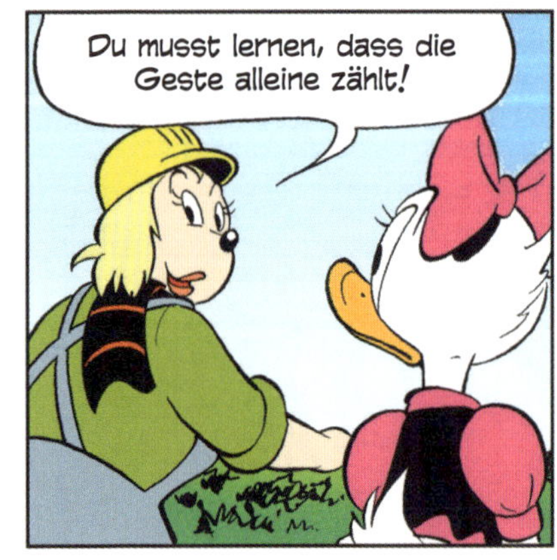
Du musst lernen, dass die Geste alleine zählt!

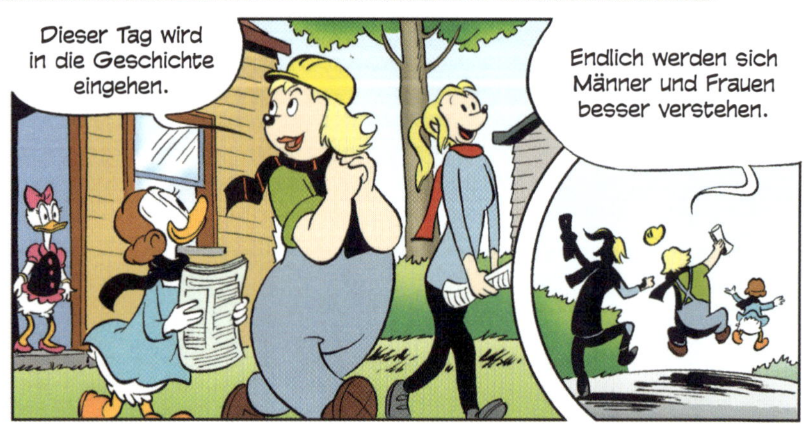
Dieser Tag wird in die Geschichte eingehen.
Endlich werden sich Männer und Frauen besser verstehen.

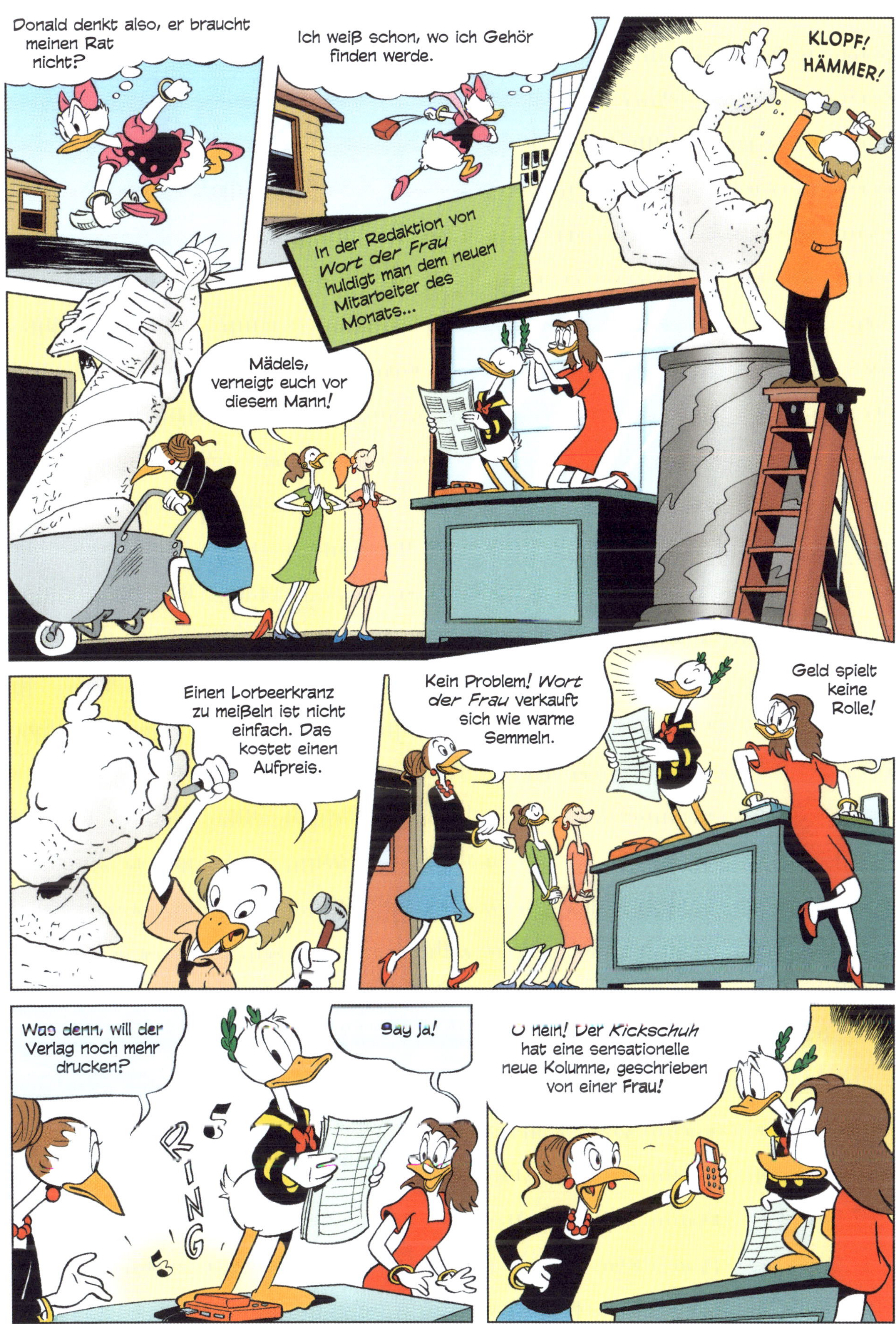
Donald denkt also, er braucht meinen Rat nicht?
Ich weiß schon, wo ich Gehör finden werde.
KLOPF! HÄMMER!
In der Redaktion von *Wort der Frau* huldigt man dem neuen Mitarbeiter des Monats...
Mädels, verneigt euch vor diesem Mann!
Einen Lorbeerkranz zu meißeln ist nicht einfach. Das kostet einen Aufpreis.
Kein Problem! *Wort der Frau* verkauft sich wie warme Semmeln.
Geld spielt keine Rolle!
Was denn, will der Verlag noch mehr drucken?
Say ja!
RING
O nein! Der *Kickschuh* hat eine sensationelle neue Kolumne, geschrieben von einer Frau!

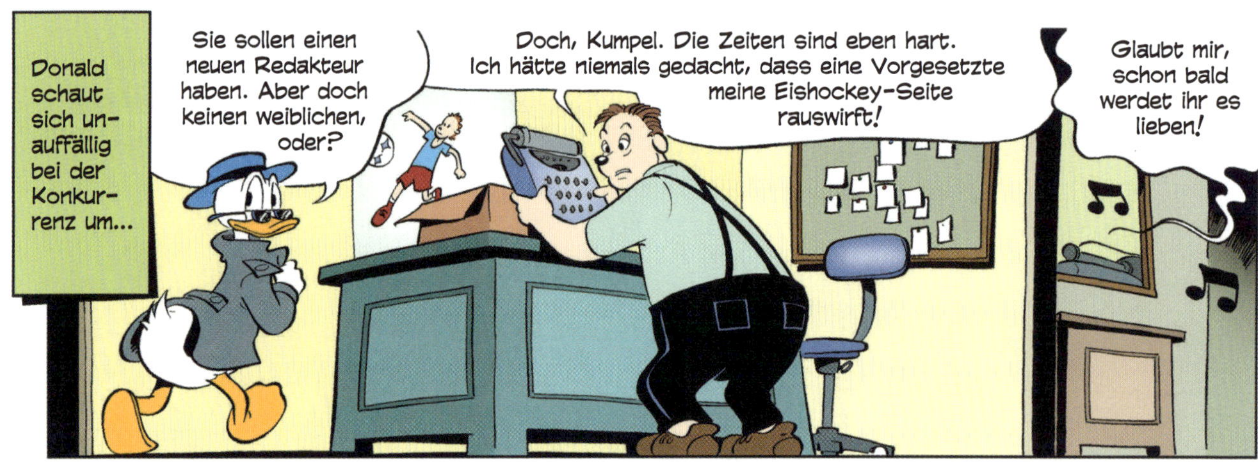
Donald schaut sich unauffällig bei der Konkurrenz um...
Sie sollen einen neuen Redakteur haben. Aber doch keinen weiblichen, oder?
Doch, Kumpel. Die Zeiten sind eben hart. Ich hätte niemals gedacht, dass eine Vorgesetzte meine Eishockey-Seite rauswirft!
Glaubt mir, schon bald werdet ihr es lieben!

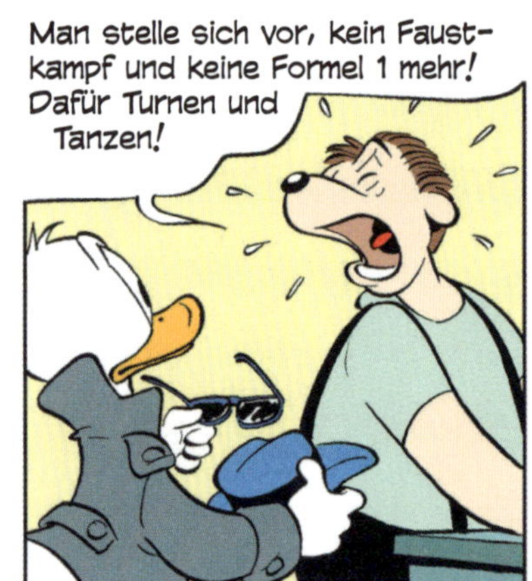
Man stelle sich vor, kein Faustkampf und keine Formel 1 mehr! Dafür Turnen und Tanzen!

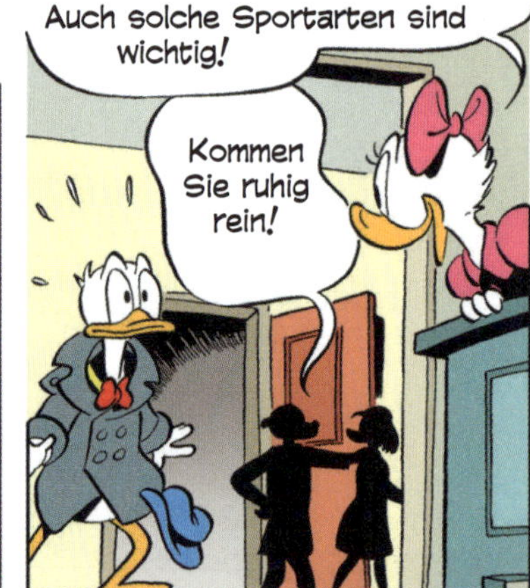
Auch solche Sportarten sind wichtig!
Kommen Sie ruhig rein!

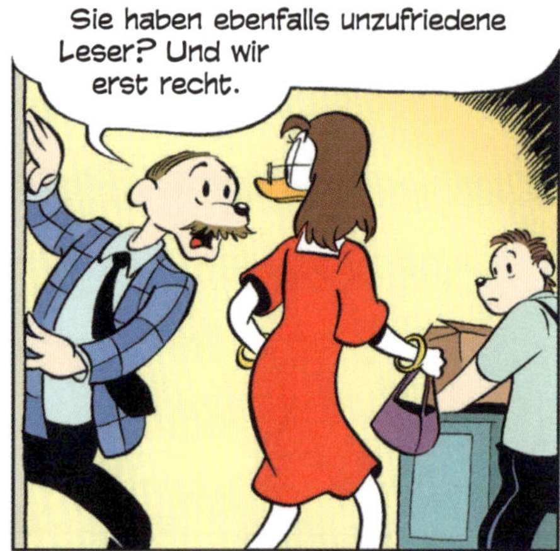
Sie haben ebenfalls unzufriedene Leser? Und wir erst recht.

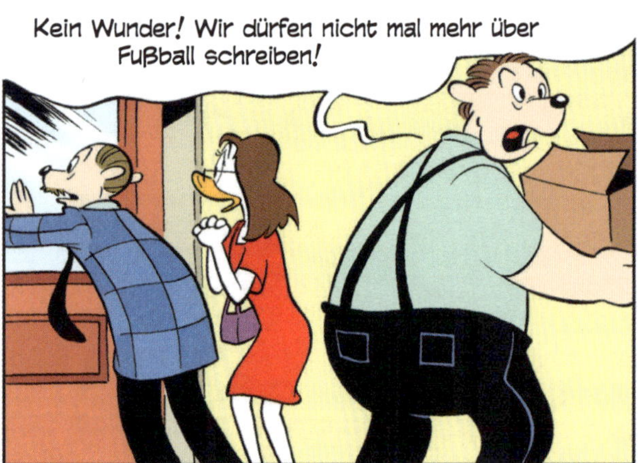
Kein Wunder! Wir dürfen nicht mal mehr über Fußball schreiben!

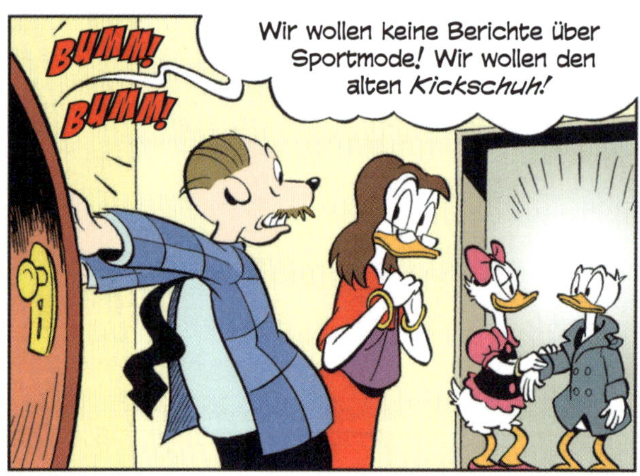
BUMM!
BUMM!
Wir wollen keine Berichte über Sportmode! Wir wollen den alten *Kickschuh!*

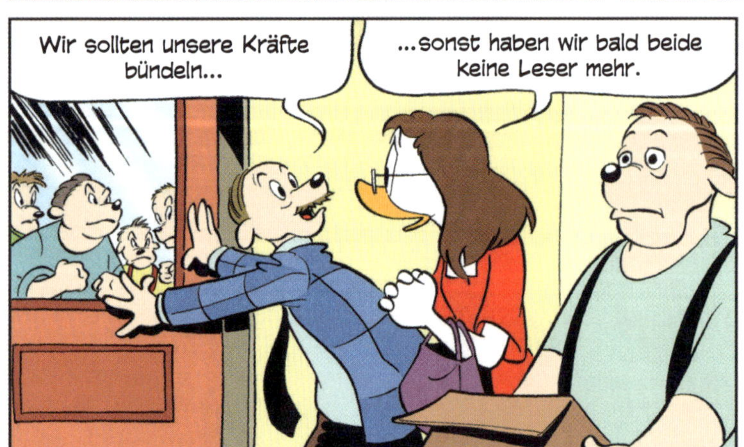
Wir sollten unsere Kräfte bündeln...
...sonst haben wir bald beide keine Leser mehr.

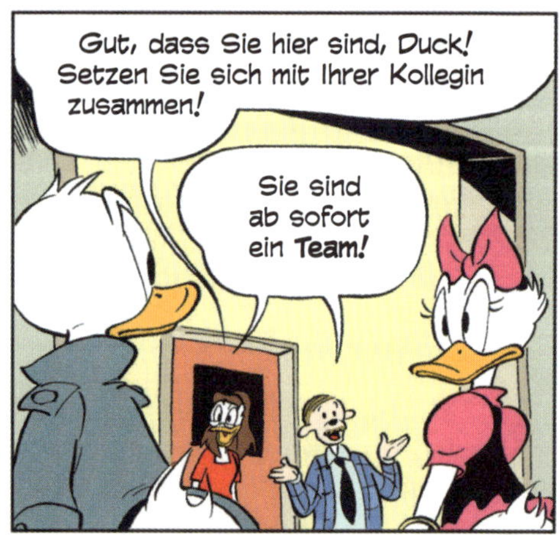
Gut, dass Sie hier sind, Duck! Setzen Sie sich mit Ihrer Kollegin zusammen!
Sie sind ab sofort ein **Team!**

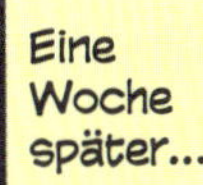
Eine Woche später...

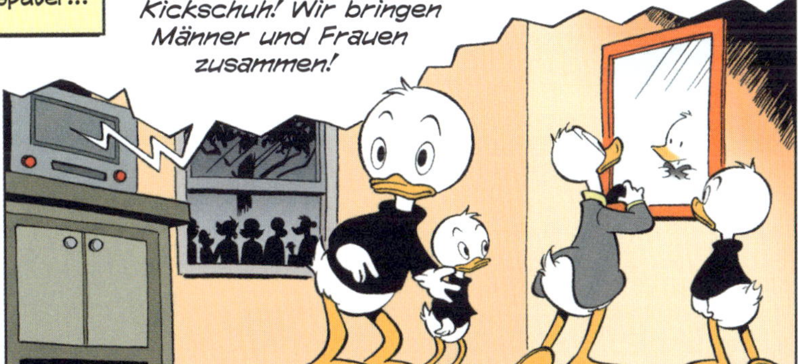
Heute ist der **Tag der Tage!** Wenn Sie die neuen Partnerschaftskolumnen noch nicht kennen, dann kaufen Sie sofort Wort der Frau und Kickschuh! Wir bringen Männer und Frauen zusammen!

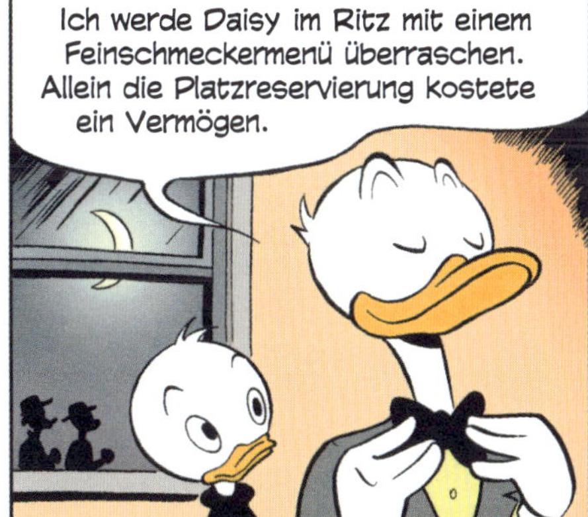
Ich werde Daisy im Ritz mit einem Feinschmeckermenü überraschen. Allein die Platzreservierung kostete ein Vermögen.

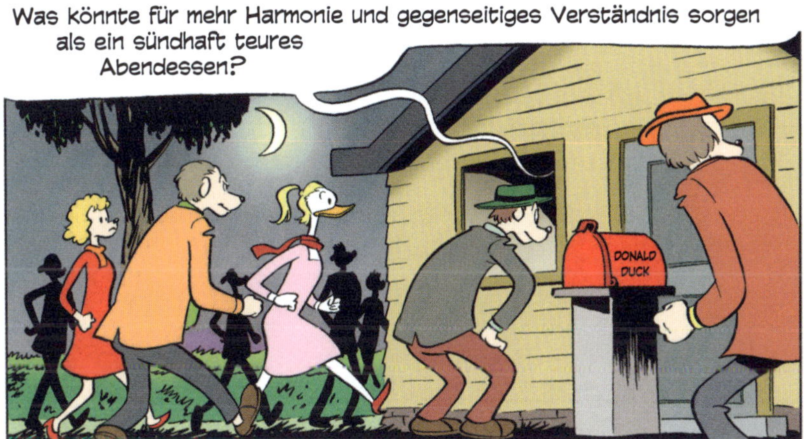
Was könnte für mehr Harmonie und gegenseitiges Verständnis sorgen als ein sündhaft teures Abendessen?
DONALD DUCK

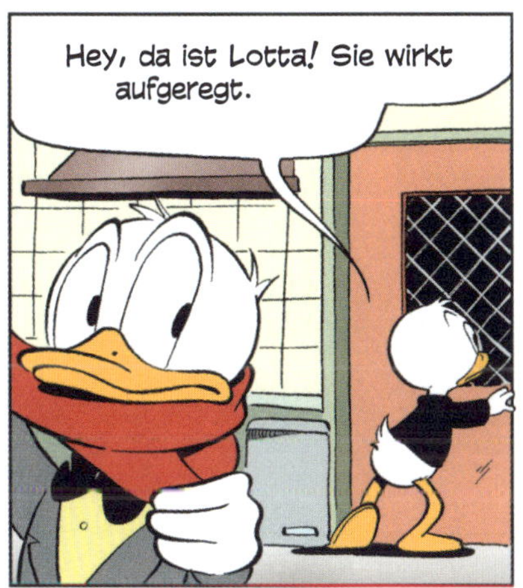
Hey, da ist Lotta! Sie wirkt aufgeregt.

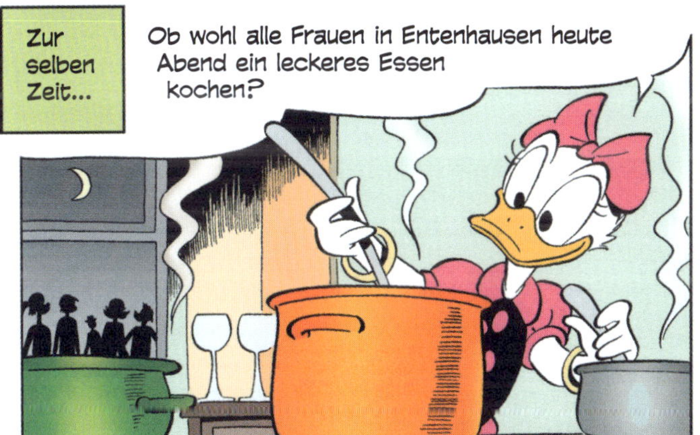
Zur selben Zeit...
Ob wohl alle Frauen in Entenhausen heute Abend ein leckeres Essen kochen?

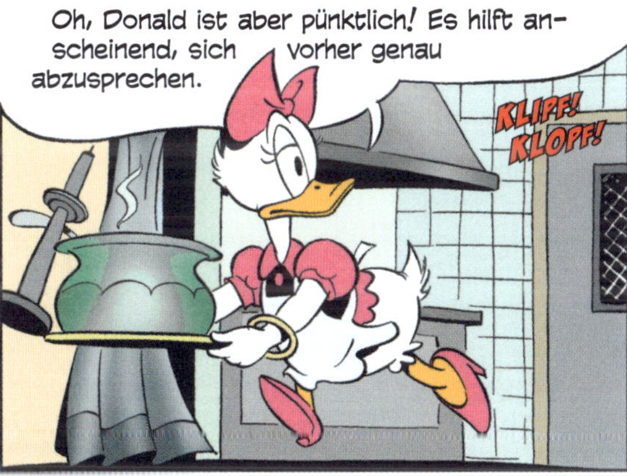
Oh, Donald ist aber pünktlich! Es hilft anscheinend, sich vorher genau abzusprechen.
KLIPF! KLOPF!

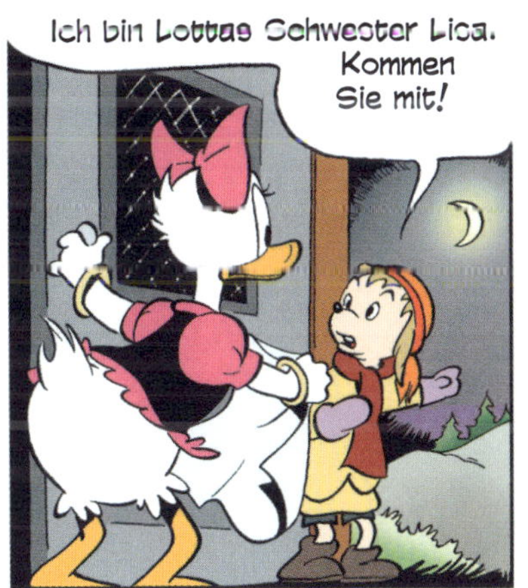
Ich bin Lottas Schwester Lisa. Kommen Sie mit!

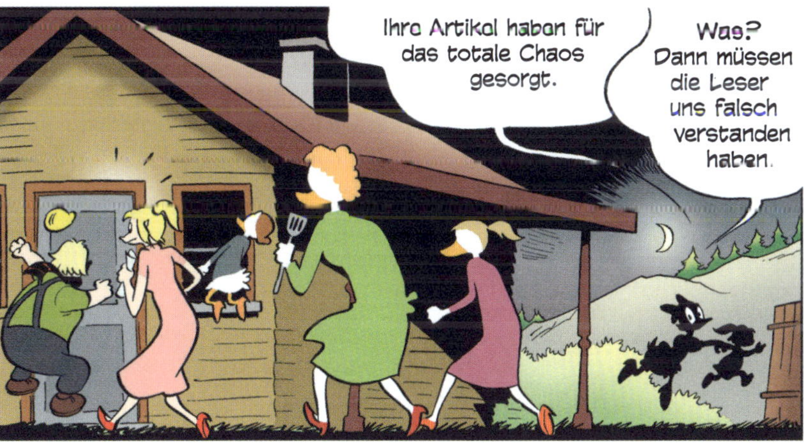
Ihre Artikel haben für das totale Chaos gesorgt.
Was? Dann müssen die Leser uns falsch verstanden haben.

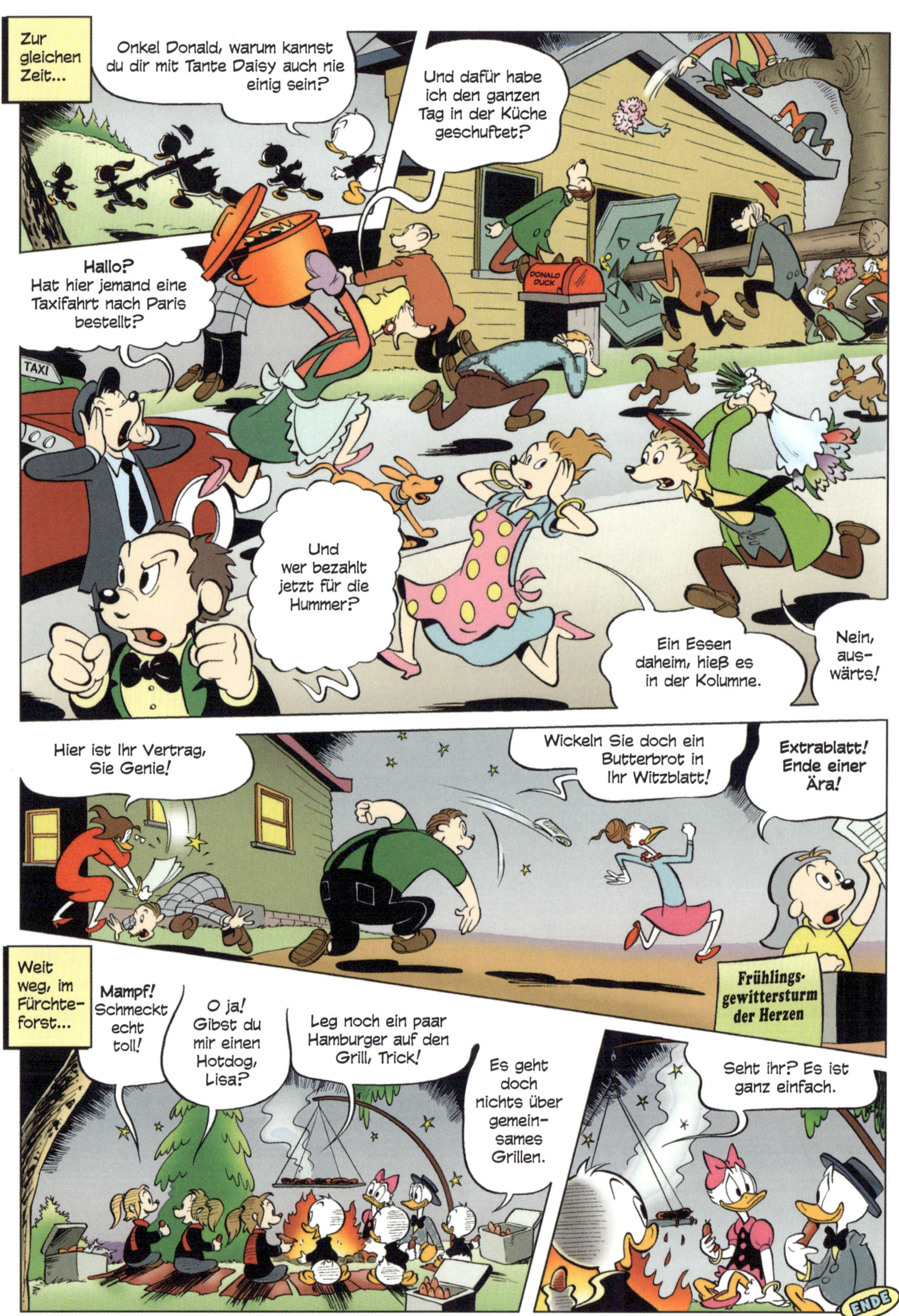

Zur gleichen Zeit...
Onkel Donald, warum kannst du dir mit Tante Daisy auch nie einig sein?
Und dafür habe ich den ganzen Tag in der Küche geschuftet?
DONALD DUCK
Hallo? Hat hier jemand eine Taxifahrt nach Paris bestellt?
TAXI
Und wer bezahlt jetzt für die Hummer?
Ein Essen daheim, hieß es in der Kolumne.
Nein, aus- wärts!
Hier ist Ihr Vertrag, Sie Genie!
Wickeln Sie doch ein Butterbrot in Ihr Witzblatt!
Extrablatt! Ende einer Ära!
Frühlings- gewittersturm der Herzen
Weit weg, im Fürchte- forst...
Mampf! Schmeckt echt toll!
O ja! Gibst du mir einen Hotdog, Lisa?
Leg noch ein paar Hamburger auf den Grill, Trick!
Es geht doch nichts über gemein- sames Grillen.
Seht ihr? Es ist ganz einfach.
ENDE

Man möchte nicht in Tick, Trick und Tracks Haut stecken.
Drei unschuldige Kinder, geschlagen mit einem Onkel, den man kaum unbeaufsichtigt herumlaufen lassen kann. Größere Geister sind schon an Geringerem gescheitert.
Doch manchmal kommt es noch schlimmer:
Da gibt es zum Beispiel den neuen Fähnlein-Fieselschweif-Truppenführer.
Er hält sich selbst für Sherlock Holmes.
Wenigstens auf solche Ideen kommt Onkel Donald nicht.
Wo steckt Onkel Donald überhaupt?
Nun, Onkel Donald hat sich's allein daheim auf dem Sofa gemütlich gemacht und blättert in einem höchst interessanten Werk:
‚Wie löse ich im Handumdrehen jeden Fall?'
Wie gesagt, man möchte nicht in Tick, Trick und Tracks Haut stecken.

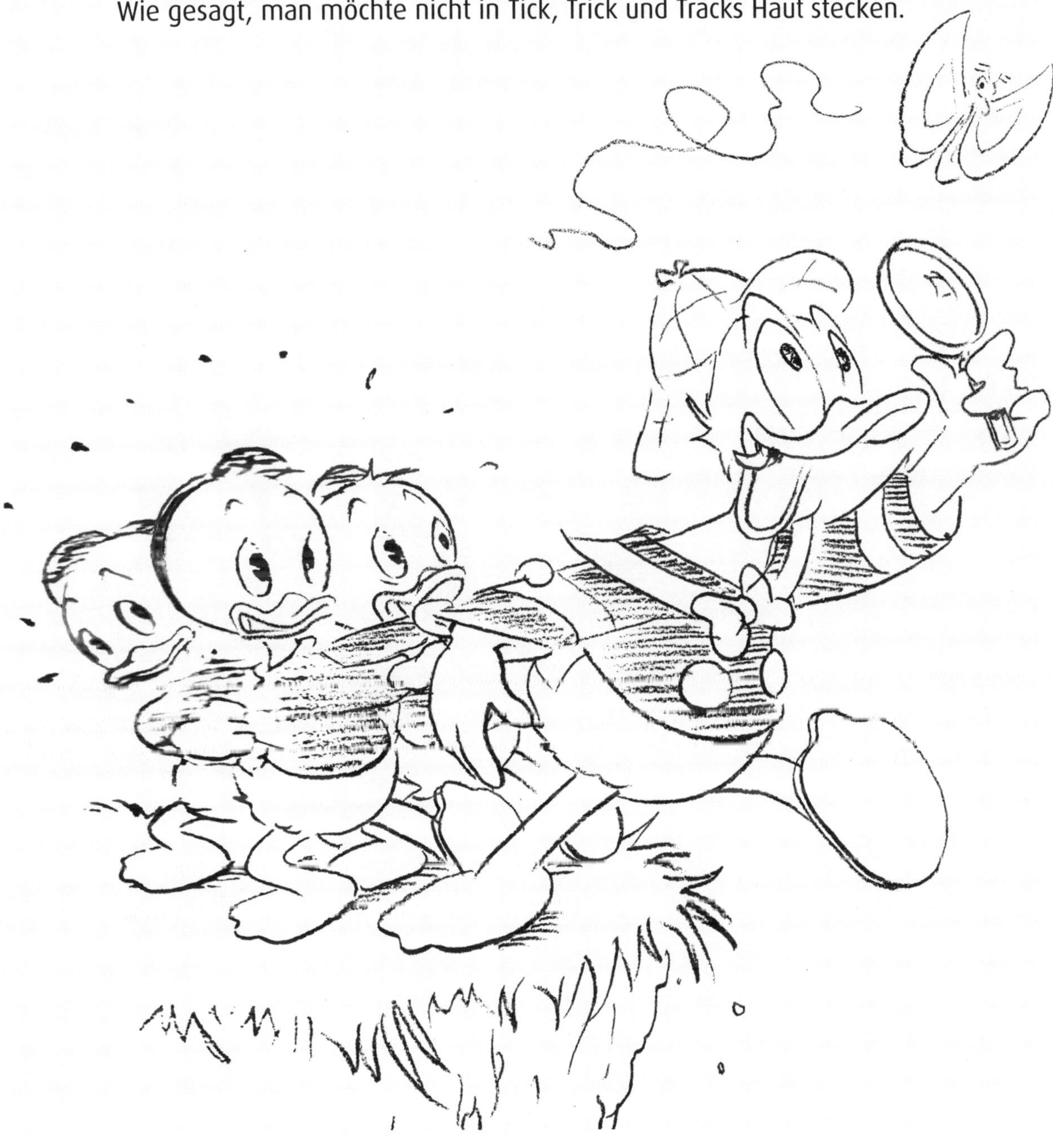

DETEKTIVE mit leichten DEFEKTEN

WALT DISNEY

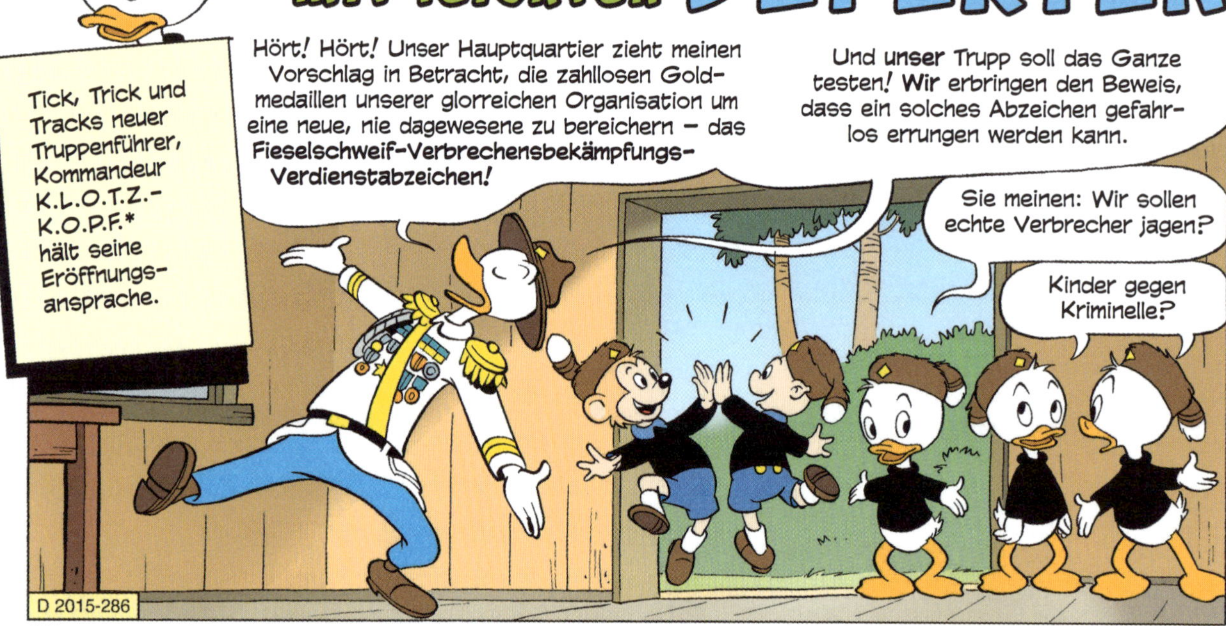

*Kompetenter Leiter der Observierung von Trickbetrügern, Zuchthäuslern, Kriminellen, Obergaunern, Piraten und sonstigen Finsterlingen

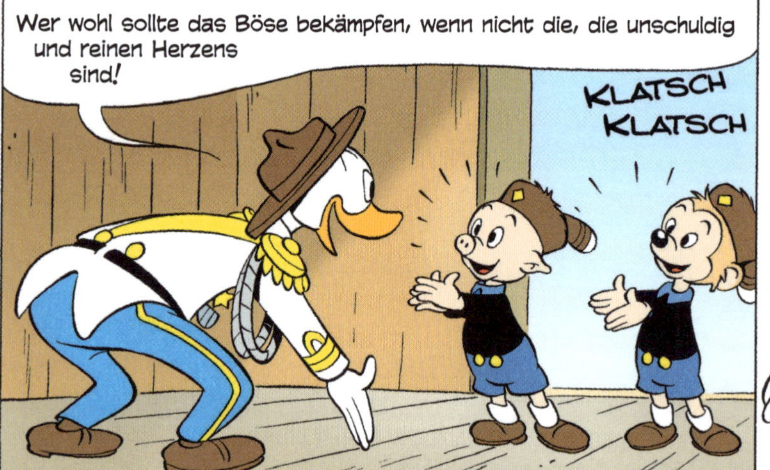

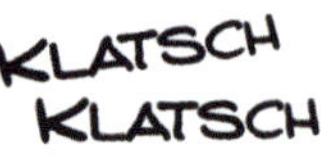

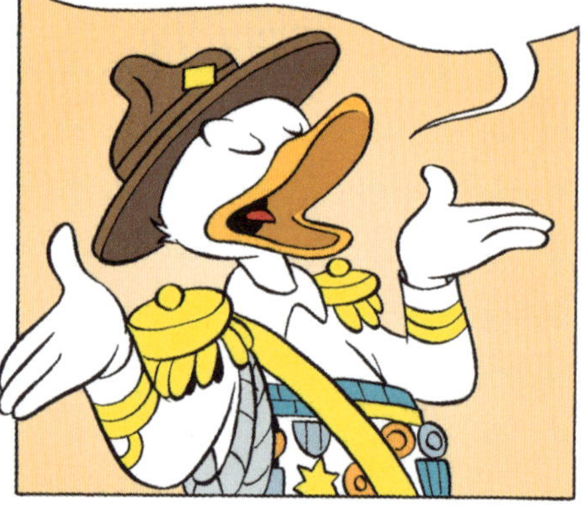

Denkt ihr nicht auch, unser neuer Truppenführer macht ein bisschen viel heiße Luft?

Aber die Jungs sind Feuer und Flamme.

Gefahrlose Verbrechensbekämpfung, wie soll denn das gehen?

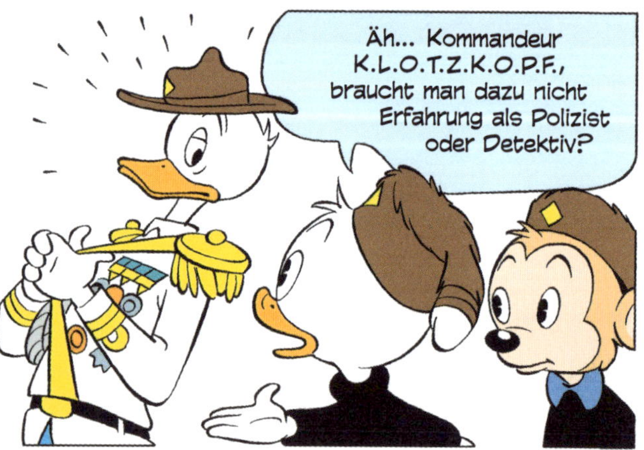

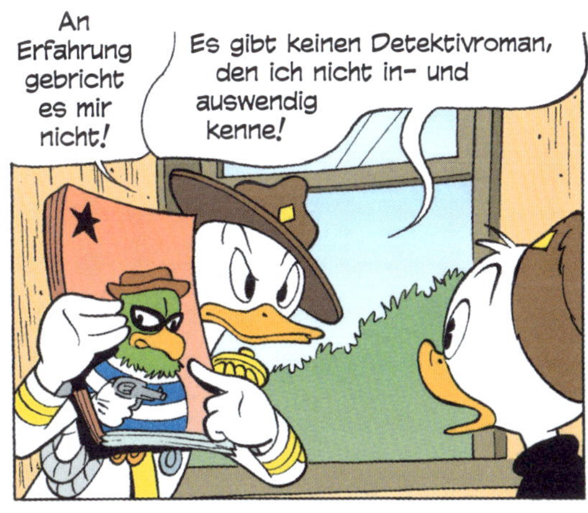
An Erfahrung gebricht es mir nicht!
Es gibt keinen Detektivroman, den ich nicht in- und auswendig kenne!

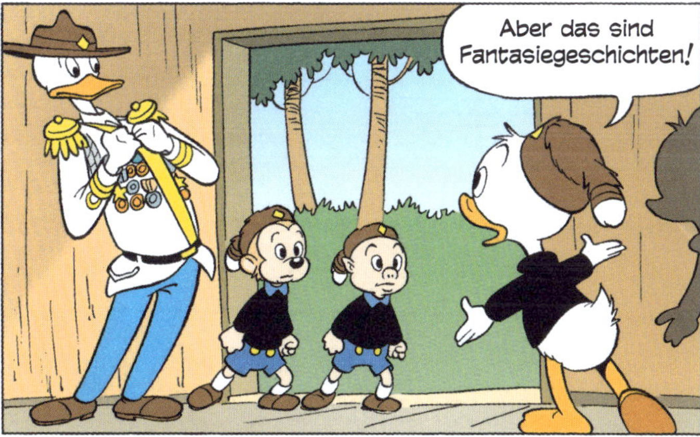
Aber das sind Fantasiegeschichten!

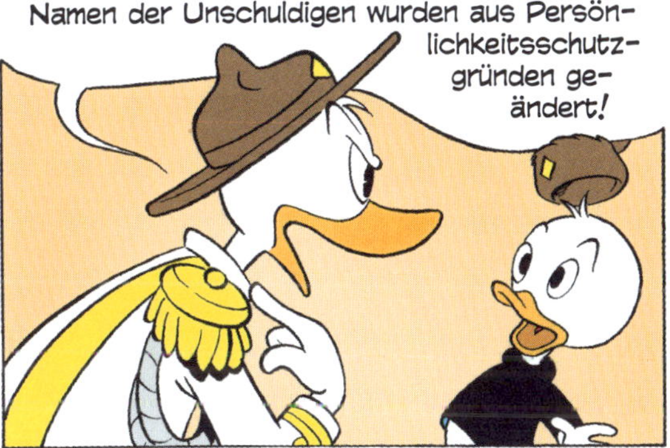
Zufällig weiß ich, dass die meisten Kriminalromane auf echten Fällen beruhen! Nur die Namen der Unschuldigen wurden aus Persönlichkeitsschutzgründen geändert!

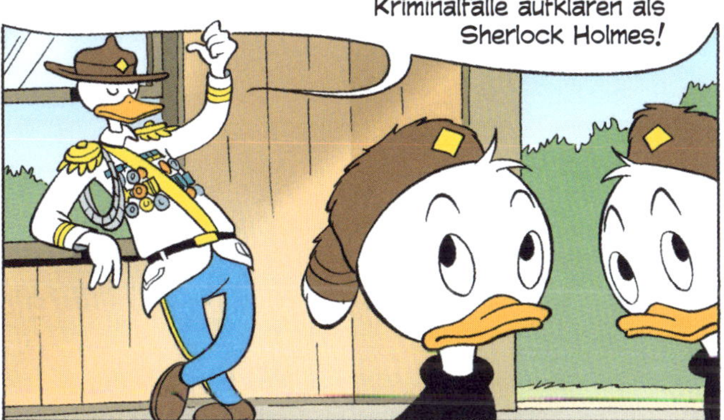
Unter meiner Anleitung wird Fieselschweif-Trupp A mehr Kriminalfälle aufklären als Sherlock Holmes!

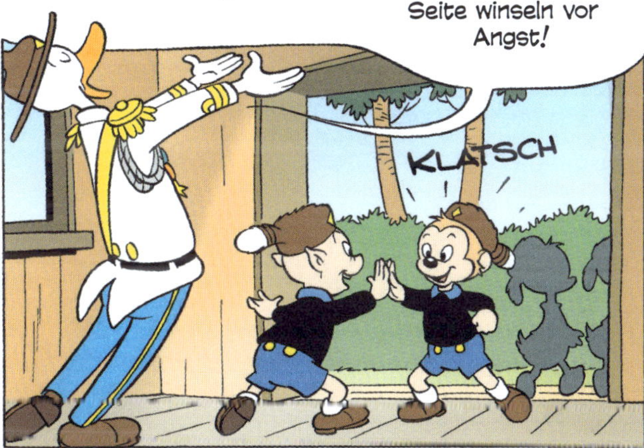
Allein beim Klang unseres Namens wird die dunkle Seite winseln vor Angst!
KLATSCH

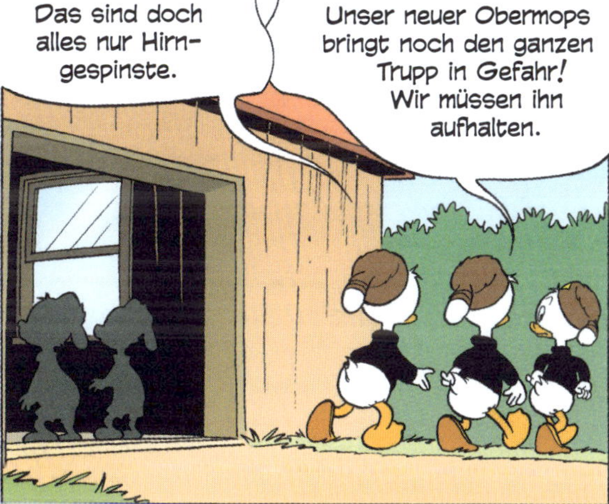
Das sind doch alles nur Hirngespinste.
Unser neuer Obermops bringt noch den ganzen Trupp in Gefahr! Wir müssen ihn aufhalten.

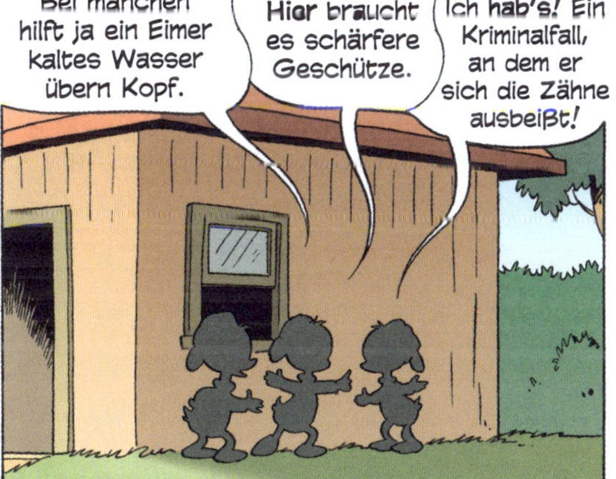
Bei manchen hilft ja ein Eimer kaltes Wasser übern Kopf.
Hier braucht es schärfere Geschütze.
Ich hab's! Ein Kriminalfall, an dem er sich die Zähne ausbeißt!

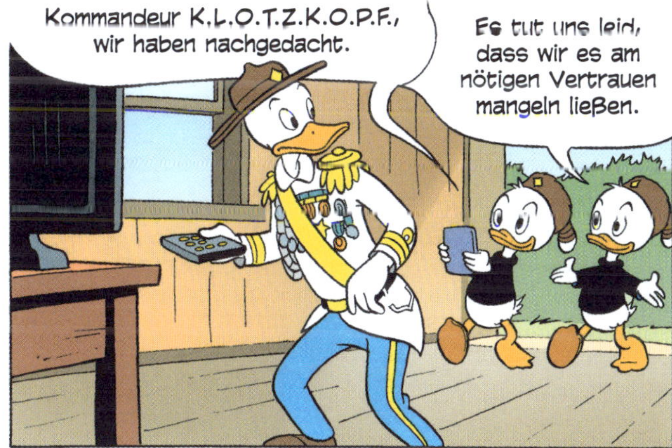
Kommandeur K.L.O.T.Z.K.O.P.F., wir haben nachgedacht.
Es tut uns leid, dass wir es am nötigen Vertrauen mangeln ließen.

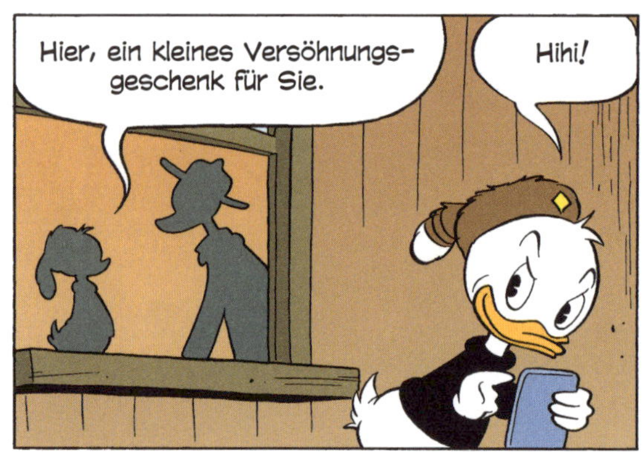
Hier, ein kleines Versöhnungs-geschenk für Sie.
Hihi!

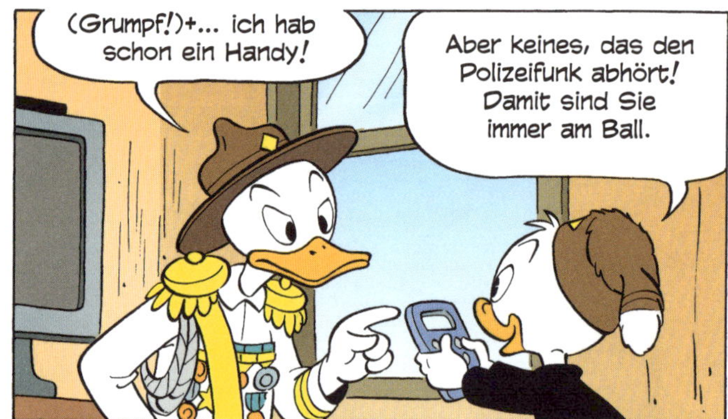
(Grumpf!)+... ich hab schon ein Handy!
Aber keines, das den Polizeifunk abhört! Damit sind Sie immer am Ball.

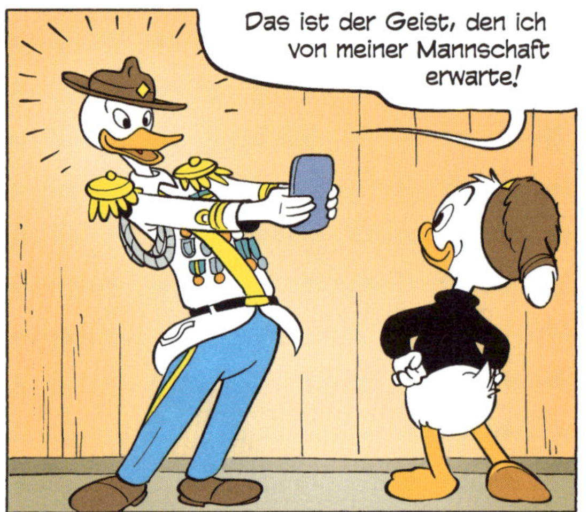
Das ist der Geist, den ich von meiner Mannschaft erwarte!

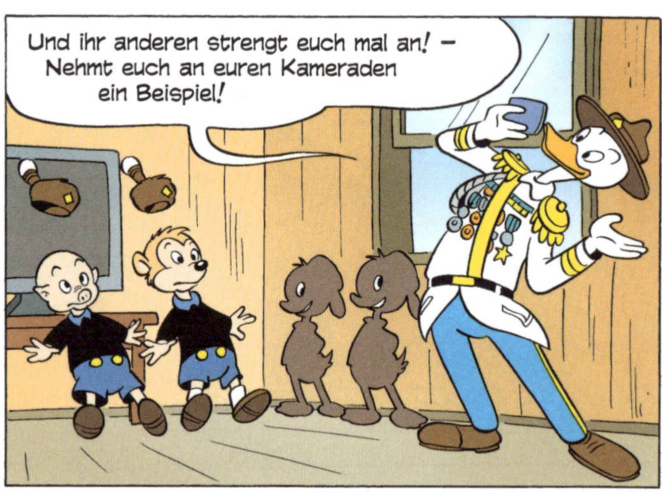
Und ihr anderen strengt euch mal an! – Nehmt euch an euren Kameraden ein Beispiel!

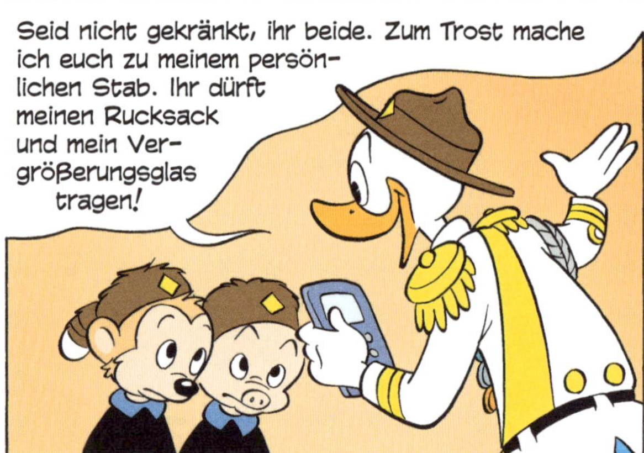
Seid nicht gekränkt, ihr beide. Zum Trost mache ich euch zu meinem persönlichen Stab. Ihr dürft meinen Rucksack und mein Vergrößerungsglas tragen!

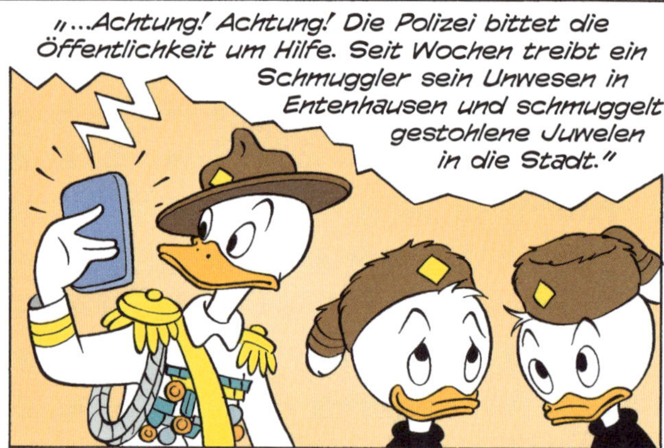
„...Achtung! Achtung! Die Polizei bittet die Öffentlichkeit um Hilfe. Seit Wochen treibt ein Schmuggler sein Unwesen in Entenhausen und schmuggelt gestohlene Juwelen in die Stadt."

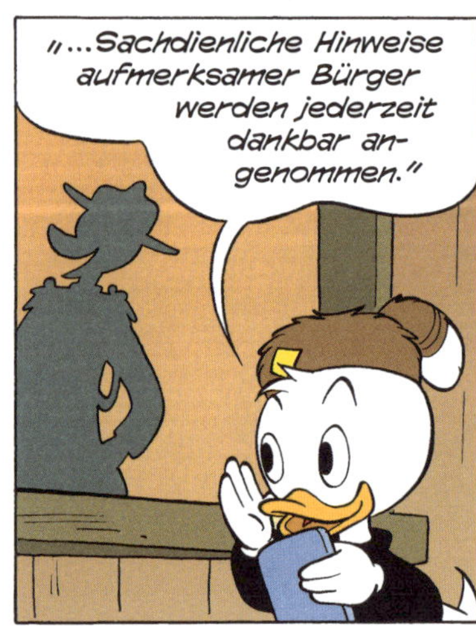
„...Sachdienliche Hinweise aufmerksamer Bürger werden jederzeit dankbar angenommen."

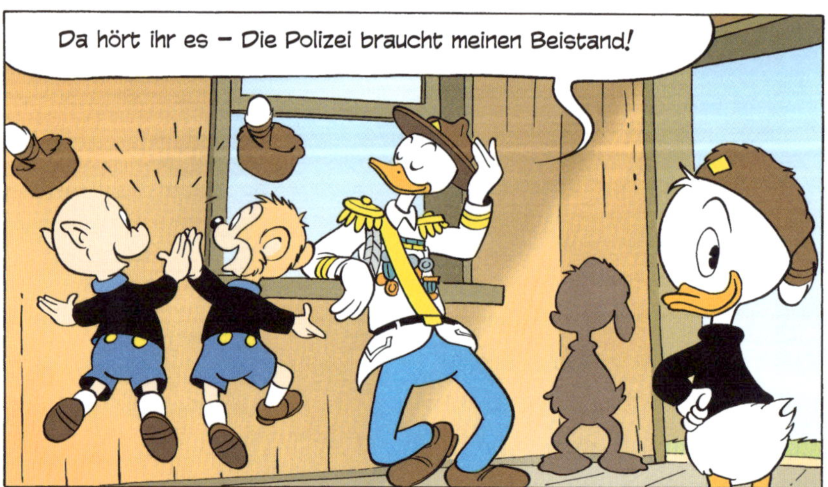
Da hört ihr es – Die Polizei braucht meinen Beistand!

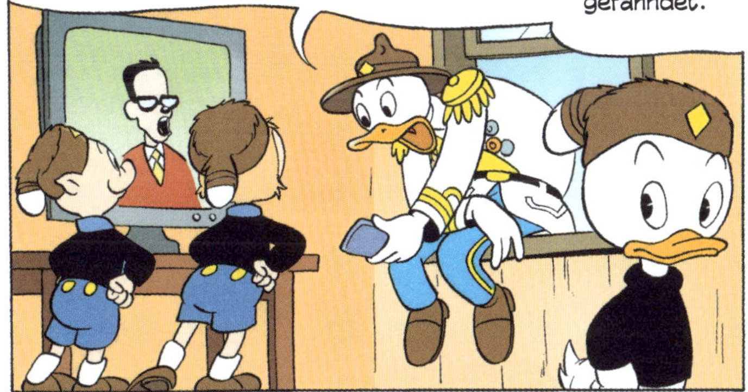

Ich werde mir einen Meisterplan einfallen lassen, um der Polizei aus der Patsche zu helfen.

Vielleicht bringen die Fernsehnachrichten weitere Hinweise?

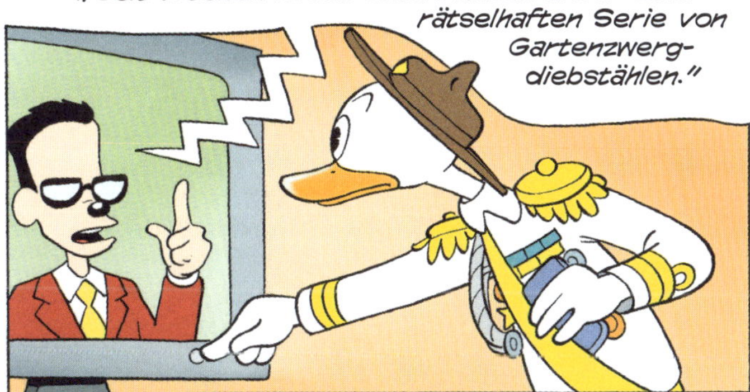

Davon hab ich auch schon gehört.

Aber wer klaut denn sowas?

Und... wozu?

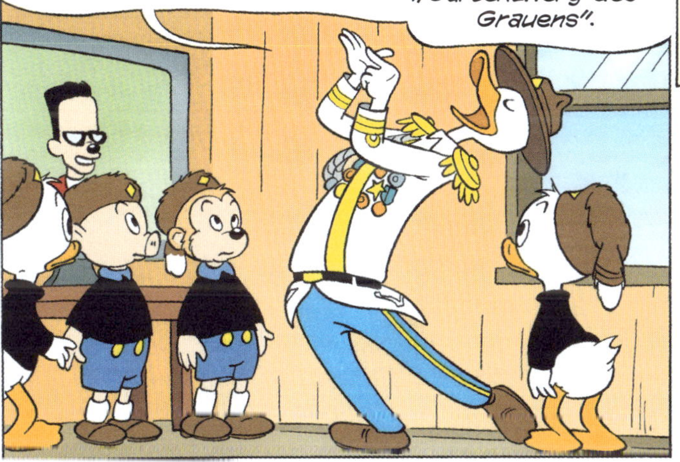

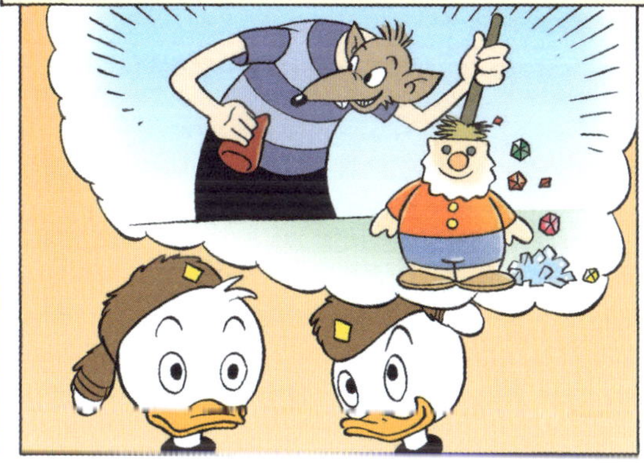

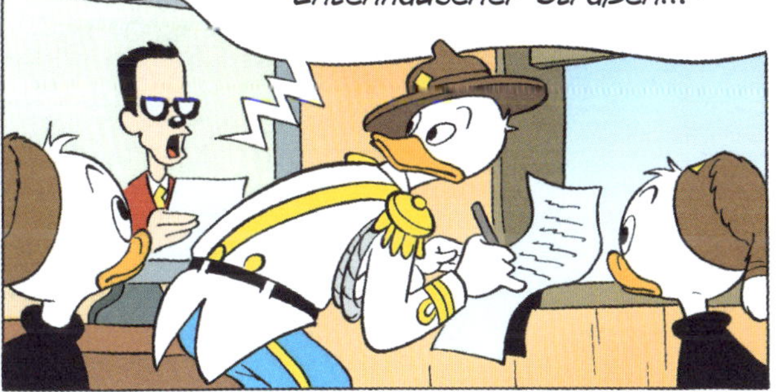

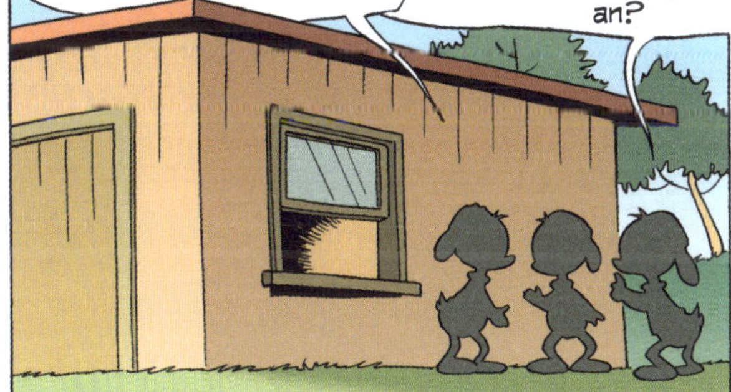

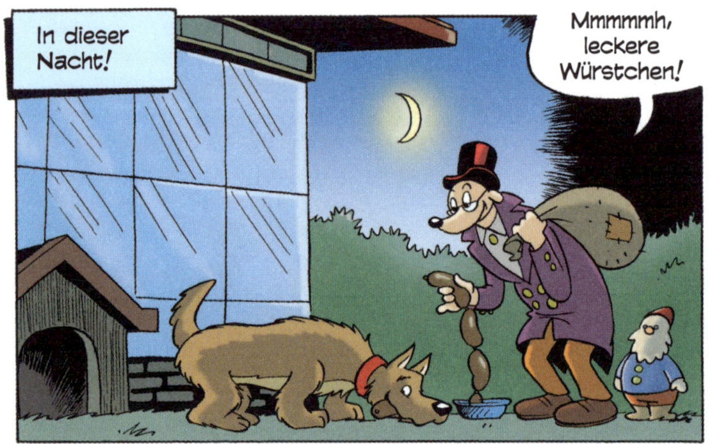

In dieser Nacht!
Mmmmmh, leckere Würstchen!

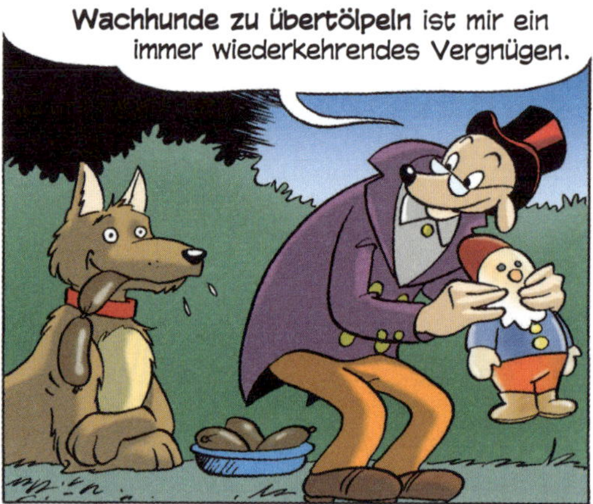

Wachhunde zu übertölpeln ist mir ein immer wiederkehrendes Vergnügen.

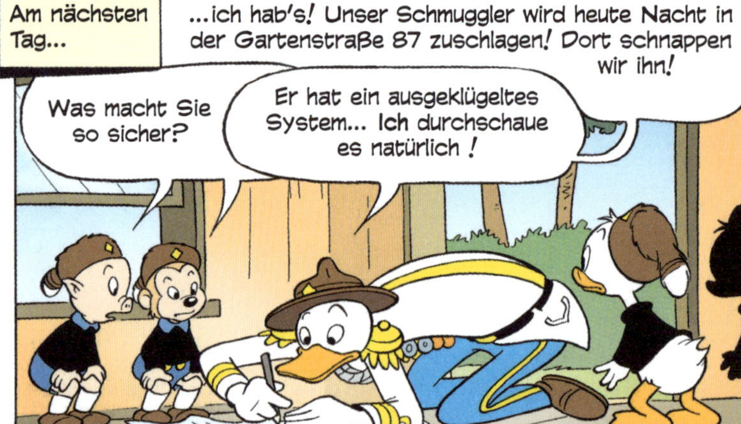

Am nächsten Tag...
...ich hab's! Unser Schmuggler wird heute Nacht in der Gartenstraße 87 zuschlagen! Dort schnappen wir ihn!
Was macht Sie so sicher?
Er hat ein ausgeklügeltes System... Ich durchschaue es natürlich!

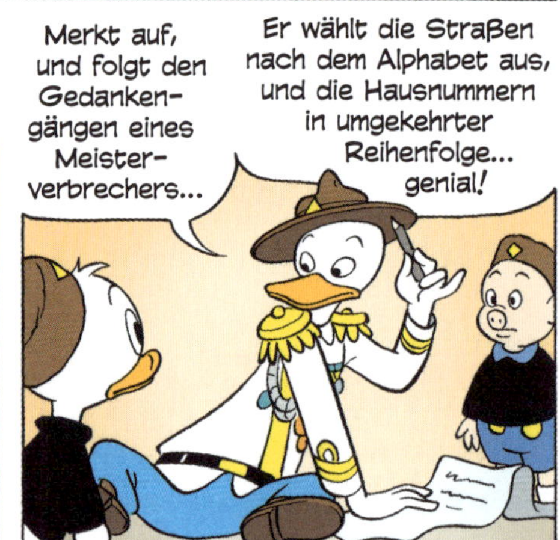

Merkt auf, und folgt den Gedanken-gängen eines Meister-verbrechers...
Er wählt die Straßen nach dem Alphabet aus, und die Hausnummern in umgekehrter Reihenfolge... genial!

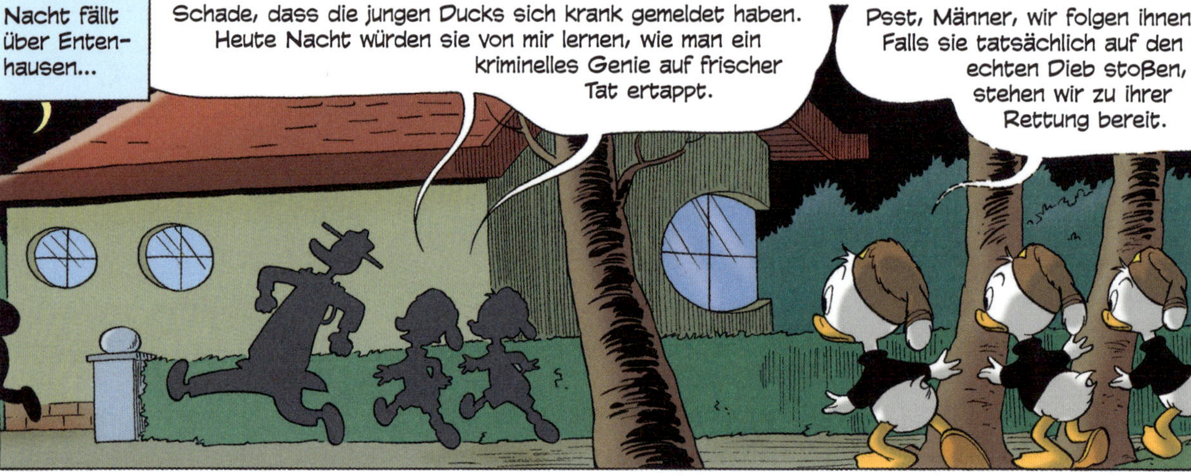

Nacht fällt über Enten-hausen...
Schade, dass die jungen Ducks sich krank gemeldet haben. Heute Nacht würden sie von mir lernen, wie man ein kriminelles Genie auf frischer Tat ertappt.
Psst, Männer, wir folgen ihnen. Falls sie tatsächlich auf den echten Dieb stoßen, stehen wir zu ihrer Rettung bereit.

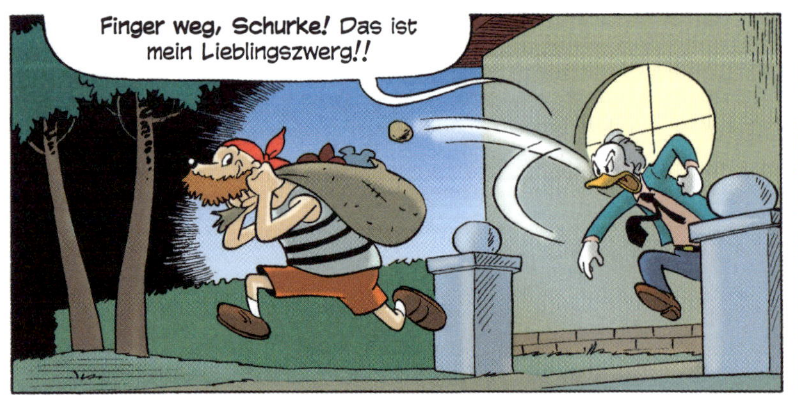

Finger weg, Schurke! Das ist mein Lieblingszwerg!!

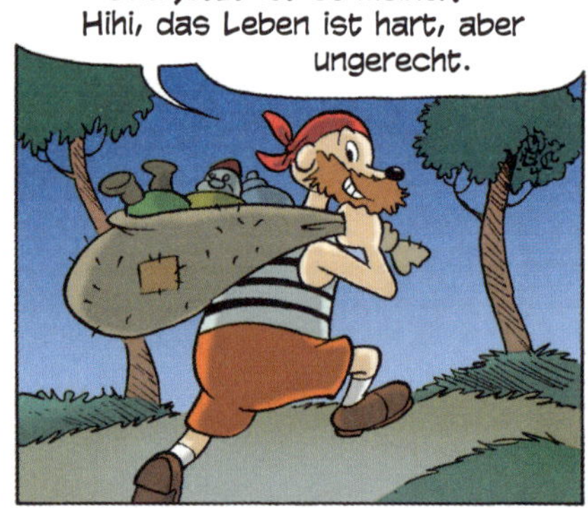

Und jetzt ist es meiner! – Hihi, das Leben ist hart, aber ungerecht.

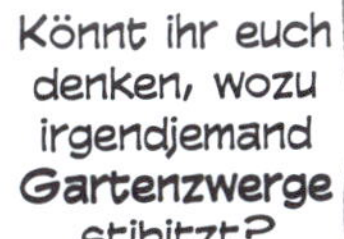

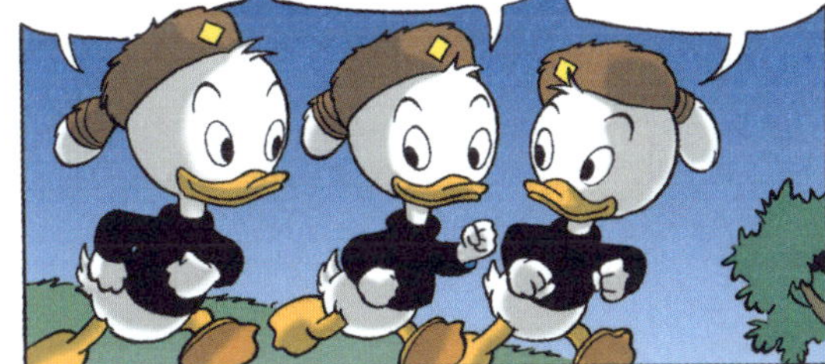

Könnt ihr euch denken, wozu irgendjemand **Gartenzwerge** stibitzt?
Der Schmuggler kann es nicht sein. Den haben wir uns ja nur ausgedacht!
Zwei Schmuggler, das wäre zu viel des Zufalls.

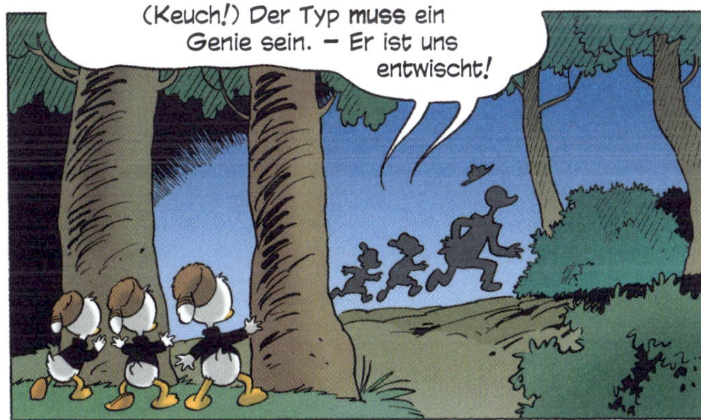

(Keuch!) Der Typ **muss** ein Genie sein. – Er ist uns entwischt!

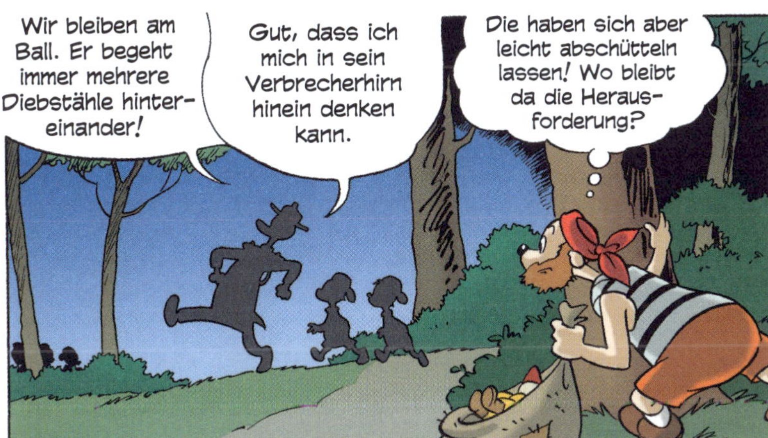

Wir bleiben am Ball. Er begeht immer mehrere Diebstähle hintereinander!
Gut, dass ich mich in sein Verbrecherhirn hinein denken kann.
Die haben sich aber leicht abschütteln lassen! Wo bleibt da die Herausforderung?

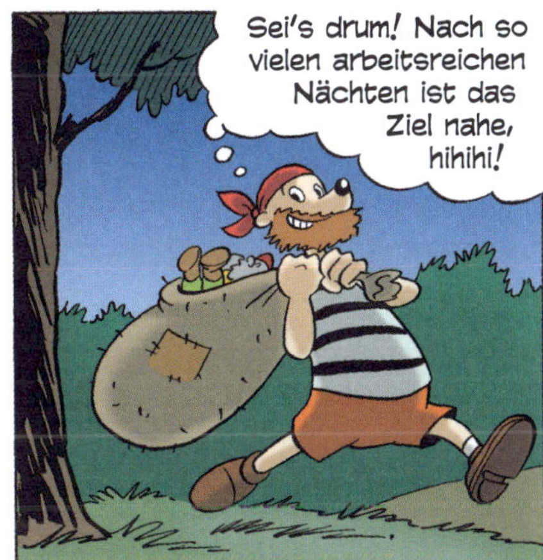

Sei's drum! Nach so vielen arbeitsreichen Nächten ist das Ziel nahe, hihihi!

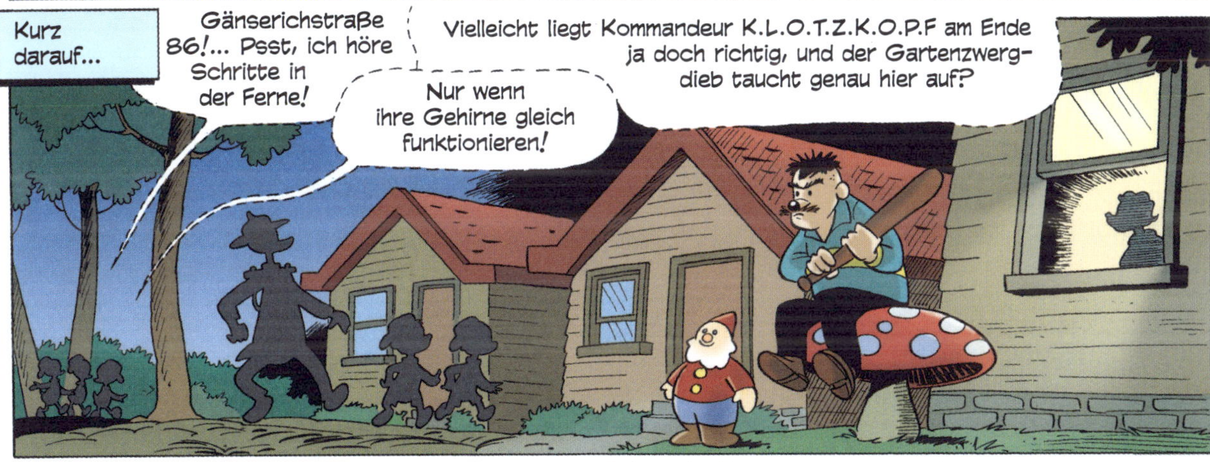

Kurz darauf...
Gänserichstraße 86!... Psst, ich höre Schritte in der Ferne!
Nur wenn ihre Gehirne gleich funktionieren!
Vielleicht liegt Kommandeur K.L.O.T.Z.K.O.P.F am Ende ja doch richtig, und der Gartenzwergdieb taucht genau hier auf?

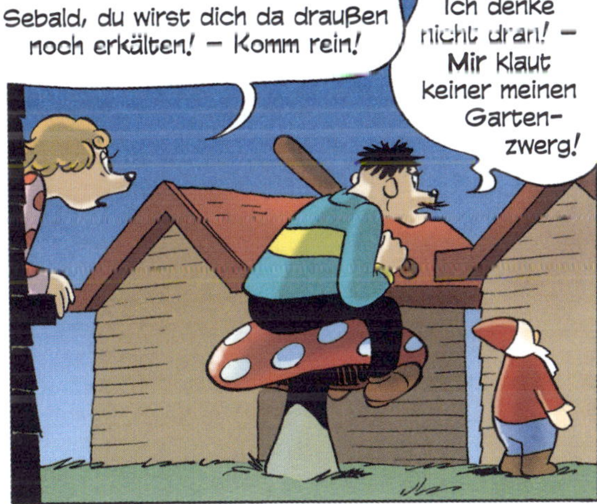

Sebald, du wirst dich da draußen noch erkälten! – Komm rein!
Ich denke nicht dran! – **Mir** klaut keiner meinen Gartenzwerg!

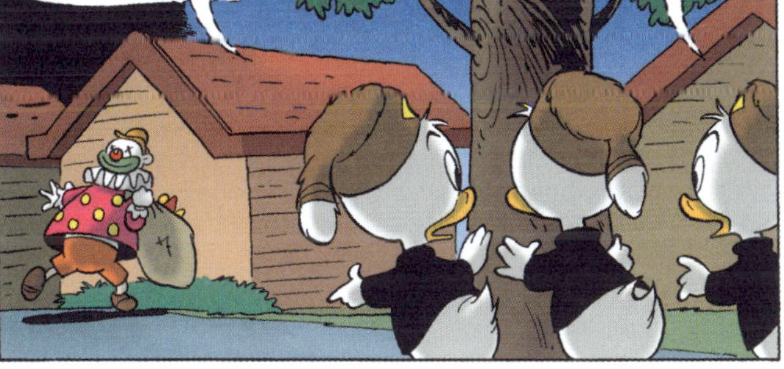

Seht mal, da kommt ein **Clown!** Vorher war's ein **Pirat!** – Sind denn nachts nur Verrückte unterwegs?
Und wenn's **ein und derselbe** ist? – Ein **verkleideter Schmuggler?** Dann hätte unser Truppenführer recht!
Peinliche Vorstellung!... Ich stülpe mir am besten schon mal eine Papiertüte übers Gesicht.

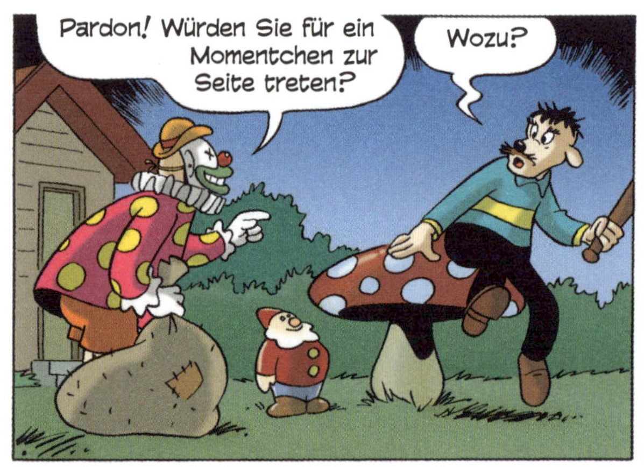
Pardon! Würden Sie für ein Momentchen zur Seite treten?
Wozu?

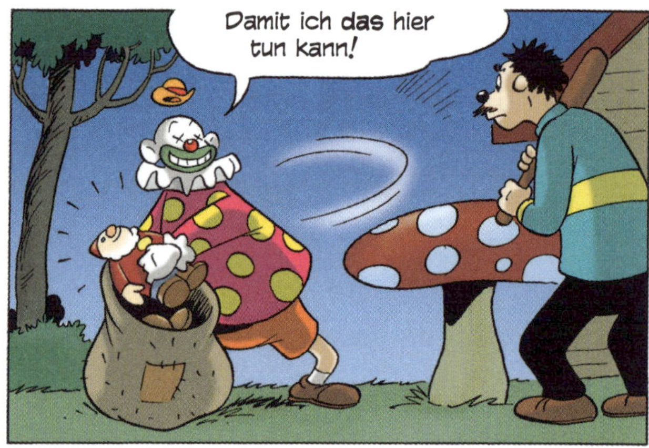
Damit ich das hier tun kann!

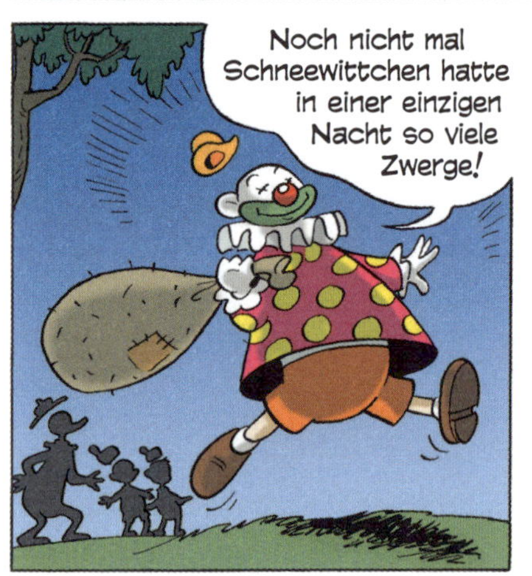
Noch nicht mal Schneewittchen hatte in einer einzigen Nacht so viele Zwerge!

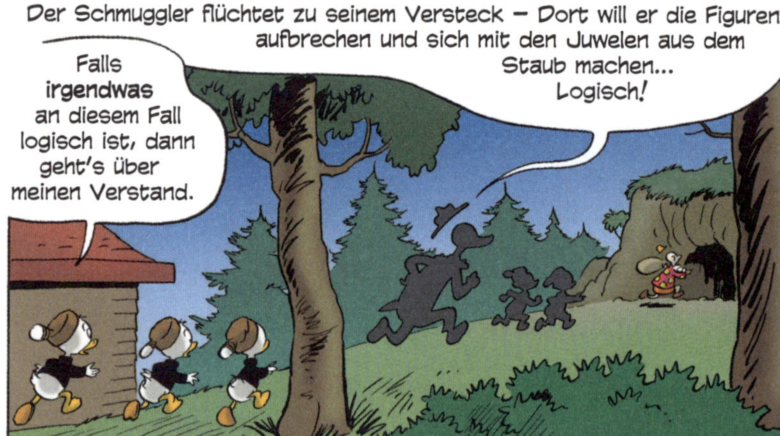
Der Schmuggler flüchtet zu seinem Versteck – Dort will er die Figuren aufbrechen und sich mit den Juwelen aus dem Staub machen... Logisch!
Falls irgendwas an diesem Fall logisch ist, dann geht's über meinen Verstand.

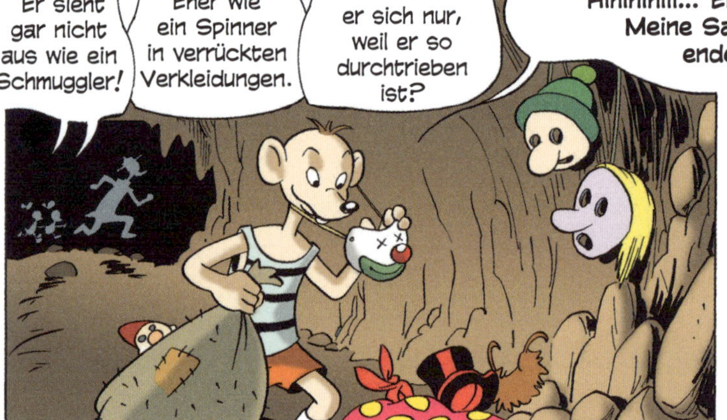
Er sieht gar nicht aus wie ein Schmuggler!
Eher wie ein Spinner in verrückten Verkleidungen.
Oder verstellt er sich nur, weil er so durchtrieben ist?

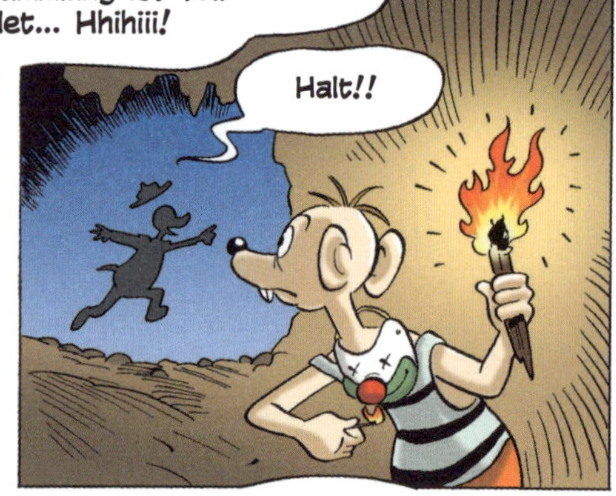
Hihihihiii... Endlich vollbracht! – Meine Sammlung ist vollendet... Hhihiii!
Halt!!

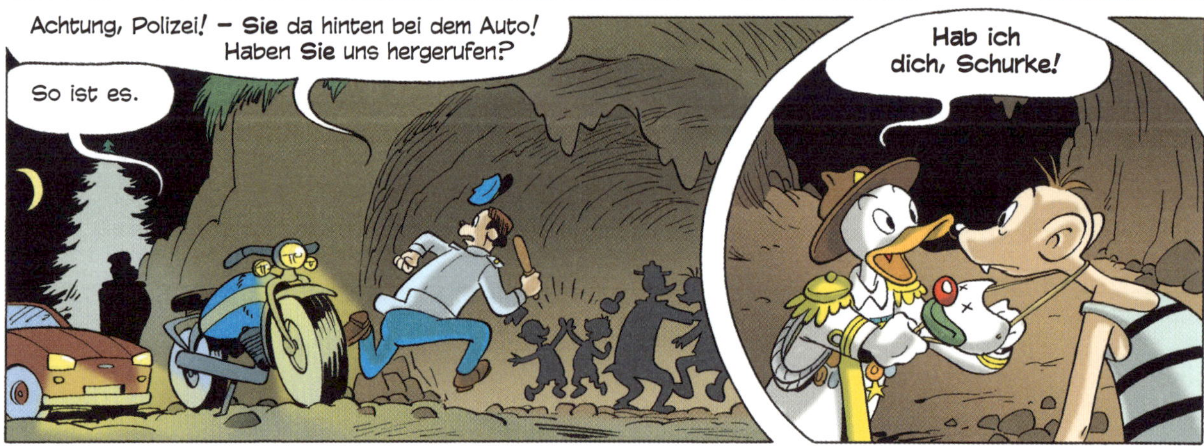
Achtung, Polizei! – Sie da hinten bei dem Auto! Haben Sie uns hergerufen?
So ist es.
Hab ich dich, Schurke!

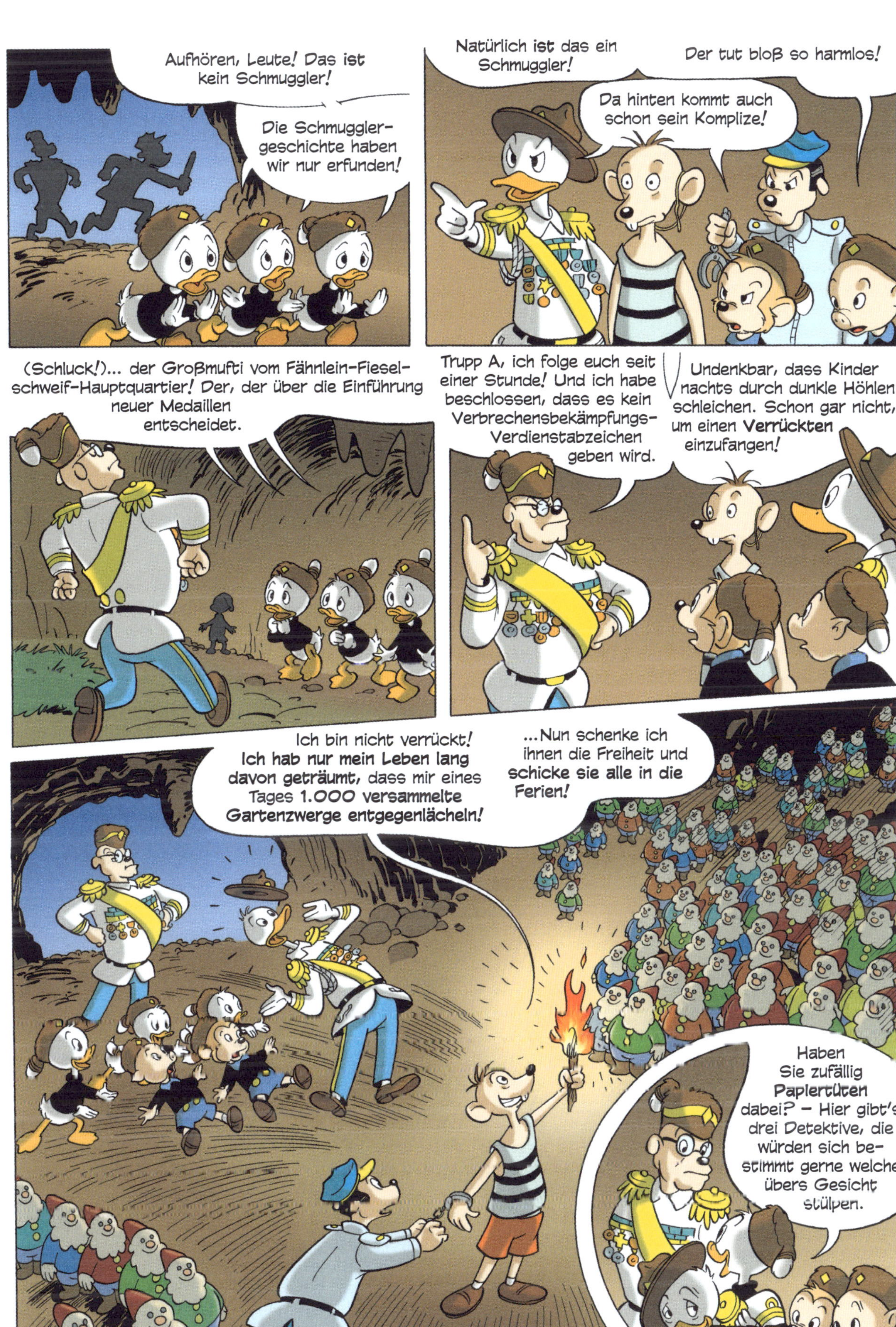
Aufhören, Leute! Das ist kein Schmuggler!
Die Schmugglergeschichte haben wir nur erfunden!
Natürlich ist das ein Schmuggler!
Der tut bloß so harmlos!
Da hinten kommt auch schon sein Komplize!
(Schluck!)... der Großmufti vom Fähnlein-Fieselschweif-Hauptquartier! Der, der über die Einführung neuer Medaillen entscheidet.
Trupp A, ich folge euch seit einer Stunde! Und ich habe beschlossen, dass es kein Verbrechensbekämpfungs-Verdienstabzeichen geben wird.
Undenkbar, dass Kinder nachts durch dunkle Höhlen schleichen. Schon gar nicht, um einen Verrückten einzufangen!
Ich bin nicht verrückt! Ich hab nur mein Leben lang davon geträumt, dass mir eines Tages 1.000 versammelte Gartenzwerge entgegenlächeln!
...Nun schenke ich ihnen die Freiheit und schicke sie alle in die Ferien!
Haben Sie zufällig Papiertüten dabei? – Hier gibt's drei Detektive, die würden sich bestimmt gerne welche übers Gesicht stülpen.
ENDE

Kann man als Fischmonster denn nicht mal in Ruhe ein Bad nehmen?
Sich ungestört in der Badewanne aalen?
Entspannt im warmen Wasser vor sich hin dösen?
Vergnügt mit einem Gummifischchen spielen?
... und dem grünhäutigen Körper ausgiebig mit Schuppenshampoo
und Kiemenbürste verwöhnen?

Ach, wäre das schön!
– Aber *nicht* in einem Spukhaus, nicht an Halloween,
nicht wenn Donald Duck auf Geisterjagd ist.
Besonders dann nicht.

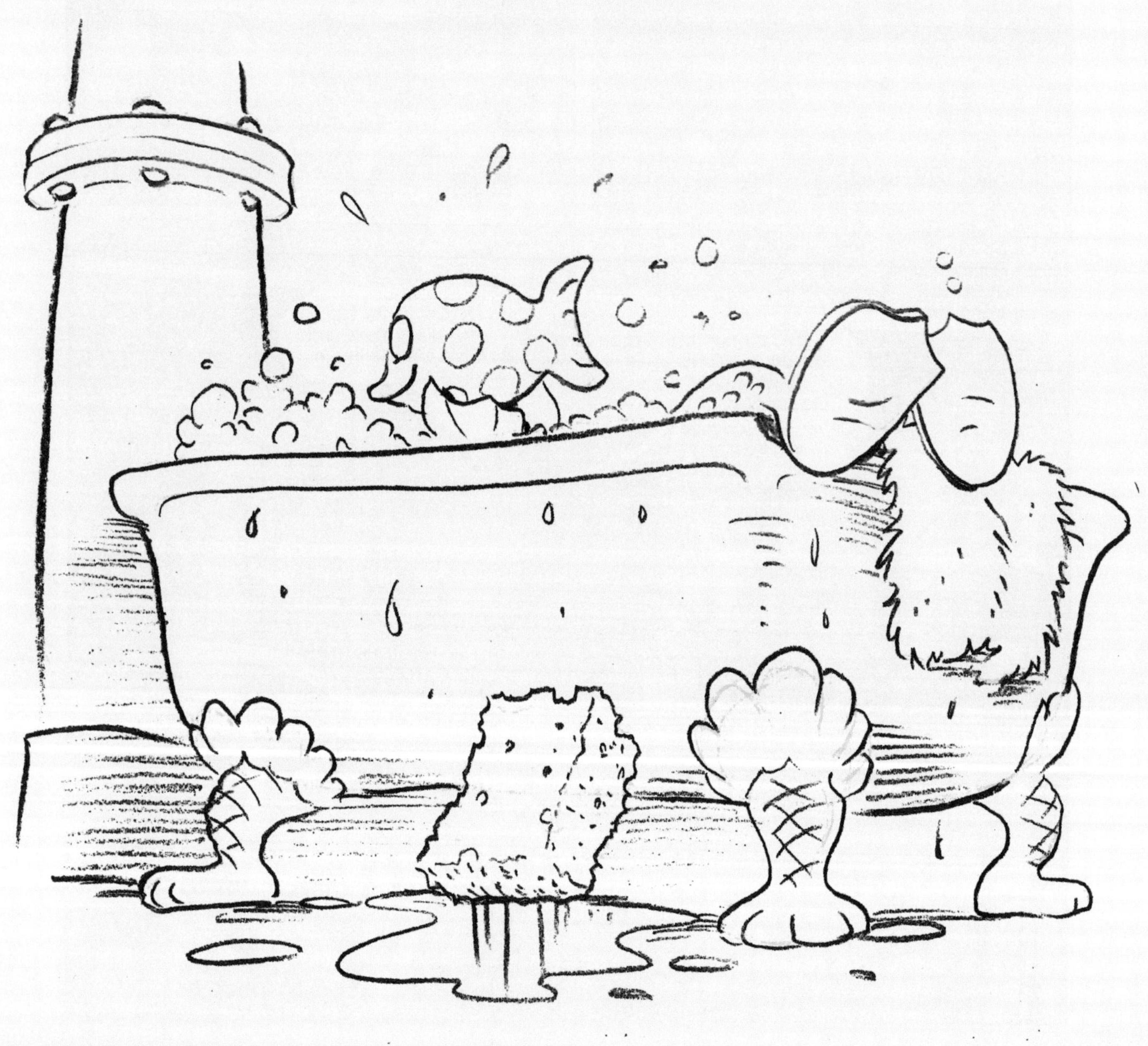

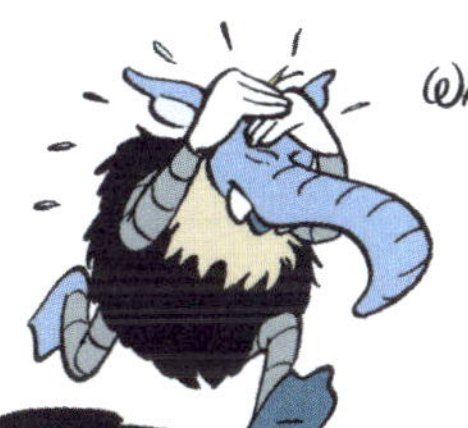

Walt Disney

HALLOWEEN des HORRORS

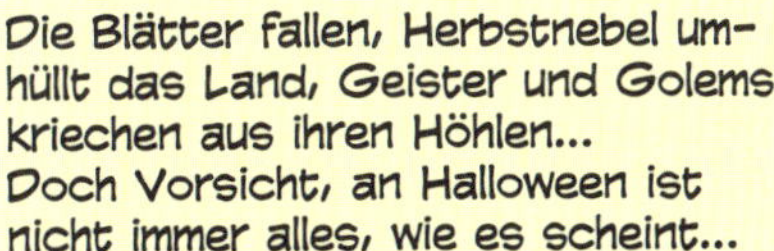

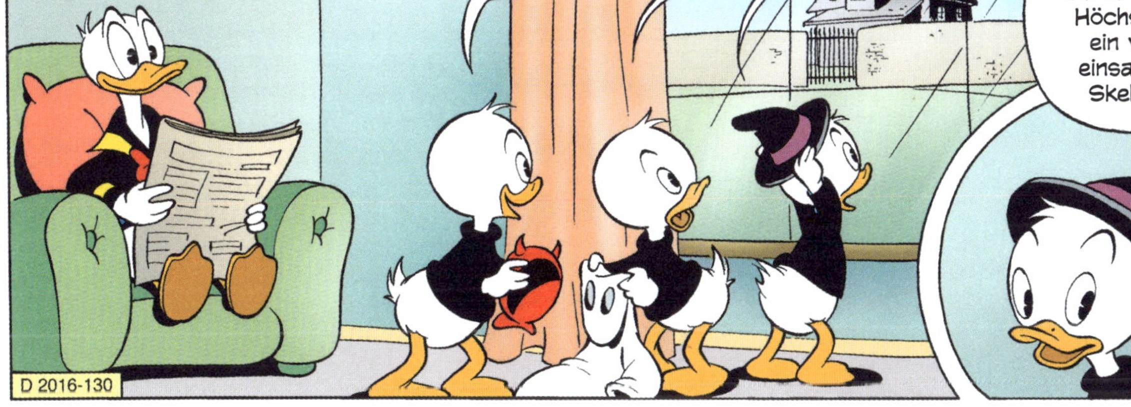

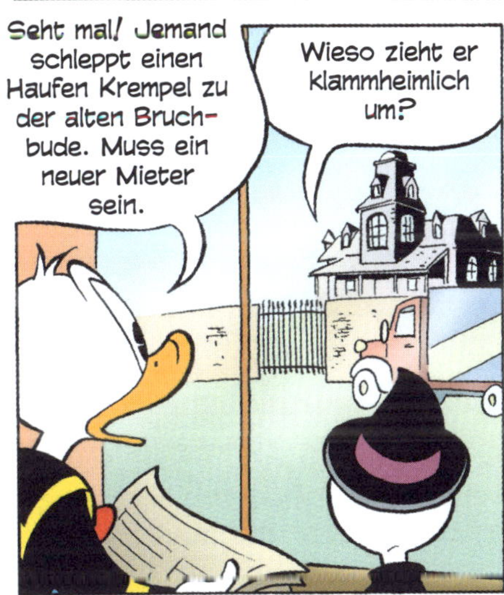

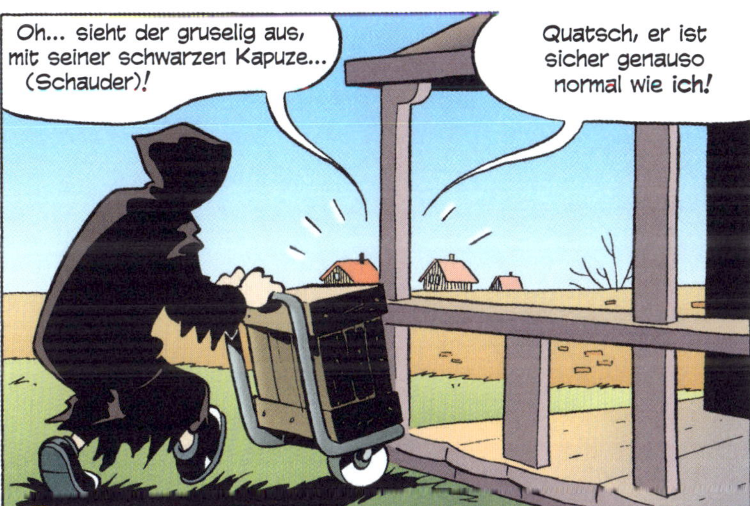

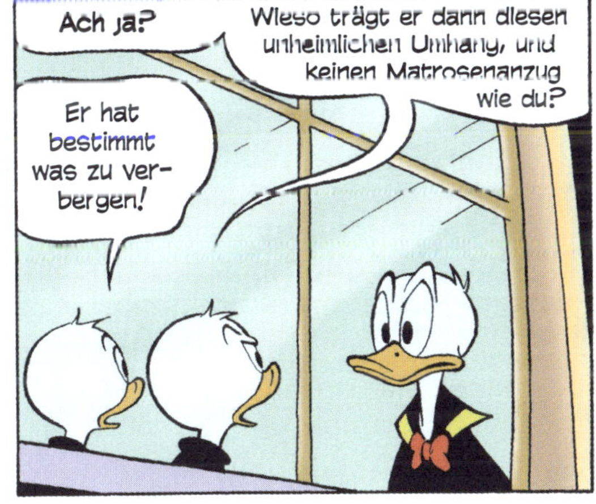

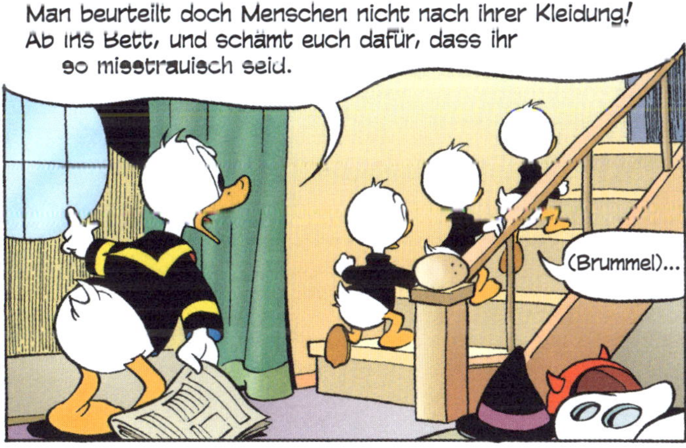

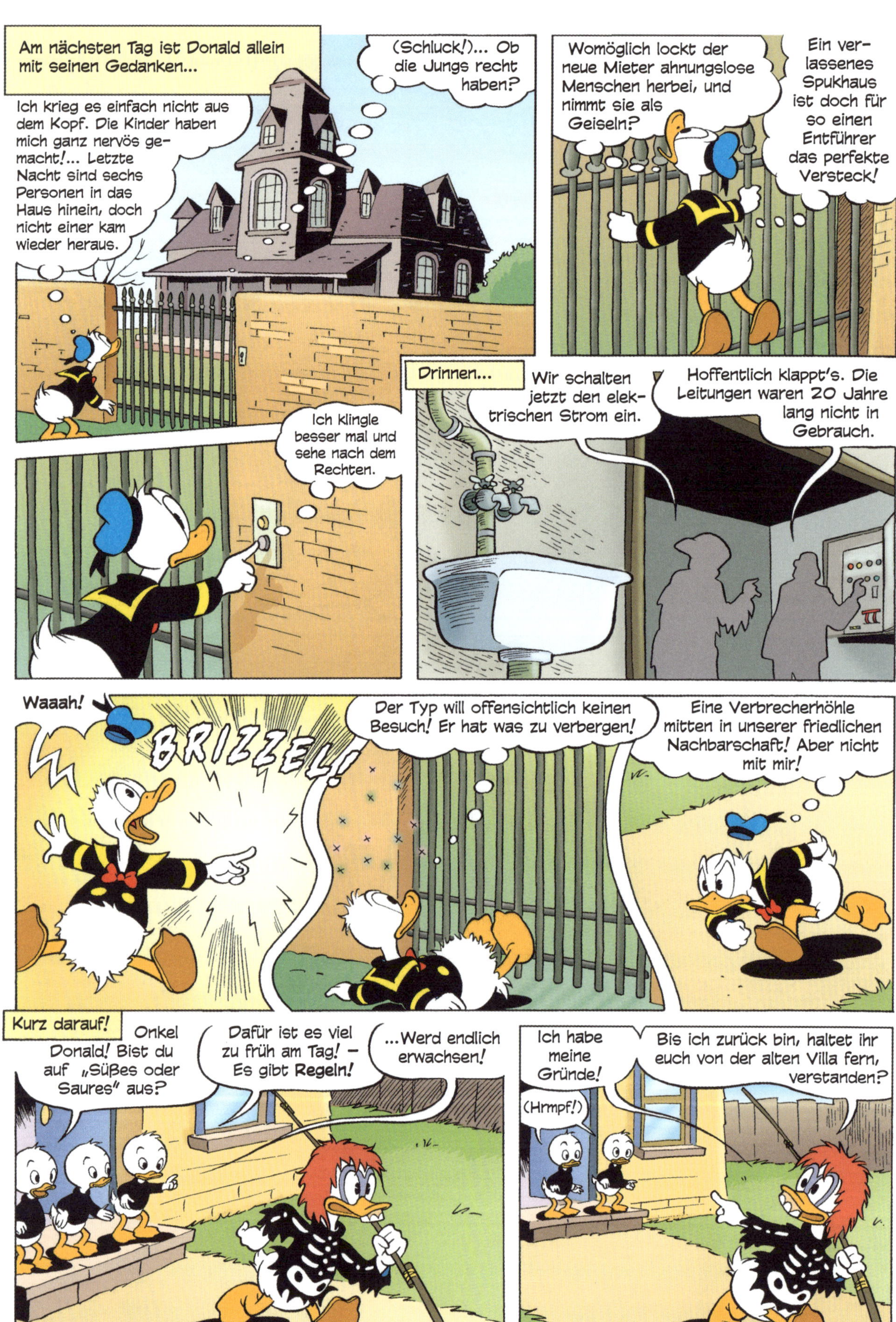
Am nächsten Tag ist Donald allein mit seinen Gedanken...
Ich krieg es einfach nicht aus dem Kopf. Die Kinder haben mich ganz nervös gemacht!... Letzte Nacht sind sechs Personen in das Haus hinein, doch nicht einer kam wieder heraus.
(Schluck!)... Ob die Jungs recht haben?
Womöglich lockt der neue Mieter ahnungslose Menschen herbei, und nimmt sie als Geiseln?
Ein verlassenes Spukhaus ist doch für so einen Entführer das perfekte Versteck!
Ich klingle besser mal und sehe nach dem Rechten.
Drinnen...
Wir schalten jetzt den elektrischen Strom ein.
Hoffentlich klappt's. Die Leitungen waren 20 Jahre lang nicht in Gebrauch.
Waaah!
BRIZZEL!
Der Typ will offensichtlich keinen Besuch! Er hat was zu verbergen!
Eine Verbrecherhöhle mitten in unserer friedlichen Nachbarschaft! Aber nicht mit mir!
Kurz darauf!
Onkel Donald! Bist du auf „Süßes oder Saures" aus?
Dafür ist es viel zu früh am Tag! – Es gibt **Regeln!**
...Werd endlich erwachsen!
Ich habe meine Gründe!
(Hrmpf!)
Bis ich zurück bin, haltet ihr euch von der alten Villa fern, verstanden?

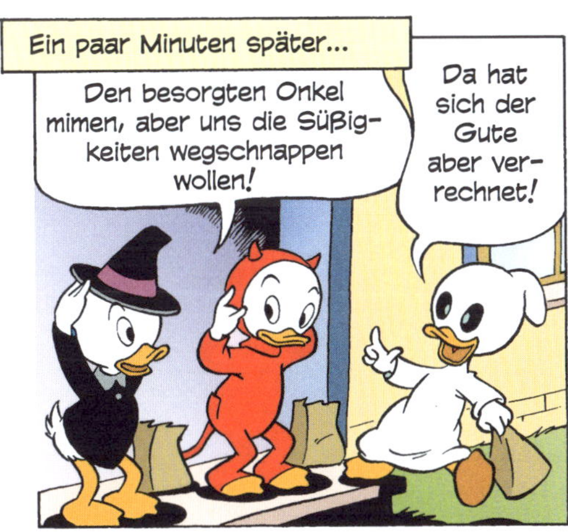
Ein paar Minuten später...
Den besorgten Onkel mimen, aber uns die Süßigkeiten wegschnappen wollen!
Da hat sich der Gute aber verrechnet!

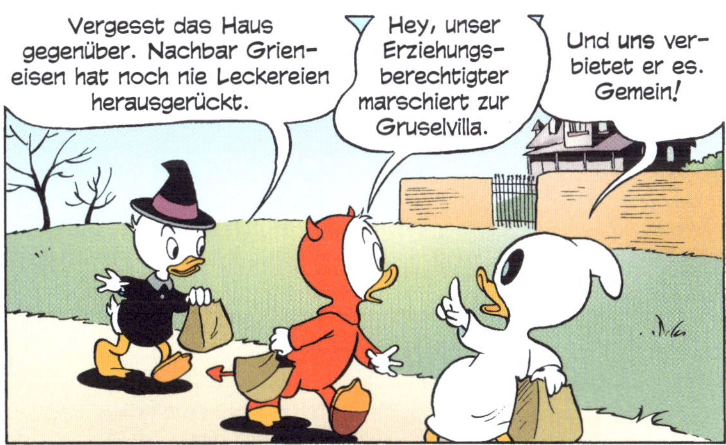
Vergesst das Haus gegenüber. Nachbar Grieneisen hat noch nie Leckereien herausgerückt.
Hey, unser Erziehungsberechtigter marschiert zur Gruselvilla.
Und uns verbietet er es. Gemein!

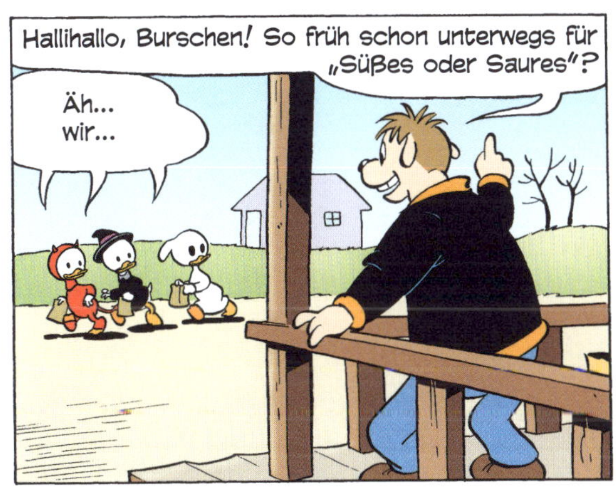
Hallihallo, Burschen! So früh schon unterwegs für „Süßes oder Saures"?
Äh... wir...

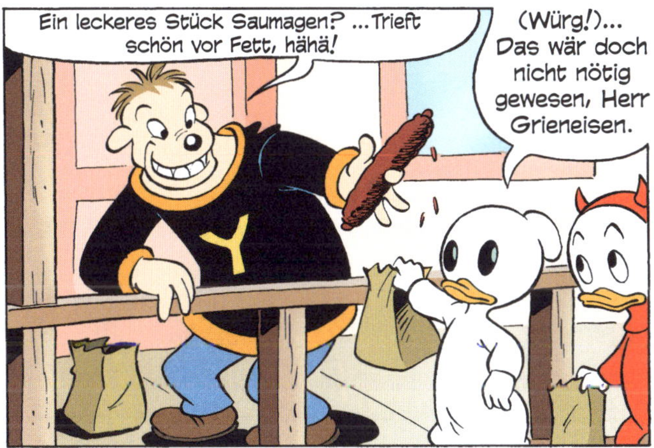
Ein leckeres Stück Saumagen? ...Trieft schön vor Fett, hähä!
(Würg!)... Das wär doch nicht nötig gewesen, Herr Grieneisen.
Y

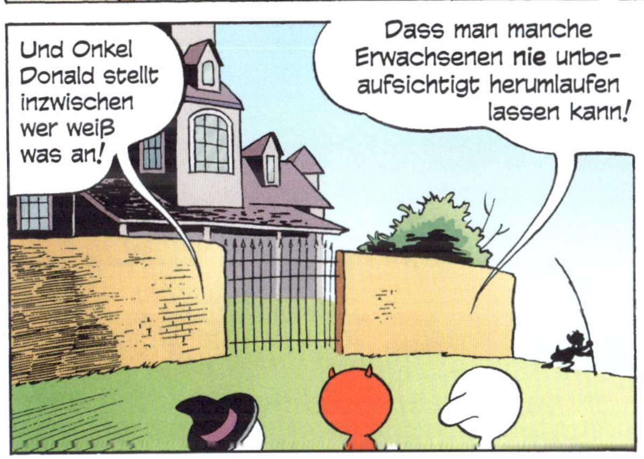
Und Onkel Donald stellt inzwischen wer weiß was an!
Dass man manche Erwachsenen **nie** unbeaufsichtigt herumlaufen lassen kann!

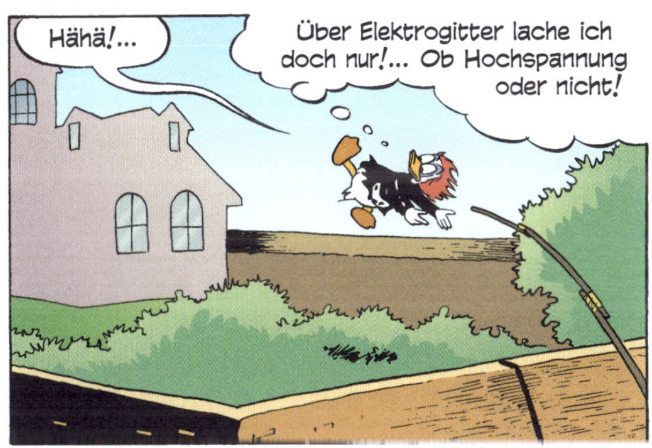
Hähä!...
Über Elektrogitter lache ich doch nur!... Ob Hochspannung oder nicht!

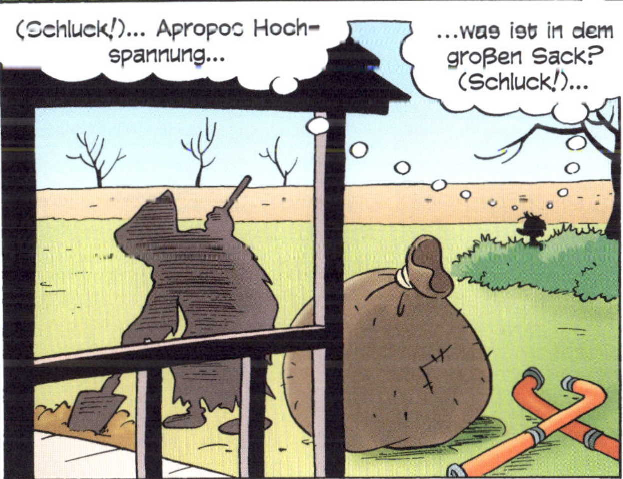
(Schluck!)... Apropos Hochspannung...
...was ist in dem großen Sack? (Schluck!)...

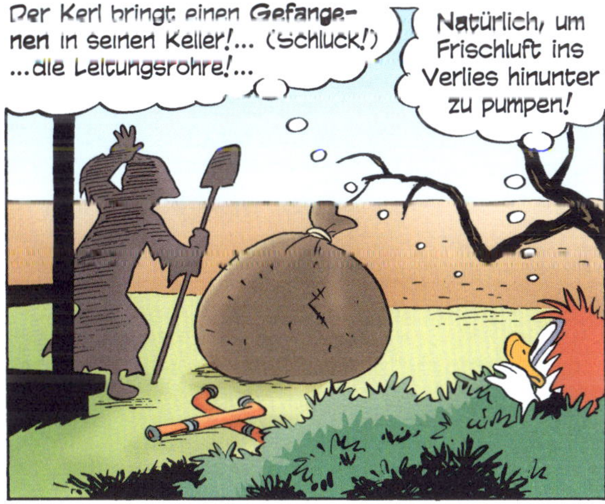
Der Kerl bringt einen **Gefangenen** in seinen Keller!... (Schluck!) ...die Leitungsrohre!...
Natürlich, um Frischluft ins Verlies hinunter zu pumpen!

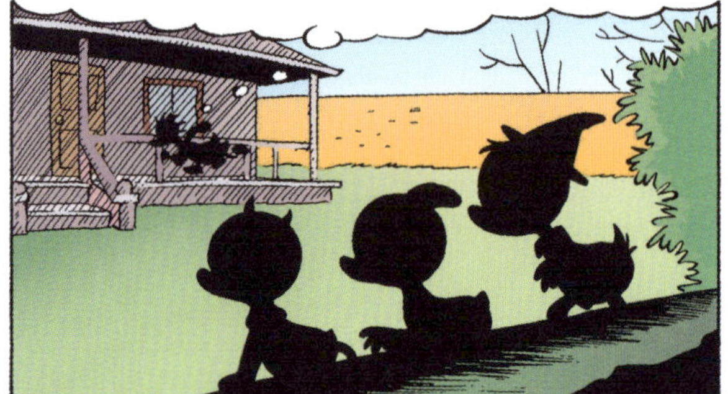
Ich klingle an der Vordertür, und sobald er reingeht, um zu öffnen, befreie ich sein armes Opfer!

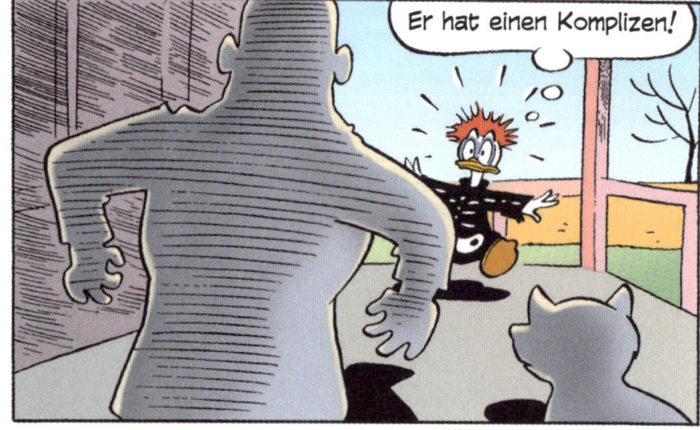
Er hat einen Komplizen!

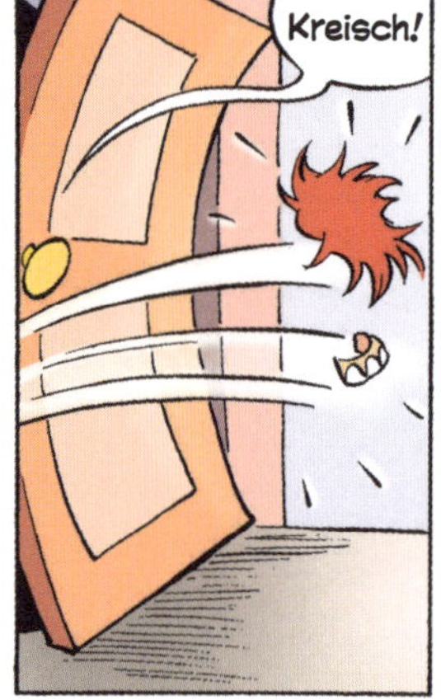
Rein mit dir!
Kreisch!

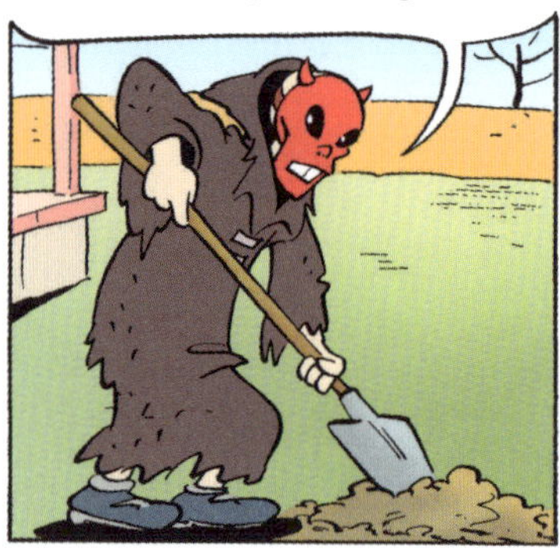
Ruhe! Wie soll ein Mensch bei dem Krach unbemerkt Rohrleitungen verlegen?
Jedoch!

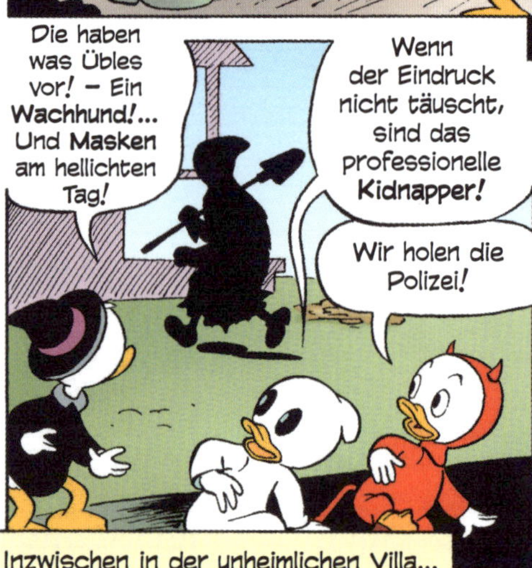
Die haben was Übles vor! – Ein Wachhund!... Und Masken am hellichten Tag!
Wenn der Eindruck nicht täuscht, sind das professionelle Kidnapper!
Wir holen die Polizei!
Inzwischen in der unheimlichen Villa...

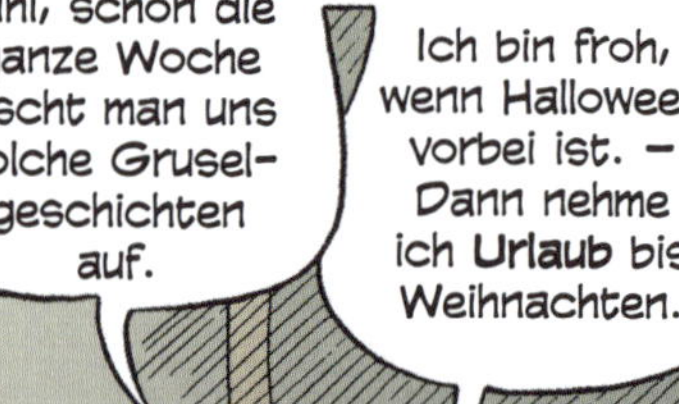
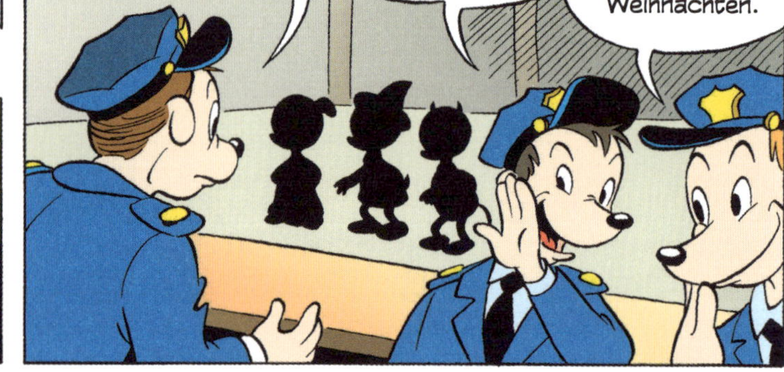
Ihr habt zu viel Fantasie, Kinder. – Das alles sind keine wasserdichten Beweise.
Hihi, schon die ganze Woche tischt man uns solche Gruselgeschichten auf.
Ich bin froh, wenn Halloween vorbei ist. – Dann nehme ich Urlaub bis Weihnachten.

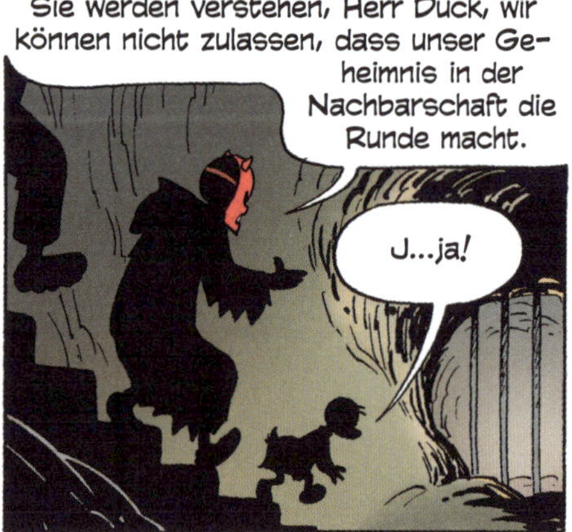
Sie werden verstehen, Herr Duck, wir können nicht zulassen, dass unser Geheimnis in der Nachbarschaft die Runde macht.
J...ja!

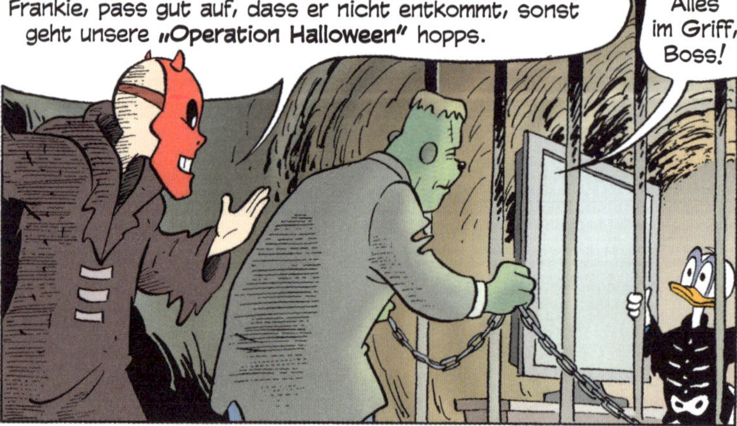
Frankie, pass gut auf, dass er nicht entkommt, sonst geht unsere „Operation Halloween" hopps.
Alles im Griff, Boss!

Tick, Trick und Track kehren an den Ort des Schreckens zurück...

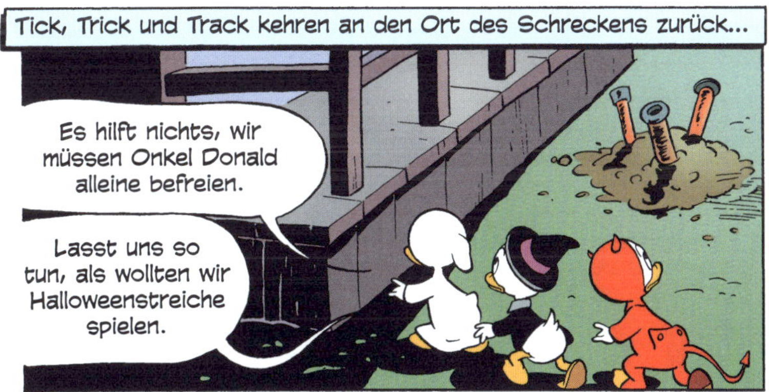

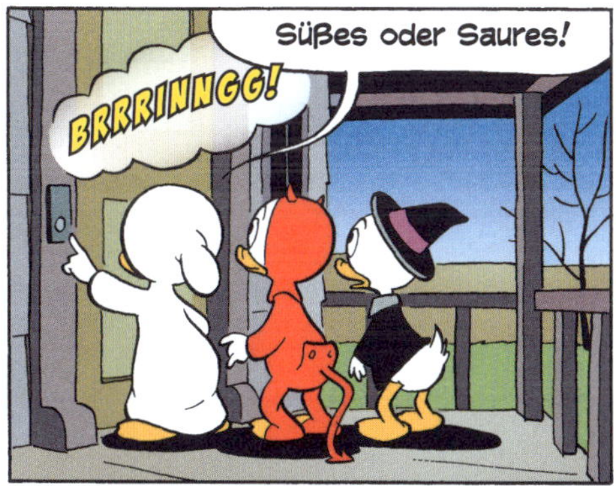

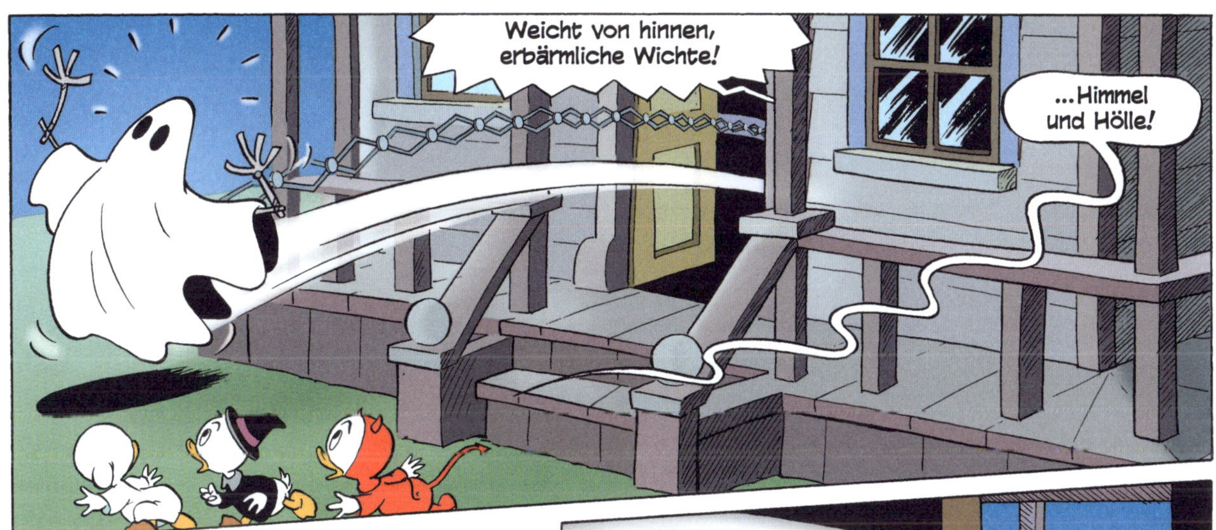

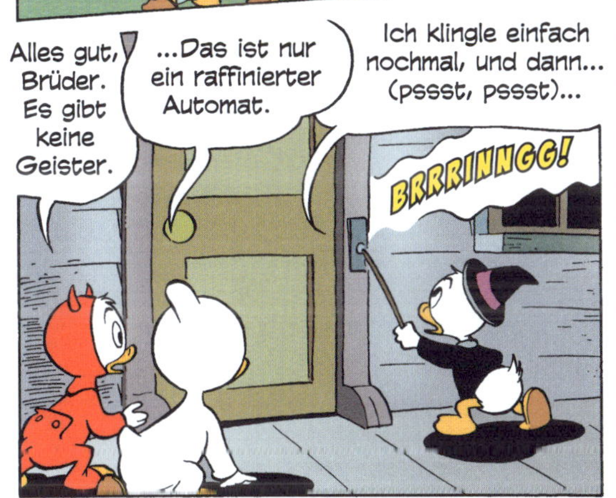

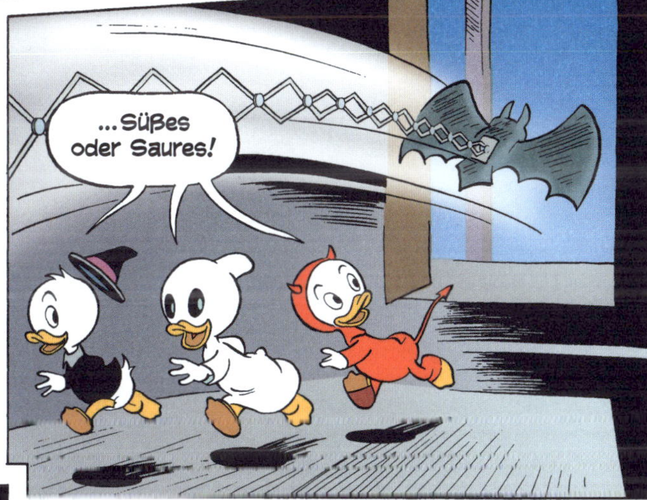

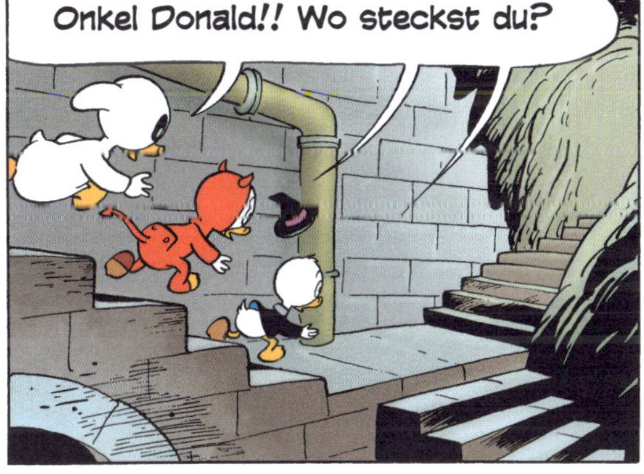

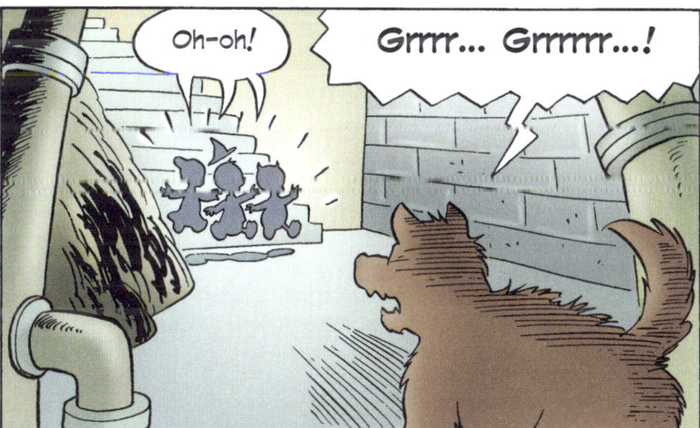

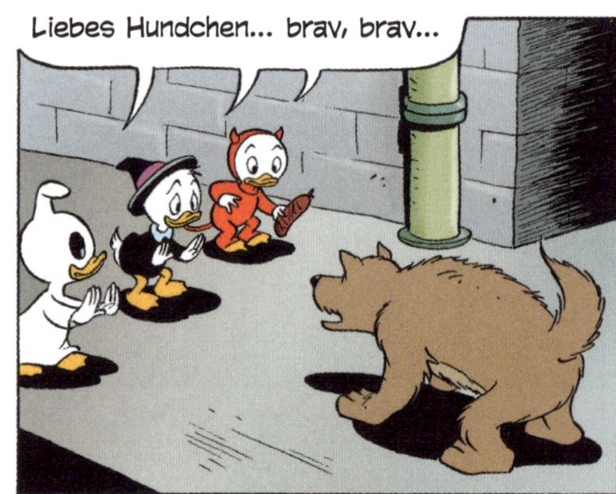
Liebes Hundchen... brav, brav...

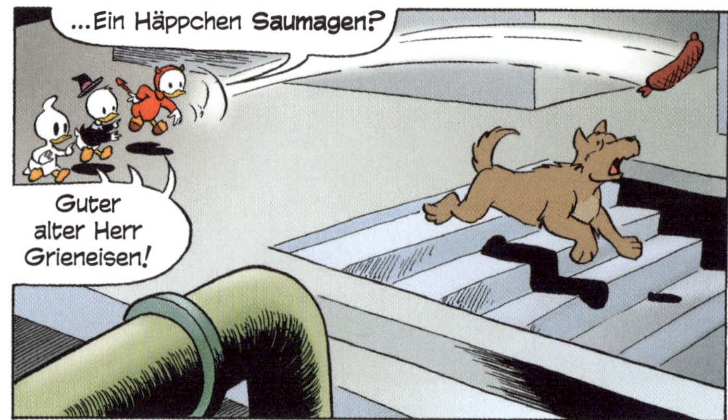
...Ein Häppchen Saumagen?
Guter alter Herr Grieneisen!

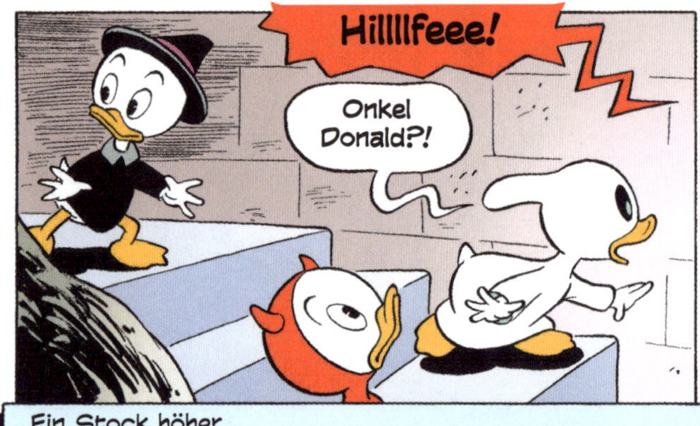
Hillllfeee!
Onkel Donald?!
Ein Stock höher...

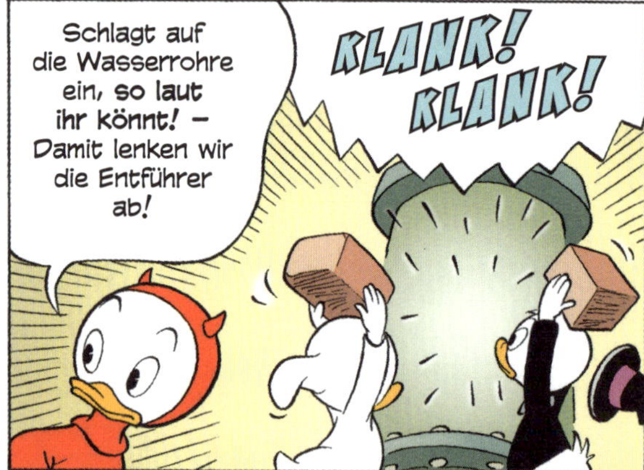
Schlagt auf die Wasserrohre ein, so laut ihr könnt! – Damit lenken wir die Entführer ab!
KLANK! KLANK!

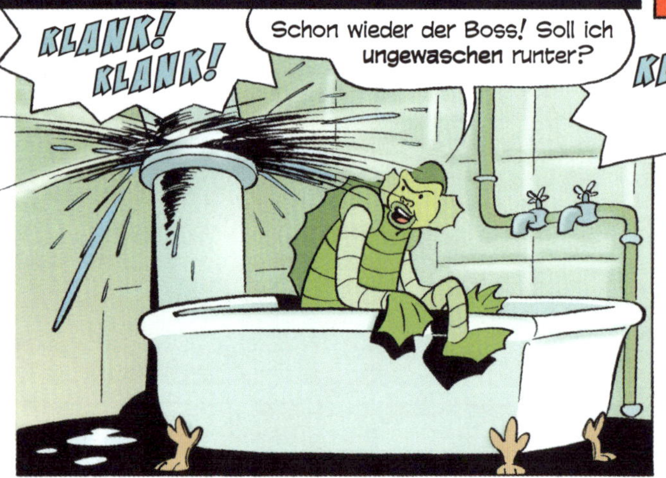
KLANK! KLANK!
Schon wieder der Boss! Soll ich ungewaschen runter?

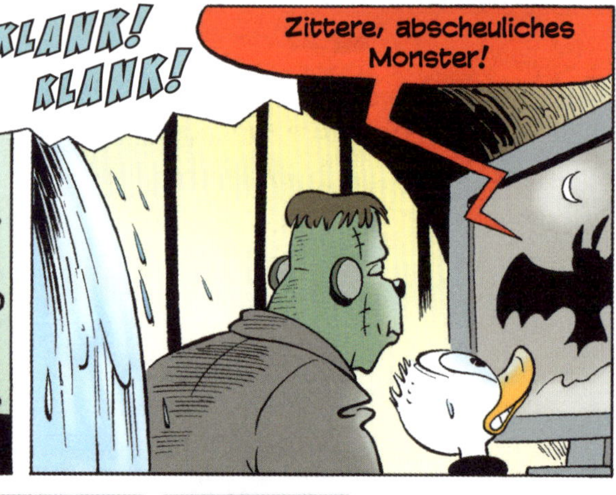
KLANK! KLANK!
Zittere, abscheuliches Monster!

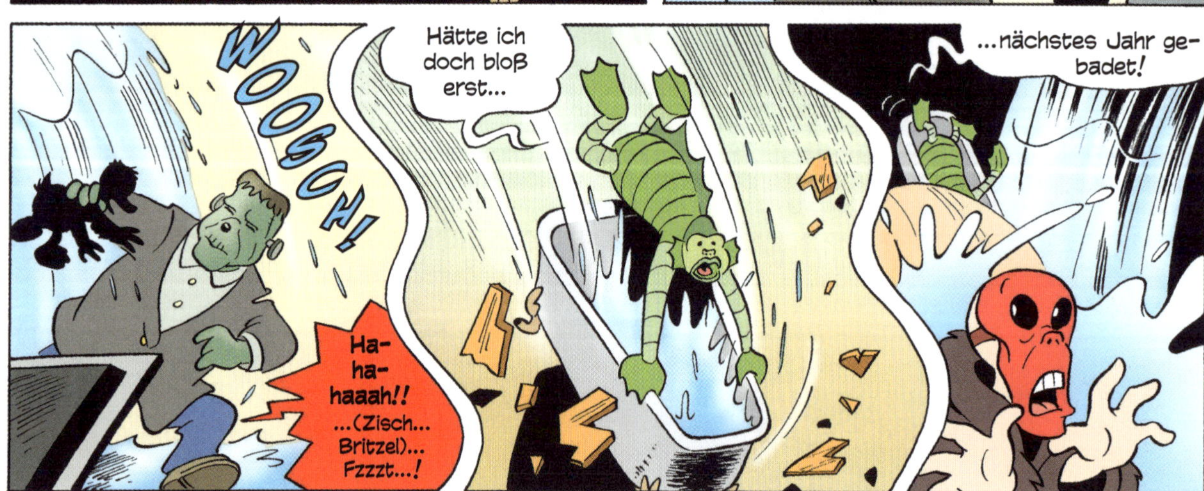
WOOSCH!
Ha-ha-haaah!! ...(Zisch... Britzel)... Fzzzt...!
Hätte ich doch bloß erst...
...nächstes Jahr ge-badet!

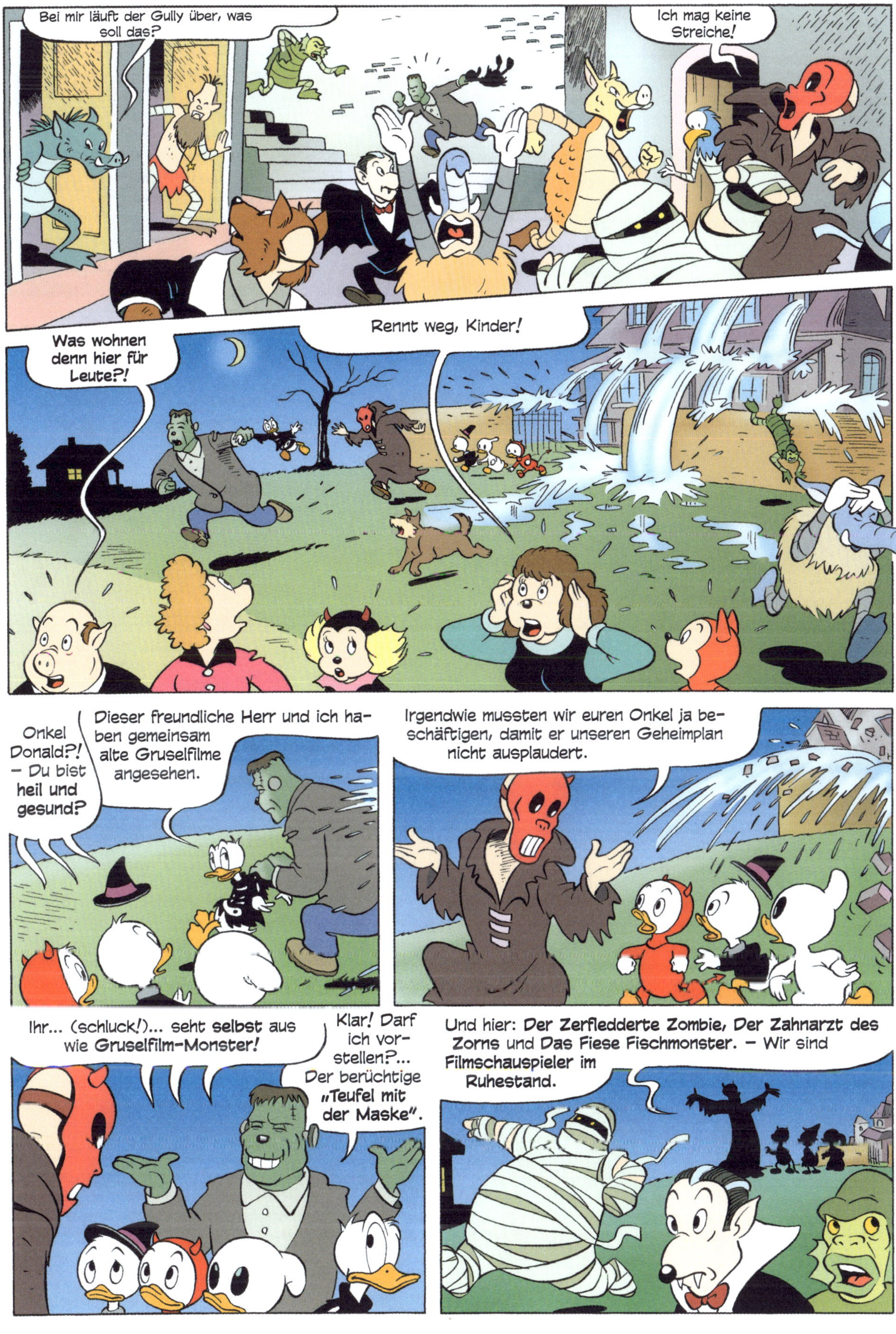

Bei mir läuft der Gully über, was soll das?

Ich mag keine Streiche!

Was wohnen denn hier für Leute?!

Rennt weg, Kinder!

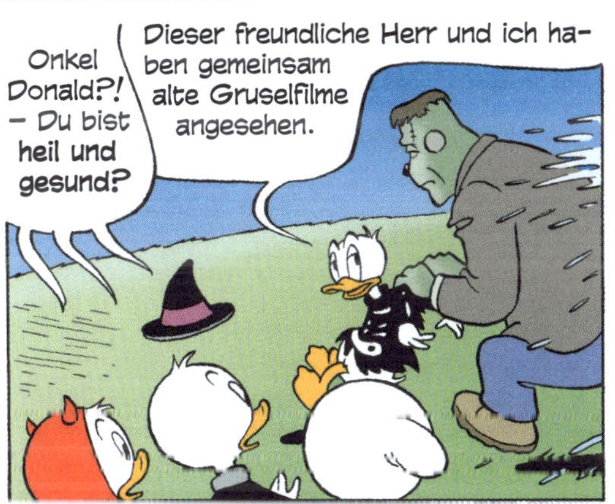

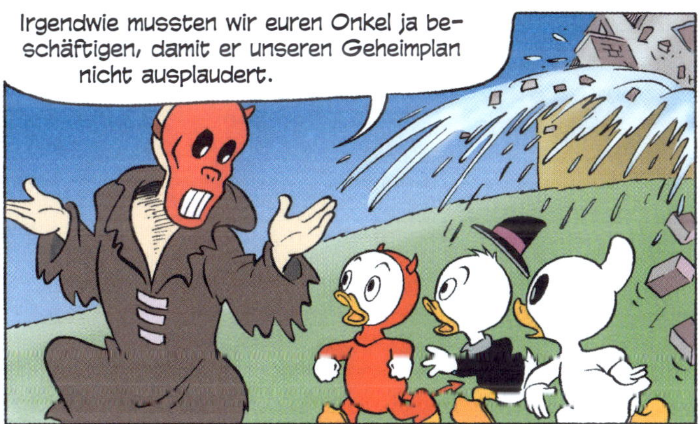

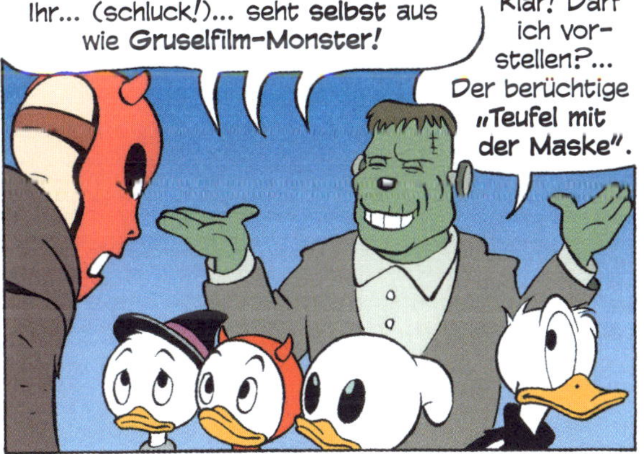

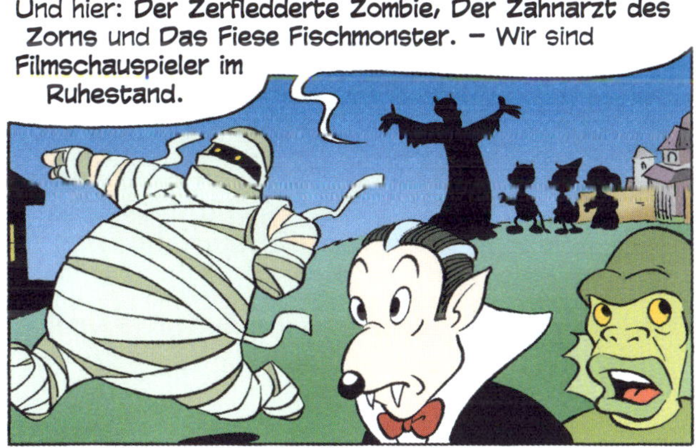

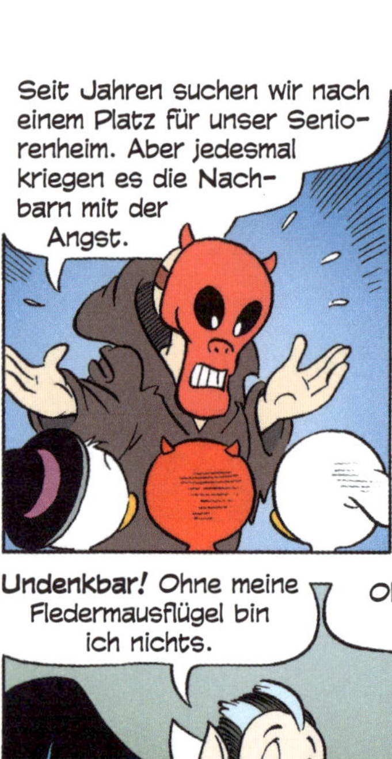
Seit Jahren suchen wir nach einem Platz für unser Seniorenheim. Aber jedesmal kriegen es die Nachbarn mit der Angst.

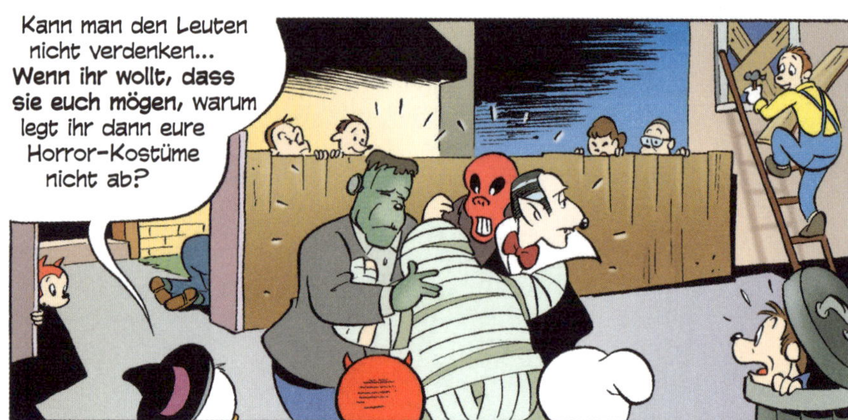
Kann man den Leuten nicht verdenken... **Wenn ihr wollt, dass sie euch mögen,** warum legt ihr dann eure Horror-Kostüme nicht ab?

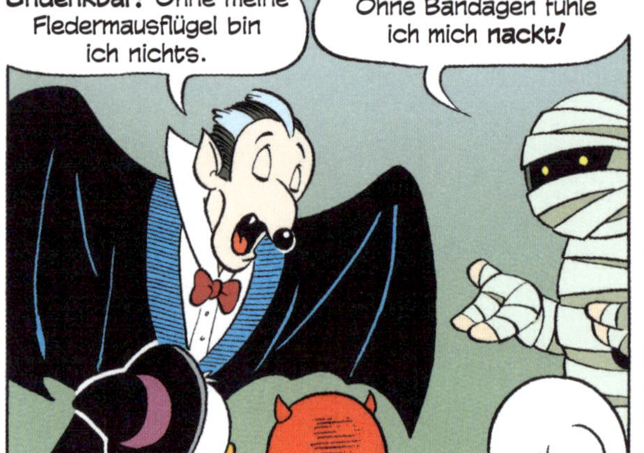
Undenkbar! Ohne meine Fledermausflügel bin ich nichts.
Ohne Bandagen fühle ich mich **nackt!**

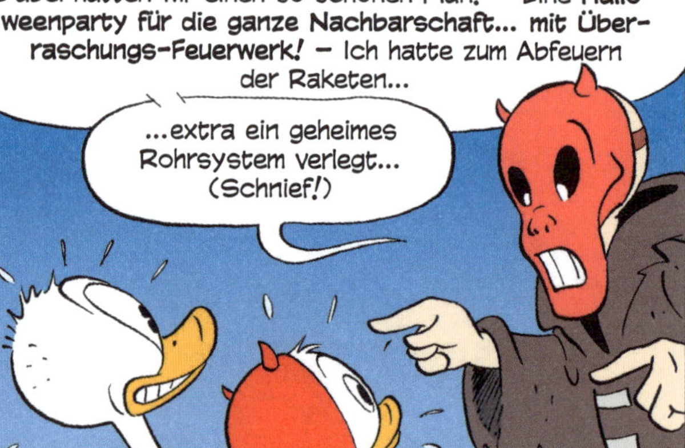
Dabei hatten wir einen so schönen Plan! – Eine **Halloweenparty für die ganze Nachbarschaft... mit Überraschungs-Feuerwerk!** – Ich hatte zum Abfeuern der Raketen...
...extra ein geheimes Rohrsystem verlegt... (Schnief!)

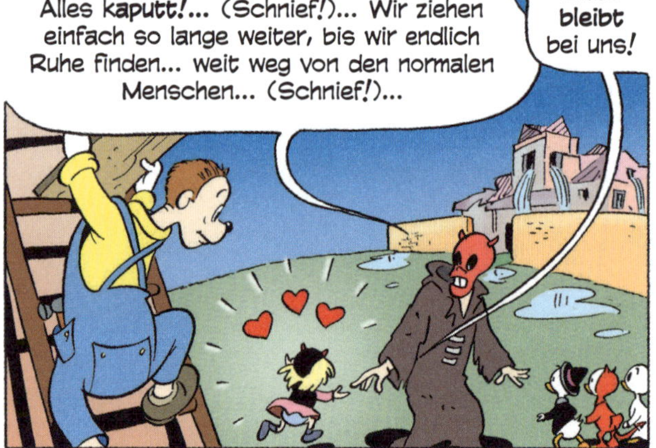
Alles **kaputt!...** (Schnief!)... Wir ziehen einfach so lange weiter, bis wir endlich Ruhe finden... weit weg von den normalen Menschen... (Schnief!)...
Bitte **bleibt** bei uns!

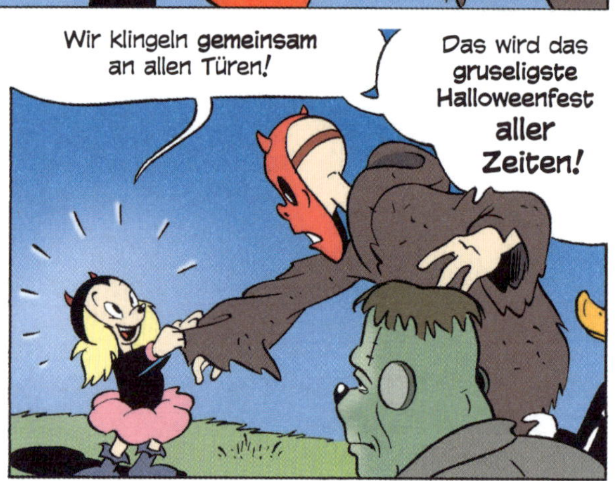
Wir klingeln **gemeinsam** an allen Türen!
Das wird das **gruseligste Halloweenfest aller Zeiten!**

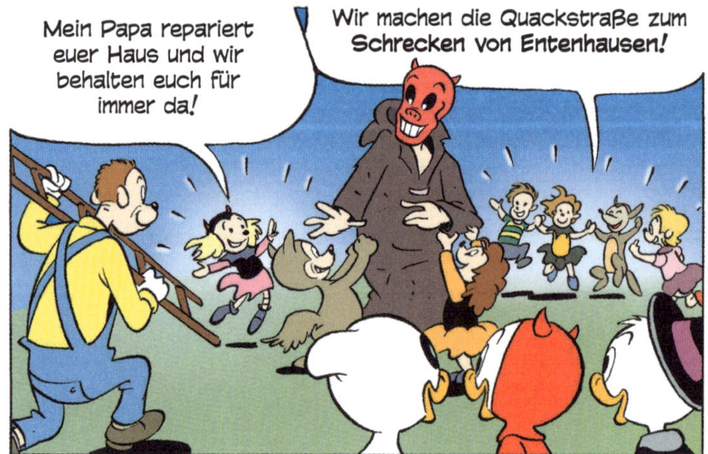
Mein Papa repariert euer Haus und wir behalten euch für immer da!
Wir machen die Quackstraße zum **Schrecken von Entenhausen!**

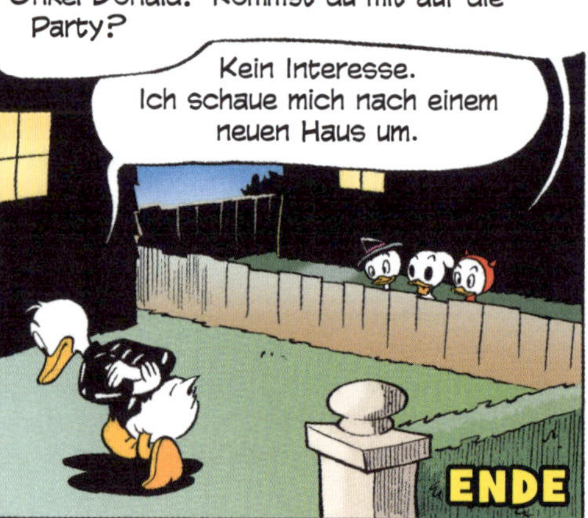
Onkel Donald? Kommst du mit auf die Party?
Kein Interesse. Ich schaue mich nach einem neuen Haus um.
ENDE

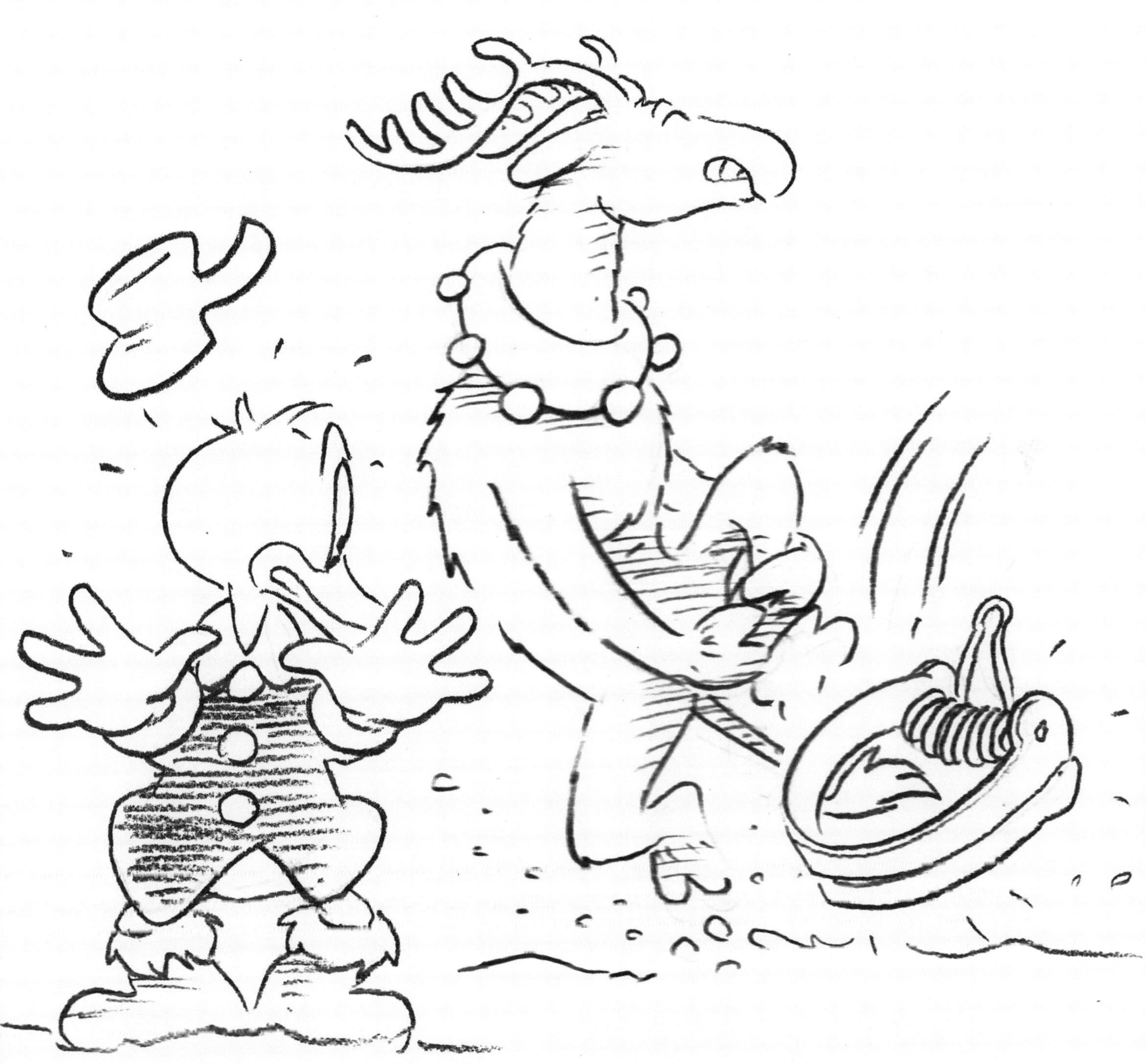

In dieser Geschichte kommen keine Rentiere zu Schaden.
Es gibt Bärenfallen, Schusswaffen, Äxte und verschiedenste Wurfgeschosse,
es wird gestritten und gefochten, doch es wird niemand ernsthaft verletzt.
Schließlich geht es ums friedenstiftende Weihnachtsfest.

Fern der Heimat, hoch oben im Norden, in tiefer Wintereinsamkeit
treffen die Ducks auf einen verbitteren Rentiergebrauchthändler,
einen grimmigen Hausdiener und einen galligen Greis.
All diese Menchen lernen an diesem Tag eine Lektion fürs Leben.
Nun ja, fast jeder:
Der verstockte Einsiedler auf der einsamen Polarwetterstation lernt gar nichts.*
Er hasst weiterhin alle und jeden.
Gut, dass dem Unbelehrbaren dort, wo er lebt, niemand in die Quere kommt –
keine Freunde, keine Familie, noch nicht mal Nachbarn.
Wie jeder weiß, ist der Nordpol menschenleer.
... Den Weihnachtsmann gibt es ja angeblich nicht.

**Natürlich lernt auch Donald nichts.
Doch das hat ihn noch nie gestört.*

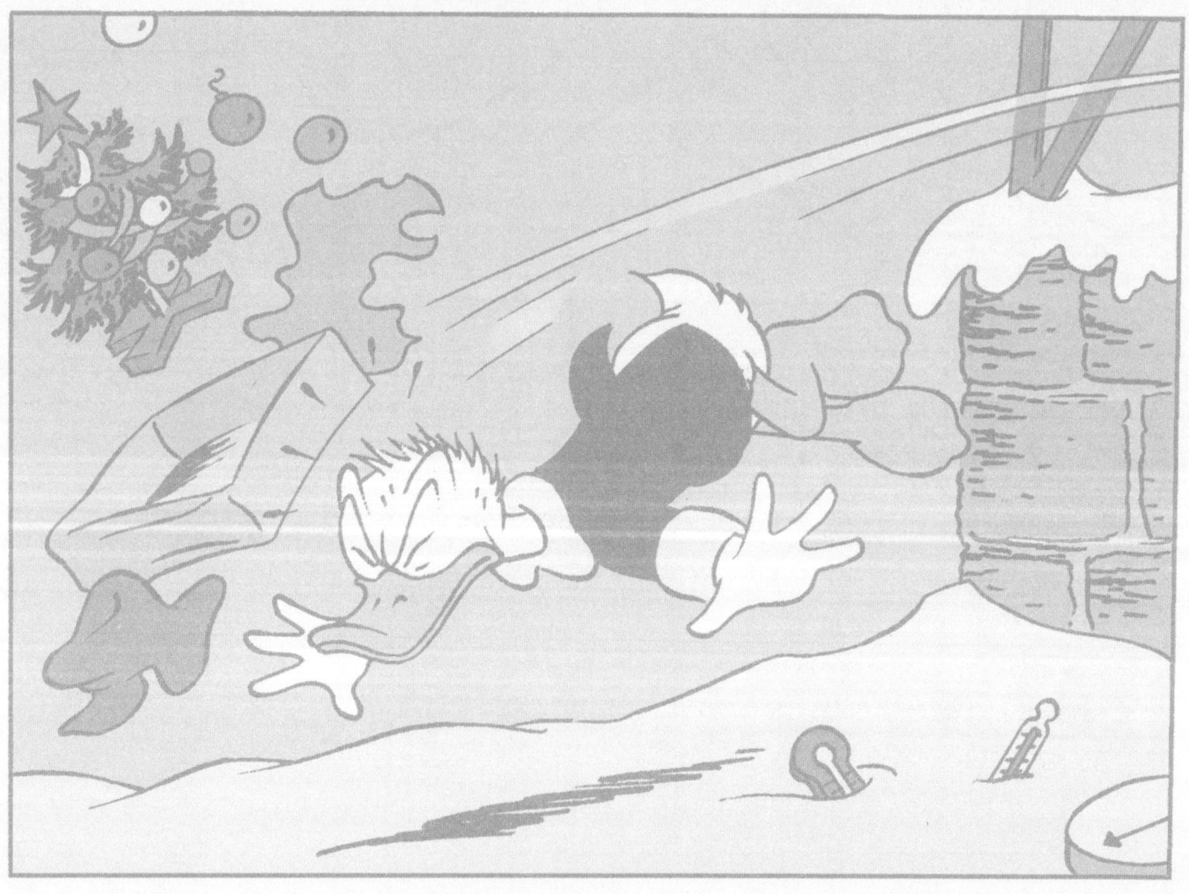

Wunderbares Weihnachtsfest

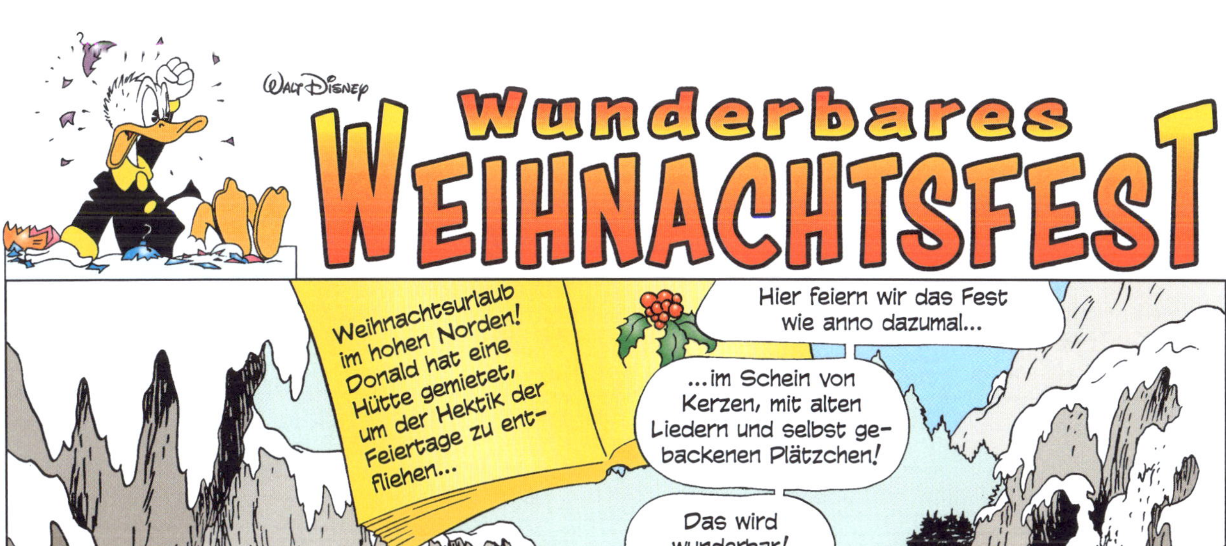

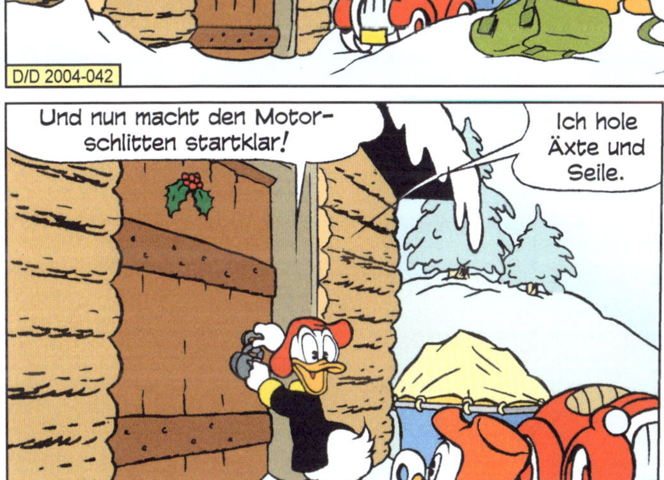

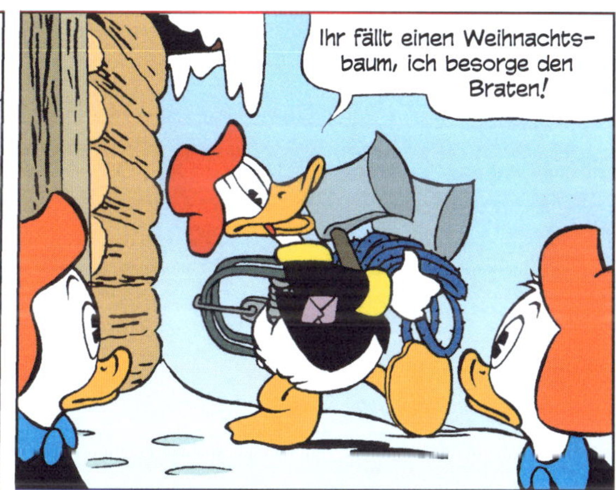

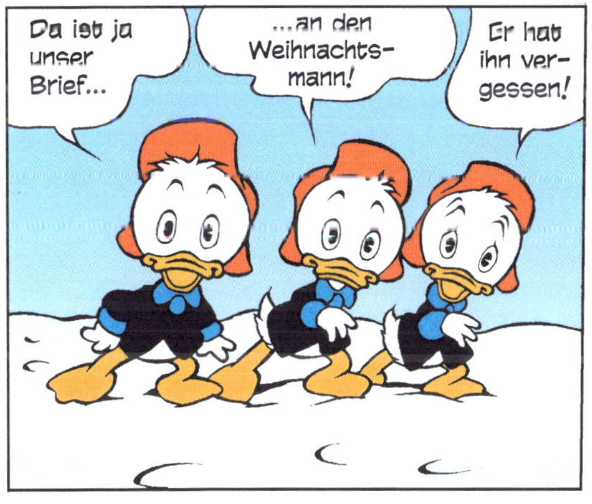

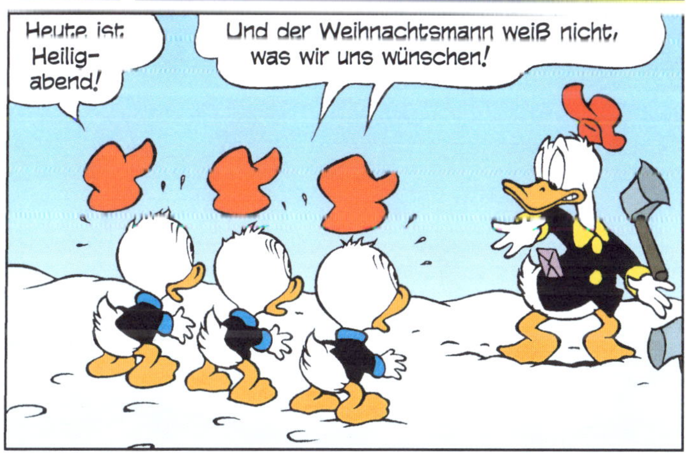

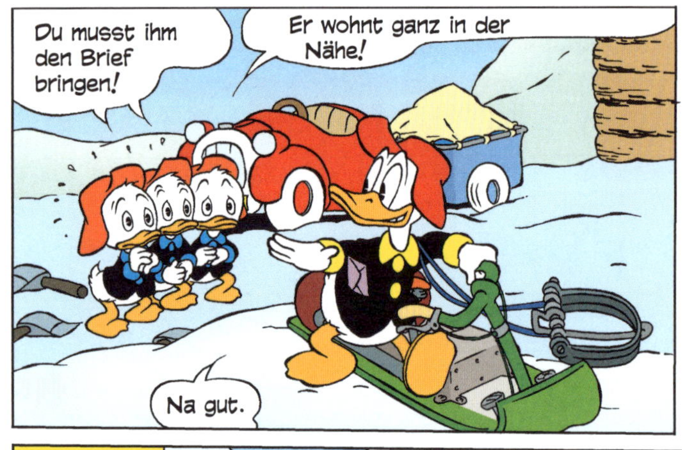
Du musst ihm den Brief bringen!
Er wohnt ganz in der Nähe!
Na gut.

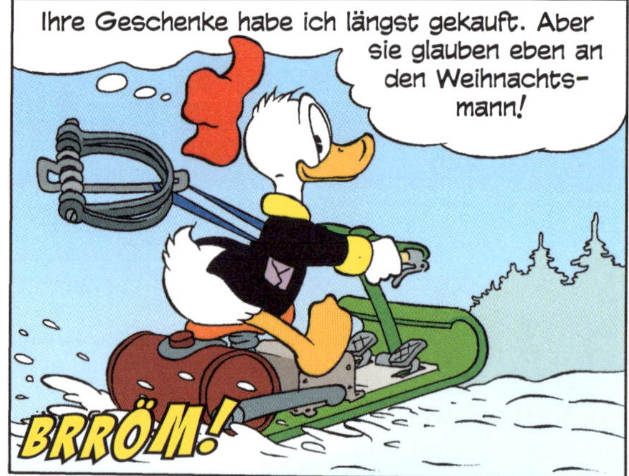
Ihre Geschenke habe ich längst gekauft. Aber sie glauben eben an den Weihnachtsmann!
BRRÖM!

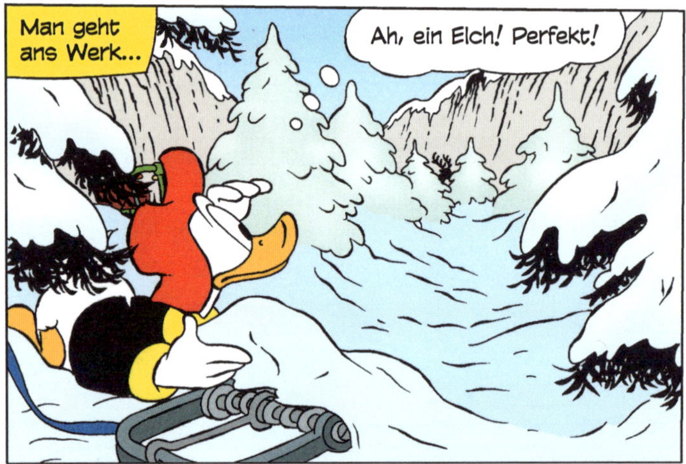
Man geht ans Werk...
Ah, ein Elch! Perfekt!

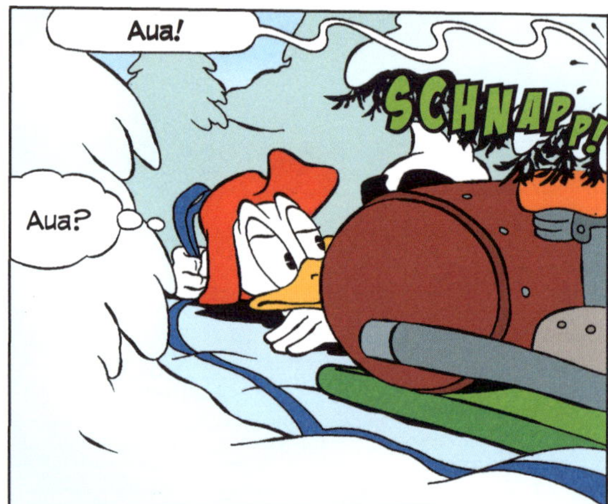
Aua!
SCHNAPP!
Aua?

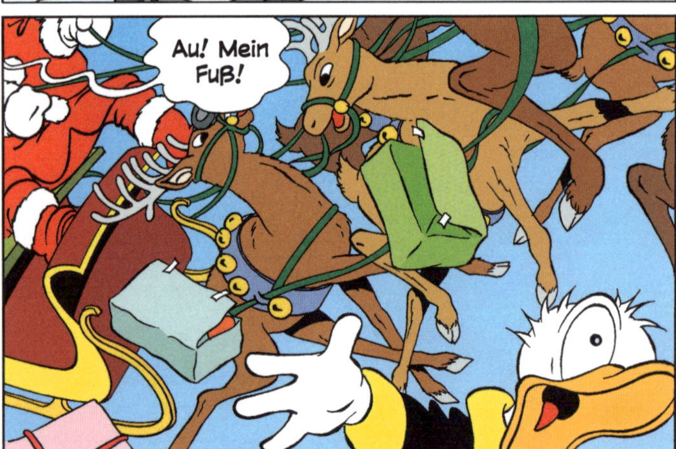
Au! Mein Fuß!

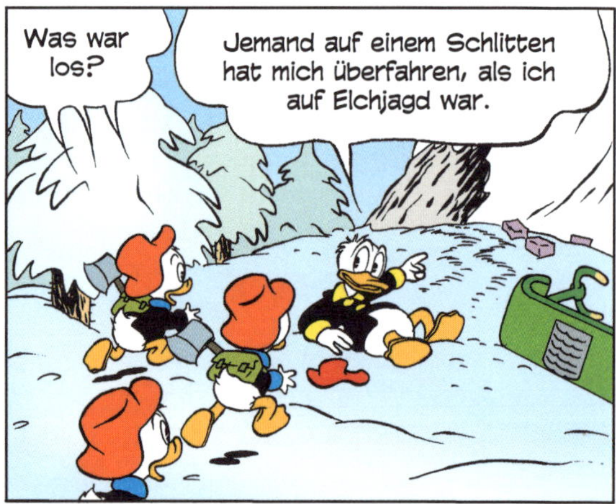
Was war los?
Jemand auf einem Schlitten hat mich überfahren, als ich auf Elchjagd war.

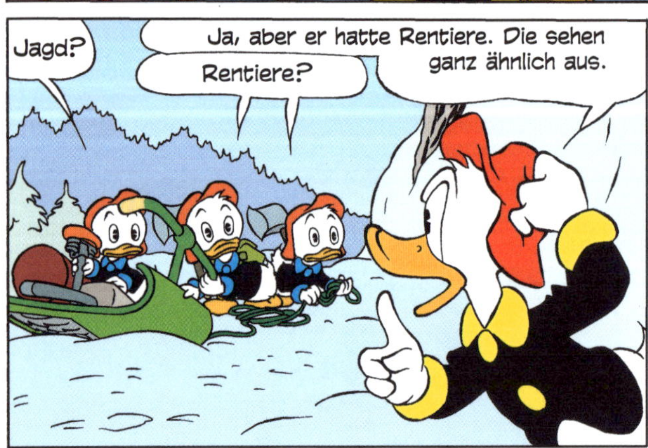
Jagd?
Ja, aber er hatte Rentiere. Die sehen ganz ähnlich aus.
Rentiere?

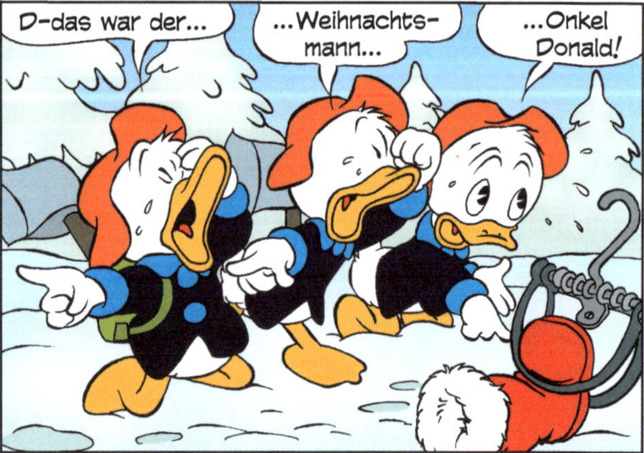
D-das war der...
...Weihnachtsmann...
...Onkel Donald!

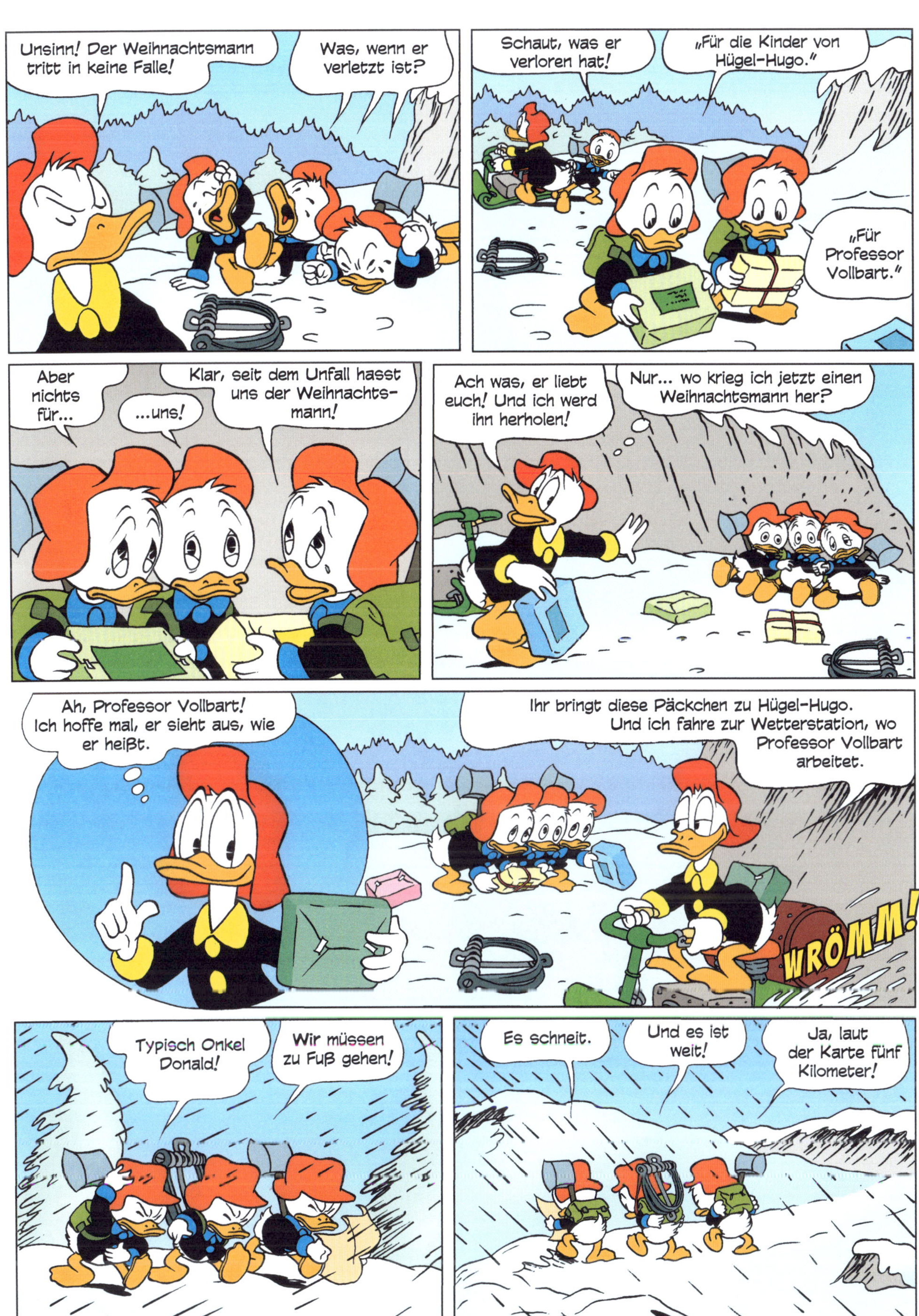
Unsinn! Der Weihnachtsmann tritt in keine Falle!
Was, wenn er verletzt ist?
Schaut, was er verloren hat!
„Für die Kinder von Hügel-Hugo."
„Für Professor Vollbart."
Aber nichts für...
...uns!
Klar, seit dem Unfall hasst uns der Weihnachtsmann!
Ach was, er liebt euch! Und ich werd ihn herholen!
Nur... wo krieg ich jetzt einen Weihnachtsmann her?
Ah, Professor Vollbart! Ich hoffe mal, er sieht aus, wie er heißt.
Ihr bringt diese Päckchen zu Hügel-Hugo. Und ich fahre zur Wetterstation, wo Professor Vollbart arbeitet.
WRÖMM!
Typisch Onkel Donald!
Wir müssen zu Fuß gehen!
Es schneit.
Und es ist weit!
Ja, laut der Karte fünf Kilometer!

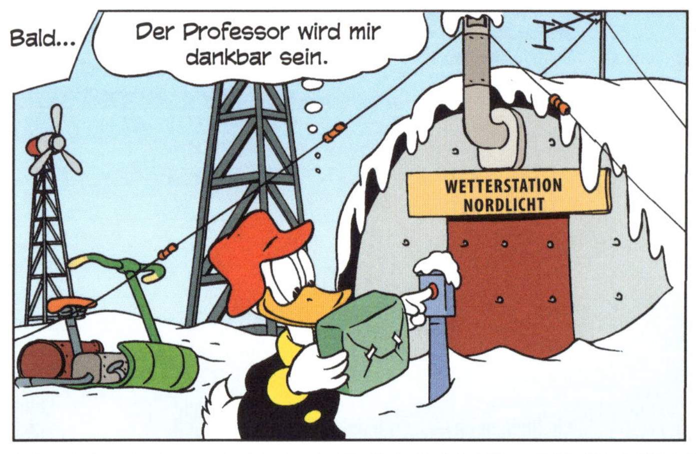
Bald...
Der Professor wird mir dankbar sein.
WETTERSTATION NORDLICHT

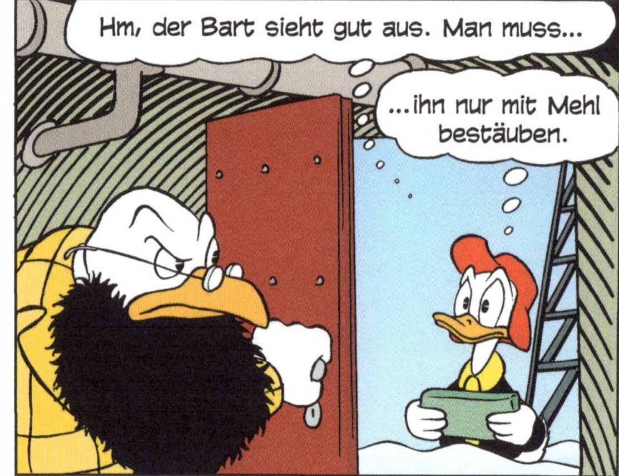
Hm, der Bart sieht gut aus. Man muss...
...ihn nur mit Mehl bestäuben.

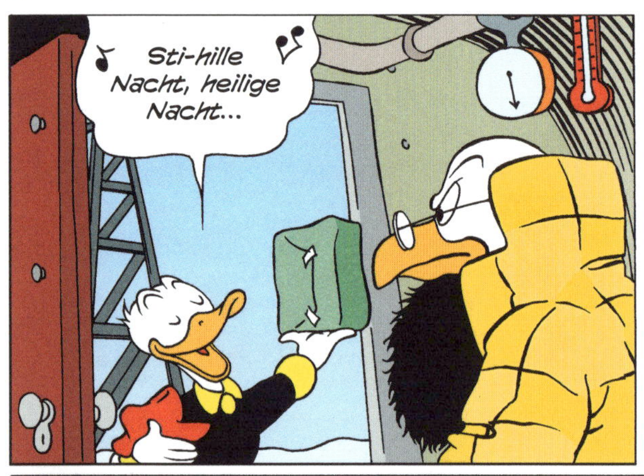
Sti-hille Nacht, heilige Nacht...

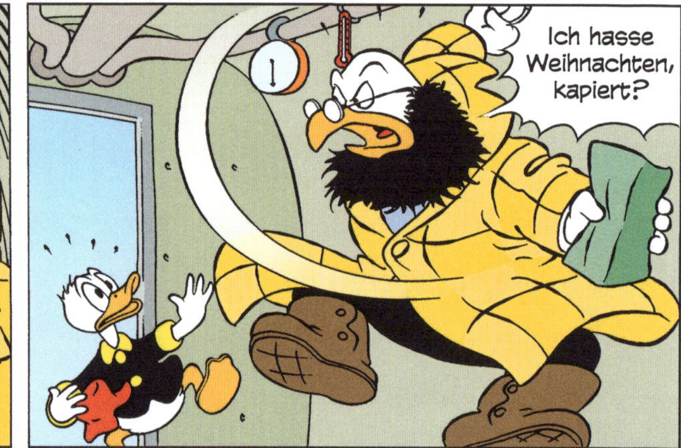
Ich hasse Weihnachten, kapiert?

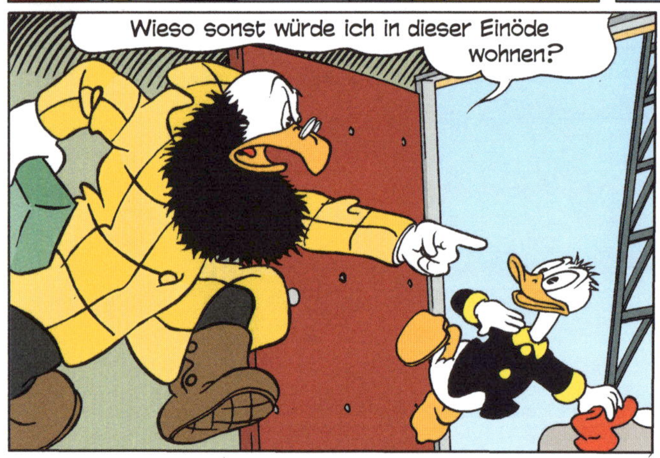
Wieso sonst würde ich in dieser Einöde wohnen?

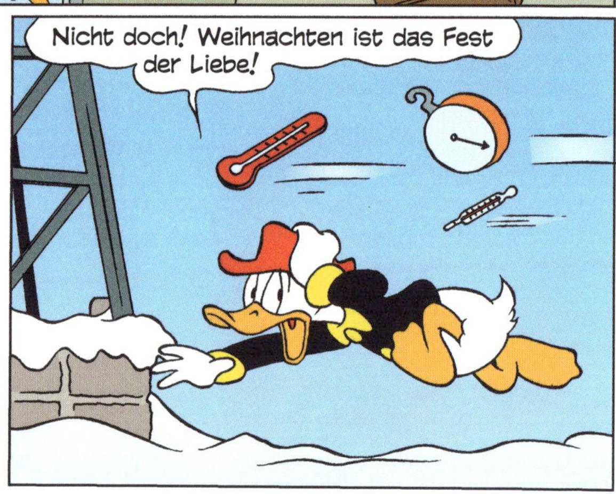
Nicht doch! Weihnachten ist das Fest der Liebe!

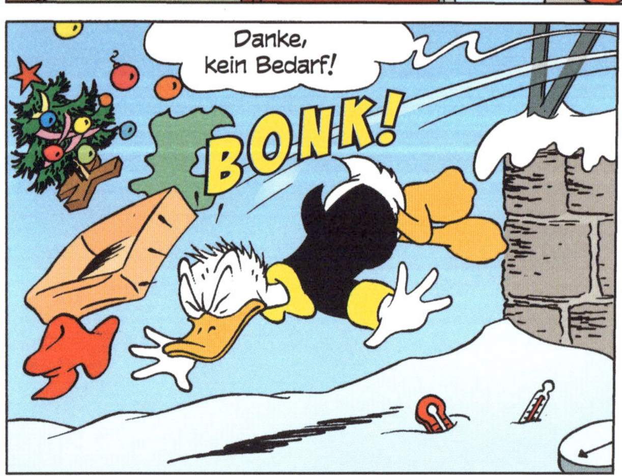
Danke, kein Bedarf!
BONK!

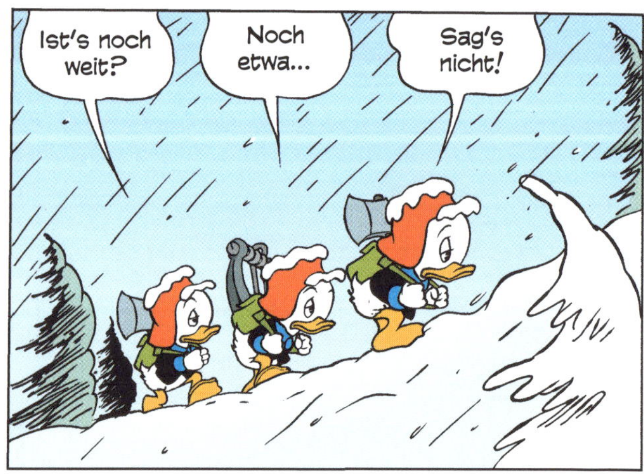
Ist's noch weit?
Noch etwa...
Sag's nicht!

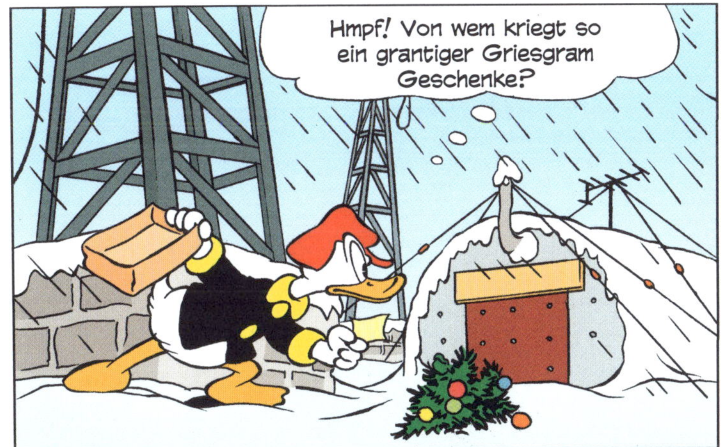
Hmpf! Von wem kriegt so ein grantiger Griesgram Geschenke?

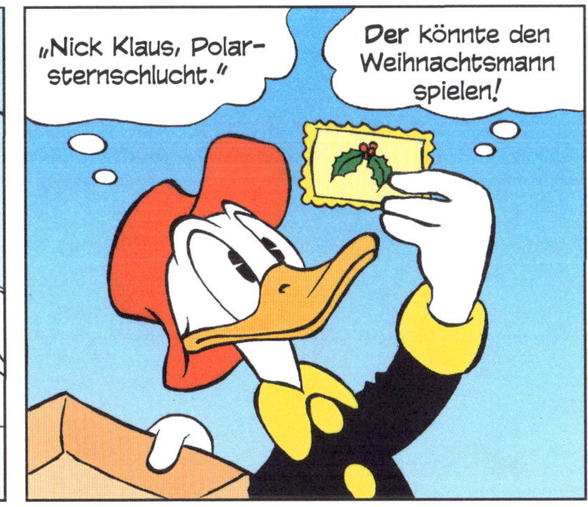
„Nick Klaus, Polarsternschlucht."
Der könnte den Weihnachtsmann spielen!

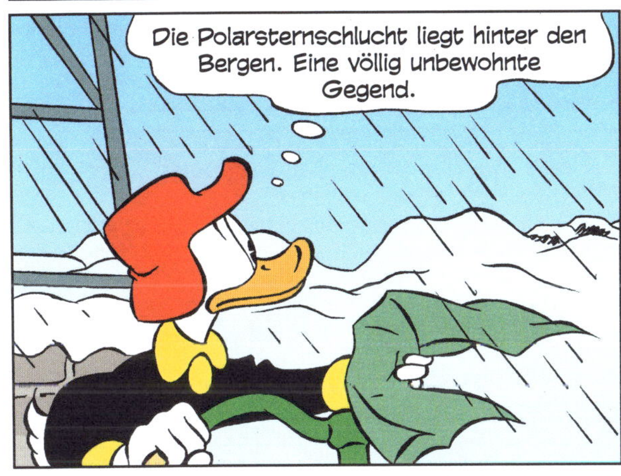
Die Polarsternschlucht liegt hinter den Bergen. Eine völlig unbewohnte Gegend.

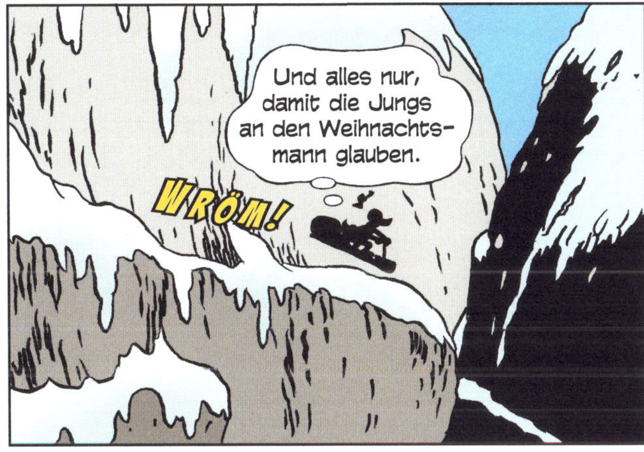
Und alles nur, damit die Jungs an den Weihnachtsmann glauben.
WRÖM!

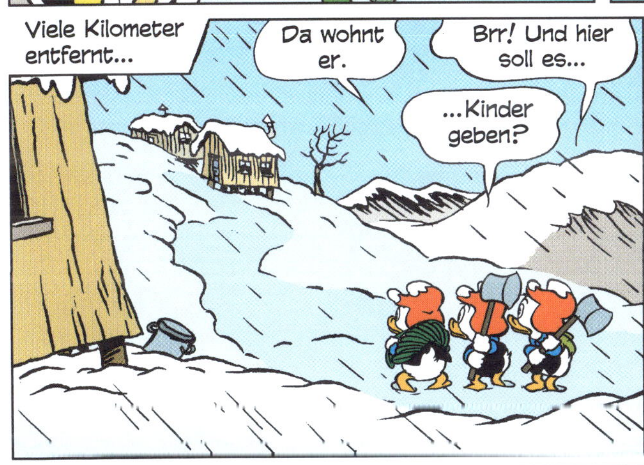
Viele Kilometer entfernt...
Da wohnt er.
Brr! Und hier soll es...
...Kinder geben?

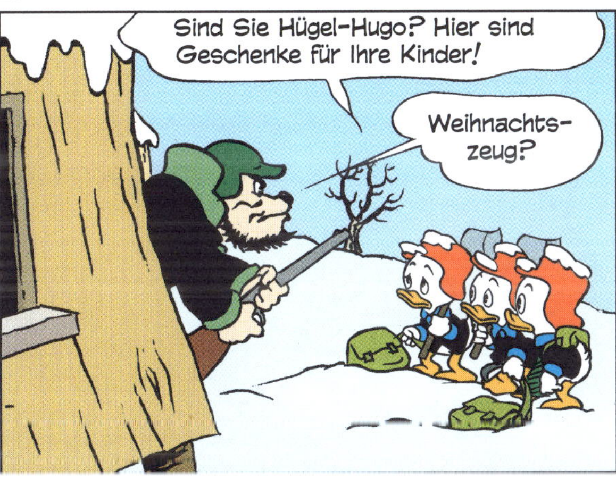
Sind Sie Hügel-Hugo? Hier sind Geschenke für Ihre Kinder!
Weihnachtszeug?

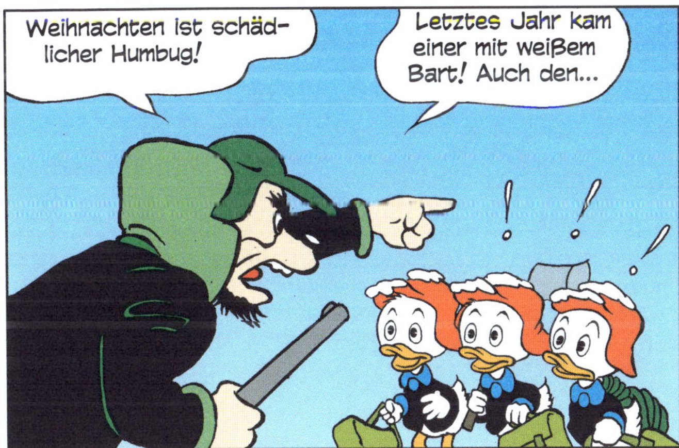
Weihnachten ist schädlicher Humbug!
Letztes Jahr kam einer mit weißem Bart! Auch den...
!
!
!

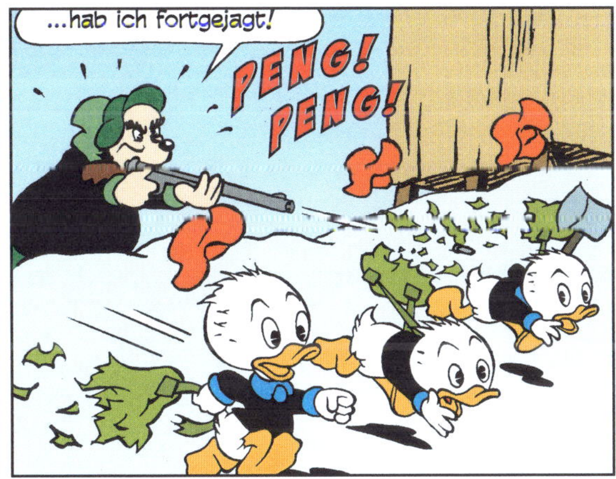
...hab ich fortgejagt!
PENG!
PENG!

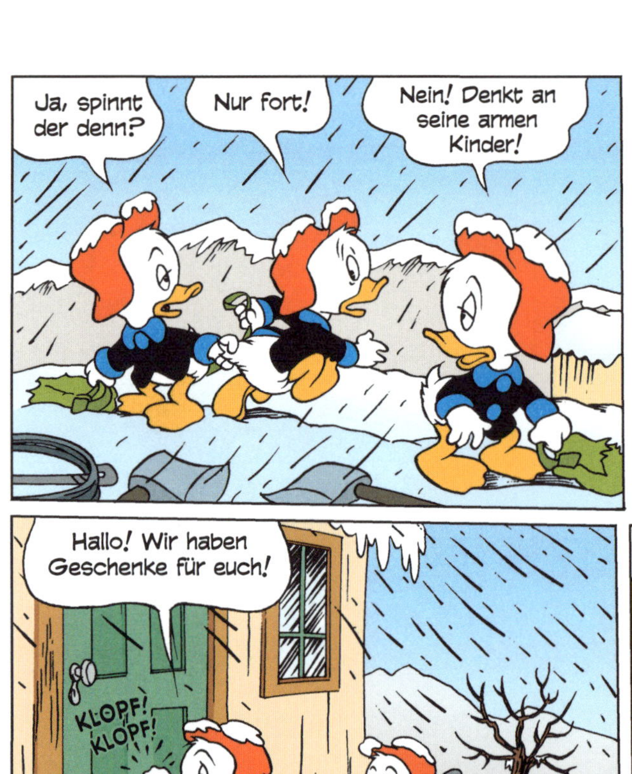
Ja, spinnt der denn?
Nur fort!
Nein! Denkt an seine armen Kinder!

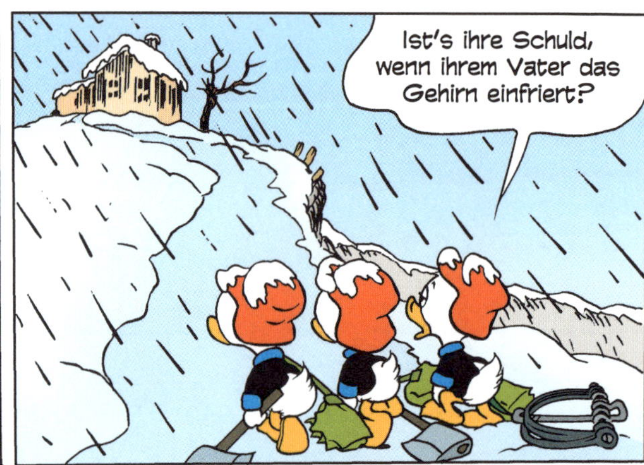
Ist's ihre Schuld, wenn ihrem Vater das Gehirn einfriert?

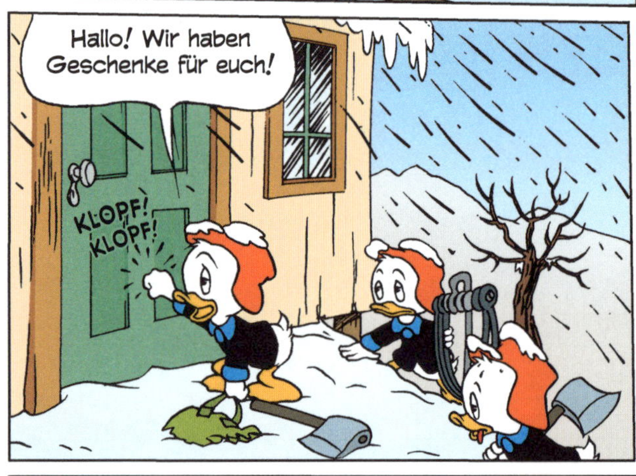
Hallo! Wir haben Geschenke für euch!
KLOPF! KLOPF!

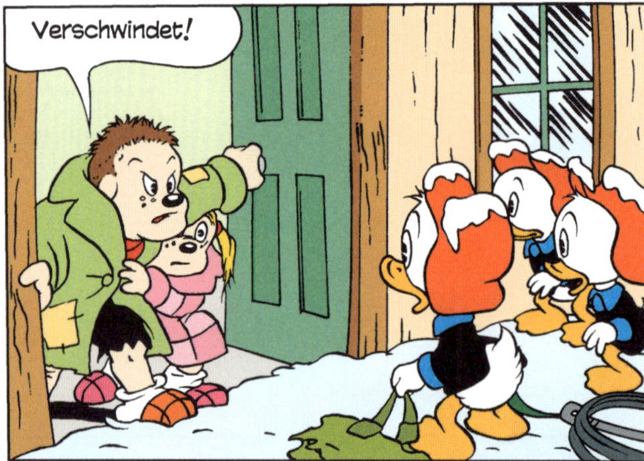
Verschwindet!

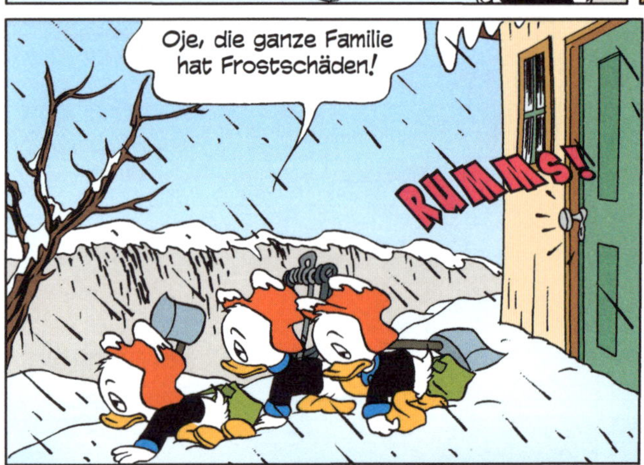
Oje, die ganze Familie hat Frostschäden!
RUMMS!

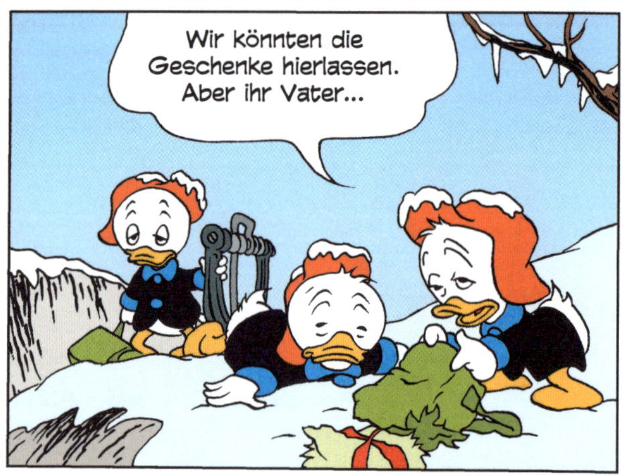
Wir könnten die Geschenke hierlassen. Aber ihr Vater...

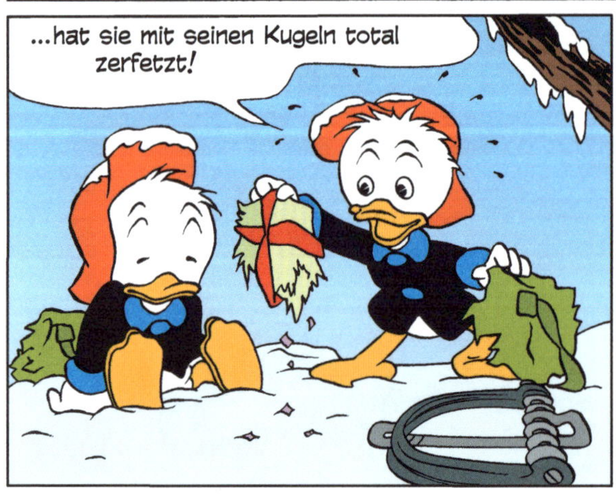
...hat sie mit seinen Kugeln total zerfetzt!

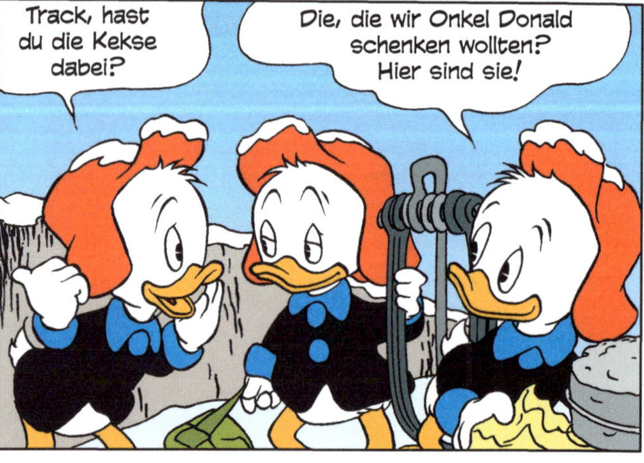
Track, hast du die Kekse dabei?
Die, die wir Onkel Donald schenken wollten? Hier sind sie!

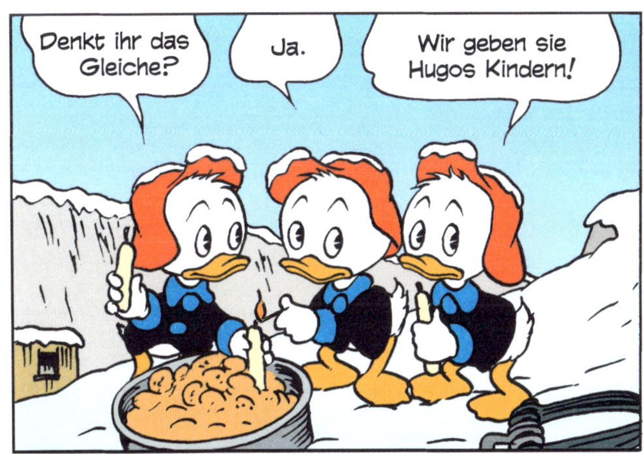
Denkt ihr das Gleiche?
Ja.
Wir geben sie Hugos Kindern!

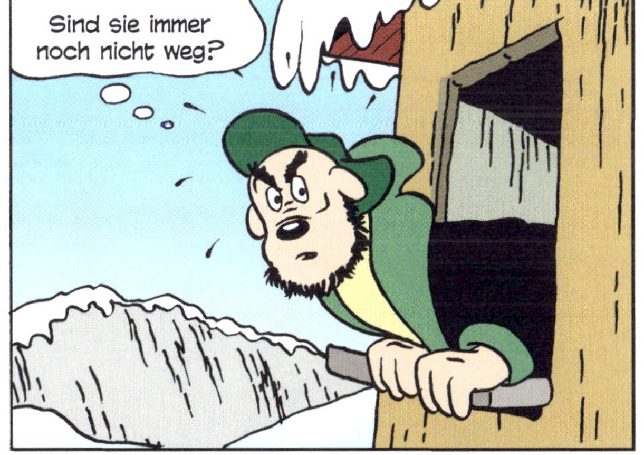
Sind sie immer noch nicht weg?

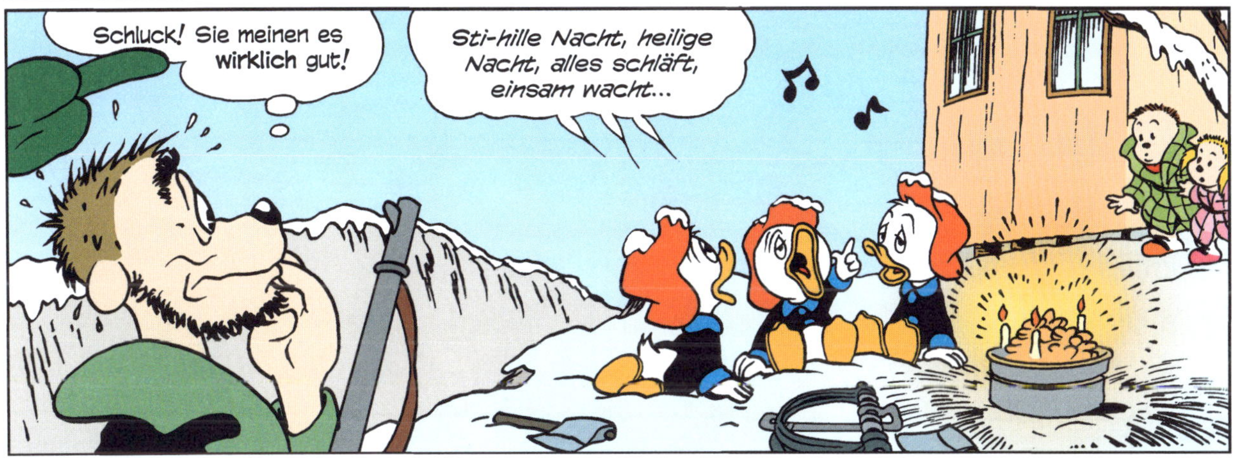
Schluck! Sie meinen es wirklich gut!
Sti-hille Nacht, heilige Nacht, alles schläft, einsam wacht...

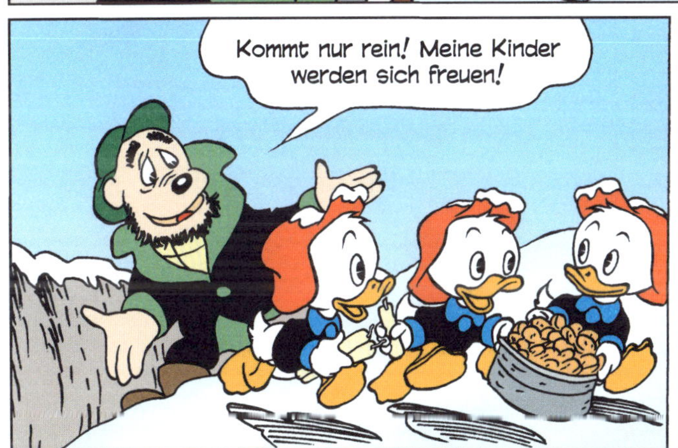
Kommt nur rein! Meine Kinder werden sich freuen!

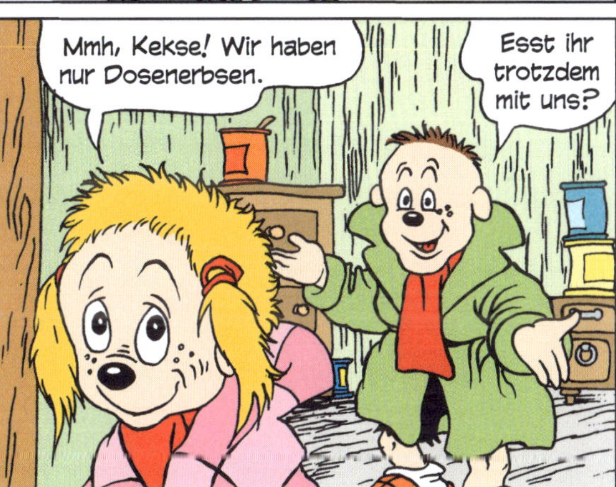
Mmh, Kekse! Wir haben nur Dosenerbsen.
Esst ihr trotzdem mit uns?

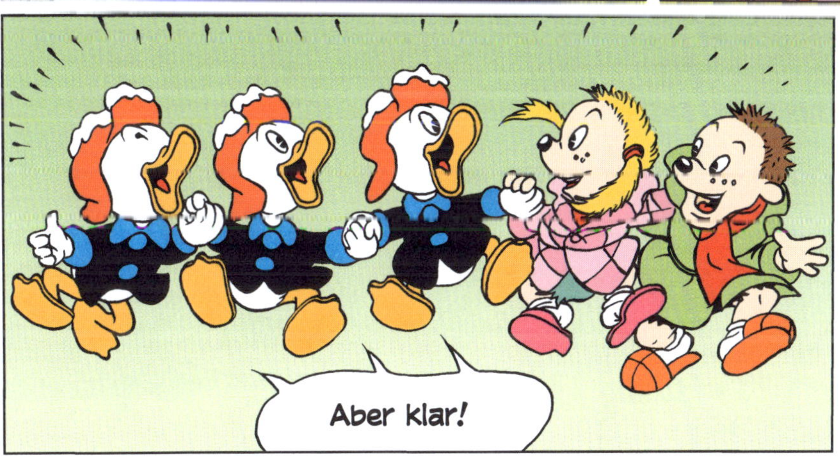
Aber klar!

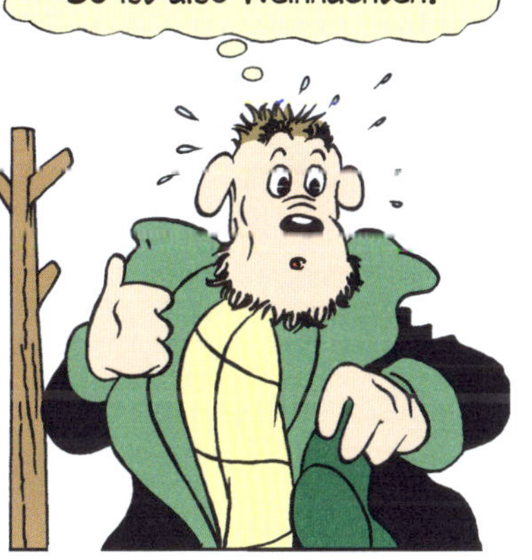
So ist also Weihnachten?

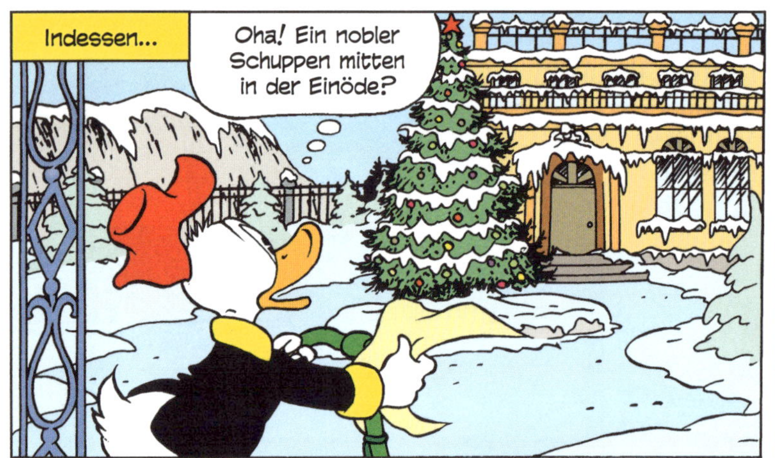
Indessen...
Oha! Ein nobler Schuppen mitten in der Einöde?

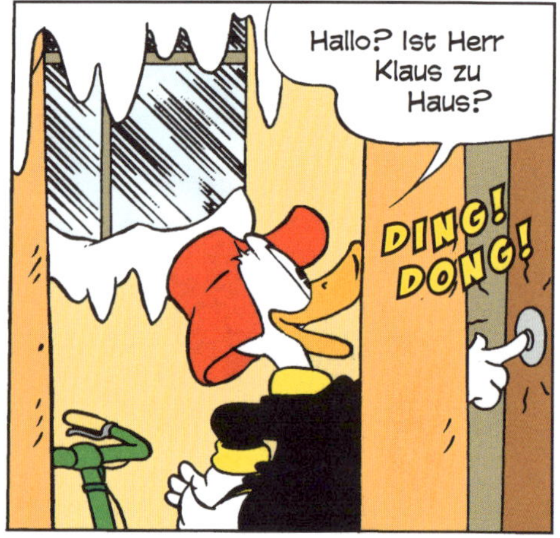
Hallo? Ist Herr Klaus zu Haus?
DING! DONG!

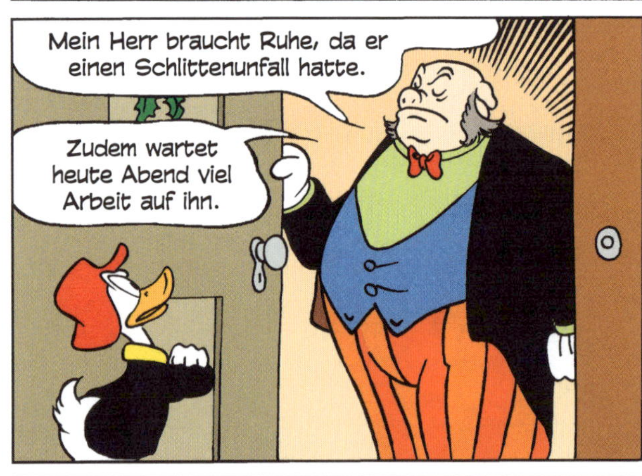
Mein Herr braucht Ruhe, da er einen Schlittenunfall hatte.
Zudem wartet heute Abend viel Arbeit auf ihn.

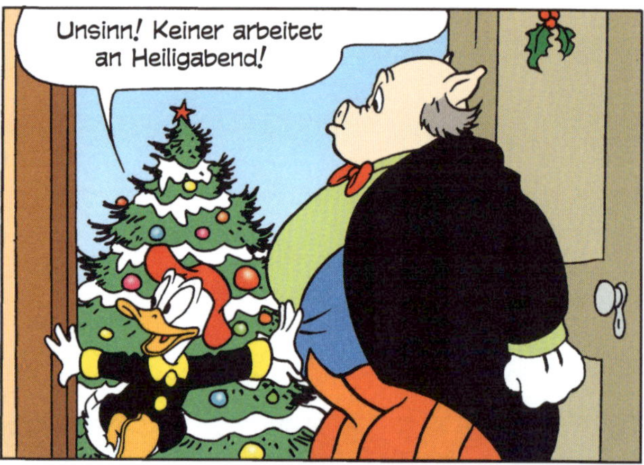
Unsinn! Keiner arbeitet an Heiligabend!

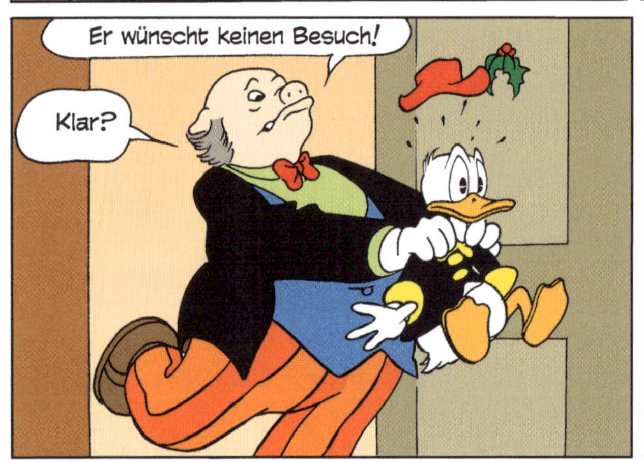
Er wünscht keinen Besuch!
Klar?

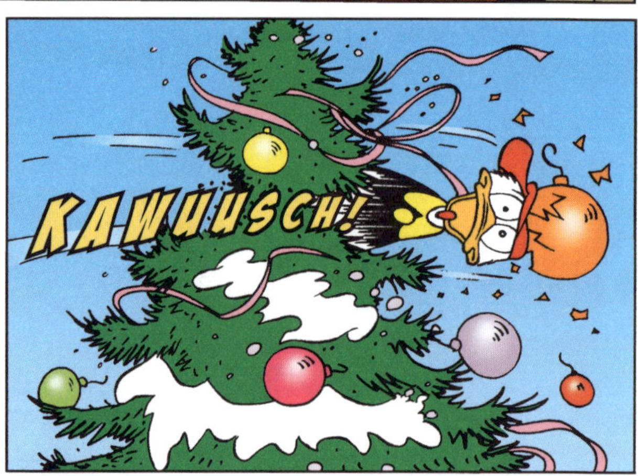
KAWUUSCH!

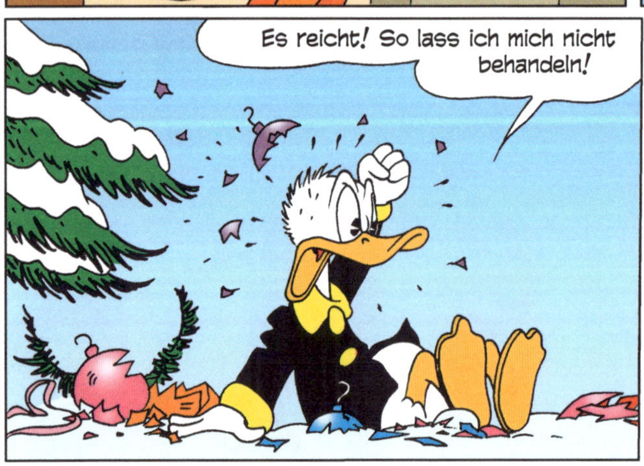
Es reicht! So lass ich mich nicht behandeln!

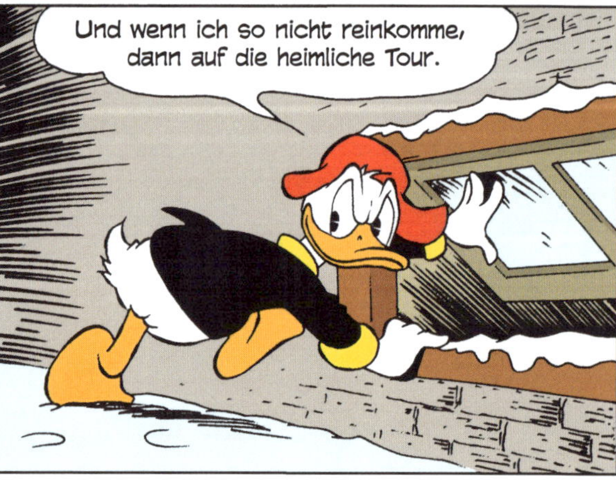
Und wenn ich so nicht reinkomme, dann auf die heimliche Tour.

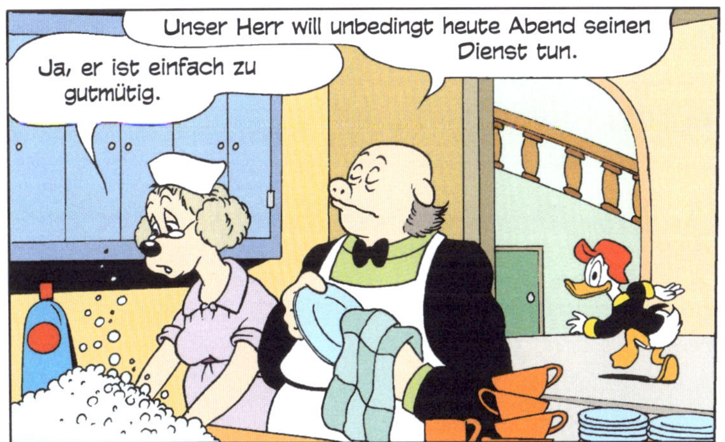
Unser Herr will unbedingt heute Abend seinen Dienst tun.
Ja, er ist einfach zu gutmütig.

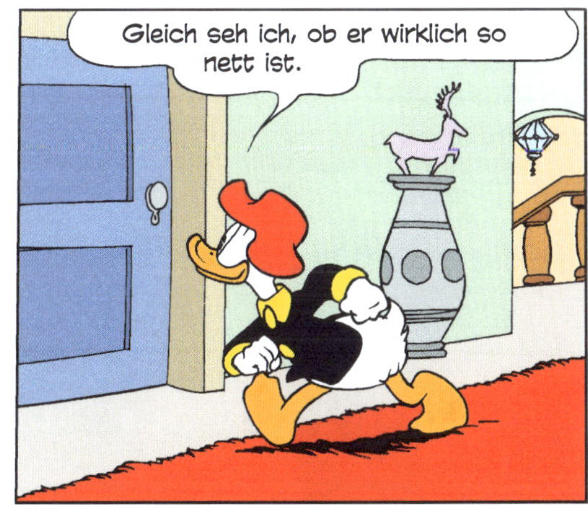
Gleich seh ich, ob er wirklich so nett ist.

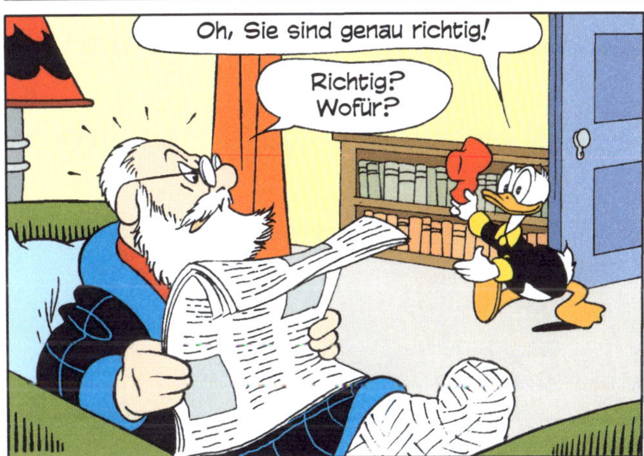
Oh, Sie sind genau richtig!
Richtig? Wofür?

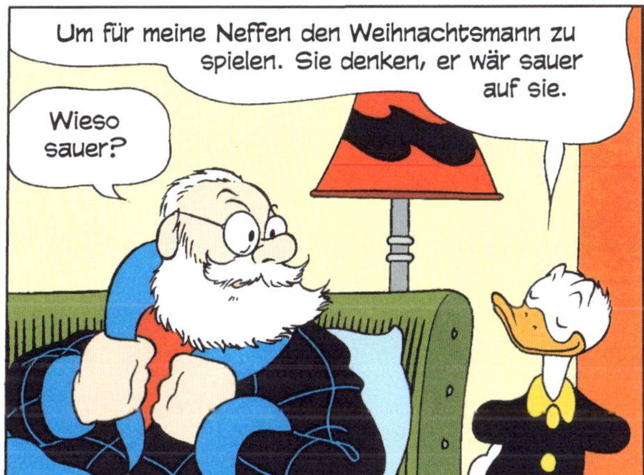
Um für meine Neffen den Weihnachtsmann zu spielen. Sie denken, er wär sauer auf sie.
Wieso sauer?

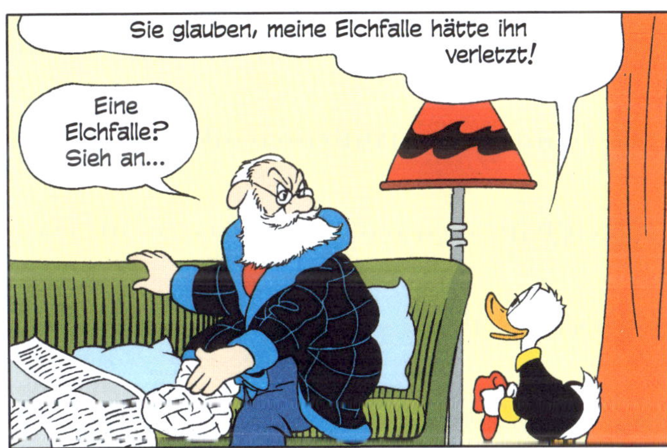
Sie glauben, meine Elchfalle hätte ihn verletzt!
Eine Elchfalle? Sieh an...

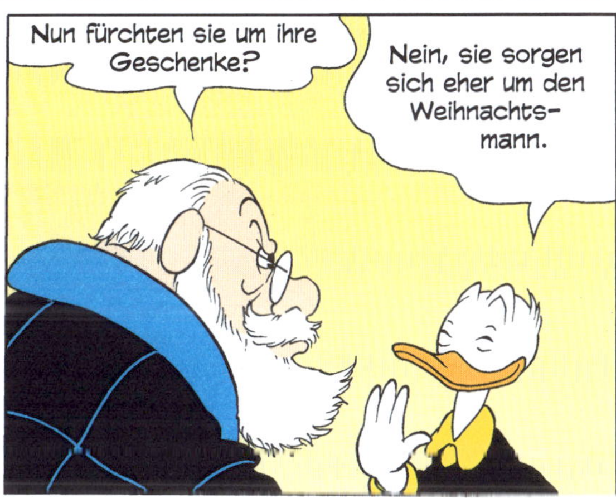
Nun fürchten sie um ihre Geschenke?
Nein, sie sorgen sich eher um den Weihnachts-mann.

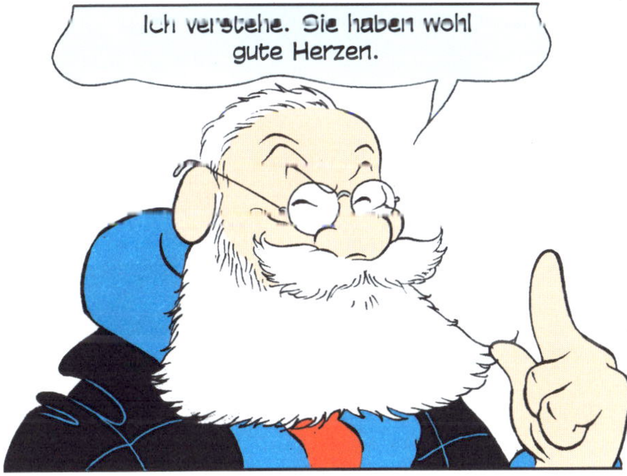
Ich verstehe. Sie haben wohl gute Herzen.

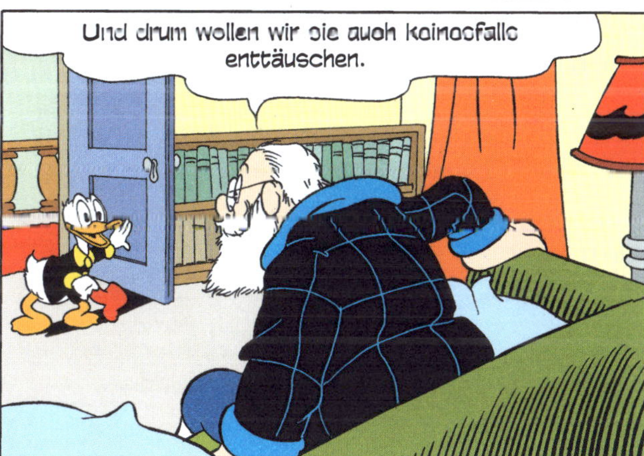
Und drum wollen wir sie auch keinesfalls enttäuschen.

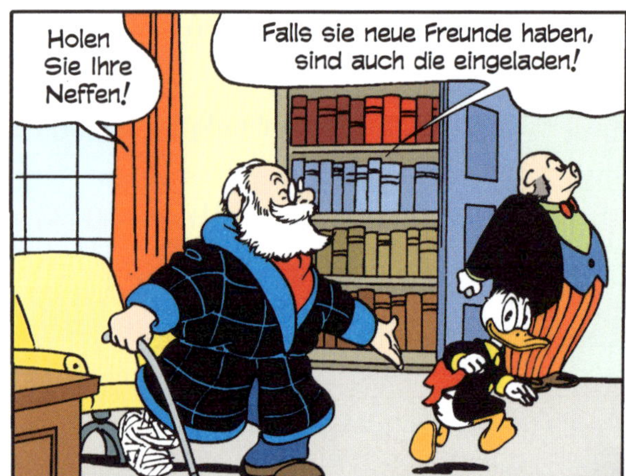
Holen
Sie Ihre
Neffen!
Falls sie neue Freunde haben,
sind auch die eingeladen!

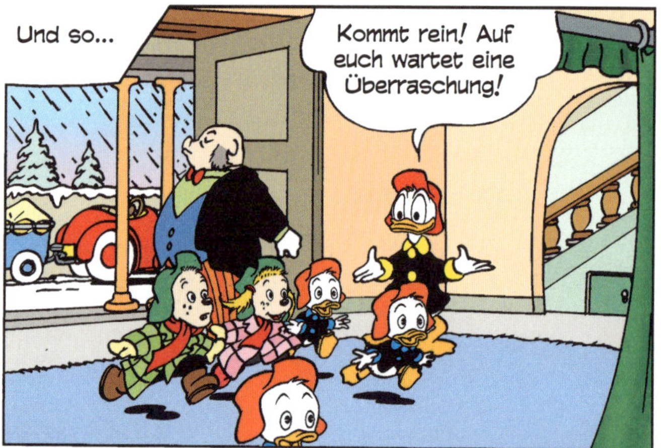
Und so...
Kommt rein! Auf
euch wartet eine
Überraschung!

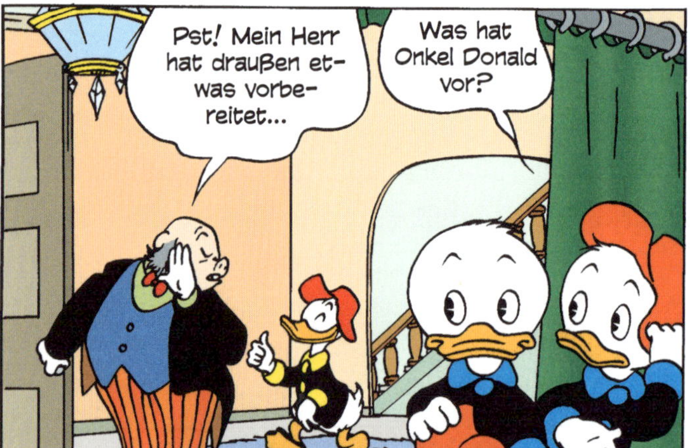
Pst! Mein Herr
hat draußen et-
was vorbe-
reitet...
Was hat
Onkel Donald
vor?

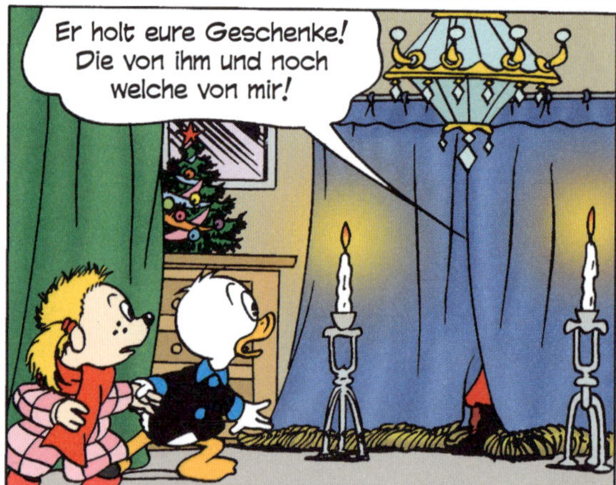
Er holt eure Geschenke!
Die von ihm und noch
welche von mir!

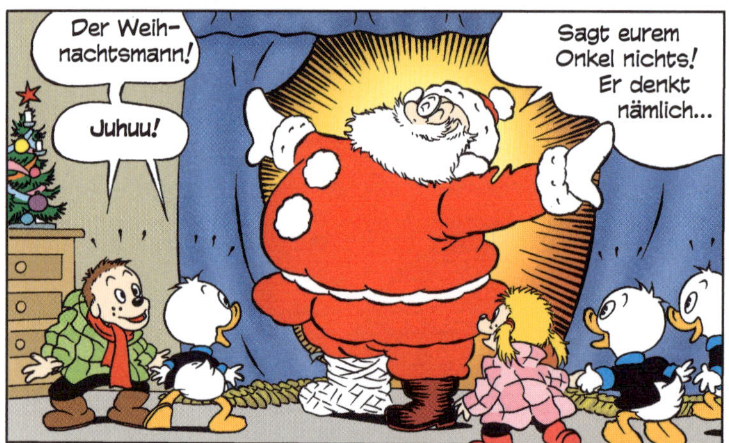
Der Weih-
nachtsmann!
Juhuu!
Sagt eurem
Onkel nichts!
Er denkt
nämlich...

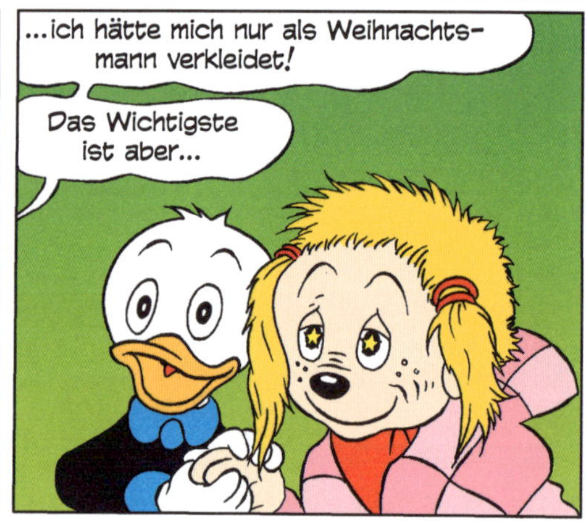
...ich hätte mich nur als Weihnachts-
mann verkleidet!
Das Wichtigste
ist aber...

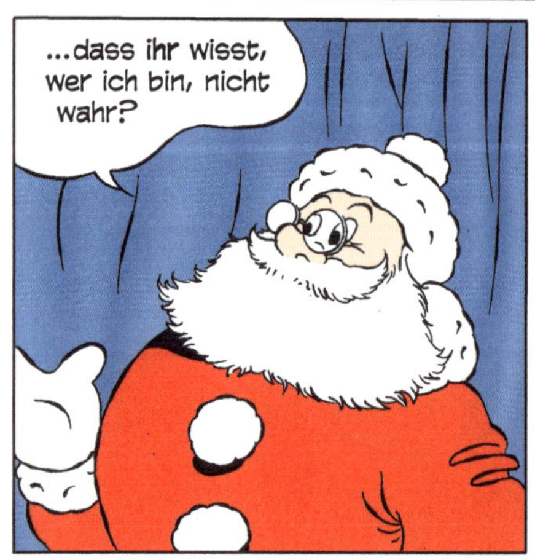
...dass ihr wisst,
wer ich bin, nicht
wahr?

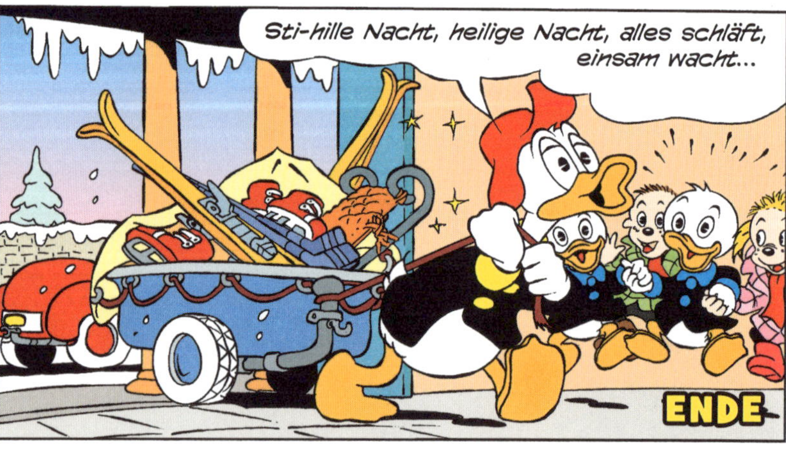
Sti-hille Nacht, heilige Nacht, alles schläft,
einsam wacht...
ENDE

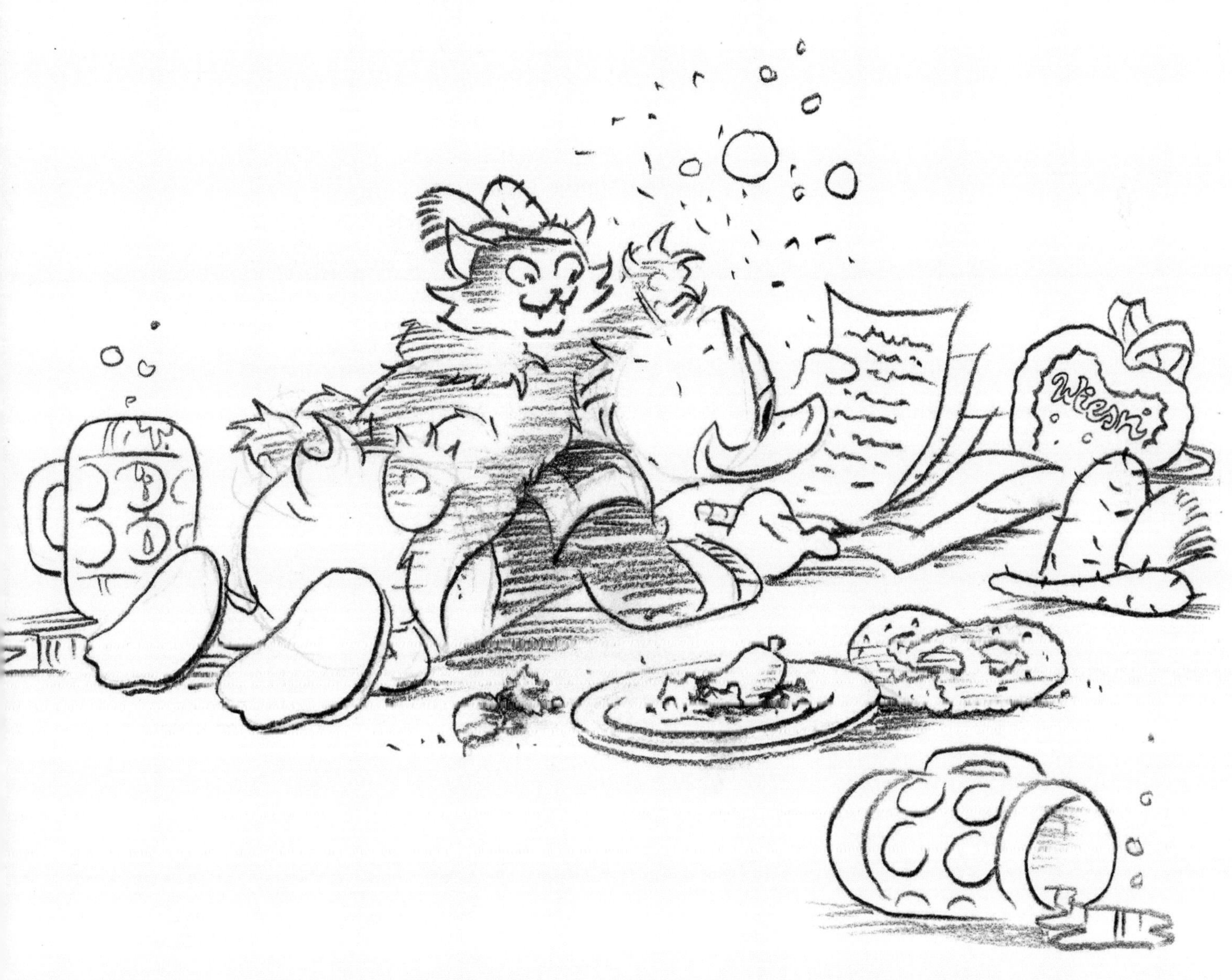
Wiesn

Rob und ich saßen auf dem Oktoberfest.
Als Kind war ich bestimmt schon tausendmal dort gewesen – das reicht fürs Leben.
Doch wer will einem Amerikaner schon seinen größten Wunsch abschlagen?
Wir saßen also inmitten der lärmenden Menge und warteten auf
die Kellnerin mit den Brathähnchen.
Es dauerte.
Uns wurde langweilig.
Also nutzten wir die Zeit dazu, uns eine neue Donald-Geschichte auszudenken.
Es fiel uns nichts ein.
Die krawallselige Umgebung, die Gesänge unserer Tischnachbarn –
all das erstickte jeden klaren Gedanken.
Da fiel mein Blick auf die Reklametafel einer ortsansässigen Brauerei
mit der Abbildung eines Mönchs. Das war es!
Ich wollte Donald und seinen Nachbarn Zorngiebel in ein Kloster verbannen,
in dem Stille das oberste Gebot ist.
Bevor der Gedanke jedoch reifen konnte, tauchte wie aus dem Hinterhalt
die Kellnerin mit den dampfenden Hähnchentellern auf.
Zeitgleich brachte ihre Kollegin die vor zwei Stunden bestellten Maßkrüge.
Auf dem Oktoberfest klappt irgendwann doch alles wie am Schnürchen.
Die Orgie nahm ihren Lauf, und die Klostergeschichte war vergessen.
Bis sie mir Jahre später wieder einfiel.
Rob gefiel die Idee nicht mehr so recht, erinnerte sie ihn doch zu sehr
an die Nachwehen des Oktoberfests am darauffolgenden Tag.
Also hab ich die Geschichte alleine gemacht.
Katerbeschwerden sind etwas für Memmen.

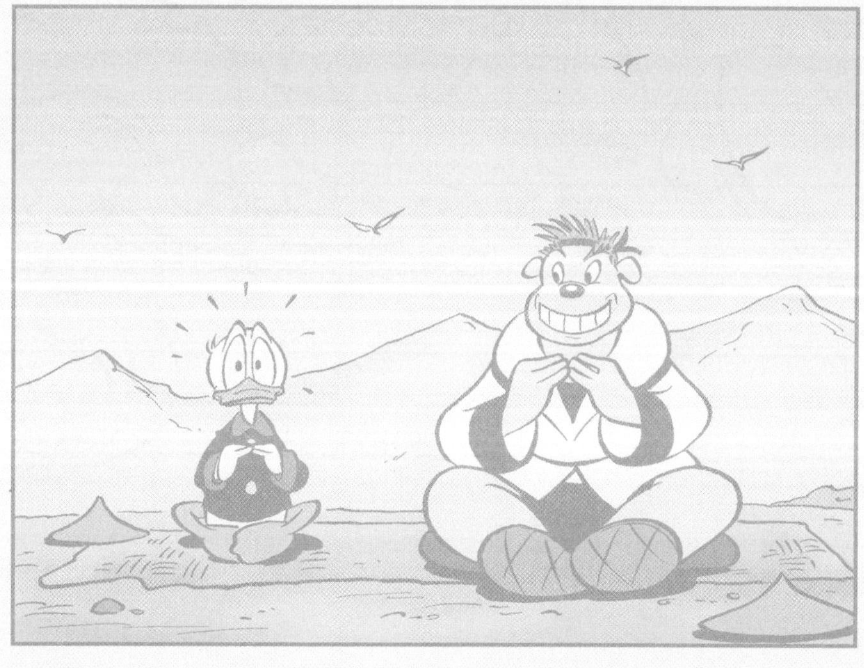

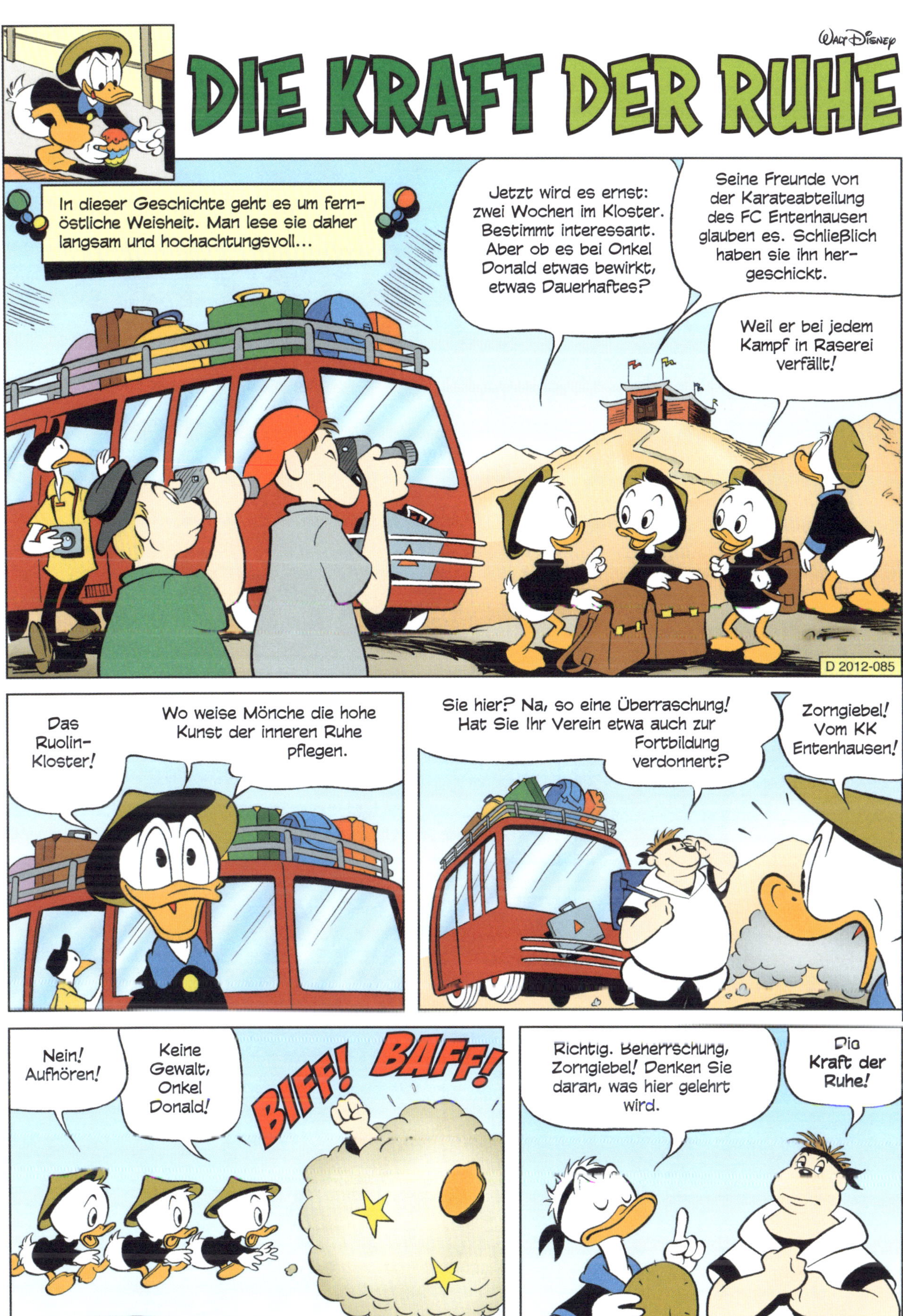

Frei nach „Nächtliche Ruhestörung" von Carl Barks.

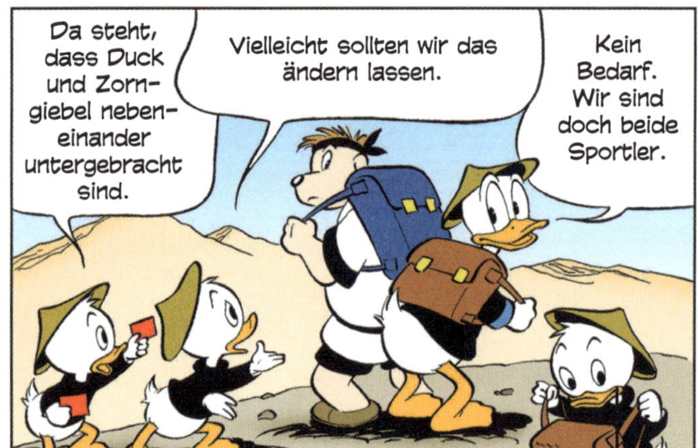
Da steht, dass Duck und Zorngiebel nebeneinander untergebracht sind.
Vielleicht sollten wir das ändern lassen.
Kein Bedarf. Wir sind doch beide Sportler.

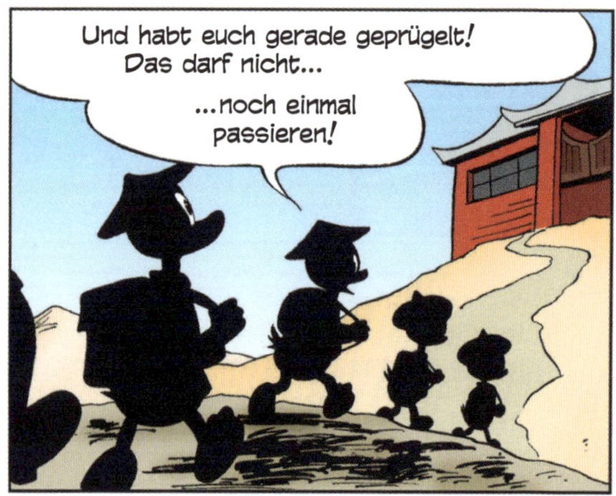
Und habt euch gerade geprügelt! Das darf nicht...
...noch einmal passieren!

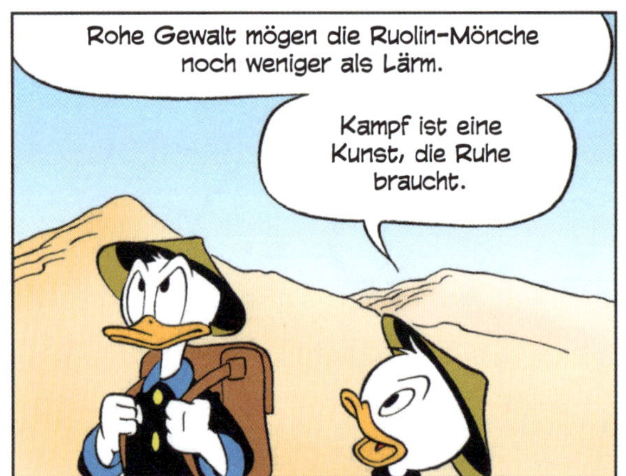
Rohe Gewalt mögen die Ruolin-Mönche noch weniger als Lärm.
Kampf ist eine Kunst, die Ruhe braucht.

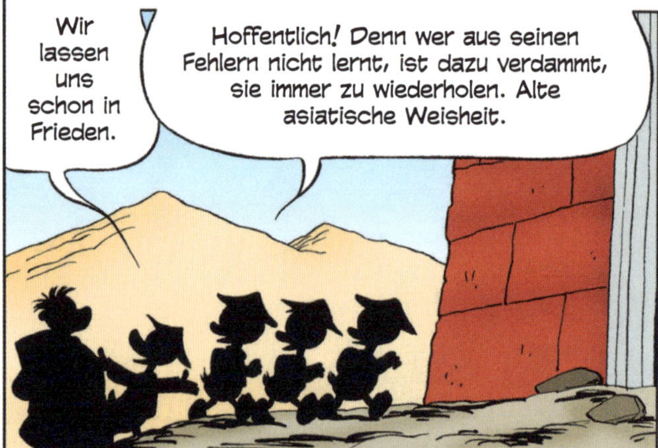
Wir lassen uns schon in Frieden.
Hoffentlich! Denn wer aus seinen Fehlern nicht lernt, ist dazu verdammt, sie immer zu wiederholen. Alte asiatische Weisheit.

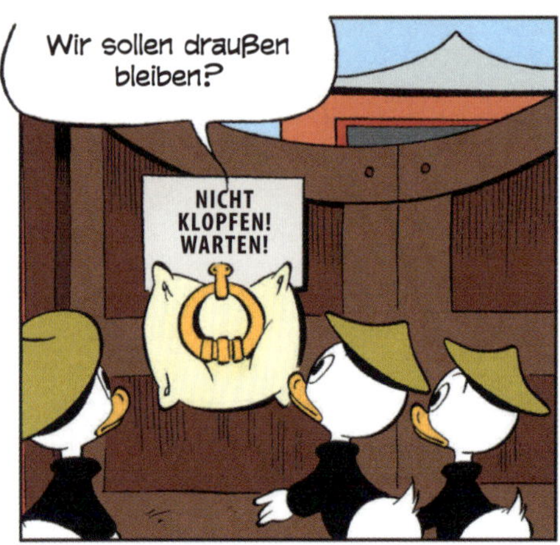
Wir sollen draußen bleiben?
NICHT KLOPFEN! WARTEN!

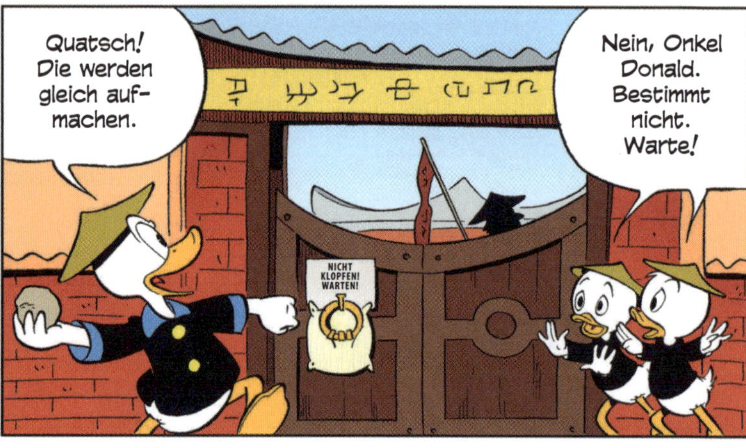
Quatsch! Die werden gleich aufmachen.
NICHT KLOPFEN! WARTEN!
Nein, Onkel Donald. Bestimmt nicht. Warte!

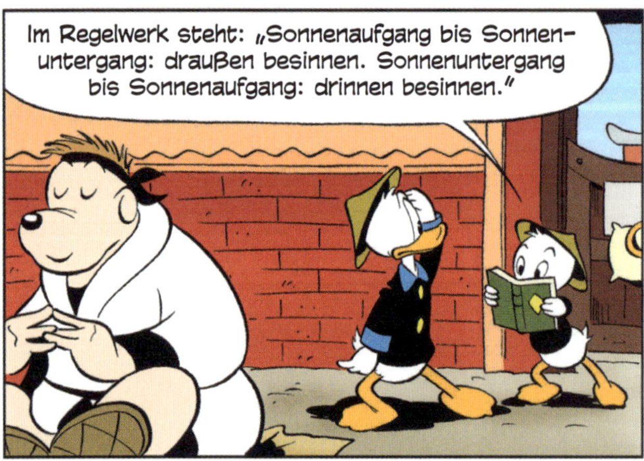
Im Regelwerk steht: „Sonnenaufgang bis Sonnenuntergang: draußen besinnen. Sonnenuntergang bis Sonnenaufgang: drinnen besinnen."

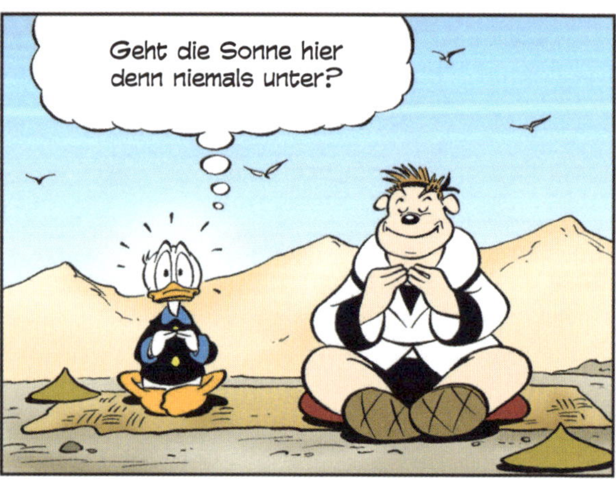
Geht die Sonne hier denn niemals unter?

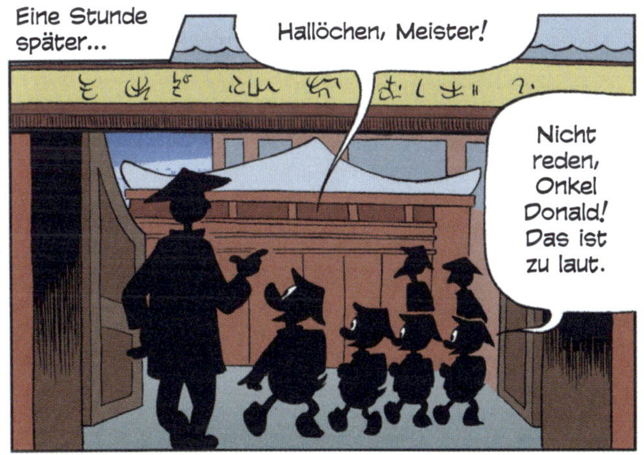
Eine Stunde später...
Hallöchen, Meister!
Nicht reden, Onkel Donald! Das ist zu laut.

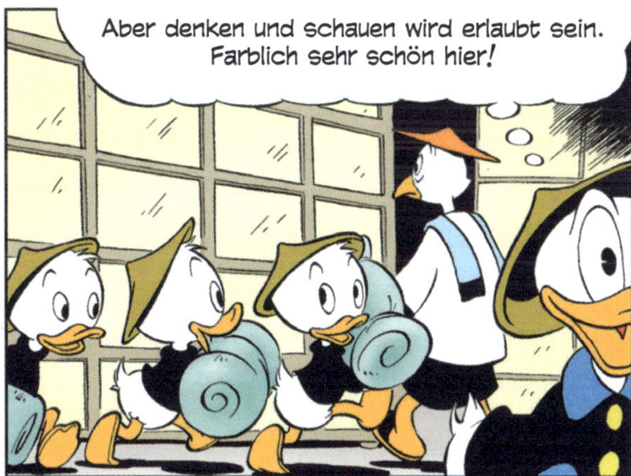
Aber denken und schauen wird erlaubt sein. Farblich sehr schön hier!

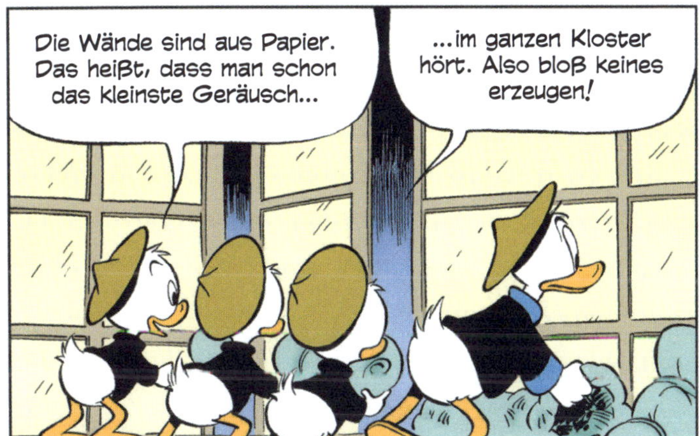
Die Wände sind aus Papier. Das heißt, dass man schon das kleinste Geräusch...
...im ganzen Kloster hört. Also bloß keines erzeugen!

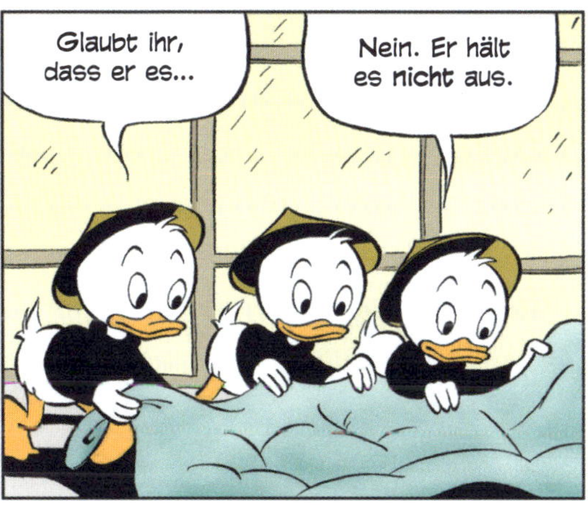
Glaubt ihr, dass er es...
Nein. Er hält es nicht aus.

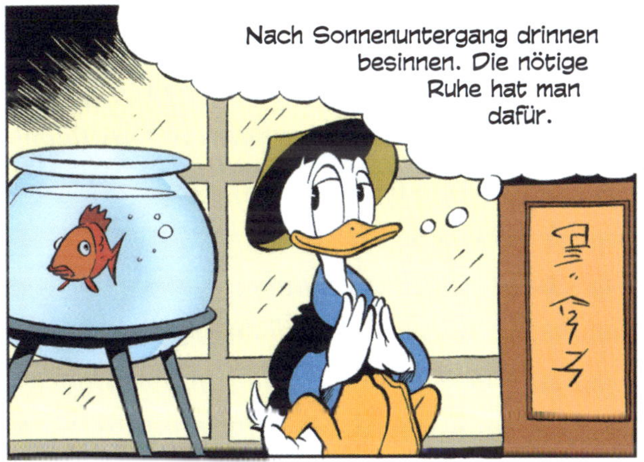
Nach Sonnenuntergang drinnen besinnen. Die nötige Ruhe hat man dafür.

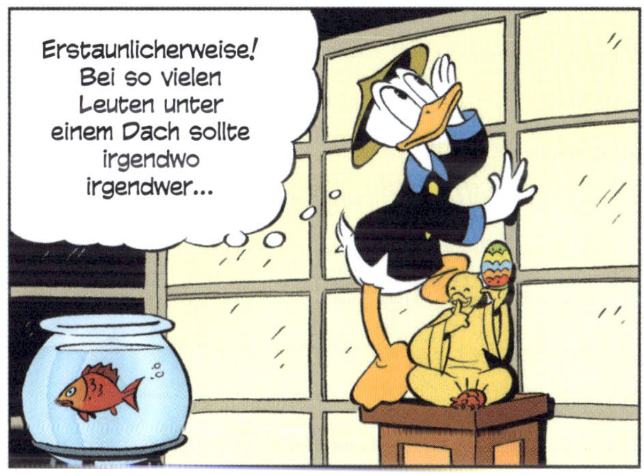
Erstaunlicherweise! Bei so vielen Leuten unter einem Dach sollte irgendwo irgendwer...

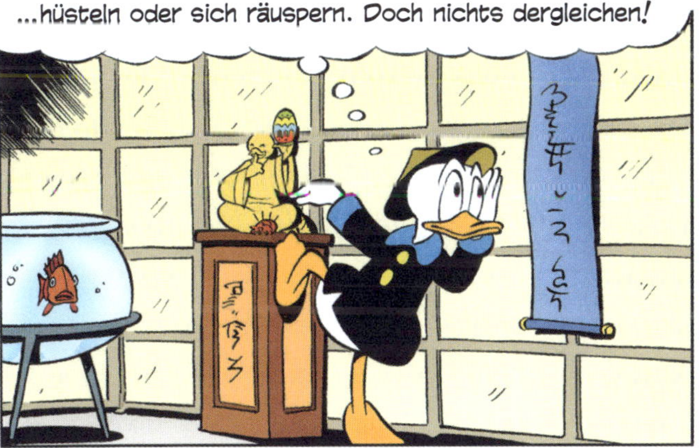
...hüsteln oder sich räuspern. Doch nichts dergleichen!

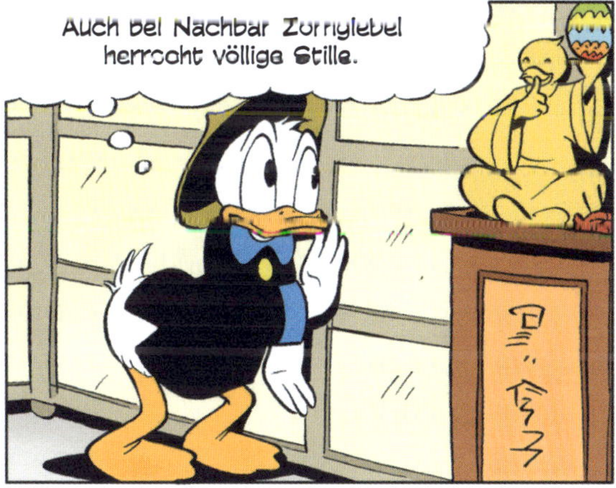
Auch bei Nachbar Zornigiebel herrscht völlige Stille.

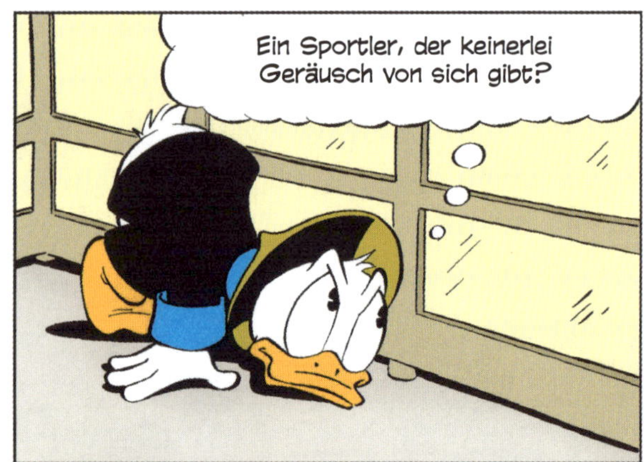
Ein Sportler, der keinerlei Geräusch von sich gibt?

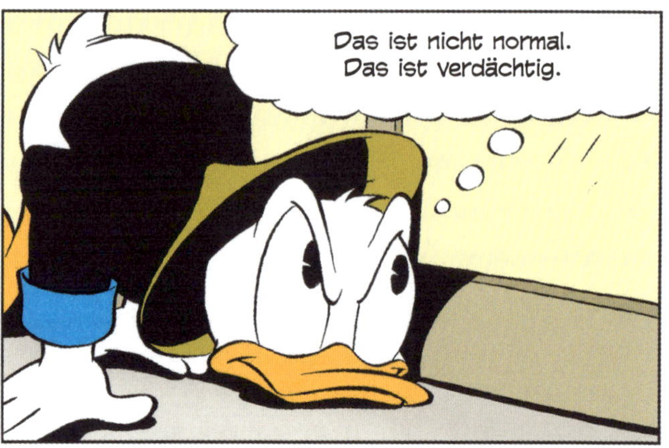
Das ist nicht normal. Das ist verdächtig.

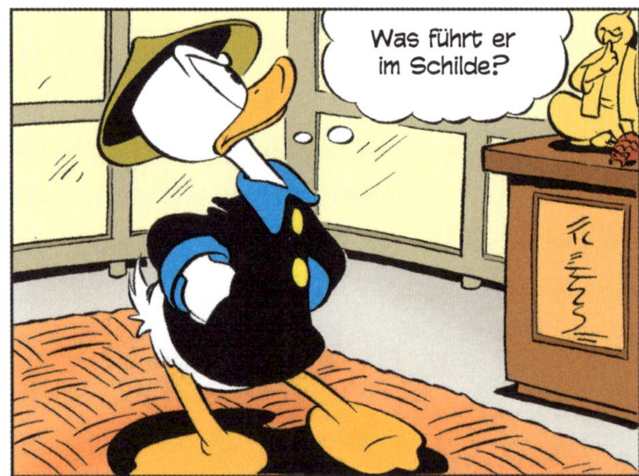
Was führt er im Schilde?

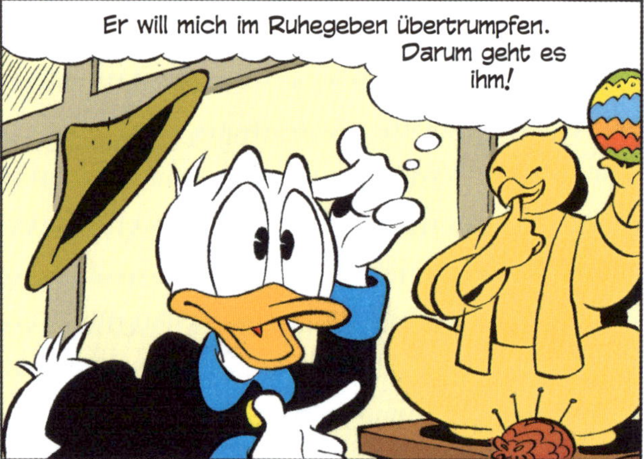
Er will mich im Ruhegeben übertrumpfen. Darum geht es ihm!

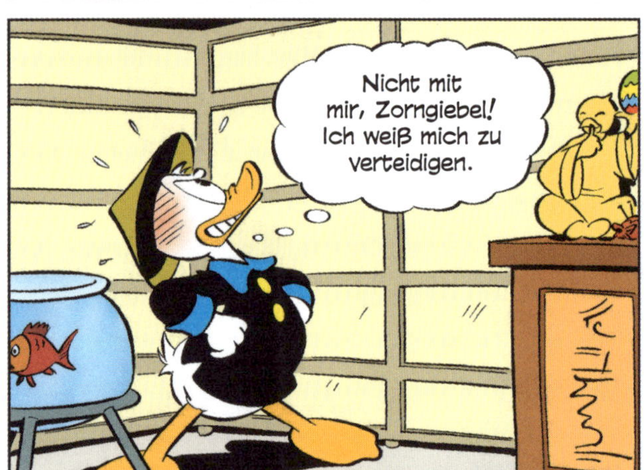
Nicht mit mir, Zorngiebel! Ich weiß mich zu verteidigen.

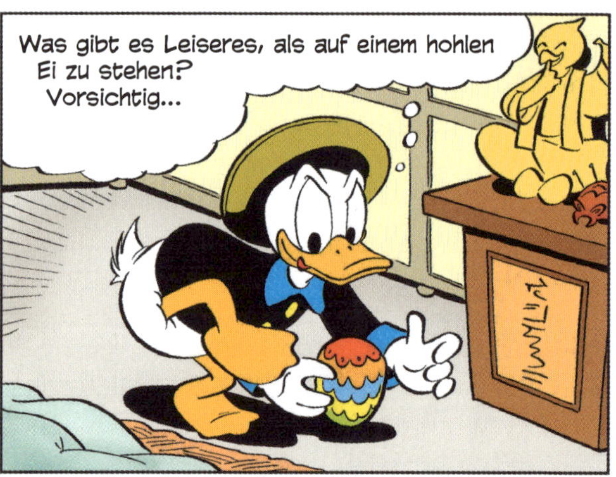
Was gibt es Leiseres, als auf einem hohlen Ei zu stehen? Vorsichtig...

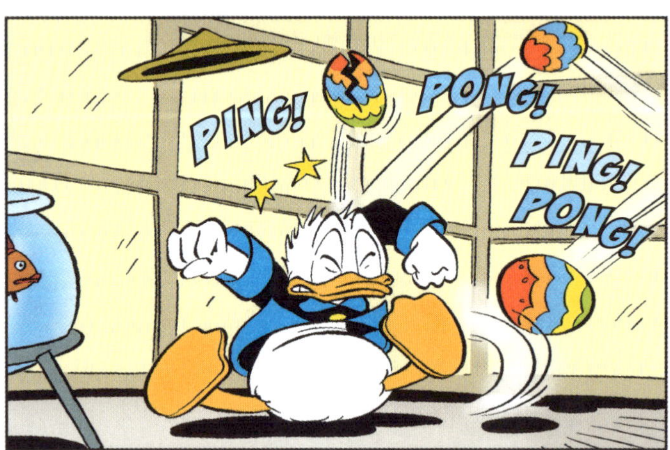
PING!
PONG!
PING!
PONG!

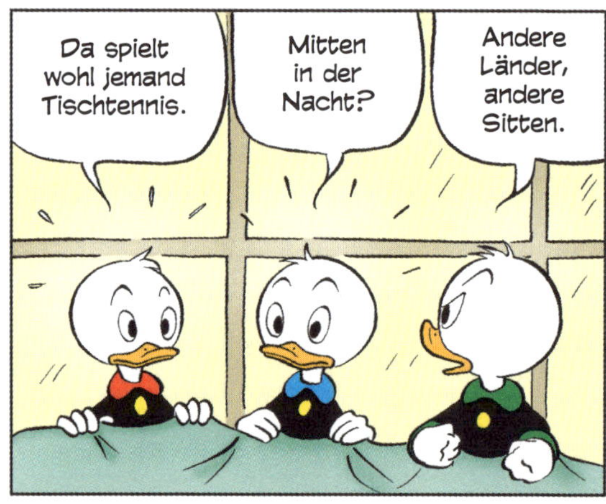
Da spielt wohl jemand Tischtennis.
Mitten in der Nacht?
Andere Länder, andere Sitten.

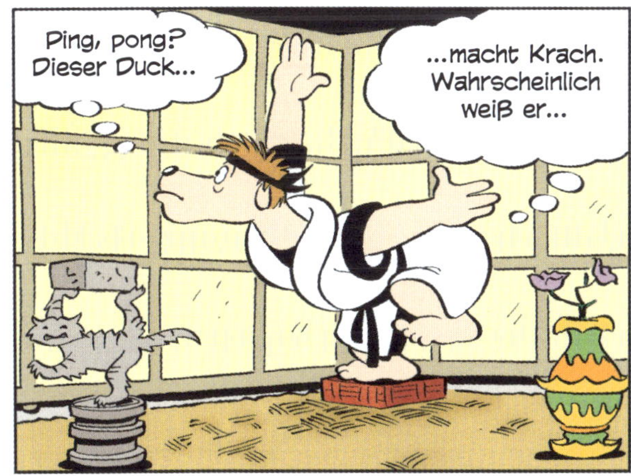
Ping, pong?
Dieser Duck...
...macht Krach. Wahrscheinlich weiß er...

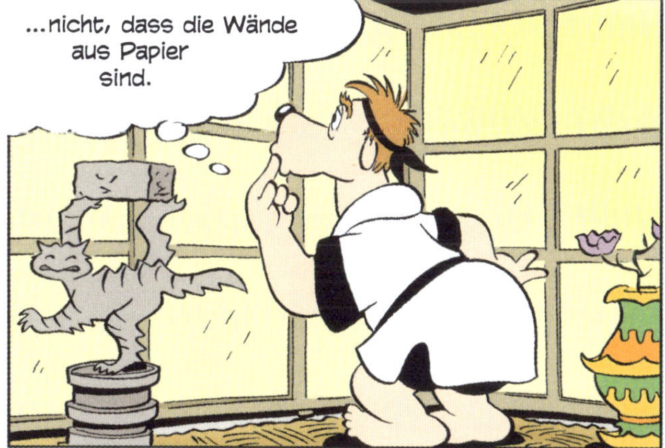
...nicht, dass die Wände aus Papier sind.

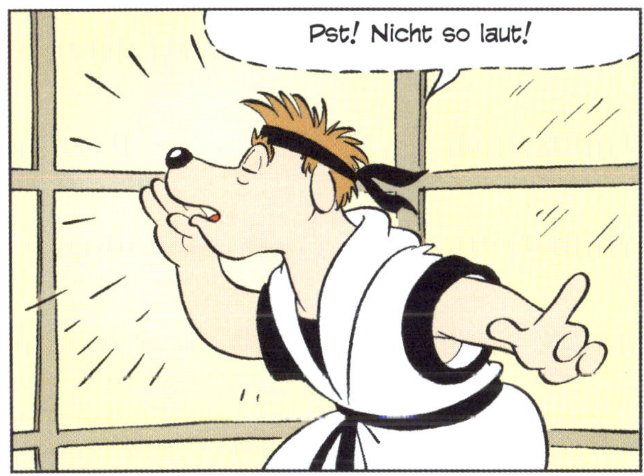
Pst! Nicht so laut!

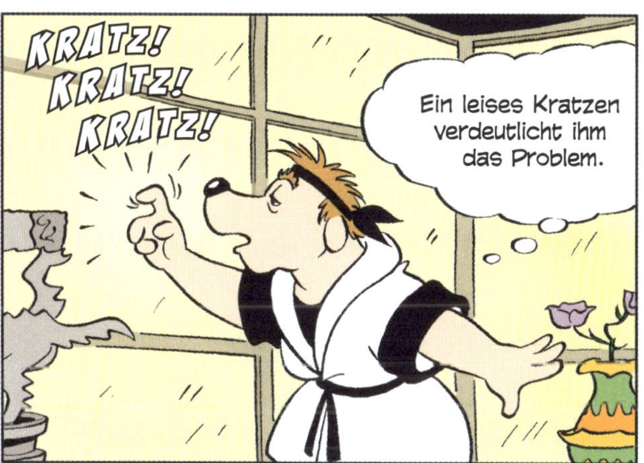
KRATZ!
KRATZ!
KRATZ!
Ein leises Kratzen verdeutlicht ihm das Problem.

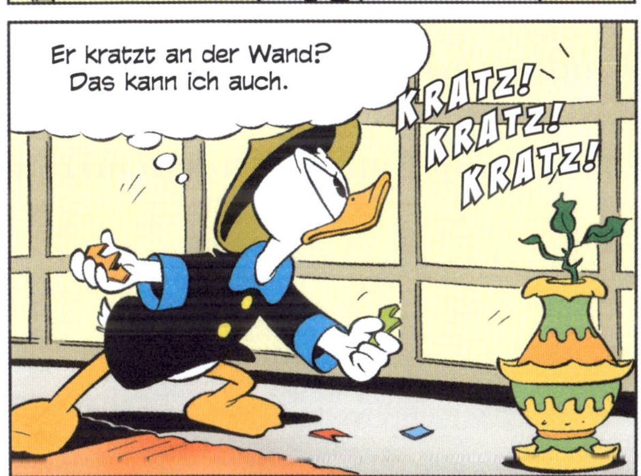
Er kratzt an der Wand? Das kann ich auch.
KRATZ!
KRATZ!
KRATZ!

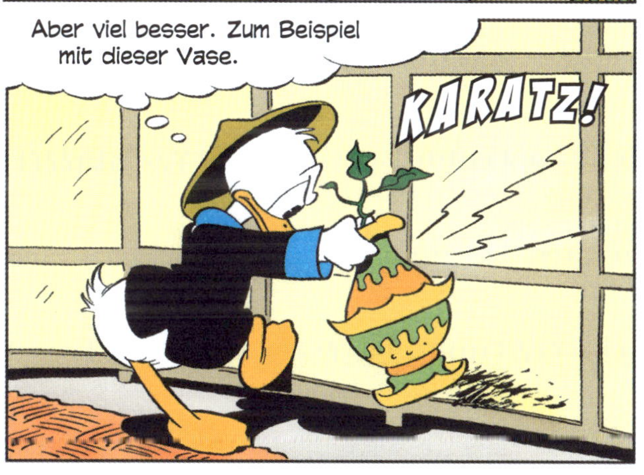
Aber viel besser. Zum Beispiel mit dieser Vase.
KARATZ!

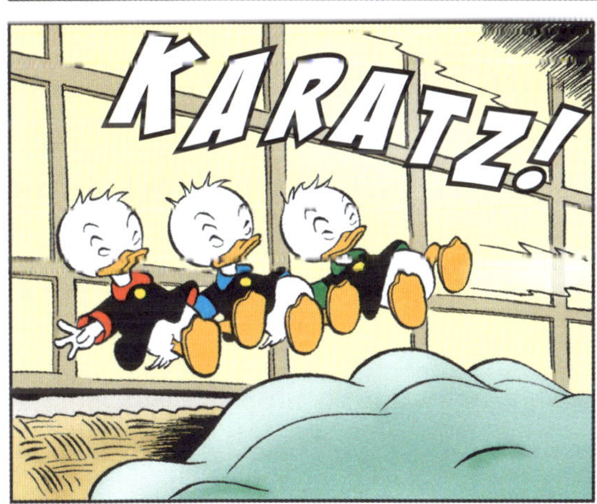
KARATZ!

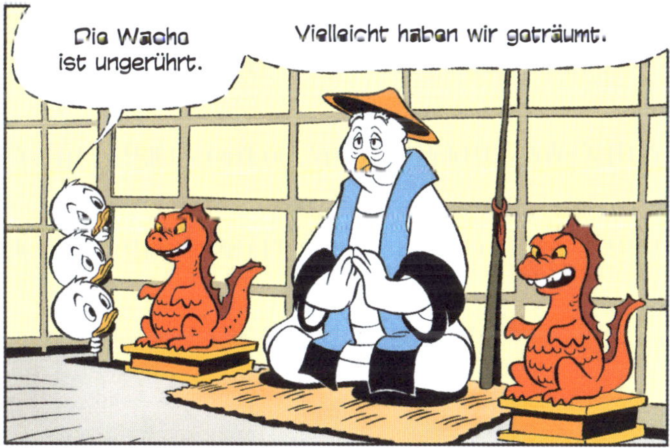
Die Wache ist ungerührt.
Vielleicht haben wir geträumt.

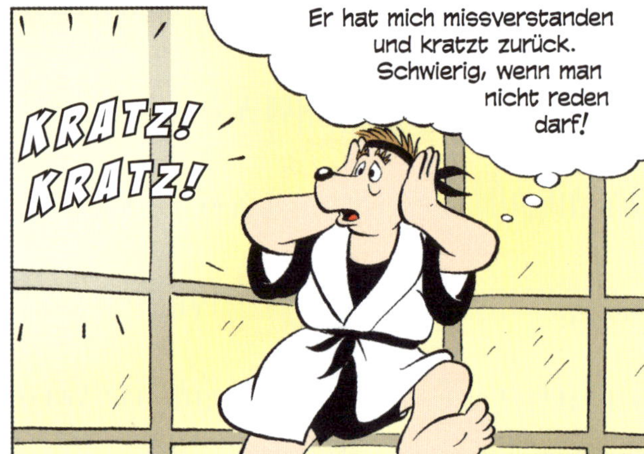
Er hat mich missverstanden und kratzt zurück. Schwierig, wenn man nicht reden darf!
KRATZ! KRATZ!
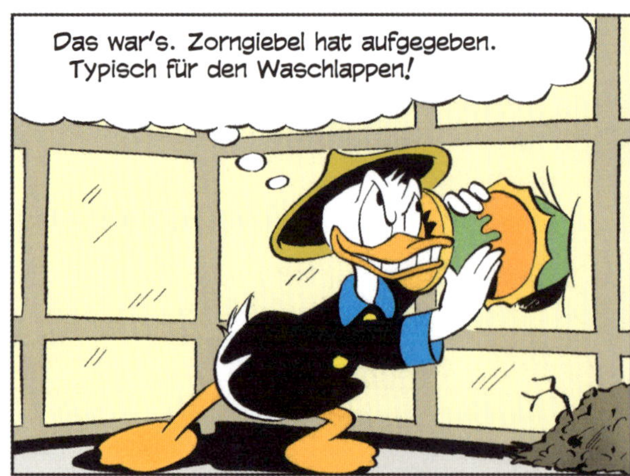
Das war's. Zorngiebel hat aufgegeben. Typisch für den Waschlappen!
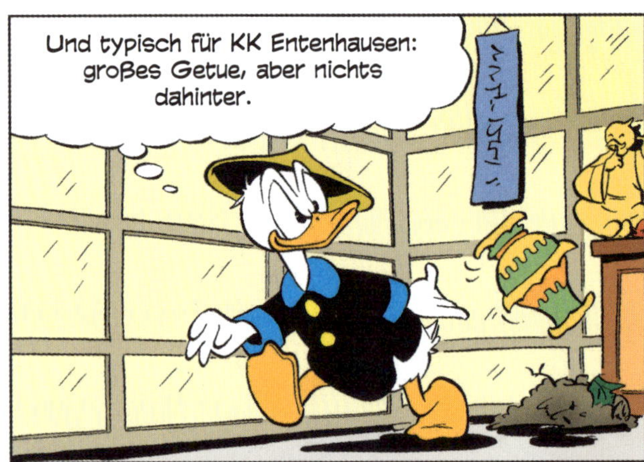
Und typisch für KK Entenhausen: großes Getue, aber nichts dahinter.
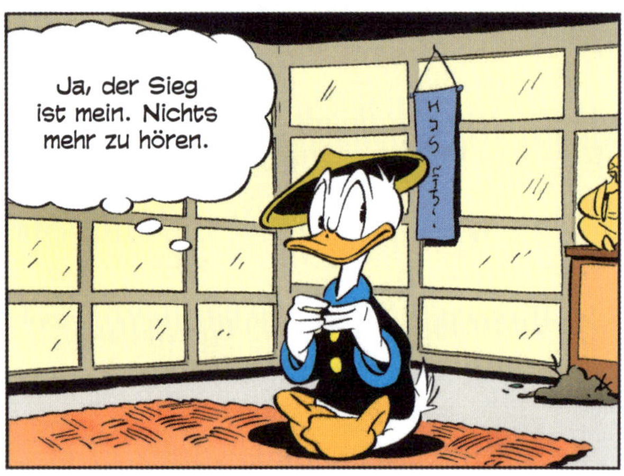
Ja, der Sieg ist mein. Nichts mehr zu hören.
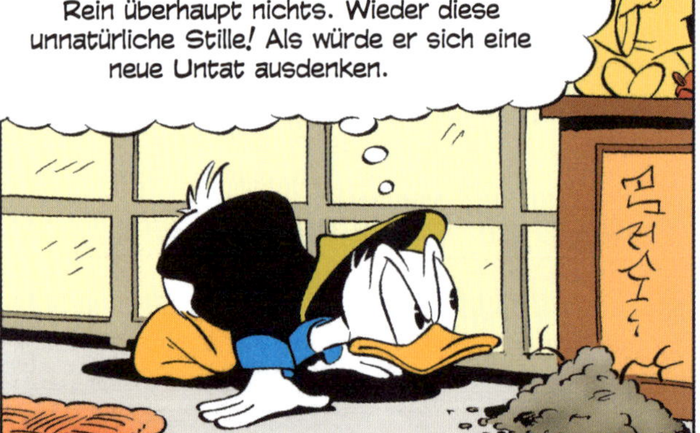
Rein überhaupt nichts. Wieder diese unnatürliche Stille! Als würde er sich eine neue Untat ausdenken.
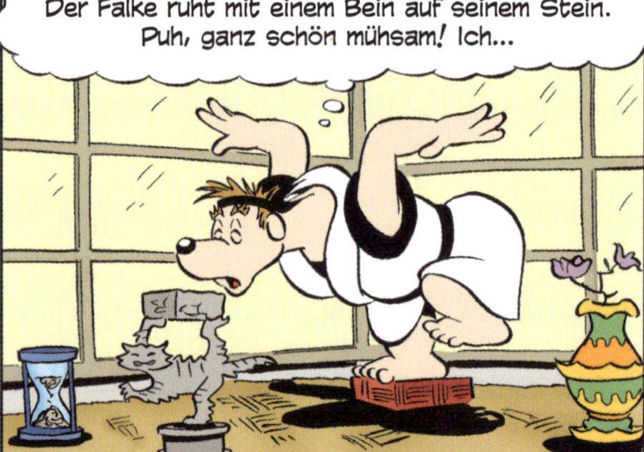
Der Falke ruht mit einem Bein auf seinem Stein. Puh, ganz schön mühsam! Ich...
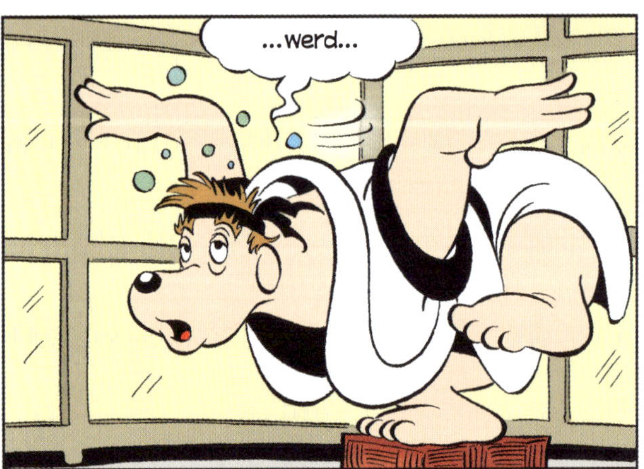
...werd...
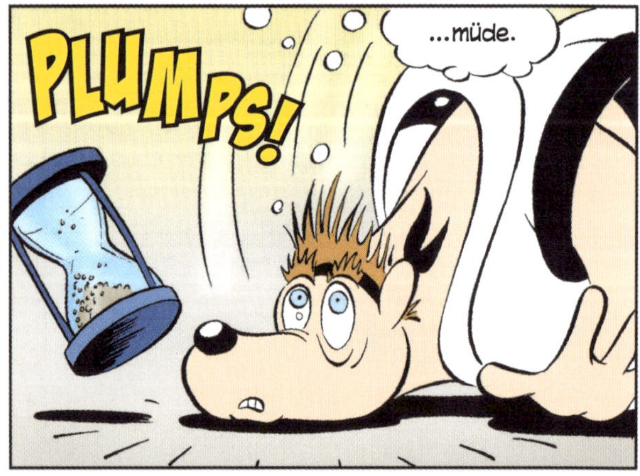
PLUMPS!
...müde.

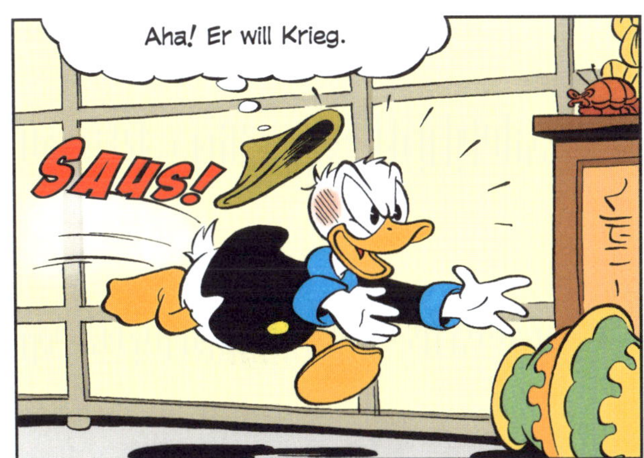
Aha! Er will Krieg.
SAUS!

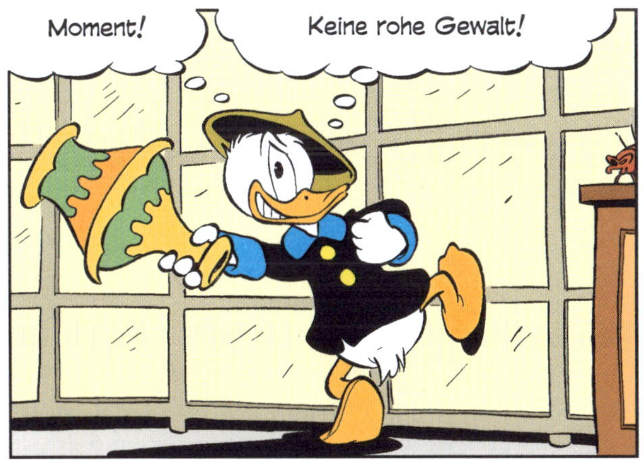
Moment!
Keine rohe Gewalt!

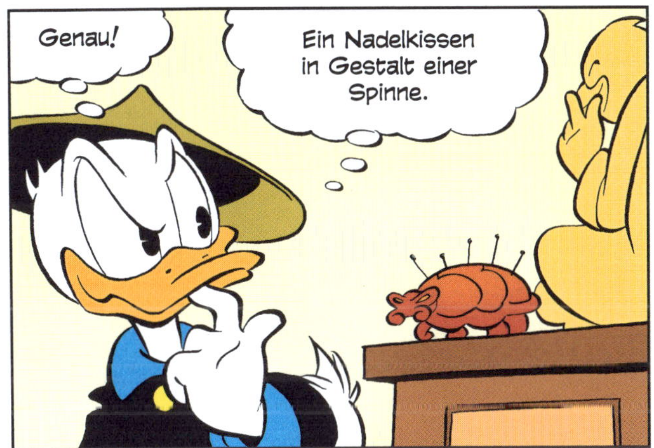
Genau!
Ein Nadelkissen in Gestalt einer Spinne.

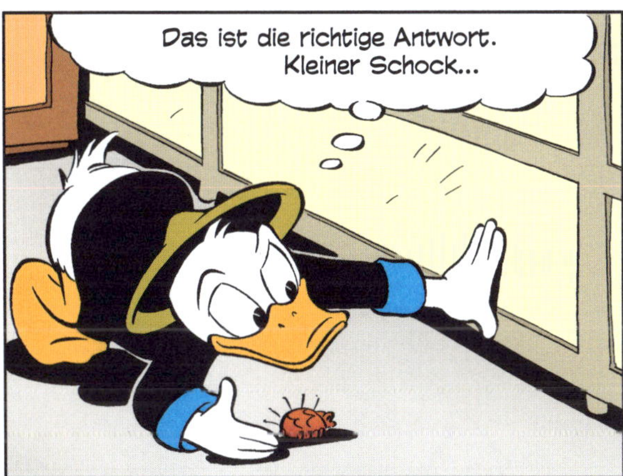
Das ist die richtige Antwort. Kleiner Schock...

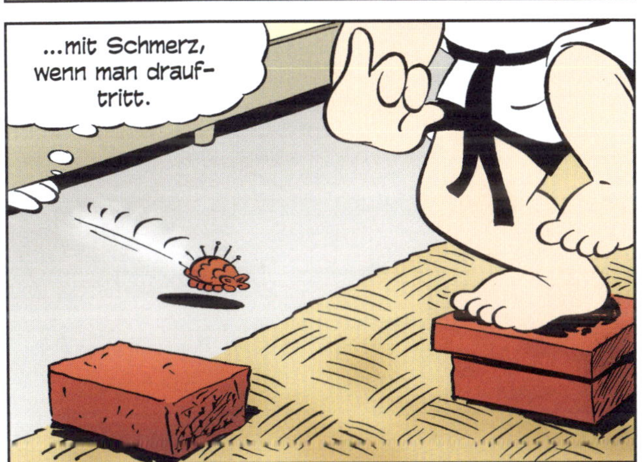
...mit Schmerz, wenn man drauf-tritt.

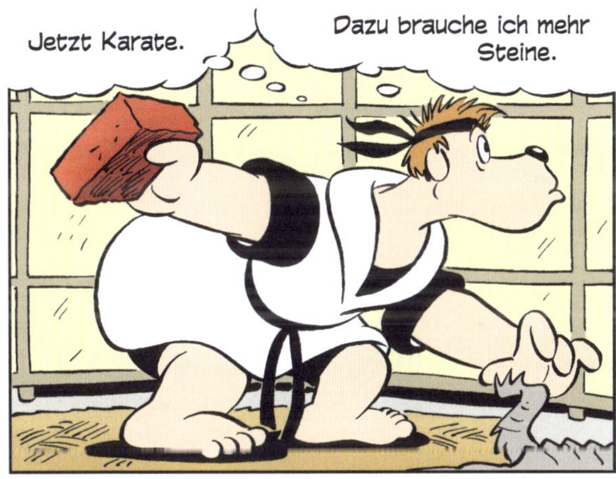
Jetzt Karate.
Dazu brauche ich mehr Steine.

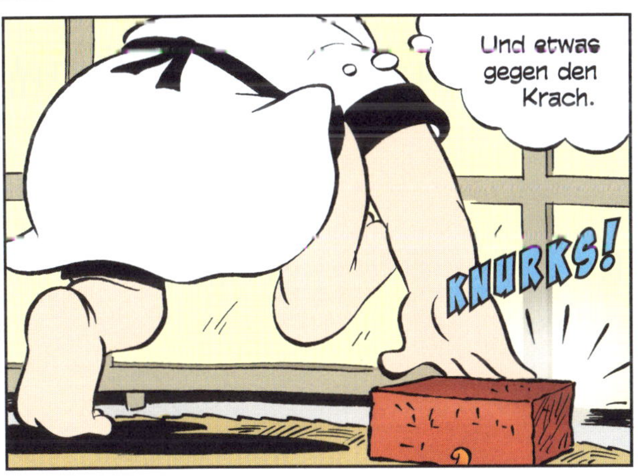
Und etwas gegen den Krach.
KNURKS!

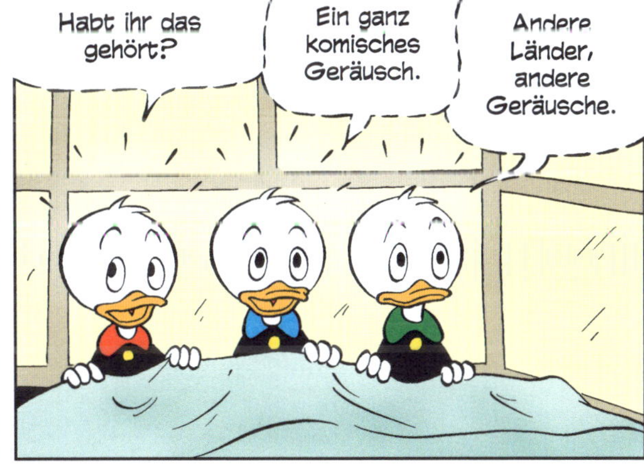
Habt ihr das gehört?
Ein ganz komisches Geräusch.
Andere Länder, andere Geräusche.

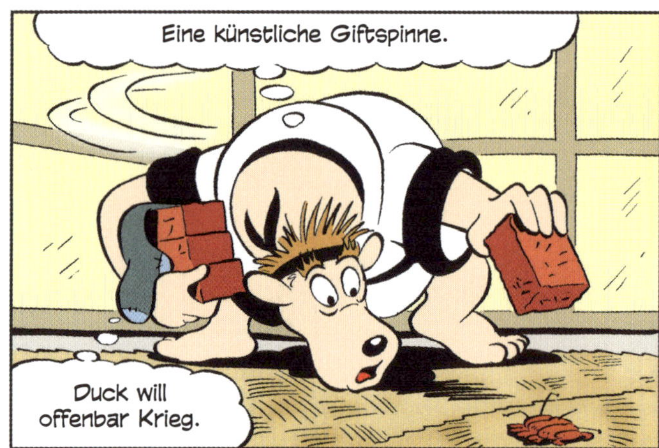
Eine künstliche Giftspinne.
Duck will offenbar Krieg.

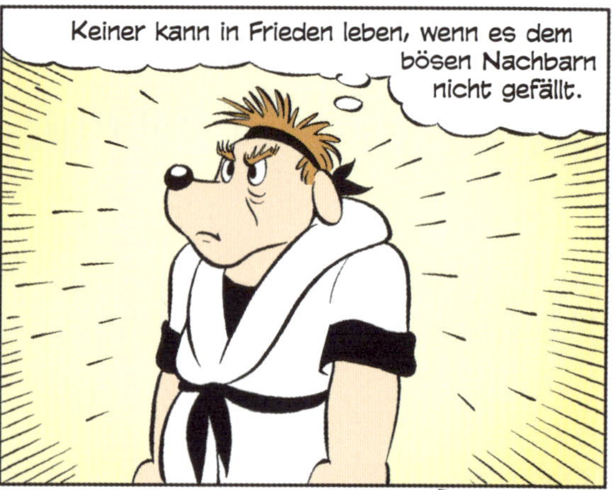
Keiner kann in Frieden leben, wenn es dem bösen Nachbarn nicht gefällt.

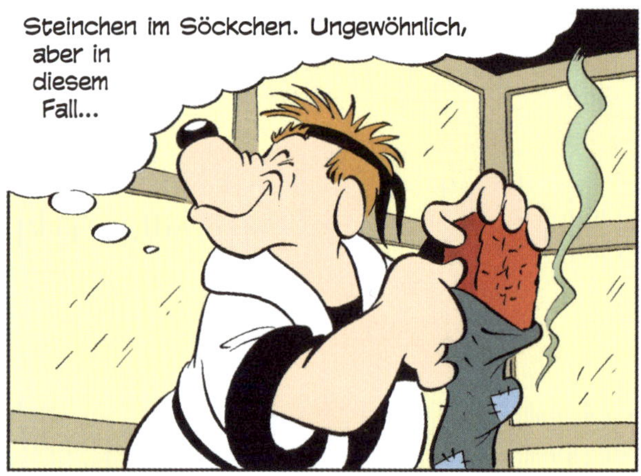
Steinchen im Söckchen. Ungewöhnlich, aber in diesem Fall...

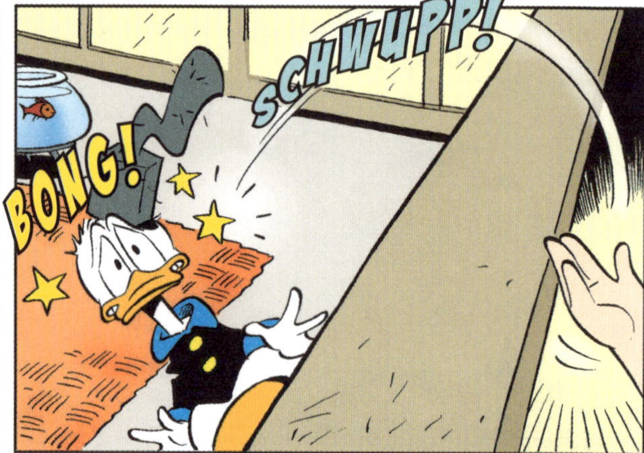
SCHWUPP!
BONG!

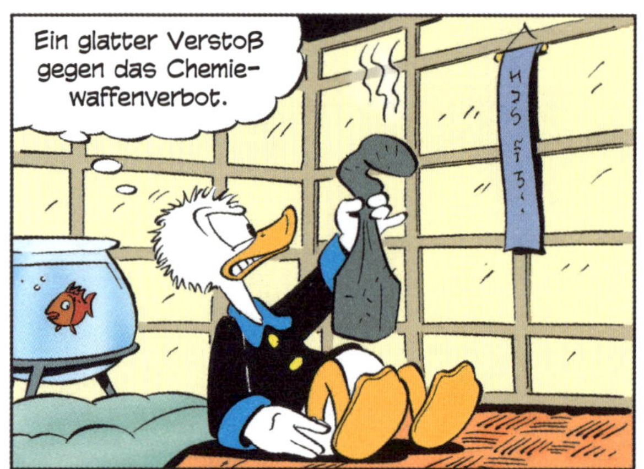
Ein glatter Verstoß gegen das Chemiewaffenverbot.

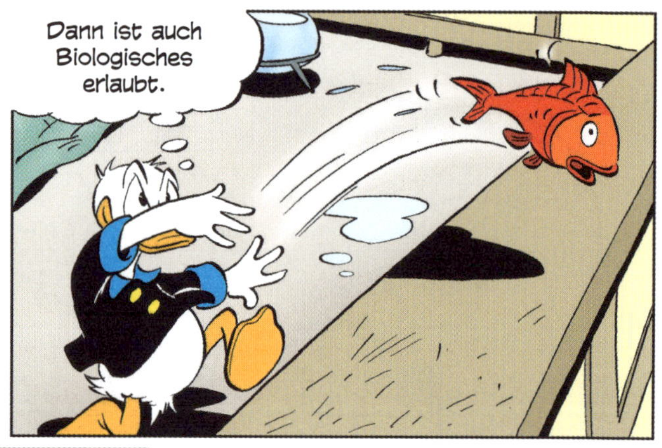
Dann ist auch Biologisches erlaubt.

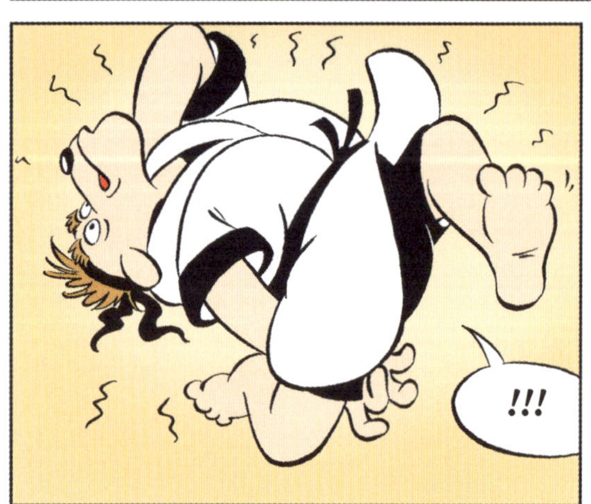
!!!

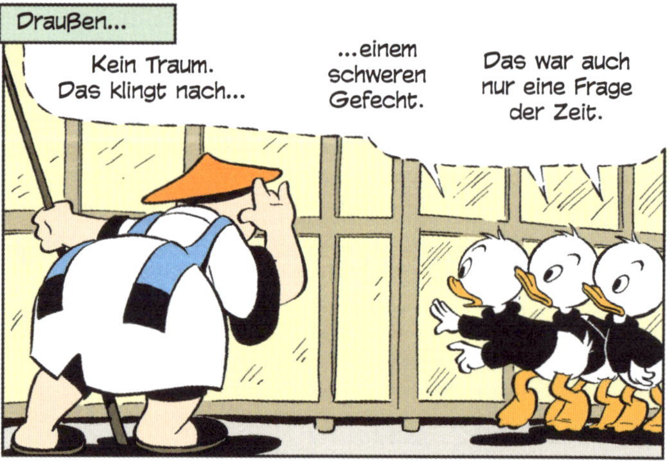
Draußen...
Kein Traum. Das klingt nach...
...einem schweren Gefecht.
Das war auch nur eine Frage der Zeit.

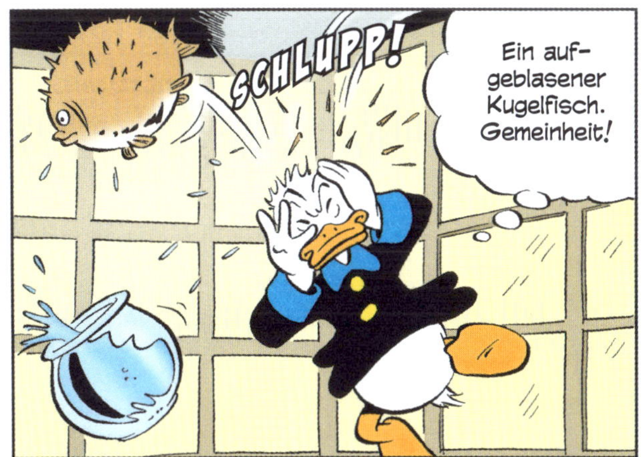
SCHLUPP!
Ein aufgeblasener Kugelfisch. Gemeinheit!

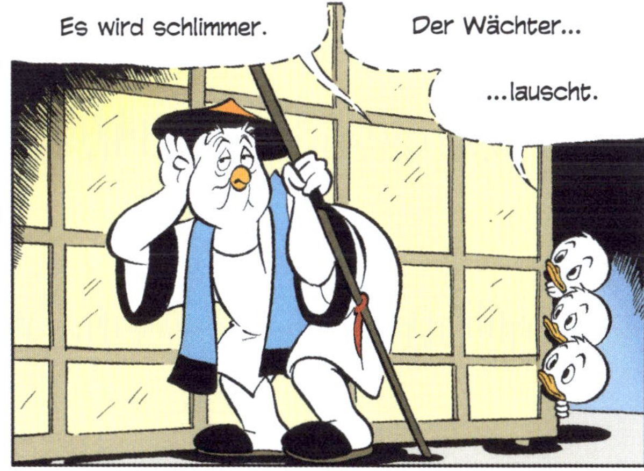
Es wird schlimmer.
Der Wächter...
...lauscht.

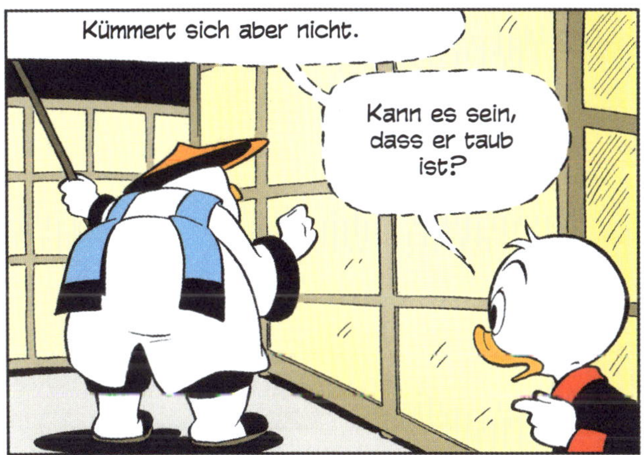
Kümmert sich aber nicht.
Kann es sein, dass er taub ist?

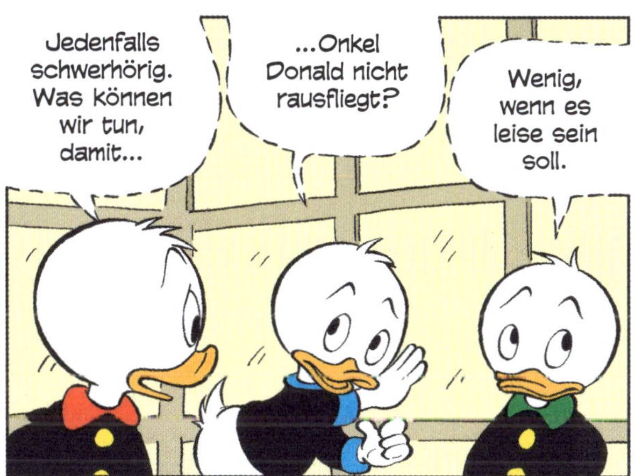
Jedenfalls schwerhörig. Was können wir tun, damit...
...Onkel Donald nicht rausfliegt?
Wenig, wenn es leise sein soll.

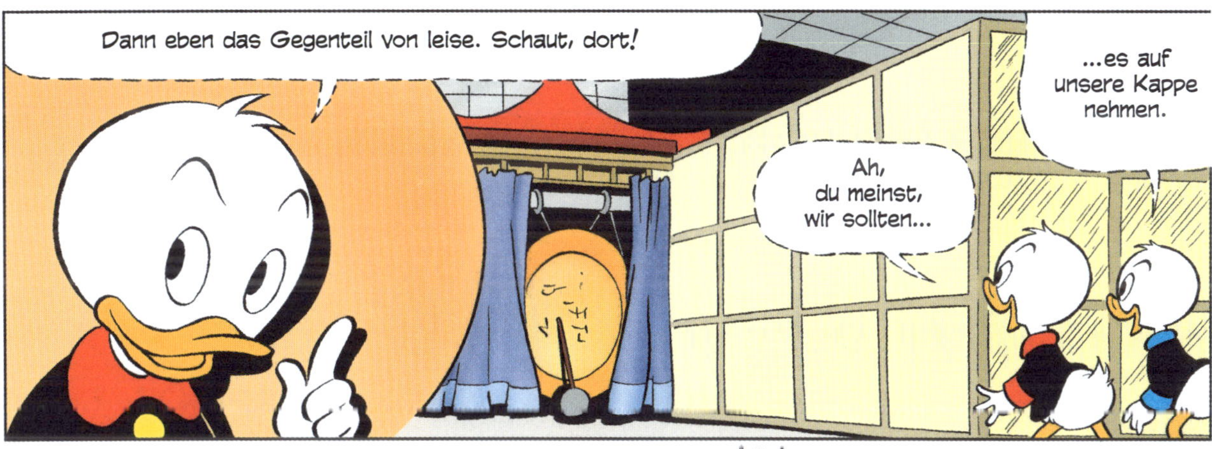
Dann eben das Gegenteil von leise. Schaut, dort!
Ah, du meinst, wir sollten...
...es auf unsere Kappe nehmen.

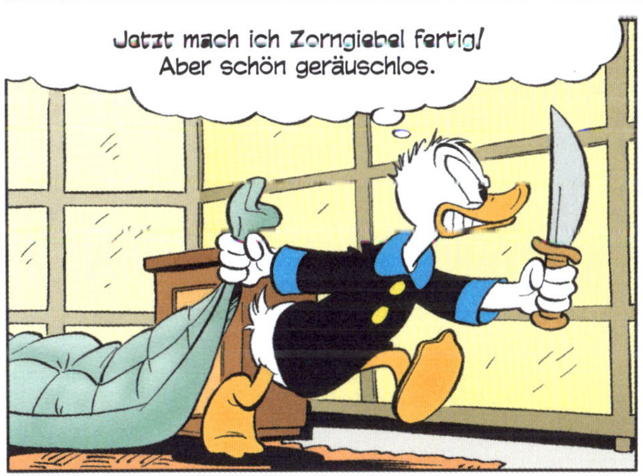
Jetzt mach ich Zorngiebel fertig! Aber schön geräuschlos.

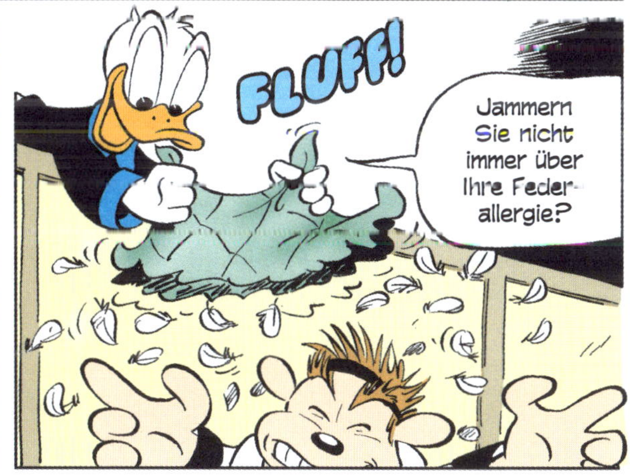
FLUFF!
Jammern Sie nicht immer über Ihre Federallergie?

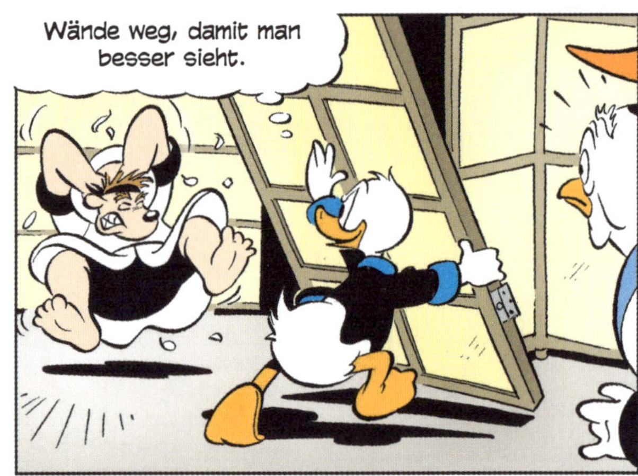
Wände weg, damit man besser sieht.

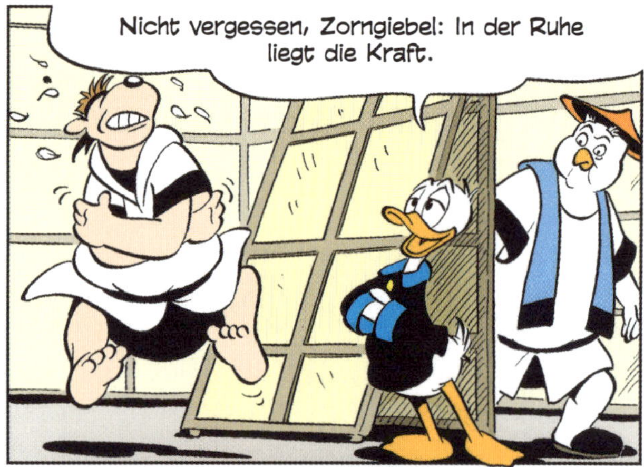
Nicht vergessen, Zorngiebel: In der Ruhe liegt die Kraft.

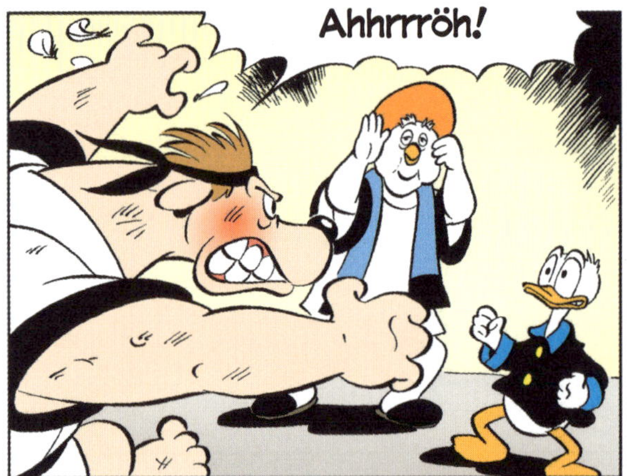
Ahhrrröh!

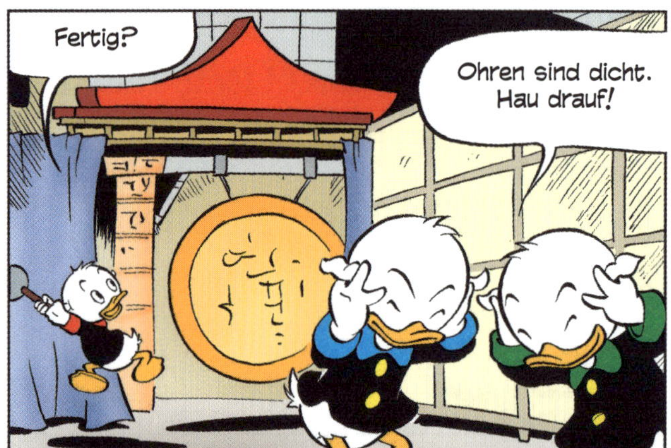
Fertig?
Ohren sind dicht. Hau drauf!

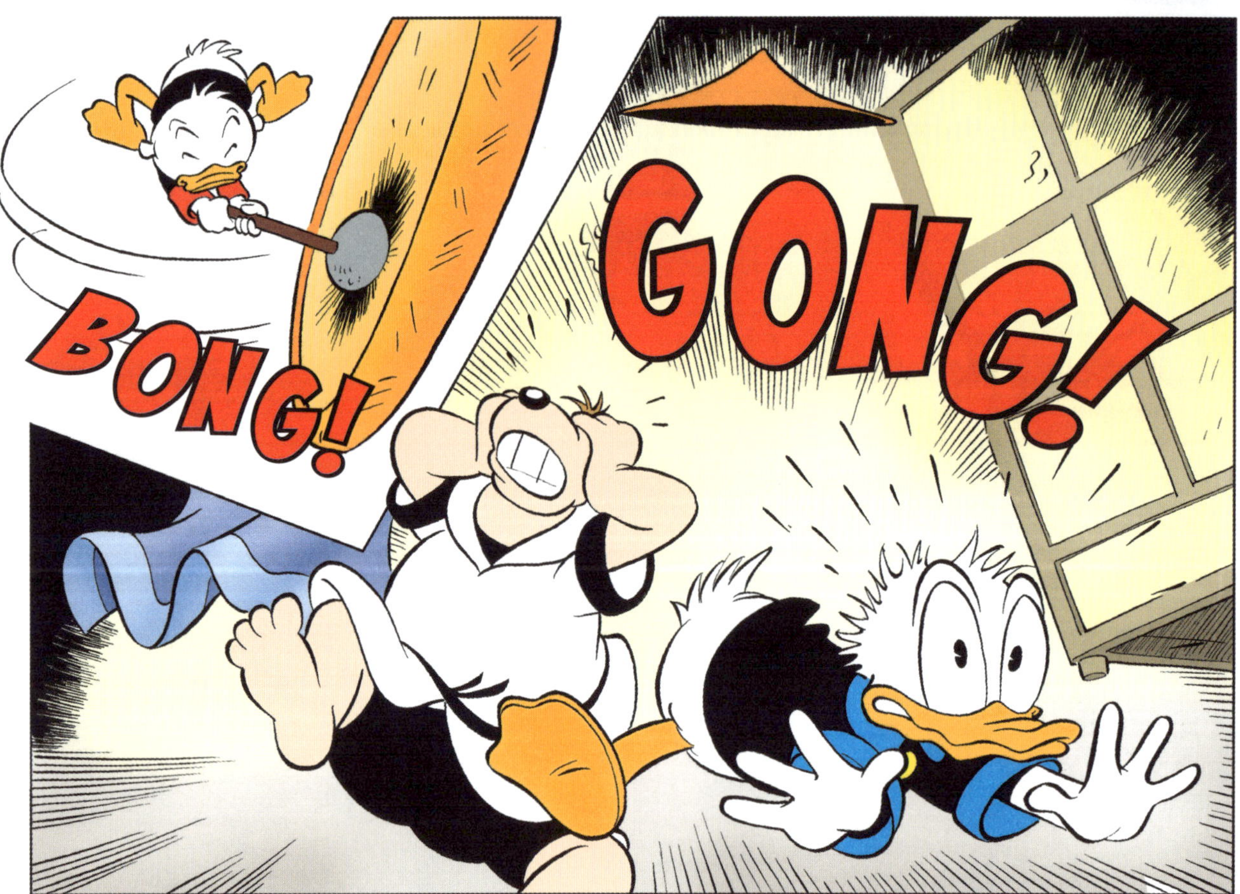
BONG!
GONG!

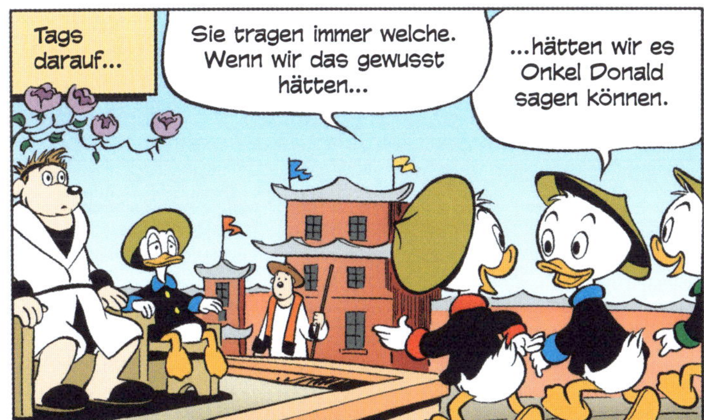
Tags darauf...
Sie tragen immer welche. Wenn wir das gewusst hätten...
...hätten wir es Onkel Donald sagen können.

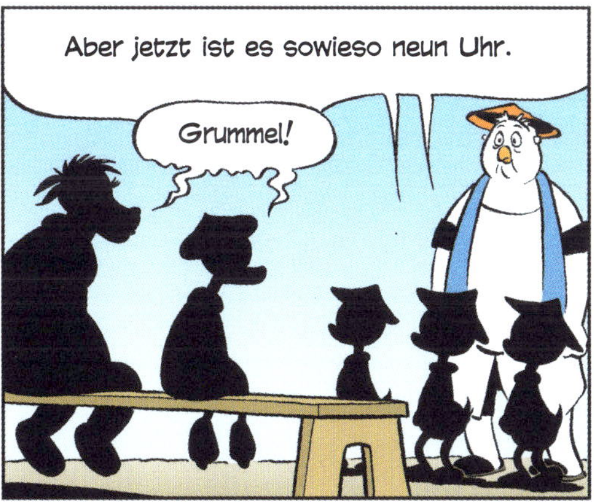
Aber jetzt ist es sowieso neun Uhr.
Grummel!

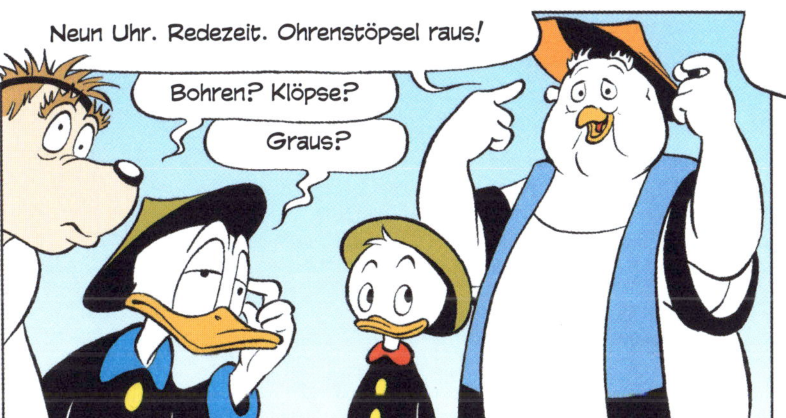
Neun Uhr. Redezeit. Ohrenstöpsel raus!
Bohren? Klöpse?
Graus?

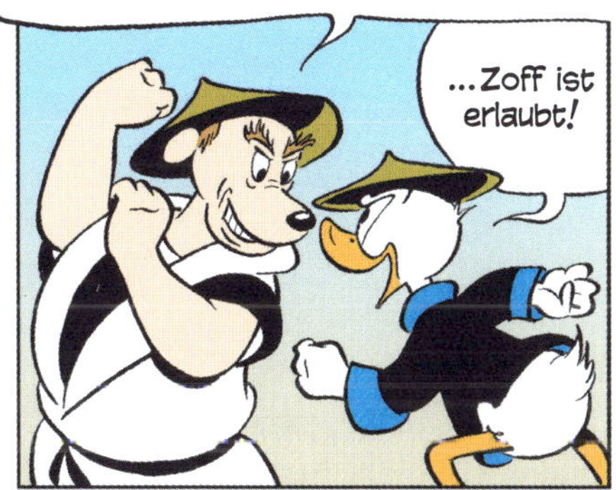
Also, wenn die Ruhezeit vorbei ist, kann das ja nur heißen...
...Zoff ist erlaubt!

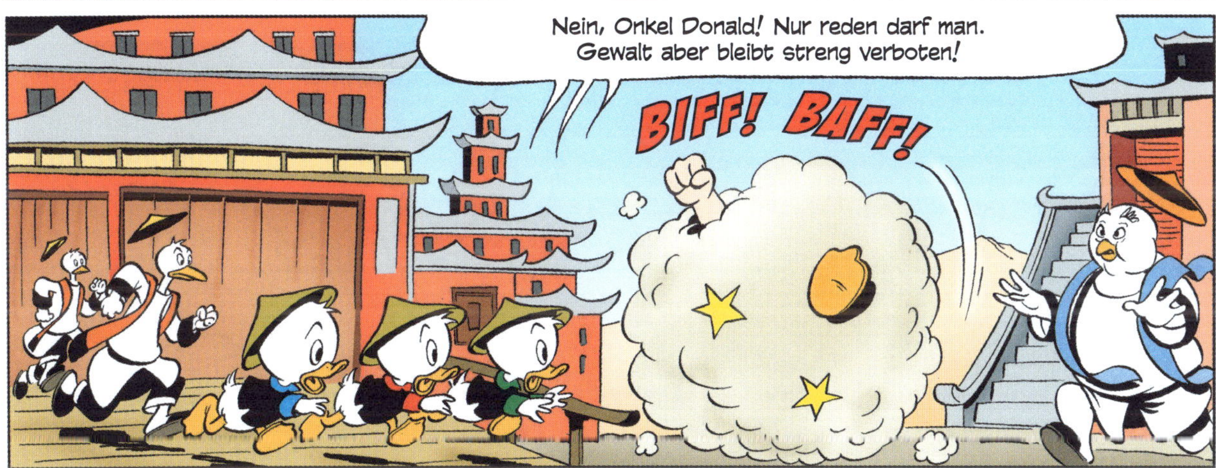
Nein, Onkel Donald! Nur reden darf man. Gewalt aber bleibt streng verboten!
BIFF! BAFF!

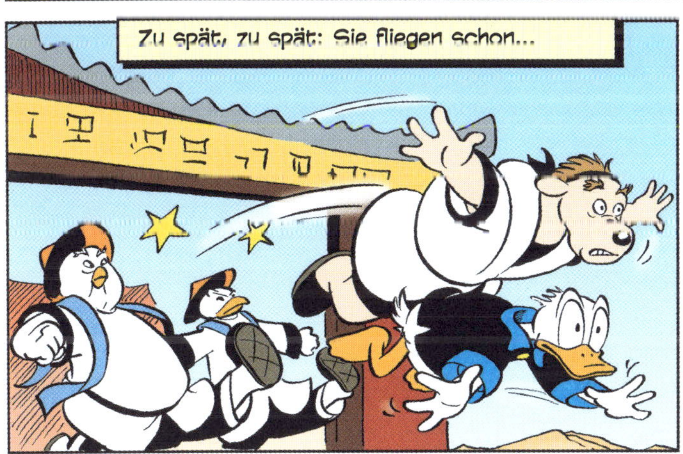
Zu spät, zu spät: Sie fliegen schon...

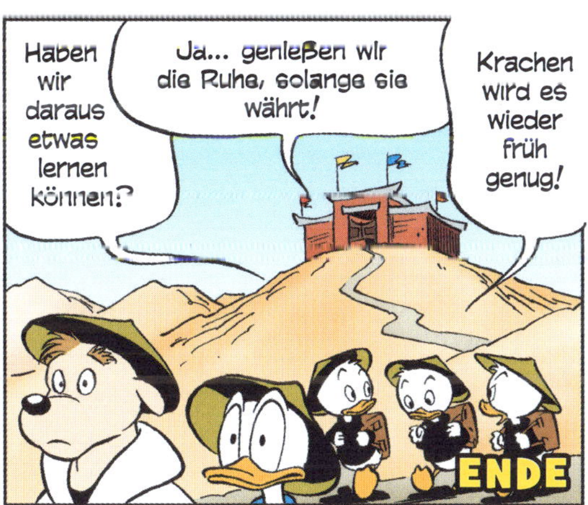
Haben wir daraus etwas lernen können?
Ja... genießen wir die Ruhe, solange sie währt!
Krachen wird es wieder früh genug!
ENDE

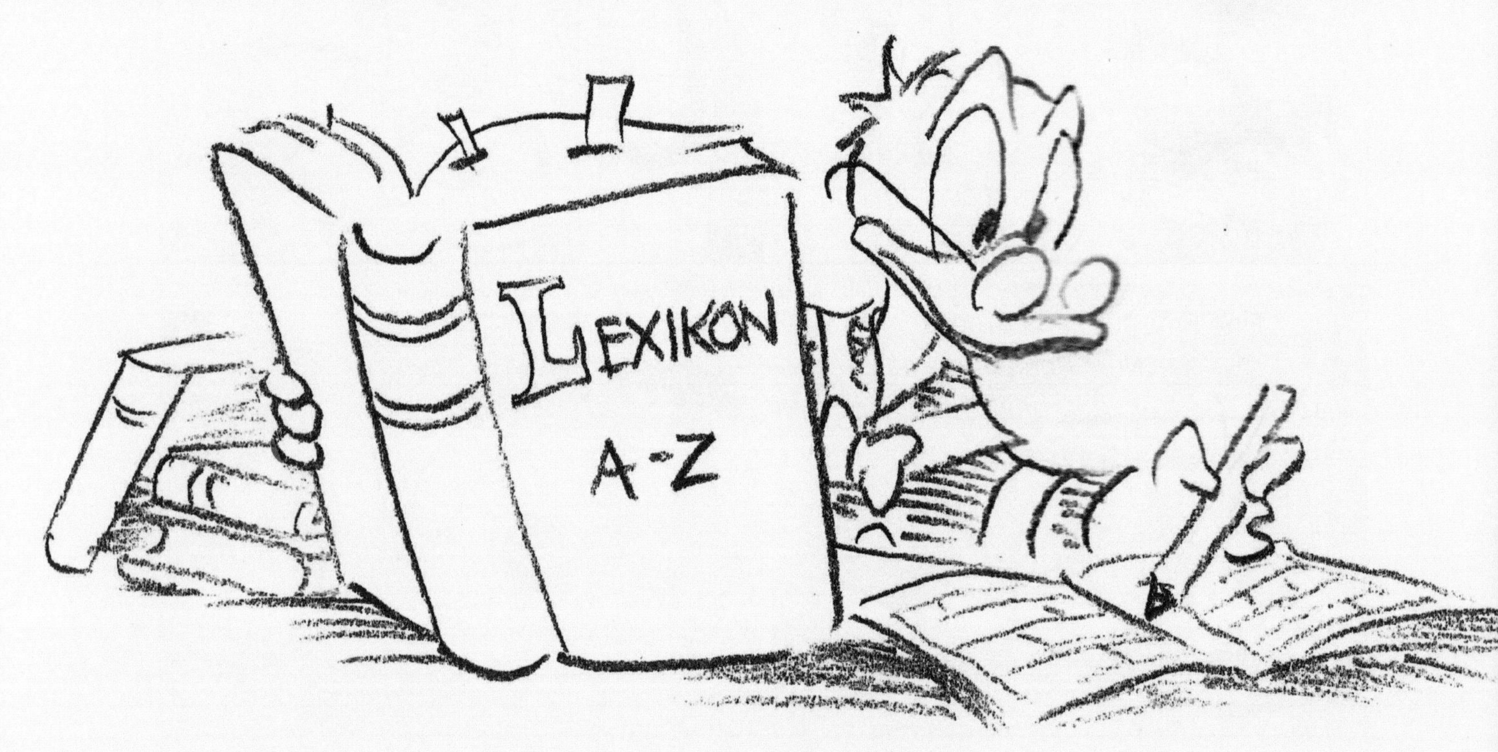
LEXIKON
A-Z

Die englische Urfassung der vorigen Geschichte zu schreiben
war ohne Robs Beistand eine echte Herausforderung.*
Donald stolpert naiv über die Doppelbedeutung des Begriffs ‚Ruhe',
und wer wollte ihm das übelnehmen?
Das Deutsche birgt eine Unzahl vieldeutiger Worte,
da geht leicht mal etwas durcheinander.
Die englischen Begriffe sind eindeutiger. Um diese zu vermauscheln,
dazu braucht es schon einen Wirrkopf wie Donald.
Oder mich mit einem lausigen Schullexikon.
Das bringt uns zur nächsten Geschichte.
Wirrköpfigkeit ist keine Entschuldigung dafür, geklaute Barks-Ideen
gnadenlos neu durchzumischen.
Nun, die Franzosen nennen sowas ‚Hommage' –
Glücklich, wer Fremdsprachen beherrscht!

**Anmerkung: Der Umgang mit Fremdsprachen ist Glückssache.
Da kann einiges schiefgehen.
Zumal, wenn zunächst aus dem Deutschen ins Holländische,
und dann wieder zurückübersetzt wird.
Dann heißt eine Donald-Geschichte plötzlich nicht mehr:*
Eine Pute für den Damenverein. *Sondern:* Ein *Truthahn* für den Damenverein.
*Nun, Bedienungsanleitungen für Smartphones und Toaster
bringen es auch nicht immer auf den Punkt.*

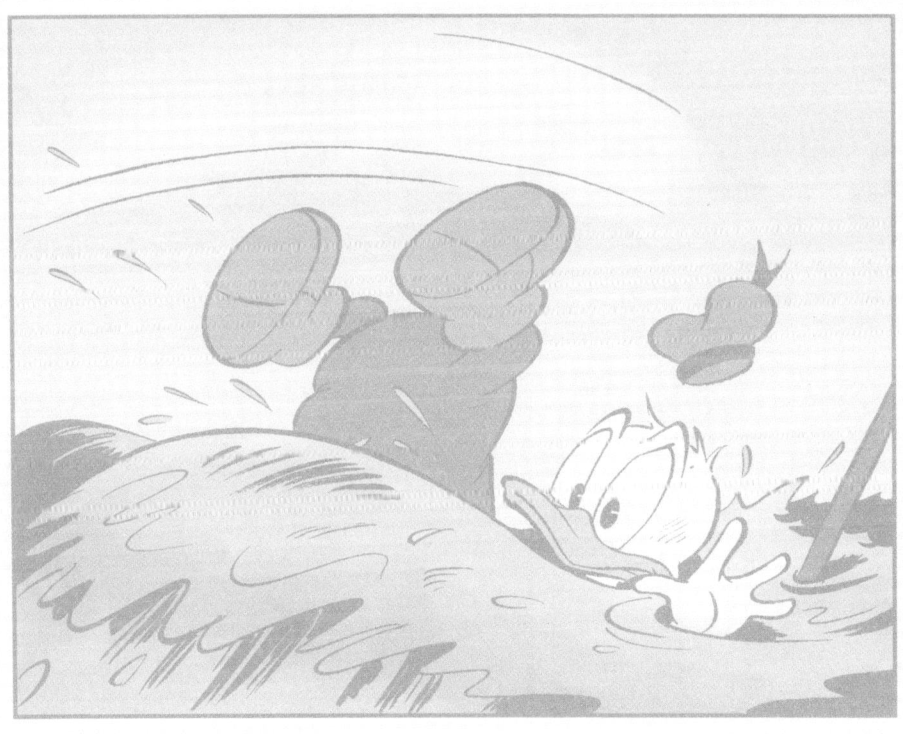

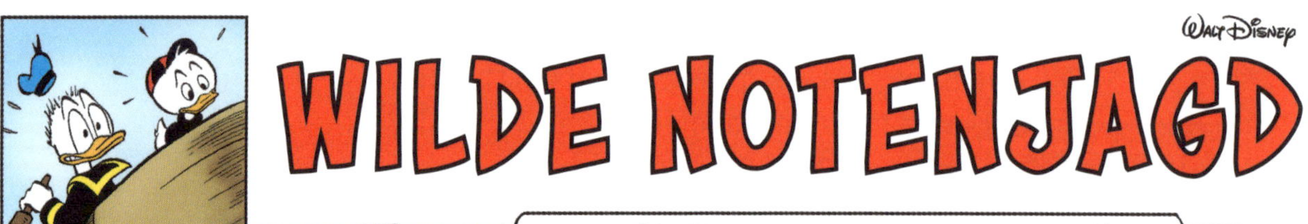
Walt Disney
WILDE NOTENJAGD

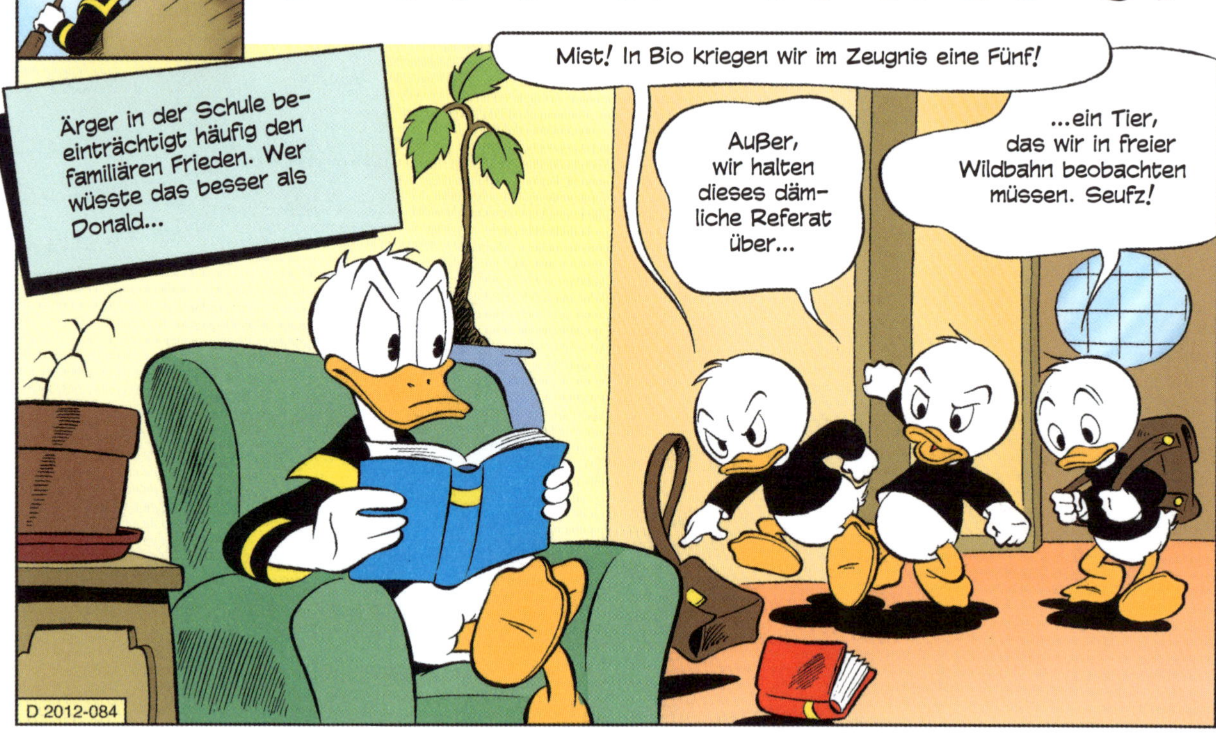
Ärger in der Schule beeinträchtigt häufig den familiären Frieden. Wer wüsste das besser als Donald...
Mist! In Bio kriegen wir im Zeugnis eine Fünf!
Außer, wir halten dieses dämliche Referat über...
...ein Tier, das wir in freier Wildbahn beobachten müssen. Seufz!
D 2012-084

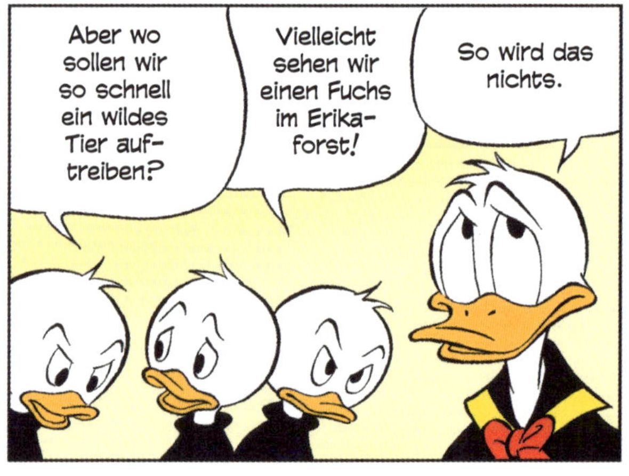
Aber wo sollen wir so schnell ein wildes Tier auftreiben?
Vielleicht sehen wir einen Fuchs im Erikaforst!
So wird das nichts.

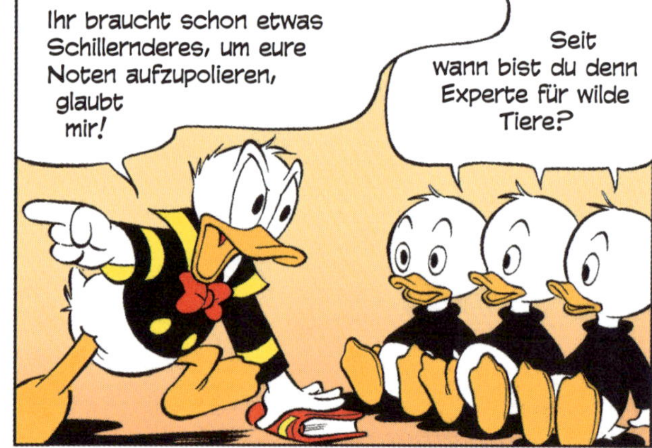
Ihr braucht schon etwas Schillernderes, um eure Noten aufzupolieren, glaubt mir!
Seit wann bist du denn Experte für wilde Tiere?

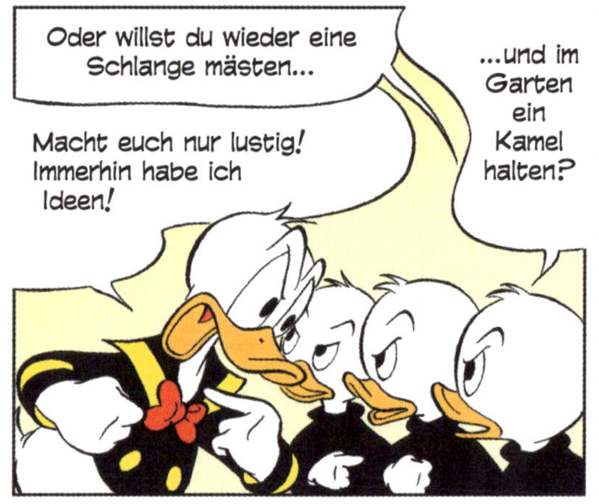
Oder willst du wieder eine Schlange mästen...
...und im Garten ein Kamel halten?
Macht euch nur lustig! Immerhin habe ich Ideen!

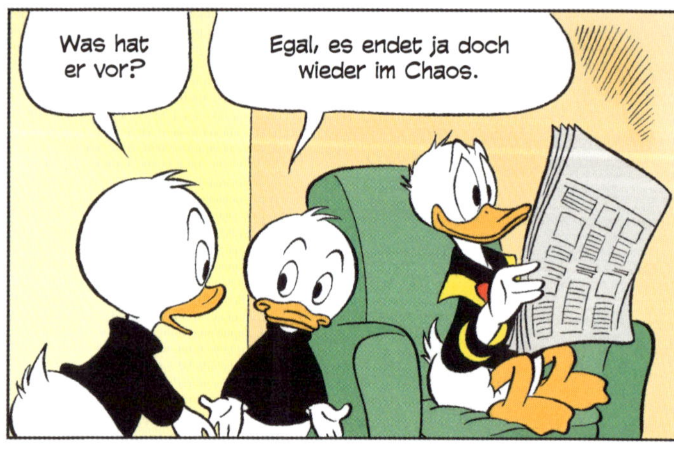
Was hat er vor?
Egal, es endet ja doch wieder im Chaos.

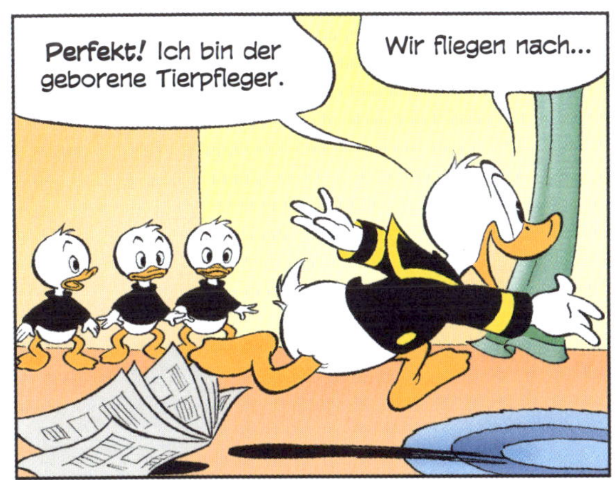
Perfekt! Ich bin der geborene Tierpfleger.
Wir fliegen nach...

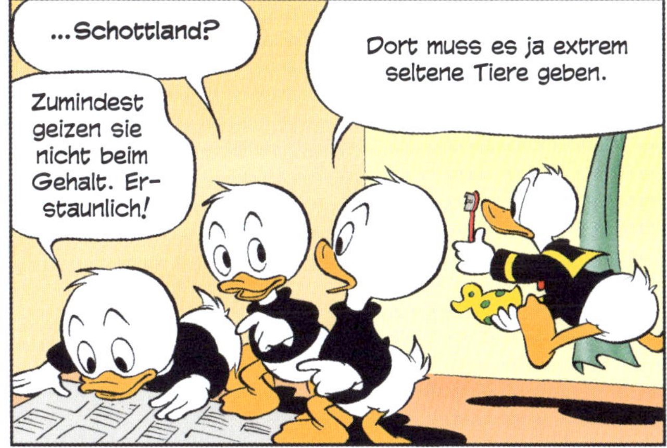
...Schottland?
Zumindest geizen sie nicht beim Gehalt. Erstaunlich!
Dort muss es ja extrem seltene Tiere geben.

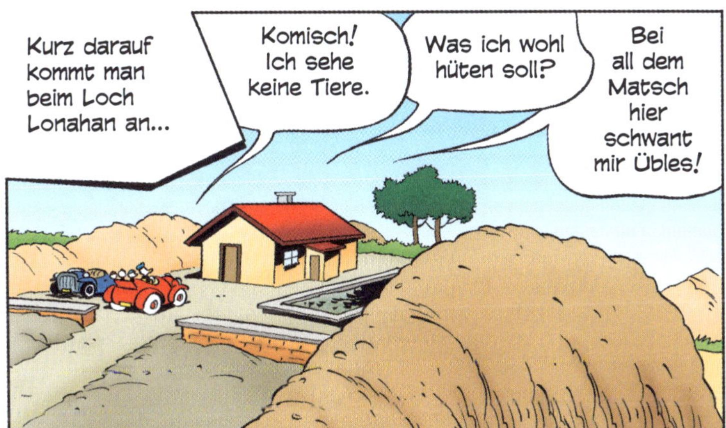
Kurz darauf kommt man beim Loch Lonahan an...
Komisch! Ich sehe keine Tiere.
Was ich wohl hüten soll?
Bei all dem Matsch hier schwant mir Übles!

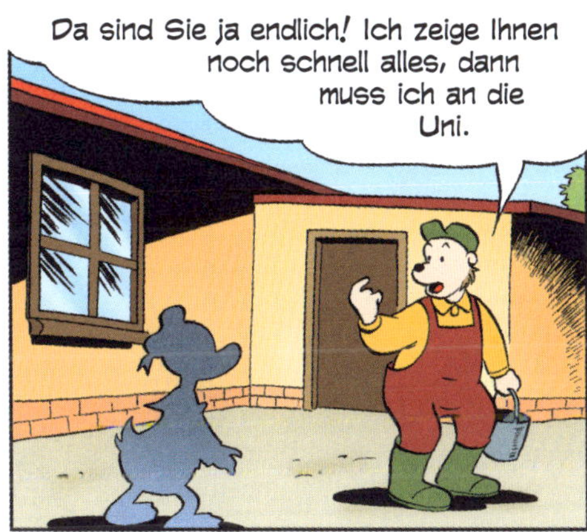
Da sind Sie ja endlich! Ich zeige Ihnen noch schnell alles, dann muss ich an die Uni.

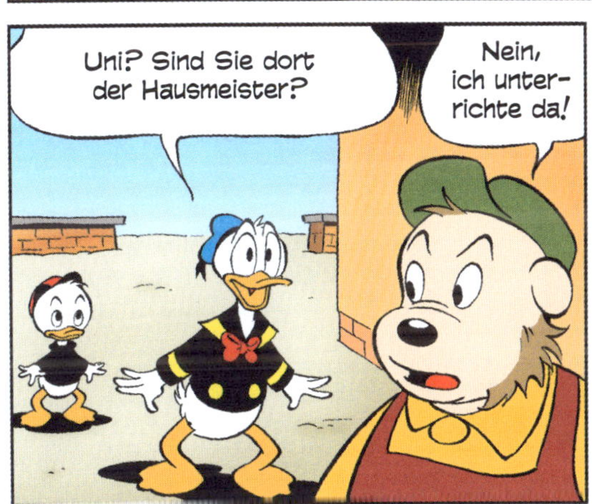
Uni? Sind Sie dort der Hausmeister?
Nein, ich unterrichte da!

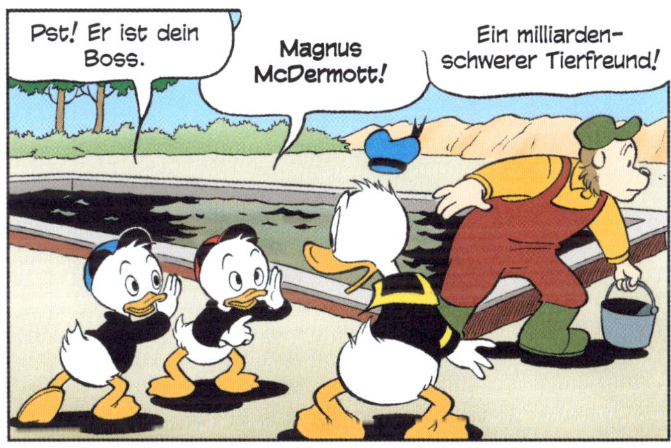
Pst! Er ist dein Boss.
Magnus McDermott!
Ein milliardenschwerer Tierfreund!

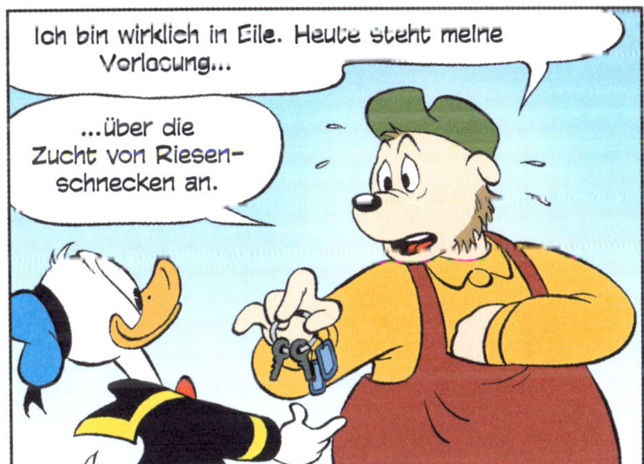
Ich bin wirklich in Eile. Heute steht meine Vorlesung...
...über die Zucht von Riesenschnecken an.

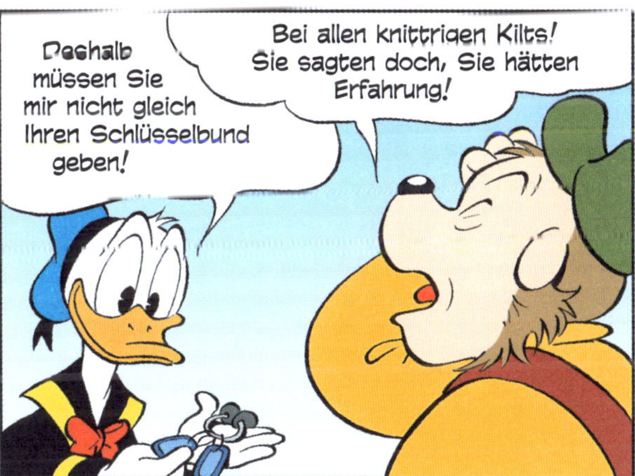
Deshalb müssen Sie mir nicht gleich Ihren Schlüsselbund geben!
Bei allen knittrigen Kilts! Sie sagten doch, Sie hätten Erfahrung!

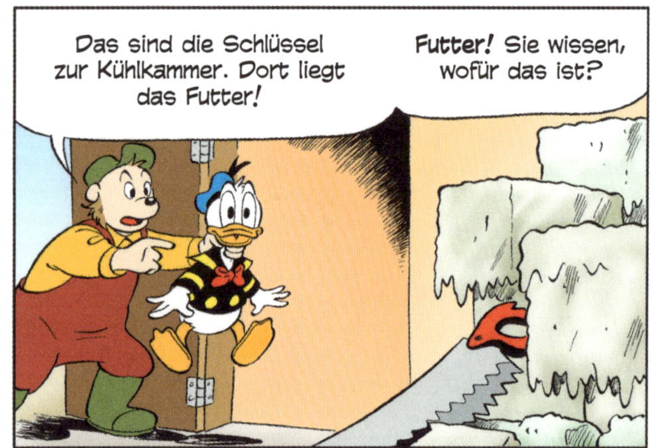
Das sind die Schlüssel zur Kühlkammer. Dort liegt das Futter!
Futter! Sie wissen, wofür das ist?

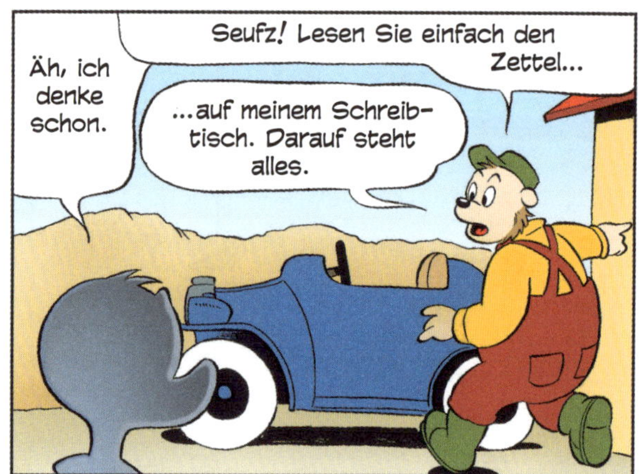
Äh, ich denke schon.
Seufz! Lesen Sie einfach den Zettel...
...auf meinem Schreibtisch. Darauf steht alles.

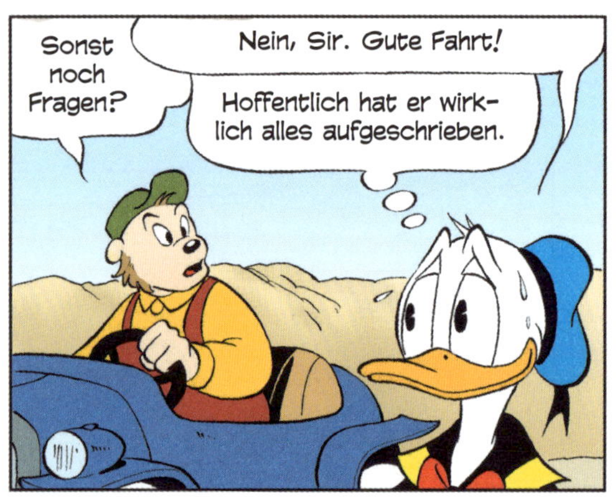
Sonst noch Fragen?
Nein, Sir. Gute Fahrt!
Hoffentlich hat er wirklich alles aufgeschrieben.

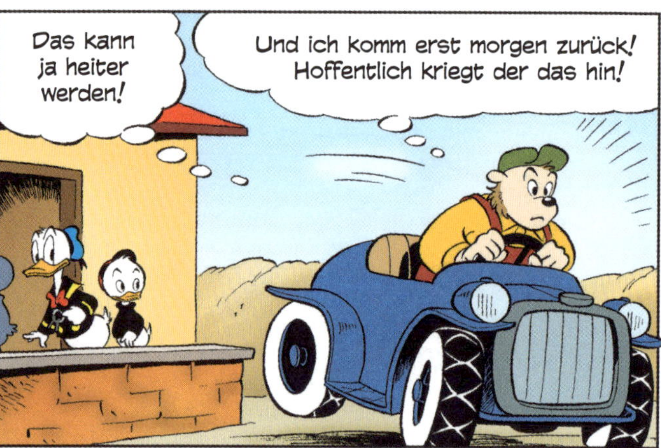
Das kann ja heiter werden!
Und ich komm erst morgen zurück! Hoffentlich kriegt der das hin!

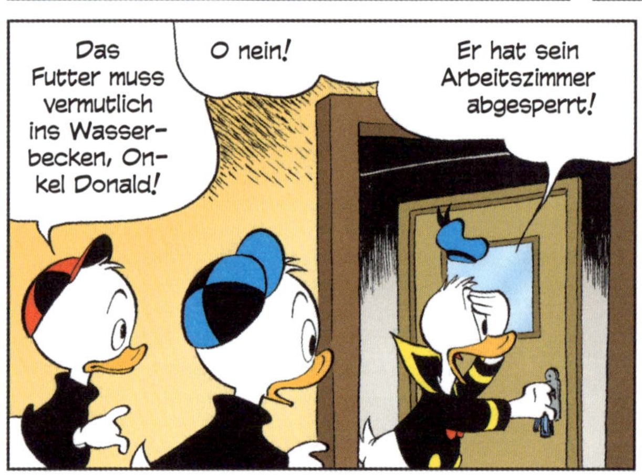
Das Futter muss vermutlich ins Wasserbecken, Onkel Donald!
O nein!
Er hat sein Arbeitszimmer abgesperrt!

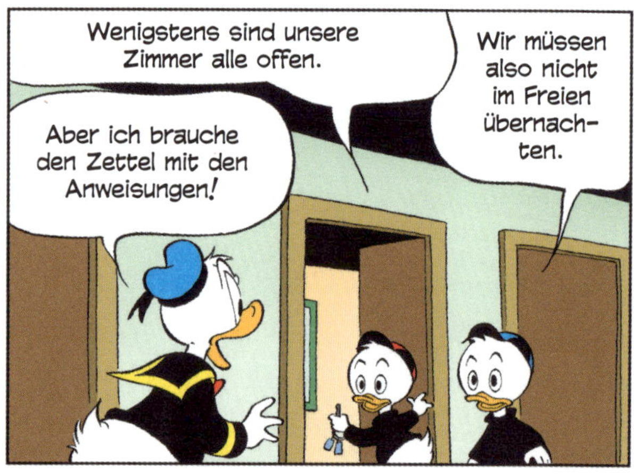
Wenigstens sind unsere Zimmer alle offen.
Aber ich brauche den Zettel mit den Anweisungen!
Wir müssen also nicht im Freien übernachten.

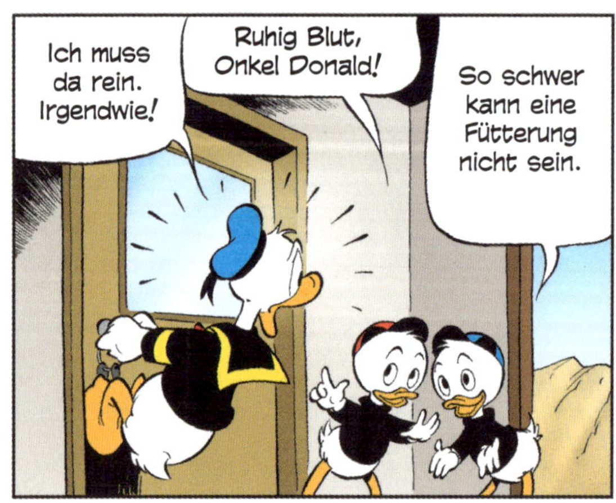
Ich muss da rein. Irgendwie!
Ruhig Blut, Onkel Donald!
So schwer kann eine Fütterung nicht sein.

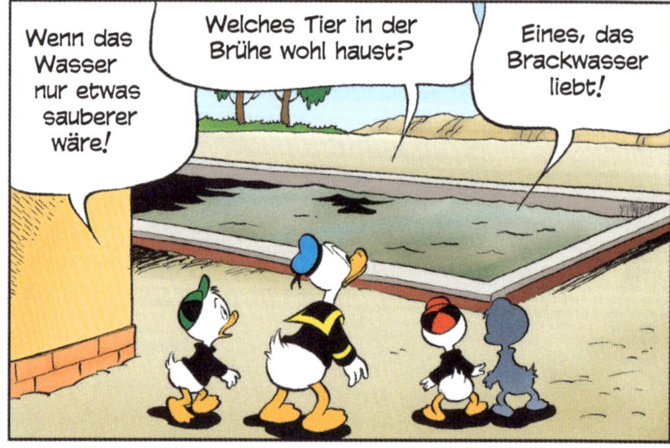
Wenn das Wasser nur etwas sauberer wäre!
Welches Tier in der Brühe wohl haust?
Eines, das Brackwasser liebt!

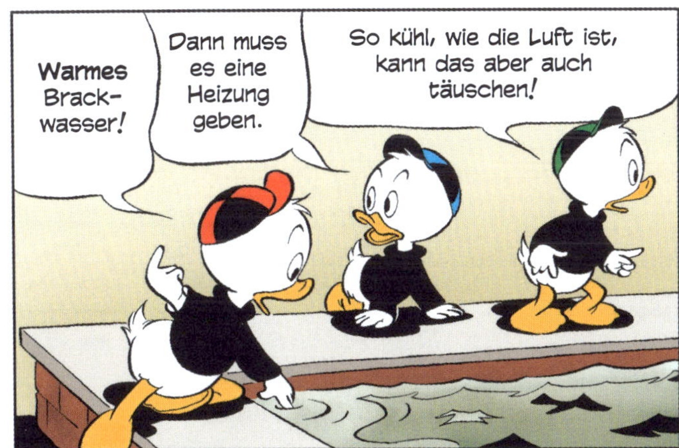
Warmes Brack-wasser!
Dann muss es eine Heizung geben.
So kühl, wie die Luft ist, kann das aber auch täuschen!

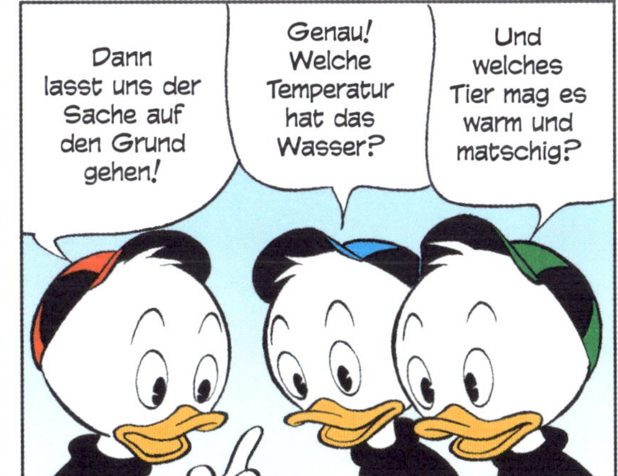
Dann lasst uns der Sache auf den Grund gehen!
Genau! Welche Temperatur hat das Wasser?
Und welches Tier mag es warm und matschig?

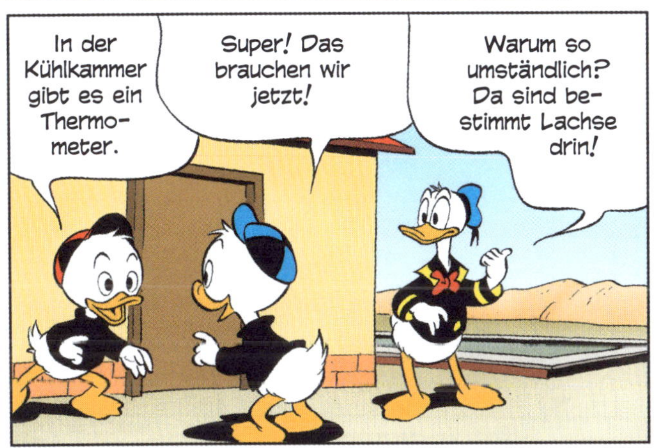
In der Kühlkammer gibt es ein Thermo-meter.
Super! Das brauchen wir jetzt!
Warum so umständlich? Da sind be-stimmt Lachse drin!

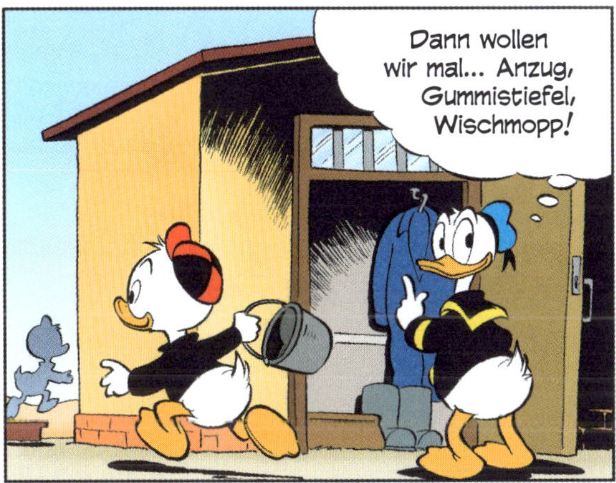
Dann wollen wir mal... Anzug, Gummistiefel, Wischmopp!

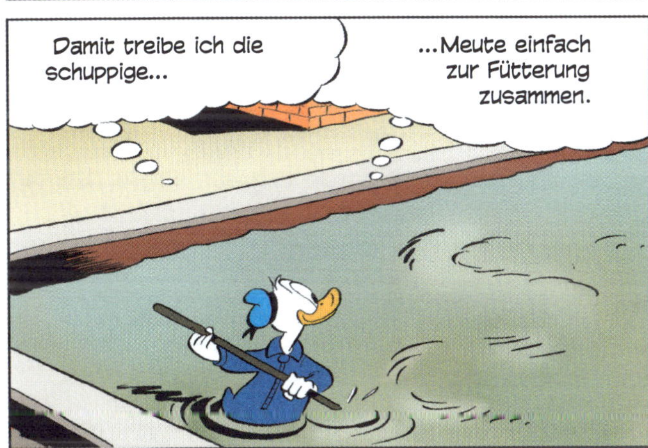
Damit treibe ich die schuppige...
...Meute einfach zur Fütterung zusammen.

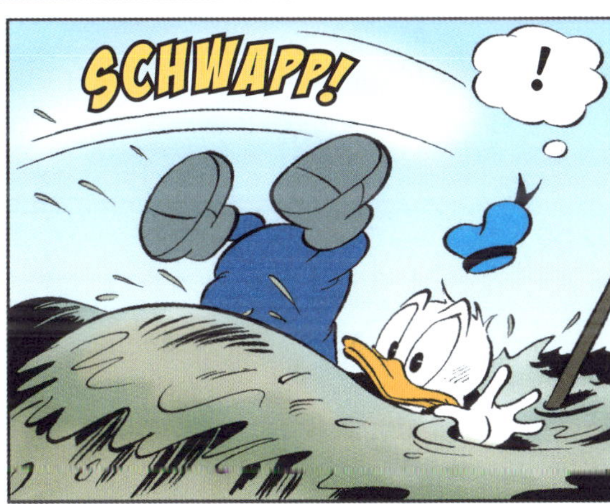
SCHWAPP!
!

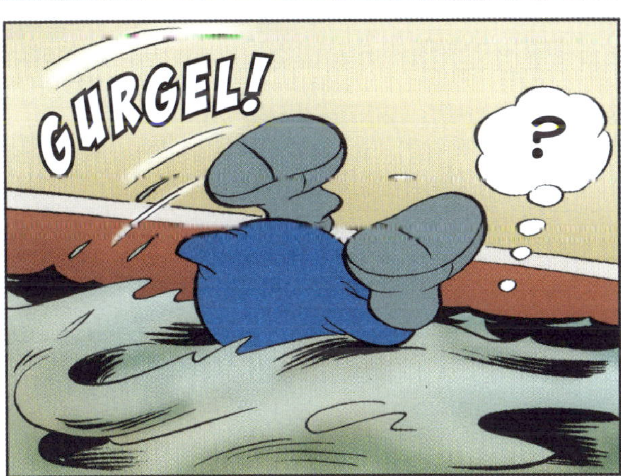
GURGEL!
?

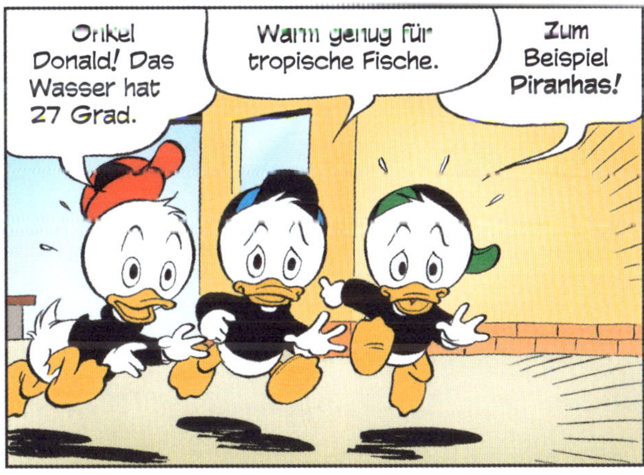
Onkel Donald! Das Wasser hat 27 Grad.
Warm genug für tropische Fische.
Zum Beispiel Piranhas!

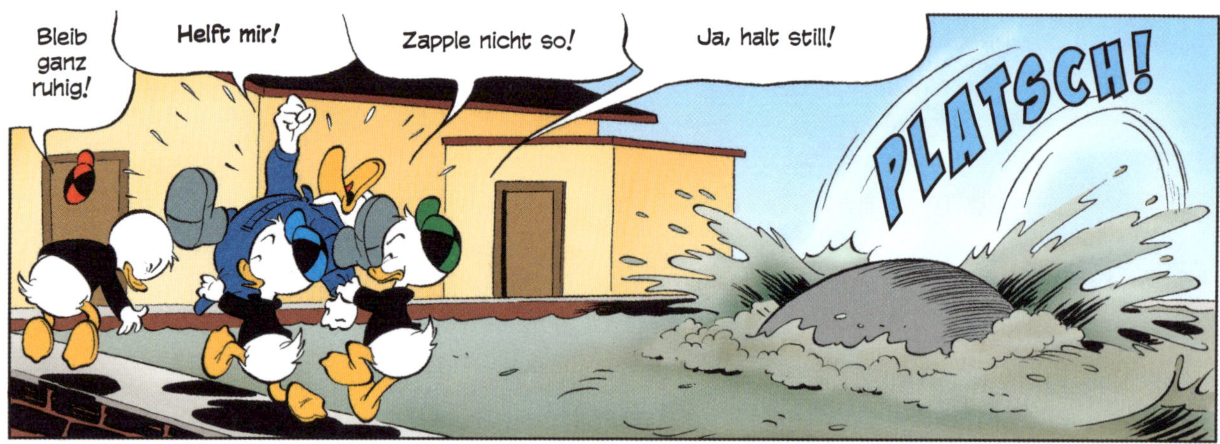
Bleib ganz ruhig!
Helft mir!
Zapple nicht so!
Ja, halt still!
PLATSCH!

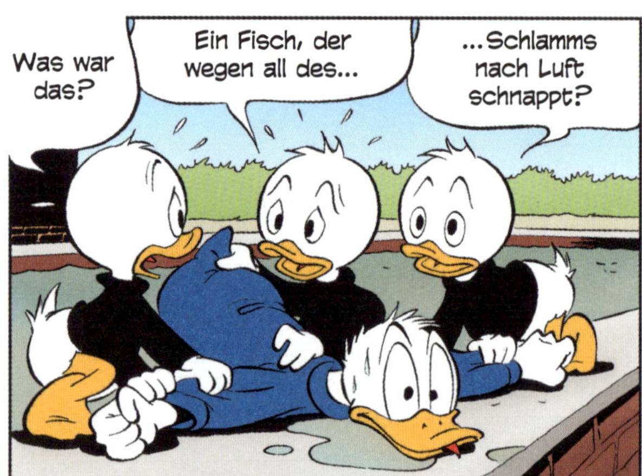
Was war das?
Ein Fisch, der wegen all des...
...Schlamms nach Luft schnappt?

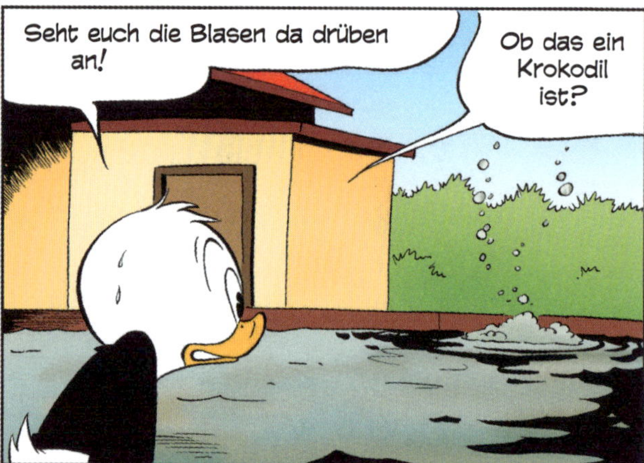
Seht euch die Blasen da drüben an!
Ob das ein Krokodil ist?

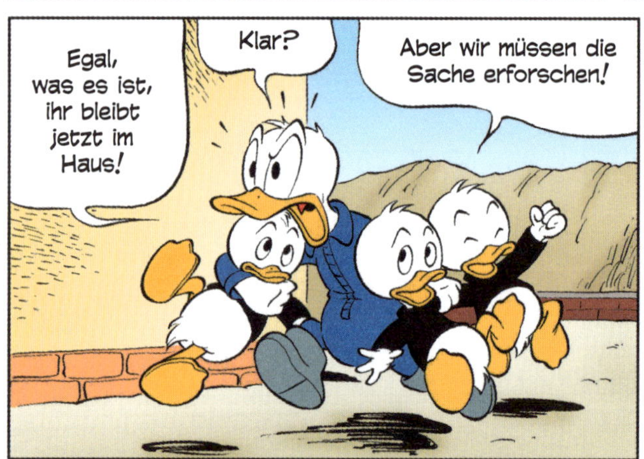
Egal, was es ist, ihr bleibt jetzt im Haus!
Klar?
Aber wir müssen die Sache erforschen!

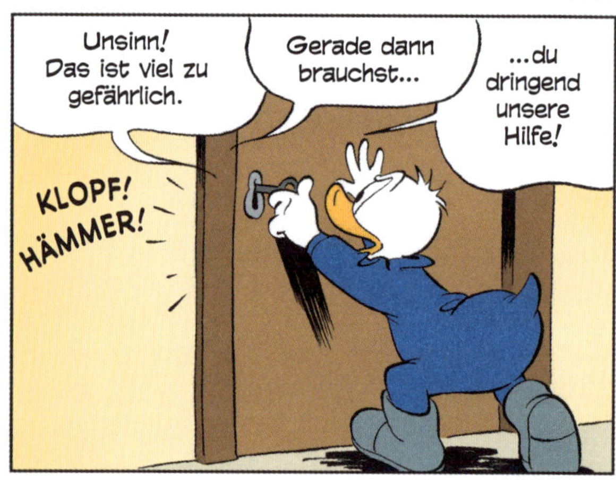
Unsinn! Das ist viel zu gefährlich.
Gerade dann brauchst...
...du dringend unsere Hilfe!
KLOPF! HÄMMER!

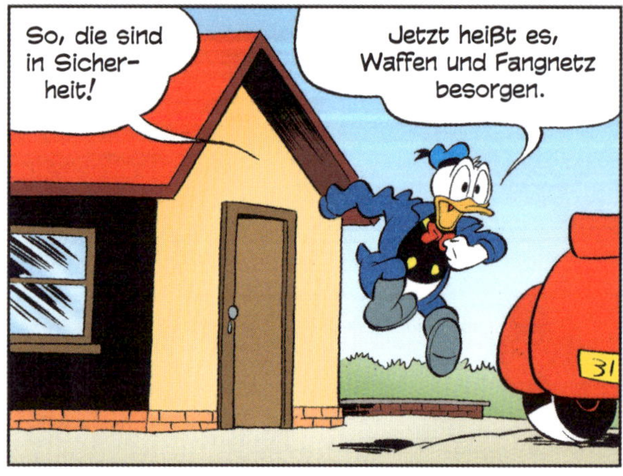
So, die sind in Sicherheit!
Jetzt heißt es, Waffen und Fangnetz besorgen.

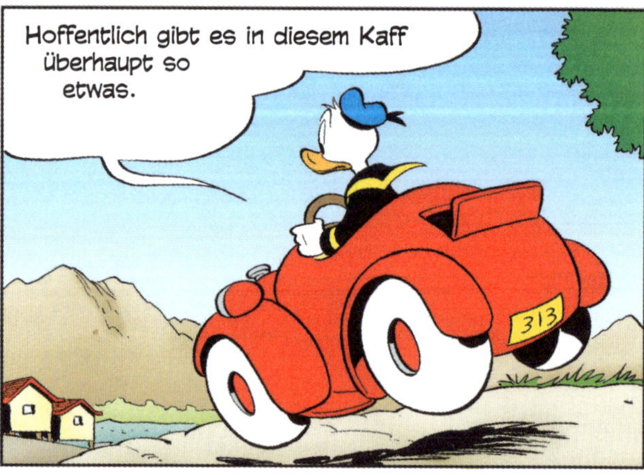
Hoffentlich gibt es in diesem Kaff überhaupt so etwas.
313

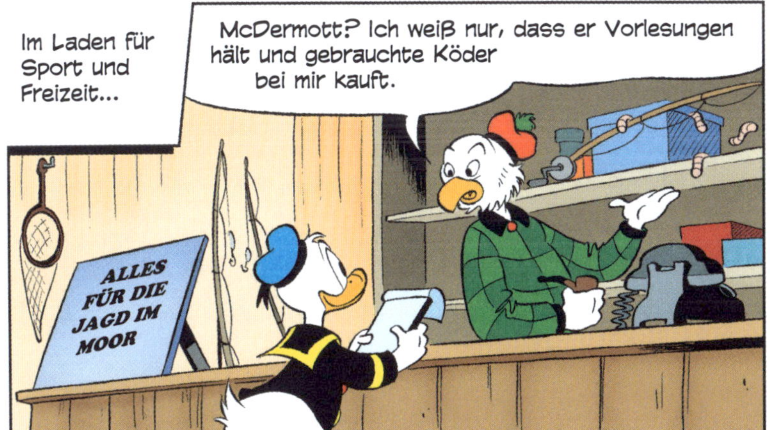
Im Laden für Sport und Freizeit...
McDermott? Ich weiß nur, dass er Vorlesungen hält und gebrauchte Köder bei mir kauft.
ALLES FÜR DIE JAGD IM MOOR

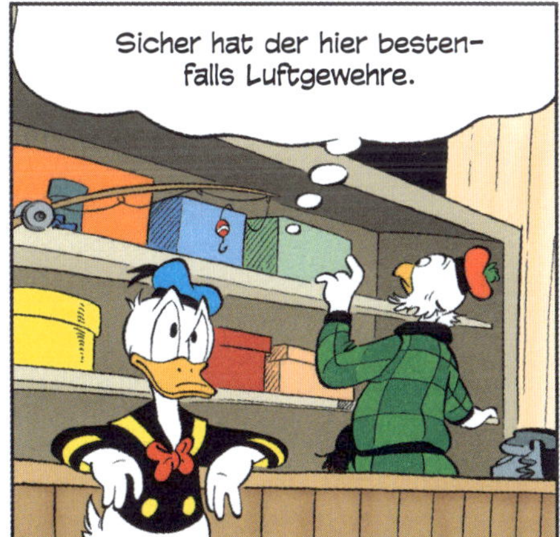
Sicher hat der hier bestenfalls Luftgewehre.

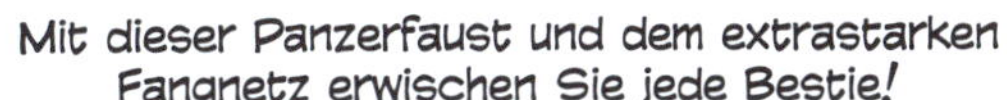
Mit dieser Panzerfaust und dem extrastarken Fangnetz erwischen Sie jede Bestie!

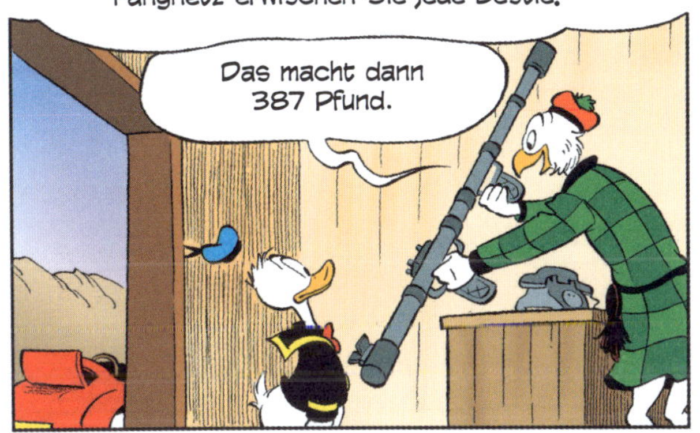
Das macht dann 387 Pfund.

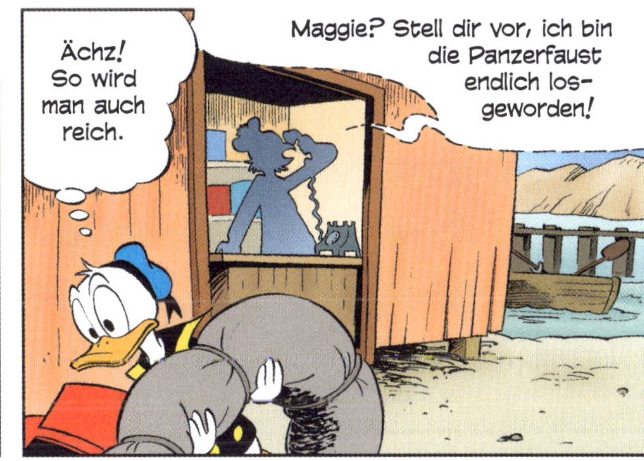
Ächz! So wird man auch reich.
Maggie? Stell dir vor, ich bin die Panzerfaust endlich losgeworden!

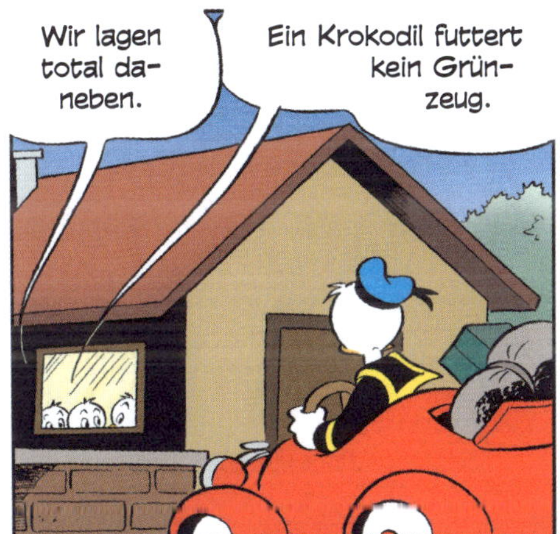
Wir lagen total daneben.
Ein Krokodil futtert kein Grünzeug.

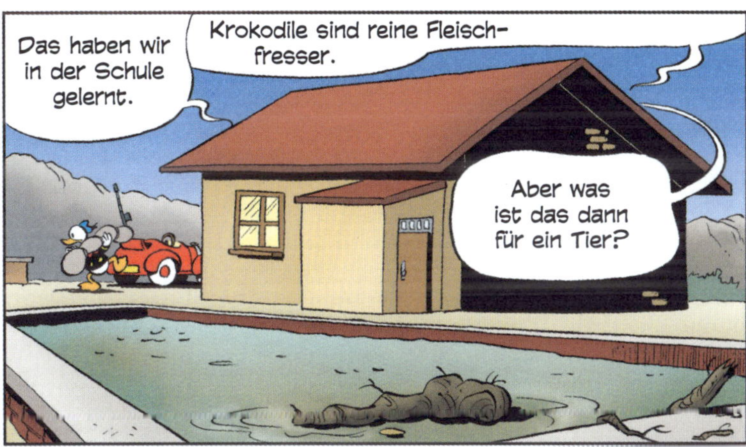
Das haben wir in der Schule gelernt.
Krokodile sind reine Fleischfresser.
Aber was ist das dann für ein Tier?

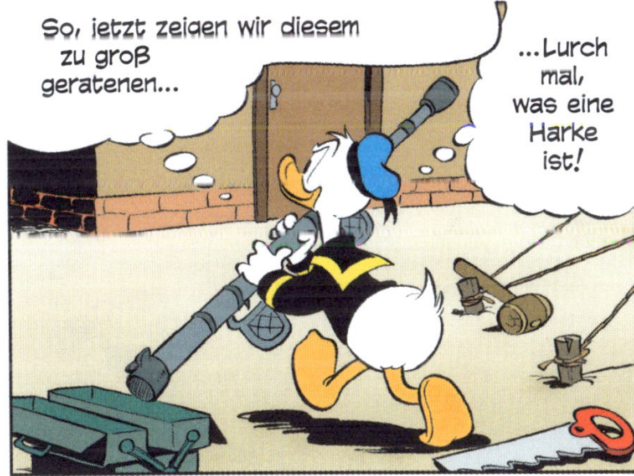
So, jetzt zeigen wir diesem zu groß geratenen...
...Lurch mal, was eine Harke ist!

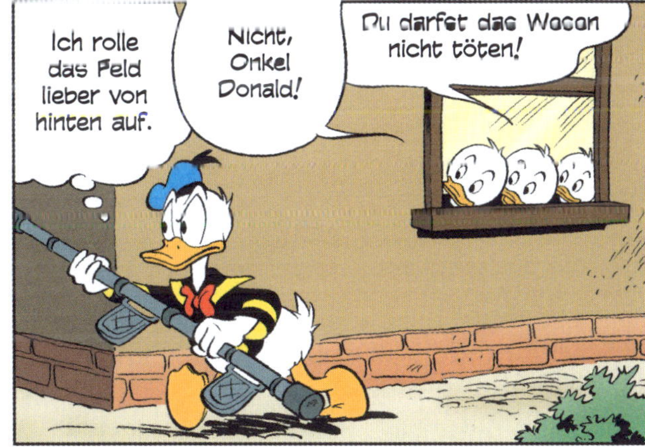
Ich rolle das Feld lieber von hinten auf.
Nicht, Onkel Donald!
Du darfst das Wesen nicht töten!

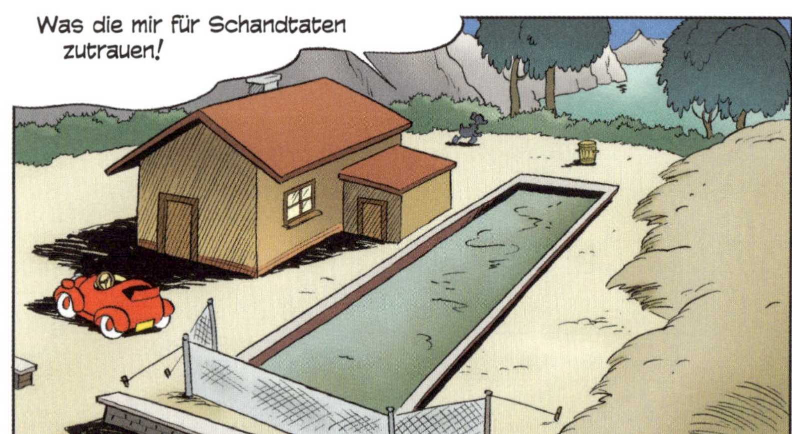
Was die mir für Schandtaten zutrauen!

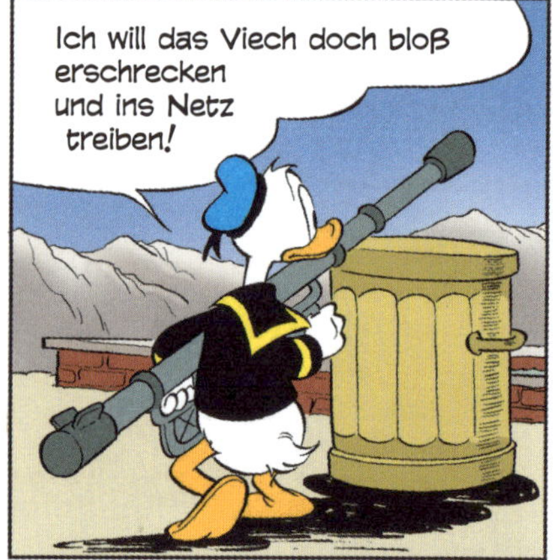
Ich will das Viech doch bloß erschrecken und ins Netz treiben!

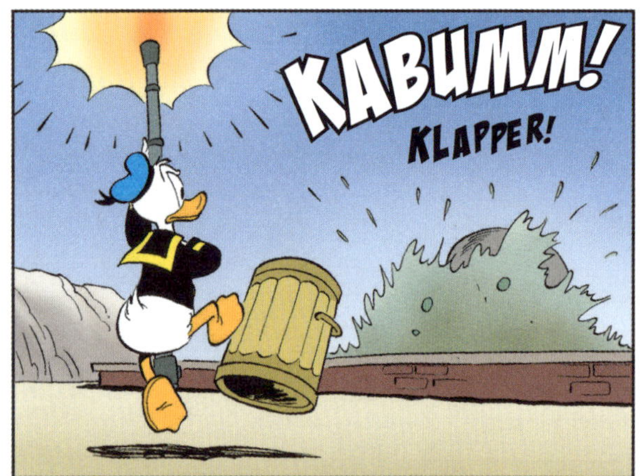
KABUMM!
KLAPPER!

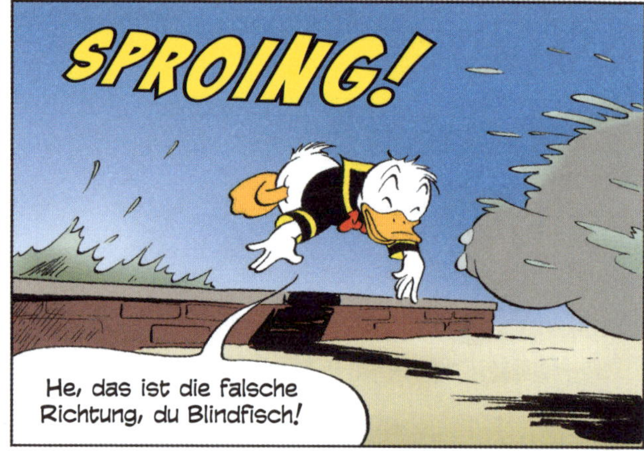
SPROING!
He, das ist die falsche Richtung, du Blindfisch!

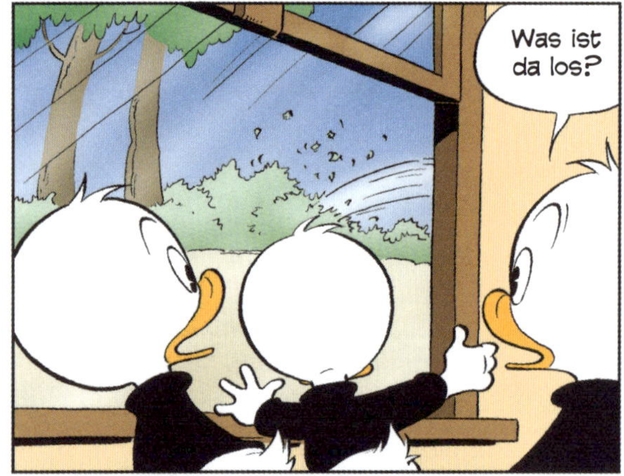
Was ist da los?

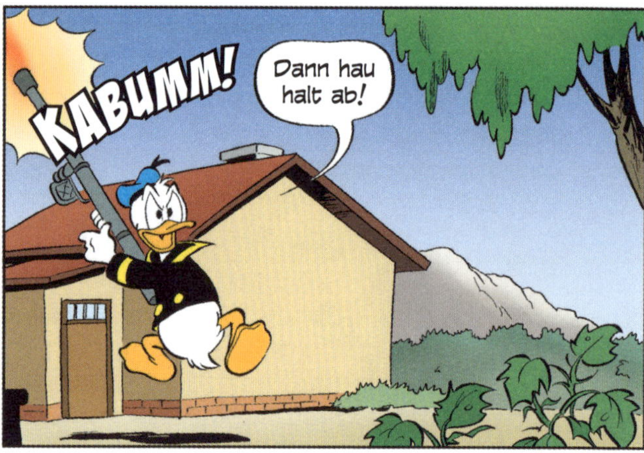
KABUMM!
Dann hau halt ab!

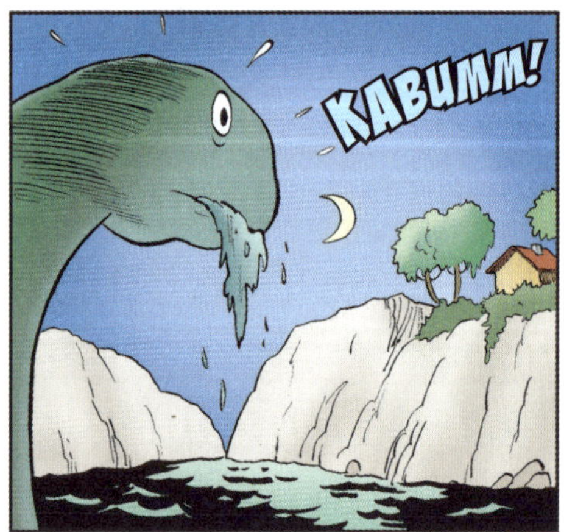
KABUMM!

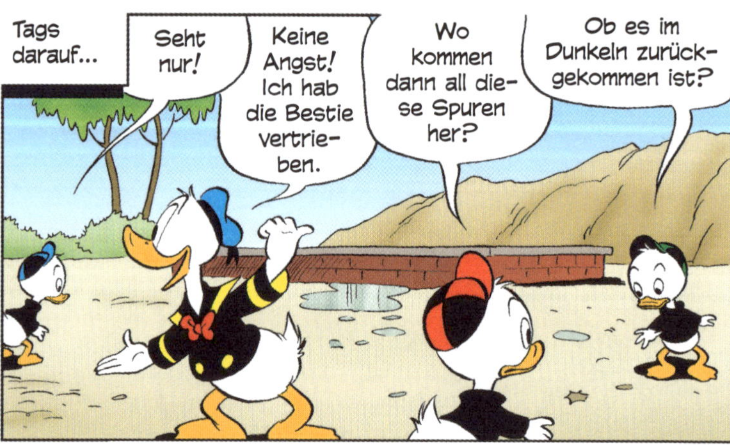
Tags darauf...
Seht nur!
Keine Angst! Ich hab die Bestie vertrieben.
Wo kommen dann all diese Spuren her?
Ob es im Dunkeln zurückgekommen ist?

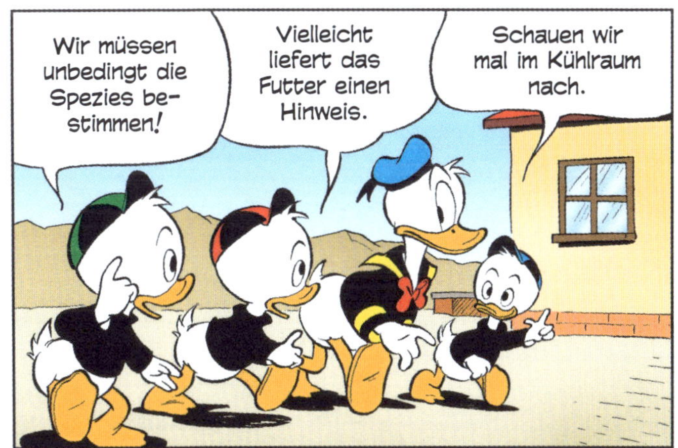
Wir müssen unbedingt die Spezies bestimmen!
Vielleicht liefert das Futter einen Hinweis.
Schauen wir mal im Kühlraum nach.

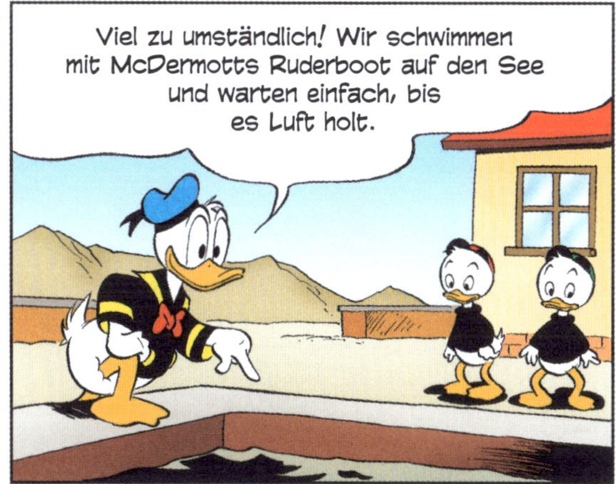
Viel zu umständlich! Wir schwimmen mit McDermotts Ruderboot auf den See und warten einfach, bis es Luft holt.

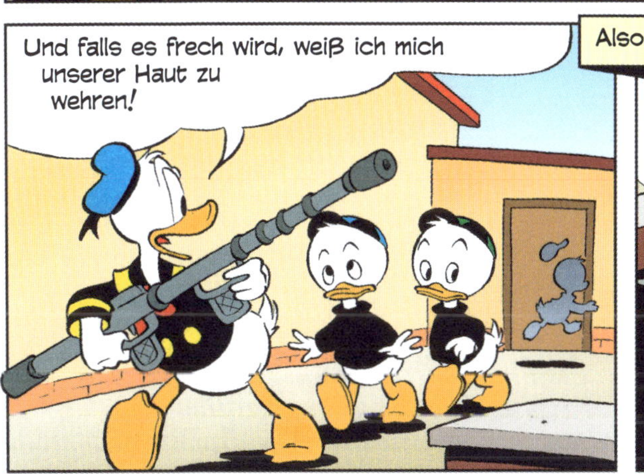
Und falls es frech wird, weiß ich mich unserer Haut zu wehren!

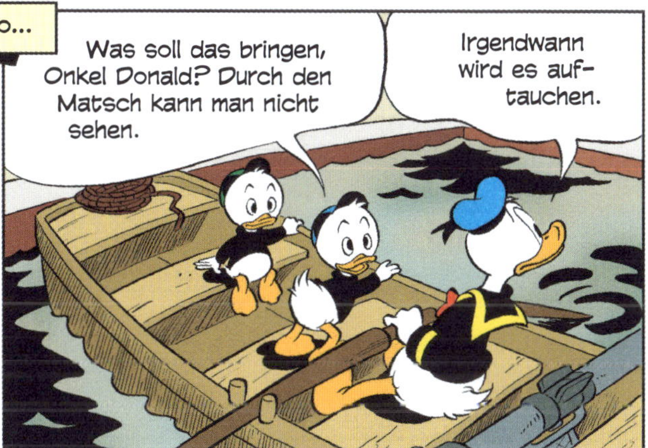
Also...
Was soll das bringen, Onkel Donald? Durch den Matsch kann man nicht sehen.
Irgendwann wird es auftauchen.

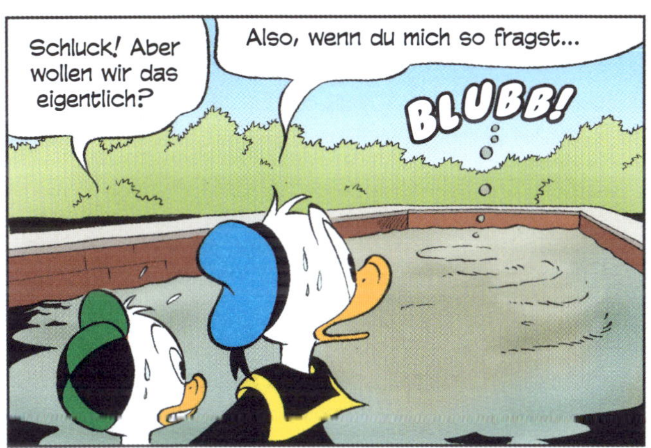
Schluck! Aber wollen wir das eigentlich?
Also, wenn du mich so fragst...
BLUBB!

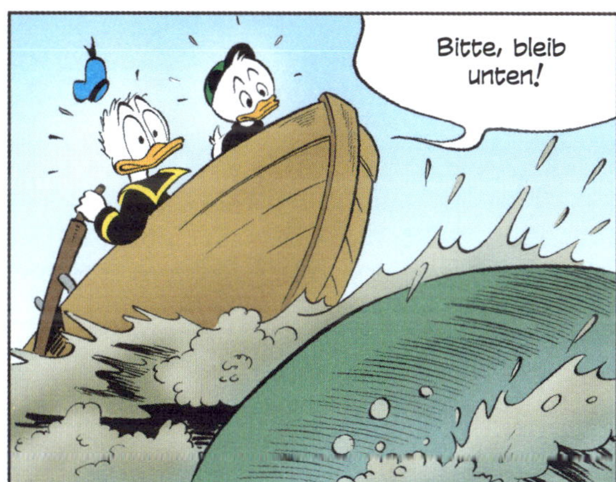
Bitte, bleib unten!

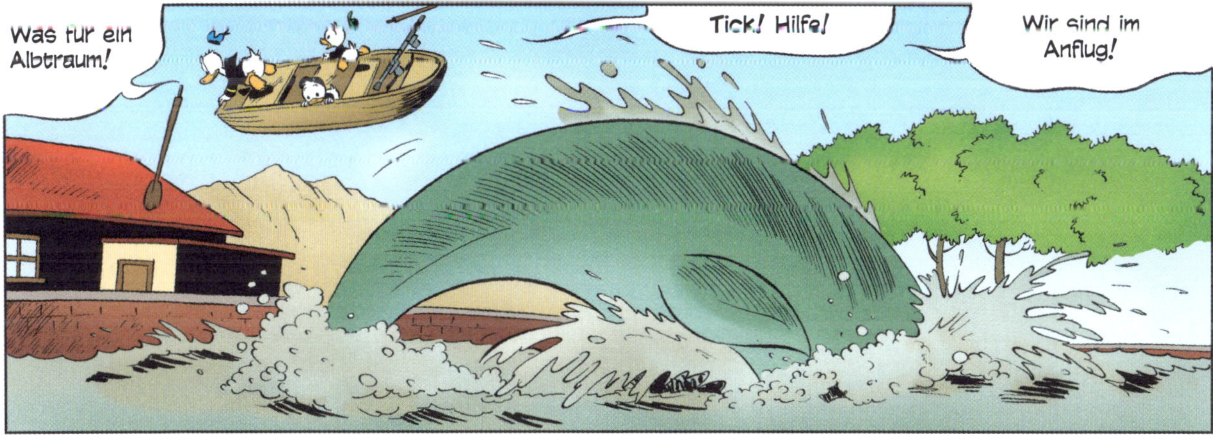
Was für ein Albtraum!
Tick! Hilfe!
Wir sind im Anflug!

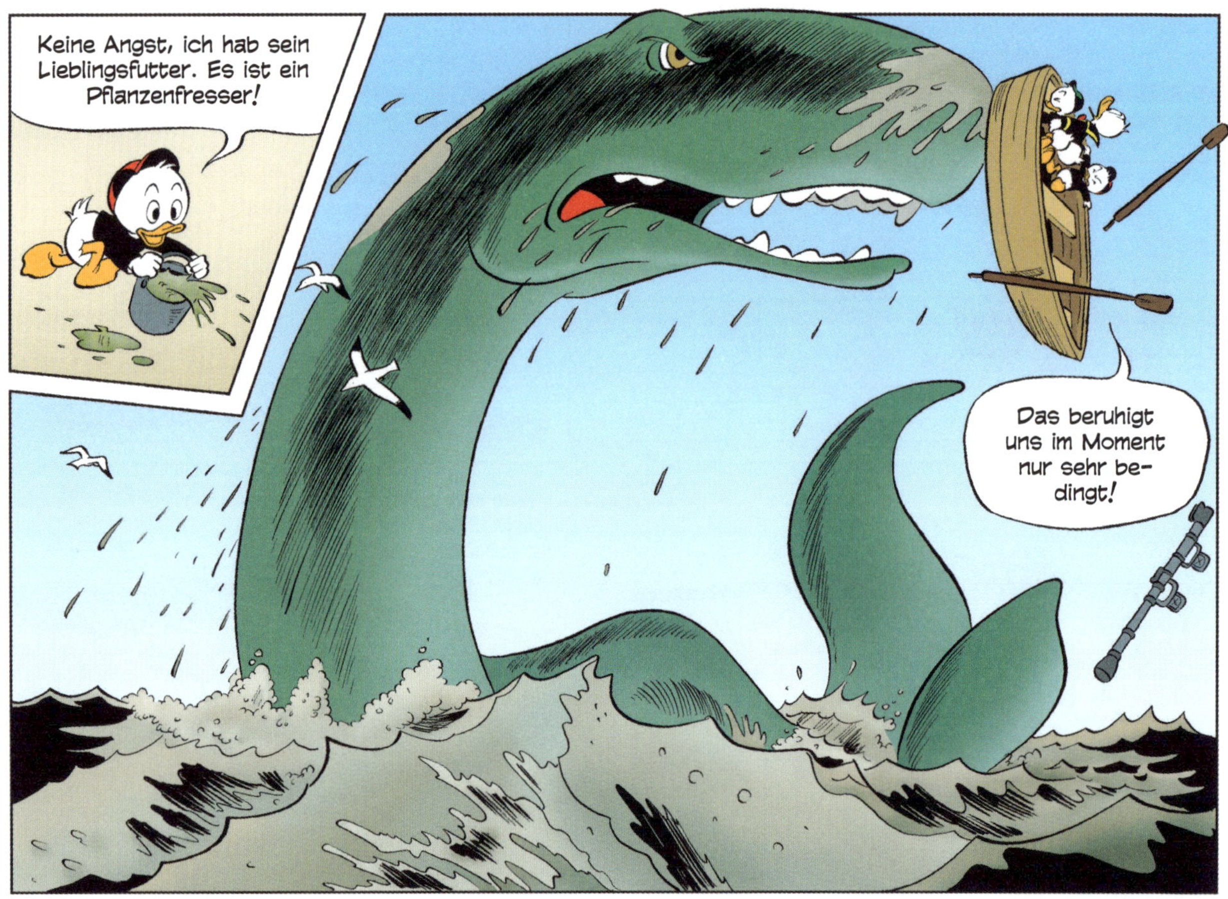
Keine Angst, ich hab sein Lieblingsfutter. Es ist ein Pflanzenfresser!
Das beruhigt uns im Moment nur sehr bedingt!

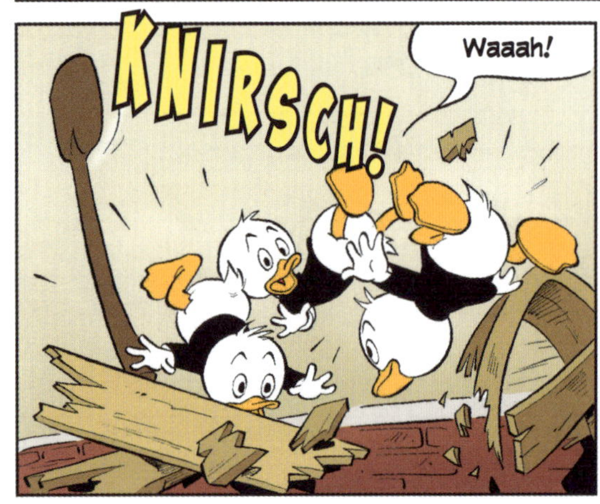
KNIRSCH!
Waaah!

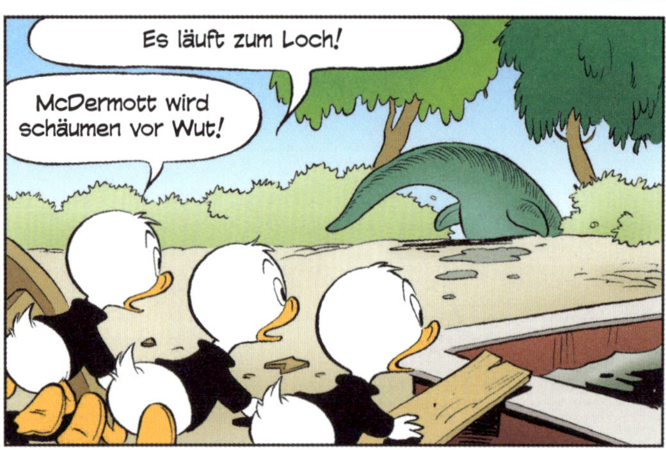
Es läuft zum Loch!
McDermott wird schäumen vor Wut!

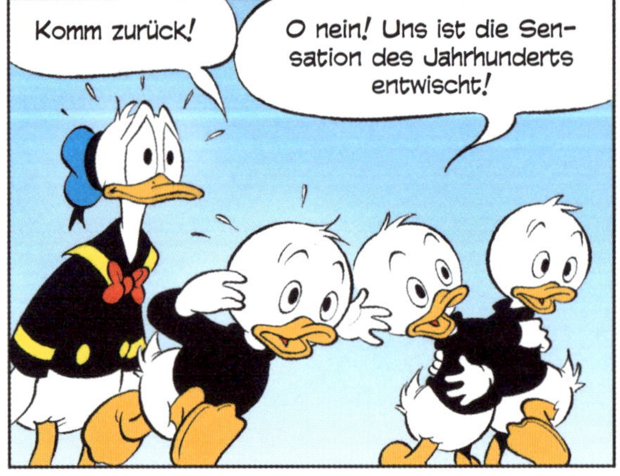
Komm zurück!
O nein! Uns ist die Sensation des Jahrhunderts entwischt!

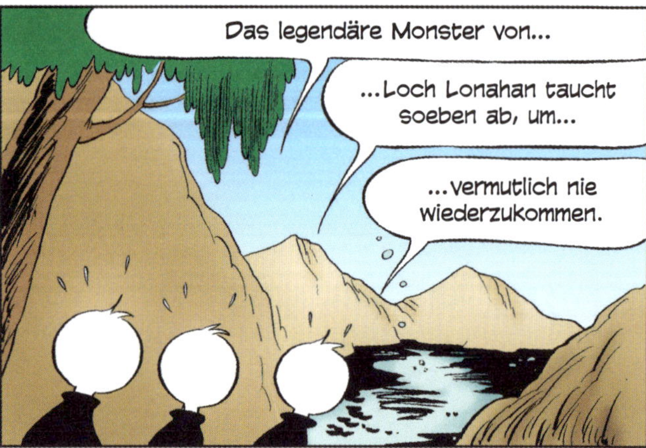
Das legendäre Monster von...
...Loch Lonahan taucht soeben ab, um...
...vermutlich nie wiederzukommen.

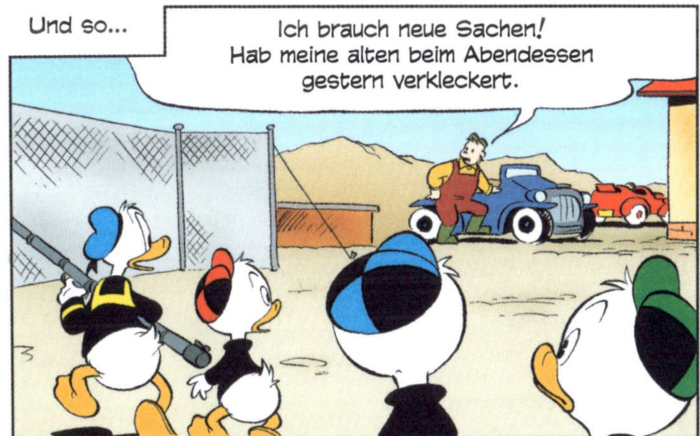

Und so...
Ich brauch neue Sachen! Hab meine alten beim Abendessen gestern verkleckert.

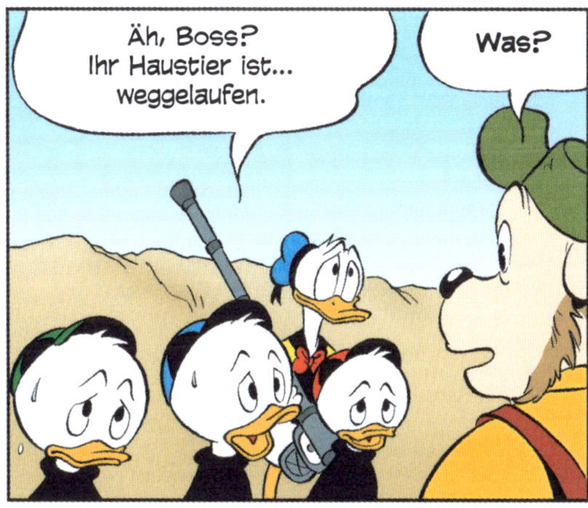

Äh, Boss? Ihr Haustier ist... weggelaufen.
Was?

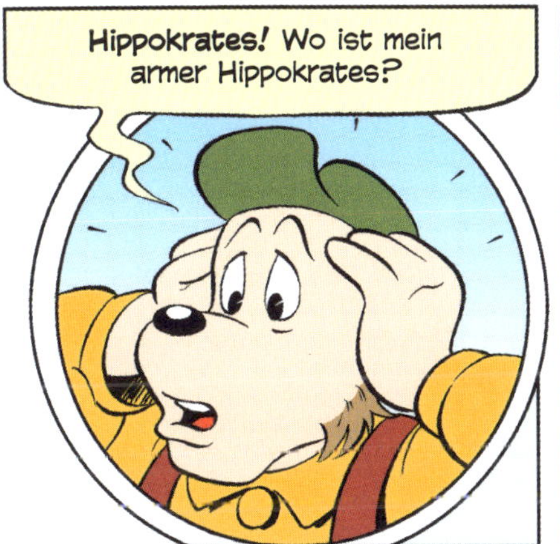

Hippokrates! Wo ist mein armer Hippokrates?

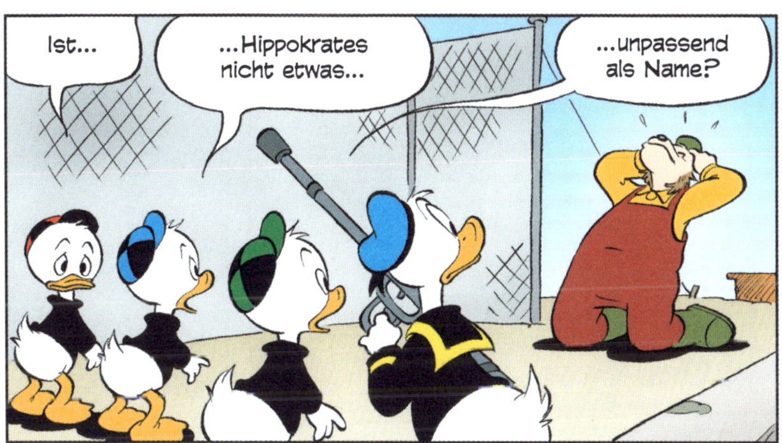

Ist...
...Hippokrates nicht etwas...
...unpassend als Name?

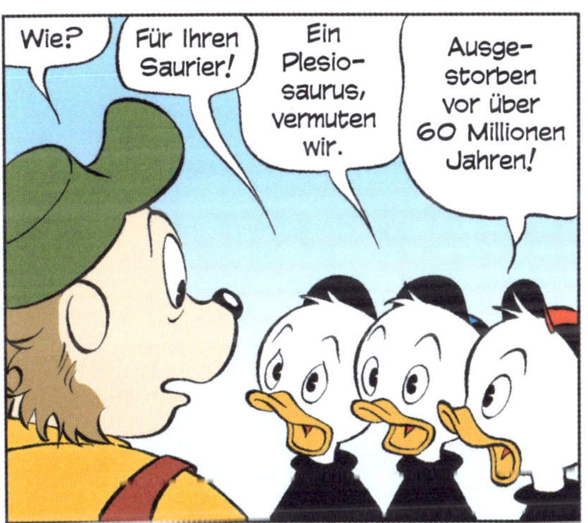

Wie?
Für Ihren Saurier!
Ein Plesio-saurus, vermuten wir.
Ausge-storben vor über 60 Millionen Jahren!

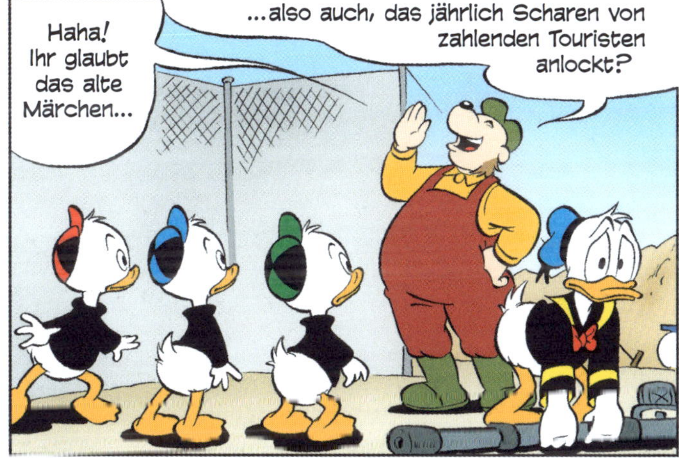

Haha! Ihr glaubt das alte Märchen...
...also auch, das jährlich Scharen von zahlenden Touristen anlockt?

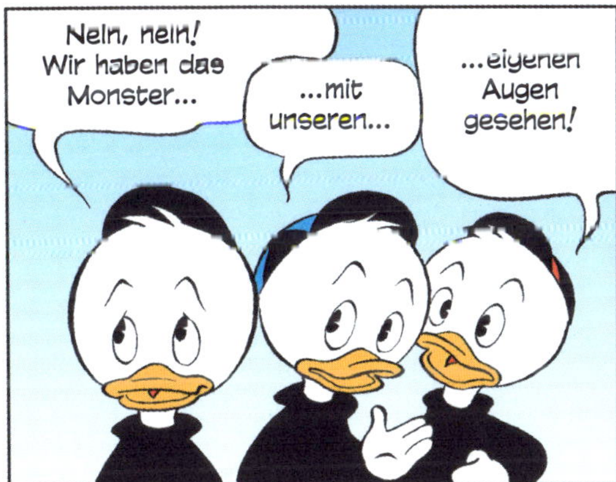

Nein, nein! Wir haben das Monster...
...mit unseren...
...eigenen Augen gesehen!

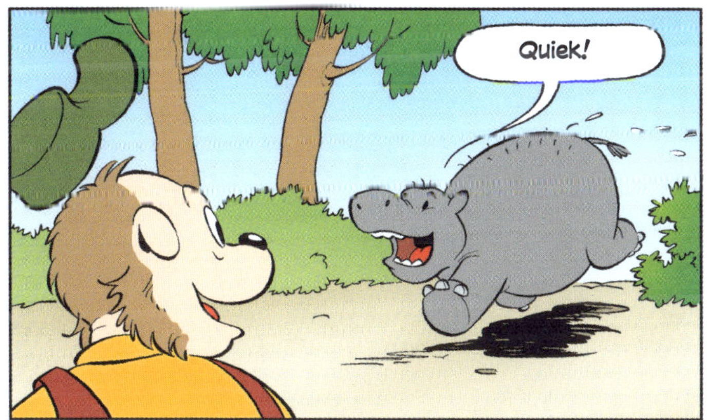

Quiek!

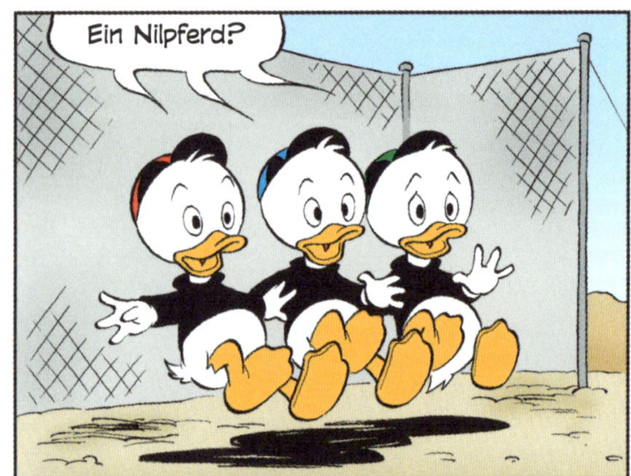
Ein Nilpferd?

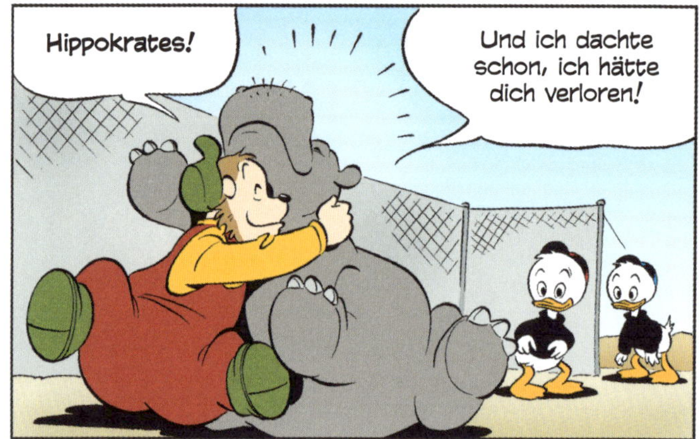
Hippokrates!
Und ich dachte schon, ich hätte dich verloren!

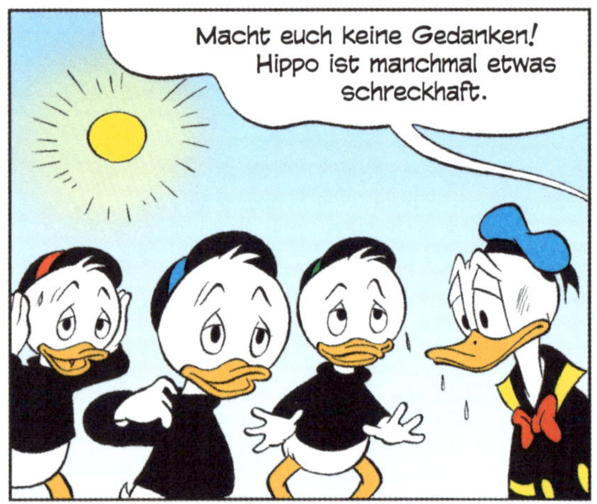
Macht euch keine Gedanken! Hippo ist manchmal etwas schreckhaft.

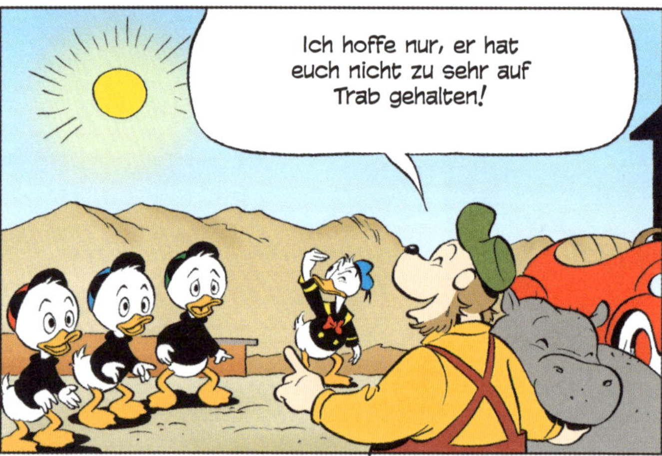
Ich hoffe nur, er hat euch nicht zu sehr auf Trab gehalten!

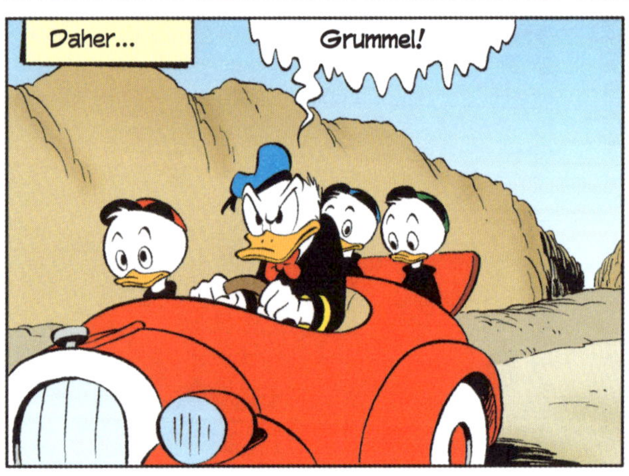
Daher...
Grummel!

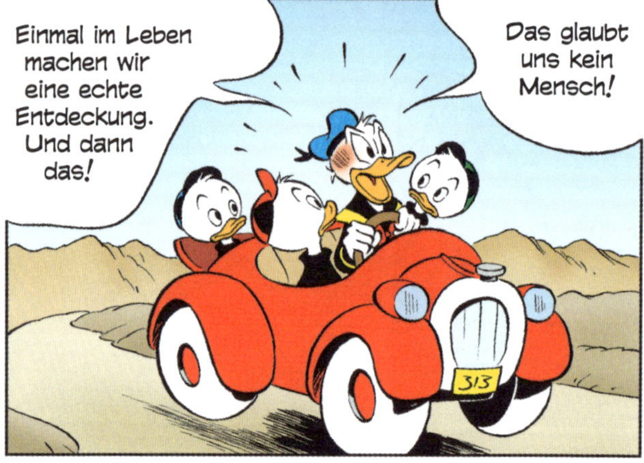
Einmal im Leben machen wir eine echte Entdeckung. Und dann das!
Das glaubt uns kein Mensch!
313

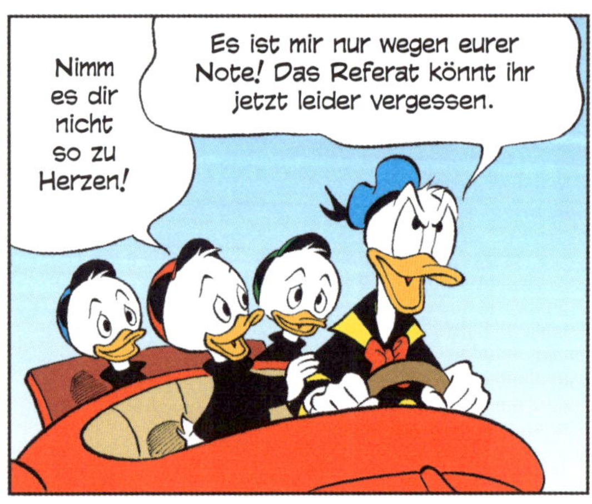
Nimm es dir nicht so zu Herzen!
Es ist mir nur wegen eurer Note! Das Referat könnt ihr jetzt leider vergessen.

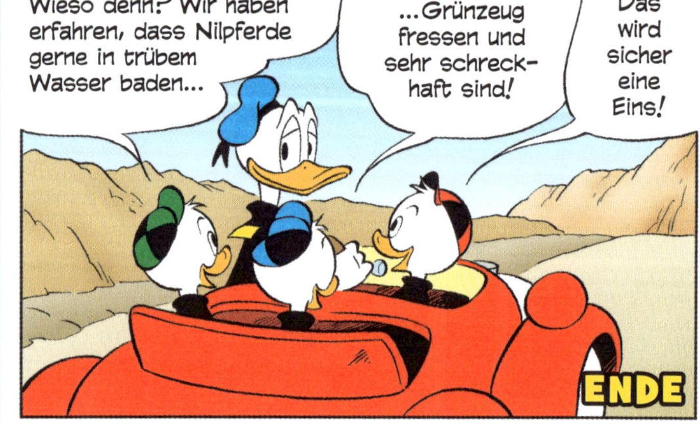
Wieso denn? Wir haben erfahren, dass Nilpferde gerne in trübem Wasser baden...
...Grünzeug fressen und sehr schreckhaft sind!
Das wird sicher eine Eins!
ENDE

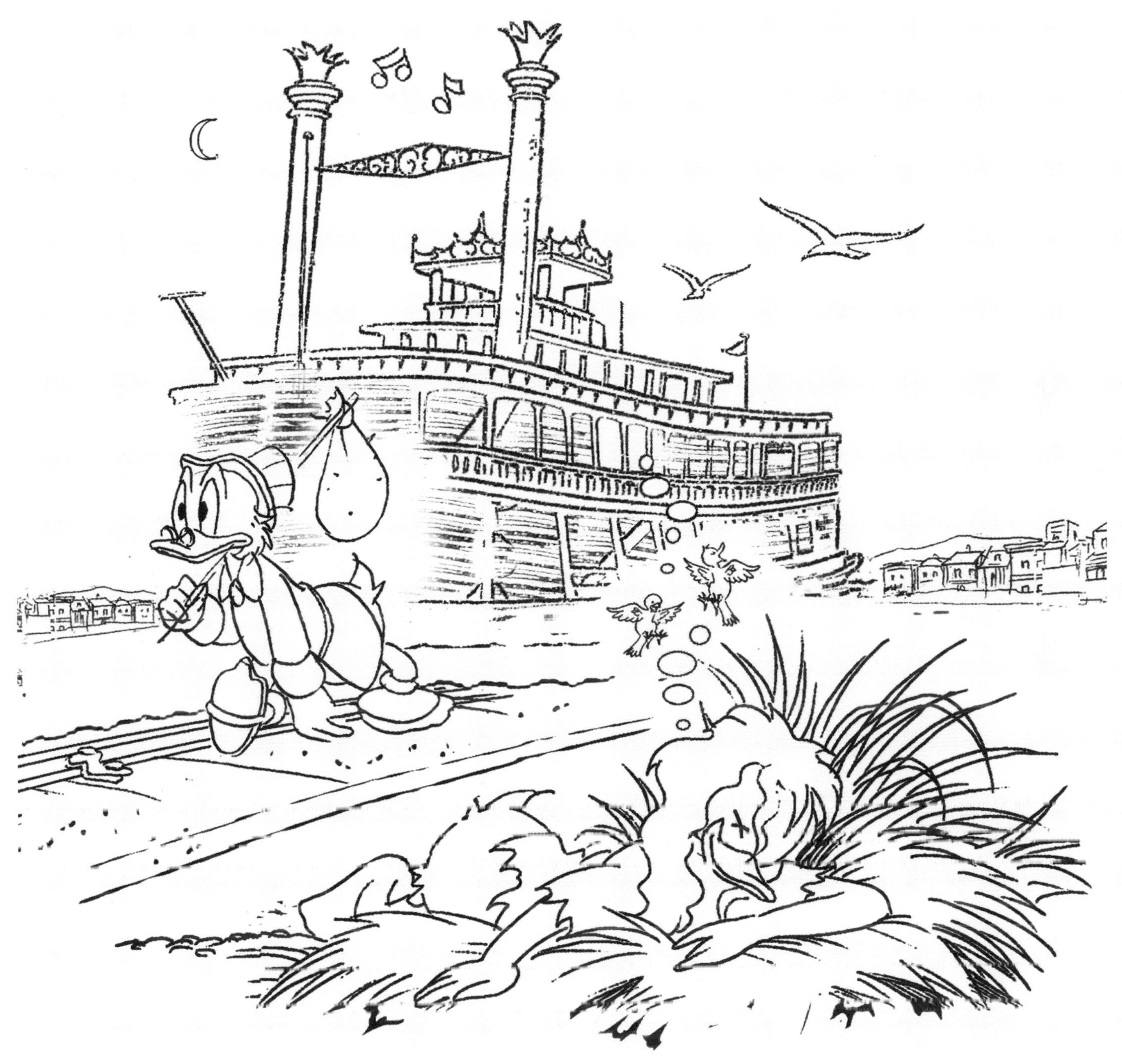

Das Finale dieses Buches gehört Onkel Dagobert allein.
Obwohl, ganz allein ist er nicht.
Tatsächlich wäre er ohne den Beistand seiner Neffen verloren.
Donald, Tick, Trick und Track sind gefordert wie selten zuvor,
denn so schlimm stand es noch nie um ihren Onkel.
Kein Rettungsversuch fruchtet, die Ducks klammern sich an jeden Strohhalm.
Sie suchen sogar den fragwürdigen Beistand von Düsentriebs Onkel Dankwart,
der einst gemeinsam mit Dagobert den Ol' Man River befuhr.

Was ist geschehen?
Aus Dagoberts Vergangenheit sind düstere Schatten aufgetaucht.
Wie aus dem Nichts sieht sich Dagobert einer erbitterten Feindin gegenüber.
Nun, Dagobert ist kein Feigling.
Mit ‚Bombastic-Buff-Bomben' weiß er umzugehen,
doch diese Dame benötigt sowas nicht.
Auch Dagoberts erster Zehner ist ihr piepegal.
Worum es ihr geht, das ist viel schlimmer.

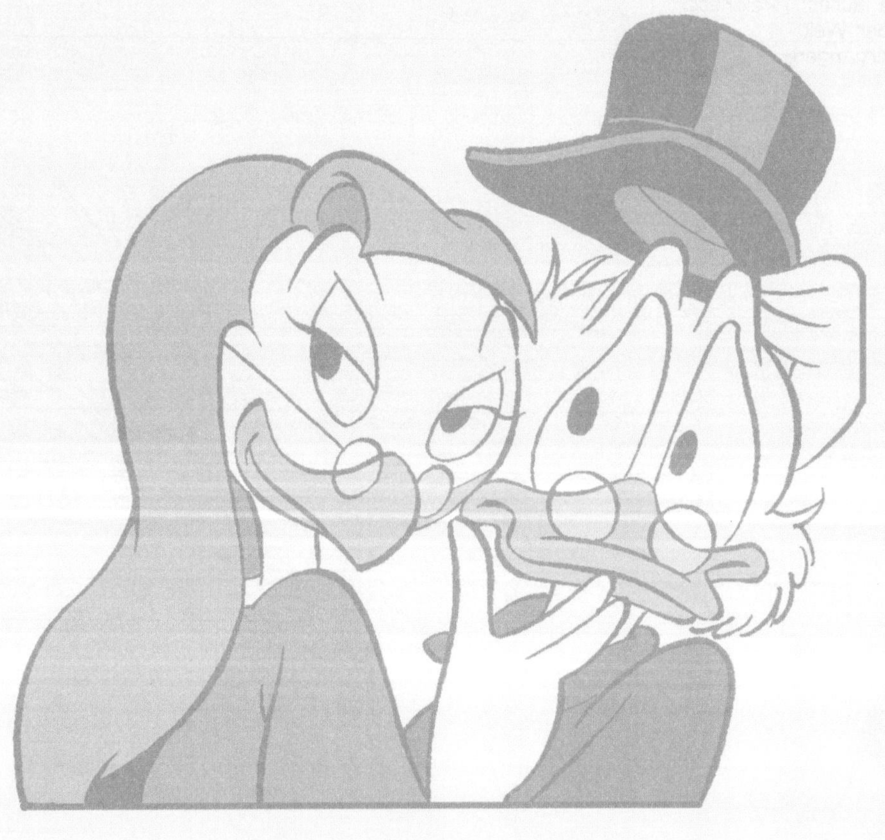

Walt Disney

HOCHZEIT WIDER WILLEN

Wie jeden Morgen gönnt sich Dagobert Duck eine Tasse Kaffee an Annis Kiosk. Noch ahnt er nicht, dass die Presse ein Geheimnis aus seiner Vergangenheit gelüftet hat. Ein Geheimnis, das bald eine Reihe abenteuerlicher Geschehnisse nach sich ziehen wird...

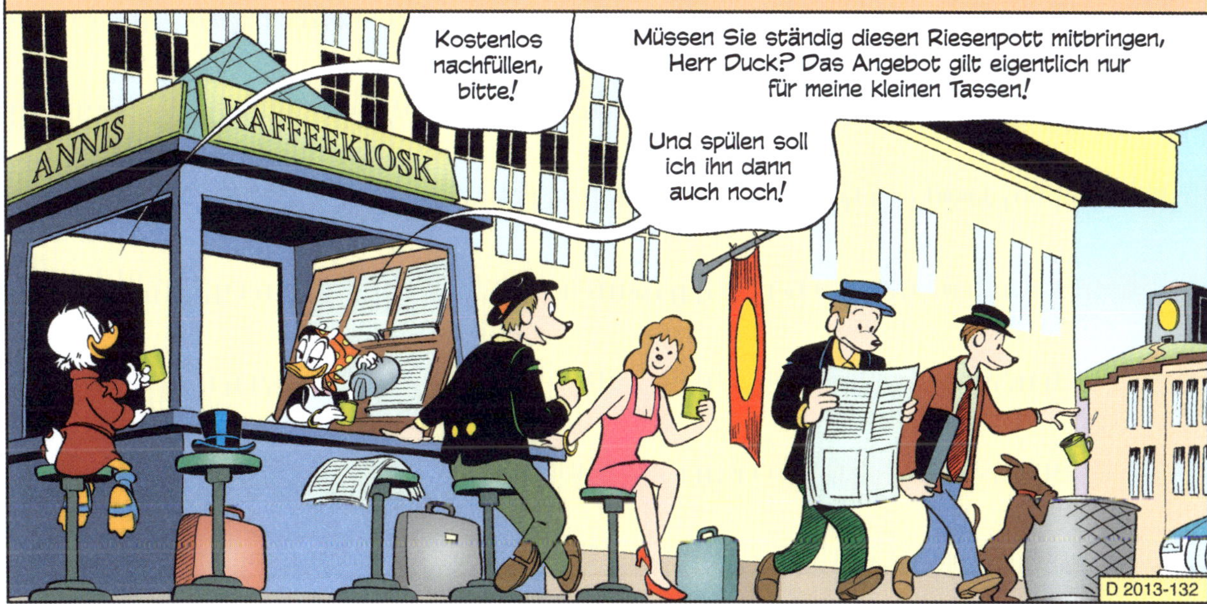

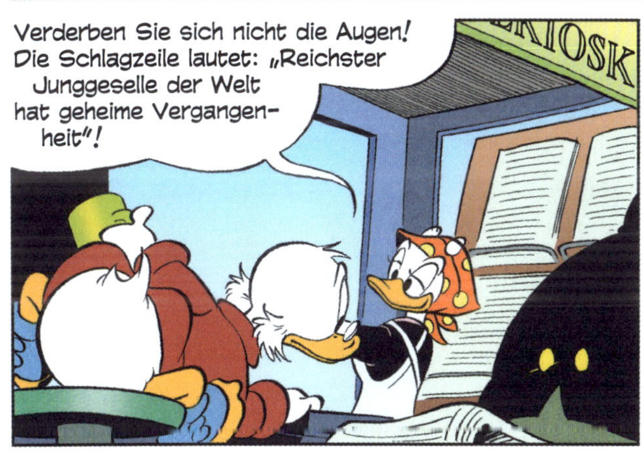

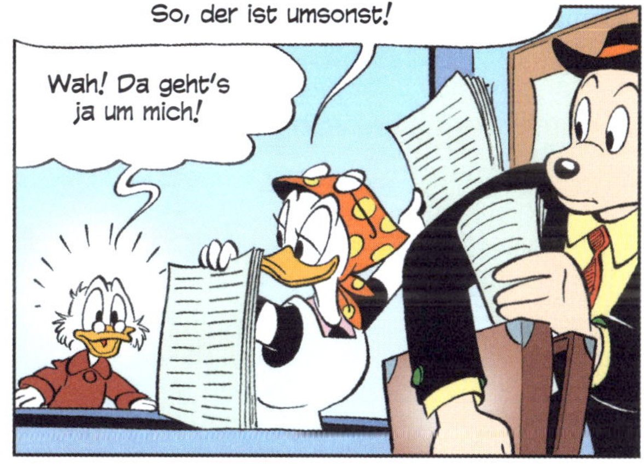

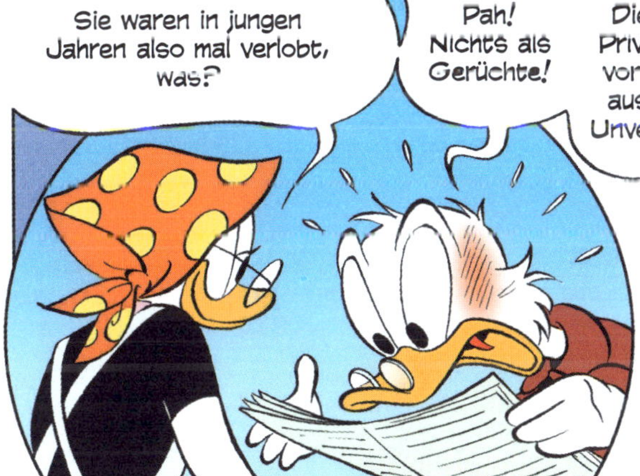

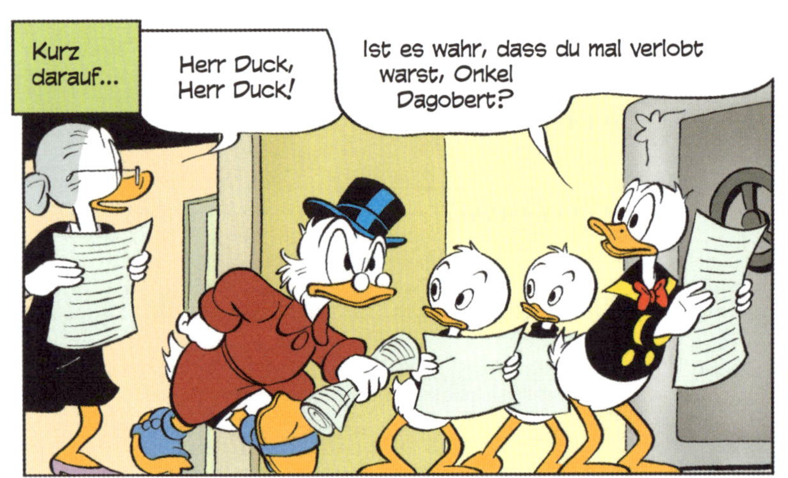
Kurz darauf...
Herr Duck, Herr Duck!
Ist es wahr, dass du mal verlobt warst, Onkel Dagobert?

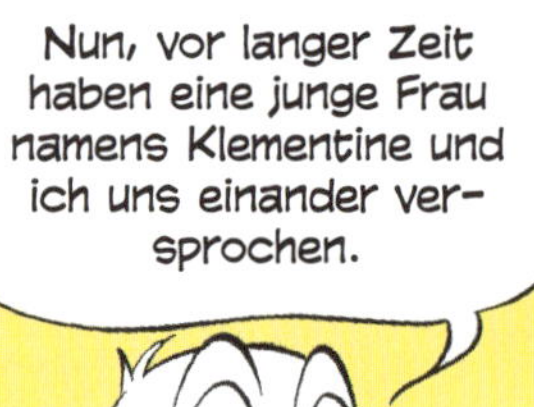
Nun, vor langer Zeit haben eine junge Frau namens Klementine und ich uns einander versprochen.
Warum hast du uns nie davon erzählt?

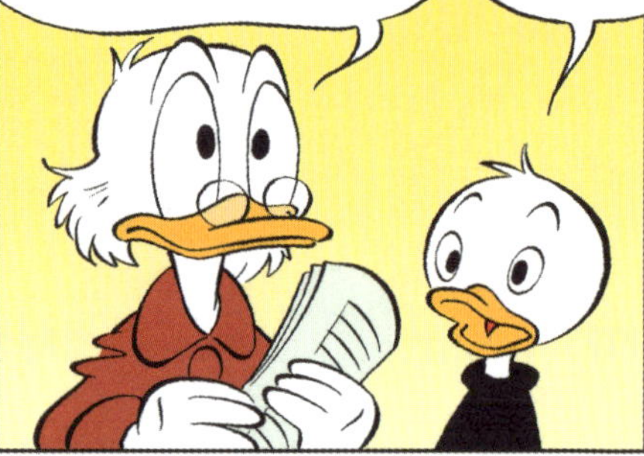

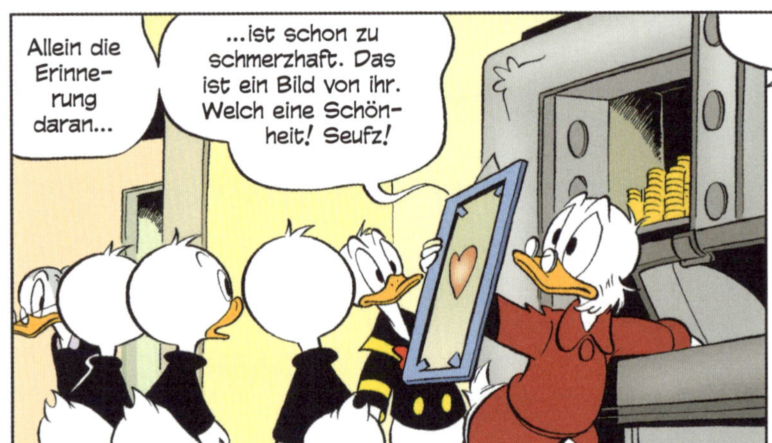
Allein die Erinnerung daran...
...ist schon zu schmerzhaft. Das ist ein Bild von ihr. Welch eine Schönheit! Seufz!

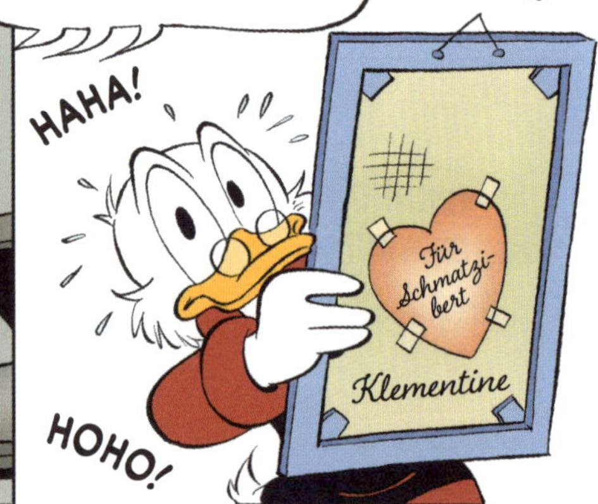
„Für Schmatzibert"?
HEHE!
HAHA!
Für Schmatzibert
Klementine
HOHO!

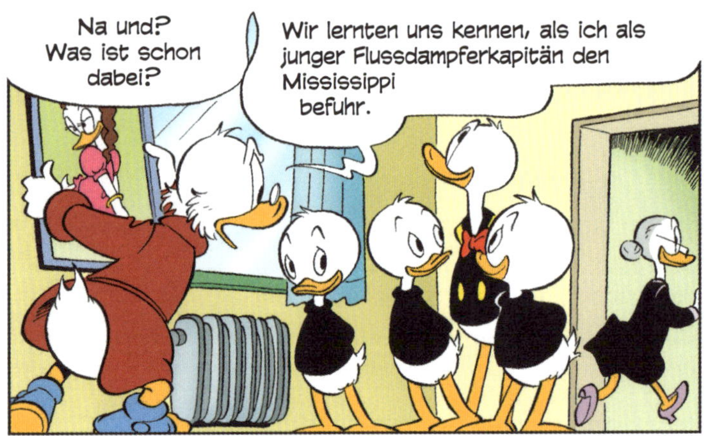
Na und? Was ist schon dabei?
Wir lernten uns kennen, als ich als junger Flussdampferkapitän den Mississippi befuhr.

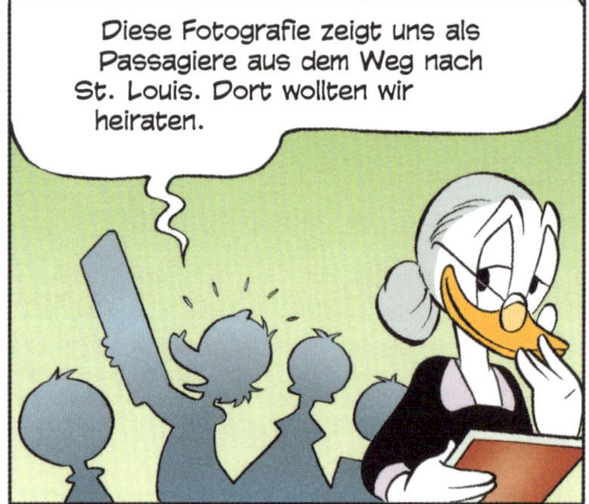
Diese Fotografie zeigt uns als Passagiere aus dem Weg nach St. Louis. Dort wollten wir heiraten.

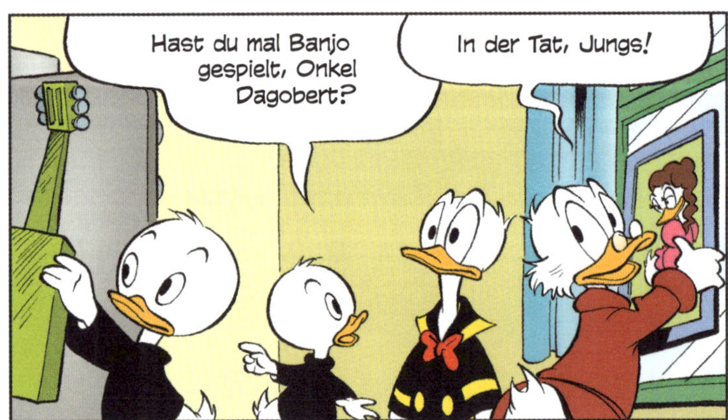
Hast du mal Banjo gespielt, Onkel Dagobert?
In der Tat, Jungs!

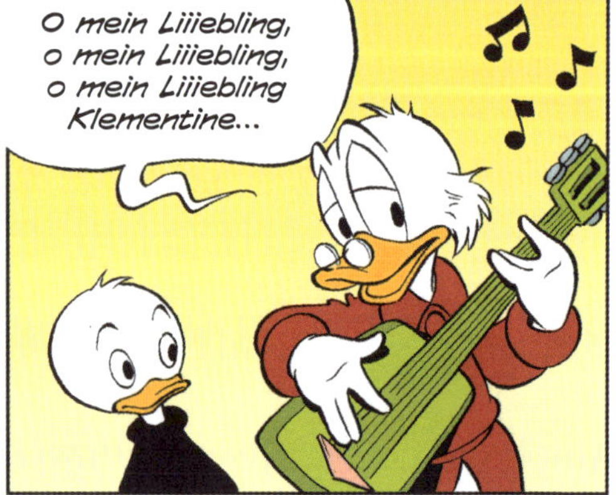
O mein Liiiebling, o mein Liiiebling, o mein Liiiebling Klementine...

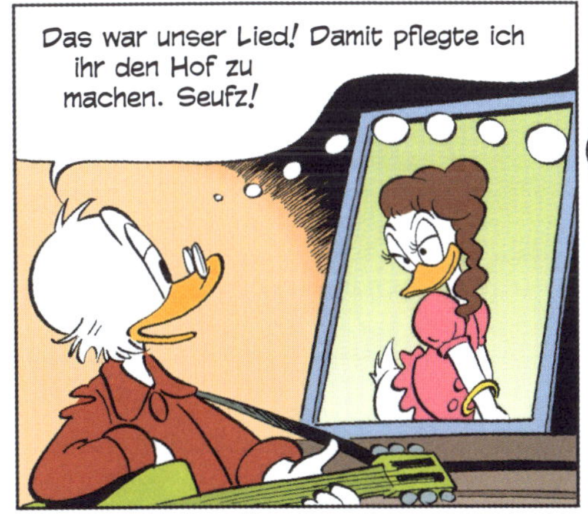
Das war unser Lied! Damit pflegte ich ihr den Hof zu machen. Seufz!

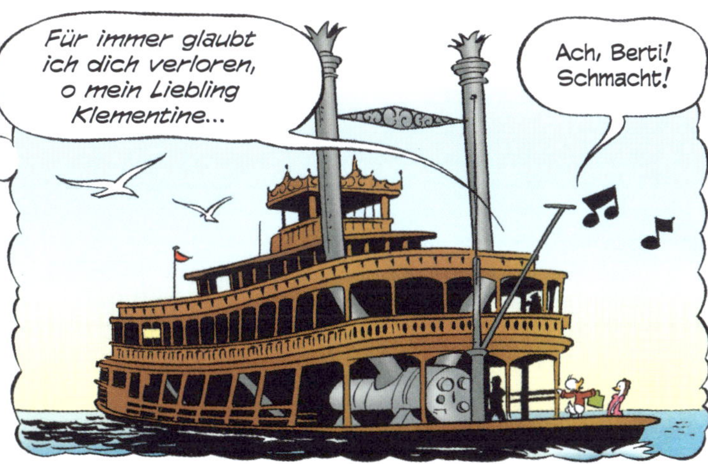
Für immer glaubt ich dich verloren, o mein Liebling Klementine...
Ach, Berti! Schmacht!

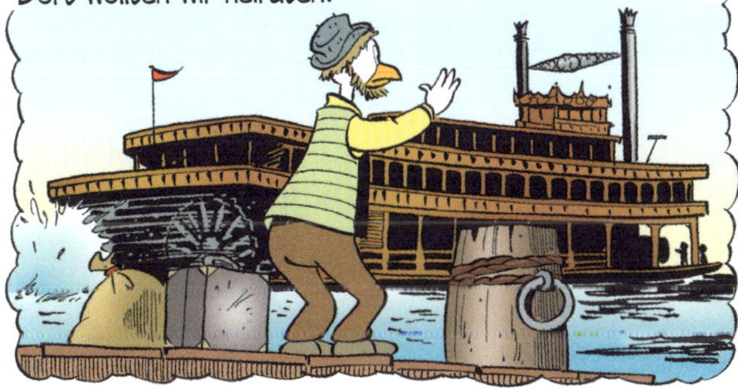
„Mein alter Freund Dankwart Düsentrieb blieb in Wiesental zurück, als Klementine und ich uns mit der ‚Königin des Mississippi' auf den Weg nach St. Louis machten. Dort wollten wir heiraten."

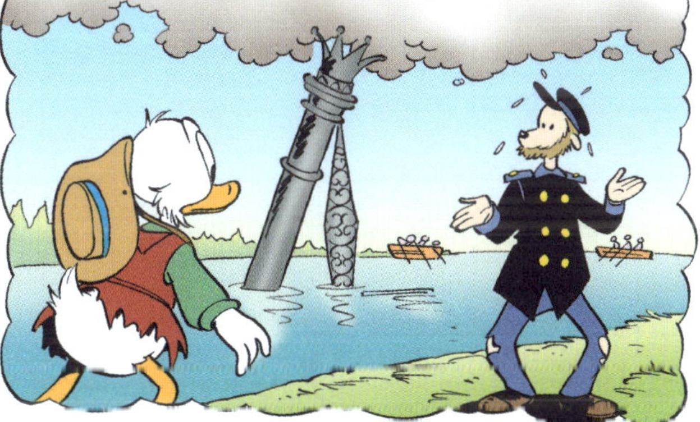
„Unglücklicherweise kamen wir dort nie an. Der Dampfmotor explodierte und das Schiff sank. Durch die Wucht der Druckwelle wurde ich von Bord geschleudert."
KRAWUMM!

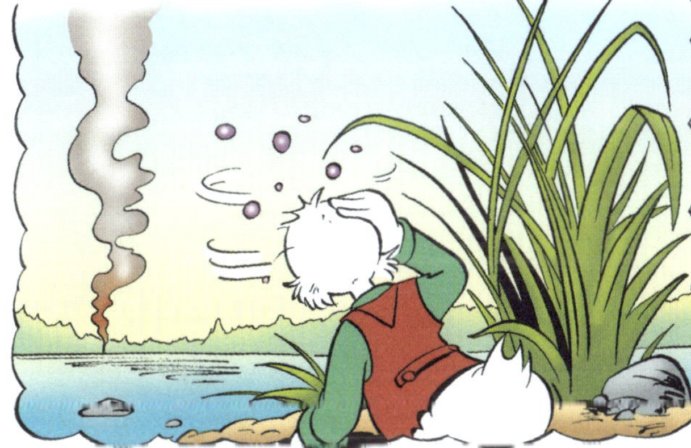
„Als ich wieder zu mir kam, war ich weit vom Ort des Unglücks entfernt."

„Stunden später erreichte ich das Schiffswrack. Von meinem Schatz fehlte jede Spur."

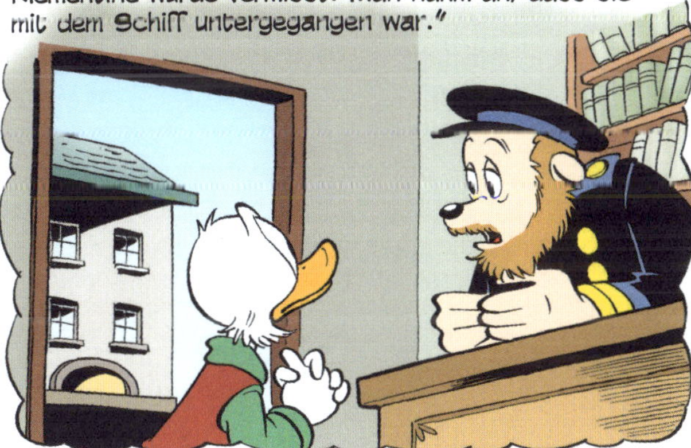
„Alle anderen Passagiere hatten überlebt, nur Klementine wurde vermisst. Man nahm an, dass sie mit dem Schiff untergegangen war."

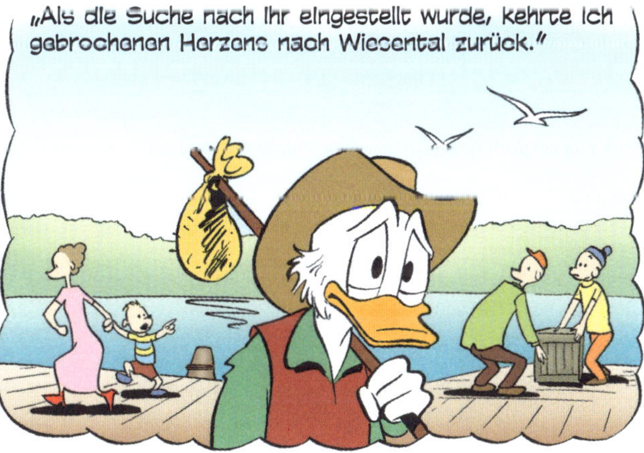
„Als die Suche nach ihr eingestellt wurde, kehrte ich gebrochenen Herzens nach Wiesental zurück."

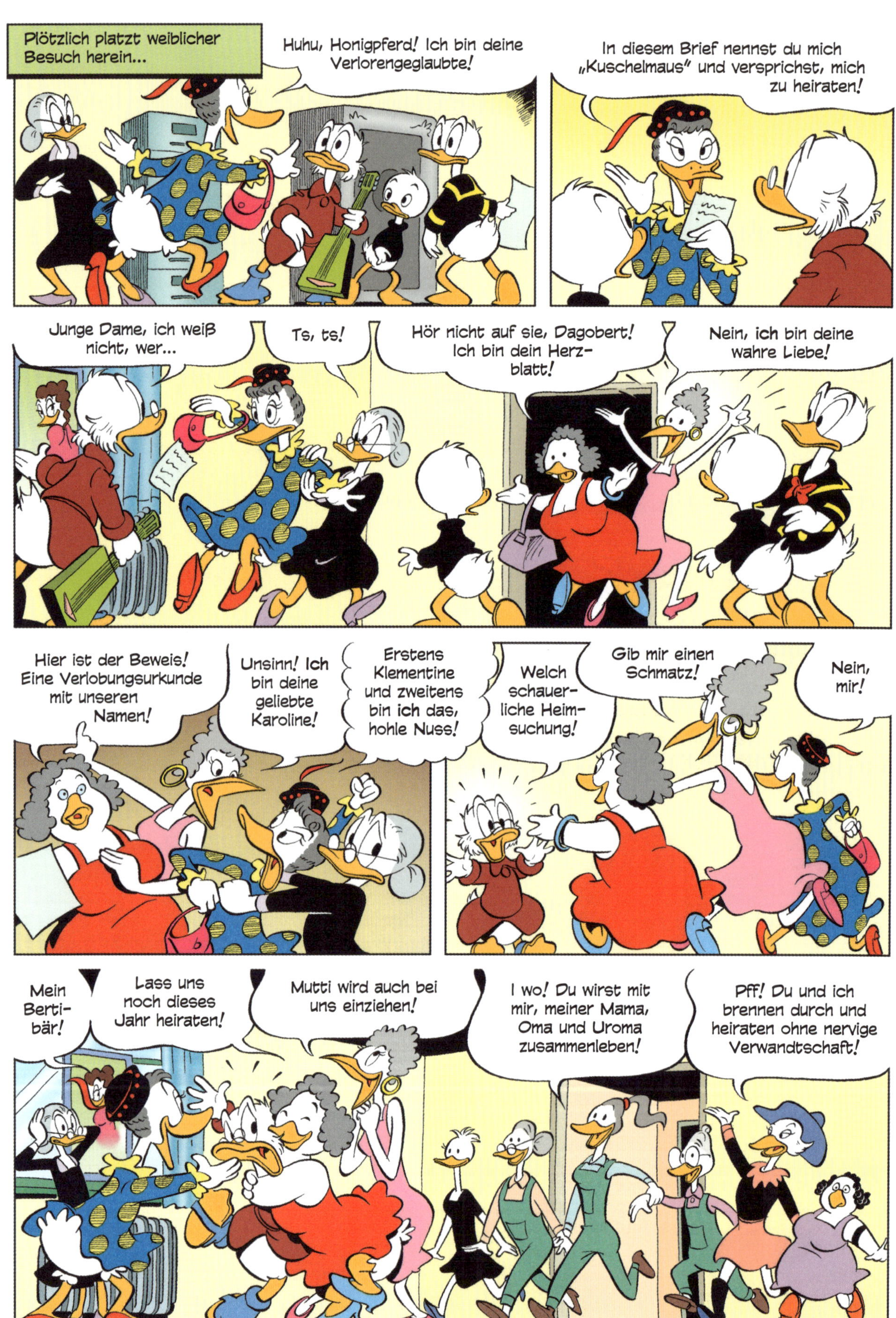

Plötzlich platzt weiblicher Besuch herein...
Huhu, Honigpferd! Ich bin deine Verlorengeglaubte!
In diesem Brief nennst du mich „Kuschelmaus" und versprichst, mich zu heiraten!
Junge Dame, ich weiß nicht, wer...
Ts, ts!
Hör nicht auf sie, Dagobert! Ich bin dein Herzblatt!
Nein, ich bin deine wahre Liebe!
Hier ist der Beweis! Eine Verlobungsurkunde mit unseren Namen!
Unsinn! Ich bin deine geliebte Karoline!
Erstens Klementine und zweitens bin ich das, hohle Nuss!
Welch schauerliche Heimsuchung!
Gib mir einen Schmatz!
Nein, mir!
Mein Bertibär!
Lass uns noch dieses Jahr heiraten!
Mutti wird auch bei uns einziehen!
I wo! Du wirst mit mir, meiner Mama, Oma und Uroma zusammenleben!
Pff! Du und ich brennen durch und heiraten ohne nervige Verwandtschaft!

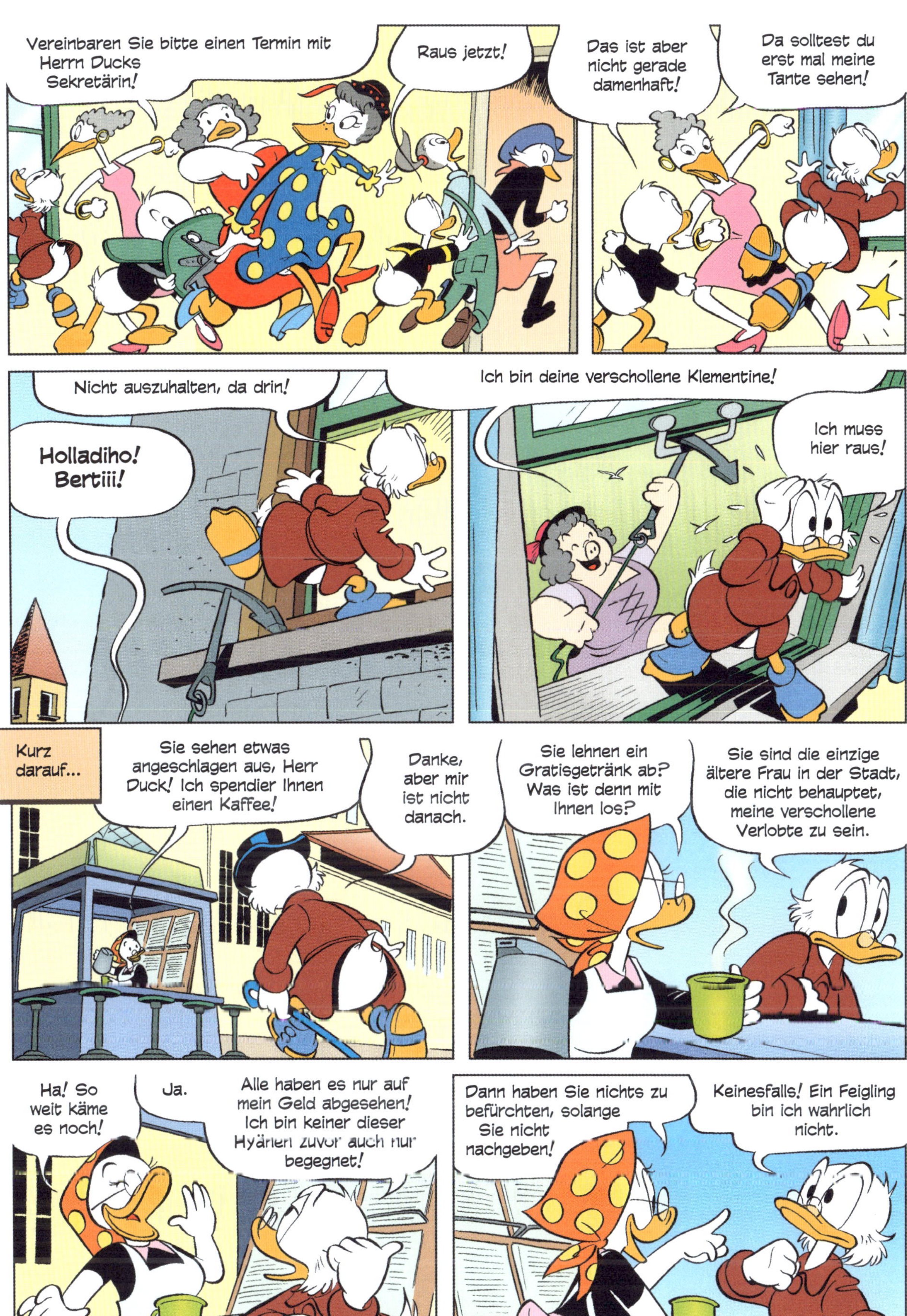

Vereinbaren Sie bitte einen Termin mit Herrn Ducks Sekretärin!
Raus jetzt!
Das ist aber nicht gerade damenhaft!
Da solltest du erst mal meine Tante sehen!
Nicht auszuhalten, da drin!
Holladiho! Bertiii!
Ich bin deine verschollene Klementine!
Ich muss hier raus!
Kurz darauf...
Sie sehen etwas angeschlagen aus, Herr Duck! Ich spendier Ihnen einen Kaffee!
Danke, aber mir ist nicht danach.
Sie lehnen ein Gratisgetränk ab? Was ist denn mit Ihnen los?
Sie sind die einzige ältere Frau in der Stadt, die nicht behauptet, meine verschollene Verlobte zu sein.
Ha! So weit käme es noch!
Ja.
Alle haben es nur auf mein Geld abgesehen! Ich bin keiner dieser Hyänen zuvor auch nur begegnet!
Dann haben Sie nichts zu befürchten, solange Sie nicht nachgeben!
Keinesfalls! Ein Feigling bin ich wahrlich nicht.

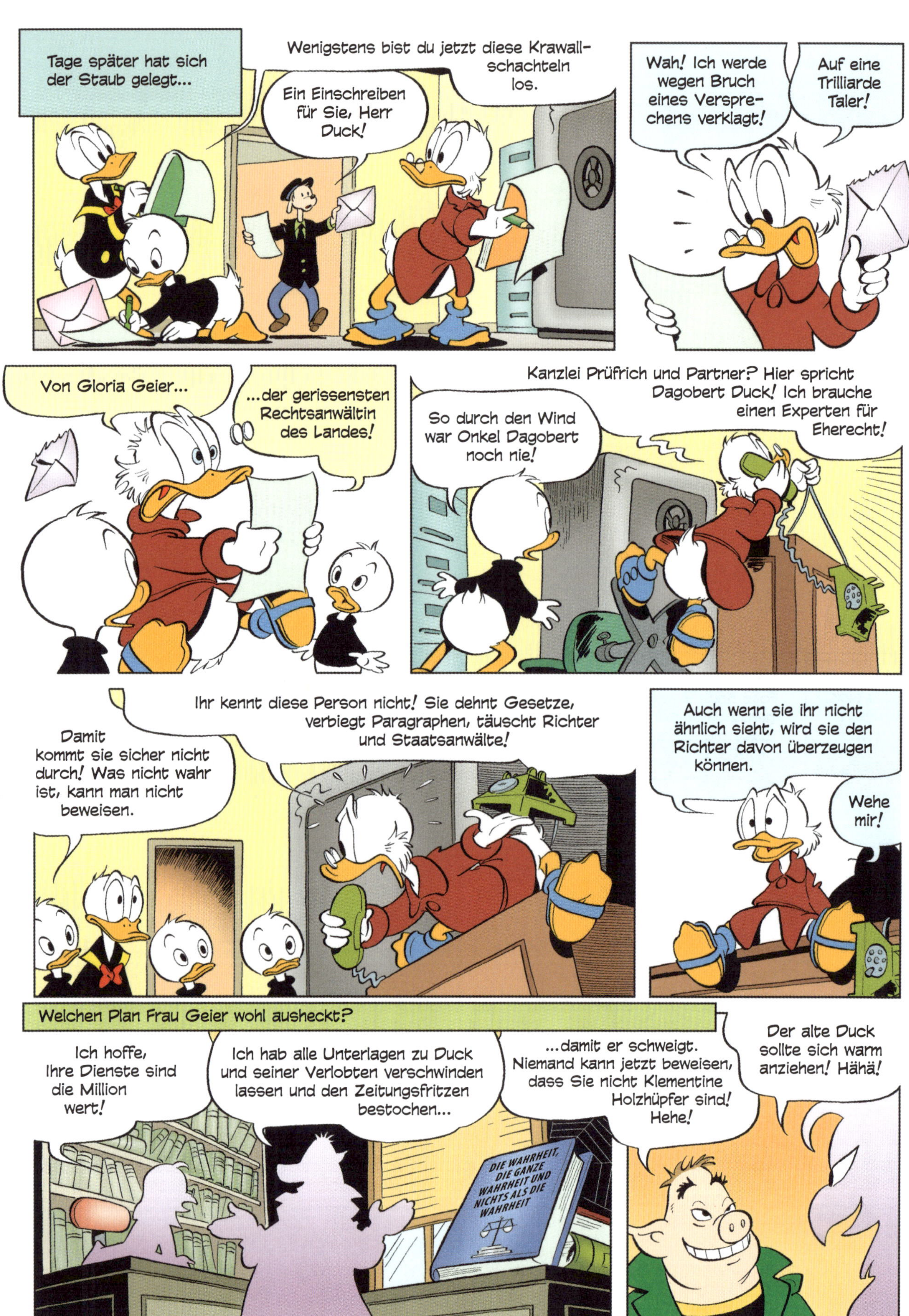

Tage später hat sich der Staub gelegt...
Wenigstens bist du jetzt diese Krawall-schachteln los.
Ein Einschreiben für Sie, Herr Duck!
Wah! Ich werde wegen Bruch eines Versprechens verklagt!
Auf eine Trilliarde Taler!
Von Gloria Geier...
...der gerissensten Rechtsanwältin des Landes!
So durch den Wind war Onkel Dagobert noch nie!
Kanzlei Prüfrich und Partner? Hier spricht Dagobert Duck! Ich brauche einen Experten für Eherecht!
Damit kommt sie sicher nicht durch! Was nicht wahr ist, kann man nicht beweisen.
Ihr kennt diese Person nicht! Sie dehnt Gesetze, verbiegt Paragraphen, täuscht Richter und Staatsanwälte!
Auch wenn sie ihr nicht ähnlich sieht, wird sie den Richter davon überzeugen können.
Wehe mir!
Welchen Plan Frau Geier wohl ausheckt?
Ich hoffe, Ihre Dienste sind die Million wert!
Ich hab alle Unterlagen zu Duck und seiner Verlobten verschwinden lassen und den Zeitungsfritzen bestochen...
...damit er schweigt. Niemand kann jetzt beweisen, dass Sie nicht Klementine Holzhüpfer sind! Hehe!
DIE WAHRHEIT, DIE GANZE WAHRHEIT UND NICHTS ALS DIE WAHRHEIT
Der alte Duck sollte sich warm anziehen! Hähä!

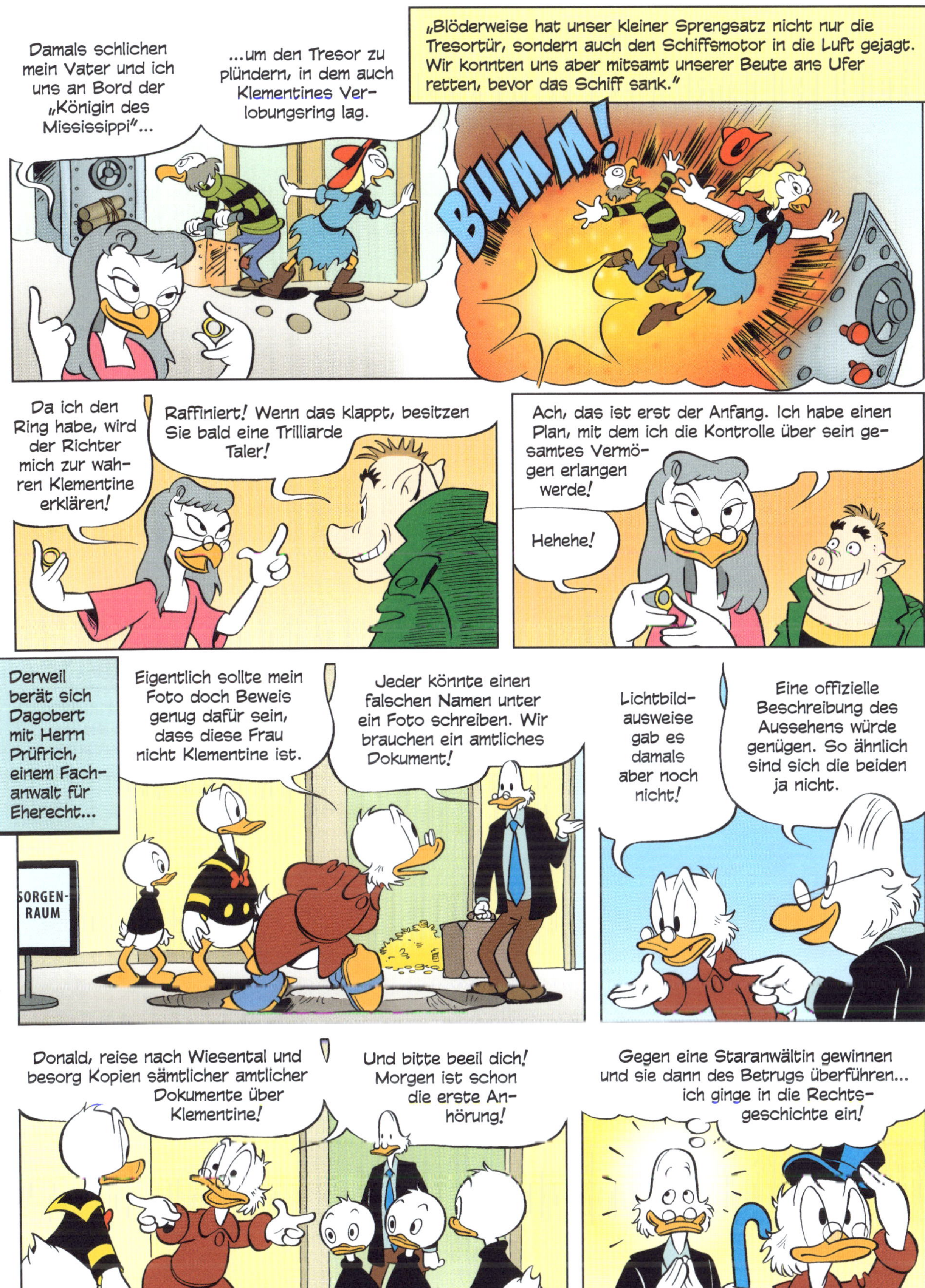
Damals schlichen mein Vater und ich uns an Bord der „Königin des Mississippi"...
...um den Tresor zu plündern, in dem auch Klementines Verlobungsring lag.
„Blöderweise hat unser kleiner Sprengsatz nicht nur die Tresortür, sondern auch den Schiffsmotor in die Luft gejagt. Wir konnten uns aber mitsamt unserer Beute ans Ufer retten, bevor das Schiff sank."
BUMM!
Da ich den Ring habe, wird der Richter mich zur wahren Klementine erklären!
Raffiniert! Wenn das klappt, besitzen Sie bald eine Trilliarde Taler!
Ach, das ist erst der Anfang. Ich habe einen Plan, mit dem ich die Kontrolle über sein gesamtes Vermögen erlangen werde!
Hehehe!
Derweil berät sich Dagobert mit Herrn Prüfrich, einem Fachanwalt für Eherecht...
Eigentlich sollte mein Foto doch Beweis genug dafür sein, dass diese Frau nicht Klementine ist.
Jeder könnte einen falschen Namen unter ein Foto schreiben. Wir brauchen ein amtliches Dokument!
SORGEN-RAUM
Lichtbildausweise gab es damals aber noch nicht!
Eine offizielle Beschreibung des Aussehens würde genügen. So ähnlich sind sich die beiden ja nicht.
Donald, reise nach Wiesental und besorg Kopien sämtlicher amtlicher Dokumente über Klementine!
Und bitte beeil dich! Morgen ist schon die erste Anhörung!
Gegen eine Staranwältin gewinnen und sie dann des Betrugs überführen... ich ginge in die Rechtsgeschichte ein!

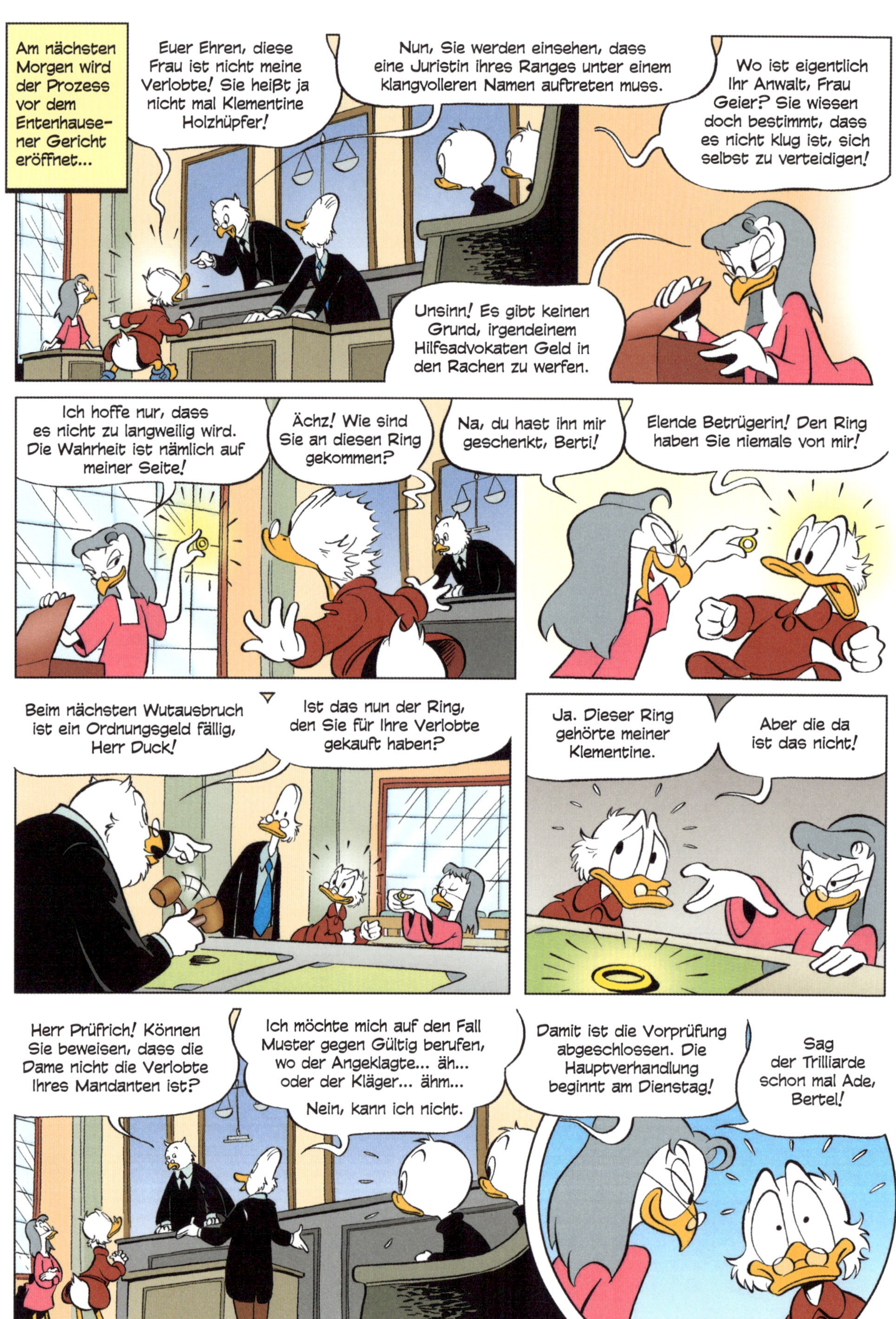
Am nächsten Morgen wird der Prozess vor dem Entenhausener Gericht eröffnet...
Euer Ehren, diese Frau ist nicht meine Verlobte! Sie heißt ja nicht mal Klementine Holzhüpfer!
Nun, Sie werden einsehen, dass eine Juristin ihres Ranges unter einem klangvolleren Namen auftreten muss.
Wo ist eigentlich Ihr Anwalt, Frau Geier? Sie wissen doch bestimmt, dass es nicht klug ist, sich selbst zu verteidigen!
Unsinn! Es gibt keinen Grund, irgendeinem Hilfsadvokaten Geld in den Rachen zu werfen.
Ich hoffe nur, dass es nicht zu langweilig wird. Die Wahrheit ist nämlich auf meiner Seite!
Ächz! Wie sind Sie an diesen Ring gekommen?
Na, du hast ihn mir geschenkt, Berti!
Elende Betrügerin! Den Ring haben Sie niemals von mir!
Beim nächsten Wutausbruch ist ein Ordnungsgeld fällig, Herr Duck!
Ist das nun der Ring, den Sie für Ihre Verlobte gekauft haben?
Ja. Dieser Ring gehörte meiner Klementine.
Aber die da ist das nicht!
Herr Prüfrich! Können Sie beweisen, dass die Dame nicht die Verlobte Ihres Mandanten ist?
Ich möchte mich auf den Fall Muster gegen Gültig berufen, wo der Angeklagte... äh... oder der Kläger... ähm...
Nein, kann ich nicht.
Damit ist die Vorprüfung abgeschlossen. Die Hauptverhandlung beginnt am Dienstag!
Sag der Trilliarde schon mal Ade, Bertel!

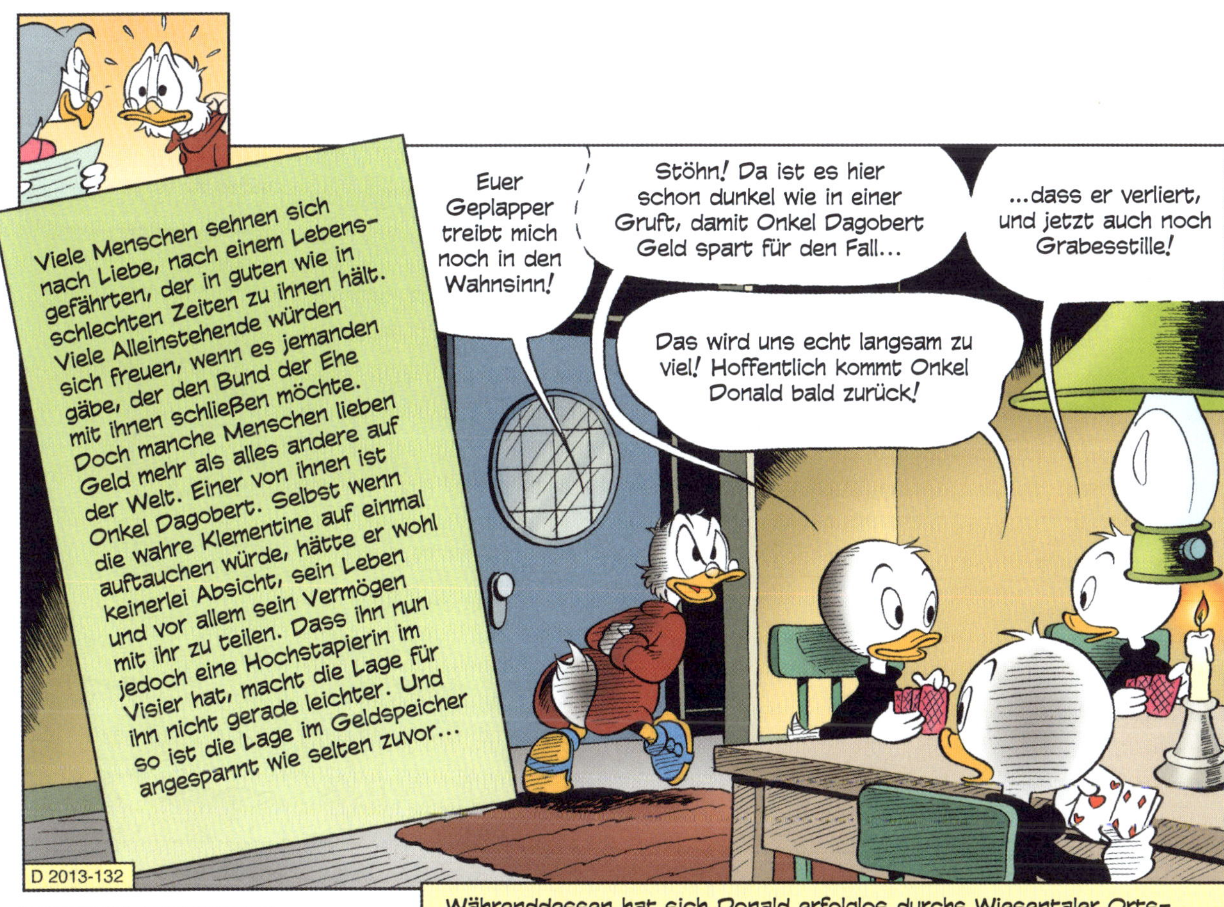
Viele Menschen sehnen sich nach Liebe, nach einem Lebensgefährten, der in guten wie in schlechten Zeiten zu ihnen hält. Viele Alleinstehende würden sich freuen, wenn es jemanden gäbe, der den Bund der Ehe mit ihnen schließen möchte. Doch manche Menschen lieben Geld mehr als alles andere auf der Welt. Einer von ihnen ist Onkel Dagobert. Selbst wenn die wahre Klementine auf einmal auftauchen würde, hätte er wohl keinerlei Absicht, sein Leben und vor allem sein Vermögen mit ihr zu teilen. Dass ihn nun jedoch eine Hochstapierin im Visier hat, macht die Lage für ihn nicht gerade leichter. Und so ist die Lage im Geldspeicher angespannt wie selten zuvor…
Euer Geplapper treibt mich noch in den Wahnsinn!
Stöhn! Da ist es hier schon dunkel wie in einer Gruft, damit Onkel Dagobert Geld spart für den Fall…
…dass er verliert, und jetzt auch noch Grabesstille!
Das wird uns echt langsam zu viel! Hoffentlich kommt Onkel Donald bald zurück!
D 2013-132

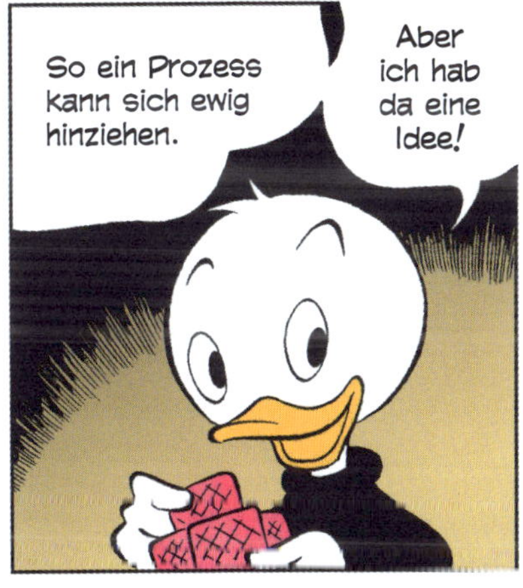
So ein Prozess kann sich ewig hinziehen.
Aber ich hab da eine Idee!

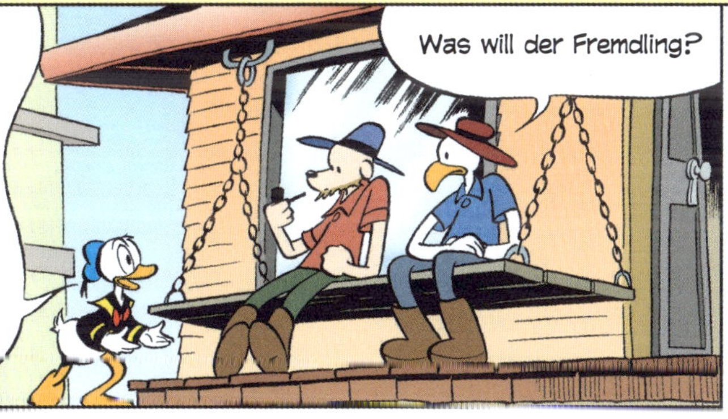
Währenddessen hat sich Donald erfolglos durchs Wiesentaler Ortsarchiv gewühlt – kein einziger Hinweis auf Klementine! Seit einer Weile befragt er nun die Einwohner …
Ich flehe Sie an! Kennen Sie jemanden, der Klementine Holzhüpfer kannte oder weiß, wo sie hier gewohnt hat?
Was will der Fremdling?

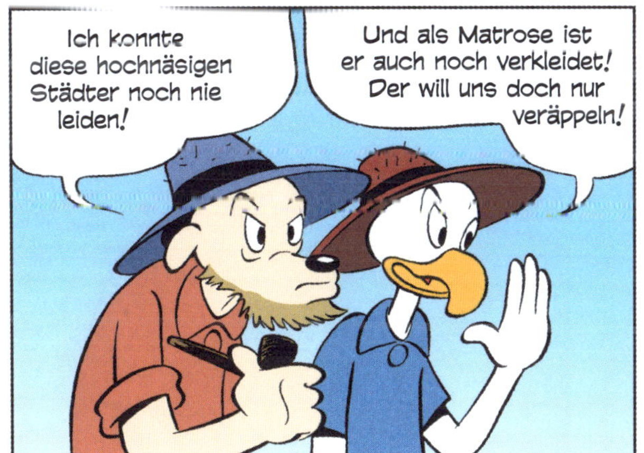
Ich konnte diese hochnäsigen Städter noch nie leiden!
Und als Matrose ist er auch noch verkleidet! Der will uns doch nur veräppeln!

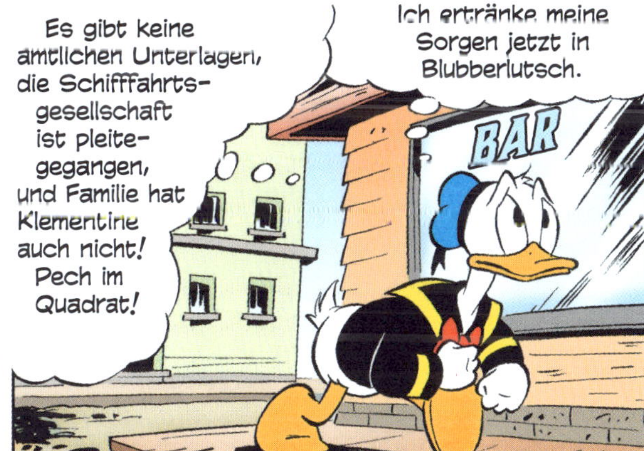
Es gibt keine amtlichen Unterlagen, die Schifffahrtsgesellschaft ist pleitegegangen, und Familie hat Klementine auch nicht! Pech im Quadrat!
Ich ertränke meine Sorgen jetzt in Blubberlutsch.
BAR

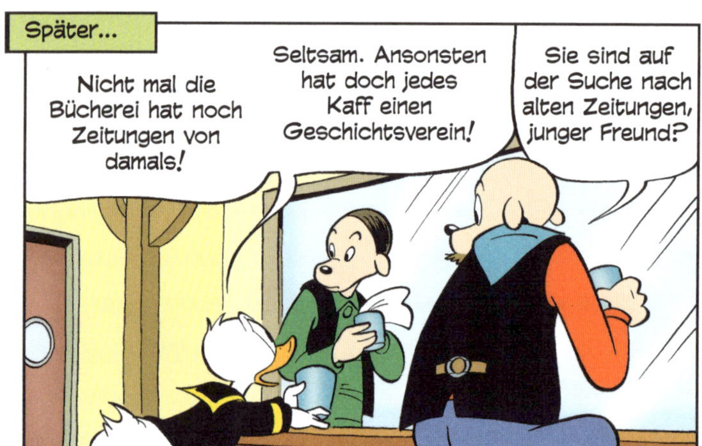
Später...
Nicht mal die Bücherei hat noch Zeitungen von damals!
Seltsam. Ansonsten hat doch jedes Kaff einen Geschichtsverein!
Sie sind auf der Suche nach alten Zeitungen, junger Freund?

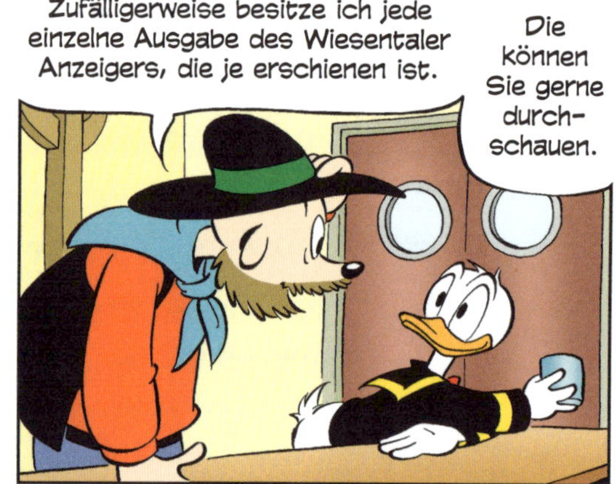
Zufälligerweise besitze ich jede einzelne Ausgabe des Wiesentaler Anzeigers, die je erschienen ist.
Die können Sie gerne durchschauen.
Kannten Sie vielleicht Klementine Holzhüpfer?
Nein, aber an den Unfall erinnere ich mich.

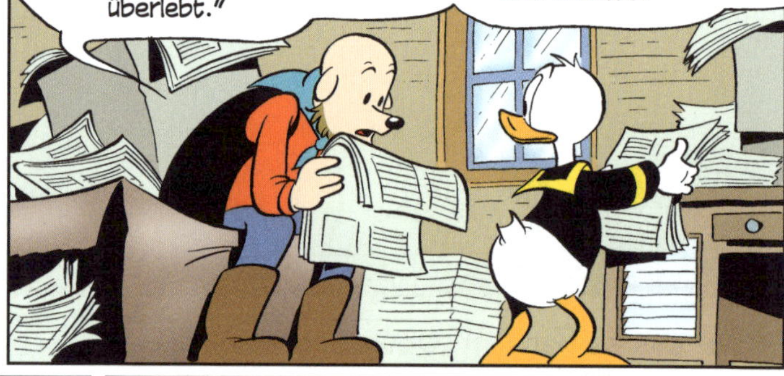
Bald ist ein aufschlussreicher Bericht zu den damaligen Geschehnissen gefunden...
„Das junge Fräulein namens Klementine Holzhüpfer hat das Schiffsunglück der ‚Königin des Mississippi' doch überlebt."
„Die Wucht der Explosion schleuderte sie an eine Stelle fernab des Schiffs."

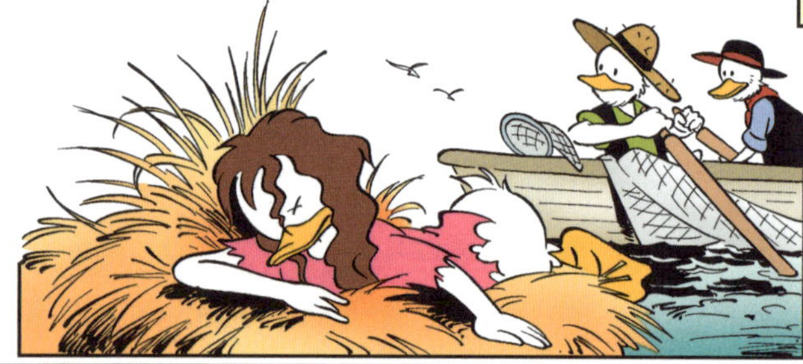
„Fischer fanden sie schließlich hunderte Meter flussabwärts ohnmächtig im Schilf liegen."

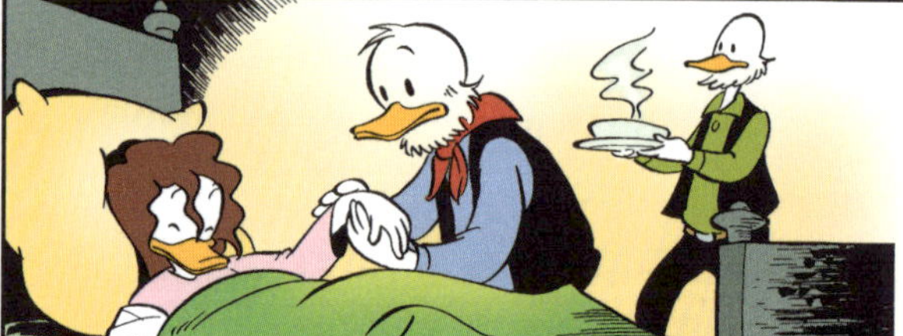
„Sie nahmen sie zu sich nach Hause und pflegten sie. Es dauerte Wochen, bis sie wieder vollständig genesen war."

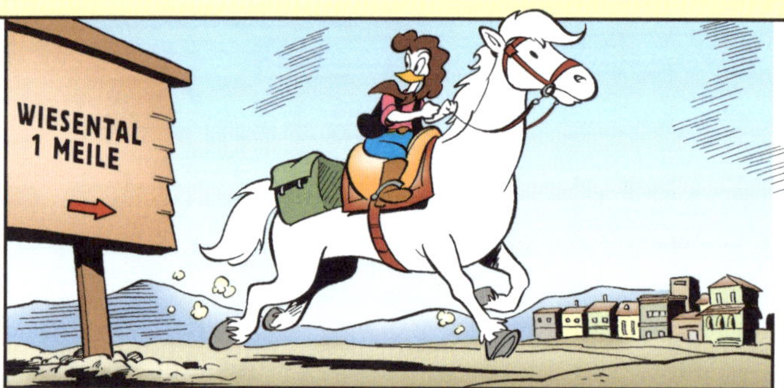
„Anschließend machte sie sich auf die Suche nach ihrem Verlobten, musste aber schließlich aufgeben, als sie nach drei Jahren noch immer keine Spur hatte."
WIESENTAL 1 MEILE

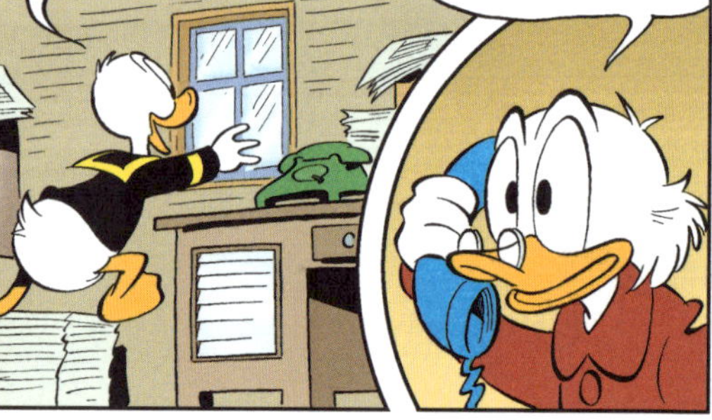
Klementine hat die Explosion überlebt? Welch freudige Kunde!
Such jemanden, der weiß, wo sie heute lebt! Beeil dich!

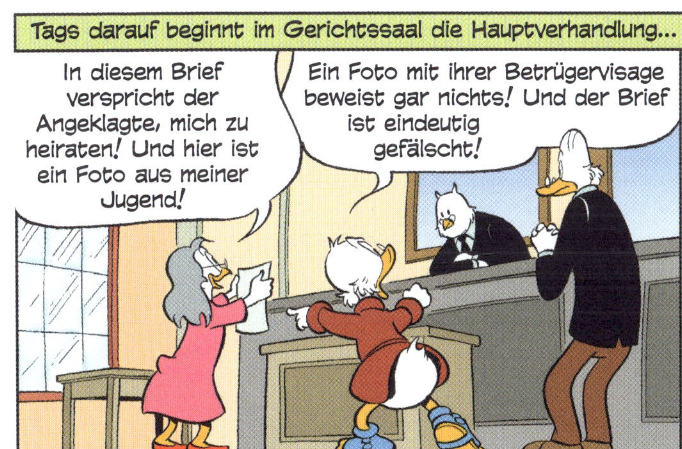
Tags darauf beginnt im Gerichtssaal die Hauptverhandlung...
In diesem Brief verspricht der Angeklagte, mich zu heiraten! Und hier ist ein Foto aus meiner Jugend!
Ein Foto mit ihrer Betrügervisage beweist gar nichts! Und der Brief ist eindeutig gefälscht!

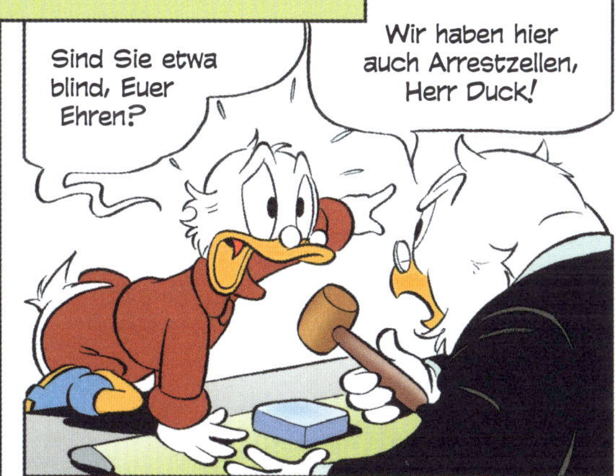
Sind Sie etwa blind, Euer Ehren?
Wir haben hier auch Arrestzellen, Herr Duck!

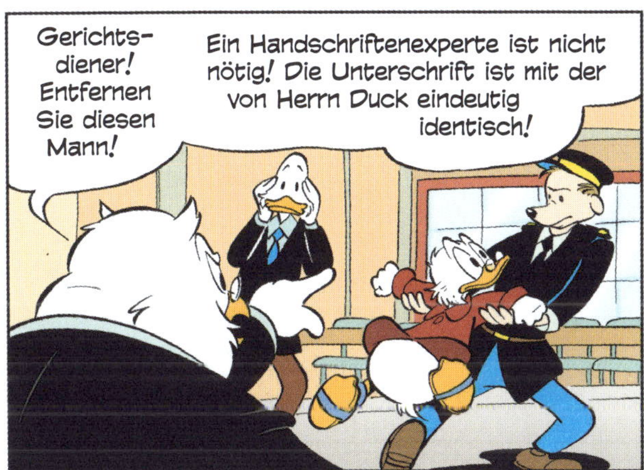
Gerichtsdiener! Entfernen Sie diesen Mann!
Ein Handschriftenexperte ist nicht nötig! Die Unterschrift ist mit der von Herrn Duck eindeutig identisch!

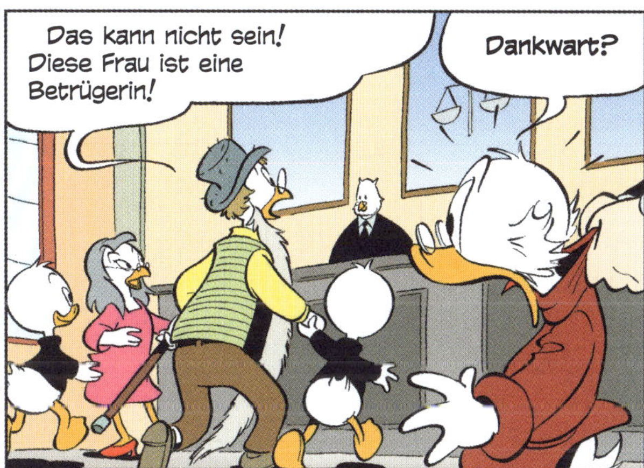
Das kann nicht sein! Diese Frau ist eine Betrügerin!
Dankwart?

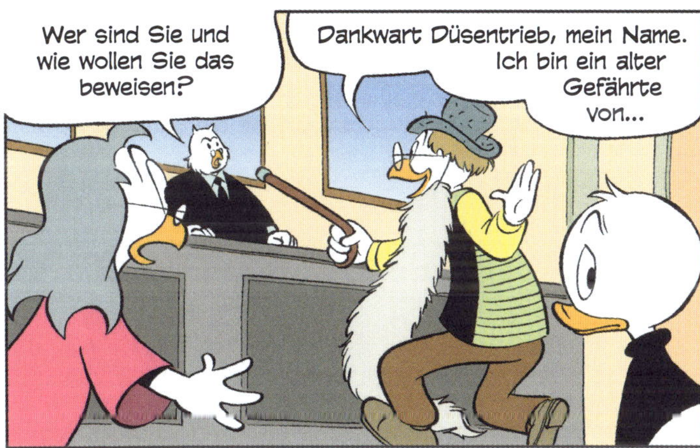
Wer sind Sie und wie wollen Sie das beweisen?
Dankwart Düsentrieb, mein Name. Ich bin ein alter Gefährte von...

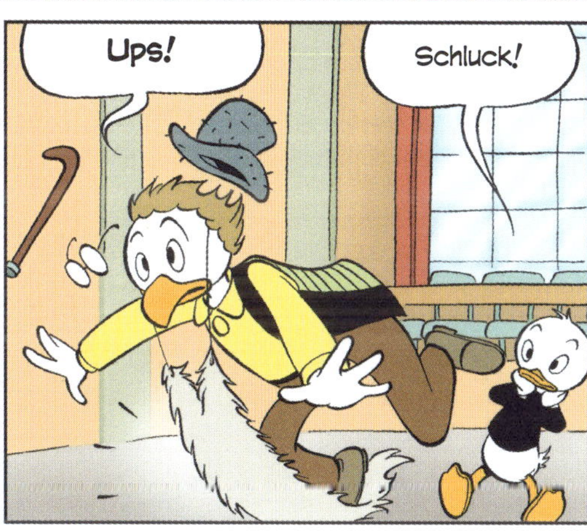
Ups!
Schluck!

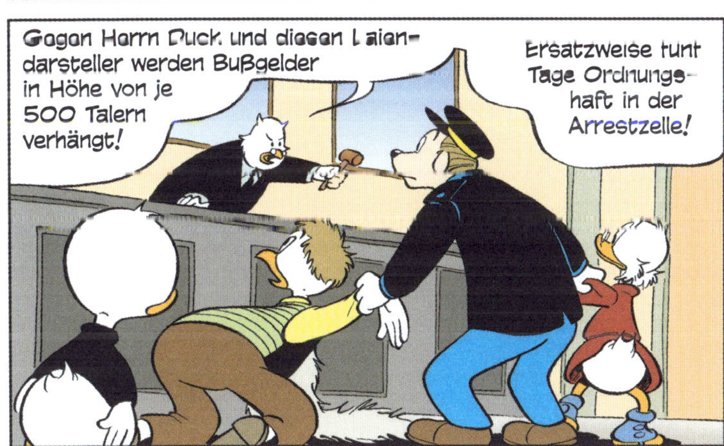
Gegen Herrn Duck und diesen Laiendarsteller werden Bußgelder in Höhe von je 500 Talern verhängt!
Ersatzweise fünf Tage Ordnungshaft in der Arrestzelle!

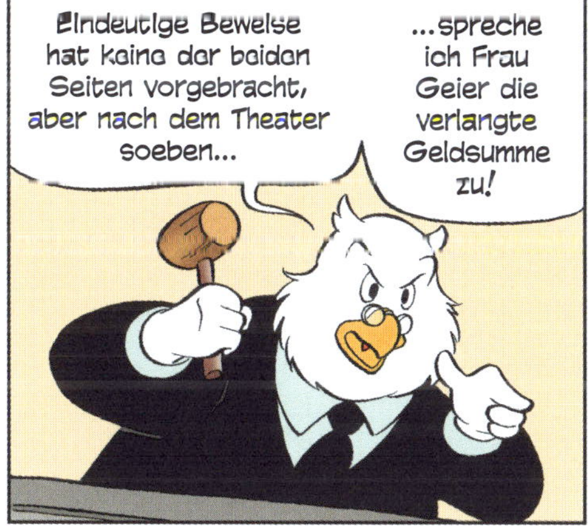
Eindeutige Beweise hat keine der beiden Seiten vorgebracht, aber nach dem Theater soeben...
...spreche ich Frau Geier die verlangte Geldsumme zu!

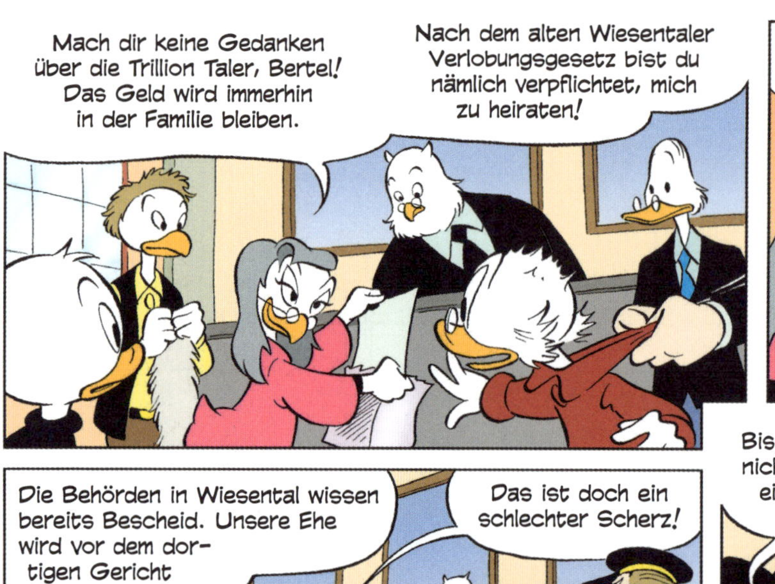

Mach dir keine Gedanken über die Trillion Taler, Bertel! Das Geld wird immerhin in der Familie bleiben.
Nach dem alten Wiesentaler Verlobungsgesetz bist du nämlich verpflichtet, mich zu heiraten!

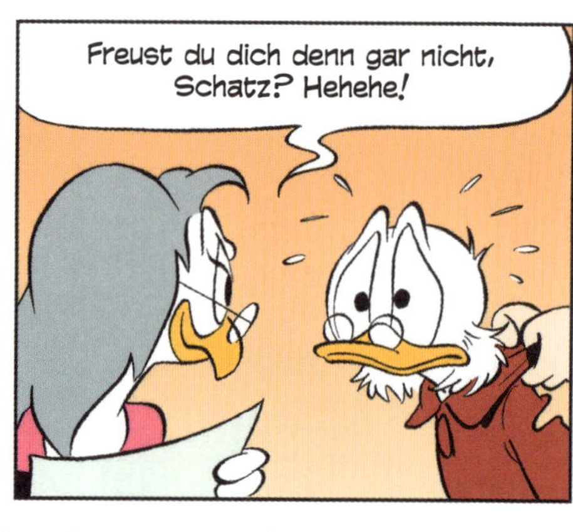

Freust du dich denn gar nicht, Schatz? Hehehe!

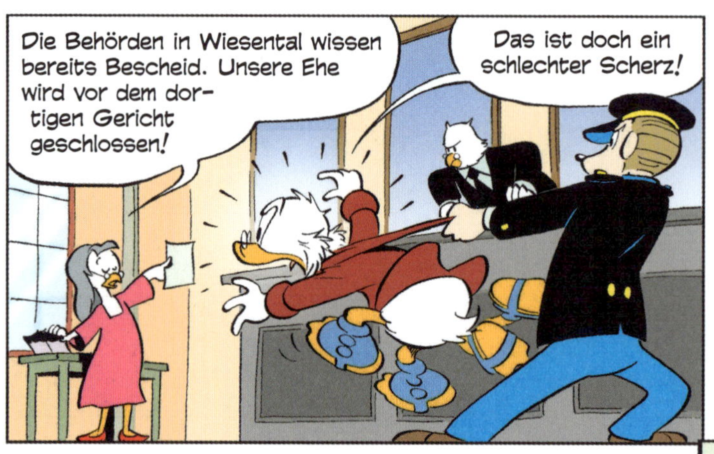

Die Behörden in Wiesental wissen bereits Bescheid. Unsere Ehe wird vor dem dortigen Gericht geschlossen!
Das ist doch ein schlechter Scherz!

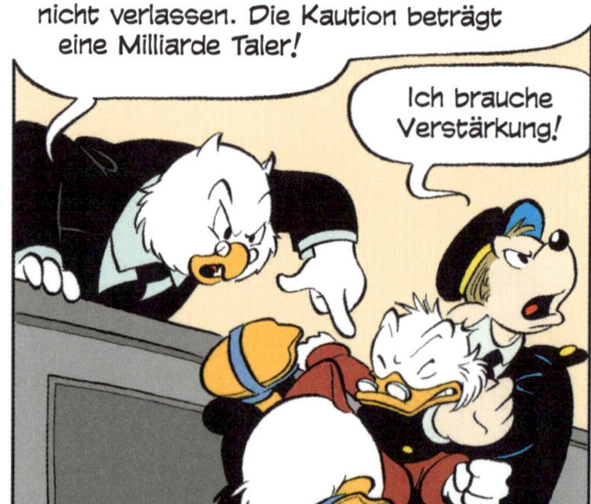

Bis auf Weiteres dürfen Sie die Stadt nicht verlassen. Die Kaution beträgt eine Milliarde Taler!
Ich brauche Verstärkung!

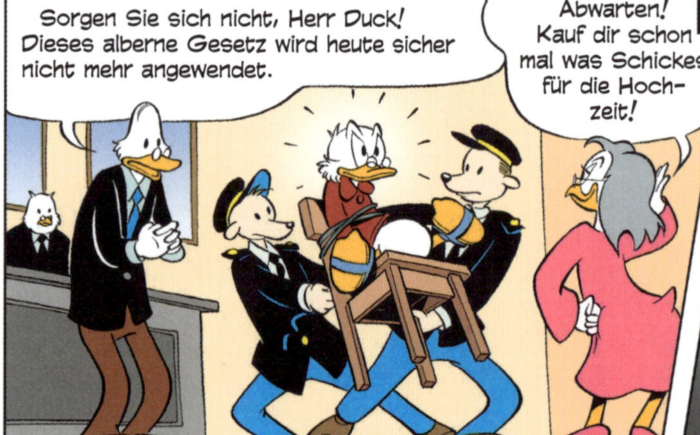

Sorgen Sie sich nicht, Herr Duck! Dieses alberne Gesetz wird heute sicher nicht mehr angewendet.
Abwarten! Kauf dir schon mal was Schickes für die Hochzeit!

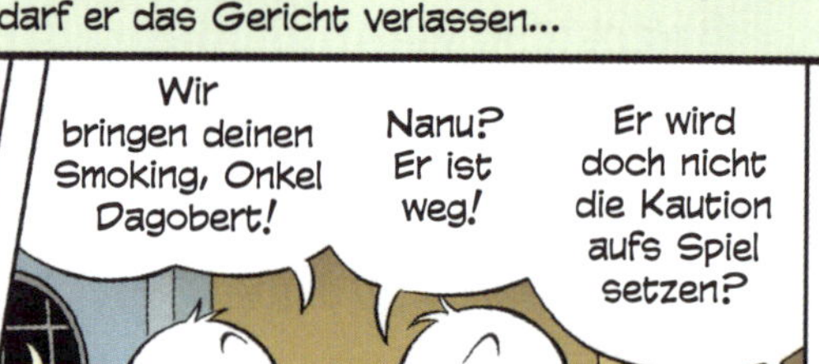

Nachdem Dagobert die Kaution hinterlegt hat, darf er das Gericht verlassen...
Wir bringen deinen Smoking, Onkel Dagobert!
Nanu? Er ist weg!
Er wird doch nicht die Kaution aufs Spiel setzen?

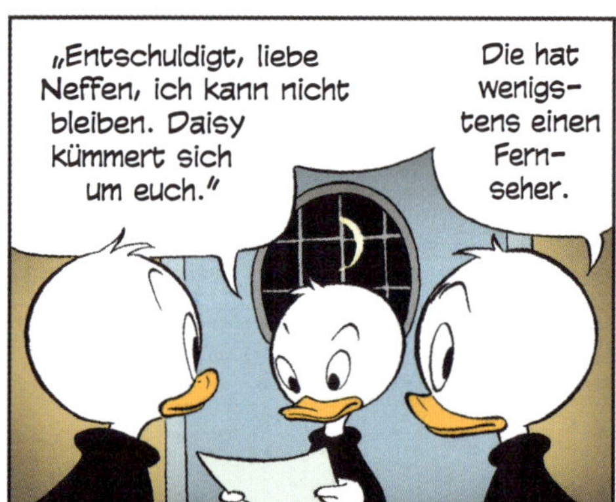

„Entschuldigt, liebe Neffen, ich kann nicht bleiben. Daisy kümmert sich um euch."
Die hat wenigstens einen Fernseher.

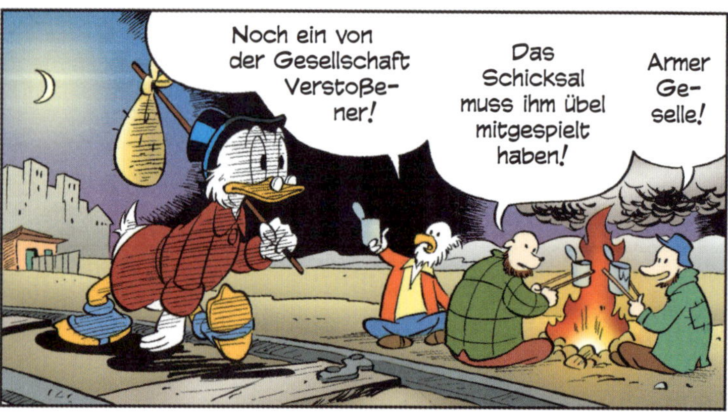

Noch ein von der Gesellschaft Verstoßener!
Das Schicksal muss ihm übel mitgespielt haben!
Armer Geselle!

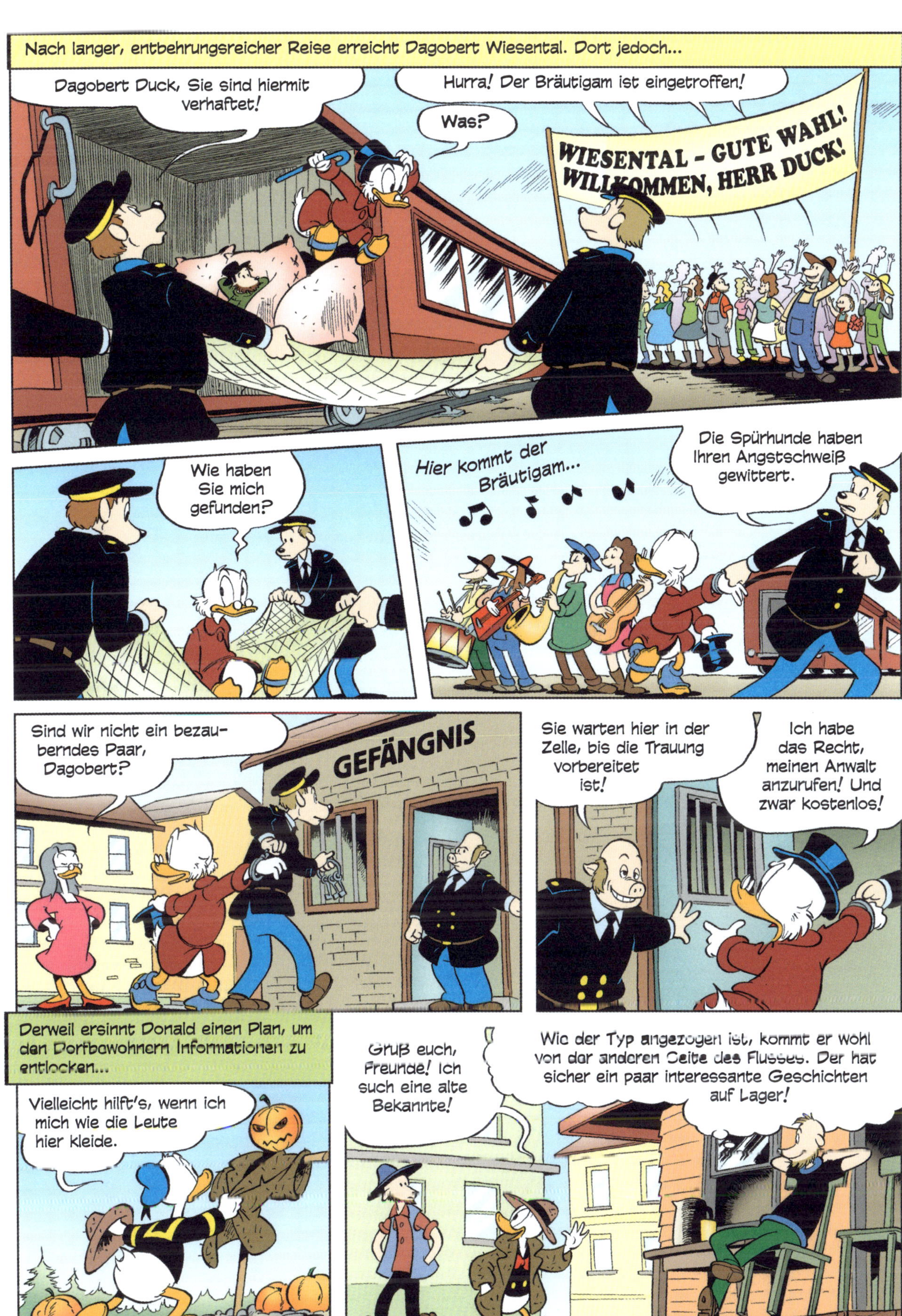

Nach langer, entbehrungsreicher Reise erreicht Dagobert Wiesental. Dort jedoch...
Dagobert Duck, Sie sind hiermit verhaftet!
Hurra! Der Bräutigam ist eingetroffen!
Was?
WIESENTAL - GUTE WAHL! WILLKOMMEN, HERR DUCK!
Wie haben Sie mich gefunden?
Hier kommt der Bräutigam...
Die Spürhunde haben Ihren Angstschweiß gewittert.
Sind wir nicht ein bezauberndes Paar, Dagobert?
GEFÄNGNIS
Sie warten hier in der Zelle, bis die Trauung vorbereitet ist!
Ich habe das Recht, meinen Anwalt anzurufen! Und zwar kostenlos!
Derweil ersinnt Donald einen Plan, um den Dorfbewohnern Informationen zu entlocken...
Vielleicht hilft's, wenn ich mich wie die Leute hier kleide.
Gruß euch, Freunde! Ich such eine alte Bekannte!
Wie der Typ angezogen ist, kommt er wohl von der anderen Seite des Flusses. Der hat sicher ein paar interessante Geschichten auf Lager!

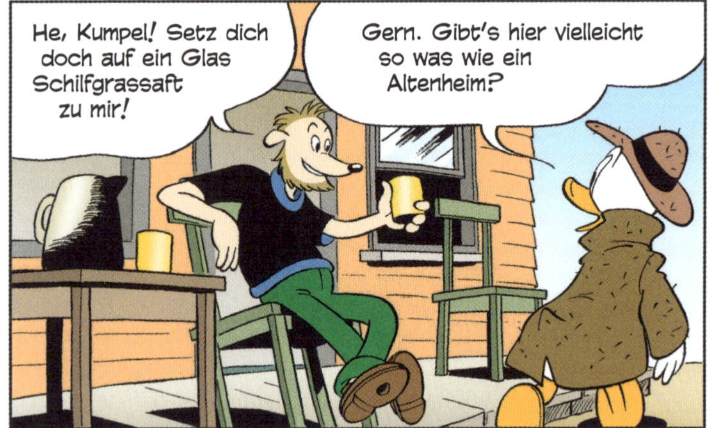
He, Kumpel! Setz dich doch auf ein Glas Schilfgrassaft zu mir!
Gern. Gibt's hier vielleicht so was wie ein Altenheim?

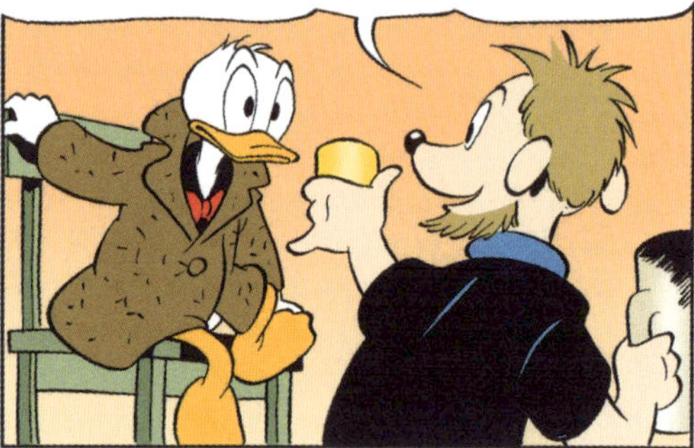
Trink erst mal was und gönn deinen Stampfern eine Pause!
Derweil erzähl ich dir was von meiner Familie.

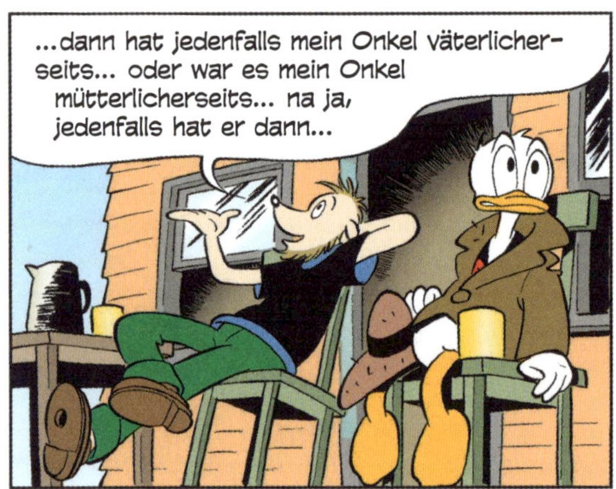
...dann hat jedenfalls mein Onkel väterlicherseits... oder war es mein Onkel mütterlicherseits... na ja, jedenfalls hat er dann...

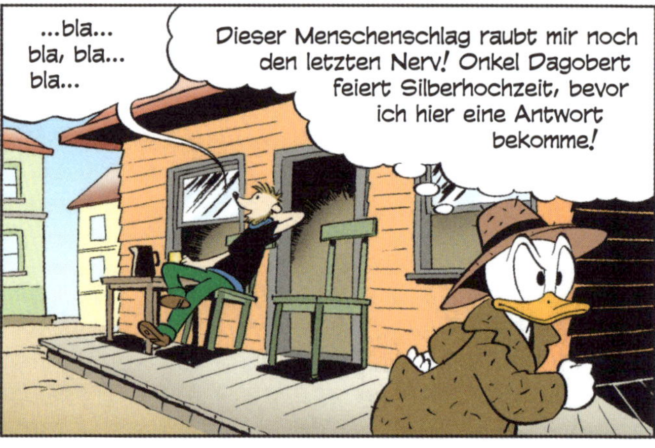
...bla... bla, bla... bla...
Dieser Menschenschlag raubt mir noch den letzten Nerv! Onkel Dagobert feiert Silberhochzeit, bevor ich hier eine Antwort bekomme!

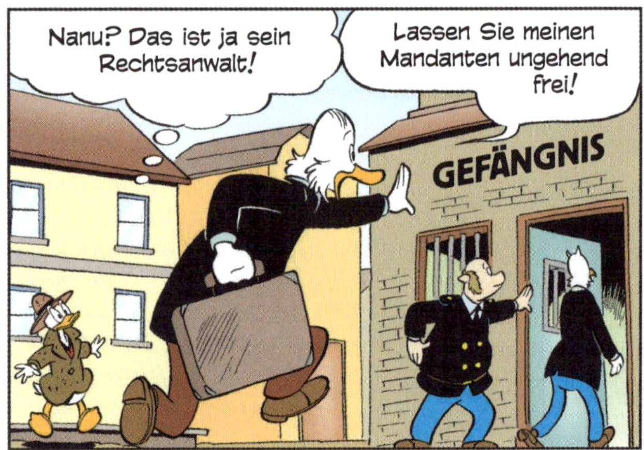
Nanu? Das ist ja sein Rechtsanwalt!
Lassen Sie meinen Mandanten ungehend frei!
GEFÄNGNIS

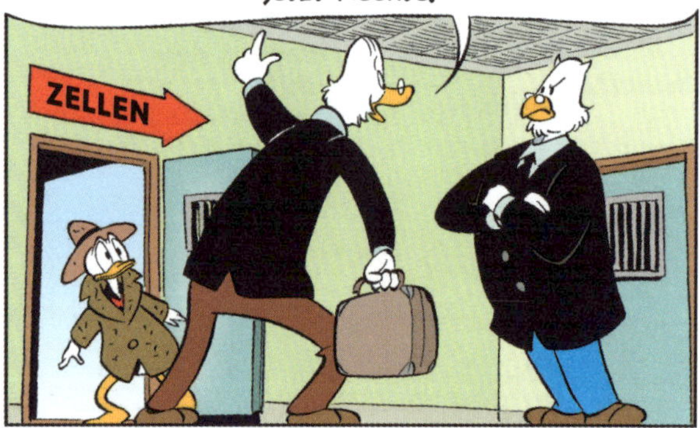
Falls es noch nicht in Ihr mittelalterliches Nest durchgedrungen sein sollte: Die Menschen haben jetzt Rechte!
ZELLEN

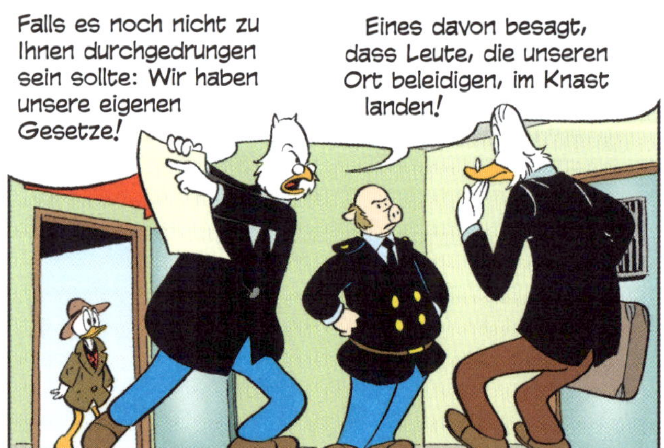
Falls es noch nicht zu Ihnen durchgedrungen sein sollte: Wir haben unsere eigenen Gesetze!
Eines davon besagt, dass Leute, die unseren Ort beleidigen, im Knast landen!

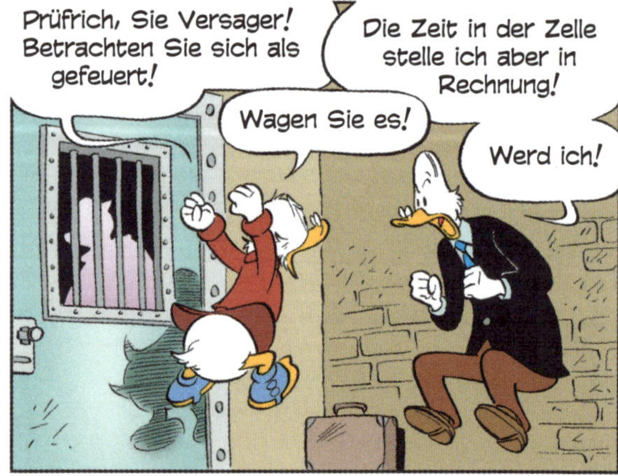
Prüfrich, Sie Versager! Betrachten Sie sich als gefeuert!
Die Zeit in der Zelle stelle ich aber in Rechnung!
Wagen Sie es!
Werd ich!

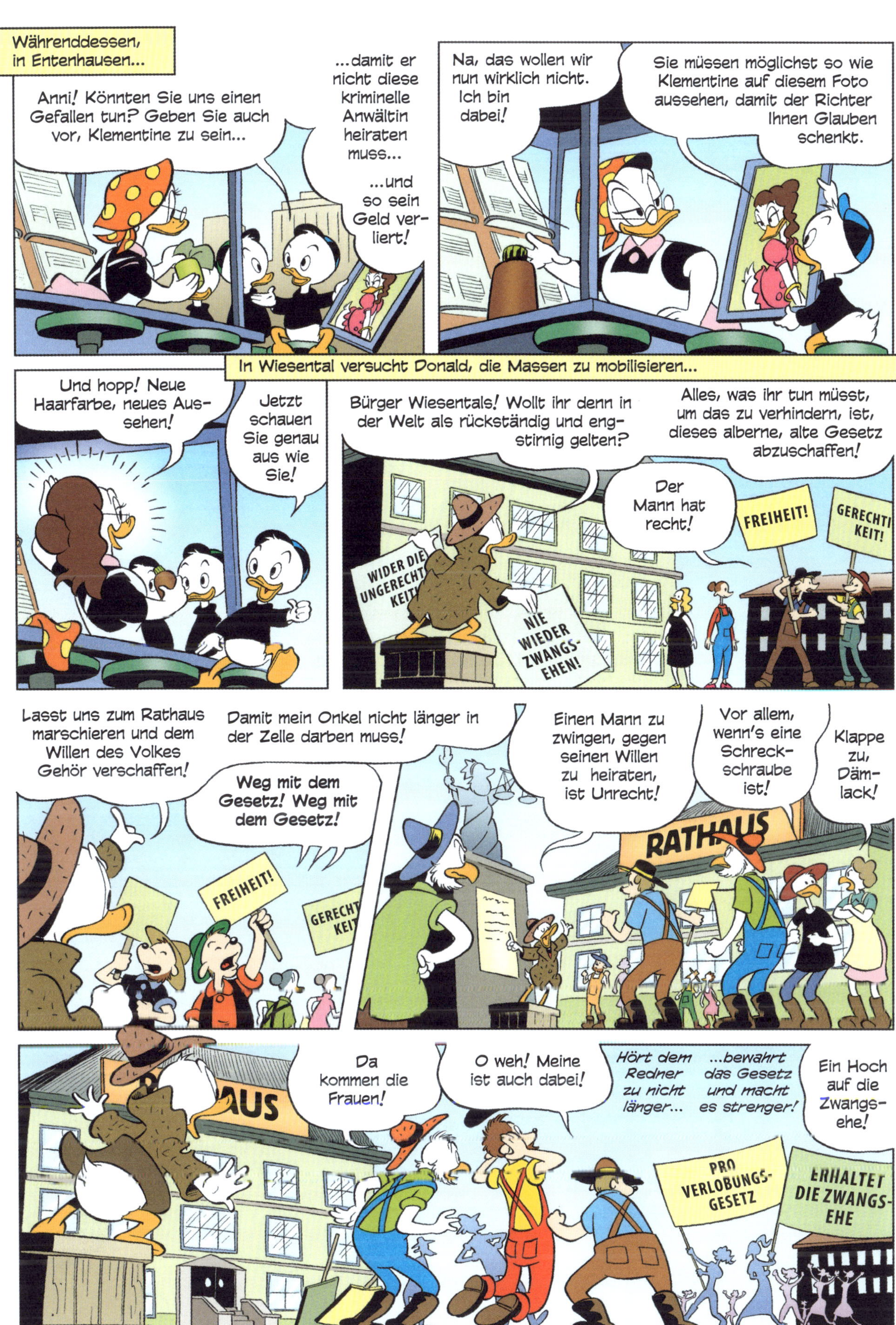
Währenddessen, in Entenhausen...
Anni! Könnten Sie uns einen Gefallen tun? Geben Sie auch vor, Klementine zu sein...
...damit er nicht diese kriminelle Anwältin heiraten muss...
...und so sein Geld verliert!
Na, das wollen wir nun wirklich nicht. Ich bin dabei!
Sie müssen möglichst so wie Klementine auf diesem Foto aussehen, damit der Richter Ihnen Glauben schenkt.
In Wiesental versucht Donald, die Massen zu mobilisieren...
Und hopp! Neue Haarfarbe, neues Aussehen!
Jetzt schauen Sie genau aus wie Sie!
Bürger Wiesentals! Wollt ihr denn in der Welt als rückständig und engstirnig gelten?
Alles, was ihr tun müsst, um das zu verhindern, ist, dieses alberne, alte Gesetz abzuschaffen!
Der Mann hat recht!
FREIHEIT!
GERECHTIGKEIT!
WIDER DIE UNGERECHTIGKEIT
NIE WIEDER ZWANGS-EHEN!
Lasst uns zum Rathaus marschieren und dem Willen des Volkes Gehör verschaffen!
Damit mein Onkel nicht länger in der Zelle darben muss!
Weg mit dem Gesetz! Weg mit dem Gesetz!
FREIHEIT!
Einen Mann zu zwingen, gegen seinen Willen zu heiraten, ist Unrecht!
Vor allem, wenn's eine Schreckschraube ist!
Klappe zu, Dämlack!
RATHAUS
Da kommen die Frauen!
O weh! Meine ist auch dabei!
Hört dem Redner zu nicht länger...
...bewahrt das Gesetz und macht es strenger!
Ein Hoch auf die Zwangsehe!
PRO VERLOBUNGS-GESETZ
ERHALTET DIE ZWANGS-EHE

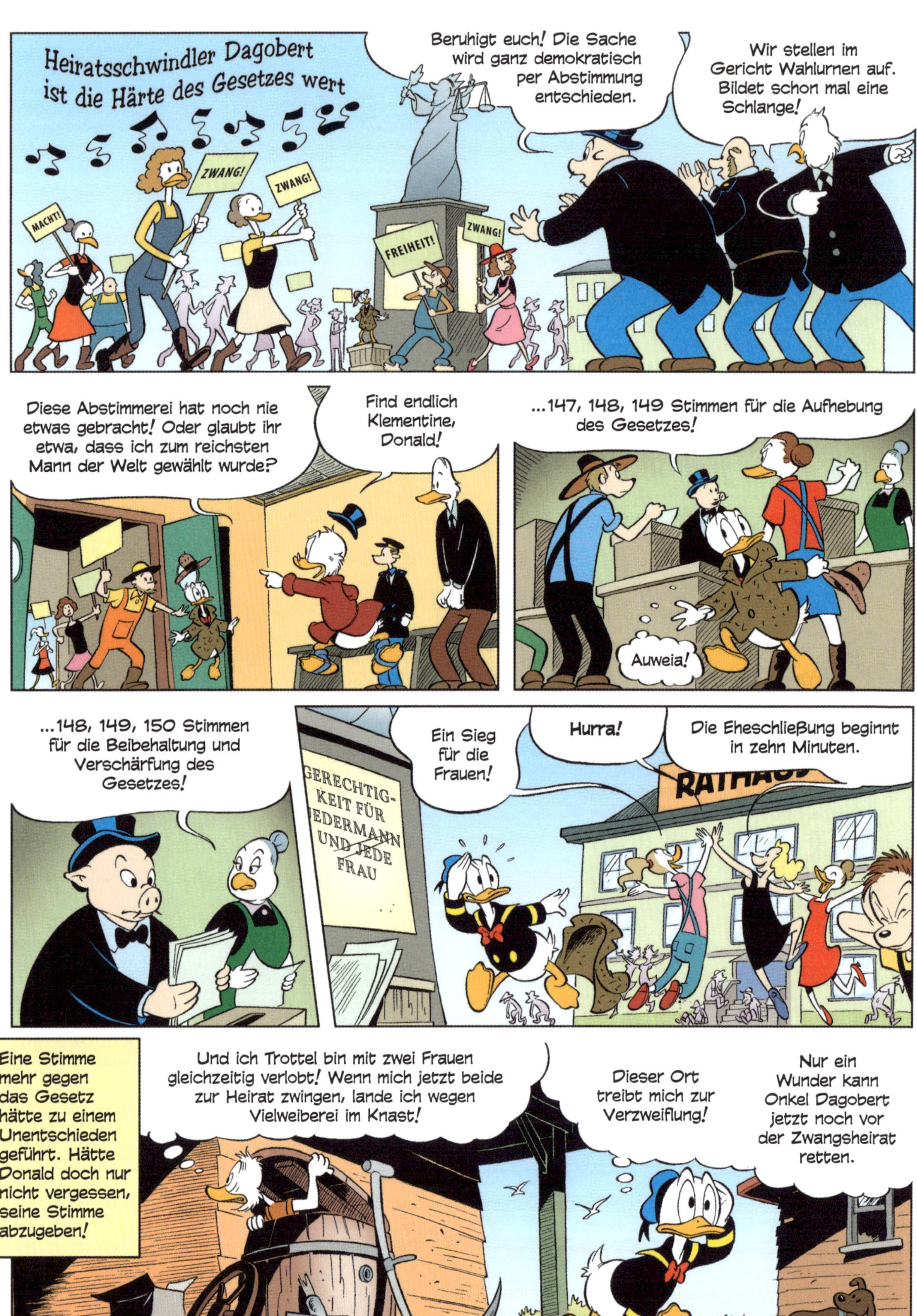
Heiratsschwindler Dagobert ist die Härte des Gesetzes wert
MACHT!
ZWANG!
ZWANG!
FREIHEIT!
ZWANG!
Beruhigt euch! Die Sache wird ganz demokratisch per Abstimmung entschieden.
Wir stellen im Gericht Wahlurnen auf. Bildet schon mal eine Schlange!
Diese Abstimmerei hat noch nie etwas gebracht! Oder glaubt ihr etwa, dass ich zum reichsten Mann der Welt gewählt wurde?
Find endlich Klementine, Donald!
...147, 148, 149 Stimmen für die Aufhebung des Gesetzes!
Auweia!
...148, 149, 150 Stimmen für die Beibehaltung und Verschärfung des Gesetzes!
GERECHTIGKEIT FÜR JEDERMANN UND JEDE FRAU
Ein Sieg für die Frauen!
Hurra!
Die Eheschließung beginnt in zehn Minuten.
RATHAUS
Eine Stimme mehr gegen das Gesetz hätte zu einem Unentschieden geführt. Hätte Donald doch nur nicht vergessen, seine Stimme abzugeben!
Und ich Trottel bin mit zwei Frauen gleichzeitig verlobt! Wenn mich jetzt beide zur Heirat zwingen, lande ich wegen Vielweiberei im Knast!
Dieser Ort treibt mich zur Verzweiflung!
Nur ein Wunder kann Onkel Dagobert jetzt noch vor der Zwangsheirat retten.

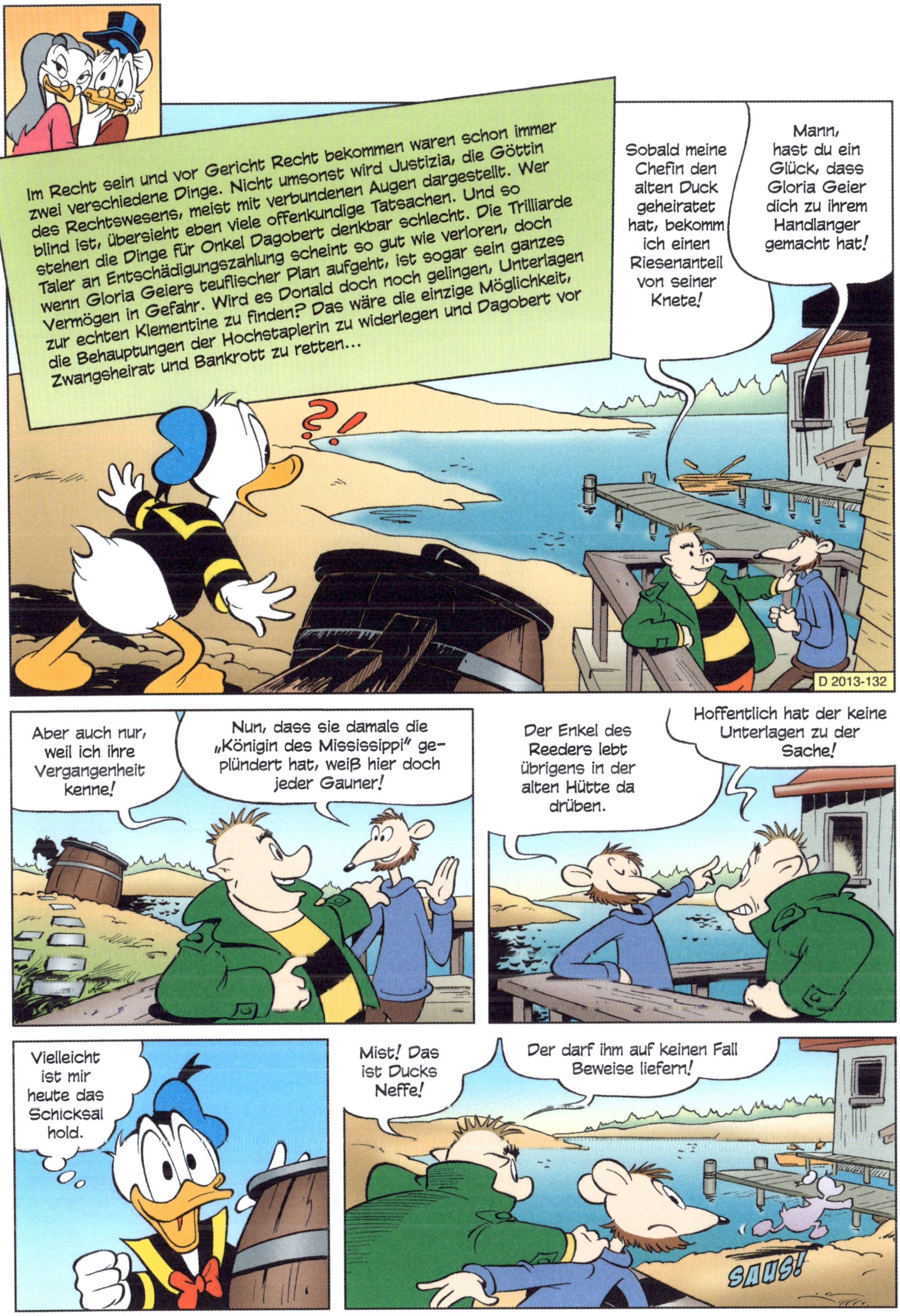

Im Recht sein und vor Gericht Recht bekommen waren schon immer zwei verschiedene Dinge. Nicht umsonst wird Justizia, die Göttin des Rechtswesens, meist mit verbundenen Augen dargestellt. Wer blind ist, übersieht eben viele offenkundige Tatsachen. Und so stehen die Dinge für Onkel Dagobert denkbar schlecht. Die Trilliarde Taler an Entschädigungszahlung scheint so gut wie verloren, doch wenn Gloria Geiers teuflischer Plan aufgeht, ist sogar sein ganzes Vermögen in Gefahr. Wird es Donald doch noch gelingen, Unterlagen zur echten Klementine zu finden? Das wäre die einzige Möglichkeit, die Behauptungen der Hochstaplerin zu widerlegen und Dagobert vor Zwangsheirat und Bankrott zu retten…

?!

Sobald meine Chefin den alten Duck geheiratet hat, bekomm ich einen Riesenanteil von seiner Knete!

Mann, hast du ein Glück, dass Gloria Geier dich zu ihrem Handlanger gemacht hat!

D 2013-132

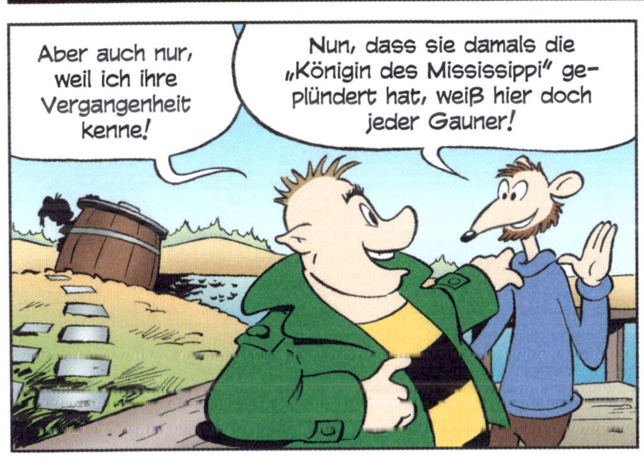

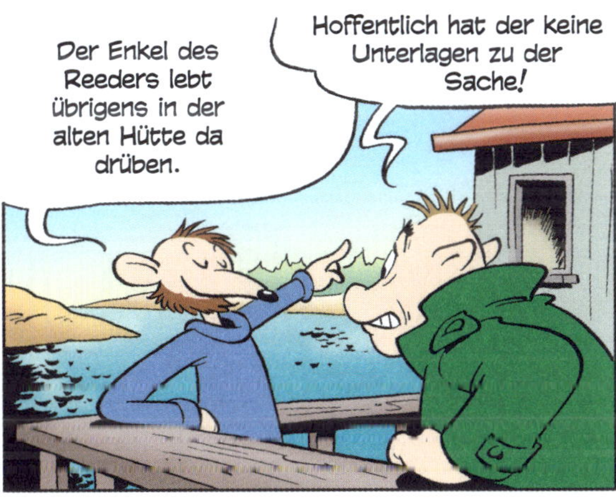

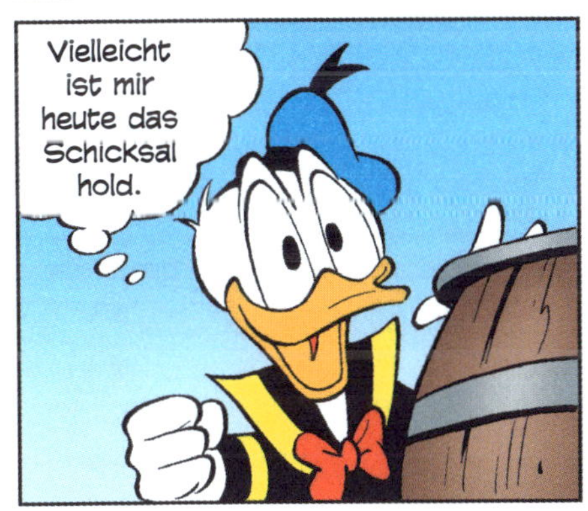

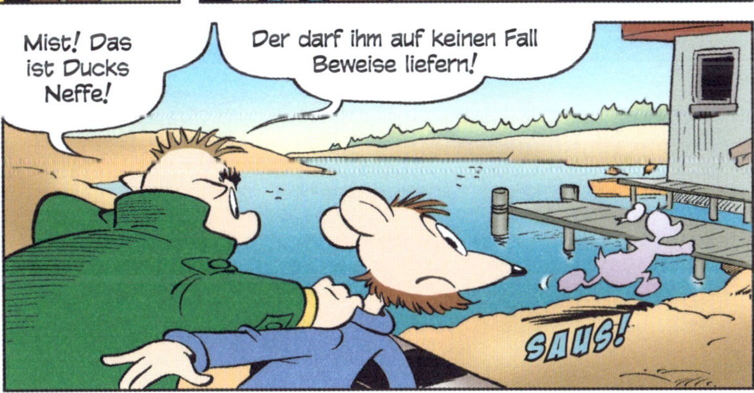

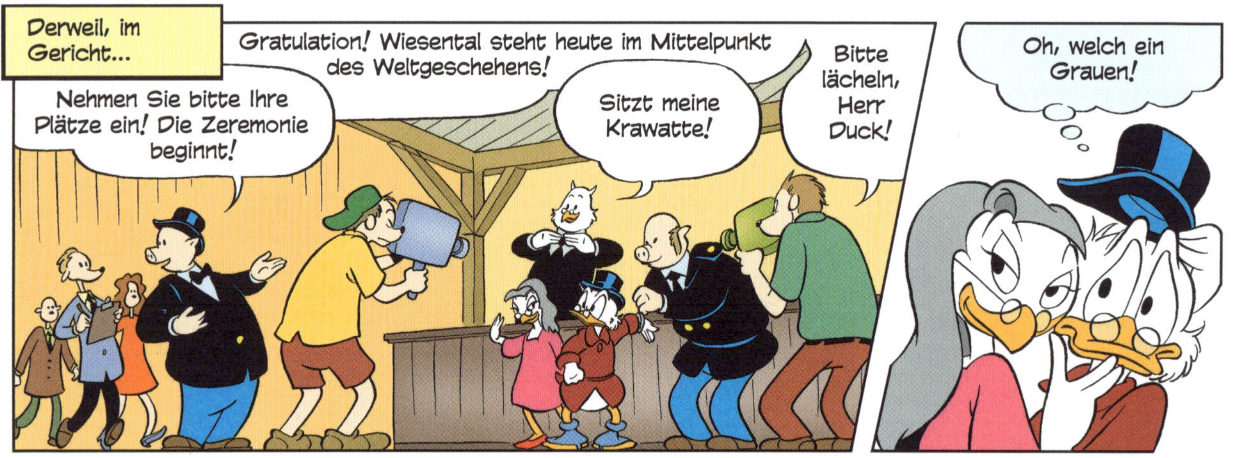
Derweil, im Gericht...
Nehmen Sie bitte Ihre Plätze ein! Die Zeremonie beginnt!
Gratulation! Wiesental steht heute im Mittelpunkt des Weltgeschehens!
Sitzt meine Krawatte!
Bitte lächeln, Herr Duck!
Oh, welch ein Grauen!

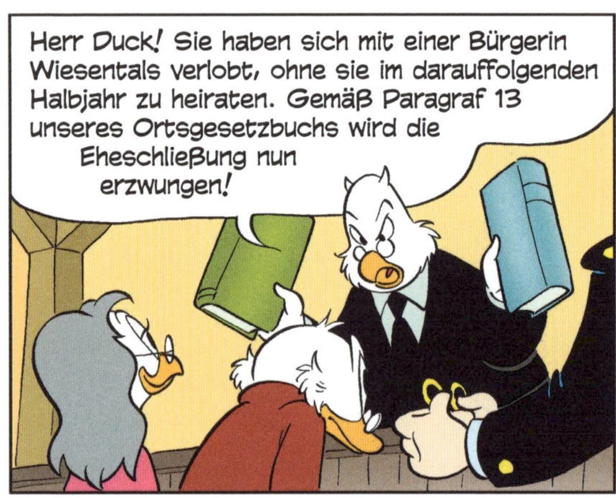
Herr Duck! Sie haben sich mit einer Bürgerin Wiesentals verlobt, ohne sie im darauffolgenden Halbjahr zu heiraten. Gemäß Paragraf 13 unseres Ortsgesetzbuchs wird die Eheschließung nun erzwungen!

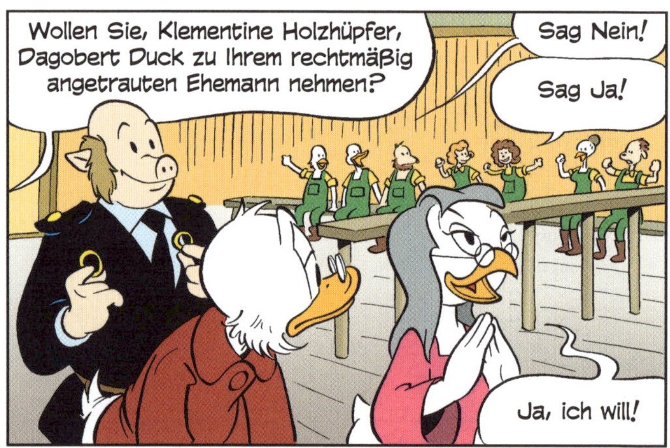
Wollen Sie, Klementine Holzhüpfer, Dagobert Duck zu Ihrem rechtmäßig angetrauten Ehemann nehmen?
Sag Nein!
Sag Ja!
Ja, ich will!

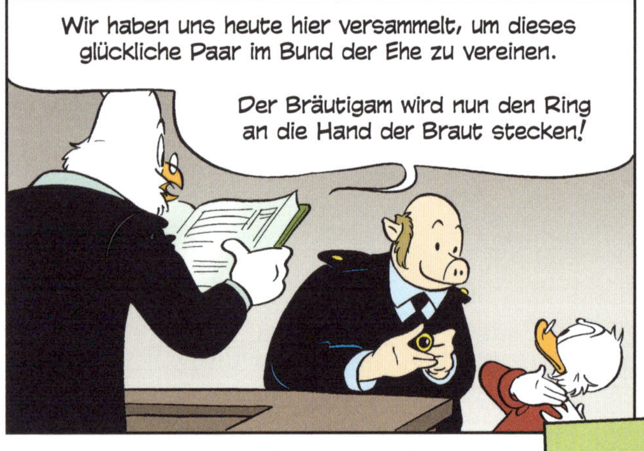
Wir haben uns heute hier versammelt, um dieses glückliche Paar im Bund der Ehe zu vereinen.
Der Bräutigam wird nun den Ring an die Hand der Braut stecken!

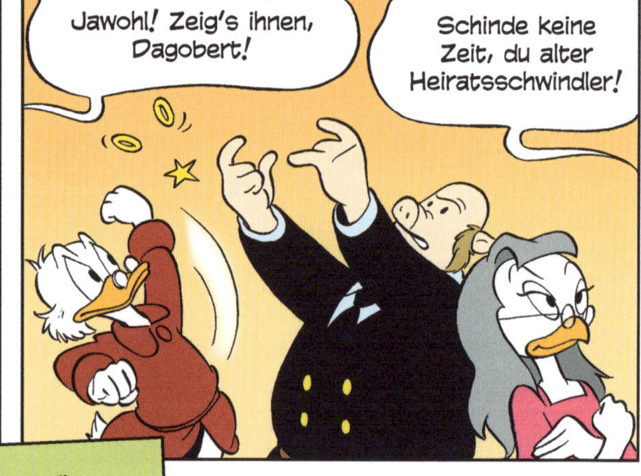
Jawohl! Zeig's ihnen, Dagobert!
Schinde keine Zeit, du alter Heiratsschwindler!

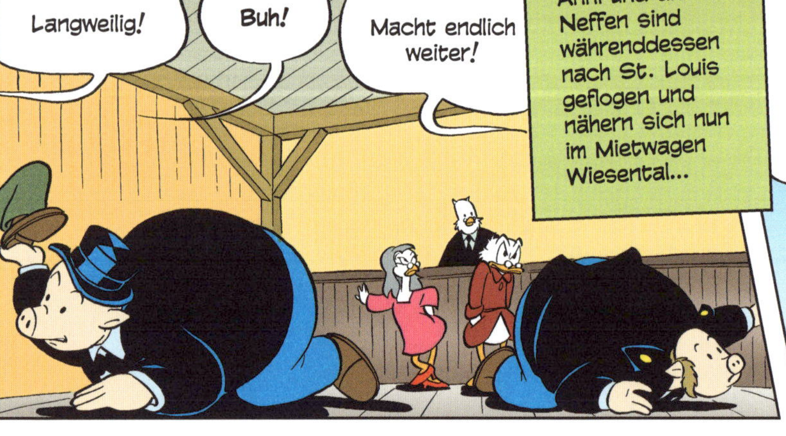
Langweilig!
Buh!
Macht endlich weiter!
Anni und die Neffen sind währenddessen nach St. Louis geflogen und nähern sich nun im Mietwagen Wiesental...
Unglaublich, dass ein Autovermieter dreieinhalb Stunden braucht, um eine Zündkerze zu wechseln! Gib Gas, Anni!
ST. LOUIS 100 MEILEN

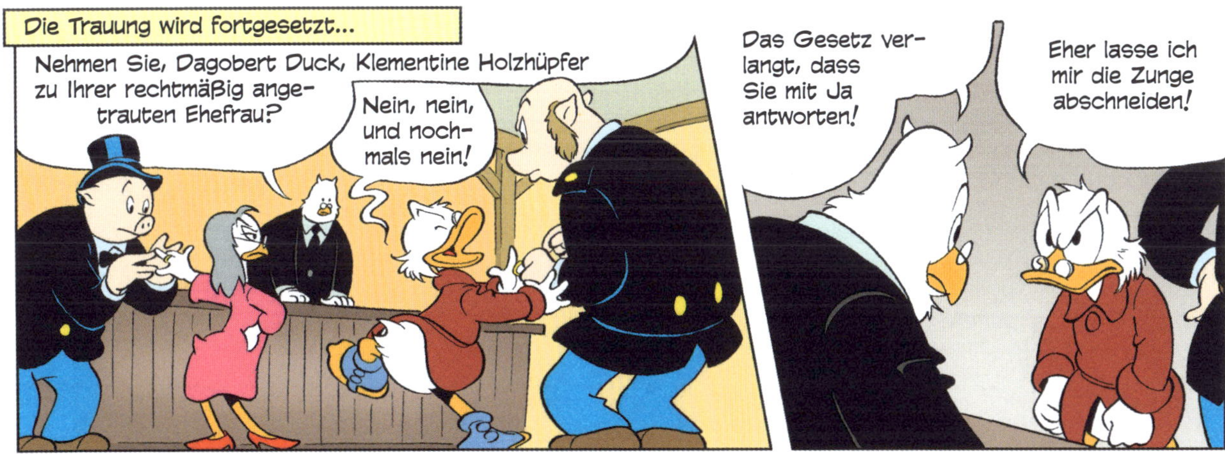
Die Trauung wird fortgesetzt...
Nehmen Sie, Dagobert Duck, Klementine Holzhüpfer zu Ihrer rechtmäßig angetrauten Ehefrau?
Nein, nein, und nochmals nein!
Das Gesetz verlangt, dass Sie mit Ja antworten!
Eher lasse ich mir die Zunge abschneiden!

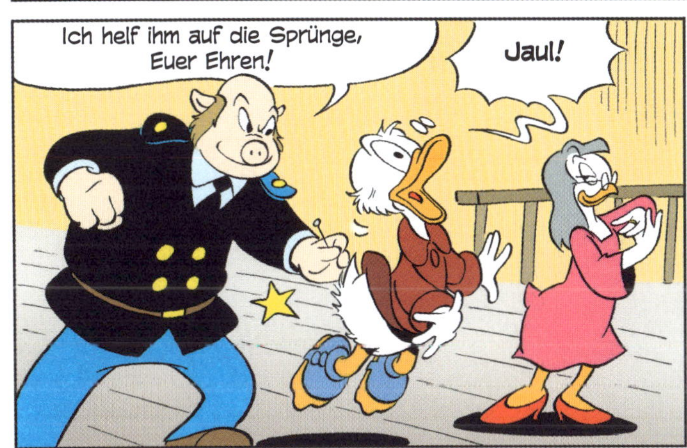
Ich helf ihm auf die Sprünge, Euer Ehren!
Jaul!

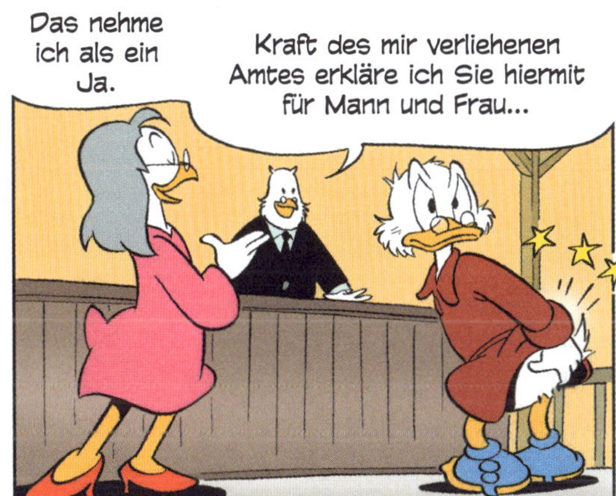
Das nehme ich als ein Ja.
Kraft des mir verliehenen Amtes erkläre ich Sie hiermit für Mann und Frau...

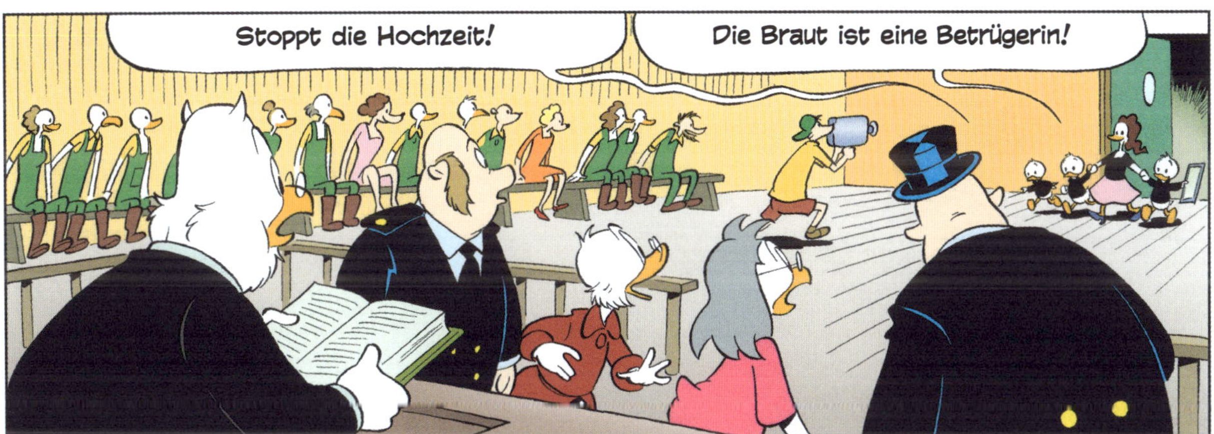
Stoppt die Hochzeit!
Die Braut ist eine Betrügerin!

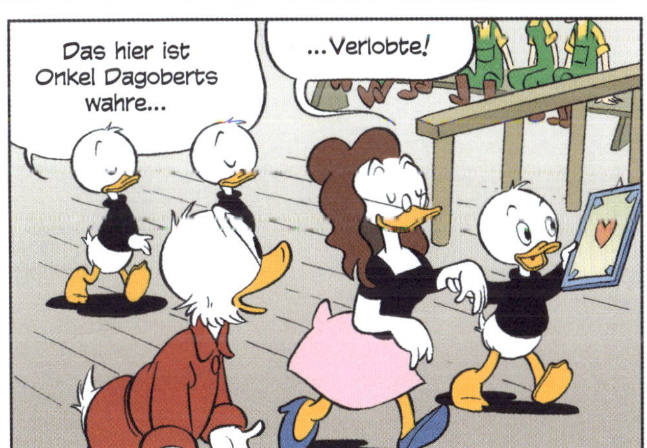
Das hier ist Onkel Dagoberts wahre...
...Verlobte!

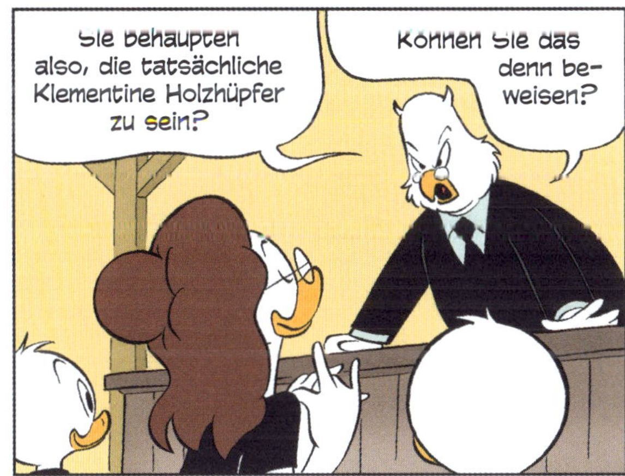
Sie behaupten also, die tatsächliche Klementine Holzhüpfer zu sein?
Können Sie das denn beweisen?

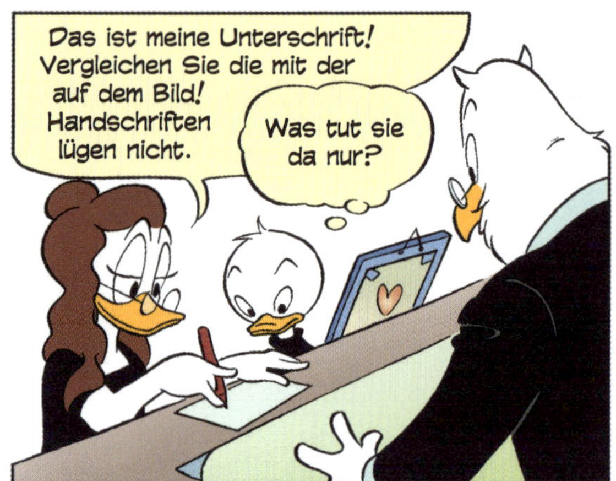
Das ist meine Unterschrift! Vergleichen Sie die mit der auf dem Bild! Handschriften lügen nicht.
Was tut sie da nur?

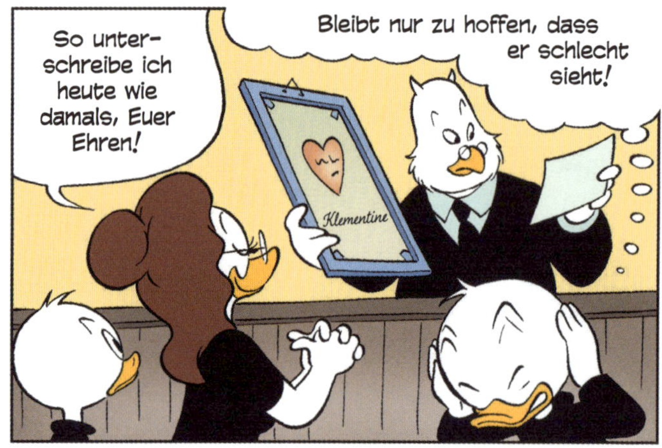
So unterschreibe ich heute wie damals, Euer Ehren!
Bleibt nur zu hoffen, dass er schlecht sieht!
Klementine

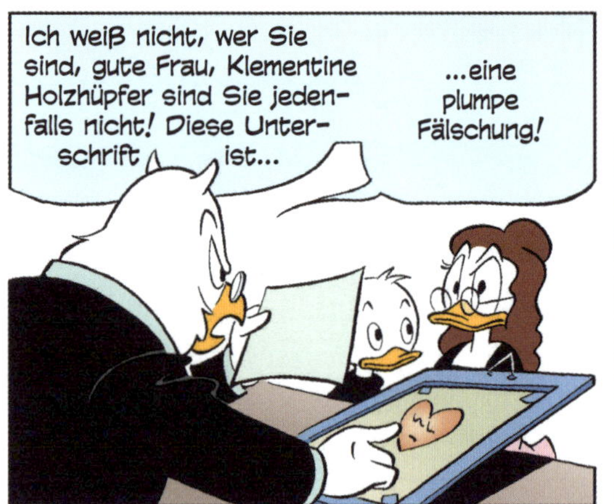
Ich weiß nicht, wer Sie sind, gute Frau, Klementine Holzhüpfer sind Sie jedenfalls nicht! Diese Unterschrift ist...
...eine plumpe Fälschung!

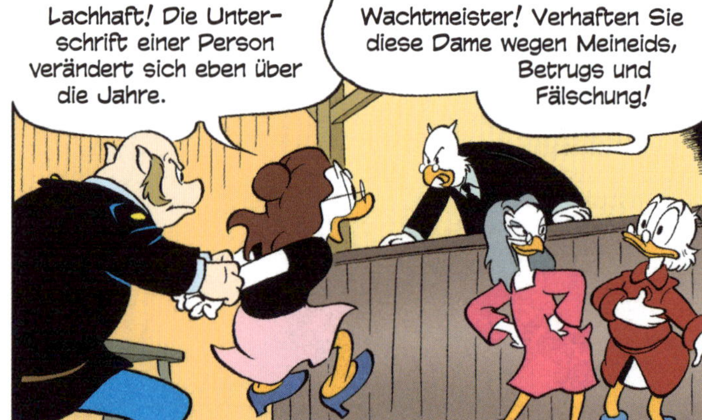
Lachhaft! Die Unterschrift einer Person verändert sich eben über die Jahre.
Wachtmeister! Verhaften Sie diese Dame wegen Meineids, Betrugs und Fälschung!

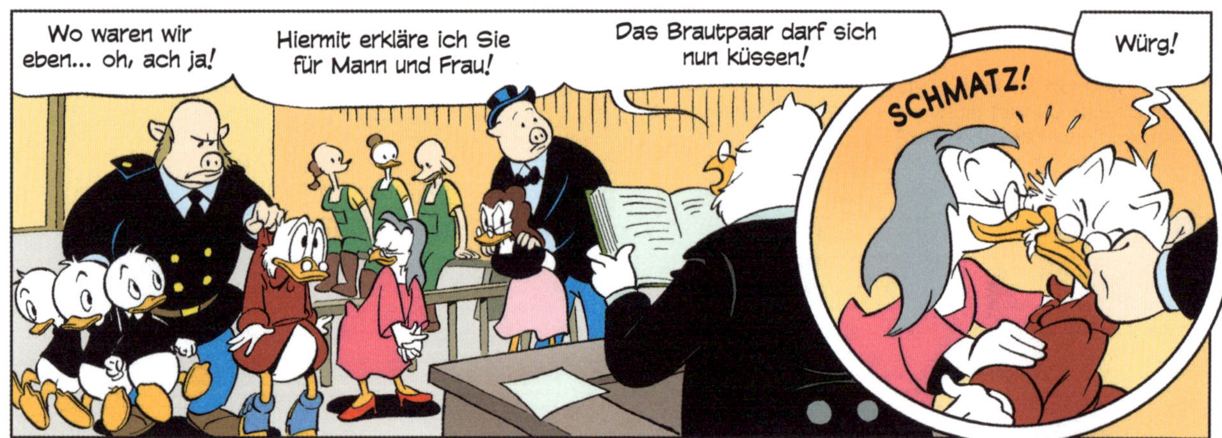
Wo waren wir eben... oh, ach ja!
Hiermit erkläre ich Sie für Mann und Frau!
Das Brautpaar darf sich nun küssen!
Würg!
SCHMATZ!

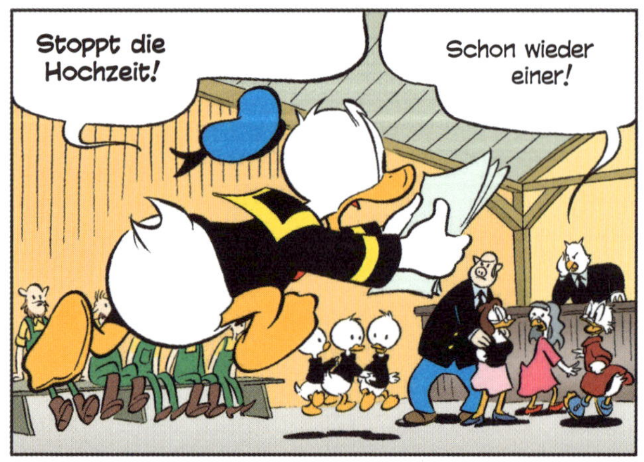
Stoppt die Hochzeit!
Schon wieder einer!

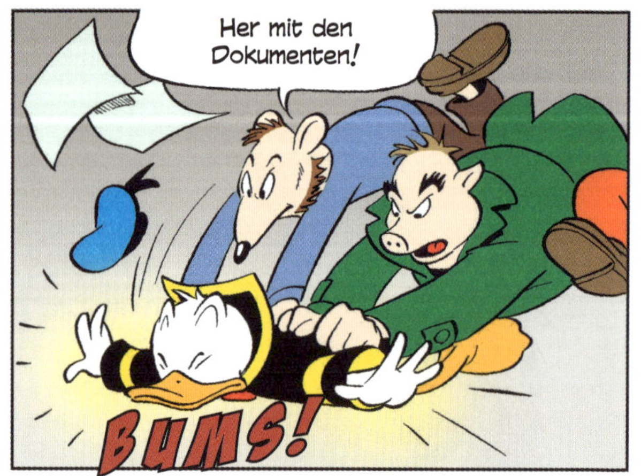
Her mit den Dokumenten!
BUMS!

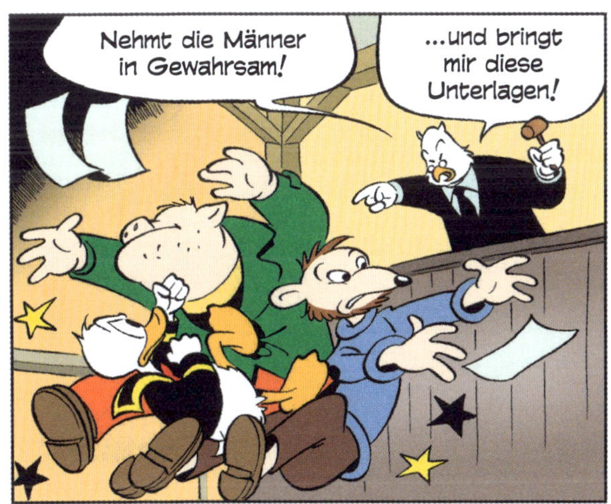
Nehmt die Männer in Gewahrsam!
...und bringt mir diese Unterlagen!

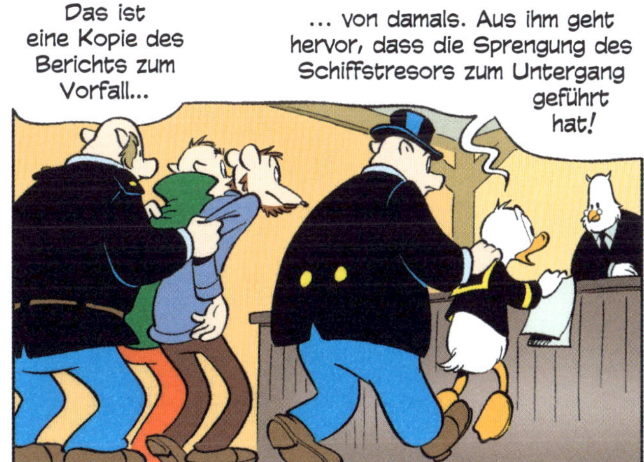
Das ist eine Kopie des Berichts zum Vorfall...
... von damals. Aus ihm geht hervor, dass die Sprengung des Schiffstresors zum Untergang geführt hat!

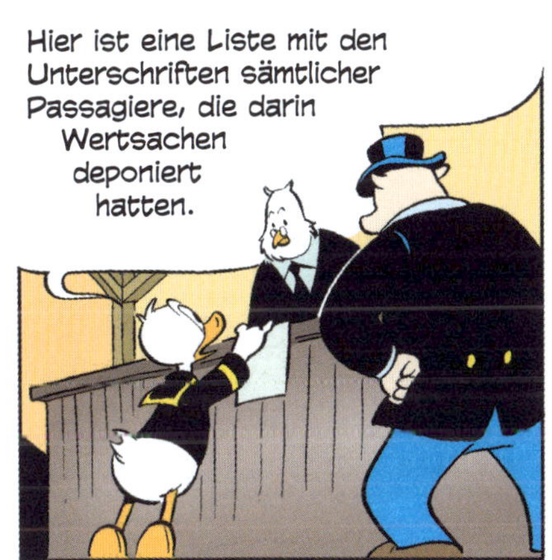
Hier ist eine Liste mit den Unterschriften sämtlicher Passagiere, die darin Wertsachen deponiert hatten.

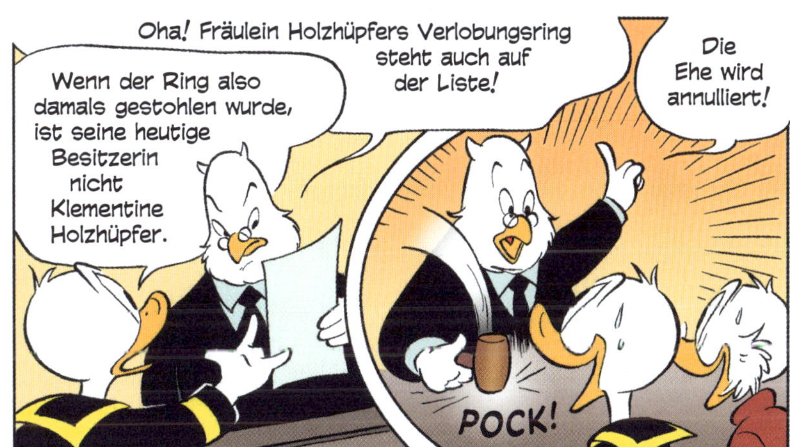
Oha! Fräulein Holzhüpfers Verlobungsring steht auch auf der Liste!
Wenn der Ring also damals gestohlen wurde, ist seine heutige Besitzerin nicht Klementine Holzhüpfer.
Die Ehe wird annulliert!
POCK!

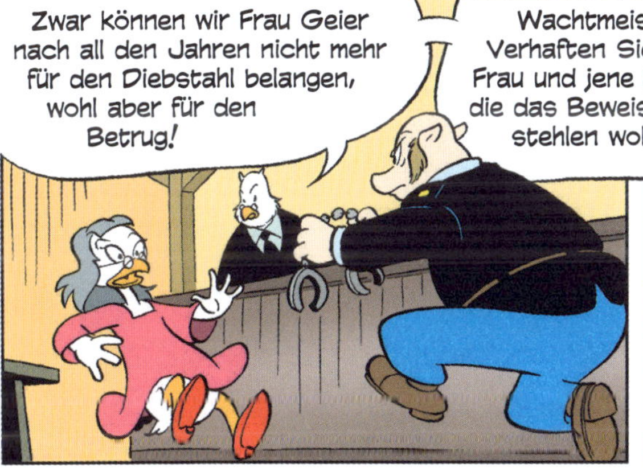
Zwar können wir Frau Geier nach all den Jahren nicht mehr für den Diebstahl belangen, wohl aber für den Betrug!
Wachtmeister! Verhaften Sie diese Frau und jene Männer, die das Beweismaterial stehlen wollten!

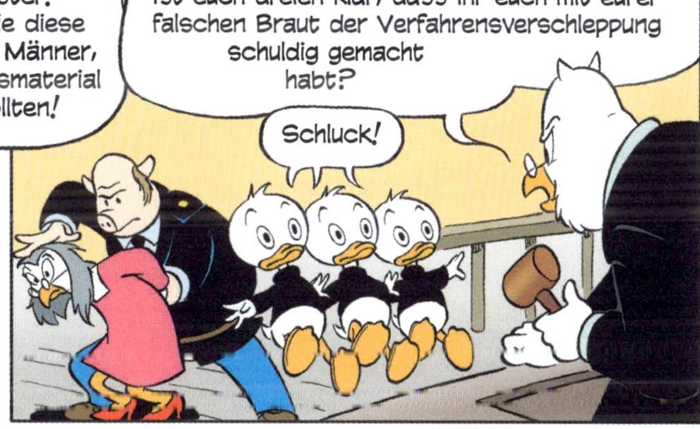
Ist euch dreien klar, dass ihr euch mit eurer falschen Braut der Verfahrensverschleppung schuldig gemacht habt?
Schluck!

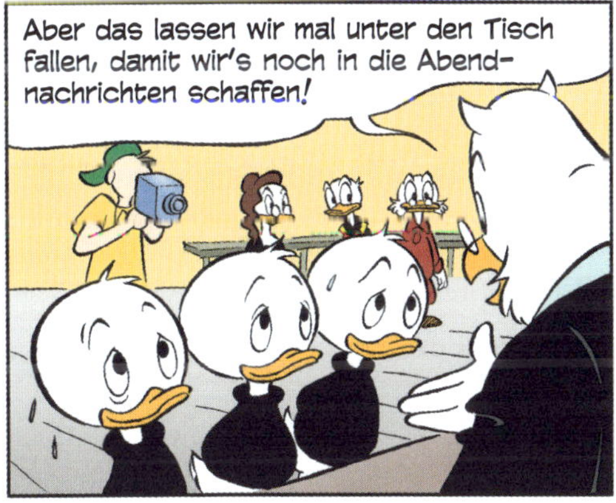
Aber das lassen wir mal unter den Tisch fallen, damit wir's noch in die Abendnachrichten schaffen!

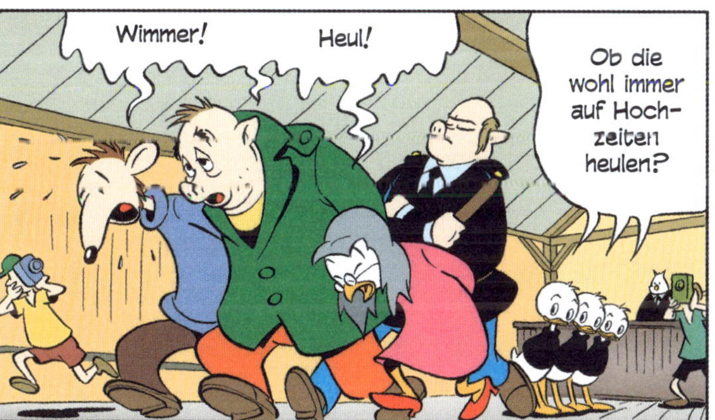
Wimmer!
Heul!
Ob die wohl immer auf Hochzeiten heulen?

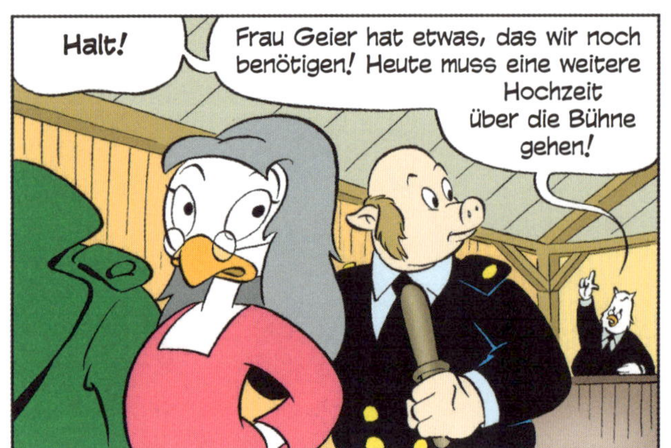
Halt!
Frau Geier hat etwas, das wir noch benötigen! Heute muss eine weitere Hochzeit über die Bühne gehen!

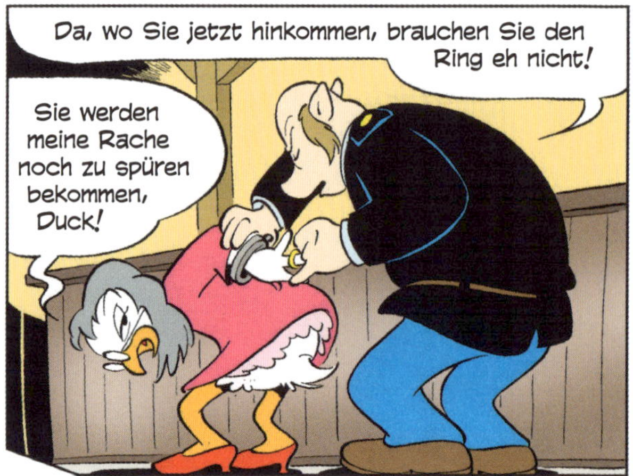
Da, wo Sie jetzt hinkommen, brauchen Sie den Ring eh nicht!
Sie werden meine Rache noch zu spüren bekommen, Duck!

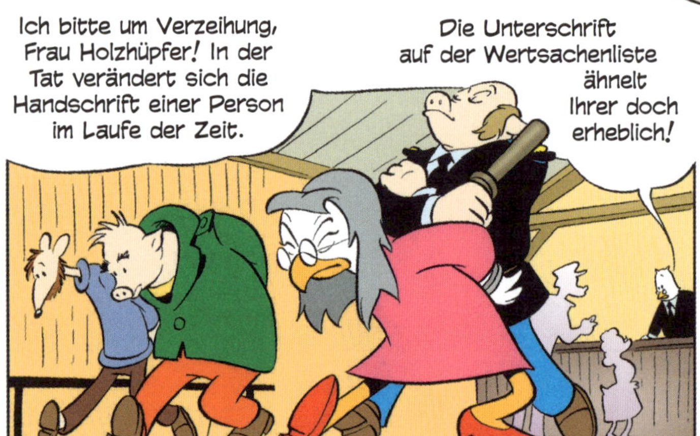
Ich bitte um Verzeihung, Frau Holzhüpfer! In der Tat verändert sich die Handschrift einer Person im Laufe der Zeit.
Die Unterschrift auf der Wertsachenliste ähnelt Ihrer doch erheblich!

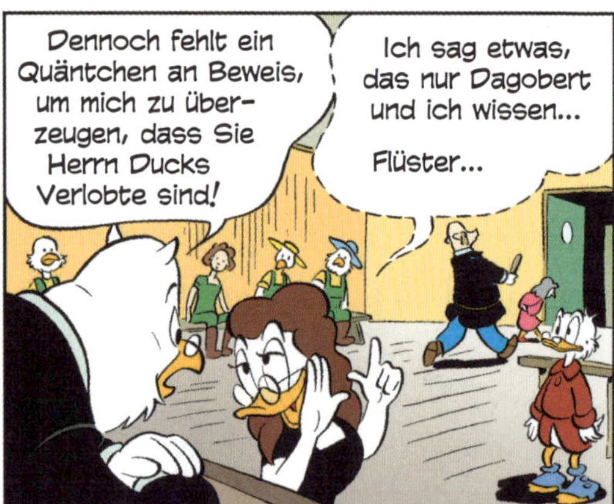
Dennoch fehlt ein Quäntchen an Beweis, um mich zu überzeugen, dass Sie Herrn Ducks Verlobte sind!
Ich sag etwas, das nur Dagobert und ich wissen...
Flüster...

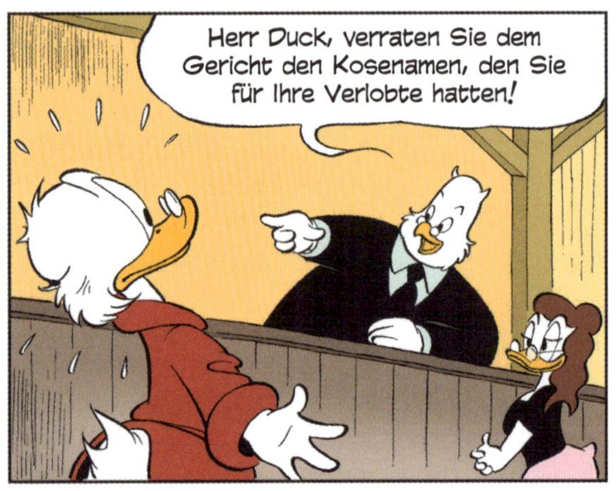
Herr Duck, verraten Sie dem Gericht den Kosenamen, den Sie für Ihre Verlobte hatten!

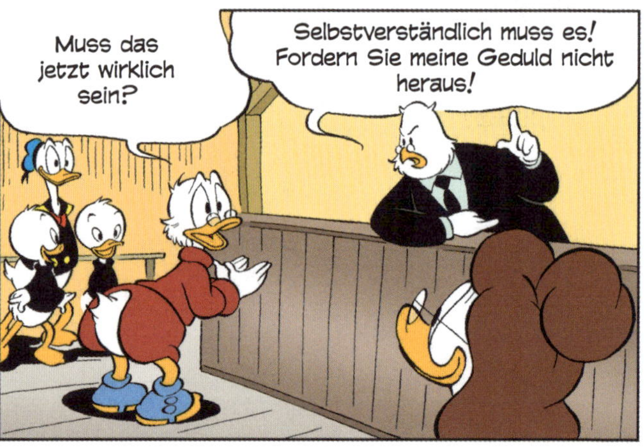
Muss das jetzt wirklich sein?
Selbstverständlich muss es! Fordern Sie meine Geduld nicht heraus!

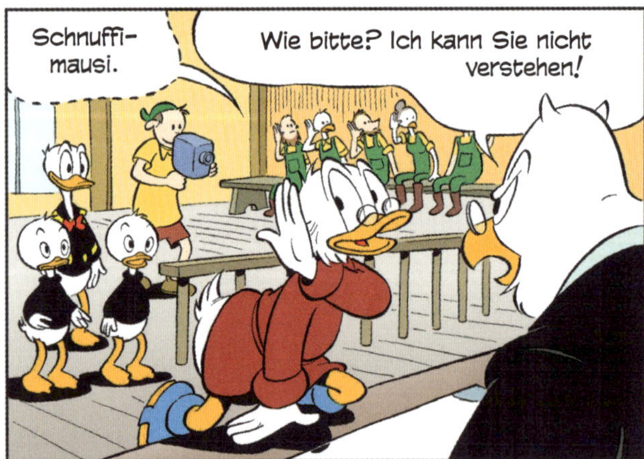
Schnuffi-mausi.
Wie bitte? Ich kann Sie nicht verstehen!

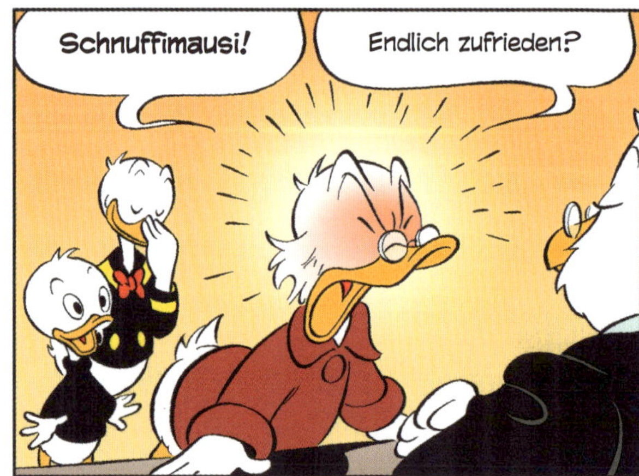
Schnuffimausi!
Endlich zufrieden?

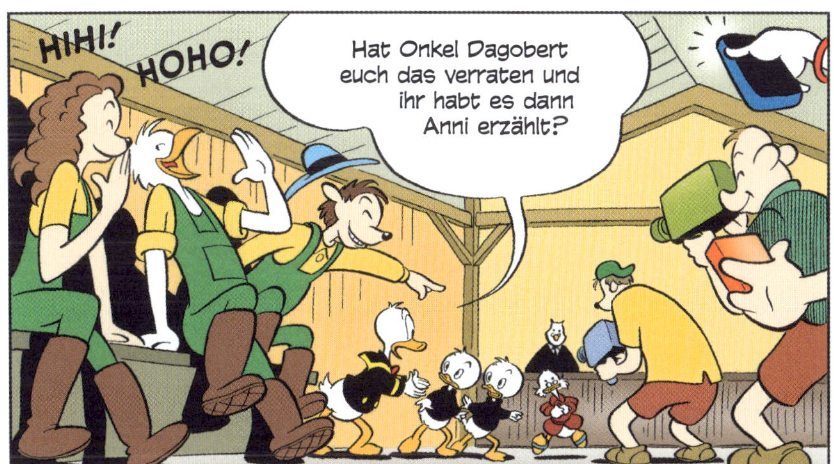
HIHI!
HOHO!
Hat Onkel Dagobert euch das verraten und ihr habt es dann Anni erzählt?

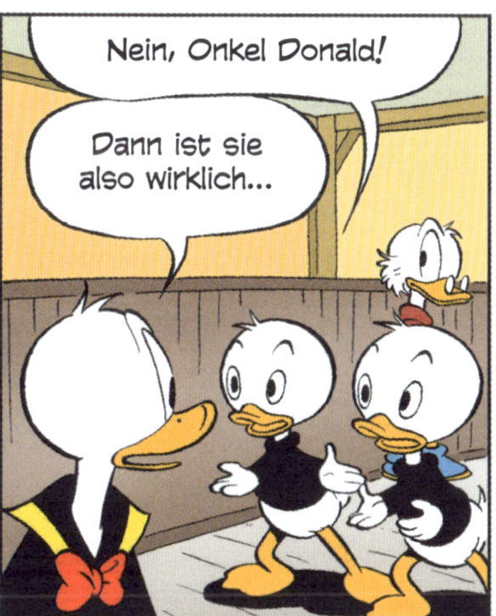
Nein, Onkel Donald!
Dann ist sie also wirklich...

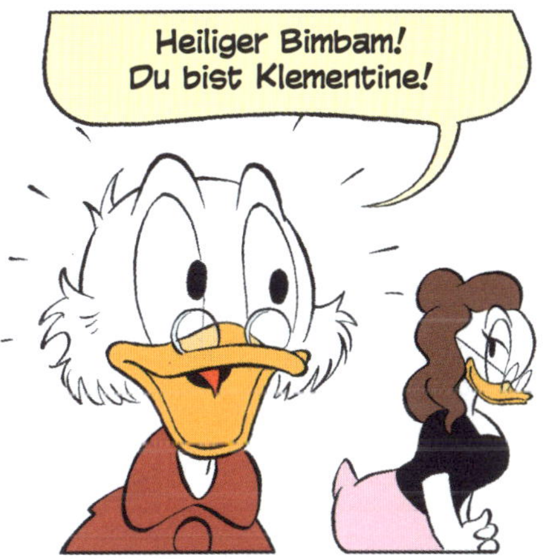
Heiliger Bimbam! Du bist Klementine!

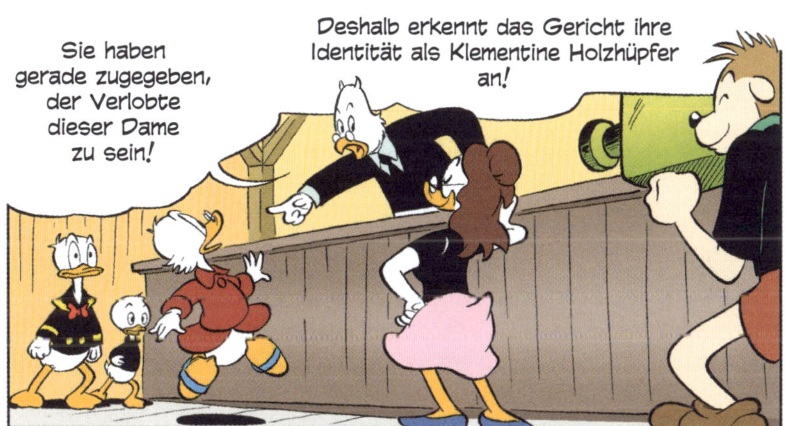
Sie haben gerade zugegeben, der Verlobte dieser Dame zu sein!
Deshalb erkennt das Gericht ihre Identität als Klementine Holzhüpfer an!

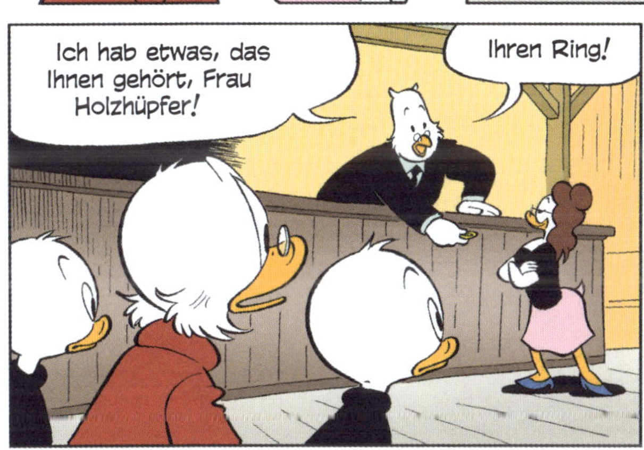
Ich hab etwas, das Ihnen gehört, Frau Holzhüpfer!
Ihren Ring!

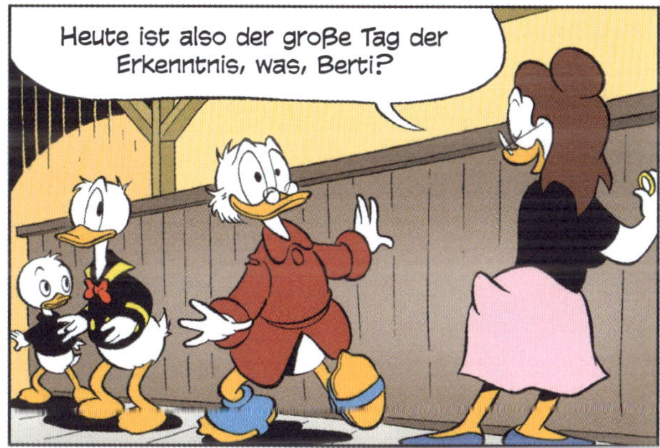
Heute ist also der große Tag der Erkenntnis, was, Berti?

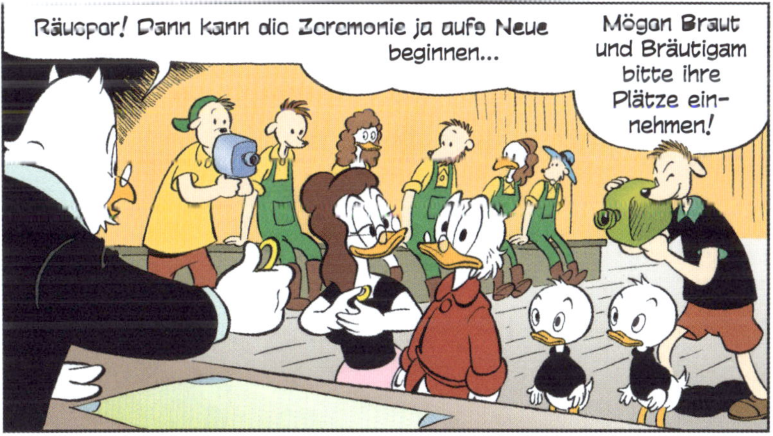
Räusper! Dann kann die Zeremonie ja aufs Neue beginnen...
Mögen Braut und Bräutigam bitte ihre Plätze einnehmen!

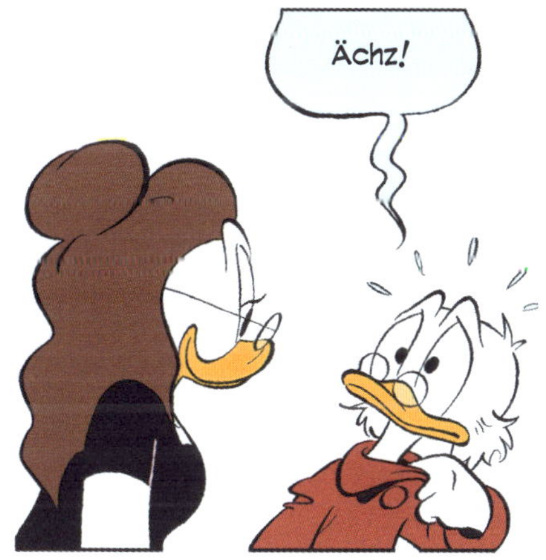
Ächz!

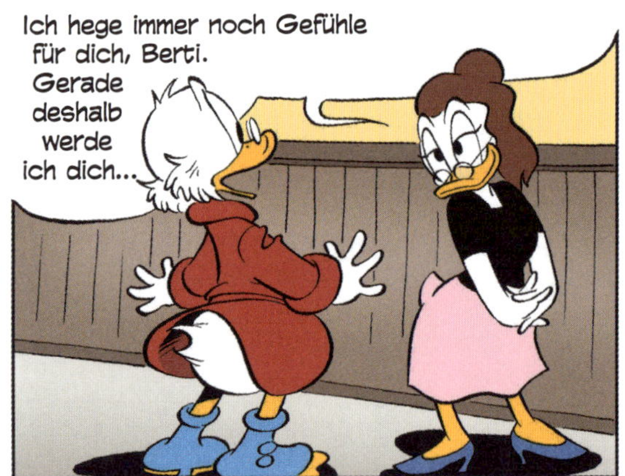
Ich hege immer noch Gefühle für dich, Berti. Gerade deshalb werde ich dich...

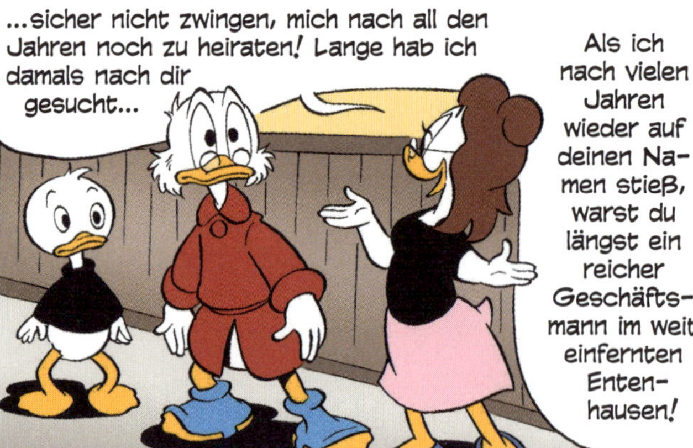
...sicher nicht zwingen, mich nach all den Jahren noch zu heiraten! Lange hab ich damals nach dir gesucht...
Als ich nach vielen Jahren wieder auf deinen Namen stieß, warst du längst ein reicher Geschäftsmann im weit einfernten Entenhausen!

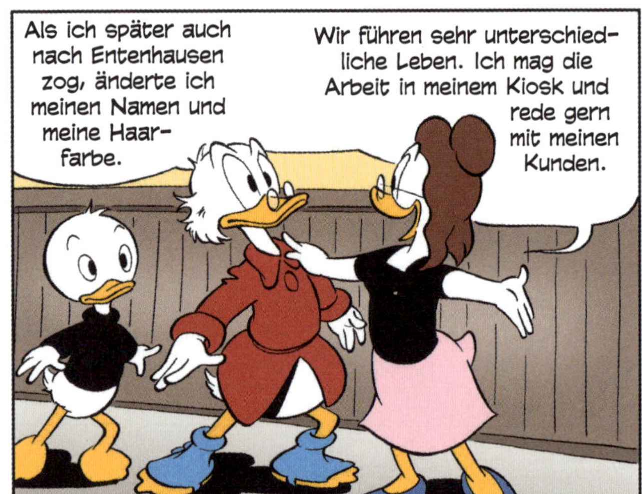
Als ich später auch nach Entenhausen zog, änderte ich meinen Namen und meine Haarfarbe.
Wir führen sehr unterschiedliche Leben. Ich mag die Arbeit in meinem Kiosk und rede gern mit meinen Kunden.

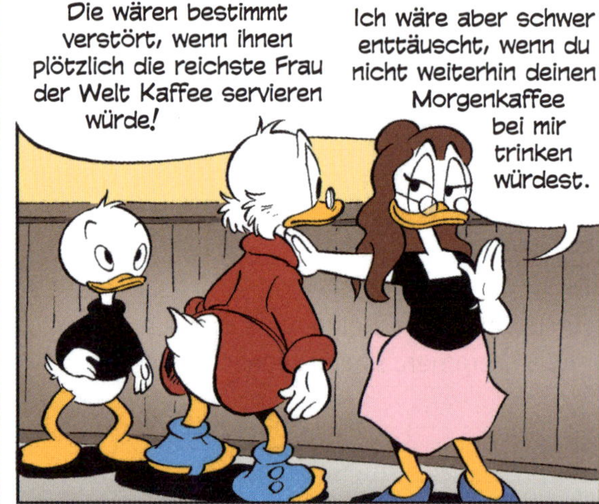
Die wären bestimmt verstört, wenn ihnen plötzlich die reichste Frau der Welt Kaffee servieren würde!
Ich wäre aber schwer enttäuscht, wenn du nicht weiterhin deinen Morgenkaffee bei mir trinken würdest.

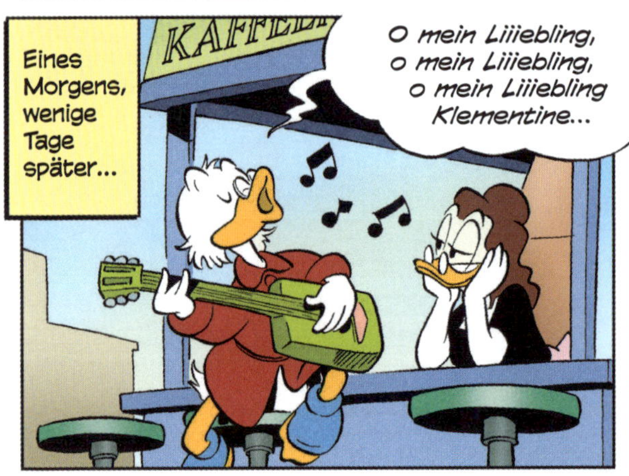
Eines Morgens, wenige Tage später...
KAFFEE
O mein Liiiebling, o mein Liiiebling, o mein Liiiebling Klementine...

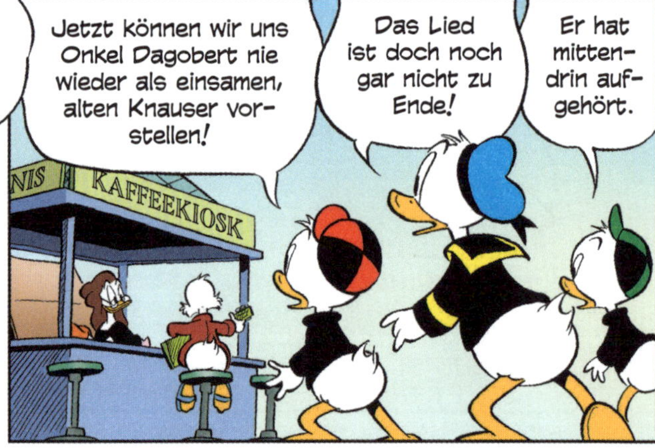
Jetzt können wir uns Onkel Dagobert nie wieder als einsamen, alten Knauser vorstellen!
Das Lied ist doch noch gar nicht zu Ende!
Er hat mittendrin aufgehört.
KAFFEEKIOSK

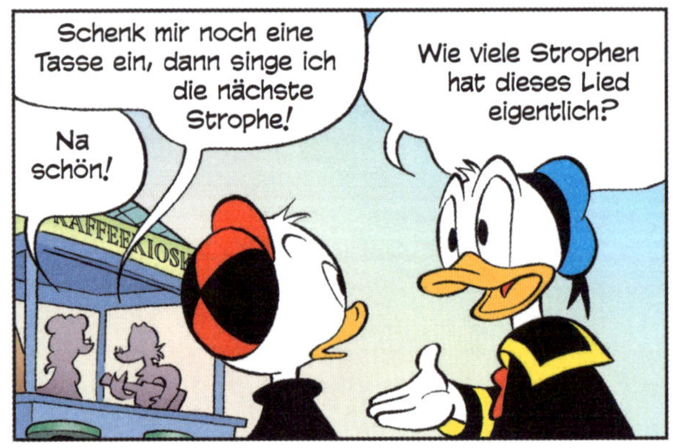
Schenk mir noch eine Tasse ein, dann singe ich die nächste Strophe!
Na schön!
Wie viele Strophen hat dieses Lied eigentlich?
KAFFEEKIOSK

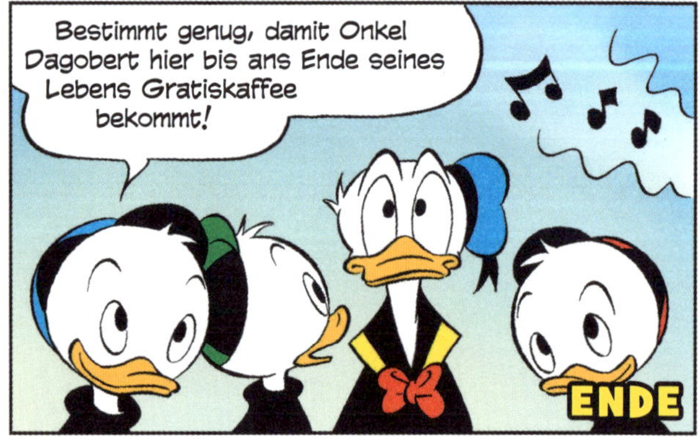
Bestimmt genug, damit Onkel Dagobert hier bis ans Ende seines Lebens Gratiskaffee bekommt!
ENDE

Streben nach Ruhm

Als der Verlag vor Jahren einige Disney-Zeichner in die Hall of Fame aufnahm und mit einer Buchreihe ehrte, wurde ich gebeten, zu jeder meiner ausgewählten Geschichten ein Vorwort zu schreiben. Ich zögerte mit gutem Grund, und tu es auch heute wieder. Dafür, dass ich mich hier wichtigmache, hat Gutenberg nicht den Buchdruck erfunden.

Wie kam ich damals aus der angeforderten Angebernummer raus? Meine geliebte Gefährtin Ulla schlug vor: "Warum schreibst Du nicht einfach Lügengeschichten?" Genial.

So mache ich es auch jetzt.

Aber nicht nicht alles hier ist gelogen. Ich fange jetzt erst einmal mit der Wahrheit an und prahle ein bisschen damit herum, dass ich bereits seit der Steinzeit, 1968, in meinem Beruf tätig bin.

Verlage, Fernsehredaktionen, Filmschaffende, keiner wollte damals den Zug der Zeit verpassen – langhaarige Schüler, die Jimi Hendrix als Gitarre spielende Puppe vor die Kamera bringen konnten, bekamen auf der Stelle ihre Chance beim Fernsehen. Heute muss man, um überhaupt ins Casting zu kommen, singen können wie ein Nebelhorn.

Den folgenden Berufsweg im Einzelnen zu schildern, wäre ermüdend. Viel interessanter sind oft die Begleitumstände.

Da ist zum Beispiel ein unvergessliches Interview. Im Grunde sind ja Interviews eine feine Sache. Der Leser erfährt bisher Unbekanntes über den Interviewten, und damit wächst dessen Ruhm. Zumindest aber seine Website.

Die Freude war also groß, als vor Jahren *das* führende europäische Frauenmagazin das Kommen einer Redakteurin ankündigte. Anschließend geschah erst einmal eine Weile gar nichts.

Bis schließlich ein Fotograf auftauchte. Seine Ausrüstung war beeindruckend. Einen der 1000-Watt-Scheinwerfer hätte ich gerne dabehalten.

Eine gefühlte Stunde später stand das Equipment. Zumindest wirkte es so. Doch dann wurde erst noch ein schrankgroßer Kamerakoffer herbeigeschleppt. Irgendwann ging der Fotograf dann an die Arbeit. Nach einer weiteren Stunde war er mit dem Ergebnis zufrieden und verabschiedete sich mit beeindruckender Ausbeute – zwei Spulen zu jeweils 36 Fotos.

Das Ergebnis war dann ein briefmarkenkleines Foto im Frauenmagazin, aber dafür mit einem bierdeckelgroßen Lichtfleck in der Mitte.

Die zwanzig Zeilen darunter hatte die Redakteurin übrigens komplett aus einem kurz zuvor erschienenen Zeitungsartikel abgeschrieben.

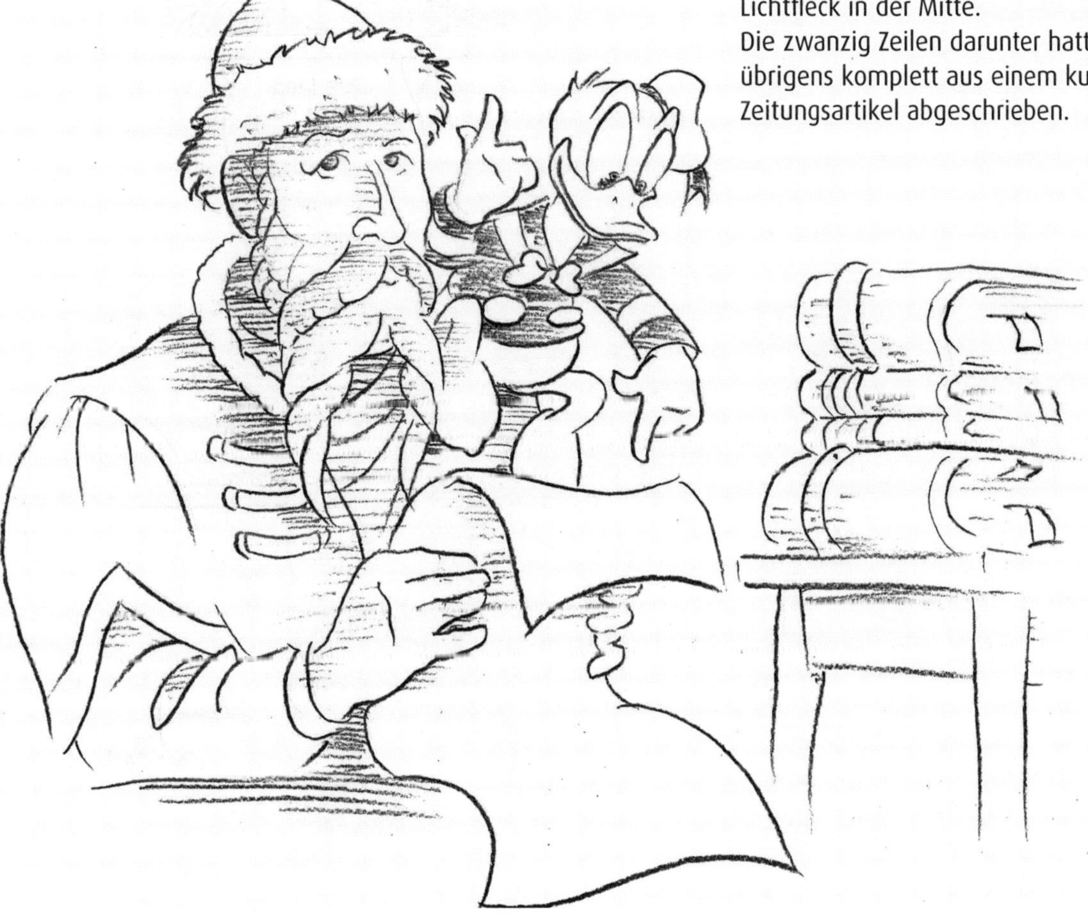

Fast ebenso skurril war das Erlebnis, das zu meinem – gefühlt – dreihundertdreizehntem Zeichnerjob führte. Es begann mit einem Arte-Interview zusammen mit den befreundeten Disney-Kollegen Ulrich Schröder und Daan Jippes. Nach der letzten Antwort krachte einer der drei Stühle zusammen. Jippes (seltsamerweise er, der Tollpatsch bin sonst ich) kippte hintenüber und landete am Boden. Was für ein Auftritt: Die Donaldistischen Drillinge erstmals gemeinsam im Fernsehen, und am Ende strampelt einer auf dem Rücken wie ein toter Käfer. Dummerweise war die Kamera da bereits abgeschaltet. Trotzdem zeigte ein Zeitungsjournalist Interesse an einem Interview mit mir. Bei dieser Gelegenheit fragte ich, wie es bei seinem Blatt mit einem allwöchentlichen Cartoon aussähe. Nicht mehr als netter Versuch. Wer braucht schon dahergelaufene Cartoonisten.

Zu meinem Erstaunen war das Interesse des Journalisten geweckt.

Die Redaktion gab mir ein Thema vor, und ich zeichnete einen Cartoon zur Probe. Am nächsten Tag war er, nach einer kleinen Textänderung, akzeptiert. Am Morgen darauf zierte er die Wochenendausgabe, und es wurde eine jahrelange Serie daraus.

Kürzen, kürzen, kürzen!

Der leider verstorbenen, geschätzten Ehapa-Chefredakteurin und Übersetzerin Dorit Kinkel verdanke ich zwei Erfahrungen. Sie ließ mich die damals längste Donald-Geschichte aller Zeiten schreiben und zeichnen. Weil das in der knapp bemessenen Zeit eigentlich nicht zu schaffen war, ließ sie mich einfach ungestört vor mich hin machen.

Während ich also in aller Stille Seite um Seite produzierte, machte sie sich ihrerseits in aller Stille ans Redigieren der Texte. So tat jeder seinen eigenen Kram und war glücklich dabei.

Wir hätten besser miteinander gesprochen: Ich achtete nicht aufs Album-Format und zeichnete die Sprechblasen so groß, wie ich es von den Heften her kannte.

Dorit Kinkel hatte plötzlich viel mehr Platz, als sie gewohnt war.

Das Ergebnis waren Ducks, die in Actionszenen Volksreden halten.

Das gibt einem zu denken: Zwei Leute arbeiten in tiefem Schweigen vor sich hin, und versehentlich entsteht der geschwätzigste Comic der Welt.

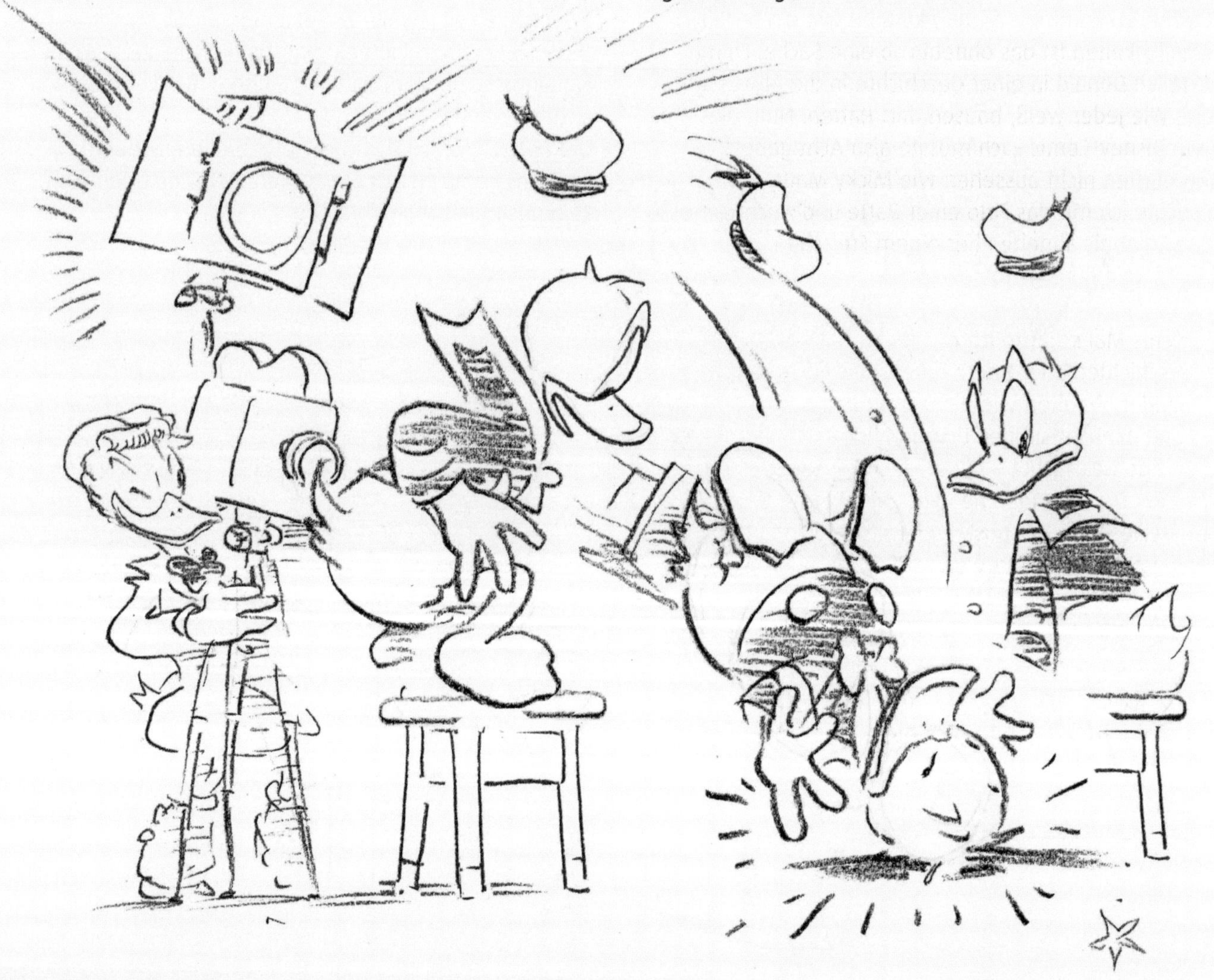

Ein anderes Mal unterlief mir, diesmal ganz ohne Fremdverschulden, ein ähnlicher Fehler: In einer Geschichte von Donald als Rennfahrer verkündete ein schwatzhaftes Schild am Rand eines Rennplatzes: *"Achtung, hier Anmeldung zum großen Autorennen"*.
Man sah nicht viel von Rennfahrern und Rennautos, um die es ja eigentlich ging – besagtes Schild verdeckte das halbe Bild. Die andere Hälte überschattete Donalds Sprechblase, der es für nötig befand, dem Leser in seine Pläne einzuweihen: Nämlich, dass er hier am Anmeldungsschalter des Rennplatzes anstand, um sich zum großen Autorennen anzumelden.
Zum Glück besann ich mich noch rechtzeitig, und zeichnete das Bild um. Ein kleines Schild verkündet nun: *Anmeldung*. Und Donald bezahlt wortlos sein Ticket. Genial einfach.

Gelegentlich ist es wirklich besser, nicht allzu viele Worte zu verlieren. Eines Tages hatte ich für eine Donald-Geschichte eine lebensvolle Ferkeldame gezeichnet, deren überaus weibliche Formen mich an eine sehr geschätzte Freundin erinnerten.
Männer sind naiv. Ich erzählte ihr von der Ähnlichkeit. Nicht die beste Idee meines Lebens.

Mit Ähnlichkeiten ist das ohnehin so eine Sache. Einmal schickte ich Donald in einer Geschichte in die Abwasserkanäle. Wie jeder weiß, hausen dort Ratten. Nun, dies war ein Disney-Comic – ich musste also Acht geben. Die Ratten durften nicht aussehen wie Micky Maus.
Also suchte ich mir das Foto einer Ratte und zeichnete es ab. Das Ergebnis ähnelte eher einem Frettchen.
War wohl kein gutes Foto gewesen.

Ein anderes Mal schaffte ich es, direkt hintereinander zwei Geschichten über Briefmarkensammler zu erfinden, die einander ähnelten wie ein Ei dem anderen.
Der Grund dafür ist simpel. Ursprünglich existierte nur eine einzige Geschichte – mit zwei konkurrierenden Storyideen. Die eine Idee handelt von einer unersetzlichen Preziose aus der postalischen Pionierzeit, in der anderen ist Donald verantwortlich für den Druck einer Sonderbriefmarke und setzt unerlaubt sein eigenes Portrait darauf.

Beides keine schlechten Ideen, doch sie laufen sich gegenseitig den Rang ab. Also verteilte ich die beiden Handlungsstränge einfach auf zwei Geschichten und kam mir dabei ziemlich schlau vor. Ein Anfänger hätte stattdessen wohl ein schwer verdauliches Mischmasch gemacht. Aber ich war ja kein Anfänger mehr.
Obwohl dies eine ziemlich gewagte Behauptung ist. Eine der beiden Briefmarkengeschichten hätte ich, wie bereits erwähnt, gerne in diesem Buch gehabt. Rätselhafterweise sind die Druckvorlagen im Augenblick unauffindbar, und so ist stattdessen die Geschichte 'Kraft der Ruhe' ins Buch eingerückt, und genau das wollte ich vermeiden. Warum? In meinen Anfangsjahren bin ich autodidaktisch an Donald herangegangen. Lange Zeit habe ich absichtlich keine Barks-Geschichten mehr gelesen, kein einziges Heft, kein einziges Panel angeschaut. Am meisten lernt man dadurch, dass man erst einmal seine eigenen Fehler macht. Und Fehler kann ich gut. Da gibt es Geschichten, wo Donald aussieht wie Pinocchio beim Notlügen, und andere wie nach einer misslungenen Schönheitsoperation. Donald mit Stummelschnabel, wie peinlich ist das denn! Doch irgendwann hatte ich das Tal der Irrungen hinter mir, und eines Tages wollte einfach mal sehen, was herauskommt, wenn ich Barks kopiere.
Ergebnis: Barks ist einmalig und unerreicht.

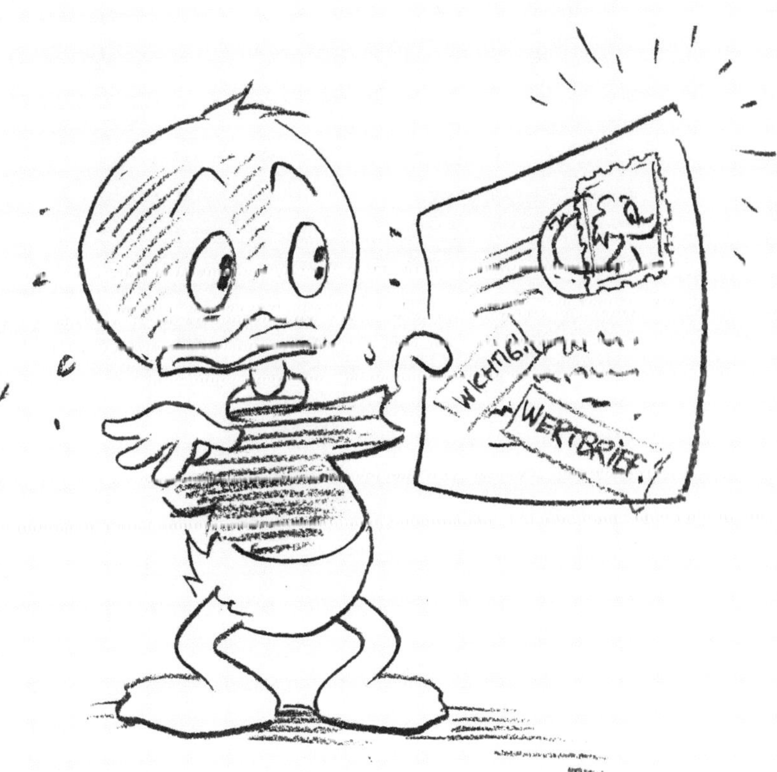

ONKEL DAGOBERT

Sein Leben, seine Milliarden

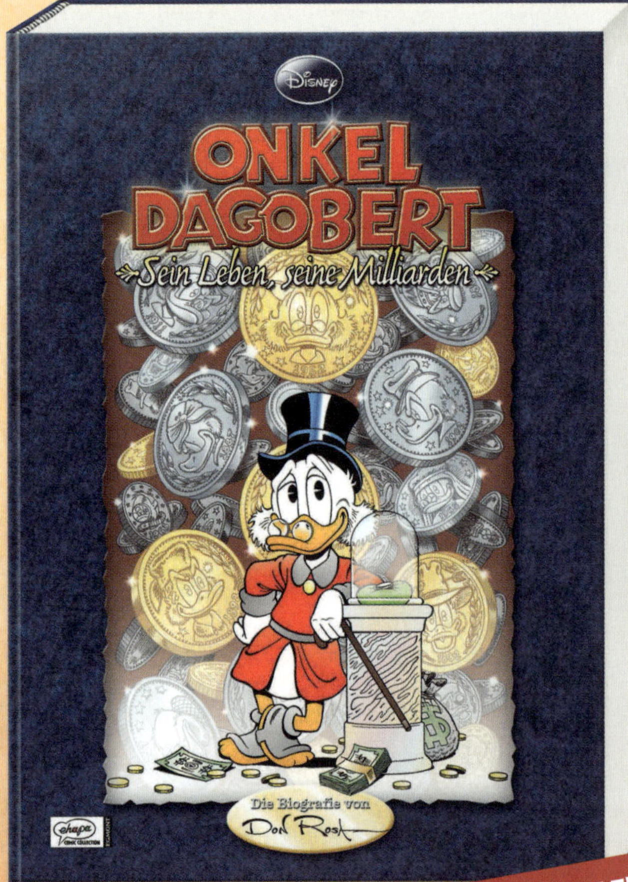

„Dagobert Duck ist der reichste Mann der Welt!"

Mit diesem Satz beginnt die Biografie des Großkapitalisten und Fantastilliardärs Dagobert Duck aus Entenhausen.

Der amerikanische Disneyzeichner Don Rosa investierte Jahre der akribischen Recherche und der zeichnerischen Umsetzung, um dieses aus 12 Kapiteln und 8 Zusatzkapiteln bestehende Mammutwerk zu schaffen. Dieses lässt keine Wünsche offen und leuchtet Dagoberts Leben auf mehr als 500 Seiten bis in den letzten Winkel aus. Diese Ausgabe enthält erstmals alle Kapitel aus Rosas Biografie zwischen zwei Buchdeckeln.

DIE BIOGRAFIE VON ONKEL DAGOBERT

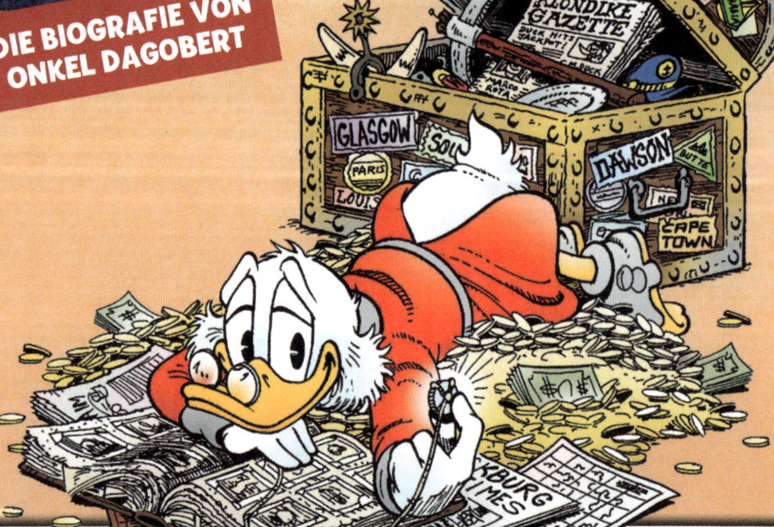

Don Rosa
Onkel Dagobert –
Sein Leben, seine Milliarden
Die Biografie von Don Rosa
496 Seiten, gebunden
€ 29,95 [D]
ISBN 978-3-7704-3245-5

www.egmont-comic-collection.de

COMIC COLLECTION
EGMONT